Expertise comptable

LMD

DSCG 1

Gestion juridique, fiscale et sociale

MANUEL

Sous la direction d'Alain Burlaud

Jean-Yves Jomard
Catherine Maillet
Marielle Martin
Jean-Luc Mondon
Françoise Rouaix

ISBN 978-2-216-16143-0

Préface

Le monde de la comptabilité, du contrôle de gestion, de l'audit, de la finance et du droit des affaires bouge. L'enseignement de ces disciplines aussi, s'ajustant en permanence aux évolutions politiques (la normalisation comptable), économiques, juridiques, éthiques et technologiques (la révolution numérique) qui transforment l'exercice du métier : apparition de normes mondiales pour la formation initiale des professionnels de la comptabilité (*International Federation of Accountants*), de normes européennes (*Common Content Project*), réorganisation des études universitaires en trois niveaux (licence, master, doctorat ou LMD) dans la plupart des pays.

Les réformes des études supérieures comptables

Les études comptables supérieures comportent aujourd'hui trois diplômes :

- le diplôme de comptabilité et de gestion, DCG (bac + 3, grade licence) ;
- le diplôme supérieur de comptabilité et de gestion, DSCG (bac + 5, grade master) ;
- le diplôme d'expertise comptable, DEC, diplôme final qui ne peut être présenté qu'après le stage professionnel réglementé de trois ans, soit 8 ans après le bac.

Le cursus a connu les évolutions récentes suivantes : après une refonte complète en 2007, l'ouverture à la « validation des acquis de l'expérience » (VAE) du DCG et du DSCG (2010), puis du DEC (2018), l'obtention du grade licence pour le DCG et du grade master pour le DSCG (ce qui signifie qu'ils ouvrent les mêmes droits qu'une licence ou un master), les programmes ont fait l'objet d'une nouvelle révision en 2019.

Ce cursus conserve l'esprit d'ouverture qui a fait son succès depuis plus d'un demi-siècle : des unités d'enseignement (UE) indépendantes et capitalisables, la compensation des notes (avec, toutefois, des notes éliminatoires), des entrées possibles à différents niveaux avec des dispenses d'épreuves, des sorties à chaque niveau avec des débouchés professionnels clairement identifiés, des diplômes reconnus et appréciés, délivrés par l'État. Depuis 2006, la « mesure » de chaque UE en unités *European Credit Transfer System* (ECTS) facilite la portabilité des acquis dans les différents établissements d'enseignement supérieur, y compris à l'étranger.

Le cursus intègre pleinement le dispositif de validation des acquis de l'expérience. Enfin, la réforme de 2019 introduit dans les programmes la notion de « compétences », en lien avec les connaissances, pour les rendre plus lisibles et plus attractifs, tant pour les étudiants que pour leurs futurs employeurs. En effet, le monde du travail raisonne en termes de compétences acquises.

Pour correspondre à ce nouveau référentiel, la collection « Expertise comptable » des Éditions Foucher a été entièrement remaniée en 2019.

La réécriture des ouvrages s'inscrit dans une démarche de qualité, de recherche d'excellence qui se construit pas à pas, souvent grâce au dialogue que nous entretenons avec nos lecteurs et les professeurs des différentes disciplines concernées.

Qu'apporte la collection « Expertise comptable » des Éditions Foucher ?

Depuis plus de quarante ans, les Éditions Foucher publient des ouvrages de référence préparant aux examens comptables de l'État, également très appréciés par les étudiants des universités, grandes écoles, IUT, classes post-baccalauréat des lycées et, aussi, largement utilisés dans le cadre de la formation continue.

Aujourd'hui, la collection « Expertise comptable » répond totalement aux ambitions d'un cursus reconnu et recherché, aux nombreux débouchés professionnels.

Chaque ouvrage est un outil multimédia utilisant au mieux l'ergonomie de plusieurs supports. Le livre offre le meilleur confort de lecture, des possibilités d'utilisation nomade, la facilité d'appropriation et de mémorisation des contenus en annotant et en surlignant.

Le numérique apporte aussi la possibilité de mises à jour instantanées et d'applications dynamiques comme l'utilisation du tableur.

Le contenu des ouvrages, fruit du travail des meilleurs auteurs et spécialistes des différentes disciplines, est mis en valeur par une présentation particulièrement soignée.

Outre les manuels et les applications et cas, mis à jour régulièrement, la collection, qui couvre l'ensemble des unités d'enseignement du DCG et du DSCG, offre une série, « Tout le DCG » et « Tout le DSCG », comprenant des mémos et des batteries d'exercices corrigés pour faciliter vos révisions.

Enfin et surtout, les ouvrages de la collection « Expertise comptable » ont pour ambition de donner un sens à la connaissance ; ils privilégient le raisonnement sur la description, la déduction sur l'énumération. Ils développent une pratique raisonnée des différentes disciplines qui, conformément à l'esprit du LMD, conduit à la réussite académique et professionnelle.

Quelles perspectives universitaires et professionnelles ?

Le cursus comptable supérieur est marqué par une triple ouverture.

- Ouverture sur **l'université** : les ECTS associés à chaque épreuve du DCG ou du DSCG et le grade licence pour le DCG ou master pour le DSCG permettent des passerelles dans l'ensemble des universités de l'Espace européen de l'enseignement supérieur qui regroupe 48 pays.
- Ouverture sur les **métiers** : les nouveaux diplômes comptables de l'État ayant le grade licence ou master, correspondent à des repères précis et appréciés des employeurs pour tous les métiers de la comptabilité : comptabilité financière, contrôle de gestion, audit, finance. Tous offrent de très beaux débouchés. De plus, la validation des acquis de l'expérience (VAE) rapproche encore plus étroitement profession et formation.
- Ouverture sur le **monde** : les professions comptables sont celles qui sont le plus ouvertes sur le monde, qu'elles soient exercées en entreprise, dans l'économie sociale et solidaire, dans le secteur public ou en cabinet.

Quel projet personnel ?

Que faut-il de plus pour réussir dans cette voie ? Simplement un peu d'ambition, les moyens de ses ambitions et de bons outils. Cet ouvrage de la collection « Expertise comptable » est un excellent outil au service de votre ambition.

Alain BURLAUD

Professeur émérite du Conservatoire national des arts et métiers

Programme

RAPPEL : Le programme du DSCG suppose connu celui du DCG.

Objectifs à atteindre pour réussir à l'épreuve n° 1 du DSCG, Gestion juridique, fiscale et sociale :

- avoir une **bonne maîtrise des connaissances requises par le programme**, ce qui signifie avoir acquis les savoirs de manière structurée et hiérarchisée ;
- savoir **cibler avec précision les réponses** en fonction des questions posées, ce qui suppose de réfléchir sur le ou les domaines de connaissances concerné(s) pour identifier le problème posé (ex. : problème de droit) et comprendre le sens des questions ;
- utiliser un **vocabulaire précis** dans tous les domaines (juridique, financier, fiscal…) ;
- savoir structurer les réponses proposées.

Par exemple, dans le domaine juridique, on rédige la réponse à une situation pratique en deux parties :

- présentation du droit applicable,
- application au cas.

Les entraînements proposés dans cet ouvrage insistent sur cette dimension méthodologique ; les réponses doivent aussi être claires et argumentées.

UE 1 – GESTION JURIDIQUE, FISCALE ET SOCIALE

Niveau M : 180 heures – 20 ECTS

1. L'ENTREPRISE ET SON ENVIRONNEMENT (55 heures)		
1.1 Éléments généraux sur les contrats		
Sens et portée de l'étude **L'activité de l'entreprise a une traduction juridique usuelle par le biais des contrats. Le contrat est un outil d'organisation de la vie des affaires.**		
COMPÉTENCES VISÉES	**NOTIONS ET CONTENUS**	**MANUEL**
▪ Maîtriser les effets des dispositions contractuelles engageant l'entreprise.	▪ Principes fondateurs du droit des contrats ▪ La négociation du contrat ▪ La formation du contrat - conditions de formation - clauses contractuelles particulières - sanctions des conditions de formation ▪ L'exécution du contrat les obligations à exécuter (voulues par les parties, imposées par le juge) ; interprétation du contrat - effet relatif du contrat - sanctions de l'inexécution en distinguant celles visant à l'exécution du contrat, celles visant à l'anéantissement du contrat et celles visant à la réparation de l'inexécution (responsabilité contractuelle)	**Chap. 1 : La formation du contrat** **Chap. 2 : L'exécution du contrat**

1.2 La diversité des contrats		
Sens et portée de l'étude **Le contrat est le support juridique de la relation qui lie l'entreprise à son client. Le transfert des risques liés à l'activité et au patrimoine de l'entreprise vers les compagnies d'assurance est une pratique largement répandue. Sont examinés les risques usuellement assurés, résultant d'actions de l'entreprise ou d'évènements qu'elle subit. L'assurance-vie constitue un élément de gestion patrimoniale en tant que tel, également utilisé comme garantie de crédit. Elle répond sur le plan juridique à des règles particulières, en premier lieu du fait de son quadripartisme (assureur, souscripteur, assuré et bénéficiaire).**		
COMPÉTENCES VISÉES	NOTIONS ET CONTENUS	MANUEL
▪ Maîtriser les dispositions régissant les contrats courants énumérés dans le programme. ▪ Adapter et faire évoluer le contenu de certains contrats en fonction de la situation d'un client ou de l'entreprise.	▪ Le contrat de vente, le contrat d'entreprise : formation et effets ▪ Les contrats de distribution : concession et franchise ▪ Le contrat d'assurance : mécanisme, formation, effets – la couverture des risques de l'entreprise par les contrats d'assurances – la gestion patrimoniale de l'entrepreneur par les contrats d'assurance-vie : conclusion, gestion et dénouement du contrat ▪ La transaction	**Chap. 3 : Des contrats liés au fonctionnement de l'entreprise**

1.3 Droit pénal		
Sens et portée de l'étude **Dans le cadre de ses activités, l'entreprise peut mettre en cause sa responsabilité pénale. Cette dernière a pour objet l'infraction et pour but la défense sociale. La mise en œuvre de la responsabilité pénale de l'entreprise doit être entourée de nombreuses garanties tant en terme de droit substantiel qu'en terme de droit processuel. Un certain nombre d'infractions spéciales sont destinées à protéger les actionnaires mais aussi les tiers contre certains comportements des dirigeants de la société, dirigeants de droit ou dirigeants de fait.**		
COMPÉTENCES VISÉES	NOTIONS ET CONTENUS	MANUEL
▪ Maîtriser l'identification des éléments constitutifs d'une infraction relevant du droit pénal. ▪ Informer les dirigeants de l'entreprise sur les conséquences d'une incrimination pénale.	▪ Le droit pénal général : – les éléments constitutifs de l'infraction – la classification des infractions – l'identification de la personne responsable (l'auteur, le complice) – la peine – étude de quelques infractions : escroquerie, abus de confiance, faux et usage de faux, recel ▪ La procédure pénale : – les actions : l'action publique, l'action civile – l'instruction préparatoire : juge et chambre d'instruction – le jugement et les voies de recours ▪ Le droit pénal spécial des affaires et des sociétés : – abus de biens sociaux – distribution de dividendes fictifs – présentation ou publication de comptes annuels ne donnant pas une image fidèle – infractions relatives à la constitution et à la dissolution de la société, aux assemblées, au contrôle de la société, ainsi qu'aux droits sociaux et aux modifications du capital social – blanchiment – infractions relatives au contrôle légal des comptes : délit de non révélation des faits délictueux, délit d'informations mensongères	**Chap. 4 : Le droit pénal général Chap. 5 : La procédure pénale Chap. 6 : Le droit pénal spécial des affaires et des sociétés**

1.4 L'entreprise et la concurrence		
Sens et portée de l'étude **L'activité de l'entreprise doit composer avec les règles de fonctionnement du marché et particulièrement le respect d'un certain équilibre entre les concurrents, de façon à assurer d'une part, la protection du marché et d'autre part, la protection des concurrents.**		
COMPÉTENCES VISÉES	NOTIONS ET CONTENUS	MANUEL
▪ Maîtriser des situations ou pratiques contraires au droit de la concurrence. ▪ Accompagner le traitement de pratiques contraires au droit de la concurrence.	▪ Le contrôle des concentrations en droit communautaire et en droit interne ▪ La réglementation des pratiques anticoncurrentielles : entente et abus de position dominante en droit communautaire et en droit interne ▪ La surveillance des comportements : action en concurrence déloyale, réglementation en matière de prix et de facturation ▪ Le droit des pratiques restrictives : revente à perte, prix imposés et pratiques discriminatoires, la rupture des relations commerciales établies	Chap. 8 : La concentration Chap. 7 : Les pratiques anti-concurrentielles Chap. 10 : La concurrence déloyale Chap. 9 : La transparence et les pratiques restrictives de concurrence

1.5 L'entreprise et l'administration fiscale		
Sens et portée de l'étude **Dans le cadre de son activité, l'entreprise, qui est par ailleurs contribuable, doit respecter la réglementation fiscale. L'administration se réserve la possibilité de contrôler l'application de la règle par le biais des contrôles fiscaux.**		
COMPÉTENCES VISÉES	NOTIONS ET CONTENUS	MANUEL
▪ Assister l'entreprise dans ses relations avec l'administration fiscale. ▪ Rédiger et concevoir les demandes d'agrément et de rescrit. ▪ Suivre la procédure de vérification fiscale. ▪ Apprécier l'opportunité d'accepter ou de contester une proposition de redressement. ▪ Suivre et orienter le contentieux fiscal.	▪ Les relations avec l'administration fiscale : agrément et rescrit ▪ Le contrôle fiscal : formes, déroulement, garanties, conclusion ▪ Le contentieux et la procédure fiscale ▪ Notions sur le contentieux communautaire	Chap. 11 : L'entreprise et l'administration fiscale

1.6 L'entreprise et la dimension environnementale		
Sens et portée de l'étude **L'entreprise ne peut exercer son activité en faisant abstraction, tant dans son mode de fonctionnement qu'au travers des produits ou services qu'elle commercialise de la dimension environnementale.**		
COMPÉTENCES VISÉES	NOTIONS ET CONTENUS	MANUEL
▪ Assister une entreprise dans la mise en œuvre de dispositions relevant du droit de l'environnement.	▪ Les obligations de communication des entreprises en matière d'environnement	Chap. 12 : L'entreprise et la dimension environnementale

2. LE DÉVELOPPEMENT DE L'ENTREPRISE (20 heures)

Sens et portée de l'étude L'entreprise qui se développe peut être confrontée à des problèmes d'adaptation de sa structure juridique à son niveau d'activité. Cette adaptation peut être de nature juridique.
Le développement de l'entreprise peut nécessiter une évolution de sa gouvernance, c'est-à-dire des modes de direction de l'entreprise et des relations avec les associés ou actionnaires. On aborde ainsi la problématique du gouvernement d'entreprise.
Le développement de l'activité de l'entreprise conduit celle-ci à développer ses moyens de communication mais aussi à dématérialiser une partie de ses activités.
L'entreprise peut également se développer hors du cadre strictement national. Cette dimension comporte de multiples retombées pour l'entreprise notamment dans le domaine fiscal.

COMPÉTENCES VISÉES	NOTIONS ET CONTENUS	MANUEL
▪ Assister le chef d'entreprise dans les choix juridiques et fiscaux liés à la : - constitution de sociétés ; - transformation de sociétés.	▪ Droit et fiscalité de : - la constitution des sociétés - la transformation des sociétés	**Chap. 13 : Constitution et transformation des sociétés**
▪ Assister le chef d'entreprise dans le suivi juridique de la désignation et du fonctionnement des organes de direction d'une société.	▪ Les relations entre les dirigeants et les associés ▪ Le conseil d'administration, le directoire et le conseil de surveillance : rôle et attributions ▪ Les dispositifs permettant d'améliorer la gouvernance et la transparence du fonctionnement des sociétés	**Chap. 14 : Organisation et transparence des sociétés**
▪ Répondre à des questions courantes touchant aux implications juridiques et fiscales : - de la création et l'utilisation d'un site internet ; - du recours à l'informatique dans les transactions courantes de la vie de l'entreprise.	▪ Notions essentielles de droit de l'informatique ▪ Les principales règles juridiques régissant l'utilisation d'Internet (sites, transactions, facturation et signature électroniques)	**Chap. 15 : Le commerce électronique**
▪ Maîtriser le régime fiscal des opérations faites avec l'étranger (analyse des conventions, règles de rattachement, régimes de crédits d'impôt, risques fiscaux internationaux.	▪ Les règles d'imposition des affaires internationales : règles de territorialité, principes de traitement de la double imposition, détermination et imposition du résultat, TVA et échanges internationaux ou intracommunautaires ▪ Les principaux dispositifs de lutte contre l'évasion fiscale internationale	**Chap. 16 : Fiscalité des affaires internationales**

3. LE FINANCEMENT DE L'ENTREPRISE (20 heures)		
Sens et portée de l'étude Les modalités de financement de l'entreprise sont multiples. Les conditions juridiques et fiscales d'obtention et d'utilisation d'une source de financement donnée font partie des paramètres de la décision de choix.		
COMPÉTENCES VISÉES	**NOTIONS ET CONTENUS**	**MANUEL**
▪ Maîtriser les implications juridiques et fiscales liées aux opérations de financement de l'entreprise (choix du mode de financement, suivi du financement,..).	▪ Le régime juridique et fiscal des augmentations et réductions de capital ▪ Les pactes d'actionnaires ▪ Le financement par compte courant ▪ Le financement par recours aux marchés financiers : la société cotée ▪ Le *crowdfunding* ▪ Le régime juridique et fiscal du financement à long et moyen terme (emprunts obligataires, contrats de financement) ▪ Les garanties du crédit	Chap. 17 : Le financement de l'entreprise

4. DE L'ENTREPRISE AU GROUPE (40 heures)		
4.1 Les implications juridiques, fiscales et sociales de l'existence d'un groupe		
Sens et portée de l'étude L'entreprise peut être amenée à se développer par des prises de participations dans d'autres entreprises. Les entreprises concernées font alors partie d'un groupe. Le droit donne un cadre à cette réalité économique.		
COMPÉTENCES VISÉES	**NOTIONS ET CONTENUS**	**MANUEL**
▪ Mettre en œuvre et suivre les aspects sociaux liés à l'existence d'un groupe. ▪ Assurer la gestion fiscale des groupes (choix du régime fiscal approprié ; détermination du périmètre d'intégration fiscale ; validation des retraitements ; travaux de synthèse liés à la détermination d'un résultat fiscal de groupe). ▪ Assister le chef d'entreprise dans la gestion juridique des participations détenues dans d'autres sociétés. ▪ Choisir le mode de coopération le plus approprié sous l'angle juridique et fiscal. ▪ Participer à la constitution et suivre le fonctionnement d'un GIE. ▪ Participer, sous l'angle juridique et fiscal, à la négociation d'un contrat de location gérance.	▪ Droit du travail appliqué aux groupes, comité de groupe, accord de groupe ▪ Régimes fiscaux de groupe et traitement fiscal des opérations internes aux groupes ▪ Droit et fiscalité de l'acquisition, de la détention et de la cession de participations ▪ Règles juridiques, fiscales et sociales gouvernant certains modes de coopération inter-entreprises : GIE, GEIE, location gérance, contrats d'intérêts communs	Chap. 20 : Prises de participation et groupes Chap. 21 : Le régime fiscal des groupes Chap. 22 : Les autres modes de coopération interentreprises

4.2 La restructuration de l'entreprise		
Sens et portée de l'étude **L'entreprise est souvent partie prenante dans des opérations de restructuration qui visent à rationaliser l'organisation d'activités au sein d'un groupe ou à organiser de manière différente les activités de l'entreprise. Compte tenu des enjeux, ces opérations sont étroitement réglementées.**		
COMPÉTENCES VISÉES	NOTIONS ET CONTENUS	MANUEL
▪ Déterminer sous l'angle juridique, fiscal et social le mode de restructuration approprié. ▪ Optimiser fiscalement l'opération de restructuration. ▪ Accompagner juridiquement l'opération de restructuration. ▪ Accompagner au plan social l'opération de restructuration.	▪ Le régime juridique, fiscal et social des opérations de : – fusions de sociétés – apports partiels d'actifs – scissions de sociétés, scissions partielles – transmission universelle de patrimoine (art. 1844-5 Code civil)	Chap. 18 : Les fusions, scissions et apports partiels d'actifs Chap. 19 : Régime fiscal des fusions, scissions, apports partiels d'actifs et transmissions universelles de patrimoine
5. LA PÉRENNITÉ DE L'ENTREPRISE (40 heures)		
5.1 L'entreprise en difficulté		
Sens et portée de l'étude **Nombreuses sont les difficultés qui peuvent menacer la pérennité de l'entreprise. Le droit, en cherchant à préserver les intérêts des différents partenaires de l'entreprise, va encadrer de manière spécifique la vie de l'entreprise durant la période de prévention ou de traitement des difficultés.**		
COMPÉTENCES VISÉES	NOTIONS ET CONTENUS	MANUEL
▪ Repérer les situations exigeant le déclenchement de procédures de prévention ou de traitement des difficultés. ▪ Assurer le suivi juridique de la procédure de prévention ou de traitement des difficultés.	▪ La prévention des difficultés ▪ Le traitement des difficultés : – les procédures collectives – les sanctions ▪ Aspects de droit communautaire	Chap. 23 : La prévention des difficultés de l'entreprise Chap. 24 : Le traitement judiciaire des difficultés de l'entreprise
5.2 La transmission de l'entreprise		
Sens et portée de l'étude **L'entreprise peut être cédée, qu'elle soit exploitée sous forme d'entreprise individuelle ou sous forme sociétaire. De même, l'entreprise est un élément d'un ou plusieurs patrimoines et, à ce titre, entre dans le cadre des opérations affectant un patrimoine.**		
COMPÉTENCES VISÉES	NOTIONS ET CONTENUS	MANUEL
▪ Déterminer le mode juridique et fiscal le plus approprié pour l'opération de transmission. ▪ Évaluer et optimiser le coût fiscal de la transmission. ▪ Assurer le suivi juridique de la transmission (garanties de passif,...).	▪ La transmission à titre onéreux de l'entreprise : – la cession de l'entreprise individuelle (vente du fonds de commerce) – la cession de droits sociaux ▪ La transmission à titre gratuit de l'entreprise : – les conséquences du décès de l'associé ou du dirigeant de l'entreprise individuelle – la donation de l'entreprise ou des droits sociaux	Chap. 25 : Transmission de l'entreprise à titre onéreux Chap. 26 : Transmission de l'entreprise à titre gratuit

5.3 La disparition de l'entreprise		
Sens et portée de l'étude **L'entrepreneur ou les associés peuvent décider de mettre un terme à la vie de l'entreprise.**		
COMPÉTENCES VISÉES	NOTIONS ET CONTENUS	MANUEL
▪ Maîtriser les incidences juridiques, fiscales et sociales des opérations de cessation d'activité ou de dissolution et liquidation d'une entreprise.	▪ La cessation d'activité de l'entreprise individuelle : régime juridique et fiscal ▪ La dissolution de la société : régime juridique et fiscal	Chap. 27 : Cessation d'activité de l'entreprise individuelle Chap. 28 : Dissolution des sociétés

6. LES ASSOCIATIONS ET AUTRES ORGANISMES À BUT NON LUCRATIF (5 heures)		
Sens et portée de l'étude **Les associations sont présentes dans tous les domaines et certaines d'entre elles ont une activité équivalente à celle d'entreprises. La constitution et le fonctionnement des associations et des autres organismes à but non lucratif soulèvent de nombreuses questions juridiques, fiscales et sociales.**		
COMPÉTENCES VISÉES	NOTIONS ET CONTENUS	MANUEL
▪ Accompagner au plan juridique la création d'associations (statuts, assemblées...). ▪ Déterminer le régime fiscal : exonération, identification de secteurs lucratifs.	▪ Aspects juridiques, fiscaux et sociaux des associations et autres organismes à but non lucratif	Chap. 29 : Les associations et autres organismes sans but lucratif Chap. 30 : Fiscalité des associations et autres organismes sans but lucratif

INDICATIONS COMPLÉMENTAIRES
1.2 **Dans la couverture des risques de l'entreprise sont à étudier : IARD, assurance dommages, RC produits, RC exploitation, pertes d'exploitation, responsabilité du chef d'entreprise, assurances hommes-clés.**
La gestion du contrat d'assurance-vie permet d'aborder les rachats et avances. Les aspects fiscaux sont à exposer.
2. **Lors de l'étude du conseil d'administration, du directoire et du conseil de surveillance, on s'intéressera en particulier au rôle de chacun de ces organes en matière de qualité de l'information comptable et financière.**
4.2 **On étudiera, dans le cadre des opérations de restructuration, le recours à la société européenne.**
5.2 **La situation familiale de la personne faisant l'opération (présence ou absence d'enfants, mariage, Pacs) doit être prise en compte.**

Sommaire

L'entreprise et son environnement

Partie 1

Chapitre 1

La formation du contrat

COMPÉTENCES VISÉES :

- **Connaître les principes fondateurs du droit des contrats.**
- **Connaître la définition et la nature juridique du contrat.**
- **Savoir distinguer le contrat des autres sources d'obligations et savoir identifier les sortes juridiques d'obligations nées d'un contrat donné.**
- **Être capable de qualifier un contrat donné au regard des différentes classifications des contrats.**
- **Savoir repérer les différentes étapes menant à la formation d'un contrat afin d'en déduire, à chaque étape de la négociation, les règles juridiques applicables.**
- **Être à même de vérifier si, selon les exigences du droit, un contrat est valablement formé, au fond comme en la forme.**
- **Savoir identifier les sanctions encourues, au regard du droit, pour un contrat donné dont la formation n'aurait pas respecté les conditions de validité requises.**

- Qu'est-ce qu'un contrat ? (I) Comment est-il conclu ? (II) Quelles sont les conditions à respecter pour la validité de sa formation ? (III) Quelles sont les sanctions encourues si ces conditions ne sont pas respectées ? (IV) Telles sont les questions auxquelles il importe de répondre afin d'appréhender juridiquement la formation de tout contrat, étant entendu que notre étude est ici à jour de l'importante réforme du droit des contrats issue de l'ordonnance n° 2016-131 du 10 février 2016 portant réforme du droit des contrats, du régime général et de la preuve des obligations[1] ; ordonnance ratifiée avec quelques modifications et effet rétroactif, par la loi n° 218-287 du 20 avril 2018. En effet, s'agissant des règles concernées par ce texte et notamment celles relatives au droit français des contrats, la plupart des dispositions jusque-là en vigueur n'avaient pas été modifiées depuis la rédaction originelle du Code civil en 1804.

1 La plupart des dispositions de cette réforme ayant vocation à s'appliquer aux contrats conclus à dater du 1er octobre 2016.

PLAN DU CHAPITRE

1 Le contrat : notions introductives fondamentales

A Fondements du droit des contrats
B Définition du contrat
C Principales classifications des contrats

2 La conclusion du contrat

A Le contrat est généré par la rencontre d'une offre et d'une acceptation
B Y-a-t-il contrat en période précontractuelle ?
C Les modalités de la négociation
D Le moment de la formation du contrat
E Le lieu de la formation du contrat
F Les dispositions propres aux contrats conclus par voie électronique

3 Conditions de validité du contrat

A Les conditions de fond exigées pour tout contrat
B Les conditions de forme exigées pour certains contrats

4 Sanctions du non-respect des conditions de validité du contrat

A La nullité
B La caducité
C Les autres sanctions

Chapitre 1

1 Le contrat : notions introductives fondamentales

Le droit positif français des contrats repose sur des fondements essentiellement libéraux (A). C'est dans ce cadre que la définition légale du contrat est donnée (B) et ce, quel que soit le type de contrat dont il s'agit (C).

A Fondements du droit des contrats

Déjà connue du droit romain, certes avec quelques nuances, la notion de contrat n'a cessé au cours de l'histoire d'être considérée comme l'une des manifestations premières de la liberté.

C'est sous cette inspiration libérale que le code civil français intègre en son livre troisième, dès sa rédaction originaire en 1804, les dispositions de droit commun relatives aux contrats. Ce faisant, conformément à la hiérarchie des sources du droit, la loi respecte la norme suprême ; à savoir la Constitution française du 4 octobre 1958. En effet, si la Constitution en tant que telle ne garantit pas le **principe de liberté contractuelle**, elle s'y réfère cependant indirectement par la proclamation en son préambule de la valeur constitutionnelle de la Déclaration des Droits de l'Homme et du Citoyen du 26 août 1789 : « *Le Peuple français proclame solennellement son attachement aux Droits de l'Homme et aux principes de la souveraineté nationale tels qu'ils sont définis par la Déclaration de 1789,...* ». Or, de l'avis général, la liberté contractuelle est l'un des Droits de l'Homme visés par la Déclaration de 1789.

Pour autant, la liberté contractuelle, par laquelle la volonté peut pleinement s'exprimer au fond (faculté de contracter ou non, choix du cocontractant, libre détermination des conditions et effets du contrat,...) et en la forme (choix de la forme du contrat), **ne saurait être sans limites dès lors qu'elle est susceptible de nuire à autrui**[2]. **Ceci justifie l'intervention de la loi** qui « *n'a le droit de défendre que les actions nuisibles à la société* »[3]. À ce titre, **le Code civil énonce des règles quant à la formation et à l'exécution des contrats** (*cf. infra* § 3 et 4, et Chap. 2).

Au fil du temps, force est de constater qu'au nom de l'intérêt général mais aussi de certains intérêts particuliers, **la loi encadre de plus en plus la matière contractuelle**. Ainsi, la loi restreint la faculté de contracter ou non (contrat d'assurance obligatoire pour les utilisateurs d'un véhicule automobile,...), le choix du cocontractant (droit de préemption, c'est-à-dire de préférence, octroyé à certaines personnes dans certains contrats : droit de préemption accordé à une commune pour l'achat d'un bien immobilier à vendre,...), la détermination des conditions et des effets du contrat (un contrat ne peut contenir de stipulations contraires aux lois impératives et notamment à l'ordre public) et, parfois, la liberté du formalisme (exigence d'un écrit pour un contrat de vente d'immeuble, de constitution d'hypothèque,...).

La théorie classique de l'autonomie de la volonté élaborée par divers auteurs du XIXe siècle selon lesquels la libre volonté individuelle est la source du contrat et, par extension du droit, n'a donc jamais été totalement vérifiée en pratique, y compris au travers du **consensualisme** (concept utilisé pour désigner l'inutilité d'un formalisme particulier afin de valider un contrat, étant entendu que la rencontre des volontés est estimée suffisante pour le créer).

À l'épreuve de l'évolution économique et sociologique, le contrat gagne en vitalité, que ce soit en nombre ou en diversité. Par conséquent, il représente plus que jamais un enjeu majeur pour tous et spécialement dans l'univers des entreprises.

Mais les conditions de sa libre et égale « gestion » ne semblant plus aussi réunies que par le passé, de nombreux auteurs ont, depuis de longues années maintenant, préconisé une **modernisation et une réorientation du droit français des contrats afin que, dans le souci de mieux prendre**

2 *Déclaration des Droits de l'Homme et du Citoyen du 26 août 1789*, art. 4 : la liberté « *consiste à pouvoir faire tout ce qui ne nuit pas à autrui* ».

3 *Déclaration des Droits de l'Homme et du Citoyen du 26 août 1789*, art. 5.

en considération la vulnérabilité de certaines personnes, ce droit assure davantage liberté contractuelle et impératif du maintien de l'ordre public.

À la recherche de ce difficile équilibre, et dans le sens d'une harmonisation du droit français des contrats avec le droit de l'Union européenne dont la France fait partie, **cette réforme est aujourd'hui adoptée par l'ordonnance précitée du 10 février 2016 qui affirme d'ailleurs le choix de cet équilibre** dans le nouvel article 1102 du Code civil.

> **Art. 1102 C. civ. :**
>
> *« Chacun est libre de contracter ou de ne pas contracter, de choisir son cocontractant et de déterminer le contenu et la forme du contrat dans les limites fixées par la loi.*
>
> *La liberté contractuelle ne permet pas de déroger aux règles qui intéressent l'ordre public ».*

On le voit, le droit des contrats subit une pluralité d'influences. Mais comment peut-on définir l'objet de ce droit ? Autrement dit, qu'est-ce qu'un contrat ?

B Définition du contrat

Cela pourrait relever de la gageure que de tenter de donner une définition unitaire « du » contrat, tant « les » contrats sont multiples et les systèmes juridiques de par le monde sont dissemblables.

Toutefois, on admet que le contrat est **un acte juridique source d'obligations**.

1 Le contrat : acte juridique

Le contrat (lat. *contractus* de *cum*, avec, et *trahere*, rassembler) est un **accord de volontés entre au moins deux personnes**, qu'elles soient physiques (personnes humaines) ou morales (groupements dotés de la personnalité juridique).

Plus précisément, le contrat serait **une sorte de convention** ; laquelle est habituellement entendue comme un accord de volontés entre au moins deux personnes afin de convenir entre elles de quelque chose qui n'est pas nécessairement un engagement.

Or, contrairement au **fait juridique** qui est un événement voulu ou non auquel la loi attache des effets de droit non recherchés par son auteur (*ex.* : accident ou coups volontaires obligeant le responsable à réparer le préjudice causé), la convention est **un acte juridique**, c'est-à-dire un acte de volonté destiné à produire des effets de droit également voulus par son auteur.

On distingue d'ailleurs l'acte juridique conventionnel de l'acte juridique unilatéral (*ex.* : testament).

Les actes et les faits juridiques sont dotés d'une définition légale dans les nouveaux articles 1100-1 et 1100-2 du Code civil, issus de la réforme par l'ordonnance précitée du 10 février 2016.

> **Art. 1100-1 al. 1er C. civ. :**
>
> *« Les actes juridiques sont des manifestations de volonté destinées à produire des effets de droit. Ils peuvent être conventionnels ou unilatéraux ».*

> **Art. 1100-2 al. 1er C. civ. :**
>
> *« Les faits juridiques sont des agissements ou des événements auxquels la loi attache des effets de droit. ».*

Il résulte de ce qui vient d'être dit que le contrat est une **catégorie d'acte juridique conventionnel** qui se singularise en ce que les effets de droit qu'il produit sont des **engagements appelés « obligations » entre les cocontractants** ; et ce, même si la définition légale du contrat donnée par le nouvel article 1101 du Code civil français, dans sa rédaction issue de l'ordonnance précitée du 10 février 2016, exprime différemment par rapport à la définition antérieure du contrat[4] le lien de celui-ci avec les obligations.

> **Art. 1101 C. civ. :**
> *« Le contrat est un accord de volontés entre deux ou plusieurs personnes destiné à créer, modifier, transmettre ou éteindre des obligations ».*

Il est à observer que le contrat fait désormais l'objet, dans le Livre III du Code civil, du « sous-titre 1er » du Titre III intitulé « Des **sources d'obligations** ».

Mais quels sont les différents types d'obligations conventionnelles ?

2 Le contrat : source d'obligations

Au même titre par exemple que la loi ou le fait juridique, le contrat est donc l'une des sources des obligations dont on peut être tenu. **L'obligation** peut être définie comme le **lien juridique en vertu duquel un débiteur est engagé envers son créancier.** Elle est le corollaire du droit de ce dernier.

Il existe une multitude d'obligations et, **outre l'obligation « pure et simple »** (telle personne est tenue à tel devoir envers telle autre personne : obligation de l'acheteur de payer au vendeur le prix du bien acheté...), on rend compte ici de leurs **principales sortes au regard du Code civil qui, dans sa rédaction issue de l'ordonnance précitée du 10 février 2016, distingue sous l'intitulé « les modalités de l'obligation » : l'obligation conditionnelle, l'obligation à terme et l'obligation plurale**.

a. L'obligation conditionnelle

Contrairement à une obligation « pure et simple » qui ne dépend d'aucun aléa et qui doit absolument s'exécuter, une obligation est conditionnelle lorsque **son existence** (création ou extinction) **est subordonnée à une condition ; laquelle est un événement futur** (événement qui ne peut se produire que dans l'avenir) **et incertain** (événement dont on ne peut être sûr qu'il se produira).

La condition est soit suspensive, soit résolutoire.

- **La condition suspensive**

  La condition est suspensive lorsque, **de sa réalisation, dépend la création de l'obligation**.

  Exemple : nous vous accorderons ce prêt **si** vous nous fournissez (à condition que vous nous fournissiez) une garantie.

  En cas de défaillance de la condition suspensive (autrement dit, cette condition ne se réalise pas), l'obligation est réputée n'avoir jamais existé.

- **La condition résolutoire**

  La condition est résolutoire lorsque, **de sa réalisation, dépend l'extinction de l'obligation**.

  Exemple : le compte en banque que nous vous ouvrons sera clos **si** vous ne l'approvisionnez pas.

  Par principe, l'accomplissement de la condition résolutoire éteint rétroactivement l'obligation (les choses doivent être remises en leur état antérieur, tout doit se passer comme si l'obligation n'avait jamais existé). Toutefois, alors même que l'obligation cesse, certains actes de gestion peuvent ne pas être remis en cause et la rétroactivité n'a pas lieu si tel est l'accord des parties

---

4 Dans sa rédaction antérieure, l'article 1101 du Code civil français disposait : « *Le contrat est une convention par laquelle une ou plusieurs personnes s'obligent, envers une ou plusieurs autres, à donner, à faire ou à ne pas faire quelque chose.* »

ou si les prestations échangées ont trouvé leur utilité au fur et à mesure de l'exécution qui a eu lieu.

b. L'obligation à terme

Une **obligation** est à terme lorsqu'elle **ne devra être exécutée qu'à l'arrivée d'une échéance, d'un terme ; lequel est un événement futur** (événement qui ne peut se produire que dans l'avenir) **mais certain** (événement dont on est sûr qu'il se produira, qu'on en connaisse ou non la date précise).

Exemples : Nous vous rendrons cet objet le 1er janvier 2023 (terme dont la date est connue avec précision). Nous vous rendrons cet objet lorsque vous reviendrez (terme dont la date n'est pas forcément connue avec précision).

c. L'obligation plurale

Une obligation est plurale lorsqu'elle implique une **pluralité d'objets** et/ou une **pluralité de sujets**.

- **La pluralité d'objets**

  Une obligation est à pluralité d'objets lorsque **plusieurs choses ou prestations sont dues en vertu de cette obligation**. On distingue **l'obligation cumulative, l'obligation alternative et l'obligation facultative**.

  - L'**obligation cumulative** : le débiteur (celui qui est tenu à l'obligation) doit **exécuter cumulativement plusieurs prestations** (*ex.* : remise d'une chose **et** remise d'une somme d'argent).
  - L'**obligation alternative** : le débiteur exécute correctement son obligation par l'**accomplissement**, à son choix, **de l'une ou de l'autre des prestations prévues** (*ex.* : remise d'une chose **ou** remise d'une somme d'argent).
  - L'**obligation facultative** : le débiteur exécute correctement son obligation par l'**accomplissement**, à son choix, **de la prestation prévue ou d'une autre prestation** ; celle-ci n'étant pas initialement précisée (*ex.* : il est prévu la remise d'une chose, mais le débiteur est libre de choisir une autre manière de se libérer de son obligation : versement d'une somme d'argent...).

- **La pluralité de sujets**

  Une obligation est à pluralité de sujets lorsqu'elle **implique plusieurs créanciers et/ou plusieurs débiteurs**. Le régime juridique applicable à ce type d'obligation obéit à une règle de principe ou, si l'obligation est solidaire ou à prestations indivisibles, à d'autres règles.

  - **Principe** : une obligation qui implique plusieurs créanciers ou plusieurs débiteurs se divise de manière automatique activement (plusieurs créanciers) ou passivement (plusieurs débiteurs) entre chacun d'eux et, en principe, par parts égales (sauf à ce que la loi ou le contrat prévoient expressément des parts qui ne seraient pas égales). En conséquence, chaque créancier n'a le droit de réclamer que sa part de la créance et chaque débiteur ne peut être poursuivi que pour sa part de la dette (l'obligation est dite conjointe).
  - **Exceptions** : les relations entre créanciers et débiteurs sont régies par des règles différentes de la règle de principe si l'obligation à pluralité de sujets est solidaire ou si elle est à prestation indivisible.

  L'obligation solidaire peut être active ou passive. Dans tous les cas, elle doit être expressément prévue par la loi ou par contrat (elle ne se présume pas). La **solidarité active** désigne la solidarité entre créanciers et permet à l'un quelconque d'entre eux de demander et de recevoir, au nom de tous les cocréanciers, le paiement de l'intégralité de la créance. De même, le débiteur peut payer l'un ou l'autre des créanciers solidaires tant qu'il n'est pas poursuivi par l'un d'eux en particulier. Le créancier qui reçoit l'intégralité du paiement doit ensuite restituer la part qui leur revient aux autres créanciers. La **solidarité passive** désigne la solidarité entre débiteurs et oblige celui d'entre eux à qui le créancier le demande à payer à celui-ci l'intégralité de la dette commune. Le débiteur qui assume ainsi l'intégralité du paiement peut ensuite se retourner contre ses codébiteurs afin d'obtenir de chacun le remboursement de sa part de la dette.

L'obligation à prestation indivisible implique plusieurs créanciers ou plusieurs débiteurs, mais sa prestation est indivisible lorsque, par sa nature ou par volonté contractuelle, son exécution partielle est impossible (*ex.* : livraison d'une chose en son entier). De l'impossibilité d'accomplir partiellement la prestation indivisible, il découle une solidarité des parties. Cependant, contrairement à l'obligation solidaire qui peut être exécutée séparément par chacune des parties prenantes (même si l'une d'elles peut être appelée pour le tout), la prestation indivisible ne peut être mise en œuvre que dans sa globalité. Comme en matière d'obligation solidaire, le créancier d'une obligation à prestation indivisible qui en a obtenu l'exécution doit en rendre compte à ses cocréanciers et le débiteur d'une telle obligation qui l'a totalement assumée peut se retourner contre ses codébiteurs.

Remarque. Outre les obligations que l'on vient de voir telles que répertoriées dans le Code civil dans sa rédaction issue de l'ordonnance précitée du 10 février 2016, il existe d'autres classifications des obligations. Ainsi, par exemple, les **obligations de résultat** (le débiteur est tenu d'atteindre un résultat déterminé : livrer un bien, transporter une personne...) se distingue des **obligations de moyens** (le débiteur doit mettre en œuvre tous les moyens dont il dispose pour atteindre le résultat recherché, sans toutefois pouvoir promettre d'obtenir ce résultat : obligation du médecin qui doit soigner son patient mais ne peut pas toujours lui promettre la guérison, obligation de l'avocat qui doit plaider pour son client mais ne peut lui promettre qu'il gagnera son procès...). De même signalons la distinction historique entre **obligations de faire** (exécuter une prestation), **obligations de ne pas faire** (s'abstenir de quelque chose) et **obligations de donner** (du latin *dare*, transférer la propriété d'un bien ; et ceci, pas seulement à titre gratuit), qui était portée par la définition du contrat donnée par l'article 1101 du Code civil dans sa rédaction antérieure à l'ordonnance du 10 février 2016.

Si le contrat est une source d'obligations, celles-ci participent aussi à la détermination de la famille à laquelle appartient le contrat ; ce qui n'est pas sans incidences sur le régime juridique applicable.

C Principales classifications des contrats

Les contrats peuvent être classés de différentes façons selon le critère retenu (contenu des obligations, forme du contrat,...).

1 Contrats synallagmatiques et contrats unilatéraux

Le **contrat** est **synallagmatique** (ou bilatéral) lorsque les contractants s'obligent réciproquement les uns envers les autres (contrat de vente, de bail, de travail,...) ; tandis que le **contrat** est **unilatéral** lorsqu'une ou plusieurs personnes s'obligent envers une ou plusieurs autres sans qu'il y ait d'engagement réciproque de celles-ci (contrat de donation).

2 Contrats à titre onéreux et contrats à titre gratuit

Le **contrat à titre onéreux** (contrat de vente, de bail, de travail,...) est celui en vertu duquel chacune des parties reçoit de l'autre un avantage en contrepartie de celui qu'elle procure ; tandis que le **contrat à titre gratuit** (contrat de donation) est celui dans lequel l'une des parties procure à l'autre un avantage purement gratuit (sans attendre ni recevoir de contrepartie).

3 Contrats commutatifs et contrats aléatoires

Le **contrat commutatif** est celui dans lequel chacune des parties s'engage à procurer à l'autre un avantage qui est regardé comme l'équivalent de celui qu'elle reçoit (contrat de vente...) ; tandis que le **contrat aléatoire** est celui dans lequel les parties acceptent de faire dépendre les effets du contrat, quant aux avantages et aux pertes qui en résulteront, d'un événement incertain, un aléa (contrat d'assurance...).

4 Contrats à exécution instantanée et contrats à exécution successive

Le **contrat à exécution instantanée** s'exécute en une prestation unique et, consécutivement, en une seule unité de temps (contrat de vente lorsque la remise de la chose et le paiement du prix ont lieu en une seule fois...) ; tandis que le **contrat à exécution successive** suppose que les obligations d'au moins l'une des parties s'exécutent en plusieurs prestations échelonnées dans le temps (contrat de bail, de travail...).

5 Contrats consensuels, contrats solennels et contrats réels

Le **contrat** est **consensuel** lorsqu'il se forme par la seule manifestation des consentements des parties, sans qu'une formalité particulière soit nécessaire (en vertu du principe de la liberté contractuelle, ce devrait être le cas de tous les contrats) ; tandis que le **contrat solennel** voit sa validité subordonnée, à peine de nullité, à des formalités déterminées par la loi (contrat de mariage, de travail, de société,...).

Quant au **contrat réel** (du latin *res*, *rei* qui signifie : la chose), il est celui dont la formation est subordonnée à la remise d'une chose (contrat de dépôt, de gage...).

6 Contrats de gré à gré, contrats d'adhésion et contrats forcés

Le **contrat de gré à gré** est celui qui est entièrement et librement négociable par tous les cocontractants (en vertu du principe de la liberté contractuelle, ce devrait être le cas de tous les contrats) ; tandis que le **contrat d'adhésion** est, celui qui comporte un ensemble de clauses non négociables déterminées à l'avance par l'une des parties, les autres contractants choisissant seulement d'y adhérer (cas de nombreux contrats de prêts, d'assurance,...). Quant au **contrat forcé**, on appelle ainsi souvent le contrat que l'on est obligé de souscrire (contrat d'assurance automobile,...) ; le choix laissé ne portant que sur le cocontractant ou, dans une certaine mesure, sur le contenu du contrat.

7 Contrats conclus en vertu ou non de l'*intuitus personae*

Un **contrat conclu en vertu de l'*intuitus personae*** (contrat conclu *intuitu personae*) est un contrat conclu en considération de la personne du cocontractant (contrat de prestation de services due par telle personne, contrat de travail, contrat de société dans certaines formes de sociétés,...) ; tandis que le contrat qui ne prend pas en compte l'*intuitus personae*, ne fait pas de la personne du cocontractant un élément déterminant du contrat.

8 Contrats nommés et contrats innommés

Le **contrat nommé** est un contrat qui fait l'objet d'une législation particulière (contrat de vente, de bail, de travail, de société,...) ; tandis que le **contrat innommé** résulte de la pratique, sans être régi par des dispositions législatives particulières.

9 Contrat cadre et contrats d'application

Le **contrat cadre** est un accord par lequel les parties conviennent des caractéristiques générales de leurs relations contractuelles futures ; tandis que les **contrats d'application** précisent les modalités d'exécution d'un contrat cadre.

Remarque. Bien évidemment, toutes ces classifications peuvent être croisées. Ainsi, par exemple, le contrat de travail est-il un contrat synallagmatique, à titre onéreux, commutatif, à exécution successive, solennel, en principe de gré à gré, conclu en vertu de l'*intuitus personae*, et nommé.

Le Code civil, dans sa partie consacrée au droit des contrats, dans sa rédaction issue de l'ordonnance précitée du 10 février 2016, n'envisage expressément que les distinctions, pour la plupart d'ailleurs connues de longue date, entre contrats synallagmatiques et contrats unilatéraux, contrats à titre onéreux et contrats à titre gratuit, contrats commutatifs et contrats aléatoires, contrats consensuels ou contrats solennels ou contrats réels, contrats de gré à gré et contrats d'adhésion, contrat cadre et contrats d'application, contrats à exécution instantanée et contrats à exécution successive. Cependant, les autres classifications, également couramment utilisées en matière juridique (*ex.* : contrats conclus ou non en vertu de l'*intuitus personae*), conservent tout leur intérêt.

Après ces quelques propos introductifs destinés à cerner ce qu'est juridiquement un contrat ainsi que ses diverses déclinaisons, il convient de s'interroger sur sa genèse.

2 La conclusion du contrat

Tout contrat résulte de la rencontre d'une offre et d'une acceptation (A) à l'issue d'un processus précontractuel plus ou moins long dont la qualification contractuelle des étapes est souvent source d'interrogation (B) et qui caractérise une négociation dont les modalités doivent être respectées (C). En outre, le repérage dans le temps (D) et dans l'espace (E) de cette rencontre conditionne en grande partie le régime juridique auquel est soumis le contrat. Enfin, la législation consacre des dispositions propres aux contrats conclus par voie électronique (F).

A Le contrat est généré par la rencontre d'une offre et d'une acceptation

L'offre (pollicitation) **est une proposition de contracter indiquant la volonté sans équivoque de son auteur (ou de ses auteurs) d'être lié(s) en cas d'acceptation.** L'offre peut être faite à une personne déterminée ou indéterminée et peut revêtir différentes formes (orale, écrite, marchandises exposées avec affichage de prix,...), mais elle doit être précise et complète (comporter tous les éléments essentiels du contrat envisagé et nécessaires à la prise de décision emportant formation de ce contrat) ; faute de quoi, il y aurait seulement « invitation à entrer en négociation ».

L'offre peut être librement rétractée tant qu'elle n'est pas parvenue à son destinataire. Cela étant, si l'auteur de l'offre a fixé un délai d'acceptation, il ne peut retirer son offre avant l'expiration de ce délai ; sauf refus exprès de la personne à laquelle l'offre est adressée. Si l'auteur de l'offre n'a pas fixé de délai d'acceptation, l'offre doit être maintenue « dans un délai raisonnable » que les juges apprécient *in concreto* en cas de litige. La rétractation de l'offre en violation des règles ci-avant empêche la conclusion du contrat et engage la responsabilité extracontractuelle de son auteur. Par ailleurs, l'offre est dite caduque soit à l'expiration du délai permettant son acceptation, soit en cas d'incapacité ou de décès de l'auteur de l'offre ou de décès de son destinataire.

L'acceptation est **l'acte unilatéral par lequel son auteur (ou ses auteurs) exprime(nt), sans équivoque, la volonté d'être lié(s) dans les termes de l'offre.** L'acceptation peut revêtir diverses formes (orale, écrite, gestuelle,...) mais ne peut, sauf exceptions (dispositions légales, aménagements conventionnels, usages professionnels,...), se manifester par le silence gardé. La loi ou le contrat peuvent prévoir un délai de réflexion, qui est le délai avant l'expiration duquel le destinataire de l'offre ne peut manifester son acceptation, ou bien un délai de rétractation, qui est le délai avant l'expiration duquel son bénéficiaire peut rétracter son consentement.

Un contrat existe donc dès lors que le bénéficiaire d'une offre accepte celle-ci en des termes identiques.

Les différentes étapes qui conduisent de l'intention de contracter à la conclusion d'un accord définitif méritent toutefois d'être examinées.

B Y-a-t-il contrat en période précontractuelle ?

La question peut paraître étrange tant ce qui précède le contrat n'est, par définition, pas le contrat lui-même.

Cependant, afin de tendre vers un contrat définitif, les négociateurs imaginent divers « instruments » qui jalonnent le processus précontractuel. **Certaines de ces étapes ne constituent pas**

des contrats, tandis que d'autres répondent bien à la définition ci-dessus **du contrat** (acceptation d'une offre en des termes identiques).

Confrontées à la sophistication du découpage de la négociation, doctrine et jurisprudence considèrent par exemple que sont hors de la sphère contractuelle les **pourparlers**. Ceux-ci consistent généralement en « ***une série d'échanges dont nul contrat ne pétrifie les premiers résultats***[5] ».

Par contre, peuvent être considérés comme des contrats à part entière **des avant-contrats. Deux d'entre eux se trouvent dotés d'une définition légale dans le Code civil depuis l'ordonnance précitée du 10 février 2016**. Il s'agit du pacte de préférence et de la promesse unilatérale.

Ainsi, le **pacte de préférence** est le contrat par lequel une partie s'engage à proposer prioritairement à son bénéficiaire de traiter avec lui pour le cas où elle déciderait de contracter (art. 1123 al. 1er C. civ.). En conséquence, si le contrat envisagé par le pacte de préférence est finalement conclu non pas avec son bénéficiaire mais avec un tiers, le bénéficiaire du pacte (qui est donc un créancier) peut obtenir réparation du préjudice qu'il subit. En outre, lorsque le tiers connaissait l'existence du pacte et l'intention du bénéficiaire de s'en prévaloir, le bénéficiaire peut également agir en nullité ou demander au juge de le substituer au tiers dans le contrat conclu. Afin d'éviter pareille situation et de lever à l'avance toute incertitude, le législateur offre au tiers la possibilité d'une « action interrogatoire » par laquelle ce dernier peut demander par écrit au bénéficiaire du pacte de lui confirmer dans un délai raisonnable qu'il lui indique l'existence ou non du pacte de préférence et, dans l'affirmative, s'il a ou non l'intention de s'en prévaloir. À défaut de réponse dans le délai qui lui a été indiqué, le bénéficiaire du pacte ne pourra ensuite ni solliciter sa substitution au contrat conclu avec le tiers ni la nullité du contrat.

Quant à la **promesse unilatérale**, c'est le contrat par lequel une partie, le promettant, accorde à l'autre, le bénéficiaire, le droit d'opter pour la conclusion d'un contrat dont les éléments essentiels sont déterminés, et pour la formation duquel ne manque que le consentement du bénéficiaire (art. 1124 al. 1er C. civ.). La promesse unilatérale est un engagement tel pour celui qui en est l'auteur que, s'il révoque cette promesse pendant le temps laissé au bénéficiaire pour opter, celui-ci pourra obtenir la formation du contrat promis. Enfin, tout contrat conclu en violation de la promesse unilatérale avec un tiers qui en connaissait l'existence est nul.

Davantage encore que la promesse unilatérale de contrat, la promesse synallagmatique de contrat, à propos, il est vrai, de la seule vente, reçoit depuis longtemps la qualification de contrat (art. 1589 al. 1er C. civ. : « *La promesse de vente vaut vente, lorsqu'il y a consentement réciproque des deux parties sur la chose et sur le prix* »).

En résumé, la qualification juridique contractuelle ou non des étapes de la négociation n'est pas toujours simple (il n'y a pas forcément un avant-contrat dans toutes les négociations) et n'est jamais neutre puisque le régime juridique à retenir en dépend (*ex.* : une rupture fautive parce que brutale et préjudiciable des pourparlers justifie une sanction extracontractuelle, alors que le non-respect d'un pacte de préférence est à sanctionner sur le plan contractuel).

La manière dont se déroulent les négociations mérite aussi de respecter certains principes.

C Les modalités de la négociation

En sus des définitions ci-avant de deux des avant-contrats, **l'ordonnance précitée du 10 février 2016 fixe désormais dans le Code civil un certain nombre de règles relatives aux négociations qui précèdent un contrat** (contrat *stricto sensu* ou avant-contrat).

La première de ces règles figure dans les « dispositions préliminaires » aux développements consacrés au contrat et, ne se limitant pas aux seules négociations mais s'appliquant à toutes les étapes de la vie d'un contrat, énonce : « *Les contrats doivent être négociés, formés et*

5 Jean-Marc Mousseron, *Rapport de synthèse*, RTD com., 1998, p. 559 s.

exécutés de bonne foi » (art. 1104 al. 1er C. civ.) ; cette disposition étant expressément d'ordre public (art. 1104 al. 2 C. civ.). La **bonne foi** n'est pas légalement définie, mais on peut lui assimiler la sincérité dans laquelle on se trouve et il convient de remarquer qu'elle bénéficie d'une présomption légale simple reposant sur l'article 2274 du Code civil qui est envisagé dans le cadre de la propriété immobilière par possession, mais dont il est admis qu'il irradie l'ensemble du droit civil : « *La bonne foi est toujours présumée, et c'est à celui qui allègue la mauvaise foi de la prouver* » [6].

Les autres règles en matière de négociations sont réunies dans des articles du Code civil qui leur sont maintenant dédiés (art. 1112, 1112-1 et 1112-2). Ainsi, il est réaffirmé la **liberté de l'initiative, du déroulement et de la rupture des négociations précontractuelles**, pourvu que cela soit de bonne foi. **Si une faute est commise dans les négociations, la responsabilité (en principe extracontractuelle) de l'auteur de cette faute** (rupture brutale des négociations…) **peut être recherchée par la victime afin d'obtenir indemnisation du préjudice qui en résulte** (remboursement des frais de négociation engagés…), sans pouvoir aller jusqu'à demander le paiement de ce que représenteraient les avantages espérés du contrat s'il avait été conclu ou la perte de chance d'obtenir ces avantages. Une autre règle est déterminante dans la conduite de la négociation : l'**obligation d'information** pesant sur les protagonistes. En effet, sous peine de voir sa responsabilité extracontractuelle engagée, toute partie qui connaît une information qui est déterminante pour le consentement de l'autre (est déterminante une information ayant un lien direct et nécessaire avec le contenu du contrat ou la qualité des parties) doit la lui révéler. Enfin, dans le but de protéger le secret des négociations à l'égard des tiers, **engage sa responsabilité extracontractuelle celui qui utilise ou divulgue, sans autorisation, une information confidentielle obtenue à l'occasion des négociations**.

Pour peu que l'existence d'un contrat soit établie, il n'est parfois pas aisé de savoir quand et où la rencontre de volontés a lieu ; c'est-à-dire à partir de quand et où le contrat est formé.

D Le moment de la formation du contrat

Après de nombreuses années d'hésitations doctrinales, **le droit positif français, avec l'ordonnance précitée du 10 février 2016, indique désormais le moment auquel un contrat est conclu** ; étant entendu que l'on doit avoir à l'esprit que des enjeux cruciaux sont attachés à ce repérage temporel de la rencontre des volontés.

1 La règle de datation des contrats en droit positif français

Désormais, un contrat est réputé conclu **au moment où celui qui a effectué l'offre reçoit l'acceptation**.

> **Art. 1121 C. civ. :**
>
> « *Le contrat est conclu dès que l'acceptation parvient à l'offrant. […]* ».

2 Les enjeux inhérents à la datation du contrat

De la détermination du moment de la conclusion du contrat dépendent de nombreuses règles.

Citons notamment la question de la **loi applicable au contrat** (les effets des contrats conclus antérieurement à une loi nouvelle, même s'ils continuent à se réaliser postérieurement à l'entrée en vigueur de cette loi, demeurent en principe régis par les dispositions légales sous l'empire

6 Sur la difficulté d'appréhender la notion de bonne foi et sa réception par le droit en lien avec l'idée de confiance, V. not. : Marielle Martin, *La confiance dans les relations professionnelles : un présupposé juridique malmené ?*, *in* La confiance en questions, Éd. L'Harmattan, coll. « Perspectives organisationnelles », 2016, p. 315 s., spéc. p. 319.

desquelles ils ont été passés[7]), la question de l'**attribution des risques entre les parties** (par exemple, en matière de vente et sauf clause de réserve de propriété, les risques de la chose sont en principe supportés par l'acheteur[8]), la question du **positionnement de la phase d'exécution du contrat** (par exemple, dans un contrat où est stipulé un terme) ou encore la question du **point de départ des délais d'exercice de certaines actions en justice** à propos du contrat (par exemple, actions en nullité *cf. infra* § 4-A).

Remarque. Applicable aux contrats passés en la présence simultanée ou non des parties lors de la rencontre de l'offre et de l'acceptation, la nouvelle règle de datation des contrats adoptée par le droit positif français doit s'articuler avec des dispositions pouvant exister en la matière dans des branches spéciales du droit (droit de la consommation...) et avec des règles du droit européen ou du droit international si le contrat est passé à cette échelle.

Dorénavant, la réception de l'acceptation commande non seulement la datation des contrats mais aussi leur localisation.

E Le lieu de la formation du contrat

Là encore, après de nombreuses années d'hésitations doctrinales, **le droit positif français, avec l'ordonnance précitée du 10 février 2016, indique désormais le lieu où un contrat est conclu** ; des enjeux cruciaux étant également attachés à cette localisation de la rencontre des volontés.

1 La règle de localisation des contrats en droit positif français

Désormais, un contrat est réputé conclu **au lieu où parvient l'acceptation**.

Art. 1121 C. civ. :
« *[...]. Il [le contrat] est réputé l'être [conclu] au lieu où l'acceptation est parvenue* ».

2 Les enjeux inhérents à la localisation du contrat

Il s'agit essentiellement de déterminer la compétence territoriale de la juridiction à saisir en cas de litige et le pays dont la loi est applicable au contrat. Nous examinons ici ces questions au cas où le contrat est établi en France.

Quant à la **compétence territoriale de la juridiction devant être saisie en cas de litige**, la règle de principe, inscrite à l'article 42 du Code de procédure civile, fait référence au domicile (lieu du principal établissement) du défendeur (personne assignée) : « *La juridiction territorialement compétente est, sauf dispositions contraires, celle du lieu où demeure le défendeur. S'il y a plusieurs défendeurs, le demandeur saisit, à son choix, la juridiction du lieu où demeure l'un d'eux* ». Les dispositions dérogatoires concernant les contrats sont principalement visées dans ce même Code à l'article 46 qui dispose notamment que « *Le demandeur peut saisir à son choix, outre la juridiction du lieu où demeure le défendeur : en matière contractuelle, la juridiction du lieu de la livraison effective de la chose ou du lieu de l'exécution de la prestation de service ; ...* » et, lorsque le contrat est conclu entre commerçants (personnes physiques ou morales), à l'article 48 qui énonce que « *Toute clause qui, directement ou indirectement, déroge aux règles de compétence territoriale est réputée non écrite, à moins qu'elle n'ait été convenue entre des personnes ayant toutes contracté en qualité de commerçant et qu'elle n'ait été spécifiée de façon très apparente dans l'engagement de la partie à qui elle est opposée* ».

---

7 V. not. Cass. 3e civ., 20 juin 1968, *D.* 1968, 749, note LESAGE-CATEL. Par exception, une loi nouvelle qui le prévoit expressément ou qui est d'ordre public peut s'appliquer aux effets à venir des contrats en cours d'exécution.

8 Art. 1583 C. civ. : « *Elle (la vente) est parfaite entre les parties, et la propriété est acquise de droit à l'acheteur à l'égard du vendeur, dès qu'on est convenu de la chose et du prix, quoique la chose n'ait pas encore été livrée ni le prix payé* ».

Il faut également compter avec les dispositions propres à certains contrats spéciaux. Ainsi, pour connaître au premier degré des litiges individuels nés des contrats de travail, est en principe territorialement compétent le conseil de prud'hommes dans le ressort duquel est situé l'établissement où est effectué le travail. Si le travail est effectué en dehors de tout établissement (travail itinérant) ou à domicile, la demande est portée devant le conseil de prud'hommes du domicile du salarié. Cependant, le salarié peut toujours saisir le conseil de prud'hommes du lieu où l'engagement a été contracté ou celui du lieu où l'employeur est établi. Toute clause qui dérogerait à ces règles serait réputée non écrite (art. R. 1412-1 C. trav.).

Quant à la **loi applicable au contrat** conclu sur le territoire national, sauf stipulations contraires, il s'agit de la loi française.

Remarque. Applicable aux contrats passés en la présence simultanée ou non des parties lors de la rencontre de l'offre et de l'acceptation, la nouvelle règle de localisation des contrats adoptée par le droit positif français, comme celle relative à la datation des contrats, doit s'articuler avec des dispositions pouvant exister en la matière dans des branches spéciales du droit et avec des règles du droit européen ou du droit international si le contrat est passé à cette échelle.

Toujours dans le cadre de notre étude sur la conclusion du contrat, il convient maintenant de signaler des dispositions propres aux contrats conclus par voie électronique.

F Les dispositions propres aux contrats conclus par voie électronique

Parmi les contrats conclus « entre absents » (sans la présence physique simultanée des parties), contrats qui sont d'ailleurs en voie de généralisation (téléphone, télécopie, Internet...), les contrats conclus par voie électronique font depuis quelque temps déjà l'objet de l'attention du législateur. Ainsi, par harmonisation avec le droit européen, la loi française n° 2004-575 du 21 juin 2004 pour la confiance dans l'économie numérique avait introduit en droit français un certain nombre de dispositions intéressant en particulier le commerce électronique. **L'ordonnance précitée du 10 février 2016** reprend ces dispositions, les modifie dans le sens des **contrats en général conclus par voie électronique** et leur consacre **de nouveaux articles du Code civil (art. 1125 s.) dans sa partie relative à la formation et plus spécifiquement à la conclusion des contrats**.

Il est essentiellement indiqué que **les informations à propos des contrats** (informations précontractuelles, stipulations contractuelles, informations en cours d'exécution contractuelle) **peuvent être mises à disposition des parties par voie électronique**.

D'autre part, des dispositions particulières précisent les **exigences à respecter quant à la forme et au contenu de l'offre lorsque c'est un professionnel qui propose des biens ou des services par voie électronique**. De surcroît, le **contrat n'est valablement conclu que si la commande** (acceptation) **fait l'objet d'une confirmation de la part de celui qui accepte et d'un accusé de réception de la part de l'auteur de l'offre**. Ces dispositions peuvent cependant être aménagées si le contrat est conclu entre professionnels ou par échange de courriers électroniques.

Art. 1127-1 C. civ. :

« Quiconque propose à titre professionnel, par voie électronique, la fourniture de biens ou la prestation de services, met à disposition les stipulations contractuelles applicables d'une manière qui permette leur conservation et leur reproduction.

L'auteur d'une offre reste engagé par elle tant qu'elle est accessible par voie électronique de son fait.

L'offre énonce en outre :

1° Les différentes étapes à suivre pour conclure le contrat par voie électronique ;

2° Les moyens techniques permettant au destinataire de l'offre, avant la conclusion du contrat, d'identifier d'éventuelles erreurs commises dans la saisie des données et de les corriger ;

3° Les langues proposées pour la conclusion du contrat au nombre desquelles doit figurer la langue française ;

4° Le cas échéant, les modalités d'archivage du contrat par l'auteur de l'offre et les conditions d'accès au contrat archivé ;

5° Les moyens de consulter par voie électronique les règles professionnelles et commerciales auxquelles l'auteur de l'offre entend, le cas échéant, se soumettre ».

Art. 1127-2 C. civ. :

« Le contrat n'est valablement conclu que si le destinataire de l'offre a eu la possibilité de vérifier le détail de sa commande et son prix total et de corriger d'éventuelles erreurs avant de confirmer celle-ci pour exprimer son acceptation définitive.

L'auteur de l'offre doit accuser réception sans délai injustifié, par voie électronique, de la commande qui lui a été adressée.

La commande, la confirmation de l'acceptation de l'offre et l'accusé de réception sont considérés comme reçus lorsque les parties auxquelles ils sont adressés peuvent y avoir accès ».

Art. 1127-3 C. civ. :

« Il est fait exception aux obligations visées aux 1° à 5° de l'article 1127-1 et aux deux premiers alinéas de l'article 1127-2 pour les contrats de fourniture de biens ou de prestation de services qui sont conclus exclusivement par échange de courriers électroniques.

Il peut, en outre, être dérogé aux dispositions des 1° à 5° de l'article 1127-1 et de l'article 1127-2 dans les contrats conclus entre professionnels ».

Enfin, parmi les autres dispositions propres aux contrats conclus par voie électronique, signalons que, pourvu que soient respectées des conditions fixées par décret en Conseil d'État, la nouvelle législation prévoit que des lettres (simples ou recommandées) relatives à la conclusion ou à l'exécution d'un contrat puissent être envoyées par courrier électronique.

Après l'exposé des principales règles qui président à la conclusion d'un contrat, se pose l'épineuse question de la validité de celui-ci.

3 Conditions de validité du contrat

Il s'agit, **au moment de la formation du contrat**, de conditions de fond qui doivent être respectées pour la validité de tout contrat (A) ainsi que, pour certains contrats, de conditions de forme (B).

A Les conditions de fond exigées pour tout contrat

Depuis l'ordonnance précitée du 10 février 2016, **ces conditions sont posées par le nouvel article 1128 du Code civil**, et non plus, dans ce même Code, à l'article 1108 jusque-là en vigueur ; dans des termes qui, d'ailleurs, ne sont pas exactement les mêmes [9].

[9] L'ancien article 1108 du Code civil disposait : « Quatre conditions sont essentielles pour la validité d'une convention :
Le consentement de la partie qui s'oblige ;
Sa capacité de contracter ;
Un objet certain qui forme la matière de l'engagement ;
Une cause licite dans l'obligation ».

Art. 1128 C. civ. :

« Sont nécessaires à la validité d'un contrat :

1° Le consentement des parties ;

2° Leur capacité de contracter ;

3° Un contenu licite et certain ».

Désormais, pour qu'un contrat soit valablement formé, le législateur exige que trois conditions soient cumulativement vérifiées : le consentement des parties, leur capacité, un contenu licite et certain du contrat (ces trois conditions remplacent les quatre conditions énoncées auparavant : le consentement, la capacité, l'objet et la cause).

1 Le consentement

Le consentement de chaque cocontractant doit exister et ne pas être vicié.

a. Le consentement doit exister

La personne qui exprime sa volonté de contracter doit être en mesure de donner son consentement. Ainsi, indépendamment de toute incapacité juridique officiellement reconnue et de tout placement corrélatif sous un régime de protection (*cf. infra* § 2), l'absence de trouble mental est nécessaire pour que le contrat soit valablement formé.

Art. 1129 C. civ. :

« [...] il faut être sain d'esprit pour consentir valablement à un contrat ».

b. Le consentement ne doit pas être vicié

Le Code civil recense trois vices du consentement : l'erreur, le dol et la violence ; un seul de ces trois vices, dans un contrat donné, suffisant à vicier le consentement. Cela étant, l'erreur, le dol et la violence ne vicient le consentement que s'ils altèrent de manière déterminante le consentement de la partie qui en est victime.

Les vices du consentement

Que sont respectivement, l'erreur, le dol et la violence depuis l'ordonnance précitée du 10 février 2016 ?

- **L'erreur**

  Un contractant commet une erreur lorsqu'il se trompe. Il se fait une représentation inexacte de la réalité sans pouvoir reprocher quoi que ce soit à son cocontractant avec qui il existe, en quelque sorte, un malentendu.

  Pour entraîner la remise en cause du contrat, **l'erreur doit être excusable, non grossière** (toute personne de vigilance normale pourrait la commettre) **et elle doit porter soit sur les qualités essentielles de la prestation due** c'est-à-dire les aspects de la prestation qui ont déterminé l'une des parties à contracter[10] (*ex.* : authenticité, qualité artisanale...), **soit, dans les contrats conclus *intuitu personae*, sur les qualités essentielles du cocontractant** c'est-à-dire les qualités que prête à celui-ci l'autre cocontractant et qui l'ont déterminé à contracter (*ex.* : compétences particulières, renommée...).

10 L'erreur peut porter sur la prestation due par l'autre partie ou sur la prestation que l'on doit soi-même.

Art. 1132 C. civ. :

« L'erreur, de droit ou de fait, à moins qu'elle ne soit inexcusable, est une cause de nullité du contrat lorsqu'elle porte sur les qualités essentielles de la prestation due ou sur celles du cocontractant ».

En revanche, l'erreur ne peut être retenue si un aléa a été accepté sur une qualité de la prestation due, ou si elle ne porte que sur la valeur de la prestation (par une appréciation économique inexacte) ou encore, sauf exceptions (volonté des parties, motif de libéralité), si elle ne porte que sur un simple motif (raison de l'engagement autre que les qualités essentielles de la prestation due ou du cocontractant).

- **Le dol**

  Constitue un dol une **manœuvre frauduleuse active** (mise en scène ou mensonges : production d'un faux bilan lors de la vente d'un fonds de commerce, production de faux diplômes par un salarié lors de l'embauche, allégations mensongères d'un marchand sur la composition d'un produit...) **ou passive** (manœuvre dite « réticence dolosive » se manifestant par le silence gardé sur un élément essentiel pour la décision de contracter : dissimulation par le vendeur d'un immeuble du projet d'élargissement d'une route, manœuvres d'un acquéreur tendant à maintenir le vendeur dans l'ignorance de la richesse du sous-sol du bien offert à la vente...) **émanant d'un contractant ou de son représentant** (dirigeant d'une société agissant dans le cadre de ses fonctions...) **ou même d'un tiers de connivence ; afin, intentionnellement, de tromper le cocontractant, de l'induire en erreur, pour l'amener à contracter**.

Art. 1137 C. civ.

(dans sa rédaction issue de la loi n° 2018-287 du 20 avril 2018) : « Le dol est le fait pour un cocontractant d'obtenir le consentement de l'autre par des manœuvres ou des mensonges.

Constitue également un dol la dissimulation intentionnelle par l'un des contractants d'une information dont il sait le caractère déterminant pour l'autre partie.

Néanmoins, ne constitue pas un dol le fait pour une partie de ne pas révéler à son cocontractant son estimation de la valeur de la prestation. »

La victime d'un dol, étant ainsi victime d'une « erreur provoquée », cette erreur-là est toujours excusable, même si elle porte sur un simple motif (*cf. supra* l'erreur).

- **La violence**

  Exercée par le contractant au profit de qui le contrat est passé ou par un tiers, la violence consiste en le fait d'**obtenir le consentement du cocontractant par la force** ou par la menace d'un mal considérable à l'encontre de la personne de ce dernier, de sa fortune ou de celles de ses proches.

Art. 1140 C. civ. :

« Il y a violence lorsqu'une partie s'engage sous la pression d'une contrainte qui lui inspire la crainte d'exposer sa personne, sa fortune ou celles de ses proches à un mal considérable. »

N'est cependant pas vicié un consentement obtenu, par exemple, par la menace non abusive d'exercer une voie de droit (débiteur menacé d'une saisie qui consent une garantie sur l'un de ses biens...).

Outre les règles ci-avant, l'ordonnance précitée du 10 février 2016 innove surtout, en ce qui concerne la violence, par des dispositions permettant de sanctionner à ce titre les **abus de dépendance** qui conduisent, pour un contractant à obtenir de son cocontractant un avantage manifestement excessif (la « violence économique » est ici visée, mais aussi toutes les hypothèses de dépendance ; ce qui permet de protéger toutes les personnes vulnérables et pas seulement une entreprise dans sa relation avec une autre).

Art. 1143 C. civ. :

« Il y a également violence lorsqu'une partie, abusant de l'état de dépendance dans lequel se trouve son cocontractant à son égard, obtient de lui un engagement qu'il n'aurait pas souscrit en l'absence d'une telle contrainte et en tire un avantage manifestement excessif ».

Remarque. Bien que ne figurant pas dans la liste des vices du consentement que l'on vient de voir, la lésion (déséquilibre important des prestations évaluées au moment de la formation du contrat et qui cause un préjudice à un contractant), qui ne peut exister qu'à l'égard de certaines personnes (personnes frappées de certaines incapacités juridiques) ou dans certains contrats à des conditions prévues par la loi, doit être ici signalée en ce qu'elle permet de reconsidérer les contrats qui en sont frappés. *Exemples* : dans un contrat de partage, lorsqu'un héritier établit à son préjudice une lésion de plus du quart (art. 889 C. civ.) ; dans un contrat de vente d'immeuble, lorsque le vendeur a été lésé de plus des sept douzièmes dans le prix de l'immeuble (art. 1675 C. civ.).

L'erreur, le dol et la violence ayant été définis, il convient maintenant de souligner le caractère déterminant qu'ils doivent avoir pour vicier le consentement.

Le caractère déterminant des vices du consentement

L'erreur, le dol et la violence ne vicient pas systématiquement le consentement. En effet, ils ne vicient le consentement que s'il s'avère qu'ils ont été déterminants dans la décision de contracter. Inversement dit, sans ce vice, soit le cocontractant victime n'aurait pas contracté, soit il aurait contracté à des conditions substantiellement différentes.

Le caractère déterminant s'apprécie *in concreto* eu égard aux personnes (*ex.* : en matière de violence, on aura égard à la manière dont telle ou telle personne a pu être impressionnée plus facilement que d'autres) et aux circonstances dans lesquelles le consentement a été donné (*ex.* : situation d'urgence).

En résumé, pour qu'un contrat soit valide, le consentement des parties doit exister et ne pas être vicié de manière déterminante. Mais il faut aussi que les parties aient le pouvoir de conclure le contrat.

2 La capacité

Comme on l'a vu, **la « capacité » des parties de contracter est mentionnée dans le nouvel article 1128 du Code civil** qui énonce les conditions de fond à respecter pour la validité d'un contrat. **Cependant, suite à l'ordonnance précitée du 10 février 2016, les articles du Code civil qui développent cette exigence de capacité juridique en matière contractuelle sont également complétés de dispositions relatives à la « représentation ».**

a. La capacité

La capacité juridique, dont la réglementation fait l'objet dans le Code civil d'autres dispositions que celles figurant au titre du droit des contrats, s'entend de la **capacité de jouissance** (aptitude d'une personne à être titulaire de droits et d'obligations) et de la **capacité d'exercice** (aptitude de cette personne à exercer elle-même et pour elle-même les droits et obligations qui sont les siens).

Pour qu'un contrat soit valablement conclu, toutes les parties contractantes doivent avoir la capacité juridique de s'engager dans ce contrat.

Mais la capacité juridique ne s'apprécie pas de la même manière selon que la personne est une **personne physique** (personne humaine) ou une **personne morale** (groupement doté de la personnalité juridique : sociétés et GIE immatriculés au RCS, associations simplement déclarées ou reconnue d'utilité publique...).

Ainsi, toute personne physique possède en principe une pleine capacité et peut donc contracter, sauf si elle est reconnue incapable par la loi. Or, sont incapables au regard de la loi, d'une part les mineurs (art. 388 al. 1er C. civ. : « *Le mineur est l'individu de l'un ou l'autre sexe qui n'a point encore l'âge de dix-huit ans accomplis* ») non émancipés (en effet, un mineur peut être émancipé et avoir ainsi une plus grande capacité juridique si, après autorisation, il se marie ou s'il bénéficie d'une décision spéciale du juge des tutelles) et, d'autre part, les majeurs (art. 414 C. civ. : « *La majorité est fixée à dix-huit ans accomplis ; à cet âge, chacun est capable d'exercer les droits dont il a la jouissance* ») incapables (en effet, si un majeur est dans l'impossibilité de pourvoir seul à ses intérêts en raison d'une altération médicalement constatée de ses facultés mentales et/ou corporelles de nature à empêcher l'expression de sa volonté, il peut être reconnu juridiquement incapable et placé par décision du juge des tutelles sous un régime de protection : sauvegarde de justice, curatelle, tutelle... [11]). Parmi les autres dispositions figurant nouvellement dans les règles du droit des contrats dédiées à la capacité, notons cependant que toute personne incapable de contracter peut accomplir seule les « actes courants » autorisés par la loi ou l'usage s'ils sont conclus à des conditions normales, ou encore que le mineur ne peut se soustraire aux engagements qu'il a pris dans l'exercice de sa profession.

Quant à la capacité des personnes morales, selon les textes nouveaux (ordonnance de 2016 et loi de ratification de 2018 précitées), elle est limitée par les règles applicables à chacune d'entre elles (ainsi, une personne morale ne peut valablement s'engager que pour les contrats autorisés par les textes qui la régissent).

Outre la capacité et bien que non expressément mentionnée au nouvel article 1128 du Code civil, la représentation fait l'objet de dispositions complémentaires.

b. La représentation

À propos de l'aptitude que doivent avoir les parties pour que le contrat qu'elles passent soit valable, l'ordonnance précitée du 10 février 2016 a estimé qu'il fallait adjoindre dans le Code civil aux dispositions relatives à la capacité des dispositions relatives à la représentation. En effet, **il arrive qu'une partie contracte par l'intermédiaire d'une autre personne. Encore faut-il que cette personne**, le représentant (qu'il tienne cette qualité de la loi, du juge ou d'un contrat), **agisse dans le cadre des pouvoirs qui lui sont conférés**.

Lorsque le représentant agit dans la limite de ses pouvoirs, au nom et pour le compte du représenté (**représentation dite parfaite**), c'est celui-ci qui est seul tenu de l'engagement contracté. Lorsque le représentant déclare agir pour le compte d'autrui, mais contracte en son propre nom (**représentation dite imparfaite**), c'est le représentant qui est seul engagé à l'égard du cocontractant.

Si le pouvoir du représentant est défini en termes généraux (**pouvoir général**), le représentant n'est habilité à passer que les actes de conservation et d'administration (à l'exclusion des actes de disposition, lesquels sont de nature à compromettre de manière significative la composition du patrimoine : vente de biens de valeur...). Si le pouvoir du représentant est défini en termes spéciaux (**pouvoir spécial**), le représentant peut seulement accomplir les actes pour lesquels il est ainsi habilité mais aussi tous les actes dont dépend la réalisation des actes pour lesquels il est habilité.

Le législateur indique quel est le sort d'un acte accompli par un représentant qui agit, selon différents cas de figure, en dehors des pouvoirs qui lui sont conférés : soit **l'acte est accompli sans pouvoir ou au-delà des pouvoirs conférés**, si le représenté décide de ne pas le ratifier, l'acte lui est alors inopposable (le représenté n'est pas tenu par cet acte), sauf si le tiers contractant a légitimement pu croire en la réalité des pouvoirs du représentant (cela étant, le tiers contactant

[11] En cas d'altération de ses facultés, le mineur émancipé est protégé de la même manière que le majeur incapable.

peut invoquer la nullité de l'acte s'il ignorait que le représentant agissait sans pouvoir ou au-delà de ses pouvoirs) ; soit **l'acte est accompli** en **détournement des pouvoirs conférés** (le représentant agit dans la limite de ses pouvoirs, mais il les utilise dans un autre but que celui convenu ou prévu par la loi), le représenté peut alors invoquer la nullité de l'acte si le tiers était au courant du détournement.

Deux mesures en particulier s'appliquent en outre à la représentation conventionnelle (par contrat : mandat...) : d'une part, le représenté conserve l'exercice de ses droits ; d'autre part, une « action interrogatoire » est ouverte au bénéfice du tiers qui doute de l'étendue des pouvoirs du représentant avec lequel il s'apprête à contracter (concrètement, par le biais de cette « action », le tiers peut demander par écrit au représenté de lui confirmer, dans un délai raisonnable qu'il fixe, que le représentant est bien habilité à conclure l'acte envisagé ; le représentant étant réputé habilité en l'absence de réponse dans ledit délai).

Par ailleurs, dans le cadre, cette fois, de la **représentation légale** (prévue par la loi : en principe, représentation des mineurs non émancipés par leurs parents exerçant l'autorité parentale...) ou de la **représentation judiciaire** (décidée en justice : nomination par le juge des tutelles d'un tuteur pour représenter un majeur incapable...), **le représenté est dessaisi pendant ce temps des pouvoirs transférés au représentant**.

Enfin, quel que soit le type de représentation, le représentant perd ses pouvoirs s'il est atteint d'une incapacité ou frappé d'une interdiction. Et, afin d'éviter tout conflit d'intérêts entre les protagonistes, le représentant d'une personne physique ne peut agir pour le compte de plusieurs parties au contrat qui se trouvent en opposition d'intérêts ni contracter pour son propre compte avec le représenté. L'acte accompli en violation de ces règles est nul, sauf si la loi l'autorise ou si le représenté l'a autorisé ou ratifié. En revanche, depuis la loi de ratification du 20 avril 2018, lorsque le représenté est une personne morale, il n'est plus interdit au représentant d'agir pour le compte de plusieurs personnes parties au contrat ou de contracter avec le représenté.

Pour un contrat donné, il importe donc de vérifier si les cocontractants sont habilités à le passer. La troisième condition de validité du contrat a trait au contenu de celui-ci.

3 Le contenu du contrat

Dans la rédaction du Code civil antérieure à l'ordonnance précitée du 10 février 2016, deux conditions distinctes (outre le consentement et la capacité) devaient être respectées pour la validité d'un contrat : d'une part, l'objet (ce pour quoi l'on s'engage : livrer un bien, payer un prix...) et, d'autre part, la cause (la raison pour laquelle on s'engage : pour s'équiper, pour faire un cadeau...) ; l'objet et la cause devant exister et être licites (*ex.* : est illicite un contrat dont l'objet serait la vente d'organes ou encore un contrat de vente d'immeuble dont la cause serait pour l'acheteur d'exercer dans cet immeuble un commerce interdit).

L'ordonnance précitée ne mentionne plus expressément l'objet et la cause, mais adopte la notion de « contenu du contrat » ; ce contenu devant être « licite et certain ». Cependant, d'après les termes du « Rapport au Président de la République relatif à l'ordonnance n° 2016-131 du 10 février 2016 portant réforme du droit des contrats, du régime général et de la preuve des obligations », le contenu du contrat engloberait l'objet et la cause : « *Le contenu du contrat, terme adopté par plusieurs instruments européens d'harmonisation du droit, inclut ce qui relève en droit français de l'objet et de la cause* »[12].

Il conviendrait donc de voir dans l'approche du « contenu du contrat », faite par le nouvel article 1162 du Code civil, une réunion des exigences en matière d'objet et de cause.

12 Rapport, p. 17 (JORF n° 0035 du 11 février 2016, texte n° 25).

Art. 1162 C. civ. :

« Le contrat ne peut déroger à l'ordre public ni par ses stipulations, ni par son but, que ce dernier ait été connu ou non par toutes les parties ».

Ainsi, **le contrat ne peut déroger à l'ordre public tant en ce qui concerne ses stipulations** (ce qui serait assimilable à la licéité de l'objet) **qu'en ce qui concerne son but** (ce qui serait assimilable à la licéité de la cause).

Le législateur rappelle par ailleurs que l'obligation à laquelle on est contractuellement tenu doit avoir **un objet présent** (*ex.* : vente d'un appartement construit) **ou futur** (*ex.* : appartement vendu sur plan), **mais aussi possible** (et non irréalisable), **déterminé** (tel bien, telle quantité...) **ou déterminable** (lorsque, d'après les nouveaux textes, il peut être déduit du contrat ou par référence aux usages ou aux relations antérieures des parties).

Dans la sphère du contenu du contrat, **le prix** occupe une place cruciale. Aussi, il est précisé qu'il ne peut être fixé unilatéralement par l'un des contractants que dans un contrat cadre et à condition d'en motiver le montant en cas de contestation par l'autre partie ; laquelle, en cas d'abus, pouvant assigner en justice l'auteur de la fixation du prix afin de demander le versement de dommages et intérêts et, le cas échéant, la résolution du contrat. Des dispositions analogues sont prévues au cas où, dans un contrat de prestation de services (transport, réalisation d'une étude, réparations...), le créancier fixe unilatéralement le prix lorsque les parties ne s'étaient pas mises d'accord sur ce prix avant l'exécution du contrat. Enfin, lorsque le prix (ou tout autre élément du contrat) doit être déterminé par référence à un indice qui n'existe pas, n'existe plus ou est inaccessible, l'indice de référence doit être remplacé « par l'indice qui s'en rapproche le plus ».

La qualité de la prestation attendue dans un contrat est également une préoccupation. Lorsque cette qualité ne peut être déterminée en vertu du contrat, « le débiteur doit offrir une prestation de qualité conforme aux attentes légitimes des parties en considération de sa nature, des usages et du montant de la contrepartie ».

Précisément, en matière de contenu du contrat, on ne saurait faire abstraction de **l'équilibre des obligations entre les parties**. À ce titre, si l'ordonnance précitée mentionne que le défaut d'équivalence des prestations n'est pas en principe une cause de nullité dans les contrats synallagmatiques, elle dit aussi qu'un contrat à titre onéreux est nul lorsqu'à sa formation la contrepartie convenue au profit de celui qui s'engage est illusoire (ou dérisoire) ou encore que, dans tous les types de contrats, est réputée non écrite toute clause qui prive de sa substance l'obligation essentielle du débiteur (*ex.* : clause par laquelle une entreprise de transport rapide s'exonérerait de toute responsabilité pour le cas où, sans raison valable, elle n'effectuerait pas le transport rapide promis).

C'est ce même souci de l'équilibre des obligations entre les parties qui conduit l'ordonnance précitée à prévoir l'introduction dans le Code civil, dans ses articles consacrés au contenu du contrat, d'une disposition, inspirée du droit de la consommation mais d'une portée plus large (les relations visées ne sont pas seulement celles entre consommateurs et professionnels) et qui répute non écrite, certes dans les seuls contrats d'adhésion, toute **clause abusive** définie comme celle qui, non négociable et déterminée à l'avance par l'une des parties, créé un déséquilibre significatif entre les droits et obligations des parties au contrat. Néanmoins, l'appréciation du déséquilibre significatif ne porte ni sur l'objet principal du contrat ni sur l'adéquation du prix à la prestation.

Au final, la validité de tout contrat se mesure donc au consentement et à la capacité des parties ainsi qu'au contenu licite et certain du contrat. Ce sont là les conditions de fond pour la validité de tout contrat. Mais il importe tout de même de s'interroger sur l'impact que peut aussi avoir le formalisme d'un contrat sur sa validité.

B Les conditions de forme exigées pour certains contrats

Quant au formalisme des contrats, l'ordonnance précitée du 10 février 2016 prévoit l'insertion dans le Code civil de dispositions générales et de dispositions propres au contrat conclu par voie électronique.

1 Dispositions générales

En principe, les contrats sont valables sans qu'un formalisme soit nécessaire. Mais ce principe connaît des exceptions.

a. Le principe du consensualisme

Par principe, les contrats sont parfaits par le seul échange des consentements des parties, sous quelque forme qu'il soit exprimé (principe du consensualisme).

> **Art. 1172 al. 1er C. civ. :**
> *« Les contrats sont par principe consensuels ».*

b. Les exceptions au principe du consensualisme

Par exception, et outre le respect des conditions de fond applicables à tout contrat, **la validité de la formation des contrats dits solennels est subordonnée à l'observation de formalités déterminées par la loi**. La nécessité de ces formalités dépasse le simple souci probatoire.

Ainsi, par exemple : un contrat de mariage requiert un acte notarié ; un contrat de société doit être concrétisé par la rédaction de statuts (que ce soit sous signature privée[13] ou sous la forme authentique d'un acte notarié) ; un contrat de travail de même que des conventions collectives ou des accords collectifs de travail doivent être écrits ; le contrat de cautionnement doit être écrit et comporter diverses mentions précises spécialement s'il s'agit d'une personne physique qui s'engage par acte sous signature privée en qualité de caution envers un créancier professionnel...

Par ailleurs, et outre le respect des conditions de fond applicables à tout contrat, **la validité de la formation d'un contrat réel est soumise à une démarche supplémentaire : la remise de la chose** qui est l'objet du contrat.

2 Dispositions propres au contrat conclu par voie électronique

Une nouvelle fois, dans cette partie du Code civil issue de l'ordonnance précitée du 10 février 2016, les contrats conclus par voie électronique font l'objet de dispositions spéciales (*cf. supra* § 2-F). Pour l'essentiel, il est en effet ici précisé que, d'une part, lorsqu'un écrit est exigé pour la validité d'un contrat, il peut être établi et conservé sous forme électronique et que, d'autre part, lorsqu'est exigée une mention « écrite de la main de celui qui s'oblige », cette mention peut être apposée par l'intéressé sous forme électronique ; le tout, à condition bien-sûr que la forme électronique permette de s'assurer de l'authenticité de ce qui est ainsi écrit. Par exception, ne peuvent être passés sous forme électronique : les actes sous signature privée relatifs au droit de la famille et des successions, ou ceux relatifs à des sûretés (sauf si ces actes en matière de sûretés sont passés par une personne pour les besoins de sa profession).

Mais quelles sont les sanctions encourues si les conditions de fond, et éventuellement de forme, requises pour la validité de la formation d'un contrat ne sont pas respectées ?

---

13 L'ordonnance précitée du 10 février 2016 remplace la formulation « seing privé » par « signature privée ».

4 Sanctions du non-respect des conditions de validité du contrat

Suite à l'ordonnance précitée du 10 février 2016, les sanctions du non-respect des conditions de validité du contrat sont, d'une part la nullité, ou plus exactement des nullités (A), et d'autre part, la caducité (B). Cependant, d'autres sanctions sont parfois envisageables (C).

A La nullité

Le contrat qui ne remplit pas les conditions énoncées dans le Code civil et requises pour sa validité encourt la nullité. Cette nullité a vocation à être prononcée en justice (**nullité judiciaire** si, les juridictions compétentes ayant été saisies, en décident ainsi) **ou**, et cela est une innovation de l'ordonnance précitée du 10 février 2016, la nullité peut être convenue par les parties d'un commun accord (**nullité conventionnelle**).

> **Art. 1178 al. 1er C. civ. :**
> *« Un contrat qui ne remplit pas les conditions requises pour sa validité est nul. La nullité doit être prononcée par le juge, à moins que les parties ne la constatent d'un commun accord ».*

Toutefois, selon la condition de validité qui a été violée, il y a nullité absolue ou nullité relative ; les effets de ces nullités étant identiques.

1 Nullité absolue et nullité relative : des différences de mise en œuvre

Les différences de mise en œuvre de ces nullités, qui tiennent essentiellement à **leur fondement** et aux **personnes pouvant les invoquer**, se manifestent surtout en cas d'action en justice.

a. La nullité absolue

La nullité est absolue lorsque la règle violée a pour objet la sauvegarde de l'intérêt général (illicéité du contenu du contrat...).

La nullité absolue peut être invoquée par toute personne justifiant d'un intérêt à agir (un cocontractant mais aussi un tiers) et par le ministère public.

b. La nullité relative

La nullité est relative lorsque **la règle violée a pour seul objet la sauvegarde d'un intérêt privé** (vices du consentement, incapacité).

La nullité relative ne peut être invoquée que par la personne que la loi entend protéger (victime du vice du consentement, cocontractant qui était frappé d'incapacité au moment de la conclusion du contrat) ou son représentant légal ou ses ayants cause universels (personnes qui recueillent l'ensemble du patrimoine de leur auteur).

Néanmoins, contrairement à la nullité absolue, **le titulaire de l'action en nullité relative peut**, par un acte qui mentionne l'objet de l'obligation et le vice affectant le contrat, **renoncer à se prévaloir de cette nullité** : il y a alors **confirmation du contrat**. La confirmation ne peut intervenir qu'après conclusion du contrat et, si l'action en nullité relative a plusieurs titulaires, la renonciation de l'un n'empêche pas les autres d'agir. L'exécution volontaire du contrat, en connaissance de cause de la nullité, emporte aussi confirmation.

Afin de lever le doute que peut avoir un contractant sur la position que pourrait prendre le titulaire de l'action en nullité relative, une **« action interrogatoire »** est ici aussi nouvellement introduite dans le Code civil (sur les autres « actions interrogatoires », *cf. supra* le pacte de préférence et la représentation) et peut aboutir à la confirmation du contrat.

Art. 1183 C. civ. :

« Une partie peut demander par écrit à celle qui pourrait se prévaloir de la nullité soit de confirmer le contrat soit d'agir en nullité dans un délai de six mois à peine de forclusion. La cause de la nullité doit avoir cessé.

L'écrit mentionne expressément qu'à défaut d'action en nullité exercée avant l'expiration du délai de six mois, le contrat sera réputé confirmé ».

2 Nullité absolue et nullité relative : des effets identiques

Que la nullité soit absolue ou relative, lorsqu'elle est prononcée, **le contrat est anéanti**. Tout doit se passer comme s'il n'avait jamais existé ; les choses sont remises en leur état antérieur (*ex.* : pour une vente déjà exécutée, le bien vendu doit être rendu au vendeur et le prix payé doit être restitué à l'acheteur).

Cet effet de la nullité connaît cependant quelques tempéraments : lorsque la cause de nullité n'affecte qu'une ou plusieurs clauses du contrat, elle n'emporte nullité de l'acte tout entier que si cette ou ces clauses ont constitué un élément déterminant de l'engagement de l'une des parties ; dans les contrats à exécution successive (contrats de travail, contrats de bail,...), il est impossible de restituer certaines prestations (travail effectué, jouissance du bien,...), l'annulation du contrat n'est donc pas rétroactive et ne prend effet que lorsqu'elle est prononcée.

B La caducité

Introduite dans le Code civil par l'ordonnance précitée du 10 février 2016, la caducité est désormais, avec la nullité que l'on vient de voir, l'une des deux sanctions expressément encourues en matière de formation des contrats. Mais, contrairement à la nullité qui sanctionne à proprement parler le non-respect d'une condition de validité du contrat à sa formation, **la caducité sanctionne la disparition de l'un des éléments essentiels du contrat postérieurement à sa formation** (*ex.* : contrat de bail qui ne peut être exécuté par suite de la destruction du local donné à bail).

Par extension, en cas de plusieurs **contrats interdépendants** (contrat de vente accordé si obtention d'un contrat de prêt...), si l'un d'eux disparaît, sont caducs les contrats dont l'exécution est rendue impossible par cette disparition et ceux pour lesquels l'exécution du contrat disparu était une condition déterminante du consentement d'une partie. Toutefois, la caducité n'intervient que si le contractant contre lequel elle est invoquée connaissait l'existence de l'opération d'ensemble lorsqu'il a donné son consentement.

Quant à ses effets, la caducité met fin au contrat, mais la rétroactivité de cette cessation est laissée à l'appréciation des juges au cas par cas.

La caducité étant mise à part, c'est donc la nullité qui fait figure de principale sanction du non-respect des conditions de validité de formation d'un contrat. Mais d'autres sanctions peuvent parfois accompagner la nullité.

C Les autres sanctions

Des sanctions sont parfois applicables en sus de la nullité : la condamnation à des dommages et intérêts au plan civil et/ou des peines pénales.

1 La condamnation à des dommages et intérêts au plan civil

Une cause de nullité du contrat peut aussi être un fait générateur de **responsabilité civile extracontractuelle** (formulation expressément substituée, dans le Code civil, à « responsabilité civile délictuelle ou quasi-délictuelle » par l'ordonnance précitée du 10 février 2016). En effet, engage sa responsabilité civile extracontractuelle celui qui, en dehors de l'exécution d'un contrat entre cocontractants (il y aurait alors responsabilité contractuelle), cause un dommage à autrui.

S'il est assigné en justice par la victime sur le fondement de cette responsabilité, le responsable, lorsqu'il est condamné sur ce plan, est obligé de réparer le dommage subi par la victime en lui versant des dommages et intérêts. Peut ainsi être prononcée la responsabilité de l'auteur d'un **dol** ou d'un **acte de violence**.

Dans la rédaction du Code civil issue de l'ordonnance du 10 février 2016, bien que ne faisant pas l'objet de développements dédiés aux sanctions de la formation des contrats au même titre que les développements consacrés à la nullité et à la caducité, la réparation du préjudice sur le fondement de la responsabilité civile extracontractuelle et découlant de la formation contractuelle est mentionnée de manière plus indirecte (parmi les dispositions relatives à la nullité) au nouvel article 1178 alinéa 4 du Code civil.

Art. 1178 al. 4 C. civ. :

« Indépendamment de l'annulation du contrat, la partie lésée peut demander réparation du dommage subi dans les conditions du droit commun de la responsabilité extracontractuelle ».

2 Les peines pénales

Bien que cela ne figure pas dans le droit commun des contrats (droit traité dans le Code civil), une cause de nullité du contrat peut aussi constituer une **infraction** et donc faire encourir à son auteur les peines consécutives à la **responsabilité pénale**. Ainsi, le **dol** peut-il recevoir la qualification pénale de **délit d'escroquerie** ou la **violence** répondre à la qualification pénale du **délit de coups et blessures volontaires**. Assignée en justice sur le fondement de cette responsabilité, la personne coupable de ces infractions peut être condamnée notamment à des peines d'amendes et/ou privatives de liberté.

Remarque. Dans certains cas particuliers de formation imparfaite des contrats, le législateur prévoit des sanctions spécifiques autres que la nullité. Ainsi, en matière de lésion, peut être prononcé soit l'anéantissement du contrat (sorte de nullité obtenue en justice par l'exercice de l'action en rescision pour lésion) soit le rééquilibrage de la valeur des engagements (obtenu en justice par l'exercice de l'action en réduction du prix pour excès). Par ailleurs, la loi permet parfois la restitution à un acte juridique de son plein effet par la suppression de l'imperfection qui l'affecte ou par l'accomplissement de la formalité requise. Cette régularisation est donc une mise en conformité avec les dispositions légales d'un contrat originairement entaché de nullité. Par exemple, l'article 1839 du Code civil ouvre à tout intéressé et au ministère public une action en justice afin que soit ordonnée, sous astreinte, une régularisation si les statuts d'une société ne contiennent pas toutes les énonciations exigées par la législation ou si une formalité prescrite par celle-ci pour la constitution (ou la modification des statuts) de la société a été omise ou irrégulièrement accomplie. Cette action aux fins de régularisation se prescrit par 3 ans à compter de l'immatriculation de la société (ou de la publication de l'acte modifiant les statuts) au registre du commerce et des sociétés.

L'exécution du contrat

Chapitre 2

COMPÉTENCES VISÉES :

- **Être capable de conseiller des parties sur les effets, pour elles, du contrat qui les lie.**
- **Connaître les modalités d'exécution d'un contrat.**
- **Connaître les différentes sanctions prévues par la loi en cas d'inexécution d'un contrat.**
- **Pour un contrat donné, savoir identifier la ou les sanctions, parmi celles prévues par la loi, adaptée(s) à la situation du créancier à l'égard de son cocontractant défaillant.**
- **Dans un contexte donné, savoir si et comment un cocontractant, qui n'a pas ou a mal exécuté ses obligations contractuelles, peut s'exonérer de sa responsabilité contractuelle.**
- **Être à même de déterminer dans quelle mesure un tiers peut être concerné par un contrat passé par autrui.**
- **Connaître la marge de manœuvre laissée par la loi au juge quant à l'exécution d'un contrat donné.**

- Lorsque le contrat est valablement formé, il va de soi qu'il doit être exécuté. Et pourtant, la phase d'exécution du contrat soulève de nombreuses interrogations vis-à-vis des parties elles-mêmes (I), mais aussi vis-à-vis des tiers (II) ou encore du juge qui est éventuellement amené à en connaître (III).

  On envisage ici tous ces aspects au regard du droit français des contrats et des obligations revisité par l'ordonnance n° 2016-131 du 10 février 2016 portant réforme du droit des contrats, du régime général et de la preuve des obligations[1] ; ordonnance, comme on l'a déjà dit, ratifiée, avec quelques adaptations et effet rétroactif, par la loi n° 218-287 du 20 avril 2018. Comme il a également été mentionné dans le précédent chapitre du présent ouvrage, cette réforme apporte des modifications à de très nombreuses dispositions du Code civil français, dont beaucoup n'avaient pas été changées depuis la rédaction originelle de ce Code en 1804.

1 La plupart des dispositions de cette réforme ayant vocation à s'appliquer aux contrats conclus à dater du 1er octobre 2016.

PLAN DU CHAPITRE

1 Les parties et l'exécution du contrat

Désormais traités au sein des dispositions du Code civil consacrées au « contrat », pour partie dans les « dispositions liminaires » et pour l'essentiel dans « les effets du contrat », les rapports des parties avec leur contrat sont surtout axés sur la force obligatoire du contrat entre elles (A) et les modalités de l'effet translatif du contrat lorsqu'il emporte un transfert de propriété (B). Cependant, il importe aussi de se demander, en référence cette fois au régime général des obligations, de quelle manière le contrat doit s'exécuter entre les parties (C) avant, pour finir, de revenir au droit des contrats *stricto sensu* afin d'explorer les recours offerts à la partie envers laquelle son cocontractant est défaillant (D).

A La force obligatoire du contrat

Par principe, les parties doivent absolument exécuter le contrat qui les lie. Cependant, les parties peuvent parfois modifier le contrat qu'elles ont passé.

1 Principe

On sait que **le contrat est une sorte de convention**. Or, depuis la rédaction du Code civil français en 1804, il a toujours été posé en principe que les conventions, pourvu qu'elles soient légalement formées, doivent être exécutées par ceux qui les ont faites, c'est-à-dire par les parties également appelées cocontractants (parties à un même contrat). Cette règle, qui était énoncée à l'article 1134 alinéa 1er de ce Code, est reprise à peu près dans les mêmes termes (la référence aux « contrats » étant désormais préférée à la référence « aux conventions »)[2] dans les « dispositions liminaires » (dispositions introductives, à vocation générale) consacrées « au contrat », et plus précisément dans le nouvel article 1103 dudit Code.

> **Art. 1103 C. civ.**
> *« Les contrats légalement formés tiennent lieu de loi à ceux qui les ont faits ».*

Non seulement le contrat doit être exécuté par les parties tel qu'il a été convenu par elles, mais il doit être exécuté de **bonne foi**. Celle-ci, faute de définition légale, est traditionnellement apparentée par la jurisprudence et la doctrine à **la loyauté et la sincérité**. Ainsi, par exemple, il a été jugé que n'exécute pas de bonne foi le contrat qui le lie : le banquier qui, ayant bénéficié du droit d'exiger la déchéance du terme, n'a pas poursuivi immédiatement l'exécution de l'obligation de remboursement et n'a intenté une procédure de saisie que six ans plus tard pour le seul montant des intérêts et pénalités de retard, en ayant obtenu auparavant paiement du capital par l'emprunteur ; l'assureur qui garde un « silence malicieux » pour échapper au paiement grâce à la prescription ; l'employeur qui fait un usage abusif de la clause de mobilité incluse dans un contrat ou encore le salarié qui, alors qu'il est en cours de formation, sollicite un stage auprès d'un concurrent de son employeur.

À noter que **la bonne foi est présumée** et qu'il incombe à celui qui la conteste de prouver qu'il y a mauvaise foi.

Auparavant inscrite à l'article 1134 alinéa 3 du Code civil, cette exigence de bonne foi dans l'exécution des contrats est reprise, sous l'incidence de l'ordonnance précitée du 10 février 2016, au nouvel article 1104 de ce Code, dans l'une des « dispositions liminaires » dont le champ d'application dépasse la seule exécution contractuelle (sur cette même exigence de bonne foi dans la formation des contrats, *cf. supra* Chapitre 1).

2 Anc. art. 1134 al. 1er C. civ. : « Les conventions légalement formées tiennent lieu de loi à ceux qui les ont faites ».

Art. 1104 C. civ.

« Les contrats doivent être négociés, formés et exécutés de bonne foi.
Cette disposition est d'ordre public ».

Toutefois, l'obligation de principe pour les parties d'exécuter le contrat qui les lie et tel qu'il les lie est à nuancer.

2 Atténuation

En application de la liberté contractuelle : ce que les parties ont fait, les parties peuvent le défaire. Aussi, de manière générale, **les parties peuvent se mettre d'accord pour modifier ou même révoquer leur contrat** ; ce qui, dans ce cas, les dispense, bien-sûr, de l'exécuter. Cette règle, auparavant mentionnée à l'article 1134 alinéa 2 du Code civil, est désormais inscrite, d'après l'ordonnance précitée du 10 février 2016, à l'article 1193 de ce Code.

Art. 1193 C. civ.

« Les contrats ne peuvent être modifiés ou révoqués que du consentement mutuel des parties, ou pour les causes que la loi autorise ».

Par ailleurs, véritable innovation de l'ordonnance précitée, le Code civil prévoit en son nouvel article 1195 la **révision pour imprévision**. Il s'agit pour les parties de pouvoir décider de l'adaptation de leur contrat en fonction de changement imprévisible de circonstances. Plus précisément, pour la mise en œuvre de cette révision du contrat, les **conditions** suivantes doivent être réunies : un changement de circonstances imprévisible lors de la conclusion du contrat ; changement qui rend l'exécution du contrat excessivement onéreuse pour une partie qui, de surcroît, n'avait pas accepté d'en assumer le risque. La **procédure** de révision se déroule alors comme suit : la partie pour laquelle l'exécution du contrat devient excessivement onéreuse peut demander à son cocontractant la renégociation de ce contrat (l'exécution des obligations devant continuer pendant cette renégociation). En cas de refus ou d'échec de la renégociation, les parties peuvent convenir soit de la résolution du contrat (à la date et aux conditions qu'elles déterminent), soit de demander au juge de procéder à l'adaptation du contrat. Si les parties ne parviennent pas, dans un délai raisonnable, à se mettre d'accord pour résoudre le contrat ou demander au juge son adaptation, à la demande d'une seule des parties, le juge peut réviser le contrat ou y mettre fin aux conditions qu'il décide.

Outre la « force obligatoire » du contrat entre les parties, le législateur envisage, dans « les effets du contrat entre les parties », l'« effet translatif » du contrat.

B L'effet translatif

En dépit de ce que cela ne concerne pas tous les contrats mais seulement ceux qui ont pour objet l'aliénation de la propriété (contrat de vente...) ou la cession d'un autre droit, l'ordonnance précitée du 10 février 2016 inclut dans le Code civil, au titre des « effets du contrat [de tout contrat] entre les parties », un certain nombre de dispositions.

Ainsi, il est rappelé le **principe du transfert immédiat de la propriété dès l'échange des consentements** ; peu important la forme du contrat ou encore le transfert matériel du bien. Toutefois, ce moment du transfert de la propriété peut être reporté par la volonté des parties (clause de réserve de propriété au bénéfice du vendeur qui reste propriétaire du bien tant que l'acheteur, même entré en possession, n'a pas intégralement payé le prix...) ou par la nature des choses ou encore par l'effet de la loi.

Par ailleurs, **le transfert de propriété s'accompagne en principe du transfert des risques de la chose** (les risques de la chose incombent toutefois à nouveau à celui qui doit délivrer la chose s'il a été mis en demeure d'effectuer cette délivrance) et celui qui transfère la propriété de la chose (vendeur,...) doit apporter tous les soins à la conservation de cette chose jusqu'à ce qu'elle soit effectivement délivrée.

En cas d'acquéreurs successifs d'un même bien auprès d'une même personne : en matière de bien meuble corporel, la propriété revient à celui qui, de bonne foi, prend en premier possession de ce bien ; en matière de bien immeuble, la propriété revient à celui qui, de bonne foi, fait en premier publier au fichier immobilier son titre d'acquisition passé en la forme authentique.

Au final et en principe, le contrat légalement formé, quel qu'il soit, doit bel et bien être exécuté par les parties. Mais selon des modalités qu'il faut connaître.

C Les modalités d'exécution du contrat

On se souvient que le contrat génère des obligations. **Exécuter un contrat** revient donc à **honorer les obligations qu'il crée**. Les modalités d'extinction de ces obligations emportent par là-même leur exécution et sont fort variées ; encore que parmi elles, seul le paiement soit réellement un mode d'exécution. Ces modalités sont listées dans le Code civil, non pas dans sa partie réservée au « contrat », mais dans celle consacrée au « régime général des obligations ». Depuis l'ordonnance précitée du 10 février 2016, ce sont : le paiement, la compensation, la confusion, la remise de dette et l'impossibilité d'exécuter.

1 Le paiement

Entendu dans une acception plus large que dans le langage courant, **le paiement** ne consiste pas seulement dans le règlement d'une somme d'argent mais dans **l'exécution de l'obligation contractuelle à laquelle on est tenu** (remise d'une chose, exécution d'une prestation...). C'est le mode normal d'extinction des obligations, et donc d'exécution d'un contrat.

2 La compensation

Lorsque deux personnes se trouvent débitrices l'une envers l'autre, il s'opère entre elles une compensation qui éteint les deux dettes à l'instant où elles se trouvent exister à la fois jusqu'à concurrence de leurs quotités respectives. Selon les cas, la compensation est légale, conventionnelle ou judiciaire.

La **compensation** est **légale**, c'est-à-dire qu'elle s'opère de plein droit même à l'insu des débiteurs, lorsque les conditions suivantes sont réunies : outre le fait que deux personnes doivent être réciproquement créancières et débitrices, les deux obligations doivent être fongibles (avoir également pour objet une certaine somme d'argent ou une certaine quantité de choses du même genre), certaines (non contestées), liquides (déterminées en leur montant) et exigibles (arrivées à échéance).

La **compensation** est **conventionnelle** lorsque deux personnes débitrices l'une de l'autre conviennent que leurs dettes se compensent, bien qu'elles ne remplissent pas les conditions de la compensation légale (*ex.* : les deux obligations ont des objets différents).

La **compensation** est **judiciaire** lorsque, au cours d'une instance, le défendeur poursuivi en exécution d'une obligation formule à son tour une demande reconventionnelle en opposant qu'il est lui-même créancier du demandeur. Alors que les conditions de la compensation légale ne sont pas remplies, il appartient au juge de décider s'il y a compensation.

Remarque. La compensation peut avoir lieu lorsque les obligations ne sont pas issues d'un même contrat mais elle est d'autant plus facilement mise en œuvre que les obligations sont connexes (étroitement liées). C'est justement le cas lorsque les obligations réciproques dérivent de l'exécution d'un même contrat (*ex.* : dans un contrat de bail, créance de loyers et dette de restitution du dépôt de garantie).

3 La confusion

Lorsque les qualités de créancier et de débiteur se réunissent dans la même personne, il se fait une confusion de droit qui éteint les deux créances. Ainsi, en est-il lorsque le créancier hérite de son débiteur ou inversement. Toutefois, il n'en résulte pas nécessairement une extinction absolue de la créance. En particulier, si le créancier qui a hérité de son débiteur a des cohéritiers. Il peut alors agir contre eux en payement de sa créance à concurrence de la quote-part qu'ils ont recueillie dans la succession.

4 La remise de dette

La remise de dette est le **contrat par lequel le créancier libère le débiteur de son obligation**.

5 L'impossibilité d'exécuter

L'impossibilité d'exécuter, qui peut provenir d'un cas de force majeure ou de la perte de la chose, libère en principe le débiteur de son obligation.

Remarque. L'ordonnance précitée du 10 février 2016 positionne, non plus dans les modalités d'extinction mais plutôt de modifications des obligations, certaines opérations qui ont des incidences dans le rapport entre les parties au contrat et l'exécution de celui-ci. Il s'agit par exemple de la novation (contrat qui a pour objet de substituer à une obligation qu'elle éteint, une obligation nouvelle qu'elle crée). Par ailleurs, cette ordonnance entérine notamment la cession de créance (contrat par lequel le créancier cédant transmet, à titre onéreux ou gratuit, tout ou partie de sa créance contre le débiteur cédé à un tiers appelé le cessionnaire), la cession de dette (contrat par lequel un débiteur, avec l'accord du créancier, cède sa dette) et la cession de contrat (contrat par lequel un contractant, le cédant, peut céder sa qualité de partie au contrat à un tiers, le cessionnaire, avec l'accord de son cocontractant, le cédé).

Pour résumer, et même si la loi reconnaît l'existence de diverses modalités d'extinction des obligations, il demeure que le sort normal d'une obligation née d'un contrat valablement formé est son paiement (exécution) obligatoire par celui qui en est débiteur. Aussi, celui-ci encourt-il des sanctions en cas de défaillance de sa part.

D Les sanctions de l'inexécution du contrat

L'ordonnance précitée du 10 février 2016 introduit dans le Code civil un nouvel article 1217 qui énumère l'ensemble des sanctions à disposition d'un créancier d'une obligation contractuelle non exécutée ou mal exécutée (retard d'exécution...). L'ordre d'énumération retenu n'a aucune valeur hiérarchique ; le créancier victime de l'inexécution étant libre de choisir la sanction la plus adaptée à la situation. D'ailleurs, si elles ne sont pas incompatibles, les différentes sanctions peuvent se cumuler et, dès lors que les conditions de la responsabilité civile sont réunies (un fait dommageable, un dommage et un lien de causalité entre le fait dommageable et le dommage), les dommages et intérêts sont compatibles avec les autres sanctions.

Art. 1217 C. civ.

(dans sa rédaction issue de la loi n° 2018-287 du 20 avril 2018)

« La partie envers laquelle l'engagement n'a pas été exécuté, ou l'a été imparfaitement, peut :

- *refuser d'exécuter ou suspendre l'exécution de sa propre obligation ;*
- *poursuivre l'exécution forcée en nature de l'obligation ;*
- *obtenir une réduction du prix ;*
- *provoquer la résolution du contrat ;*
- *demander réparation des conséquences de l'inexécution.*

Les sanctions qui ne sont pas incompatibles peuvent être cumulées ; des dommages et intérêts peuvent toujours s'y ajouter ».

Selon l'objectif qu'il poursuit, le créancier peut mettre en œuvre l'une des sanctions que l'on peut invoquer contre le débiteur défaillant ; pourvu que cette sanction soit applicable en l'espèce.

Ainsi, parmi ces sanctions, certaines visent à l'exécution du contrat, d'autres à son anéantissement, d'autres enfin à la réparation de l'inexécution.

1 Les sanctions visant à l'exécution du contrat

Le créancier peut tenter d'obtenir du débiteur défaillant qu'il exécute le contrat, en utilisant d'une part différents moyens légaux de pression que sont **l'exception d'inexécution** ou encore l'**exécution forcée en nature**, ou d'autre part et dans une certaine mesure, la sollicitation de **la réduction du prix**.

a. L'exception d'inexécution

Dans un contrat synallagmatique, cette solution qui s'offre au créancier consiste pour lui, et selon les cas, soit à refuser d'exécuter sa propre obligation soit à en suspendre l'exécution.

Ainsi, **le créancier peut refuser d'exécuter sa propre obligation** (ce qui suppose qu'il ne l'a pas déjà entièrement exécutée) **tant que le débiteur défaillant n'exécute pas la sienne**. Toutefois, pour justifier légalement l'attitude du créancier, l'inexécution du débiteur défaillant doit être « suffisamment grave ».

Innovation de l'ordonnance précitée du 10 février 2016 et **autre déclinaison de l'exception d'inexécution, le créancier peut même, avant tout commencement d'exécution du contrat, suspendre l'exécution de sa propre prestation, s'il est d'ores et déjà manifeste que son cocontractant ne s'exécutera pas à l'échéance** et si, là aussi, les conséquences de cette inexécution sont « suffisamment graves ». Cependant, celui qui décide de suspendre l'exécution de sa prestation doit, dans les meilleurs délais, notifier cette décision à l'autre partie. Selon les concepteurs de la réforme, « *il s'agit d'une faculté de suspension par anticipation de sa prestation par le créancier avant toute inexécution, qui permet de limiter le préjudice résultant d'une inexécution contractuelle, et qui constitue un moyen de pression efficace pour inciter le débiteur à s'exécuter* »[3].

b. L'exécution forcée en nature

Après mise en demeure, le créancier d'une obligation peut en poursuivre l'exécution forcée en nature, sauf si cette exécution est impossible (pour des raisons notamment matérielles ou morales) ou s'il existe une disproportion manifeste entre son coût pour le débiteur de bonne foi et son intérêt pour le créancier.

Cela étant, au lieu de poursuivre l'exécution forcée de l'obligation concernée, la nouvelle législation offre une autre possibilité au créancier : toujours après mise en demeure, faire exécuter lui-même l'obligation (dans un délai et un coût raisonnables) sans avoir besoin d'une autorisation préalable du juge ou, en sollicitant cette autorisation, faire détruire ce qui a été mal exécuté. Dans tous les cas, le créancier peut ensuite demander au débiteur défaillant le remboursement des sommes engagées pour l'exécution forcée ou pour la destruction (le créancier peut même demander en justice que le débiteur face l'avance des sommes en question).

c. La réduction du prix

Le Code civil, dans sa rédaction issue de l'ordonnance précitée du 10 février 2016 (modifiée, en la matière, par la loi précitée du 20 avril 2018), prévoit un nouveau recours, applicable au droit des contrats en général, pour le créancier d'une obligation contractuelle mal exécutée : la réduction du prix. La mise en œuvre de ce recours diffère selon deux cas de figure. Premier cas : le créancier n'a pas encore payé tout ou partie du prix qui avait été convenu. Il peut alors après mise en demeure restée sans effet et demandant une exécution parfaite, accepter l'exécution non conforme de la part du débiteur, mais en lui notifiant, dans les meilleurs délais, sa décision

---

3 Rapport au Président de la République relatif à l'ordonnance n° 2016-131 du 10 février 2016 […], *op. cit.*, p. 29.

de réduire le prix de manière proportionnelle à l'imperfection de l'inexécution. La loi énonce que le débiteur doit accepter par écrit cette décision de réduction du prix prise par le créancier. Second cas : le créancier a déjà payé. Ce dernier, à défaut d'accord avec le débiteur, peut demander au juge la réduction du prix.

Face à la défaillance du débiteur, les sanctions visant à l'exécution (parfaite ou approximative) du contrat ne sont pas toujours applicables (*ex : par définition, l'exception d'inexécution est impossible dans les contrats unilatéraux ou lorsque le créancier a déjà exécuté sa propre obligation dans un contrat synallagmatique*) ou ne satisfont pas le créancier qui préfère l'anéantissement du contrat.

2 La sanction visant à l'anéantissement du contrat : la résolution

La résolution est la plus radicale des sanctions de l'inexécution car elle **met fin au contrat** (sauf les clauses relatives au règlement des différends, celles destinées à produire des effets même en cas de résolution et celles de confidentialité et de non-concurrence). En conséquence, il doit y avoir restitution des prestations échangées entre les parties (si ces prestations ne pouvaient trouver leur utilité que par l'exécution complète du contrat résolu). Toutefois, lorsque les prestations échangées ont trouvé leur utilité au fur et à mesure de l'exécution réciproque du contrat, il n'y a pas lieu à restitution pour la période antérieure à la dernière prestation n'ayant pas reçu de contrepartie (dans ce cas, la résolution est qualifiée de résiliation[4]).

Nonobstant les effets de la résolution que l'on vient de préciser, les nouveaux articles du Code civil relatifs à cette sanction, distinguent trois manières d'aboutir à la résolution : par contrat, par décision unilatérale du créancier envers lequel le contrat n'est pas correctement exécuté, ou par décision de justice.

> **Art. 1224 C. civ.**
> *« La résolution résulte soit de l'application d'une clause résolutoire soit, en cas d'inexécution suffisamment grave, d'une notification du créancier au débiteur ou d'une décision de justice ».*

a. La clause résolutoire

La clause résolutoire est une **clause pouvant être prévue par les parties à un contrat et qui précise les engagements dont l'inexécution entraînera la résolution de ce contrat**. Soit la clause prévoit qu'elle joue du seul fait de l'inexécution. Soit, à défaut de cette précision, la clause résolutoire jouera après mise en demeure, émanant du créancier, restée infructueuse et mentionnant expressément ladite clause. La résolution prend ici effet à la date prévue par la clause résolutoire.

b. La résolution unilatérale

Innovation dans la législation issue de l'ordonnance précitée du 10 février 2016, **la résolution unilatérale permet au créancier, victime d'une inexécution contractuelle suffisamment grave, de résoudre unilatéralement le contrat**.

Sauf cas d'urgence, le créancier doit d'abord mettre en demeure le débiteur défaillant de satisfaire à son engagement dans un délai raisonnable, en indiquant clairement que, à défaut, il pourra y avoir résolution unilatérale du contrat. Si l'inexécution persiste, le créancier notifie au débiteur la résolution du contrat et les raisons qui la motivent. Cependant, à tout moment, le débiteur peut saisir le juge pour contester la résolution. Si elle n'est pas remise en cause en justice,

---

4 Contrairement aux règles admises avant la réforme issue de l'ordonnance précitée du 10 février 2016, la « résiliation » ne se limite plus aux seuls contrats à exécution successive. Désormais, seule compte l'utilité réciproque des prestations qui ont été échangées.

la résolution unilatérale prend effet à la date de la réception par le débiteur de la notification faite par le créancier.

D'après le rapport au Président de la République relatif à l'ordonnance n° 2016-131 du 10 février 2016 (page 31) : « *La résolution unilatérale est traitée comme une faculté autonome offerte au créancier qui, victime de l'inexécution, aura désormais le choix, en particulier en l'absence de clause résolutoire expresse, entre les deux modes de résolution, judiciaire ou unilatérale* ».

c. La résolution judiciaire

La résolution judiciaire est celle qui est prononcée en justice. En effet, il est possible de saisir le juge pour solliciter la résolution d'un contrat, même si une clause résolutoire a été prévue ou même si une procédure de résolution unilatérale a été engagée.

Selon les circonstances, le juge peut : soit constater la résolution du contrat s'il intervient *a posteriori* pour contrôler la mise en œuvre d'une clause résolutoire ou d'une résolution unilatérale, soit prononcer la résolution s'il est saisi pour cela et si l'inexécution contractuelle est suffisamment grave. Mais le juge peut choisir d'ordonner l'exécution du contrat (en accordant éventuellement un délai de grâce au débiteur) ou, si l'inexécution n'est pas suffisamment grave, condamner le débiteur à payer au créancier des dommages et intérêts.

En cas de résolution judiciaire, celle-ci prend effet à la date fixée par le juge ou, à défaut, au jour de l'assignation en justice.

Mais le créancier peut ne pas se contenter de l'exécution du contrat ou de son anéantissement. Il peut surtout attendre du débiteur défaillant qu'il répare le préjudice causé par l'inexécution contractuelle.

3 Les sanctions visant à la réparation de l'inexécution

Ces sanctions peuvent être d'origine conventionnelle (clause pénale) ou prévues par la loi (action en responsabilité contractuelle).

a. La clause pénale

Contrairement à son intitulé (qui n'apparaît d'ailleurs pas expressément dans les nouveaux textes du Code civil), cette clause est sans rapport avec le droit pénal. Lorsqu'elle est insérée dans un contrat, la clause pénale stipule que le débiteur, s'il manque à son engagement ou s'il l'exécute avec retard, devra verser au créancier **une somme d'argent**, dont le montant, par la force des choses fixé à l'avance, est *a priori* **indépendant du préjudice causé**.

À la fois moyen de coercition et sanction contractuelle décidée d'un commun accord par les parties, la clause pénale s'applique, en principe après mise en demeure du débiteur, du seul fait de l'inexécution contractuelle sans que le juge ait à vérifier sa validité et sans que le créancier ait à justifier du préjudice qu'il subit.

Cependant, la loi offre au juge la possibilité de moduler la pénalité prévue par les parties si elle s'avère particulièrement excessive ou dérisoire au regard du préjudice réellement subi.

En outre, en cas d'inexécution seulement partielle du contrat, la somme prévue par la clause pénale peut être diminuée par le juge, même d'office.

> **Art. 1231-5 C. civ.**
>
> *(rédaction issue de l'ordonnance n° 2016-131 du 10 février 2016) : « Lorsque le contrat stipule que celui qui manquera de l'exécuter paiera une certaine somme à titre de dommages et intérêts, il ne peut être alloué à l'autre partie une somme plus forte ni moindre.*
>
> *Néanmoins, le juge peut, même d'office, modérer ou augmenter la pénalité ainsi convenue si elle est manifestement excessive ou dérisoire.*

> *Lorsque l'engagement a été exécuté en partie, la pénalité convenue peut être diminuée par le juge, même d'office, à proportion de l'intérêt que l'exécution partielle a procuré au créancier, sans préjudice de l'application de l'alinéa précédent.*
>
> *Toute stipulation contraire aux deux alinéas précédents est réputée non écrite.*
>
> *Sauf inexécution fautive, la pénalité n'est encourue que lorsque le débiteur est mis en demeure ».*

La clause pénale n'étant pas systématiquement insérée dans tous les contrats, le créancier envers lequel le contrat reste inexécuté et qui entend obtenir de son débiteur défaillant réparation du préjudice qu'il subit peut exercer l'action en responsabilité contractuelle.

b. L'action en responsabilité contractuelle

Procédant de la théorie de l'exécution par équivalent, cette action en justice tend à obtenir la condamnation du débiteur qui n'a pas exécuté ou qui a exécuté en retard ses obligations contractuelles à réparer le préjudice que subit de ce fait le créancier, par le **versement** à ce dernier de **dommages et intérêts**. Afin d'optimiser sa démarche, et sauf à ce que l'inexécution soit définitive, **le créancier-demandeur** doit avoir auparavant vainement effectué **la mise en demeure de son débiteur de remplir son obligation** dans un délai raisonnable. Puis il doit démontrer que les conditions de mise en œuvre de la **responsabilité contractuelle** de ce débiteur sont réunies. Pour autant, le succès de son action n'est pas garanti, car le débiteur défaillant dispose éventuellement d'arguments pour sa défense.

Les conditions de mise en œuvre de la responsabilité contractuelle

Pour être engagée, la responsabilité contractuelle requiert la réunion de trois conditions : **un fait générateur, un dommage et un lien de causalité.**

Le fait générateur

Le fait générateur de responsabilité contractuelle réside dans l'inexécution ou le retard dans l'exécution de son obligation contractuelle par le débiteur.

Comme tout demandeur, le créancier qui exerce l'action en responsabilité contractuelle doit prouver ce qu'il prétend, c'est-à-dire ce fait générateur. Toutefois, selon une jurisprudence bien établie, la tâche du créancier est plus ou moins aisée selon la nature de l'obligation dont était tenu le débiteur. Si cette **obligation** était **de résultat**, il suffit au créancier de prouver que ce résultat n'est pas atteint. Si cette **obligation** était **de moyens**, le créancier doit non seulement prouver l'inexécution de l'obligation, mais aussi que le débiteur a commis une faute de négligence, de diligence ayant conduit à l'inexécution contractuelle.

> **Exemple**
>
> **Exemples jurisprudentiels d'obligations de résultat** : le transporteur est tenu d'une obligation de sécurité de résultat à partir du moment où le voyageur commence à monter dans le véhicule et jusqu'au moment où il achève d'en descendre ; le promoteur est tenu d'une obligation de résultat de livrer des locaux et équipements exempts de vices ; le médecin est tenu d'une obligation de sécurité de résultat en ce qui concerne les matériels qu'il utilise pour l'exécution d'un acte médical d'investigation ou de soins ; l'employeur est tenu envers son salarié d'une obligation de sécurité de résultat notamment en ce qui concerne les maladies professionnelles contractées par celui-ci du fait des produits fabriqués ou utilisés par l'entreprise ...
>
> **Exemples jurisprudentiels d'obligations de moyens** : certaines obligations de conseil dont sont tenus les notaires, avocats, experts-comptables, ... ; les soins dispensés par un médecin ; la gestion hautement spéculative d'un portefeuille boursier ...

Pour que soit engagée la responsabilité contractuelle du débiteur, l'inexécution de l'obligation contractuelle dont il est tenu ne suffit pas. Il faut aussi que le créancier subisse un dommage.

- **Le dommage**

Le dommage est le préjudice que subit le créancier du fait de la mauvaise exécution du contrat par le débiteur. Le dommage peut être **matériel, financier, moral, esthétique,...** Pour être réparé par l'allocation de dommages et intérêts, le dommage doit être **en principe né et certain**. Cependant, le **préjudice futur** constitué par la perte d'une chance peut être réparé (impossibilité de soumissionner à un appel d'offres en raison d'un retard consécutif à la faute d'un transporteur...) ; encore faut-il que, sauf faute particulièrement grave du débiteur, les dommages aient pu être prévus lors de la conclusion du contrat.

Enfin, il faut s'assurer que le dommage est bien causé par le fait générateur dont il s'agit.

- **Le lien de causalité**

Le lien de causalité est le rapport de cause à effet qui doit exister **entre le fait générateur et le dommage**. En d'autres termes, le dommage doit être **la conséquence de l'inexécution de l'obligation**. Selon l'article 1231-4 du Code civil issu de l'ordonnance précitée du 10 février 2016, les dommages ne sont réparables que s'ils sont une « *suite immédiate et directe de l'inexécution* ». Le débiteur doit donc réparer les dommages que le créancier n'aurait pas subis si le contrat avait été exécuté, mais non les conséquences indirectes et lointaines de l'inexécution (dépôt de bilan d'une nouvelle activité professionnelle exercée après avoir dû cesser la précédente suite à l'inexécution d'un contrat,...).

En vertu du principe du contradictoire, le débiteur assigné en responsabilité contractuelle est invité à son tour à s'exprimer et peut éventuellement invoquer des moyens pour sa défense.

Les causes d'exonération de la responsabilité contractuelle

Ces causes exonératoires de responsabilité contractuelle sont soit légales, soit conventionnelles.

- **Les causes d'exonération légales**

La loi dispose que la **force majeure** est exonératoire de responsabilité contractuelle.

> **Art. 1231-1 C. civ.**
>
> *(rédaction issue de l'ordonnance n° 2016-131 du 10 février 2016) : « Le débiteur est condamné, s'il y a lieu, au paiement de dommages et intérêts soit à raison de l'inexécution de l'obligation, soit à raison du retard dans l'exécution, s'il ne justifie pas que l'exécution a été empêchée par la force majeure ».*

Or, l'ordonnance précitée du 10 février 2016 introduit à l'alinéa 1er de l'article 1218 du Code civil une **nouvelle définition de la force majeure en matière contractuelle**.

> **Article 1218 al. 1er C. civ.**
>
> *« Il y a force majeure en matière contractuelle lorsqu'un événement échappant au contrôle du débiteur, qui ne pouvait être raisonnablement prévu lors de la conclusion du contrat et dont les effets ne peuvent être évités par des mesures appropriées, empêche l'exécution de son obligation par le débiteur ».*

Il résulte de ce texte que l'événement constitutif de force majeure doit être à la fois **imprévisible lors de la formation du contrat** (à la conclusion du contrat, on ne pouvait absolument pas prévoir la survenance de cet événement) **et irrésistible** (l'événement ne peut être empêché par le débiteur lors de sa survenance et le débiteur ne peut pas empêcher les effets de l'événement lorsqu'il s'est produit).

La nouvelle législation distingue cependant les conséquences de la force majeure selon qu'elle est **temporaire ou définitive** : lorsque l'empêchement est temporaire, l'exécution de l'obligation est seulement suspendue (sauf si le retard qui en résulte justifie la résolution du contrat :

prestation ne pouvant être délivrée utilement à un jour autre que celui déterminé pour un événement non reportable...), tandis que lorsque l'empêchement est définitif, le contrat est résolu de plein droit et les parties sont libérées de leurs engagements.

Il n'en demeure pas moins que, à se référer à une jurisprudence bien établie, les événements pouvant être constitutifs de la force majeure sont le **fait de la nature** (tremblement de terre,...), le **fait d'un tiers** ou le **fait de la victime** elle-même.

Pour sa défense, le débiteur ne peut pas toujours prouver le rôle de la force majeure dans l'inexécution de son obligation, mais il peut parfois tenter de s'exonérer de sa responsabilité contractuelle par des clauses insérées dans le contrat.

▪ Les causes d'exonération conventionnelles

Les parties ont pu convenir, lors de la formation du contrat, d'y insérer une clause selon laquelle le débiteur ne sera pas responsable de l'inexécution de ses obligations et ne sera donc pas tenu de payer des dommages et intérêts en réparation du préjudice subi par le créancier.

Longtemps discutée, cette clause a fini par être considérée comme valide en raison du principe de la **liberté contractuelle**. Toutefois, elle supporte de longue date des **tempéraments** jurisprudentiels et législatifs de plus en plus affirmés.

Au fil du temps, la jurisprudence a limité la validité des clauses exonératoires de responsabilité contractuelle : en cas de **faute lourde du débiteur** (inexécution contractuelle particulièrement fautive confinant à la malice) ; en cas d'**inexécution par le débiteur d'une obligation essentielle du contrat** ; en cas de **dommages causés à l'intégrité physique** ; ...

La loi, au cas par cas et dans certains contrats particuliers, s'est aussi employée à réputer nulles les clauses de non-responsabilité : en matière de **contrat de transport** ; en matière de **rupture du contrat de travail** ; en matière de **non-renouvellement des baux commerciaux...**

Depuis quelques années, la loi s'est également étoffée afin de réputer non écrites **les clauses abusives** inscrites **dans les contrats liant des professionnels à des consommateurs ou à des non-professionnels**. En dernier lieu, ces trois types d'intervenants sont redéfinis, dans l'article liminaire du Code de la consommation, dans sa rédaction issue de la loi n° 2017-203 du 21 février 2017. Ainsi, le **consommateur** est toute personne physique qui agit à des fins qui n'entrent pas dans le cadre de son activité commerciale, industrielle, artisanale, libérale ou agricole. Le **non-professionnel** est toute personne morale qui n'agit pas à des fins professionnelles. Le **professionnel** est toute personne physique ou morale, publique ou privée, qui agit à des fins entrant dans le cadre de son activité commerciale, industrielle, artisanale, libérale ou agricole, y compris lorsqu'elle agit au nom et pour le compte d'un autre professionnel.

Or, ces clauses abusives peuvent notamment être des clauses limitatives ou exonératoires de responsabilité contractuelle. D'abord mentionnées à l'article L. 132-1 alinéa 1er du Code de la consommation entre les professionnels et consommateurs ou non-professionnels, les clauses abusives sont, par l'ordonnance précitée du 14 mars 2016, évoquées entre professionnels et consommateurs à l'article L. 212-1 de ce même Code.

> **Art. L. 212-1 al. 1er C. consom. :**
>
> *« Dans les contrats conclus entre professionnels et consommateurs, sont abusives les clauses qui ont pour objet ou pour effet de créer, au détriment du consommateur, un déséquilibre significatif entre les droits et obligations des parties au contrat ».*

Cela étant, il faut avoir aussi à l'esprit que, **outre ces dispositions spéciales, le Code civil**, sous l'effet de l'ordonnance n° 2016-131 du 10 février 2016, **dispose désormais, au titre des règles applicables à tout contrat, d'arguments permettant de neutraliser les clauses abusives** : abus de dépendance dans le cadre de la violence (vice du consentement), exigence de l'équilibre des obligations entre les parties dans le cadre du contenu du contrat... (*cf. supra* Chapitre 1).

Or, en vertu du principe juridique selon lequel toute règle spéciale l'emporte sur la règle générale, le droit commun des contrats ne trouve pas à s'appliquer s'il existe, sur le même sujet, une règle spéciale de droit. En conséquence, par exemple en matière de clauses abusives entre professionnels et consommateurs, ce ne sont pas les règles du droit commun des contrats qui s'appliquent, mais l'article L. 212-1 al. 1er du Code de la consommation.

Telles sont, après cet exposé des sanctions de l'inexécution du contrat, les principales règles qui gouvernent l'exécution du contrat entre les parties. Cette phase d'exécution contractuelle ne concerne pas les tiers, mais ceci doit être nuancé.

2 Les tiers et l'exécution du contrat

Les tiers, à savoir les personnes qui ne sont pas parties à un contrat, ne sont en principe pas concernés par ce dernier (A). Cette affirmation n'est cependant pas absolue (B).

A L'effet relatif et l'oppposabilité du contrat à l'égard des tiers

Un contrat ne peut en principe lier un tiers : il ne peut le rendre ni créancier, ni débiteur. Contrairement à la force obligatoire du contrat à l'égard des parties, le contrat n'a qu'un effet relatif vis-à-vis des tiers.

> **Art. 1199 al. 1er C. civ.**
>
> *(rédaction issue de l'ordonnance n° 2016-131 du 10 fév. 2016) : « Le contrat ne crée d'obligations qu'entre les parties ».*

Cela étant, un contrat valablement formé est opposable aux tiers : **l'opposabilité du contrat aux tiers** exprime le fait que ceux-ci ne peuvent prétendre qu'il n'existe pas.

> **Art. 1200 C. civ.**
>
> *(rédaction issue de l'ordonnance n° 2016-131 du 10 février 2016) : « Les tiers doivent respecter la situation juridique créée par le contrat.*
> *Ils peuvent s'en prévaloir notamment pour apporter la preuve d'un fait ».*

Cependant, dans les « dispositions générales » des « effets du contrat à l'égard des tiers », outre le principe de l'effet relatif du contrat à l'égard des tiers et le principe de l'opposabilité du contrat à l'égard des tiers, le Code civil, dans sa rédaction issue de l'ordonnance précitée du 10 février 2016, aborde la question de la **simulation** comme permettant à des tiers, s'ils le veulent, de considérer qu'un contrat leur est inopposable. En effet, la simulation consiste pour des personnes à passer deux contrats : l'un **apparent (simulé)** et l'autre **secret, occulte** (appelé aussi **contre-lettre**). La contre-lettre produit effet entre les parties mais n'est pas opposable aux tiers qui peuvent malgré tout, à leur choix, l'ignorer ou non. En d'autres termes, les tiers qui y ont intérêt ont le droit de se prévaloir de l'acte secret.

> **Art. 1201 C. civ.**
>
> *(rédaction issue de l'ordonnance n° 2016-131 du 10 février 2016) : « Lorsque les parties ont conclu un contrat apparent qui dissimule un contrat occulte, ce dernier, appelé aussi contre-lettre, produit effet entre les parties. Il n'est pas opposable aux tiers, qui peuvent néanmoins s'en prévaloir ».*

En réalité, dans bien des cas, les tiers et le contrat ne sont pas si étrangers les uns de l'autre.

B L'intervention des tiers dans le contrat

Trois hypothèses peuvent être retenues : les atténuations à l'effet relatif du contrat prévues par la loi, au titre du droit des contrats *stricto sensu*, mais aussi la situation des ayants cause des parties et la situation des créanciers des parties.

1 Les atténuations légales à l'effet relatif du contrat

Après l'affirmation, dans un nouvel article 1203 du Code civil issu de l'ordonnance précitée du 10 février 2016, qu'« *on ne peut s'engager en son propre nom que pour soi-même* », ce Code traite du porte-fort et de la stipulation pour autrui, non comme de véritables exceptions mais comme des atténuations à l'effet relatif des contrats. En effet, comme on va le voir, le tiers qui se porte fort n'est pas engagé dans le contrat d'autrui, et la stipulation pour autrui ne peut faire naître de créance ou d'obligation à la charge du bénéficiaire sans son accord.

a. Le porte-fort

La loi autorise le **porte-fort** (promesse de porte-fort) ; c'est-à-dire **le contrat par lequel une personne, le promettant, s'engage (se porte fort) envers son cocontractant (le bénéficiaire) à obtenir d'un tiers** (naturellement, en toute légalité) **qu'il contracte (donc qu'il devienne partie) avec ce bénéficiaire**. À défaut d'obtenir le consentement du tiers, le promettant peut être condamné à verser des dommages et intérêts au bénéficiaire. La différence doit être faite avec les contrats de prospection de clientèle (contrats liant les VRP, agents commerciaux...) qui ne comportent pas la promesse que la clientèle acceptera de s'engager.

On peut distinguer le porte-fort « de conclusion » (le promettant s'engage auprès du bénéficiaire à ce qu'un tiers conclue un acte juridique), le porte-fort « de ratification » (le promettant s'engage auprès du bénéficiaire à obtenir le consentement d'un tiers à un acte qui est déjà négocié et conclu) et le porte-fort « d'exécution » (le promettant s'engage auprès du bénéficiaire à ce que l'un des contractants de celui-ci exécute ses obligations contractuelles).

> **Art. 1204 C. civ.**
>
> *(rédaction issue de l'ordonnance n° 2016-131 du 10 février 2016) : « On peut se porter fort en promettant le fait d'un tiers.*
>
> *Le promettant est libéré de toute obligation si le tiers accomplit le fait promis. Dans le cas contraire, il peut être condamné à des dommages et intérêts.*
>
> *Lorsque le porte-fort a pour objet la ratification d'un engagement, celui-ci est rétroactivement validé à la date à laquelle le porte-fort a été souscrit ».*

Avec le porte-fort, la stipulation pour autrui est un autre mécanisme légal permettant d'impliquer un tiers dans un contrat.

b. La stipulation pour autrui

La stipulation pour autrui (contrat au bénéfice de quelqu'un d'autre) est le contrat par lequel une partie, **le promettant, s'engage envers** son cocontractant, **le stipulant, à exécuter une obligation au profit d'un tiers**, le bénéficiaire, qui, s'il accepte, devient partie au contrat (*ex.* : dans un contrat d'assurance sur la vie, l'assureur est le promettant, l'assuré est le stipulant, la personne désignée est le tiers bénéficiaire).

Art. 1205 C. civ.

(rédaction issue de l'ordonnance n° 2016-131 du 10 février 2016) : « On peut stipuler pour autrui.

L'un des contractants, le stipulant, peut faire promettre à l'autre, le promettant, d'accomplir une prestation au profit d'un tiers, le bénéficiaire. Ce dernier peut être une personne future mais doit être précisément désigné ou pouvoir être déterminé lors de l'exécution de la promesse ».

Dès la stipulation, le bénéficiaire a un droit à la prestation contre le promettant. Cependant, le stipulant peut révoquer la stipulation tant que le bénéficiaire ne l'a pas acceptée.

Des tiers peuvent également se retrouver parties à un contrat s'ils sont les ayants cause des parties qui ont passé ce contrat.

2 Les ayants cause des parties

Un ayant cause est une personne à laquelle les droits d'une autre personne, son auteur, sont transmis. On distingue **l'ayant cause universel** (il a vocation à recueillir l'ensemble du patrimoine, actif et passif, de son auteur), **l'ayant cause à titre universel** (il a vocation à recueillir une partie du patrimoine, actif et passif, de son auteur) et **l'ayant cause à titre particulier** (il a vocation à ne recueillir qu'un ou plusieurs droits déterminés de son auteur).

Quoi qu'il en soit, par la volonté (donation, testament) ou non (succession *ab intestat*) de son auteur, un ayant cause peut se voir transmise la position que son auteur occupait dans les contrats qu'il avait passés (sauf les contrats conclus en vertu de l'*intuitus personae*). L'ayant cause qui accepte de revêtir cette qualité devient alors créancier ou débiteur, c'est-à-dire partie, dans les mêmes termes que l'était son auteur.

D'autres situations permettent à des tiers non pas de devenir parties à un contrat mais d'exercer des recours contre ce contrat. Cela vise les créanciers des parties.

3 Les créanciers des parties

Différents recours, dont ceux ci-après exposés, sont offerts aux créanciers des parties contre le contrat que celles-ci ont formé.

a. Le recours des créanciers privilégiés

Le créancier privilégié est celui qui, pour accroître ses chances d'être désintéressé, est titulaire d'**une sûreté en garantie de sa créance : sûreté personnelle** comme le **cautionnement** (une personne, la caution, s'engage à exécuter l'obligation du débiteur principal en cas de défaillance de ce dernier) ou **sûreté réelle** (lat. *res, rei*, la chose), autrement dit portant sur une chose, comme **l'hypothèque** (garantie sur un bien immeuble du débiteur), **le gage** (garantie sur un bien meuble corporel du débiteur), **le nantissement** (garantie portant sur un bien meuble incorporel du débiteur)...

Or, une sûreté réelle confère à son titulaire, sur la chose qui en est l'objet, **un droit de préférence** (droit d'être désintéressé en priorité sur la valeur de la chose par rapport aux autres créanciers) **et un droit de suite** (droit de saisir et de faire vendre la chose pour être payé sur son prix en quelques mains qu'elle se trouve). En conséquence, par exemple, si le débiteur d'un créancier-gagiste vend à quelqu'un d'autre le bien meuble objet du gage, le créancier-gagiste, pourtant tiers au contrat de vente, pourra exercer son droit de suite entre les mains de l'acquéreur.

Contrairement aux créanciers privilégiés, les **créanciers chirographaires** ne sont titulaires d'aucune sûreté particulière en garantie de leurs créances. Ils ne sont cependant pas totalement démunis face aux fluctuations du patrimoine de leur débiteur sur lequel ils ont un droit de gage général.

b. L'action oblique

L'action oblique permet à des créanciers, lorsque leurs intérêts sont compromis par la négligence et l'inaction de leur débiteur, d'exercer à la place de ce dernier ses actions et droits ; sauf ceux exclusivement attachés à sa personne (établissement d'un lien de filiation,...). Ainsi, par exemple, face à la carence de leur débiteur, les créanciers peuvent-ils forcer à sa place le débiteur de celui-ci à honorer le contrat passé avec lui et vis-à-vis duquel ils ont pourtant la qualité de tiers.

Art. 1341-1 C. civ.

(rédaction issue de l'ordonnance n° 2016-131 du 10 février 2016) : « Lorsque la carence du débiteur dans l'exercice de ses droits et actions à caractère patrimonial compromet les droits de son créancier, celui-ci peut les exercer pour le compte de son débiteur, à l'exception de ceux qui sont exclusivement rattachés à sa personne ».

c. L'action paulienne

L'action paulienne permet aux créanciers de faire déclarer inopposables à leur égard les actes passés en fraude de leurs droits. Ainsi en est-il, par exemple, d'une donation effectuée par leur débiteur au profit d'autrui dans le seul but d'organiser son insolvabilité. Dans ce schéma, les créanciers sont pourtant tiers au contrat de donation.

Art. 1341-2 C. civ.

(rédaction issue de l'ordonnance n° 2016-131 du 10 février 2016) : « Le créancier peut aussi agir en son nom personnel pour faire déclarer inopposables à son égard les actes faits par son débiteur en fraude de ses droits, à charge d'établir, s'il s'agit d'un acte à titre onéreux, que le tiers cocontractant avait connaissance de la fraude ».

d. Les actions directes en paiement

Dans des cas déterminés par la loi et selon des procédures spécifiques (saisie-attribution dans le cadre des voies d'exécution mises en œuvre par le juge de l'exécution...), un créancier peut agir directement en paiement de sa créance contre le débiteur de son débiteur. *Exemple* : créancier d'un salarié (le débiteur) qui peut obtenir le paiement de sa créance par une saisie d'une partie du salaire entre les mains de l'employeur de ce salarié (l'employeur étant ici le débiteur du débiteur).

L'exécution d'un contrat peut également produire des effets à l'égard des tiers dans le cadre des contrats liés ou en cas de préjudice causé.

e. Les recours dans le cadre des groupes de contrats

Il y a groupe de contrats lorsqu'un contrat n'existe qu'en raison d'un autre ou lui est intimement lié. *Exemples : le contrat de sous-location entre le sous-locataire et le locataire, et le contrat de location entre le locataire et le bailleur ; le contrat entre un maître d'ouvrage et son entrepreneur et le contrat entre cet entrepreneur et un sous-traitant...*

Le bailleur est tiers au contrat de sous-location et pourtant il dispose d'une action directe à l'encontre du sous-locataire dans la limite du sous-loyer ; le sous-traitant est tiers au contrat passé entre le maître d'ouvrage et l'entrepreneur principal et pourtant, si celui-ci ne le paie pas, il dispose d'une action directe contre le maître de l'ouvrage...

f. La responsabilité extracontractuelle

L'exécution d'un contrat **(fait générateur)** peut causer **(lien de causalité)** un dommage **(préjudice)** à un tiers. *Exemple : des travaux effectués par un entrepreneur sur commande d'une* *société et causant un dommage à un riverain.* Les conditions de mise en œuvre de la responsabilité civile sont réunies et, en l'absence de lien contractuel entre la victime (créancière d'une indemnisation) et les responsables, cette **responsabilité** est **extracontractuelle (responsabilité délictuelle ou quasi-délictuelle)**.

À l'inverse, un tiers peut par son comportement **(fait générateur)** causer **(lien de causalité)** un dommage **(préjudice)** à des contractants en portant atteinte à l'exécution de leur contrat. *Exemple : débauchage par un employeur de personnels liés par contrats de travail à un concurrent.* Là aussi, les conditions de mise en œuvre de la responsabilité civile sont réunies et, en l'absence de lien contractuel entre la victime et les responsables, cette **responsabilité** est **extracontractuelle (responsabilité délictuelle ou quasi-délictuelle)**.

Au total, les tiers ne sont pas véritablement absents de la vie du contrat. Ceci est encore plus exact pour un tiers très particulier : le juge qui a éventuellement à connaître du contrat.

3 Le juge et l'exécution du contrat

Ainsi que nous l'avons vu dans tous les développements qui précèdent, le contrat est souvent soumis à l'appréciation du juge et ce, à la faveur de différents types d'actions en justice. Le rôle du juge est alors d'interpréter le contrat (A) et de le faire exécuter par les parties (B).

A L'interprétation du contrat

Les juges du fond (juridictions des premier et second degrés) ont un pouvoir souverain pour interpréter le contrat en recherchant, si besoin est, la **commune intention des parties** (dans les termes employés par elles, dans leur comportement ultérieur de nature à manifester cette intention…).

> **Art. 1188 al. 1er C. civ.**
> *(rédaction issue de l'ordonnance n° 2016-131 du 10 février 2016) : « Le contrat s'interprète d'après la commune intention des parties plutôt qu'en s'arrêtant au sens littéral des termes ».*

Le juge trouve dans la législation issue de l'ordonnance précitée du 10 février 2016 quelques nouvelles consignes pour le guider : lorsque la « commune intention des parties » ne peut être facilement décelée, le contrat doit s'interpréter selon le sens que lui donnerait une « personne raisonnable » (standard du contractant d'attention normale qui serait placé dans les mêmes circonstances de temps et de lieu) ; chaque stipulation contractuelle doit s'interpréter au regard de la cohérence du contrat tout entier ou, si plusieurs contrats concourent à une même opération, au regard de la cohérence de celle-ci ; dans le doute, le contrat de gré à gré s'interprète en faveur du débiteur ; dans le doute, le contrat d'adhésion s'interprète contre celui qui l'a proposé ; lorsqu'une clause est susceptible de deux sens, celui qui lui confère un effet l'emporte sur l autre.

En tout état de cause, le juge doit veiller à ne pas dénaturer le contenu du contrat. En effet, la force obligatoire du contrat et la volonté des parties, dès lors qu'elle est légale, doivent être respectées. **La dénaturation** se définit comme la méconnaissance du sens clair et précis d'une clause. Or, selon la jurisprudence, une clause est claire et précise lorsqu'elle n'est susceptible que d'un seul sens.

Une fois qu'il l'a interprété, le contrat s'impose au juge qui doit le faire exécuter par les parties tel qu'elles l'ont conçu.

B L'intangibilité du contrat

En principe, le juge ne peut modifier la portée des obligations des parties. Cependant, il existe des tempéraments à ce principe.

1 Principe

En vertu du principe de l'intangibilité du contrat, il est interdit au juge de prendre en considération le temps et les circonstances pour modifier les conventions des parties et substituer des clauses nouvelles à celles qui ont été librement acceptées par les cocontractants : **le contrat doit être maintenu intact**.

Toutefois, ce principe se heurte de plus en plus à d'autres dispositions.

2 Atténuations

Diverses dispositions, comme celles qui octroient au juge un pouvoir modulateur en matière de **clause pénale**, qui lui commandent de prononcer la nullité des **clauses abusives**, ou qui lui indiquent de voir dans les conventions davantage que ce qui y est exprimé, contredisent le principe d'intangibilité des contrats.

> **Art. 1194 C. civ.**
> *(rédaction issue de l'ordonnance n° 2016-131 du 10 février 2016) : « Les contrats obligent non seulement à ce qui y est exprimé, mais encore à toutes les suites que leur donnent l'équité, l'usage ou la loi ».*

C'est ainsi que le juge peut : rétablir l'équilibre contractuel notamment en réduisant les honoraires d'une partie (mandataires, certains prestataires de services) ; écarter une clause qu'il estime contraire à l'économie générale du contrat ; accorder un moratoire (délai) au débiteur ; imposer aux parties le respect d'un usage général professionnel ; associer au contrat certaines obligations (obligations de sécurité, de conseil, d'information,...) ; ...

En outre, le juge est tenu de faire application au contrat **des dispositions légales spéciales d'ordre public** qui surviennent en cours d'exécution.

Finalement, la mission du juge en matière contractuelle est toute en nuances. Le contrat peut être remodelé à l'issue de son intervention.

Remarque. Outre des dispositions sur « le terme », l'une des « modalités de l'obligation » figurant dans le Code civil au titre « du régime général des obligations » (sur les modalités de l'obligation, *cf. supra* Chapitre 1), l'ordonnance précitée du 10 février 2016 introduit dans ce même Code, au titre cette fois « des effets du contrat » (donc au sujet des conséquences du contrat, de son exécution) et en sus de toutes les autres règles que nous venons de voir à ce propos dans le présent chapitre, des règles générales relatives à « la durée du contrat ». Ainsi, les engagements perpétuels sont prohibés (le cocontractant qui serait victime d'un engagement perpétuel peut ramener les effets de cet engagement à ceux d'un contrat à durée indéterminée). Précisément, sous réserve de respecter un délai de préavis (contractuel ou, à défaut, « raisonnable »), toute partie à un contrat à durée indéterminée a la faculté d'y mettre fin unilatéralement. Par ailleurs, le contrat à durée déterminée doit être exécuté jusqu'à son terme et nul ne peut en exiger le renouvellement. Cependant, ce type de contrat peut être prorogé avant son expiration par la volonté des contractants. Il peut aussi être renouvelé par l'effet de la loi ou l'accord des parties (le renouvellement donne naissance à un nouveau contrat dont le contenu est identique au précédent, mais dont la durée est indéterminée). Enfin, un contrat à durée déterminée qui continue de s'exécuter après l'expiration du terme, se poursuit par tacite reconduction avec les mêmes effets que le renouvellement du contrat. Ces règles générales du droit des contrats doivent évidemment être combinées avec les règles régissant des contrats spéciaux (contrat de bail commercial, contrat de société...).

Chapitre 3

Des contrats liés au fonctionnement de l'entreprise

COMPÉTENCES VISÉES :

- **Maîtriser les dispositions régissant les contrats courants énumérés dans le programme.**
- **Être capable d'adapter et de faire évoluer le contenu de certains contrats en fonction de la situation d'un client ou de l'entreprise.**

- Parmi les nombreux contrats qui peuvent être passés par l'entreprise dans le cadre de son activité professionnelle, il convient, dans un premier temps, de s'intéresser aux principaux contrats sur lesquels s'appuient les relations de l'entreprise avec sa clientèle (I) et, dans un second temps, d'observer le rôle croissant des contrats d'assurance en tant qu'outil de gestion de l'entreprise (II). Le présent chapitre se cantonne aux spécificités des contrats qu'il vise, étant entendu que les règles relatives à la formation de tout contrat (Chapitre 1) et à son exécution (Chapitre 2) leur sont applicables.

PLAN DU CHAPITRE

1 Les contrats : supports juridiques de la relation entre l'entreprise et son client

A Les contrats par lesquels le client passe directement commande à l'entreprise
B Les contrats de distribution
C Le contrat de transaction : mode de résolution amiable des litiges

2 Les contrats d'assurance : outil de gestion de l'entreprise

A Présentation du contrat d'assurance
B La couverture des risques de l'entreprise par les contrats d'assurance
C La gestion patrimoniale de l'entrepreneur par les contrats d'assurance-vie

1 Les contrats : supports juridiques de la relation entre l'entreprise et son client

L'entreprise conclut des contrats lui permettant de fournir ce qu'elle produit, soit directement avec son client (A), soit par l'intermédiaire de distributeurs (B) ; les particularités du contrat de transaction, pouvant être passé par l'entreprise et son client afin de résoudre à l'amiable un litige entre eux, devant être soulignées (C).

A Les contrats par lesquels le client passe directement commande à l'entreprise

Selon l'objet de son activité professionnelle, l'entreprise fournit directement à son client le bien qu'elle produit, par le biais d'un contrat de vente, ou la prestation de services qu'elle effectue, par le biais d'un contrat d'entreprise. On examine ici le régime juridique de ces deux contrats sans avoir égard à la qualité de client-consommateur. En effet, lorsque le client est un consommateur (et non un professionnel), le contrat de vente et le contrat d'entreprise font alors partie des contrats dits de consommation et doivent satisfaire à des conditions propres qui ne figurent plus dans le nouveau programme de l'UE « gestion juridique, fiscale et sociale ».

1 Le contrat de vente

a. Définition

Art. 1582 C. civ :

« La vente est une convention par laquelle l'un s'oblige à livrer une chose, et l'autre à la payer. Elle peut être faite par acte authentique ou sous seing privé ».

La **vente** a donc **pour objet le transfert, à titre onéreux, de la propriété d'une chose**.

Précisément, la chose à vendre et son prix sont deux des éléments qui interpellent lors de la formation du contrat de vente.

b. Formation

En principe, le contrat de vente est formé et le transfert de propriété de la chose vendue s'opère dès que les parties conviennent de la chose et du prix.

Art. 1583 C. civ. :

« Elle (la vente) est parfaite entre les parties, et la propriété est acquise de droit à l'acheteur à l'égard du vendeur, dès qu'on est convenu de la chose et du prix, quoique la chose n'ait pas encore été livrée ni le prix payé ».

De même, la promesse de vente vaut vente, lorsqu'il y a consentement réciproque des deux parties sur la chose et sur le prix.

Art. 1589 al. 1er C. civ. :

« La promesse de vente vaut vente, lorsqu'il y a consentement réciproque des deux parties sur la chose et sur le prix ».

Pour que la vente soit valablement conclue, encore faut-il que, outre les conditions générales de validité de formation de tout contrat, des conditions relatives à la chose à vendre et au prix soient respectées.

La chose à vendre

La chose à vendre peut être corporelle (marchandises,...) ou incorporelle (énergie électrique,...). Elle doit présenter certains caractères et les parties sont tenues à des obligations d'information à son sujet.

- **Les caractères que doit avoir la chose à vendre**

  Seule peut être vendue : une chose qui est **dans le commerce**[1] (on ne saurait, par exemple, vendre des marchandises contrefaites[2] ou des droits subjectifs extra-patrimoniaux tels que le droit au nom de famille lié à la personnalité juridique ou les droits dont on est titulaire en tant que salarié comme le droit aux congés payés) et dont **le vendeur a la propriété**[3].

  La chose à vendre doit aussi être **déterminée** ; ce qui signifie que : si cette chose est un **corps certain** (chose ayant en elle-même une individualité, modèle unique, chose à nulle autre pareille), elle doit être spécifiée avec précision, ainsi que ses accessoires éventuels (piles électriques,...) ; si cette chose est une **chose de genre** (chose fongible, interchangeable), elle doit également être individualisable au moyen, par exemple, d'un pesage (denrées vendues au poids) ou d'un mesurage (consommation d'énergie inscrite sur les compteurs d'eau, d'électricité,...).

  En outre, en principe, la chose à vendre doit exister au moment de la formation du contrat[4]. Cependant, la vente d'une chose future est autorisée pourvu que cette chose existe au moment de l'exécution du contrat (vente d'un appartement sur plan,...).

- **Les obligations d'information des parties relativement à la chose à vendre**

  La jurisprudence reconnaît, à la charge du vendeur, une obligation de s'informer des besoins de l'acquéreur et de le conseiller sur l'utilisation de la chose à vendre ; et ceci, y compris à l'égard de l'acquéreur professionnel. De son côté, l'acquéreur ne doit pas être passif : il doit demander informations et conseils au vendeur. Lorsque ce dernier méconnaît son devoir d'information, il encourt notamment une condamnation à dommages-intérêts.

Le prix

Avec la chose à vendre, le prix est le second élément sur lequel l'accord des parties emporte formation de la vente. Aussi, selon les articles 1591 et 1592 du Code civil, lors de la vente, son prix doit être déterminé et désigné par les parties qui peuvent cependant en laisser l'estimation à un tiers[5]. Néanmoins, le prix simplement déterminable est assimilé au prix déterminé dès lors que la détermination peut s'effectuer en fonction d'éléments identifiables et ne dépendant pas de la volonté d'une seule des parties (*ex. : est déterminable en fonction d'éléments ne dépendant pas de la seule volonté de l'une des parties le prix d'un contrat de fourniture de pommes de terres fixé par référence au prix du marché puisqu'il existe des cotations officielles significatives du marché de cette denrée*[6]).

---

1 Art. 1598 C. civ. : « *Tout ce qui est dans le commerce peut être vendu lorsque les lois particulières n'en ont pas prohibé l'aliénation* ».

2 Sur l'illicéité de la vente d'une marchandise contrefaite, *cf.* not. Cass. com., 24 sept. 2003 : *JCP* E 2004, p. 136, note Céline Castets-Renard.

3 Art. 1599 C. civ. : « *La vente de la chose d'autrui est nulle : elle peut donner lieu à des dommages-intérêts lorsque l'acheteur a ignoré que la chose fût à autrui* ».

4 Art. 1601 C. civ. : « *Si au moment de la vente la chose vendue était périe en totalité, la vente serait nulle. Si une partie seulement de la chose est périe, il est au choix de l'acquéreur d'abandonner la vente, ou de demander la partie conservée, en faisant déterminer le prix par la ventilation* ».

5 À propos de la détermination du prix, *cf.* Colloque de Pau du 7 mars 1997 sur « Les exigences en matière de prix » : Cah. dr. entr. 1997/5.

6 En ce sens, *cf.* Cass. 1re civ., 14 déc. 2004 : Contrats, conc., consom. 2005, comm. n° 64, note Laurent Leveneur.

Le prix est, en principe, **librement déterminé par les parties**. Toutefois, cette détermination ne doit pas contrevenir aux règles du **droit de la concurrence** [7] et les juges sanctionnent par la nullité absolue la vente dont le prix se révèle dérisoire [8].

Les parties doivent également préciser quelles sont **les modalités de paiement du prix** (comptant ou à terme, avec ou sans acomptes, avec ou sans arrhes...).

Quels sont les effets essentiels d'une vente correctement formée ?

c. Effets

Les principaux effets du contrat de vente peuvent être appréhendés à partir des obligations des parties ; à savoir le vendeur et l'acheteur.

Principales obligations du vendeur	Principales obligations de l'acheteur
- Obligation de **livrer la chose** vendue selon les modalités et les conditions de temps et de lieu définies par le contrat (art. 1582 et 1603 C. civ.). - Obligation de respecter le transfert de la propriété de la chose vendue, lequel a lieu, pour les corps certains, dès l'accord des parties sur la chose et sur le prix (art. 1583 C. civ.) ; sauf stipulations contraires (ex : lors de la conclusion de la vente, par l'insertion d'une **clause de réserve de propriété**, les parties s'entendent pour que le vendeur conserve la propriété de la chose vendue jusqu'à ce que l'acquéreur en paie intégralement le prix ; peu important que la chose vendue soit livrée et utilisée par l'acheteur). La propriété des choses de genre est transférée au moment de leur individualisation et celle des choses futures est transférée au moment de leur achèvement. - Obligation de laisser à l'acheteur la libre disposition de la chose dont la propriété lui a été transférée (art. 1626 C. civ.) : **garantie d'éviction** (1). - Obligation de livrer la chose telle que prévue au contrat (art. 1604 C. civ.) : **garantie de conformité**. (2) - Obligation de garantir l'acheteur contre les défauts qui pourraient affecter la chose et la rendre impropre à l'usage auquel l'acheteur la destinait, lorsque ces défauts n'étaient pas décelables au moment de la vente (art. 1641 C. civ.) : **garantie des vices cachés** dits aussi « **vices rédhibitoires** » (3). L'action résultant des vices rédhibitoires peut être exercée par l'acheteur à l'encontre du vendeur en principe « *dans un délai de deux ans à compter de la découverte du vice* » (art. 1648 C. civ.), afin d'obtenir l'anéantissement du contrat ou de conserver la chose mais en se faisant rembourser une partie du prix. - Le cas échéant, obligation de répondre de l'atteinte à la sécurité des personnes au regard de la **responsabilité du fait des produits défectueux** (art. 1245 s. du Code civil dans sa rédaction issue de l'ordonnance n° 2016-131 du 10 février 2016 ; auparavant cette responsabilité était traitée aux art. 1386-1 s. C. civ.) (4).	- Dès le transfert à son profit du droit de propriété, obligation de **prendre à sa charge les risques encourus par la chose vendue**. Toutefois, les parties peuvent décider de dissocier le transfert des risques du transfert de la propriété. Pour fixer la date du transfert des risques et la répartition des frais de transport de la chose vendue, les parties peuvent recourir expressément à des termes commerciaux : les **incoterms** (« International Commercial Terms »). Ainsi, dans une **vente « FOB »** (franco on board), les risques et les coûts de transport sont à la charge de l'acheteur. Au contraire, dans une **vente « CIF »** (cost, insurance, freight), les risques et les coûts du transport sont à la charge du vendeur. - Obligation de payer le prix au jour et au lieu réglés par la vente (art. 1650 C. civ.). - En matière de vente de denrées et effets mobiliers, obligation de **retirement** ; sous peine de résolution de plein droit de la vente au profit du vendeur, à l'expiration du terme convenu pour le retirement (art. 1657 C. civ.).

(1) Le vendeur ne doit pas tenter de se réapproprier la chose frauduleusement, il ne doit pas essayer d'en reprendre possession,...

(2) N'est pas conforme une chose dont la forme, la couleur,... ne sont pas celles convenues. De même, n'est pas conforme une chose neuve présentant des défauts esthétiques,...

(3) Par exemple, sont des vices cachés : les défauts de fabrication du moteur d'une machine à laver le linge l'empêchant de fonctionner.

(4) Par exemple, selon la législation, est défectueux un récepteur de télévision dont l'implosion blesse des personnes.

---

7 Les règles du droit de la concurrence sont exposées aux Chapitres 7 et suivants.

8 Une action en nullité pour vileté du prix peut être exercée indépendamment de toute action en rescision pour lésion (en ce sens, par *ex.* : Cass. 3e civ., 18 juill. 2001 : *Bull. civ.* III, n° 101).

Remarque. Outre les règles susvisées, certaines ventes obéissent à des réglementations propres (ex. : ventes de fonds de commerce - Chapitre 25 § 1-C).

Si une entreprise peut vendre des produits à ses clients, elle peut aussi leur fournir des prestations de services.

2 Le contrat d'entreprise

a. Définition

Appelé **contrat de « louage d'ouvrage et d'industrie »** par le Code civil, le **contrat d'entreprise** est un contrat de prestations de services réalisées à titre indépendant [9].

Art. 1779 C. civ. :

« Il y a trois espèces principales de louage d'ouvrage et d'industrie :

1° Le louage de service ;

2° Celui des voituriers, tant par terre que par eau, qui se chargent du transport des personnes ou des marchandises ;

3° Celui des architectes, entrepreneurs d'ouvrages et techniciens par suite d'études, devis ou marchés ».

Autrement dit, le contrat d'entreprise est la convention par laquelle une personne, maître d'ouvrage, charge un entrepreneur d'exécuter lui-même, ou par l'intermédiaire de ses préposés, en toute indépendance, un « ouvrage » intellectuel (fourniture de conseils, réalisation d'une étude,...) ou matériel (opérations de nettoyage, de réparations,...) [10].
Quelques considérations sur la formation du contrat d'entreprise doivent être signalées.

b. Formation

Indépendamment des conditions de validité requises de tout contrat, la formation du contrat d'entreprise pose les questions de la spécification de la prestation à effectuer et de son prix.

La prestation à effectuer

Le contrat d'entreprise est un **contrat consensuel** qui n'est soumis à aucune forme déterminée. Cependant, les parties ont intérêt à préciser la prestation à effectuer et les modalités de son exécution. Les parties doivent également se communiquer des informations déterminantes pour l'accomplissement de la prestation.

- **Le descriptif de la prestation**

Afin d'éviter tout litige ultérieur sur l'objet du contrat, les parties doivent décrire le plus complètement possible la prestation qui doit être fournie et qui, d'entre elles, procurera les biens éventuels pour l'exécution de cette prestation.

---

9 L'indépendance dans la réalisation de la prestation de services permet de distinguer le contrat d'entreprise du contrat de travail dans le cadre duquel le salarié fournit une prestation sous la subordination juridique de son employeur.

10 Le contrat d'entreprise ne doit pas être confondu avec le contrat de vente, lequel emporte transfert de la propriété d'un bien. Cependant, la distinction n'est pas toujours limpide lorsque la prestation de services s'accompagne de la fourniture d'un bien. Il y a contrat d'entreprise si la prestation est plus importante que la fourniture (réparation de véhicules,...). Au contraire, il y a contrat de vente si la prestation est moindre que la fourniture (simple installation d'éléments de décoration préfabriqués,...). Si la prestation de services est jugée équivalente à la fourniture de biens, la prestation est soumise au régime du contrat d'entreprise, tandis que la fourniture est soumise au régime du contrat de vente.

De même, par exemple, le contrat doit mentionner la faculté de recourir ou non à **la sous-traitance**[11] ; le contrat de sous-traitance étant une sorte de contrat d'entreprise consistant pour un entrepreneur (**donneur d'ordre** ou **entrepreneur principal**) à confier à un cocontractant (**le sous-traitant**) le soin de réaliser, sur ses ordres et spécifications, tout ou partie de la prestation qu'il doit fournir à son propre client (**maître de l'ouvrage**)[12]. En effet, le recours par l'entrepreneur principal à la sous-traitance n'est pas anodin pour le maître de l'ouvrage puisque, notamment, « *Le sous-traitant a une action directe contre le maître de l'ouvrage si l'entrepreneur principal ne paie pas, un mois après en avoir été mis en demeure, les sommes qui sont dues en vertu du contrat de sous-traitance ; ...* »[13].

- **La communication entre les parties d'informations déterminantes pour l'accomplissement de la prestation**

La jurisprudence met à la charge du prestataire de services l'obligation de conseiller son client sur la pertinence de l'opération envisagée et la meilleure façon d'y procéder (professionnel de l'emballage industriel tenu de prévenir son client de la sensibilité à l'humidité des matériels confiés au conditionnement,...). De son côté, le client doit communiquer au prestataire de services tous les renseignements permettant une bonne exécution de la prestation (communication au conseil en organisation d'entreprise de renseignements sur le fonctionnement de l'entreprise pour laquelle il doit formuler des recommandations,...).

Le prix

Le montant du prix est librement fixé par les parties et il n'a pas, en principe, à être déterminé avant l'exécution de la prestation. Ainsi, l'accord préalable sur le prix de la prestation n'est pas une condition de validité du contrat. Un contrat d'entreprise peut donc être valablement formé même si **un devis** n'est pas établi par le prestataire ; en dépit des usages selon lesquels des devis sont couramment élaborés[14]. En revanche, **lorsque l'accord des parties se réalise à partir d'un devis mentionnant le prix de la prestation, ce prix doit ensuite, en principe, être respecté** (tout supplément de prix nécessité par l'exécution de la prestation doit obtenir l'approbation du client).

Quels sont les effets essentiels d'un contrat d'entreprise correctement formé ?

c. Effets

Outre les effets inhérents à l'exécution de tout contrat (sanctions en cas d'inexécution,...), les principaux effets propres au contrat d'entreprise peuvent être décrits à partir des obligations des parties ; à savoir le prestataire de services et son client (donneur d'ordre).

---

11 Loi n° 75-1334 du 31 décembre 1975 relative à la sous-traitance, art. 3 al. 1er : « *L'entrepreneur qui entend exécuter un contrat ou un marché en recourant à un ou plusieurs sous-traitants doit, au moment de la conclusion et pendant toute la durée du contrat ou du marché, faire accepter chaque sous-traitant et agréer les conditions de paiement de chaque contrat de sous-traitance par le maître de l'ouvrage ; l'entrepreneur principal est tenu de communiquer le ou les contrats de sous-traitance au maître de l'ouvrage lorsque celui-ci en fait la demande* ».

12 Loi n° 75-1334 du 31 décembre 1975, art. 1er (modifié par l'ordonnance n° 2010-1307 du 28 octobre 2010, art. 7) : « *Au sens de la présente loi, la sous-traitance est l'opération par laquelle un entrepreneur confie par un sous-traité, et sous sa responsabilité, à une autre personne appelée sous-traitant l'exécution de tout ou partie du contrat d'entreprise ou d'une partie du marché public conclu avec le maître de l'ouvrage* » ; art. 2 : « *Le sous-traitant est considéré comme entrepreneur principal à l'égard de ses propres sous-traitants* ».

13 Loi n° 75-1334 du 31 décembre 1975, art. 12 al. 1er.

14 Sauf mention expresse contraire ou usages professionnels, un devis est en principe gratuit ; que le contrat soit conclu ou non.

Principales obligations du prestataire de services	Principales obligations du client
- Obligation de **livrer l'ouvrage** promis, au lieu et à la date convenus au contrat. - Sous peine de poursuites pénales du chef de délit d'abus de confiance, obligation de **restituer** au client **le matériel** confié par ce dernier et non utilisé. - Sauf convention contraire, obligation **d'assumer la perte de la matière** fournie par le client, lorsque la chose a péri par la faute du prestataire ou de ceux qu'il s'est substitués (restitution de la valeur du bien au client,...). - Sauf convention contraire, obligation **d'assumer la perte de la matière** fournie par le prestataire lorsque cette matière a péri avant la mise en demeure du client pour la réception de la chose. Il en est de même de la perte de l'ouvrage achevé mais non livré (remboursement du coût de l'ouvrage au client ou reconstruction de cet ouvrage). - Pour la construction d'ouvrage, obligation d'assumer une responsabilité décennale, en principe à dater de la réception des travaux (art. 1792-4-1-C. civ. : loi n° 2008-561 du 17 juin 2008).	- Obligation de **payer le prix** selon l'accord des parties. - Obligation de **retirement**, en principe dans le délai d'un an, des objets mobiliers confiés au prestataire pour être travaillés, façonnés, réparés ou nettoyés. À défaut, le prestataire peut demander en justice la vente de ces objets aux enchères publiques et à se faire payer sur le prix obtenu. - Obligation de **réception des travaux** (approbation du travail exécuté) selon les modalités prévues par les parties. - Sauf convention contraire, obligation d'assumer la perte de la matière fournie au prestataire, lorsque la chose a péri par son propre vice ou un cas de force majeure. - Sauf convention contraire, obligation d'assumer la perte de la matière fournie par le prestataire lorsque cette matière a péri après la mise en demeure du client pour la réception de la chose ou lorsque la chose a été acceptée (même non livrée).

Si une entreprise peut directement passer un contrat de vente ou un contrat d'entreprise avec son client, elle peut aussi servir la clientèle en concluant avec des intermédiaires un certain nombre de contrats de distribution.

B Les contrats de distribution

Les contrats de concession, de franchise, de mandat d'intérêt commun ou de location-gérance sont d'intéressantes illustrations de ces contrats de distribution.

1 Le contrat de concession

La formation du contrat de concession commerciale obéissant aux règles du droit commun, seuls la définition et les principaux effets de ce contrat doivent être soulignés.

a. Définition

Le **contrat de concession** est le contrat par lequel une personne (**le concessionnaire**) ayant la qualité de commerçant indépendant s'engage à acheter et à revendre les produits d'une autre personne (**le concédant**), pour une durée déterminée ou non. Le concessionnaire agit en son nom et pour son compte personnel en se portant acheteur ferme des produits du fournisseur-concédant afin de les revendre à la clientèle. Le concessionnaire doit cependant vendre aux conditions fixées par le concédant.

La concession peut être **exclusive**, le concessionnaire ayant alors le monopole de la revente des produits sur un territoire déterminé.

b. Effets

Quelles sont, en termes d'obligations des parties, les principales conséquences d'un contrat de concession valablement formé ?

Principales obligations du concessionnaire	Principales obligations du concédant
- Obligation de **respecter les instructions du concédant** (mesures promotionnelles, prestations de services après-vente,...). - Sur stipulation du contrat, obligation de posséder un stock minimal de produits. - En cas de concession exclusive, obligation de s'approvisionner exclusivement et à des prix déterminés chez le concédant. - Sauf autorisation contraire du concédant, obligation de ne pas vendre les produits d'une entreprise concurrente (1). - Obligation d'indemniser le concédant victime d'une faute du concessionnaire dans l'exécution du contrat (délai de préavis de rupture non respecté,...). - **À partir de la rupture du contrat**, obligation de **ne plus faire usage de la marque du concédant.**	- Obligation de **fournir au concessionnaire une assistance technique et juridique**. - En cas de concession exclusive, obligation d'assurer au concessionnaire l'exclusivité des produits. - Obligation d'indemniser le concessionnaire lorsque le contrat de concession est rompu abusivement du fait du concédant (en revanche, le concédant n'a pas à verser au concessionnaire une indemnité particulière pour perte de clientèle à l'issue régulière du contrat de concession). Le concédant peut alors être également tenu à la reprise du stock.

(1) En cas d'exclusivité réciproque de fourniture et d'achat entre le concédant et le concessionnaire, la durée maximale du contrat est de dix ans au regard du droit interne (art. L. 330-1 C. com.).

Le contrat de franchise suppose une collaboration encore plus poussée des parties.

2 Le contrat de franchise

La formation du contrat de franchise étant soumise au droit commun des contrats, seuls sa définition et ses principaux effets doivent être mentionnés.

a. Définition

Le **contrat de franchise** peut être défini comme un accord par lequel une entreprise (**le franchiseur**) accorde à une autre (**le franchisé**, commerçant indépendant) en échange d'une compensation financière, dans le but de commercialiser des produits ou des services, le droit d'exploiter une franchise (ensemble de droits de propriété industrielle portant sur des marques, un nom commercial ou une enseigne, des dessins et modèles ou un savoir-faire destinés à être exploités pour la revente de produits ou la prestation de services à des utilisateurs finals)[15]. Le contrat de franchise est souvent perçu comme un contrat permettant la réitération et le développement par les franchisés d'une activité de distribution préalablement réussie du franchiseur[16].

15 Le franchiseur peut aussi contracter avec un franchisé dit principal auquel, en échange d'une compensation financière, il accorde le droit d'exploiter une franchise avec des tiers qui sont les franchisés du franchisé principal. Par ailleurs, le contrat de franchise peut prévoir une exclusivité de vente et une exclusivité d'approvisionnement.

16 En ce sens, *cf.* not. Didier Ferrier, *Droit de la distribution*, éd. LITEC, coll. Manuels, 2002, 3e éd., p. 371 s.

b. Effets

Quelles sont, en termes d'obligations des parties, les principales conséquences d'un contrat de franchise valablement formé ?

Principales obligations du franchisé	Principales obligations du franchiseur
- Outre le versement d'un **droit d'entrée** dans le réseau franchisé, obligation de **verser au franchiseur une redevance périodique** (forfaitaire ou selon un pourcentage du chiffre d'affaires) en contrepartie des avantages résultant du contrat (jouissance des droits de propriété intellectuelle consentie). - Obligation de **s'approvisionner en tout ou en partie auprès du franchiseur**. - Obligation de **respecter les conditions du franchiseur** concernant la qualité des produits et des prestations, l'implantation et l'aménagement de l'établissement, les modalités de vente,... - Obligation de se **soumettre au contrôle du franchiseur**. - En principe, obligation d'**exploiter personnellement** (sauf agrément du franchiseur pour une autre personne).	- Obligation de **fournir au franchisé les produits ou services à distribuer**. - Obligation de **mettre la marque et autres droits de propriété intellectuelle à disposition du franchisé**. - Obligation de **transmettre savoir-faire, conseils et assistance** (technique, juridique, commerciale et financière) **au franchisé**.

Remarque. Le contrat de franchise peut être résilié selon les mêmes règles que celles applicables au contrat de concession (le franchiseur n'a pas à verser au franchisé une indemnité particulière pour perte de clientèle à l'issue régulière du contrat de franchise).

3 Le contrat de mandat d'intérêt commun

Comme les précédents contrats, la formation du contrat de mandat d'intérêt commun relevant du droit commun des contrats, ce sont sa définition et ses principaux effets qui doivent être ici mis en exergue.

a. Définition

Le contrat de mandat d'intérêt commun est avant tout un **contrat de mandat** ; c'est-à-dire un contrat par lequel une personne (**le mandataire**) accepte d'agir au nom et pour le compte d'une autre personne (**le mandant**) qui lui en donne pouvoir[17]. Pour les contrats qu'il conclut avec des tiers, le mandataire reçoit donc le pouvoir de la part du mandant d'engager celui-ci : « *le mandant est tenu d'exécuter les engagements contractés par le mandataire, conformément au pouvoir qui lui a été donné* »[18]. Cela permet notamment de distinguer le mandataire du **courtier** dont l'engagement consiste à rechercher un partenaire pour son client, lequel conserve le pouvoir de nouer ou non la relation qui lui est présentée.
Principalement rencontré dans les relations entre les producteurs et leurs distributeurs, **le mandat d'intérêt commun** est conclu dans l'intérêt commun du mandant et du mandataire en ce sens que les deux parties contribuent, par leur activité respective et l'étroitesse de leur collaboration, à l'accroissement d'un résultat considéré comme leur bien commun[19]. La jurisprudence insiste sur la nécessité pour le mandataire d'intérêt commun de posséder un pouvoir de négociation indépendant dans l'exécution du contrat de mandat[20].

17 Art. 1984 C. civ.
18 Art. 1998 al. 1er C. civ.
19 Cass. com., 2 juill. 1979, *Bull. civ.* IV, p. 180.
20 Sur le contrat de mandat d'intérêt commun, *cf.* not. CA Paris, 5e ch. B, 23 févr. 2006, SA RCE c/ SFR : *JCP* G 2006, II, 10108, note Philippe Stoffel-Munck.

b. Effets

Quelles sont, en termes d'obligations des parties, les principales conséquences d'un contrat de mandat d'intérêt commun valablement formé ?

Principales obligations du mandataire	Principales obligations du mandant
- Obligation **d'accomplir le mandat**, sans dépasser le pouvoir donné par le mandant. - Sauf stipulation contraire, obligation d'**exécuter personnellement le mandat**. - Obligation de **rendre compte au mandant de l'exécution du mandat**. - Obligation de **répondre des fautes commises dans l'exécution du mandat**.	- Obligation **d'honorer les engagements** pris par le mandataire, dans le cadre du mandat. - Obligation de **rétribuer le mandataire** conformément aux stipulations du contrat (remboursement des frais de gestion, rémunération,...). - En cas de résiliation unilatérale du contrat de mandat à durée indéterminée, à l'initiative du mandant : **obligation de verser** au mandataire **une indemnité** censée compenser le préjudice causé par la rupture du contrat ; sauf motif légitime de révocation (faute grave du mandataire, réorganisation du système de commercialisation, cession de son fonds de commerce par le mandant,...) ou clause excluant cette indemnisation insérée dans le contrat de mandat (1).

(1) La diversité des causes d'exclusion du versement de cette indemnité est une différence essentielle avec le statut d'agent commercial régi par les art. L. 134-1 s. C. com. (art. L. 134-1 al. 1er C. com. : « *L'agent commercial est un mandataire qui, à titre de profession indépendante, sans être lié par un contrat de louage de services, est chargé, de façon permanente, de négocier et, éventuellement, de conclure des contrats de vente, d'achat, de location ou de prestation de services, au nom et pour le compte de producteurs, d'industriels, de commerçants ou d'autres agents commerciaux. Il peut être une personne physique ou une personne morale* »). En effet, la résiliation unilatérale du contrat par le mandant donne également droit, au bénéfice de l'agent commercial, au versement d'une indemnité compensatrice du préjudice qu'il subit du fait de la rupture anticipée du contrat et ce n'est qu'en cas de faute grave de l'agent commercial ayant justifié cette résiliation que l'indemnité ne lui est pas due.

Un entrepreneur peut aussi faire diffuser ses produits et services en mettant son fonds en location.

4 Le contrat de location-gérance

Le contrat de location-gérance est légalement défini et présente des particularités tant dans sa formation que quant à ses effets.

a. Définition

Le **contrat de location-gérance** est le contrat par lequel le propriétaire ou l'exploitant d'un **fonds de commerce**[21] ou d'un établissement artisanal en concède totalement ou partiellement la location à un gérant qui l'exploite à ses risques et périls[22]. Le propriétaire du fonds est donc un bailleur qui conclut un contrat de bail portant sur son fonds et qui perd la qualité de commerçant, tandis que le locataire-gérant est un locataire qui exploite en qualité de commerçant le fonds dont il n'est pas propriétaire[23].

21 Le fonds de commerce est un bien meuble incorporel qu'un commerçant, personne physique ou morale, parvient à constituer dès lors qu'il fidélise une clientèle propre en raison de la qualité de son savoir-faire et de ses produits (Cass. Req., 15 févr. 1937, *D.* 1938, 1, 13 : « *Attendu qu'aucun texte ne définit la composition d'un fonds de commerce, que la loi du 17 mars 1909 énumère seulement les divers éléments qui peuvent servir à le constituer en laissant les parties maîtresses de désigner ceux de ces éléments qu'elles entendent comprendre dans leurs opérations ; que de ces éléments, la clientèle représente le plus essentiel, celui sans lequel un fonds de commerce ne saurait exister...* »).

22 Art. L. 144-1 C. com.

23 Le contrat de location-gérance ne doit pas être confondu avec le contrat de gérance-salariée selon lequel le gérant-salarié exploite le fonds en qualité de salarié ou de mandataire et perçoit une rémunération, tandis que le propriétaire conserve la qualité de commerçant et contrôle la gestion.

b. Formation

Jusque récemment, le bailleur (propriétaire) du fonds de commerce ne pouvait en consentir la location-gérance qu'à certaines conditions qu'il devait respecter : ainsi, sauf exceptions (impossibilité d'exploiter lui-même le fonds pour cause de maladie...), le bailleur devait, avant de mettre son fonds de commerce en location-gérance, l'avoir exploité pendant au moins deux ans. Cette exigence a été supprimée par la loi n° 2019-744 du 19 juillet 2019 de simplification, de clarification et d'actualisation du droit.

Il demeure que, de son côté, le locataire-gérant doit avoir la capacité commerciale et doit indiquer dans son inscription au registre du commerce, la mention de la mise en gérance et le nom du bailleur. Une publicité doit aussi être effectuée sur un « support habilité à recevoir des annonces légales » (loi n° 2019-486 du 22 mai 2019).

c. Effets

Le contrat de location-gérance produit des effets à l'égard des parties mais aussi à l'égard des tiers.

Principaux effets à l'égard des parties	Principaux effets à l'égard des tiers
- **Principales obligations du locataire-gérant** : verser au bailleur la redevance (loyer) et respecter la destination de l'exploitation (nature de l'exploitation). - **Principale obligation du bailleur** : ne pas faire concurrence au locataire-gérant.	- Dans les trois mois à dater de la publication du contrat de location-gérance sur un support habilité à recevoir des annonces légales, **les créanciers du propriétaire du fonds** peuvent demander que le tribunal de commerce de la situation du fonds déclare leurs créances immédiatement exigibles si leur paiement semble mis en péril par la location. - Jusqu'à la publication du contrat de location-gérance, **les créanciers du locataire-gérant** bénéficient de la solidarité du bailleur avec le locataire-gérant pour les dettes contractées par celui-ci à l'occasion de l'exploitation du fonds.

Remarque. Lorsque le fonds est exploité dans un local en vertu d'un contrat de bail commercial (contrat de location d'un local à usage commercial ou artisanal) passé entre le propriétaire du fonds et le propriétaire du local, seul le propriétaire du fonds (et non le locataire-gérant) peut demander le renouvellement du bail commercial arrivé à expiration (droit au bail) au propriétaire du local [24].

Dans le cadre des contrats servant de supports juridiques à la relation entre l'entreprise et son client, outre d'une part, les contrats permettant à un client de passer directement commande à une entreprise et, d'autre part, les contrats de distribution, un autre contrat expressément mentionné dans le nouveau programme de l'UE « gestion juridique, fiscale et sociale » doit être présenté : il s'agit de la transaction ; laquelle est un mode de résolution amiable des litiges pouvant survenir entre l'entreprise et son client.

C Le contrat de transaction : mode de résolution amiable des litiges

Le contrat de transaction est un contrat original en ce sens qu'il est à la fois un contrat et un mode de résolution amiable des litiges entre les cocontractants. Comme tout contrat, il est soumis aux règles générales du droit des contrats vues dans les chapitres précédents, mais des dispositions spéciales lui sont aussi consacrées dans le Code civil (art. 2044 s.) qui invitent à préciser à la fois sa définition et sa nature juridique, ainsi que les spécificités de sa formation et de ses effets.

24 À noter qu'il n'existe pas de droit au renouvellement du contrat de location-gérance, au profit du locataire-gérant, analogue au droit au renouvellement du contrat de bail commercial, au profit du propriétaire de fonds commercial ou artisanal.

1 Définition et nature juridique du contrat de transaction

Le contrat de transaction est doté d'une définition légale permettant de déduire la nature juridique particulière de ce contrat.

a. Définition

Art. 2044 al. 1er C. civ :

« La transaction est un contrat par lequel les parties, par des concessions réciproques, terminent une contestation née ou préviennent une contestation à naître ».

b. Nature juridique

Tout d'abord, ainsi que l'énonce l'article 2044 alinéa 1er du Code civil, la transaction est bien un « **contrat** » que les parties sont, en principe, libres de passer ou non. Ce contrat se caractérisepar des « **concessions réciproques** », c'est-à-dire des **gestes mutuels que se consentent les cocontractants** ; et ce, **dans le but de mettre fin à une divergence entre eux** (*ex.* : la renonciation d'une victime à agir en justice au plan civil afin de demander des dommages et intérêts en réparation des préjudices qu'elle subit, en échange de l'engagement de la part de l'auteur du dommage à verser à cette victime une somme d'argent considérée par les parties comme une indemnisation suffisante du dommage en question). Au regard des classifications des contrats (sur ces classifications, voir *supra* le chapitre consacré à la formation des contrats), le contrat de transaction est un **contrat** à la fois **nommé** (puisque régi par le législateur), **synallagmatique** (puisque à obligations réciproques), **à titre onéreux** (puisque chacune des parties reçoit de l'autre un avantage en contrepartie de celui qu'elle procure) et **en principe commutatif** (puisque chacune des parties s'engage à procurer à l'autre un avantage qui est regardé comme l'équivalent de celui qu'elle reçoit). Ne serait donc pas une transaction, la renonciation unilatérale et sans contrepartie à un droit. Quant à la contrepartie, lorsqu'elle existe, s'il n'est pas toujours aisé d'affirmer que son estimation est strictement équivalente, elle ne doit pas être dérisoire au risque que le contrat conclu ne soit pas qualifié de transaction.

Par ailleurs, quant à sa nature juridique, la transaction, par le but qu'elle poursuit de résoudre un litige par les personnes mêmes qui s'opposent, est **l'un des modes privés de règlement amiable des conflits**. En ce sens, la transaction, qui évite la saisine des juridictions (sauf si un litige venant ensuite à naître de la transaction ne peut être résolu autrement : affirmation par une partie qu'elle a transigé en ayant été victime de violence...), s'inscrit **dans la logique des « Modes alternatifs de règlement des différends » (MARD)** que les pouvoirs publics promeuvent depuis de nombreuses années (à titre d'exemple, encore récemment, la loi n° 2019-222 du 23 mars 2019 de programmation 2018-2022 et de réforme pour la justice entend, entre autres, « développer la culture du règlement amiable des différends ») en raison des vertus qu'ils leur trouvent (rapidité, confidentialité, dédramatisation...).

Cela étant, les articles du Code civil relatifs à la transaction mettent en exergue certaines spécificités de la formation de ce contrat.

2 Spécificités de la formation du contrat de transaction

Outre les conditions de formation applicables à tous les contrats et qui concernent donc également le contrat de transaction, l'accent doit être mis sur des spécificités de fond et de forme pour la formation de ce contrat.

a. Conditions de fond

Si, entre les parties en litige, des concessions réciproques au moment de la formation du contrat de transaction déterminent la qualification de ce dernier en tant que tel, d'autres conditions sont requises pour sa validité.

Ainsi, il faut avoir la capacité juridique de disposer des objets compris dans la transaction : transiger est donc un acte de disposition. En conséquence, une personne juridiquement incapable, à laquelle il n'est pas permis d'effectuer seule un acte de disposition sur ses propres biens, ne peut valablement transiger. Pareillement, le représentant (tuteur...) d'une personne juridiquement incapable ne peut transiger au nom de celle-ci que conformément aux exigences légales. À noter que les établissements publics de l'État ne peuvent transiger qu'avec l'autorisation du Premier ministre.

De plus, on ne peut transiger sur tout : s'il est autorisé de transiger sur les conséquences civiles d'une infraction, cela n'empêche pas les poursuites pénales.

b. Conditions de forme

L'article 2044 alinéa 2 du Code civil dispose que le contrat de transaction doit être rédigé par écrit. Cependant, si cette exigence doit bel et bien être respectée, jurisprudence et doctrine n'y voient pas une condition de validité de ce contrat mais une nécessité afin d'en apporter la preuve.

3 Spécificités quant aux effets du contrat de transaction

Ces spécificités ont essentiellement trait à l'objet du contrat et à ses conséquences juridictionnelles.

a. L'objet du contrat

Le législateur insiste d'une part, sur le fait que la transaction est strictement limitée au différend qui y a donné lieu et, d'autre part, sur le fait qu'en cas de victimes ou de responsables multiples, la transaction ne lie que chaque partie qui y a personnellement et individuellement consenti.

b. Les conséquences juridictionnelles

La conséquence fondamentale du contrat de transaction est que celui-ci fait obstacle à l'introduction ou à la poursuite entre les parties d'une action en justice ayant le même objet (art. 2052 C. civ. dans sa rédaction issue de la loi n° 2016-1547 du 18 novembre 2016). En d'autres termes, en concluant un « arrangement amiable » transactionnel, les parties mettent fin à leur litige et renonce également à leur droit d'agir ultérieurement en justice à propos de ce même litige. Transiger n'est donc pas un acte anodin.

La transaction se substituant en quelque sorte à ce qui aurait été une décision de justice, la question de sa force exécutoire peut se poser. Afin que la transaction constitue un titre exécutoire de nature à permettre la mise en œuvre des voies d'exécution (saisie...) si elle n'était pas respectée par l'une des parties, la transaction peut être homologuée par le juge compétent. En effet, aux termes de l'article L. 111-3 1° du Code des procédures civiles d'exécution, constituent notamment des titres exécutoires les accords auxquels les juridictions de l'ordre judiciaire ou de l'ordre administratif ont conféré force exécutoire. Une autre manière de doter une transaction de la force exécutoire est, en amont, de la faire recevoir par un notaire.

Après ce tour d'horizon des principaux contrats servant de supports juridiques de la relation entre l'entreprise et son client, étant d'ailleurs précisé que la transaction a un champ plus vaste puisqu'elle peut être conclue dans de nombreux domaines (entre un employeur et son salarié), il convient de s'intéresser aux contrats d'assurance devenus de véritables outils de gestion de l'entreprise.

2 Les contrats d'assurance : outil de gestion de l'entreprise

Après une présentation du contrat d'assurance (A), nous verrons que ce type de contrat sert à la couverture des risques de l'entreprise (B) et que, en particulier, le contrat d'assurance-vie participe à la gestion patrimoniale de l'entrepreneur (C).

Chapitre 3

A Présentation du contrat d'assurance

1 Définition

Le **contrat d'assurance** est le contrat par lequel une partie, l'**assureur**, s'engage à verser à une autre partie, le **souscripteur-assuré** (ou à un **assuré tiers bénéficiaire**[25]), une somme d'argent (**indemnité**)[26] en cas de survenance d'un **sinistre** précis (risque garanti), et ceci en échange du paiement d'un prix déterminé (**prime** ou **cotisation**).

2 Formation

Le contrat d'assurance est conclu directement entre l'assureur et le souscripteur, ou par l'intervention d'intermédiaires (le souscripteur peut mandater un **courtier d'assurance** et l'assureur peut mandater des **agents généraux**).

Avant la conclusion du contrat, les parties doivent échanger des informations. L'assureur doit fournir au souscripteur une fiche d'information sur le prix et les garanties, ainsi qu'une proposition de contrat (qui comporte notamment la liste des risques exclus dont les dommages provenant de la faute intentionnelle de l'assuré, les obligations de l'assuré...). De son côté, **le souscripteur** doit déclarer toutes les circonstances connues de lui de nature à faire apprécier par l'assureur les risques qu'il prend en charge (souscription d'autres assurances auprès de différents assureurs pour couvrir le même risque, valeur la plus exacte possible du bien assuré...).

Le contrat d'assurance en tant que tel est formé dès l'accord écrit des parties sur l'objet de la garantie et sur son prix (document appelé **police d'assurance**). La prise d'effet du contrat peut cependant être retardée (par subordination à un événement particulier) ou anticipée (antérieurement à la signature de la police d'assurance, l'assureur remet à l'assuré une note de couverture qui constate l'établissement d'une garantie préalable au contrat).

La police d'assurance doit contenir d'une part, **les conditions générales** communes à tous les assurés pour un type de contrat donné (risques exclus ; formalités à accomplir en cas de sinistre ; franchise éventuelle, c'est-à-dire partie des dommages restant à la charge de l'assuré...) et, d'autre part, **les conditions particulières** propres à la situation de l'assuré. Doivent obligatoirement être mentionnés[27] : les noms et domiciles des parties ; la chose ou la personne assurée ; les dommages garantis ; la date d'effet du contrat ; la durée de la garantie (la durée peut être déterminée ou indéterminée ; en cas de durée indéterminée, une tacite reconduction ne pouvant excéder à chaque fois une année doit être expressément prévue) ; le montant de la garantie ; la prime (dont le montant dépend de divers éléments comme la valeur du bien garanti ; la prime peut être déclarée révisable par l'assureur ou indexée) et les échéances de son paiement ; la loi applicable au contrat lorsqu'il ne s'agit pas de la loi française ; l'adresse du siège social de l'assureur ; les clauses de nullité, de déchéances et d'exclusion de garantie ; les causes et modalités de résiliation du contrat...

3 Effets

Quels sont les principaux effets du contrat d'assurance au regard des obligations incombant à chacune des parties ?

---

25 Le souscripteur est, la plupart du temps, également l'assuré. Mais, en vertu d'une stipulation pour autrui, le souscripteur peut s'obliger à exécuter le contrat envers l'assureur, tout en désignant comme assuré un tiers bénéficiaire.

26 Plus rarement, l'assureur peut s'engager à remplacer en nature la chose assurée.

27 Art. L. 112-4 C. ass.

Principales obligations de l'assuré	Principales obligations de l'assureur
- Obligation de **payer la prime** dans les conditions fixées au contrat. - Obligation de **signaler par écrit à l'assureur toute modification des données du contrat** (changement de configuration du bien assuré ; changement de domicile, de profession de l'assuré ;...). La modification peut justifier de nouvelles clauses contractuelles (rédaction d'un avenant), voire la résiliation du contrat. - Dès la connaissance du sinistre garanti, **obligation de le déclarer à l'assureur au plus tard dans le délai fixé par le contrat** ; ce délai ne pouvant en principe être inférieur à cinq jours ouvrés.	- À chaque échéance de prime, **obligation d'aviser le débiteur par un avis d'échéance**. - Lorsque le dommage garanti survient, **obligation de verser**, dans les conditions fixées au contrat, **l'indemnité** (1) à son bénéficiaire (selon le cas : le souscripteur-assuré ; lorsque le contrat n'a pas été dénoncé, l'acquéreur du bien aliéné ou l'héritier de l'assuré décédé ; le bénéficiaire désigné par le souscripteur et qui accepte la stipulation pour autrui faite à son profit) (2). L'assureur qui a payé l'assuré est subrogé dans les droits de ce dernier (**subrogation personnelle**) pour exercer, à hauteur de l'indemnité, l'action en responsabilité contre le tiers responsable du sinistre (art. L. 121-12 C. ass.). Lorsque le contrat d'assurance est un **contrat d'assurance de responsabilité** (assurance ayant pour objet l'indemnisation des dommages causés aux tiers par l'assuré), la victime directe ou ses ayants droit non encore indemnisés par l'assuré disposent d'une **action directe** contre l'assureur.

(1) Le montant de l'indemnité est souvent déterminé grâce à une expertise.
(2) À condition que leurs créances soient certaines, liquides et exigibles, les créanciers privilégiés bénéficient d'un droit de préférence sur l'indemnité d'assurance versée à leur débiteur.

Quels sont les risques de l'entreprise les plus couramment couverts par les contrats d'assurance ?

B La couverture des risques de l'entreprise par les contrats d'assurance

On présente traditionnellement **l'assurance de dommages** comme pouvant octroyer **deux sortes de garanties** : soit **l'assurance de choses**, qui indemnise l'assuré de la perte ou dégradation d'un bien, soit **l'assurance de responsabilité**, qui indemnise les dommages causés à autrui par l'assuré.

À l'échelle de l'entreprise, du fait de son fonctionnement, les principaux risques dont le coût peut être transféré vers les compagnies d'assurance par le biais des contrats d'assurance sont d'une part, les risques causés à l'entreprise elle-même et, d'autre part, les risques causés par l'entreprise.

1 Les risques encourus par l'entreprise

L'entreprise est bien inspirée, à titre d'exemples, de s'assurer pour les dommages à ses biens, ses pertes d'exploitation et ses « hommes-clés ».

a. L'assurance des biens de l'entreprise

L'assurance des biens de l'entreprise doit couvrir le mieux possible les sinistres susceptibles de les atteindre. À cet effet, **le descriptif de ces biens**, leur **estimation et l'étendue de la garantie** doivent être minutieusement stipulés.

L'entreprise devrait prendre la précaution d'assurer les **bâtiments**, mais aussi le **matériel**, les **marchandises** (matières premières, emballages,...) et les **objets fabriqués ou en cours de fabrication**.

La valeur des biens déclarée à l'assureur ne doit pas être sous-estimée et tout changement en cours de contrat doit être signalé (augmentation des stocks,...). Que les biens soient assurés **en valeur à neuf** ou **vétusté déduite**, il est bon de prévoir une garantie qui prenne en compte des coûts au-delà du bien lui-même (frais de démolition du bien détruit, frais d'installation du matériel neuf, montant de la TVA non récupérable,...).

Les risques les plus étendus doivent être envisagés : formule **incendie, accidents, risques divers (IARD)**.

b. L'assurance des pertes d'exploitation

En concluant un **contrat d'assurance des pertes d'exploitation**, l'entreprise prévoit de couvrir les pertes financières qui seraient engendrées par un arrêt de l'activité dû notamment à un sinistre sur ses biens. L'indemnisation doit permettre à l'entreprise d'assumer ses charges fixes (rémunérations du personnel, amortissements, impôts,...) comme si le sinistre n'avait pas eu lieu.

c. L'assurance « hommes-clés »

L'assurance « hommes-clés » a pour objet de **couvrir le coût** (recrutement, formation d'un nouveau collaborateur,...) que représente pour une entreprise l'indisponibilité temporaire (maladie,...) ou définitive (décès,...) de l'un de ses « hommes-clés » (chercheur, responsable commercial, technicien,...). Certaines compagnies d'assurance proposent une extension de l'assurance « hommes-clés » aux associés de l'entreprise (lors du décès d'un associé, afin d'éviter la cessation d'activité de l'entreprise ou l'entrée de nouveaux associés, le capital versé par l'assureur peut permettre de racheter les parts de capital social aux héritiers de l'associé décédé).

2 Les risques causés par l'entreprise

L'entreprise a intérêt à s'assurer pour sa responsabilité qu'elle engage surtout du fait de ses produits, de son exploitation et de ses dirigeants.

a. L'assurance de responsabilité civile produits

L'assurance de responsabilité civile produits a pour objet de garantir les **conséquences pécuniaires des dommages causés** à autrui (clients ou tiers) par un produit de l'entreprise mis en circulation (vice du produit, erreur de conditionnement, erreur d'explication dans la notice d'utilisation,...)[28].

b. L'assurance de responsabilité civile exploitation

L'assurance de responsabilité civile exploitation a pour objet de garantir **les conséquences financières des dommages causés** à toute personne au cours de l'exploitation, du fait de l'entreprise, dans le cadre de l'activité déclarée. L'entreprise s'assure à ce titre pour les **biens** (engins de manutention tels que les chariots de manutention utilisés comme outils de travail et non comme véhicules, matériels dont l'entreprise est locataire,...), **les personnes** (salariés en service,...) et **les prestations** (dommages causés par les travaux effectués par l'entreprise, atteintes à l'environnement,...) **susceptibles d'engager sa responsabilité**.

c. L'assurance de responsabilité civile des dirigeants d'entreprise

L'assurance de responsabilité civile des dirigeants d'entreprise a pour objet de garantir **les conséquences pécuniaires de la responsabilité civile** que les dirigeants de l'entreprise peuvent encourir dans l'exercice de leurs fonctions du fait des fautes qu'ils commettent (négligences, fautes de gestion,...) à l'égard des tiers.

Remarque. Si l'entreprise est libre de conclure la plupart des contrats d'assurance dont ceux susmentionnés, le législateur fait obligation d'en conclure certains (assurance pour les véhicules automobiles,...).

Les contrats d'assurance-vie occupent une place originale dans la gestion de l'entreprise.

---

28 D'autant que le législateur met à la charge du producteur une responsabilité du fait de ses produits qui présentent un défaut susceptible de porter atteinte à la sécurité (depuis l'ordonnance n° 2016-131 du 10 février 2016, cette responsabilité, qui était auparavant traitée aux articles 1386-1 et suivants du Code civil, est envisagée aux articles 1245 et suivants de ce même code).

C La gestion patrimoniale de l'entrepreneur par les contrats d'assurance-vie

1 Les deux types d'assurance-vie

Les contrats d'assurance-vie couvrent des risques qui portent atteinte à l'existence même de la personne. En réalité, il faut distinguer **les contrats d'assurance en cas de vie** et **les contrats d'assurance en cas de décès** ; étant entendu que ces deux sortes de contrats sont régis par des règles communes particulières.

a. Des différences

L'assurance en cas de vie et l'assurance en cas de décès ne couvrent pas les mêmes risques.

Les contrats d'assurance en cas de vie

Les contrats d'assurance en cas de vie permettent la constitution d'une épargne (par une cotisation unique ou par des versements périodiques ou libres) et la restitution de celle-ci au bénéficiaire (l'assuré lui-même ou une autre personne) sous forme de rente (viagère ou pendant une durée prédéterminée) ou de capital, **si la personne assurée est en vie au terme convenu du contrat**. Il est prudent de prévoir une garantie complémentaire selon laquelle, en cas de décès de l'assuré en cours de contrat, le bénéficiaire pourra percevoir une prestation minimale.

Les contrats d'assurance en cas de décès

Les contrats d'assurance en cas de décès permettent la constitution d'une épargne (par une cotisation unique ou par des versements périodiques ou libres) et la restitution de celle-ci au bénéficiaire sous forme de rente (viagère ou pendant une durée prédéterminée) ou de capital, **si la personne assurée décède avant le terme convenu du contrat**. Précisément, s'agissant du terme du contrat, les contrats d'assurance décès peuvent être souscrits soit pour une durée limitée (**assurance dite temporaire**), soit pour toute la vie de l'assuré (**assurance dite vie entière**). Dans cette seconde hypothèse, l'assureur devra forcément verser quelque chose au(x) bénéficiaire(s) contractuellement désigné(s). Dans tous les cas, des garanties complémentaires peuvent être prévues (majoration de la garantie si l'assuré décède accidentellement,...).

b. Des points communs

Outre le droit commun des contrats et les règles applicables à tout contrat d'assurance [29], les contrats d'assurance vie/décès sont soumis à quelques **règles particulières**. Ainsi, une fois le contrat signé, le souscripteur peut y renoncer par lettre recommandée avec demande d'avis de réception dans un délai de trente jours à compter du premier versement de cotisation [30]. Par ailleurs, lors de la signature du contrat, l'assureur doit remettre au souscripteur une note d'information dont le contenu est défini par le législateur (durée du contrat, modalités de versement des primes, conditions d'exercice de la faculté de renonciation, rendement minimal garanti,...). En cours de contrat, l'assureur doit informer chaque année le souscripteur sur l'évolution du contrat et en cas de versements périodiques, adresser à l'assuré défaillant une lettre recommandée au plus tôt dans les dix jours après la date d'échéance afin de lui indiquer les conséquences du non-paiement. En ce qui concerne le bénéficiaire, celui-ci peut, à tout moment et sans aucune forme particulière, exprimer son acceptation. Sauf exceptions (divorce entre le bénéficiaire et le souscripteur, tentative de meurtre du souscripteur par le bénéficiaire,...), l'acceptation par le bénéficiaire est irrévocable.

Les caractères des contrats d'assurance vie/décès expliquent qu'ils puissent être utilisés comme outils privilégiés de gestion au sein de l'entreprise.

29 *Cf. Supra.*

30 À cet effet, le contrat doit être accompagné d'un modèle de lettre de renonciation. Si le souscripteur renonce au contrat, l'entreprise d'assurance doit lui restituer les sommes qu'il a versées.

2 Les principales finalités des contrats d'assurance vie/décès au sein de l'entreprise

Dans le cadre de l'entreprise, les contrats d'assurance vie/décès sont essentiellement utilisés comme des instruments de mobilisation de fonds, de garantie de crédit et de transmission du patrimoine.

a. La mobilisation de fonds

Les contrats d'assurance vie/décès constituent des **placements** [31]. Ils reposent sur la technique de la **capitalisation viagère**. La tarification de ces contrats dépend de deux principaux facteurs : les **tables de mortalité** (élaborées par l'INSEE, ces tables permettent de déterminer à chaque âge de la vie humaine la probabilité d'être encore en vie à un âge donné) et le **taux d'intérêt technique** (ce taux sert au calcul de l'engagement de l'assureur envers les assurés).

En outre, l'assureur doit faire participer l'assuré à ses résultats par l'intermédiaire de la **participation aux bénéfices** qui dépend des produits financiers et techniques dégagés par la gestion des contrats.

En cas de besoin d'argent avant le terme du contrat, il est possible de demander un rachat partiel ou une avance, dans la mesure où le contrat comporte une valeur de rachat. **Le rachat partiel** correspond au versement par l'assureur d'une partie de la provision mathématique qui représente les réserves qu'il constitue afin de garantir le paiement des prestations. Quant à **l'avance**, elle permet d'obtenir des fonds sans modification du contrat : l'assureur avance une partie de la somme qu'il est censé verser ultérieurement en exécution du contrat. Mais il s'agit d'un prêt consenti par l'assureur et qui doit être remboursé par l'assuré moyennant un taux d'intérêt.

b. La garantie de crédit

Généralement souscrite par l'intermédiaire d'un établissement financier, **l'assurance-décès emprunteur** est une assurance temporaire, limitée à la durée du crédit consenti au souscripteur, qui garantit le remboursement en cas de décès de celui-ci.

c. La transmission du patrimoine

En l'absence de bénéficiaires désignés, les **capitaux d'une assurance en cas de décès** entrent dans la succession et sont soumis aux droits de succession selon le droit commun. Au contraire, lorsque les bénéficiaires ont été désignés, ils sont (en principe) exonérés de droits de succession.

Remarque. La fiscalité applicable aux sommes perçues à raison des contrats d'assurance-vie diffère selon la date de souscription du contrat et la durée au-delà de laquelle il y a éventuellement sortie anticipée avant le terme du contrat (retrait du contrat). Par ailleurs, les produits d'assurance-vie sont en principe assujettis aux différentes contributions sociales (CSG,...).

31 Selon la façon dont ils sont investis, ces contrats sont plus ou moins sensibles aux aléas de la bourse. Ex : les contrats dits investis en euros (majoritairement en obligations) sont moins sensibles que les contrats investis en actions.

Le droit pénal général

Chapitre 4

COMPÉTENCE VISÉE :

- **Maîtriser l'identification des éléments constitutifs d'une infraction relevant du droit pénal.**

- Le droit pénal général contient les règles qui permettent de caractériser une infraction et de classifier les infractions.

  De plus, il définit les conditions dans lesquelles les personnes peuvent être déclarées responsables d'une infraction.

PLAN DU CHAPITRE

1 Les éléments constitutifs de l'infraction

A L'élément LÉGAL
B L'élément matériel
C L'élément intentionnel

2 La classification des infractions

A Classification légale
B Autres classifications

3 Les personnes responsables de l'infraction

A L'auteur de l'infraction
B Le complice de l'infraction
C La mise en jeu de la responsabilité pénale des personnes morales
D La responsabilité pénale du fait d'autrui

4 La peine

A Classification des peines
B Le régime des peines

1 Les éléments constitutifs de l'infraction

L'**infraction** est la violation d'une **règle pénale** ; elle cause un trouble à l'**ordre public**.

Pour qu'une infraction soit constituée, il est nécessaire de prouver la réunion de **trois éléments : légal, matériel** et **intentionnel**. S'il manque l'un de ces éléments, la personne en cause ne peut pas être poursuivie pour les faits qu'elle a commis.

A L'élément LÉGAL

1 Toute infraction doit être définie par un texte pénal

Toute infraction (**crime**, **délit** ou **contravention**), pour être punissable, doit être définie par un texte pénal (**loi** ou **règlement**) ; cela signifie que si des faits sont commis par une personne et qu'ils ne sont pas prévus par la loi, ils ne peuvent pas faire l'objet de **peines** (exemple : amende).

C'est ce que prévoit l'article 111-3 du **Code pénal** qui dispose :

« Nul ne peut être puni pour un crime ou pour un délit dont les éléments ne sont pas définis par la loi, ou pour une contravention dont les éléments ne sont pas définis par le règlement.

Nul ne peut être puni d'une peine qui n'est pas prévue par la loi, si l'infraction est un crime ou un délit, ou par le règlement, si l'infraction est une contravention. »

C'est ainsi, par exemple, que l'article 311-1 du Code pénal définit le délit de vol : « *Le vol est la soustraction frauduleuse de la chose d'autrui.* »

La loi pénale est d'**interprétation stricte** : cela signifie que si les conditions prévues par la loi pour qu'une infraction soit punie ne sont pas réunies, la personne qui a commis ces faits ne peut être poursuivie en justice.

2 Application de la loi pénale

L'application de la loi doit être envisagée dans le temps et dans l'espace.

a. Application dans le temps

On distingue deux types de lois pénales :

- pour les **lois pénales de fond** : c'est le principe de non-rétroactivité qui s'applique. Cela signifie que les faits commis antérieurement à l'entrée en vigueur d'une loi ne peuvent être punis selon les termes de cette loi (article 112-1 alinéa 1 du Code pénal « *Sont seuls punissables les faits constitutifs d'une infraction à la date à laquelle ils ont été commis.* »).

  La loi prévoit une exception pour l'application des lois pénales plus douces, c'est-à-dire celles qui prévoient des peines moins sévères.
- pour les **lois pénales de forme** (c'est-à-dire qui concernent la procédure pénale (actes de procédure à rédiger...) à suivre pour punir les infractions), l'application d'une nouvelle loi est immédiate.

b. Application dans l'espace

Selon l'article 113-2 du Code pénal :

« La loi pénale française est applicable aux infractions commises sur le territoire de la République.

L'infraction est réputée commise sur le territoire de la République dès lors qu'un de ses faits constitutifs a eu lieu sur ce territoire. »

Le droit pénal sanctionne donc les infractions commises sur le territoire français par les Français et les étrangers.

La loi prévoit aussi que, dans certains cas, le droit pénal français s'applique ; par exemple, lorsque la victime d'un crime est française.

B L'élément matériel

On distingue deux types d'élément matériel en fonction des conditions dans lesquelles s'est produite l'infraction : commission de l'infraction et tentative d'infraction.

En effet, l'article 121-4 du Code pénal dispose :

*« Est **auteur de l'infraction** la personne qui :*
1° commet les faits incriminés ;
2° tente de commettre un crime ou, dans les cas prévus par la loi, un délit. »

1 Commission de l'infraction

La loi distingue deux catégories d'infractions : les infractions de commission et les infractions d'omission ou d'abstention.

a. Infractions de commission

Pour que ces infractions soient commises, il faut un acte positif de la part de la personne.

Par exemple, la « soustraction » d'un bien dans le cas du vol.

b. Infractions d'omission ou d'abstention

L'infraction d'omission est réalisée quand une personne n'exécute pas une obligation prévue par la loi.

Par exemple : le défaut de convocation du commissaire aux comptes à une assemblée générale par les dirigeants de la société.

L'infraction d'abstention est commise quand une personne ne fait pas un acte prévu par la loi au nom de l'ordre public.

Par exemple : la non-assistance à une personne en danger.

2 Tentative d'infraction

a. Les éléments de la tentative d'infraction sont prévus par l'article 121-5 du Code pénal :

« La tentative est constituée dès lors que, manifestée par un commencement d'exécution, elle n'a été suspendue ou n'a manqué son effet qu'en raison de circonstances indépendantes de la volonté de son auteur. »

On retient qu'il doit y avoir un **commencement d'exécution** (exemple : percement d'un coffre fort pour le vider de son contenu) et une **absence de désistement volontaire** de la part de l'auteur des faits (exemple : le cambrioleur arrête de percer le coffre car il entend quelqu'un entrer dans la maison). Il doit donc y avoir une **intention coupable** pour que la tentative soit caractérisée.

b. Le régime juridique de la tentative est le suivant :

Infractions en cause	Régime de la tentative
Crime	Il est toujours punissable.
Délit	Il est punissable dans les cas prévus par la loi.
Contravention	La tentative n'est pas prévue par la loi.

Lorsque la tentative est prouvée, l'auteur encourt les mêmes **peines** que s'il avait commis l'infraction.

Par exemple : en matière de vol, trois ans d'emprisonnement et 45 000 € d'amende (article 311-3 du Code pénal).

C L'élément intentionnel

Appelé aussi élément moral, il doit être prévu par le texte qui définit l'infraction.

La loi utilise *notamment* les termes « de mauvaise foi », « en connaissance de cause », « frauduleux » ou « sciemment » pour indiquer qu'il est nécessaire de prouver l'intention de nuire de la personne soupçonnée d'avoir commis l'infraction.

Par exemple : le délit de faux est ainsi défini par l'article 441-1 alinéa 1 du Code pénal :

« *Constitue un faux toute altération frauduleuse de la vérité, de nature à causer un préjudice et accomplie par quelque moyen que ce soit, dans un écrit ou tout autre support d'expression de la pensée qui a pour objet ou qui peut avoir pour effet d'établir la preuve d'un droit ou d'un fait ayant des conséquences juridiques.* »

2 La classification des infractions

La loi prévoit une classification des infractions. Cependant, d'autres critères peuvent être utilisés pour différencier les infractions.

A Classification légale

L'article 111-1 du Code pénal dispose : « *Les infractions pénales sont classées, suivant leur gravité, en crimes, délits et contraventions.* »

Cette classification a des effets quant au régime juridique applicable à chaque type d'infractions.

Régime juridique	Crime	Délit	Contravention
Tentative	Toujours punissable	Punissable dans les cas prévus par la loi	Jamais punissable
Complicité	Toujours punissable	Toujours punissable	Est punissable dans certains cas, si le règlement le prévoit
Prescription de l'action publique (1)	20 ans **à compter du jour où l'infraction a été commise**	6 ans **à compter du jour où l'infraction a été commise**	1 an **à compter du jour où l'infraction a été commise**
Instruction (2)	Obligatoire	Obligatoire, si elle est prévue par la loi	Seulement possible sur réquisition du procureur de la République (3)
Charge de la preuve	Le ministère public doit prouver l'infraction.		L'infraction est présumée commise.
Juridiction compétente	Cour d'assises	Tribunal correctionnel	Tribunal de police
Prescription de la peine (4)	20 ans **à compter de la date à laquelle la décision de condamnation est devenue définitive**	6 ans **à compter de la date à laquelle la décision de condamnation est devenue définitive**	3 ans **à compter de la date à laquelle la décision de condamnation est devenue définitive**

(1) La prescription de l'action publique est le délai au-delà duquel on ne peut plus poursuivre les auteurs et complices de l'infraction. Ce délai court à compter du jour où l'infraction a été commise.
(2) C'est la recherche d'informations effectuée par le juge d'instruction.
(3) Le procureur de la République est un magistrat du ministère public.
(4) La prescription de la peine est le délai au-delà duquel on ne peut plus faire exécuter la peine prononcée à l'encontre des délinquants. Ce délai court à partir de la date à laquelle la décision de condamnation est devenue définitive.

B Autres classifications

On peut notamment évoquer les classifications fondées sur les autres éléments constitutifs de l'infraction.

1 Classification fondée sur l'élément matériel

L'élément matériel correspond aux conditions concrètes dans lesquelles les infractions sont commises.

On distingue ainsi :

Types d'infractions	Caractéristiques des infractions	Régime juridique des infractions
Infractions de **commission**	Nécessitent un comportement actif de la part de leur auteur.	Plus grande facilité pour l'administration de la preuve.
Infractions d'**omission** ou d'**abstention**	Supposent que leur auteur n'a pas exécuté un acte prévu par la loi.	La preuve peut être difficile à rapporter.
Infractions **instantanées**	Se déroulent en un seul acte (exemple : vol).	La prescription de l'action publique court du jour où l'infraction est commise.
Infractions **continues**	Se déroulent sur un lapse de temps plus ou moins long (exemple : recel).	La prescription de l'action publique court du jour où l'infraction cesse.
Infractions **flagrantes**	Sont en train d'être réalisées ou viennent de l'être.	Une enquête de flagrance (par la police judiciaire) est déclenchée, suivie notamment de la comparution immédiate de la personne poursuivie.
Infractions **non flagrantes**	Ont été commises depuis un certain temps.	Une enquête préliminaire (par la police judiciaire) et une instruction (par le juge d'instruction) peuvent être conduites avant que la personne poursuivie soit jugée par un tribunal (de police ou correctionnel) ou la cour d'assises.
Infractions **simples**	Découlent de la commission d'un seul acte.	La prescription de l'action publique court à partir de la commission de l'acte.
Infractions **complexes**	Résultent de la commission de plusieurs actes qui concourent à une fin unique.	La prescription de l'action publique court à compter du dernier acte commis.

2 Classification fondée sur l'élément moral

Types d'infractions	Caractéristiques des infractions	Régime juridique des infractions
Infractions **intentionnelles**	Découlent d'une faute intentionnelle. Exemple : délit d'abus des biens.	Le ministère public doit apporter la preuve de l'intention coupable de l'auteur de l'infraction.
Infractions **non intentionnelles** (1)	Elles découlent de l'imprudence, de la négligence ou du manquement à une obligation de prudence ou de sécurité. Exemple : délit de non réunion de l'assemblée générale des associés dans les six mois de la clôture de l'exercice.	La preuve de l'intention coupable n'a pas à être apportée. Il suffit de prouver par exemple l'imprudence ou la négligence.

(1) La loi (article 121-3 alinéa 3 du Code pénal) a précisé la définition de l'infraction non intentionnelle : « *Il y a également délit, lorsque la loi le prévoit, en cas de faute d'imprudence, de négligence ou de manquement à une obligation de prudence ou de sécurité prévue par la loi ou le règlement, s'il est établi que l'auteur des faits n'a pas accompli les diligences normales compte tenu, le cas échéant, de la nature de ses missions ou de ses fonctions, de ses compétences ainsi que du pouvoir et des moyens dont il disposait.* »

3 Les personnes responsables de l'infraction

En application de la loi, peuvent être poursuivis l'auteur et le complice d'une infraction. Dans certaines conditions, la responsabilité pénale des personnes morales peut être mise en cause.

A L'auteur de l'infraction

C'est la personne qui réalise l'infraction (*cf.* la réunion des éléments légaux, matériels et intentionnels) selon les termes de l'article 121-4 du Code pénal :

« *Est auteur de l'infraction la personne qui :*
1° commet les faits incriminés ;
2° tente de commettre un crime ou, dans les cas prévus par la loi, un délit. »

L'auteur est puni s'il commet l'infraction ou tente de la commettre.

B Le complice de l'infraction

Il est défini précisément par l'article 121-7 du Code pénal :

« *Est complice d'un crime ou d'un délit la personne qui sciemment, par aide ou assistance, en a facilité la préparation ou la consommation.*
Est également complice la personne qui par don, promesse, menace, ordre, abus d'autorité ou de pouvoir aura provoqué à une infraction ou donné des instructions pour la commettre. »

Trois éléments doivent être réunis pour qu'il y ait complicité :

- **élément légal** : l'infraction principale (commise par l'auteur) doit être un crime ou un délit (c'est-à-dire une infraction punissable) ; par exemple : un délit d'escroquerie (article 313-1 du Code pénal) ;
- **élément matériel** : deux conditions doivent être réunies pour qu'il y ait complicité :
  - un acte positif tel : aide, assistance, provocation (par menace, ordre...), instruction (exemples : aide pour le détournement de fonds, instructions pour organiser des manœuvres frauduleuses) ;
  - l'acte fait par le complice doit être antérieur ou concomitant à la commission de l'infraction.

- **élément intentionnel** : le complice doit agir en connaissance de cause : *cf.* le terme « sciemment » (article 121-7). Le ministère public doit prouver l'intention coupable du complice.

Le complice encourt les mêmes **peines** que l'auteur de l'infraction (article 121-6 du Code pénal).

C La mise en jeu de la responsabilité pénale des personnes morales

L'article 121-2 du Code pénal prévoit que les **personnes morales**, à l'exclusion de l'État, sont responsables pénalement des infractions commises, pour leur compte, par leurs **organes** ou **représentants** (alinéa 1).

Cependant, la loi indique que « *les collectivités territoriales et leurs groupements ne sont responsables pénalement que des infractions commises dans l'exercice d'activités susceptibles de faire l'objet de conventions de délégation de service public.* » (alinéa 2).

Par conséquent, la responsabilité pénale d'une personne morale peut être engagée si deux conditions sont réunies : l'infraction a été commise :

- pour le compte de la personne morale (exemple : un détournement de fonds au profit d'une société) ;
- par ses organes (exemple : assemblée générale) ou ses représentants (exemple : gérant, directeur général qui représentent la personne morale en vertu d'un contrat de mandat).

La responsabilité pénale d'une personne morale peut être mise en cause **pour toute infraction.**

Il faut aussi noter que la loi prévoit que **la responsabilité pénale des personnes morales n'exclut pas celle des personnes physiques auteurs ou complices des mêmes faits** (alinéa 3). Par conséquent, la loi prévoit que peuvent être poursuivies la personne morale (qui peut être, par exemple, condamnée à une amende) et des personnes physiques (exemple : gérant qui peut aussi être condamné à une amende ou à une peine d'emprisonnement selon l'infraction en cause).

Remarque. Dans la procédure pénale qui est mise en œuvre pour punir la personne morale, c'est le représentant légal de la personne morale en fonction à l'époque des poursuites qui représentera la personne morale. Mais si ce représentant est lui-même personnellement poursuivi, un mandataire de justice sera nommé pour représenter la personne morale.

D La responsabilité pénale du fait d'autrui

1 Principe

L'article 121-1 du Code pénal pose le principe selon lequel : « *Nul n'est responsable pénalement que de son propre fait.* ». Cela signifie qu'on ne peut être responsable du fait d'autrui.

2 Exception : la responsabilité pénale du fait d'autrui

Leur domaine est défini par la loi (article 121-3 alinéas 3 et 4 du Code pénal) :

« *Il y a également délit, lorsque la loi le prévoit, en cas de faute d'imprudence, de négligence ou de manquement à une obligation de prudence ou de sécurité prévue par la loi ou le règlement, s'il est établi que l'auteur des faits n'a pas accompli les diligences normales compte tenu, le cas échéant, de la nature de ses missions ou de ses fonctions, de ses compétences ainsi que du pouvoir et des moyens dont il disposait.*

Dans le cas prévu par l'alinéa qui précède, ***les personnes physiques qui n'ont pas causé directement le dommage****, mais qui ont créé ou contribué à créer la situation qui a permis la réalisation du dommage ou qui n'ont pas pris les mesures permettant de l'éviter,* ***sont responsables pénalement s'il est établi qu'elles ont, soit violé de façon manifestement délibérée une obligation particulière de prudence ou de sécurité prévue par la loi ou le règlement, soit commis une faute caractérisée et qui exposait autrui à un risque d'une particulière gravité qu'elles ne pouvaient ignorer.*** »

En application de la loi, la responsabilité pénale du dirigeant d'une entreprise peut être engagée dans les cas suivants :

- en tant qu'employeur, il peut être poursuivi en cas d'accident du travail. Il en est ainsi, par exemple, s'il n'a pas manifestement respecté une obligation de sécurité ou de prudence sur le lieu de travail (pas d'installation pour protéger les salariés...) ;

- s'il a commis une **faute personnelle** qui expose ses salariés à un risque grave qu'il ne pouvait ignorer (exemple : manipulation de produits dangereux).

Toutefois, **le dirigeant peut être exonéré de sa responsabilité** s'il prouve l'une des situations suivantes :

- la faute a été commise par une personne à laquelle il avait délégué ses pouvoirs. La **délégation de pouvoirs** est reconnue valable si elle est expresse, précise et limitée, si elle a été faite au profit d'une personne (exemple : un salarié de l'entreprise) qui dispose de la compétence et des moyens nécessaires pour l'exécuter et si elle a été acceptée par elle ;
- en tant que dirigeant, il a mis en œuvre tous les **moyens prévus par la loi ou le règlement** et qu'il n'a commis **aucune faute**.

4 La peine

Définition

La peine est la sanction infligée à l'auteur d'une infraction ou à son complice par la juridiction pénale conformément aux textes.
Le juge doit donc statuer dans le cadre juridique posé par la loi.
C'est le **principe de la légalité des peines** posé par l'article 111-3 alinéa 2 du Code pénal :
« Nul ne peut être puni d'une peine qui n'est pas prévue par la loi, si l'infraction est un crime ou un délit, ou par le règlement, si l'infraction est une contravention. »

A Classification des peines

On distingue trois grands types de classification :

1 Distinction entre peines et mesures de sûreté

Peines	Objet des peines
Peines proprement dites Exemples : emprisonnement, amende	Réparation de l'atteinte à l'ordre public.
Mesures de sûreté Exemples : interdiction de séjour, fermeture d'établissement	Prévention contre le danger potentiel que peut représenter le délinquant contre la société.

2 Distinction en fonction de la nature des peines

Peines	Mise en application par le juge
Peines principales Exemples : emprisonnement et amende prévus pour une infraction par le code pénal	Le juge doit les prononcer ; elles peuvent être prononcées seules.
Peines complémentaires Exemples : interdiction de gérer, déchéance des droits civiques, civils et de famille	Le juge peut les prononcer ; elles s'ajoutent alors aux peines principales quand la loi le prévoit et si le juge décide de les prononcer.
Peines de substitution (ou alternatives) Exemples : travail d'intérêt général (TIG), jour-amende	Le juge peut les prononcer pour remplacer la peine principale en cas de délit ou de contravention.

3 Distinction des peines applicables aux personnes physiques et aux personnes morales

Peines	Personnes physiques	Personnes morales
Peines criminelles	La loi (article 131-1 du Code pénal) prévoit : – la **réclusion criminelle** pour les crimes de droit commun ; – la **détention criminelle** pour les crimes politiques. Ces deux peines peuvent être prononcées (selon la gravité de l'infraction commise) à perpétuité, ou à temps (au maximum pour 30 ans, pour 20 ans ou pour 15 ans au plus. Les peines prononcées sont de dix ans au moins). Des **peines complémentaires** peuvent être prononcées : amende et si la loi (*cf.* article 131-10 du Code pénal) le prévoit (exemples : immobilisation ou confiscation d'un objet, fermeture d'un établissement).	Le Code pénal prévoit notamment que les peines criminelles ou correctionnelles suivantes encourues par les personnes morales sont : 1° l'**amende**, dont le taux maximum est égal au quintuple de celui prévu pour les personnes physiques par la loi qui réprime l'infraction (article 131-37). Lorsqu'il s'agit d'un crime pour lequel aucune peine d'amende n'est prévue à l'encontre des personnes physiques, l'amende encourue par les personnes morales est de 1 000 000 euros (article 131-38) ;
Peines correctionnelles	La loi (article 131-3 du Code pénal) prévoit : 1° l'**emprisonnement** ; 2° la **détention à domicile** sous surveillance électronique ; 3° l'**amende** ; 4° le **jour-amende**, qui consiste pour le condamné à verser au Trésor une somme dont le montant global résulte de la fixation par le juge d'une contribution quotidienne pendant un certain nombre de jours ; 5° les **peines de stage** ; 6° le **travail d'intérêt général**, qui est d'une durée de quarante à deux cent dix heures. Ce travail n'est pas rémunéré et est effectué au profit soit d'une personne morale de droit public, soit d'une personne morale de droit privé chargée d'une mission de service public ou d'une association habilitées à mettre en oeuvre des travaux d'intérêt général ; 7° les **peines privatives ou restrictives de droits** prévues à l'article 131-6 (exemple : suspension pour une durée de cinq ans au plus du permis de conduire) ; 8° les **peines complémentaires** prévues à l'article 131-10 (*cf. supra*) ; 9° la **sanction-réparation**, qui est prononcée à la place ou en même temps que l'emprisonnement et vise à l'indemnisation du préjudice de la victime.	2° Dans les cas prévus par le Code pénal (article 131-39), des peines telles que : – la **dissolution** de la personne morale ; – l'**interdiction**, à titre définitif ou pour une durée de cinq ans au plus, d'exercer directement ou indirectement une ou plusieurs activités professionnelles ou sociales ; – l'interdiction, à titre définitif ou pour une durée de cinq ans au plus, de faire une offre au public de titres financiers. En matière correctionnelle, les personnes morales encourent également la peine de **sanction-réparation** (article 131-37).

Peines	Personnes physiques	Personnes morales
Peines contraventionnelles	La loi (article 131-12 du Code pénal) prévoit les peines suivantes : 1° l'**amende** (1) ; 2° des **peines privatives ou restrictives de droits** (exemples : suspension, pour une durée d'un an au plus, du permis de conduire, cette suspension pouvant être limitée à la conduite en dehors de l'activité professionnelle ; interdiction, pour une durée d'un an au plus, d'émettre des chèques autres que ceux qui permettent le retrait de fonds par le tireur auprès du tiré ou ceux qui sont certifiés et d'utiliser des cartes de paiement) ; 3° la **sanction-réparation**, lors de la sanction des contraventions de 5e classe (pour lesquelles l'amende est de 1 500 euros au maximum). Ces peines ne sont pas exclusives d'une ou de plusieurs des **peines complémentaires** (exemples : suspension, pour une durée de trois ans au plus, du permis de conduire, cette suspension pouvant être limitée à la conduite en dehors de l'activité professionnelle ; confiscation de la chose qui a servi ou était destinée à commettre l'infraction ou de la chose qui en est le produit).	La loi (article 131-40 du Code pénal) prévoit que les peines contraventionnelles encourues par les personnes morales sont : 1° l'**amende**, dont le taux maximum est égal au quintuple de celui prévu pour les personnes physiques par le règlement qui réprime l'infraction ; 2° les **peines privatives ou restrictives de droits**, telle que l'interdiction, pour une durée d'un an au plus, d'émettre des chèques autres que ceux qui permettent le retrait de fonds par le tireur auprès du tiré ou ceux qui sont certifiés ou d'utiliser des cartes de paiement (article 131-42) ; 3° la peine de **sanction-réparation**. Ces peines ne sont pas exclusives d'une ou de plusieurs des **peines complémentaires** (*cf.* les peines prévues pour les personnes physiques). Les peines complémentaires peuvent être prononcées à titre principal par le juge (article 131-44).

(1) La loi (article 131-13 du Code pénal) définit ainsi les contraventions :
« Constituent des contraventions les infractions que la loi punit d'une amende n'excédant pas 3 000 euros.
Le montant de l'amende est le suivant :
1° 38 euros au plus pour les contraventions de la 1re classe ;
2° 150 euros au plus pour les contraventions de la 2e classe ;
3° 450 euros au plus pour les contraventions de la 3e classe ;
4° 750 euros au plus pour les contraventions de la 4e classe ;
5° 1 500 euros au plus pour les contraventions de la 5e classe, montant qui peut être porté à 3 000 euros en cas de récidive lorsque le règlement le prévoit, hors les cas où la loi prévoit que la récidive de la contravention constitue un délit. »

Remarque. La loi (article 131-36-10 du Code pénal) prévoit la possibilité de placer le délinquant sous **surveillance électronique mobile**.
Ce placement « *ne peut être ordonné qu'à l'encontre d'une personne majeure condamnée à une peine privative de liberté d'une durée égale ou supérieure à sept ans ou, lorsque la personne a été condamnée pour un crime ou un délit commis une nouvelle fois en état de récidive légale, d'une durée égale ou supérieure à cinq ans, et dont une expertise médicale a constaté la dangerosité, lorsque cette mesure apparaît indispensable pour prévenir la récidive à compter du jour où la privation de liberté prend fin.* »
Il peut donc intervenir en cas de crime ou de délit.

B Le régime des peines

Le Code pénal précise les conditions dans lesquelles les peines sont prononcées par le juge.

Les peines peuvent être personnalisées, aggravées ou faire notamment l'objet d'une extinction.

1 La personnalisation des peines

Le Code pénal prévoit que les peines peuvent être personnalisées (article 132-24).

Le juge doit donc prendre en considération la sanction de l'auteur (voire des complices) d'une infraction, tout en anticipant sa vie future. En effet, la personne condamnée pour infraction doit ensuite être en mesure de se réinsérer dans la vie économique et sociale et ne pas commettre pas de nouvelles infractions. Il s'agit de protéger l'**ordre public économique et social**.

La personnalisation peut se concrétiser par l'adoption de différentes mesures par le juge concernant la personne du délinquant :

a. La semi-liberté, le placement à l'extérieur ou le placement sous surveillance électronique[1]

L'une de ces mesures peut être décidée lorsque le juge prononce en particulier une peine supérieure à six mois et inférieure ou égale à un an d'emprisonnement notamment si le condamné justifie :

- soit de l'exercice d'une activité professionnelle ;
- soit du suivi d'un stage ;
- soit rechercher un emploi ou participer à la vie de famille ou à tout projet d'insertion ou de réinsertion.

b. Le fractionnement des peines[2]

Il peut être décidé par le juge notamment en matière de délit. Il est possible pour motif grave d'ordre médical, familial, professionnel ou social à propos d'un emprisonnement prononcé en matière correctionnelle pour une durée de deux ans. Le fractionnement implique que, pendant une période n'excédant pas quatre ans, la peine soit exécutée par fractions, aucune d'entre elles ne pouvant être inférieure à deux jours.

c. Le prononcé d'une peine avec sursis

Cela entraîne qu'il est sursis à l'exécution de la peine. Le juge peut ordonner deux types de sursis :

Un sursis simple[3]

Il peut être ordonné dans les conditions suivantes : par exemple **en matière criminelle ou correctionnelle** :

- à l'égard d'une personne physique : si le « *prévenu n'a pas été condamné, au cours des cinq années précédant les faits, pour crime ou délit de droit commun, à une peine de réclusion ou d'emprisonnement* ». Le sursis simple est en particulier applicable aux condamnations à l'emprisonnement prononcées pour une durée de cinq ans au plus, à l'amende ou à la peine de jours-amende ;
- à l'égard d'une personne morale : si celle-ci « *n'a pas été condamnée, dans le même délai, pour un crime ou un délit de droit commun, à une amende d'un montant supérieur à 60 000 euros* ».

Le sursis simple a différents effets :

- **en matière criminelle et correctionnelle**[4] : la loi précise notamment que la condamnation est « *réputée non avenue si le condamné qui en bénéficie n'a pas commis, dans le délai de cinq ans à compter de celle-ci, un crime ou un délit de droit commun suivi d'une nouvelle condamnation ayant ordonné la révocation totale du sursis* ».
- **en matière contraventionnelle**[5] : la loi précise que la condamnation « *est réputée non avenue si le condamné qui en bénéficie n'a pas commis, pendant le délai de deux ans à compter de*

1 Article 132-25 du Code pénal.
2 Articles 132-27 et 132-28 du Code pénal.
3 Articles 132-29, 132-30 et 132-31 du Code pénal.
4 Articles 132-35 du Code pénal.
5 Article 132-37 du Code pénal.

celle-ci, un crime ou un délit de droit commun ou une contravention de la 5e classe suivie d'une nouvelle condamnation sans sursis emportant révocation ».

Cela signifie que la personne condamnée une première fois avec un sursis, n'a pas à exécuter cette condamnation si elle ne commet pas une autre infraction de même nature dans un délai de cinq ans ou de deux ans. Le principe est donc que la nouvelle condamnation fait perdre le sursis accordé lors de la première condamnation : il y a **révocation du sursis**.

Sursis avec mise à l'épreuve Il peut être prononcé par la juridiction qui prononce un emprisonnement [6] : il est notamment applicable aux condamnations à l'emprisonnement prononcées pour une durée de cinq ans au plus, en raison d'un crime ou d'un délit de droit commun.

En principe, le **délai d'épreuve** ne peut être inférieur à douze mois ni supérieur à trois ans.

Au cours de ce délai, le condamné doit se soumettre à des **mesures de contrôle** [7], par exemple : « *répondre aux convocations du juge de l'application des peines ou du travailleur social désigné* » ou « *obtenir l'autorisation préalable du juge de l'application des peines pour tout changement d'emploi ou de résidence, lorsque ce changement est de nature à mettre obstacle à l'exécution de ses obligations* ».

Le sursis avec mise à l'épreuve peut faire l'objet d'une **révocation** [8] si le condamné n'a pas satisfait aux mesures de contrôle et aux obligations particulières qui lui étaient imposées ou s'il commet, au cours du délai d'épreuve, un crime ou un délit de droit commun suivi d'une condamnation à une peine privative de liberté sans sursis.

d. La dispense de peine et l'ajournement du prononcé de la peine

Peuvent, en principe, être décidées par la juridiction en matière correctionnelle et contraventionnelle :

- **La dispense de peine** [9] peut être accordée lorsqu'il apparaît que le reclassement du coupable est acquis, que le dommage causé est réparé et que le trouble résultant de l'infraction a cessé.
- **L'ajournement du prononcé de la peine** [10] peut être prononcé « lorsqu'il apparaît que le reclassement du coupable est en voie d'être acquis, que le dommage causé est en voie d'être réparé et que le trouble résultant de l'infraction va cesser. » La juridiction fixe alors dans sa décision la date à laquelle il sera statué sur la peine.

e. Le recours à la justice restaurative

La loi du 15 août 2014 (article 10-1 du Code de procédure pénale) dispose : « *À l'occasion de toute procédure pénale et à tous les stades de la procédure, y compris lors de l'exécution de la peine, la victime et l'auteur de l'infraction, sous réserve que les faits aient été reconnus, peuvent se voir proposer une mesure de justice restaurative.* » Il s'agit de « *toute mesure permettant à une victime ainsi qu'à l'auteur d'une infraction de participer activement à la résolution des difficultés résultant de l'infraction, et notamment à la réparation des préjudices de toute nature résultant de sa commission.* »

2 L'aggravation de la peine

La peine peut être aggravée car par le jeu de circonstances aggravantes, en cas de concours d'infractions, en cas de récidive ou en cas de réitération d'infractions.

---

6 Articles 132-40 et 132-41 du Code pénal.
7 Article 132-44 du Code pénal.
8 Articles 132-47 et 132-48 du Code pénal.
9 Article 132-59 du Code pénal.
10 Article 132-60 du Code pénal.

a. L'aggravation de la peine par des circonstances aggravantes

La loi prévoit notamment que la commission d'une infraction en bande organisée est une circonstance aggravante. Elle définit ainsi la bande organisée[11] : « *tout groupement formé ou toute entente établie en vue de la préparation, caractérisée par un ou plusieurs faits matériels, d'une ou de plusieurs infractions* ».

b. L'aggravation en cas de concours d'infractions

La loi[12] réglemente cette situation. Elle précise qu'« *il y a concours d'infractions lorsqu'une infraction est commise par une personne avant que celle-ci ait été définitivement condamnée pour une autre infraction* ».

La personne poursuivie, à l'occasion d'une même procédure, pour la commission d'infractions en concours peut voir prononcer à son encontre chacune des peines encourues. Cependant, la loi prévoit que « *lorsque plusieurs peines de même nature sont encourues, il ne peut être prononcé qu'une seule peine de cette nature dans la limite du maximum légal le plus élevé* ».

Pour la personne poursuivie, à l'occasion de procédures séparées, pour la commission de plusieurs infractions en concours, les peines prononcées s'exécutent cumulativement dans la limite du maximum légal le plus élevé. Toutefois, la confusion totale ou partielle des peines de même nature peut être ordonnée dans certaines conditions.

c. La récidive[13]

Une personne physique ou une personne morale peut être en état de récidive.

On peut citer, à titre d'exemples, certaines règles applicables :

Aux personnes physiques

Si une personne physique, déjà condamnée définitivement pour un délit, commet, dans le délai de cinq ans à compter de l'expiration ou de la prescription de la précédente peine, soit le même délit, soit un délit qui lui est assimilé au regard des règles de la récidive, le maximum des peines d'emprisonnement et d'amende encourues est doublé.

En matière contraventionnelle, si une personne physique, déjà condamnée définitivement pour une contravention de la 5e classe, commet, dans le délai d'un an à compter de l'expiration ou de la prescription de la précédente peine, la même contravention, le maximum de la peine d'amende encourue est porté à 3 000 euros.

Aux personnes morales

Lorsqu'une personne morale, déjà condamnée définitivement pour un délit, engage sa responsabilité pénale, dans un délai de cinq ans à compter de l'expiration ou de la prescription de la précédente peine, soit par le même délit, soit par un délit qui lui est assimilé au regard des règles de la récidive, le taux maximum de l'amende applicable est égal à dix fois celui qui est prévu par la loi qui réprime ce délit en ce qui concerne les personnes physiques.

En matière contraventionnelle, si une personne morale, déjà condamnée définitivement pour une contravention de la cinquième classe, commet la même dans le délai d'un an à compter de l'expiration ou de la prescription de la précédente peine, le taux maximum de l'amende applicable est égal à dix fois celui qui est prévu par le règlement qui réprime cette contravention en ce qui concerne les personnes physiques.

---

11 Article 132-71 du Code pénal.

12 Articles 132-2 à 132-4 du Code pénal.

13 Articles 132-8 à 132-15 du Code pénal.

d. La réitération d'infractions

La loi[14] indique qu'« *il y a réitération d'infractions pénales lorsqu'une personne a déjà été condamnée définitivement pour un crime ou un délit et commet une nouvelle infraction qui ne répond pas aux conditions de la récidive légale* ».

Dans ce cas, le délinquant est sanctionné de la manière suivante : les peines prononcées pour l'infraction commise en réitération se cumulent sans limitation de quantum et sans possibilité de confusion avec les peines définitivement prononcées lors de la condamnation précédente.

3 L'extinction des peines et l'effacement des condamnations

L'**extinction des peines** dispense le condamné de l'exécution de sa peine.

Certaines mesures entraînent l'**effacement des condamnations**.

a. La prescription de la peine[15]

Est le délai au-delà duquel l'exécution de la peine n'est plus possible. À compter de la date à laquelle la décision de condamnation est devenue définitive, le délai est de vingt ans en principe pour un crime, de six ans pour un délit et de trois ans pour une contravention.

b. La grâce[16]

Est une mesure individuelle prise par le président de la République ; elle est partielle ou totale. Elle dispense seulement de l'exécution de la peine.

c. L'amnistie[17]

Est une mesure collective votée par le Parlement. Elle efface les condamnations prononcées et entraîne, sans qu'elle puisse donner lieu à restitution, la remise de toutes les peines.

d. Le relèvement

C'est une mesure qui peut profiter à toute personne physique[18] et qui peut profiter à toute personne frappée d'une interdiction, déchéance ou incapacité résultant d'une condamnation pénale. Le relèvement peut concerner tout ou partie de la sanction et sa durée ; il n'efface pas la condamnation.

e. La réhabilitation[19]

Elle peut profiter à une personne physique ou à une personne morale.

La loi prévoit que toute personne frappée d'une peine criminelle, correctionnelle ou contraventionnelle peut bénéficier, soit d'une réhabilitation de plein droit dans les conditions prévues par la loi, soit d'une réhabilitation judiciaire. Elle peut être prononcée, après un certain délai, en faveur de toute personne qui a exécuté sa peine (exemples : trois ans pour le paiement d'une amende par une personne physique, cinq ans pour le paiement d'une amende par une personne morale) ; cette personne retrouve alors les droits qu'elle a perdus par l'effet de sa condamnation.

La réhabilitation efface la condamnation pour l'avenir.

Remarque. Le **décès** du condamné et la **dissolution** de la personne morale, sauf dans le cas où la dissolution est prononcée par la juridiction pénale, empêchent ou arrêtent l'exécution de la peine.

---

14 Article 132-16-7 du Code pénal.
15 Articles 133-2 à 133-4 du Code pénal.
16 Articles 133-7 et 133-8 du Code pénal.
17 Article 133-9 du Code pénal.
18 Article 132-21 du Code pénal.
19 Articles 133-12 à 133-15 du Code pénal.

La procédure pénale

Chapitre 5

COMPÉTENCE VISÉE :

- **Maîtriser le contenu et l'articulation des différentes étapes de la procédure pénale.**

- L'organisation de la **procédure pénale** est prévue de manière précise par le **Code de procédure pénale**. En effet, compte tenu des enjeux liés à la sanction des infractions (voir les peines qui peuvent être prononcées à l'encontre des délinquants), il s'agit à la fois de réparer le trouble causé à l'ordre public et le préjudice subi par la victime, tout en permettant aux personnes poursuivies de défendre leurs droits.

L'enchaînement des étapes de la procédure pénale peut être représenté ainsi :

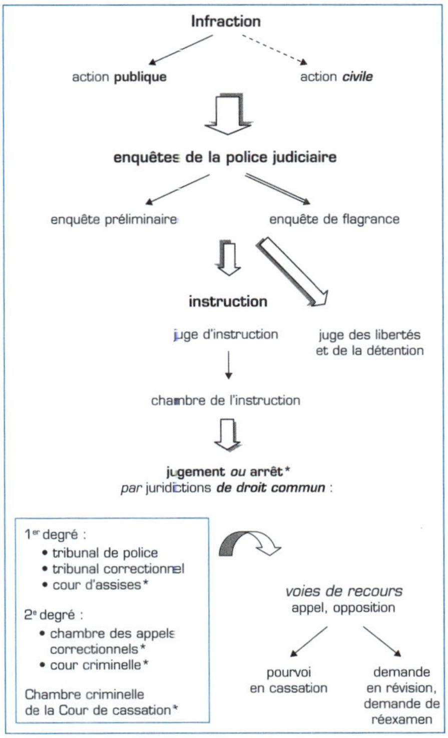

PLAN DU CHAPITRE

1 Les actions en justice

Ces actions sont organisées par le Code de procédure pénale.

Les articles 1 à 10 du code disposent que lorsqu'une infraction est commise, deux types d'action en justice peuvent être exercés :

- l'**action publique**, qui vise à réparer le trouble causé à l'ordre public ;
- l'**action civile**, qui a pour but de réparer le préjudice causé à la victime.

D'autres articles du Code encadrent précisément les droits et les obligations des acteurs de la procédure pénale.

Caractéristiques	Actions	
	Action Publique	Action Civile
Conditions d'exercice de l'action	*Cette action peut être exercée par :* • les magistrats du ministère public ; • des fonctionnaires habilités : *exemples* : - commissaire de police, - maire ou adjoint, - agents des douanes, des contributions indirectes. C'est **le principe de l'opportunité des poursuites** (1) qui s'applique	*Cette action peut être exercée par :* • la victime, partie civile, ou ses héritiers : Le dommage doit être : - matériel, corporel ou moral, - directement causé par l'infraction ; personnellement causé à la victime. Un lien de causalité doit être établi entre l'infraction et le dommage. • la partie civile, non victime : exemples : ordre professionnel, association.
Mise en mouvement de l'action	*L'action est mise en mouvement par :* → le procureur de la République (qui recueille les plaintes) ; → la partie lésée (qui peut déclencher l'action publique). Cependant la partie civile peut : • faire une **citation directe** devant la juridiction de jugement ; • déposer une **plainte avec constitution de partie civile devant le juge d'instruction**.	*La partie civile peut agir devant la juridiction pénale ou devant la juridiction civile :* • ***devant la juridiction pénale : deux voies sont possibles :*** - par voie principale : la partie civile agit avant l'engagement de l'action publique par ***citation directe*** ; - par voie d'intervention : la partie civile agit après l'engagement de l'action publique par voie d'intervention, c'est-à-dire ***par constitution de partie civile*** *avant ou pendant l'audience pénale, au greffe par déclaration* ; • ***devant la juridiction civile*** : par voie d'asssignation → principes applicables : - **« le criminel tient le civil en l'état »** : la juridiction civile statue après la juridiction pénale ; - **« le criminel emporte le civil »** : la chose jugée au pénal a autorité sur le civil ; - **l'action exercée au civil ne peut plus être exercée au pénal** ; - l'action civile ne peut plus être engagée devant la juridiction répressive après l'expiration du délai de prescription de l'action publique ; → *cependant*, l'action civile peut être exercée devant la juridiction civile pendant 5 ans en principe.

Caractéristiques	**Actions**	
	Action Publique	**Action Civile**
Personnes visées	Ce sont les auteurs et complices de l'infraction.	*Sont visés :* • les auteurs et complices de l'infraction (ou leurs héritiers) ; • les personnes civilement responsables des auteurs et complices.
But	Il s'agit de réparer le trouble causé à l'**ordre public** en obtenant une condamnation pénale.	Il s'agit de réparer le **préjudice** causé à la **victime**.
Juridiction saisie	C'est la juridiction répressive.	La personne qui agit en justice a le choix entre la juridiction répressive ou la juridiction civile.
Prescription	*La prescription de l'action publique à compter du jour où l'infraction a été commise est de :* • 20 ans pour les crimes ; • 6 ans pour les délits ; • 1 an pour les contraventions.	L'action civile exercée devant une juridiction civile se prescrit par 5 ans, en principe.
Extinction	*L'action publique s'éteint par :* • décès du prévenu ou de l'accusé, • prescription, • amnistie, • abrogation de la loi pénale, • chose jugée, • transaction, • retrait de la plainte, • paiement d'une amende forfaitaire.	L'action civile est éteinte notamment si l'action est engagée devant la juridiction répressive après le délai de prescription de l'action publique.

(1) À partir des plaintes et des dénonciations qu'il reçoit, le procureur de la République applique le **principe d'opportunité des poursuites** ; cela signifie qu'il décide de poursuivre ou non l'auteur de l'infraction, quand celle-ci a été qualifiée.

Le procureur peut réagir de différentes manières.

Préalablement à sa décision sur l'action publique (article 41-1 du Code de procédure pénale)

Le procureur peut notamment procéder au rappel auprès de l'auteur des faits des obligations résultant de la loi, ou demander à celui-ci de régulariser sa situation au regard de la loi ou des règlements ou de réparer les dommages résultant des faits qu'il a commis s'il lui apparaît qu'une telle mesure est susceptible d'assurer la réparation du dommage causé à la victime, de mettre fin au trouble résultant de l'infraction ou de contribuer au reclassement de l'auteur des faits.

Décision de ne pas poursuivre

Le procureur a le choix entre deux décisions :

- **classement sans suite** : décision provisoire tant que le délai de prescription n'est pas écoulé. À noter que l'action publique peut être déclenchée par la victime ;
- **classement sous condition** : décision par laquelle le procureur engage des mesures destinées à assurer la réparation du dommage causé à la victime, à mettre fin au trouble résultant de l'infraction ou à contribuer au reclassement de l'auteur des faits (exemples : rappel à la loi, réparation des dommages causés).

Si l'auteur de l'infraction n'exécute pas la ou les mesures demandées, le procureur engage des poursuites à son encontre.

Décision de recourir à une mesure alternative aux poursuites

Cette décision prolonge la décision de classement sous condition. Deux moyens peuvent être utilisés :

- **médiation pénale** : elle vise à obtenir une conciliation entre l'auteur de l'infraction et la victime sous le contrôle d'un médiateur désigné par le procureur. Elle aboutit à un procès-verbal (dressé par le médiateur ou le procureur) ;
- **composition pénale** : est une procédure par laquelle le procureur demande à une personne majeure qui reconnaît avoir commis un délit, une des treize mesures prévues par la loi (*cf.* article 41-3 du Code de procédure pénale) ; par exemple : amende de composition en fonction de la gravité des faits commis, réparation du préjudice causé.

Cette procédure concerne tous les délits punis d'une d'amende ou d'un emprisonnement d'une durée inférieure ou égale à 5 ans.

Décision de poursuivre

Le procureur peut utiliser :

- **la comparution sur reconnaissance préalable de culpabilité** : le procureur propose au prévenu qui reconnaît sa culpabilité d'exécuter une peine plus faible que le maximum encouru s'il y a un procès. L'accord passé avec le prévenu fait l'objet d'une homologation par le président du TGI.

  Cette procédure est applicable aux délits punissables d'une amende ou d'un emprisonnement inférieur ou égal à 5 ans ;
- **la citation directe** : est une assignation à comparaître devant le tribunal pour les contraventions et les délits ;
- **la comparution immédiate** : est notamment utilisée pour les délits flagrants si la peine encourue est au moins égale à 6 mois d'emprisonnement ;
- **le réquisitoire introductif d'instance** : est un acte écrit adressé au juge d'instruction en vue de l'ouverture d'une information judiciaire.

Autres moyens à la disposition du procureur de la République : en matière de contraventions et de délits, il peut délivrer un **avertissement** (en cas de comparution volontaire devant le tribunal) ou une convocation par **procès-verbal** (pour les délits simples notamment).

2 Les enquêtes de la police judiciaire

Articles 12 à 29-1 du Code de procédure pénale.

L'intervention de la police judiciaire présente les caractéristiques suivantes :

Subordination

La police judiciaire est sous la **direction** du procureur de la République et, dans le ressort de la cour d'appel, elle est sous la **surveillance** du procureur général et sous le **contrôle** de la chambre de l'instruction.

Mission légale

- Tant que l'information du juge d'instruction n'est pas ouverte : la police judiciaire constate les infractions, rassemble les preuves et recherche les auteurs ;
- Quand l'information du juge d'instruction est ouverte : elle exécute des délégations de pouvoirs.

Composition

- **Les officiers de police judiciaire (OPJ)** ont des pouvoirs relativement étendus, car seuls :
  - ils peuvent recevoir les plaintes des victimes et les dénonciations ;
  - ils sont compétents pour procéder à une enquête préliminaire ou une enquête de flagrance.

Ce sont notamment les maires et leurs adjoints, les officiers et gradés de gendarmerie, les commissaires de police.

- **Les agents de police judiciaire (APJ)** et **agents adjoints**

  Il s'agit notamment des gendarmes pour les agents, et des agents de police pour les agents adjoints.

- **Certains fonctionnaires** et **agents de police**

  Ce sont en particulier les agents des services de la répression des fraudes et les gardes champêtres.

Compétence

La police judiciaire peut conduire deux types d'enquête :

- **enquête préliminaire**, qui est réalisée par la PJ soit d'office, soit à la demande du procureur de la République ;
- **enquête de flagrance**.

Caractéristiques	Enquête préliminaire	Enquête de flagrance
Différences fondamentales	Cette enquête est : • secrète, • non contradictoire.	Cette enquête : • intègre un critère temporel, • dure 8 jours au maximum.
Conditions de mise en œuvre	• ***Compétence de la PJ*** : enquête d'office OU à la demande du procureur de la République. • ***Objet*** : recherche et réunion de renseignements pour engager, *le cas échéant*, des poursuites pénales.	Définition de l'**infraction flagrante** : infraction qui se commet actuellement OU qui vient de se commettre Les situations de flagrance sont prises en comptes pour : • les délits punissables d'un emprisonnement ; • les crimes.
Pouvoirs de la police judiciaire	La police judiciaire a le pouvoir d'effectuer les actes suivants : • information par tout moyen des victimes quant à leurs droits (exemple : obtenir réparation du préjudice subi). • ***auditions*** : pour toute personne susceptible de fournir des renseignements ; • ***perquisitions et visites domiciliaires*** : entre 6 h et 21 h avec assentiment exprès et écrit de la personne chez qui elles ont lieu ; un procès-verbal est rédigé ; • ***saisies*** : pour pièces à conviction (avec accord de l'intéressé) ; sont placées sous scellés ;	Les pouvoirs de la police judiciaire *sont plus étendus que pour l'enquête préliminaire :* • information du procureur de la République ; • transport sur les lieux ; • constatations... garde à vue et actes, *tels que* : - saisies, mises sous scellés (sans autorisation) ; - perquisitions. La police judiciaire dispose ici de pouvoirs qui sont proches de ceux du juge d'instruction.

Caractéristiques	Enquête préliminaire	Enquête de flagrance
Pouvoirs de la police judiciaire *(suite)*	• ***contrôles d'identité*** ; • ***constatations***, avec examens techniques et scientifiques sur autorisation du procureur de la République ; • ***gardes à vue :*** - 24 h maxi (4 jours pour terrorisme, stupéfiants). Le procureur est informé dès le début de la garde à vue ; - prolongation de 24 h doit être autorisée par le procureur ; - information immédiate des droits de la personne en garde à vue (*).	À noter : le **procureur de la République** dispose ici de pouvoirs spécifiques : quand il arrive sur les lieux : l'officier de police judiciaire est dessaisi et le procureur prend les mesures nécessaires.
Issue de l'enquête	Les résultats sont remis au procureur de la République, qui prend une **décision** : • soit il saisit le juge d'instruction, qui ouvre une information ; • soit il exerce les poursuites devant la juridiction de jugement ; • soit il ne poursuit pas et effectue un classement sans suite	Le procureur de la République intervient de la façon suivante : 1er cas : *pour délit flagrant punissable d'un maximum de 6 mois au moins* : le procureur fait savoir au prévenu qu'il peut comparaître immédiatement pour être jugé ; 2e cas : *le délit ou le crime nécessite une information* : le procureur saisit le juge d'instruction par un réquisitoire introductif d'instance.

(*) La personne gardée à vue bénéficie en principe de la présence d'un avocat dès le début de la garde à vue (article 63-3-1 du Code de procédure pénale).

3 L'instruction

A Les juridictions du premier degré

1 Le juge d'instruction

Articles 79 à 190 du Code de procédure pénale.

Définition de l'instruction = information (judiciaire)

Elle est obligatoire pour les crimes, facultative, en principe pour délits et non prévue pour les contraventions (mais le procureur de la République peut la requérir).

Rôle	*Le juge d'instruction :* • recherche des **preuves et** instruit **à charge et à décharge** ; • prend des décisions par **ordonnances**.
Désignation et statuts	*Désignation :* le juge d'instruction appartient à la magistrature du siège et est choisi parmi les juges du tribunal de grande instance. Il est nommé pour 3 ans par décret du président de la République. *Statut :* le juge d'instruction est : • un magistrat **indépendant** et **un juge unique** ; • **placé sous le contrôle de la chambre de l'instruction**, il lui envoie, notamment, un rapport chaque trimestre pour les affaires en cours ; • est tenu **au secret de l'instruction**.

Saisine	*Le juge d'instruction :* - est saisi par le **procureur de la République** ou par la **partie civile**. Il n'y a pas de saisine d'office ; - peut étendre son information à toute personne même non visée par les poursuites. Il est compétent territorialement notamment pour les infractions commises dans le ressort du tribunal auquel il est rattaché.
Pouvoirs	*Le juge d'instruction est chargé des missions suivantes :* → Ouverture de l'information : • **étendue de l'information** : le juge instruit uniquement sur les faits dont il est saisi. Il peut faire des délégations (appelées **commissions rogatoires**) à un autre juge ou à un officier de police judiciaire ; • **moyens de recherche des preuves** : - notamment : **auditions** : - de la **partie civile** ; - des **témoins** : ils prêtent serment et doivent comparaître ; - des **témoins assistés** : ont le droit d'être assistés par un avocat ; ils ne prêtent pas serment et ne sont pas mis en examen. Par exemple : ils peuvent être visés par une plainte ou par le réquisitoire introductif du procureur. → Mise en examen d'une personne : • **conditions** : il existe des indices graves et concordants à propos d'une personne ; • **pouvoirs du juge d'instruction** : il peut seul décider la mise en examen et interroger la personne concernée (en présence de son avocat en principe). Il peut décider aussi la mise sous contrôle judiciaire de cette personne ou son assignation à résidence avec surveillance électronique. → Mandats : • **mandat de comparution** : c'est l'ordre donné à la personne de comparaître devant le juge d'instruction pour interrogatoire ; • **mandat d'amener** : c'est l'ordre donné à la force publique pour conduire immédiatement la personne devant lui, afin de procéder à un interrogatoire ; • **mandat d'arrêt** : c'est l'ordre donné à la force publique pour conduire la personne à la maison d'arrêt. La personne fait l'objet d'un interrogatoire dans les 24 heures. → Actes divers : enquête sociale, expertise...

Ordonnances	→ Lorsque le juge d'instruction exerce son pouvoir juridictionnel, il rend des ordonnances : • **ordonnance d'incompétence** : il se déclare incompétent à la suite d'une plainte avec constitution de partie civile ; • **ordonnance de refus d'informer** : il refuse d'informer car les faits ne sont pas constitutifs d'une infraction ; • **ordonnance d'irrecevabilité** : par exemple, une plainte est irrecevable s'il y a prescription des faits ; • **ordonnance de mise sous contrôle judiciaire** (qui peut aussi être ordonnée par le juge des libertés et de la détention) d'une personne. → À la fin de l'information : le juge rend une ordonnance dont l'objet et le contenu dépendent de l'information (ou instruction) qu'il a conduite : • **ordonnance de soit-communiqué** : elle est adressée au procureur de la République pour l'informer de la fin de l'information ; dans le délai de 3 mois, le procureur prend un réquisitoire définitif et le juge d'instruction rend une ordonnance de règlement ; • **ordonnance de règlement** (ou de clôture) qui est : - soit une **ordonnance de non-lieu**, notamment quand le juge estime que les charges sont insuffisantes ; - soit une **ordonnance de renvoi** (devant le tribunal correctionnel ou le tribunal de police), rendue en matière de délit et de contravention quand le juge considère que les charges sont suffisantes ; - soit une **ordonnance de mise en accusation**, quand le juge estime que les faits retenus à la charge des personnes mises en examen constituent un crime.

2 Le juge des libertés et de la détention

Le Code de procédure pénale, notamment dans les articles 137-2, 137-3, 145-1, 145-2 et 146 précise les dispositions fondamentales relatives au juge des libertés et de la détention.

Désignation	*Le juge des libertés et de la détention :* • est un magistrat du siège désigné par le président du tribunal de grande instance ; • à une compétence limitée : il ne participe pas au jugement des affaires dont il a connu.
Saisine	Il est saisi par une ordonnance du juge d'instruction.
Pouvoirs	*Le juge des libertés et de la détention a les pouvoirs suivants :* → **Placement en détention provisoire :** • par une ordonnance, il délivre un **mandat de dépôt** à l'encontre de la personne. Ainsi, ce placement est décidé en principe en cas de crime ou de délit quand la peine encourue est au moins égale à 3 ans de prison ou en cas de non-respect du contrôle judiciaire ou pour conserver des preuves ; • par une ordonnance, il peut décider la prolongation de la détention provisoire dans les conditions suivantes : - pour un délit : durée initiale : 4 mois en principe et 1 an ou 2 ans selon les cas ; - pour un crime : la durée est de 1 an en principe et de 2 ans au maximum dans certains cas. → **Mise en liberté** de la personne placée en détention provisoire ; → **Placement sous contrôle judiciaire** de la personne ou assignation à résidence avec contrôle électronique.

Des recours contre les ordonnances du juge d'instruction et du juge des libertés et de la détention peuvent être effectués devant le président de la chambre de l'instruction ; il peut s'agir d'un **appel** ou d'un **référé-liberté** (qui est examiné immédiatement).

B La juridiction du second degré

La chambre de l'instruction est la juridiction d'instruction du second degré. Elle est réglementée par les articles 191 à 230 du Code de procédure pénale.

Compétence	*La chambre de l'instruction, qui est une chambre de la cour d'appel, a une compétence qui comporte deux volets :* • **compétence générale :** elle est **la juridiction du 2nd degré**. Elle statue notamment sur les ordonnances rendues par le juge d'instruction et le juge des libertés et de la détention ; • **compétence spéciale :** elle statue en particulier sur les demandes d'extradition et de réhabilitation judiciaire.
Composition	*La chambre de l'instruction comprend :* • des **magistrats :** trois magistrats du siège et un représentant du ministère public ; • un **greffier**.
Saisine	En tant que juge d'appel des actes et ordonnances du JI et du juge des libertés et de la détention, la chambre de l'instruction est saisie par la **personne mise en examen** ou la **partie civile** ou le **procureur de la République** ou le **procureur général**.
Pouvoirs juridictionnels	*La chambre de l'instruction possède les pouvoirs suivants :* • **information :** pour ordonner tout acte d'information et mettre en examen des personnes renvoyées devant elle ; • **contrôle de l'instruction :** notamment : pour examiner la régularité des procédures qui lui sont soumises, contrôler le bon fonctionnement des cabinets des juges d'instruction ; • **mise en liberté :** d'office ou à la suite d'un appel. La chambre de l'instruction rend des **arrêts :** - de non-lieu, - de renvoi, - de mise en accusation. Des recours peuvent être exercés contre les arrêts : ce sont des **pourvois** devant la Cour de cassation (dans un délai de 5 jours francs).

4 La décision du juge : jugement ou arrêt

A Les juridictions de droit commun

1 Les juridictions du premier degré

Le Code de procédure pénale réglemente l'organisation et le fonctionnement du tribunal de police (articles 521 à 549), du tribunal correctionnel (notamment par les articles 381 à 486) et la cour d'assises (articles 231 à 379-1).

Tribunal de police	→ **compétence :** • **d'attribution :** le tribunal de police est compétent pour statuer sur les contraventions [1] ; • **territoriale** : c'est le lieu de commission ou de constatation de l'infraction ou de résidence du contrevenant. → **composition :** • un magistrat du siège (juge) ; • un représentant du ministère public, qui est le substitut du procureur de la République ; • un greffier. → **procédure :** elle se déroule le plus souvent sans débat public, en particulier dans les cas suivants : • **procédure simplifiée**, à l'issue de laquelle le juge rend une **ordonnance pénale** ; • procédure de l'**amende forfaitaire**, utilisée pour des infractions au Code de la route.
Tribunal correctionnel	→ **compétence** • **d'attribution :** le tribunal correctionnel est compétent pour statuer sur les **délits** passibles d'un emprisonnement ou d'une amende égale ou supérieure à 3 750 € ; • **territoriale :** il s'agit du lieu de commission de l'infraction ou de l'arrestation du prévenu, ou de la résidence du prévenu. → **composition :** • trois magistrats du siège (juges) ; • le procureur de la République et ses substituts ; • un greffier. **Remarque :** dans certains cas, les délits sont de la compétence d'un **juge unique** : exemples : vol simple, retrait de provision d'un chèque ou opposition à son paiement dans l'intention de porter atteinte aux droits d'autrui. → **procédure :** • mode de saisine : le tribunal correctionnel est saisi par l'un des moyens suivants : - comparution volontaire à la suite d'un avertissement adressé à la personne ; - citation directe ; - comparution immédiate (en cas de délit flagrant). • principe : l'audience est publique. • la constitution d'avocat est facultative.
Cour d'assises	→ **compétence :** • **crimes** ; • **plénitude de juridiction :** dans ce cas, la cour juge en 1er ressort les personnes renvoyées devant elle. → **composition :** • trois magistrats du siège (juges) et 6 jurés (citoyens) ; • le procureur général ou un avocat général ; • un greffier. → **saisine :** la cour est saisie par un arrêt de mise en accusation de la chambre de l'instruction. → **délibérations :** • les 6 jurés et les 3 magistrats délibèrent ; chacun dispose d'une voix ; • **majorité :** il faut 6 voix au moins pour prendre une décision défavorable à l'accusé.

(1) Depuis le 1er juillet 2017, les juridictions de proximité sont supprimées. Toutes les contraventions sont désormais jugées par le tribunal de police.

2 Les juridictions du second degré

Le code de procédure pénale réglemente l'organisation et le fonctionnement de la chambre des appels correctionnels (articles 496 à 520-1) et de la cour d'assises qui statue en appel (articles 380-1 à 380-15).

Chambre des appels correctionnels	→ **compétence :** la chambre est compétente en matière contraventionnelle et correctionnelle. → **composition :** • **trois conseillers** qui jugent ; • **un membre du ministère public** ; • **un greffier**. → **saisine :** la chambre peut être saisie par le prévenu, la personne civilement responsable, la partie civile ou le ministère public. → **procédure :** *cf.* la procédure applicable tribunal correctionnel, sauf délai : 10 jours pour faire appel. → **décisions :** la chambre des arrêts.
Cour d'assises d'appel	→ **compétence :** la cour est compétente en matière criminelle : elle statue sur des arrêts rendus sur l'action publique. → **composition :** il s'agit d'une autre cour d'assises qui comprend 3 magistrats et 9 jurés. La majorité défavorable à l'accusé est de 8 voix au moins. → **procédure :** le délai d'appel est de 10 jours à compter du prononcé de l'arrêt de la cour d'assises.

3 La Cour de cassation

- **Compétence :** la Cour de cassation statue sur les pourvois en cassation **pour violation de la loi** en ce qui concerne les décisions suivantes :
  - arrêts des chambres de l'instruction ;
  - arrêts des cours d'assises ;
  - arrêts des chambres d'appels correctionnels ;
  - jugements rendus en dernier ressort par les tribunaux de police.
- **Saisine :** la Cour de cassation est saisie par déclaration au greffier de la juridiction qui a rendu la décision attaquée.

5 Les voies de recours

Le Code de procédure pénale réglemente précisément les conditions dans lesquelles les voies de recours peuvent être exercées en matière répressive :

- appel : pour les décisions des cours d'assises (articles 380-1 à 380-15), des tribunaux correctionnels (articles 496 à 509-1 et 512 à 520-1), des tribunaux de police (articles 546 à 549) ;
- opposition : articles 489 à 495-6 ;
- pourvoi en cassation : articles 567 à 621 ;
- demandes en révision et en réexamen : articles 622 à 626-1 (loi du 20 juin 2014 relative à la réforme des procédures de révision et de réexamen d'une condamnation pénale définitive).

L'**appel** et l'**opposition** sont des **voies de recours ordinaires**, où les juridictions saisies statuent sur le droit et les faits.

Le **pourvoi en cassation** et les **demandes en révision et en réexamen** sont des **voies de recours extraordinaires**. Pour ces voies de recours, les juridictions saisies sont compétentes pour statuer soit sur des erreurs de droit (pourvoi en cassation), soit sur des erreurs de fait (demande en révision).

Appel	→ **cas d'ouverture :** l'appel est possible dans les cas suivants - contravention : dans certaines situations (exemple : l'amende encourue est celle de la 5e classe (1 500 €) ; - délit : dans tous les cas ; - crime : est possible devant une autre cour d'assises. → **droit d'appel :** il appartient au prévenu ou à l'accusé, au ministère public, à la partie civile, à la personne civilement responsable. → **délai :** pour l'appel principal : 10 jours ; pour l'appel incident : 5 jours. → **effets :** l'appel est : • **suspensif :** l'exécution de la décision attaquée est suspendue ; • **dévolutif :** la juridiction saisie en appel statue sur les faits et le droit comme la juridiction du premier degré ; → **remarques :** - si l'appel émane du prévenu ou de l'accusé : la cour peut maintenir ou diminuer la peine ; - si l'appel émane de la partie civile : la cour peut maintenir ou augmenter les dommages intérêts alloués (mais non les réduire ou les supprimer).
Opposition = voie de rétractation	→ **cas d'ouverture :** - jugement rendu par défaut (1) - ordonnance pénale du tribunal de police (2) → **droit d'opposition :** - pour (1) : prévenu, partie civile, personne civilement responsable, - pour (2) : prévenu, ministère public. → **délai :** - pour (1) : 10 jours à compter de la signification, - pour (2) : 30 jours pour le prévenu ; 10 jours pour le ministère public. → **effets :** nouvel examen de l'affaire par la même juridiction
Pourvoi en cassation = pour les erreurs de droit	→ **jugements et arrêts concernés :** - arrêts de cours d'assises statuant en appel, - arrêts de chambres des appels correctionnels, - jugements de police non susceptibles d'appel. → **cas d'ouverture :** violation de la loi : - pourvoi dans l'intérêt des parties (1) : exemple : incompétence ou excès de pouvoir, - pourvoi dans l'intérêt de la loi (2). → **droit de former un pourvoi :** par toutes les parties pour (1), par le procureur de la République pour (2) → **délai :** (1) : 5 jours ; (2) : pas de délai. → **effet :** suspensif.
Demande en révision (notamment si un fait nouveau se produit) Demande de réexamen (quand une condamnation définitive a été prononcée en violation de la Convention européenne de sauvegarde des droits de l'homme et des libertés fondamentales)	→ saisine de la cour de révision et de réexamen (composée de magistrats de la Cour de cassation), qui comprend une commission d'instruction et une formation de jugement ; Remarque : la demande (qui émane notamment du ministre de la Justice ou du condamné) n'a pas d'effet suspensif. → examen de la demande par la commission d'instruction qui se prononce sur sa recevabilité ; → la cour rend un arrêt motivé non susceptible de recours. Elle rejette la demande si elle l'estime mal fondée. Dans le cas contraire, elle annule la condamnation : elle prononce alors une réparation morale et pécuniaire (par l'État) et la condamnation est supprimée du casier judiciaire de la personne.

(1) Une juridiction rend un jugement est rendu par défaut quand le défendeur n'a pas comparu devant elle et qu'il n'a pas été assigné à personne dans le cas où la décision est susceptible d'appel.

Chapitre 6

Le droit pénal spécial des affaires et des sociétés

COMPÉTENCES VISÉES :

- **Informer les dirigeants de l'entreprise sur :**
  - **les principales infractions relatives à la vie des affaires ;**
  - **les conséquences d'une incrimination pénale.**

- Dans les relations qui s'instaurent entre les acteurs de la vie des affaires, des infractions peuvent être commises par les différents acteurs économiques.

  Par ailleurs, à l'intérieur des sociétés, ces infractions spécifiques peuvent également être commises, notamment par les dirigeants des entreprises.

  Ces infractions causent des troubles à l'ordre public économique et social. La loi, inscrite essentiellement dans le code pénal et le Code de commerce, prévoit ces fautes et les sanctionne.
- Il est à noter que si la loi prévoit de punir les personnes physiques qui commettent des infractions, elle prévoit aussi de sanctionner les personnes morales en considérant les conditions et le contexte dans lesquels les agissements sont commis.
- Deux volets du droit pénal sont étudiés ici :
- le droit pénal spécial des affaires, qui concerne les infractions communes aux sociétés ;
- le droit pénal des sociétés.

PLAN DU CHAPITRE

1 Le droit pénal spécial des affaires

Ce sont les infractions communes aux différentes sociétés. Il s'agit de délits définis par le Code de commerce, et qui concernent en particulier la société à responsabilité limitée (SARL) et la société anonyme (SA).

Pour chaque délit, l'élément légal permet de déterminer l'élément matériel et l'élément moral (ou intentionnel) du délit. Ces trois éléments doivent être prouvés pour qu'une ou des peines selon le cas soient prononcées à l'encontre du ou des auteurs et du ou des complices.

Dans tous les cas, la loi vise les dirigeants des sociétés :

- gérants, pour la SARL ;
- président, les administrateurs ou les directeurs généraux, pour la SA.

Les infractions étudiées ici sont le délit de présentation ou de publication de comptes annuels ne donnant pas une image fidèle, le délit de distribution de dividendes fictifs, le délit d'abus des biens ou du crédit, le délit d'abus de pouvoirs et le délit de banqueroute.

De plus, le délit de blanchiment prévu par le code pénal est aussi évoqué dans cette étude.

A Délit de présentation ou de publication de comptes annuels ne donnant pas une image fidèle

1 Élément légal

(C. com., article L. 241-3, 3°)

Dans la SARL, la loi punit le fait « même en l'absence de toute distribution de dividendes, de présenter aux associés des comptes annuels ne donnant pas, pour chaque exercice, une image fidèle du résultat des opérations de l'exercice, de la situation financière et du patrimoine à l'expiration de cette période en vue de dissimuler la véritable situation de la société. »

(C. com., article L. 242-6, 2°)

Dans la SA, la loi vise le fait « de publier ou présenter aux actionnaires, même en l'absence de toute distribution de dividendes, des comptes annuels ne donnant pas, pour chaque exercice, une image fidèle du résultat des opérations de l'exercice, de la situation financière et du patrimoine, à l'expiration de cette période, en vue de dissimuler la véritable situation de la société. »

2 Élément matériel

Dans la SARL, il s'agit de punir la présentation des comptes : la loi sanctionne seulement la présentation des comptes aux associés.

Dans la SA, la loi vise la présentation des comptes (comme pour la SARL) et la publication de ces comptes, c'est-à-dire quand les comptes sont portés à la connaissance des tiers (en particulier par le dépôt des comptes au greffe du tribunal de commerce).

La présentation ou la publication des comptes concerne des comptes annuels « *ne donnant pas, pour chaque exercice, une image fidèle du résultat des opérations de l'exercice, de la situation financière et du patrimoine, à l'expiration de cette période : les comptes* », et notamment le bilan, donnent une image fausse de la situation de la société.

3 Élément moral

La loi précise que la présentation ou la publication des comptes ne donnant pas une image fidèle doit être effectuée dans le but « *de dissimuler la véritable situation de la société* » : il s'agit donc de tromper les destinataires des comptes. Ce délit est donc commis en connaissance de cause.

4 Peines

La loi prévoit que le dirigeant reconnu coupable du délit de présentation ou publication de comptes annuels ne donnant pas une image fidèle encourt un emprisonnement de cinq ans et une amende de 375 000 euros.

La juridiction pénale doit donc se prononcer sur chacune de ces deux peines.

B Délit de distribution de dividendes fictifs

1 Élément légal

La loi[1] punit le fait « *d'opérer entre les associés la répartition de dividendes fictifs, en l'absence d'inventaire ou au moyen d'inventaires frauduleux* ».

2 Élément matériel

Les dirigeants doivent faire une répartition de dividendes fictifs. Le caractère fictif s'apprécie par rapport à la tenue (« *inventaires frauduleux* » qui impliquent que les comptes ne donnent pas une image fidèle de la situation de la société) ou l'absence de tenue de comptabilité (« *absence d'inventaire* »).

3 Élément moral

Les dirigeants doivent agir en connaissance de cause (*cf.* notamment les termes « *dividendes fictifs* » et « *inventaires frauduleux* »).

4 Peines

La loi prévoit que le dirigeant reconnu coupable du délit de distribution de dividendes fictifs encourt un emprisonnement de cinq ans et une amende de 375 000 euros.

La juridiction pénale doit donc se prononcer sur chacune de ces deux peines.

C Délit d'abus des biens ou du crédit

1 Élément légal

La loi[2] punit le fait « *de faire, de mauvaise foi, des biens ou du crédit de la société, un usage qu'ils savent contraire à l'intérêt de celle-ci, à des fins personnelles ou pour favoriser une autre société ou entreprise dans laquelle ils sont intéressés directement ou indirectement* ».

2 Élément matériel

Pour être punis, les dirigeants doivent faire des biens (*exemples : fonds ou biens meubles ou immeubles*) ou du crédit de la société (*exemple : le crédit est la confiance qui peut être accordée à la société quant à sa capacité de rembourser un emprunt*), un usage qu'ils savent contraire à l'intérêt de celle-ci (*exemple : utilisation de fonds de la société pour réaliser une opération qui ne contribue pas à la réalisation des objectifs de la société*), à des fins personnelles (*exemple : pour financer une opération d'investissement à titre personnel*) ou pour favoriser une autre société ou entreprise dans laquelle ils sont intéressés directement ou indirectement (*exemple : une société où le dirigeant détient des titres*).

3 Élément moral

La loi précise que les agissements des dirigeants doivent être commis « *de mauvaise foi* ». Il est donc nécessaire de prouver l'intention de nuire des dirigeants.

1 C. com., articles L. 241-3, 2° (SARL) et L. 242-6, 1° (SA).
2 C. com., articles L. 241-3, 4° (SARL) et L. 242-6, 3° (SA).

4 Peines

La loi prévoit que le dirigeant reconnu coupable du délit d'abus des biens ou du crédit encourt un emprisonnement de cinq ans et une amende de 375 000 euros.

La juridiction pénale doit donc se prononcer sur chacune de ces deux peines.

D Délit d'abus de pouvoirs

1 Élément légal

La loi[3] punit le fait « *de faire, de mauvaise foi, des pouvoirs qu'ils* (les dirigeants) *possèdent ou des voix dont ils disposent, en cette qualité, un usage qu'ils savent contraire aux intérêts de la société, à des fins personnelles ou pour favoriser une autre société ou une autre entreprise dans laquelle ils sont intéressés directement ou indirectement* ».

2 Élément matériel

Pour être sanctionnés, les dirigeants doivent exercer les pouvoirs que leur accorde la loi dans un but qui va à l'encontre des intérêts de la société (*exemple : participer à une opération financière qui n'entre pas dans l'objet social*) et qui sert leurs intérêts personnels ou une autre entreprise dans laquelle ils ont des intérêts (*exemple : pour percevoir des dividendes à l'occasion d'une prise de participation dans le capital d'une autre société*).

Les dirigeants outrepassent donc les pouvoirs qui leur sont octroyés par la loi.

3 Élément moral

La loi précise que les dirigeants doivent agir « *de mauvaise foi* » ; par conséquent, leur intention de nuire doit être prouvée.

4 Peines

La loi prévoit que le dirigeant reconnu coupable du délit de distribution de dividendes fictifs encourt un emprisonnement de cinq ans et une amende de 375 000 euros.

La juridiction pénale doit donc se prononcer sur chacune de ces deux peines.

E Délit de blanchiment

1 Élément légal

L'article 324-1 du Code pénal dispose : « *Le blanchiment est le fait de faciliter, par tout moyen, la justification mensongère de l'origine des biens ou des revenus de l'auteur d'un crime ou d'un délit ayant procuré à celui-ci un profit direct ou indirect.*

Constitue également un blanchiment le fait d'apporter un concours à une opération de placement, de dissimulation ou de conversion du produit direct ou indirect d'un crime ou d'un délit. »

2 Élément matériel

Les personnes qui commettent cette infraction doivent « faciliter, par tout moyen, la justification mensongère de l'origine » de biens ou de revenus.

Les biens ou revenus doivent provenir d'un crime ou d'un délit qui a procuré un profit direct ou indirect aux personnes ayant commis le crime ou le délit.

3 Élément moral

Les personnes doivent agir en connaissance de cause : *cf.* « la justification mensongère » visée par la loi, et qui doit être prouvée.

---

[3] C. com., article L. 241-3, 5° (SARL) et L. 242-6, 4° (SA).

4 Peines

La loi distingue deux délits :

Délits	*Peines*
Blanchiment SIMPLE	5 ans d'emprisonnement et 375 000 € d'amende
Blanchiment AGGRAVE, c'est-à-dire : 1° Lorsqu'il est commis de façon habituelle ou en utilisant les facilités que procure l'exercice d'une activité professionnelle ; 2° Lorsqu'il est commis en bande organisée.	10 ans d'emprisonnement et 750 000 € d'amende

La *tentative* de ces délits est également punie par le Code pénal.

2 Le droit pénal des sociétés

Ces infractions peuvent être rattachées aux différentes étapes de la vie d'une société (constitution, vie sociale, dissolution). Elles concernent essentiellement la société à responsabilité limitée (SARL) et les sociétés de capitaux (société anonyme (SA), société en commandite par actions et société par actions simplifiée).

Dans le cadre de cette étude, seront présentées les dispositions concernant la SARL et la SA (ayant adopté une direction avec conseil d'administration).

En fonction des infractions, les dispositions prévues par le code de commerce s'appliquent à toute personne, aux associés, fondateurs, dirigeants ou aux commissaires aux comptes.

Par ailleurs, il est intéressant de noter que pour un grand nombre de ces infractions (qui sont des délits ou des contraventions selon le cas), le législateur n'exige pas que l'intention de nuire ou la mauvaise foi des auteurs soit nécessaire pour que les faits commis soient punis ; par conséquent, ces infractions sont alors dites non intentionnelles. De plus, la loi du 22 mars 2012 relative à la simplification du droit et à l'allègement des démarches administratives a abrogé ou modifié diverses dispositions pénales, notamment dans le Code du Commerce.

A Infractions relatives à la constitution des sociétés

Ces dispositions visent aussi toute personne qui, directement ou par personne interposée, aura, en fait, exercé la gestion d'une société sous le couvert ou au lieu et place de son dirigeant légal.

Il est à noter, qu'en fonction des infractions, le législateur n'exige pas toujours que soit rapportée la preuve de la mauvaise foi pour sanctionner les délinquants.

1 Infractions prévues pour la SARL

a. Délit d'émission de certaines valeurs mobilières

(C. com., article L. 241-2)

« Est puni d'un emprisonnement de six mois et d'une amende de 9 000 euros le fait, pour des gérants, d'émettre, directement ou par personne interposée, pour le compte de la société des valeurs mobilières quelconques à l'exception des obligations émises dans les conditions déterminées par l'article L. 223-11. »

Sont visés les gérants qui agissent directement ou par personne interposée.

Leurs agissements doivent consister à émettre des valeurs mobilières pour le compte de la SARL et qui sont interdites par la loi.

La loi n'exige pas que les gérants commettent ce délit de mauvaise foi.

b. Délit de surévaluation frauduleuse d'un apport en nature

> **(C. com., article L. 241-3, 1°)**
> *« Est puni d'un emprisonnement de cinq ans et d'une amende de 375 000 euros, le fait, pour toute personne, de faire attribuer frauduleusement à un apport en nature une évaluation supérieure à sa valeur réelle. »*

Est visée toute personne qui fait attribuer à un apport en nature une valeur supérieure à sa valeur réelle.

La loi requiert que soit apportée la preuve de la mauvaise foi de la personne car elle précise que cette dernière fait attribuer « *frauduleusement* » la valeur au bien. Il y a donc une intention de nuire, dans la mesure où les associés et les tiers seront trompés sur la valeur d'un élément inscrit à l'actif du bilan.

2 Infractions prévues pour la SA

a. Contravention relative à l'émission ou à la négociation d'actions ou de coupures d'actions dans certaines conditions

> **(C. com., article L. 242-1)**
> *« Est puni de 150 000 € d'amende le fait, pour les fondateurs, le président, les administrateurs ou les directeurs généraux d'une société anonyme, d'émettre ou négocier des actions ou des coupures d'actions sans que les actions de numéraire aient été libérées à la souscription de la moitié au moins ou sans que les actions d'apport aient été intégralement libérées avant l'immatriculation de la société au registre du commerce et des sociétés.*
> *La peine prévue au présent article peut être portée au double lorsque les actions ou coupures d'actions ont fait l'objet d'une offre au public. »*

Il faut noter que lorsque les faits sont commis dans le cadre d'une société anonyme faisant offre au public de ses titres, les peines prévues peuvent être portées au double.

L'importance de ces peines s'explique par le fait que les enjeux financiers en cause dans les sociétés anonymes peuvent être très importants ; de plus, le public qui souscrit au capital investit des fonds personnels et accorde sa confiance aux créateurs de ces sociétés.

La loi sanctionne le non respect de certaines dispositions relatives essentiellement à l'émission ou à la négociation des titres (actions ou coupures d'actions) sans indiquer que l'intention de nuire des personnes doit être prouvée.

b. Contravention relative à la négociation d'actions

> **(C. com., article L. 242-3)**
> *« Est puni de 150 000 € d'amende le fait, pour les titulaires ou porteurs d'actions, de négocier des actions de numéraire pour lesquelles le versement de la moitié n'a pas été effectué. »*

La loi veut sanctionner le non respect des règles relatives à la libération du capital par les personnes qui se sont engagées par leur souscription au capital.

Ces agissements sont punis d'un emprisonnement d'un an et d'une amende élevée (150 000 €).

Il faut noter par ailleurs que l'intention de nuire n'a pas à être prouvée pour sanctionner les auteurs de ces faits.

c. Délit de surévaluation frauduleuse d'un apport en nature

(C. com., article L. 242-2)
« Est puni d'un emprisonnement de cinq ans et d'une amende de 9 000 euros le fait, pour toute personne de faire attribuer frauduleusement à un apport en nature une évaluation supérieure à sa valeur réelle. »

La loi prévoit donc de sanctionner toute personne qui attribue à un apport en nature une valeur supérieure à la valeur réelle. En effet, les personnes (associés, tiers) qui consulteront le bilan ne disposeront pas d'informations exactes sur la valeur d'un élément inscrit à l'actif de ce bilan.

Cependant, il est nécessaire de prouver l'intention de nuire de la personne (*cf.* le terme « *frauduleusement* »).

B Infractions relatives aux assemblées d'associés

1 Infractions prévues pour la SARL

Les dispositions prévues par le Code de commerce s'appliquent aussi à toute personne qui, directement ou par personne interposée, aura, en fait, exercé la gestion d'une société sous le couvert ou au lieu et place de son dirigeant légal.

a. Contravention relative au non établissement des comptes annuels

(C. com., article L. 241-4)
« Est puni d'une amende de 9 000 €, le fait pour les gérants de ne pas, pour chaque exercice, dresser l'inventaire, établir les comptes annuels et un rapport de question. »

Les gérants de la SARL sont visés par la loi car ils ont l'obligation d'établir les comptes annuels qui doivent être présentés à l'assemblée générale ordinaire annuelle.

En effet, il s'agit de sanctionner ici le fait de ne pas respecter une disposition impérative de la loi.

La loi ne requiert pas que soit apportée la preuve de la mauvaise foi des dirigeants de la société.

b. Contravention relative à la présentation de documents à l'assemblée générale ordinaire annuelle

(C. com., article L. 241-5)
« Est puni de 9 000 € d'amende le fait, pour les gérants, de ne pas soumettre à l'approbation de l'assemblée des associés ou de l'associé unique l'inventaire, les comptes annuels et le rapport de gestion établis pour chaque exercice. »

Les gérants de la SARL sont visés par la loi, car ils ont l'obligation de présenter des documents concernant les comptes et la gestion aux associés, afin que ceux-ci approuvent en connaissance de cause, pour l'exercice écoulé, les comptes sociaux et la gestion effectuée par les gérants.

La loi ne requiert pas que soit prouvée la mauvaise foi des gérants.

2 Infractions prévues pour la SA

a. Contravention concernant le non établissement des comptes annuels

(C. com., article L. 242-8)

« Est puni d'une amende de 9 000 euros le fait, pour le président, les administrateurs ou les directeurs généraux d'une société anonyme, de ne pas, pour chaque exercice, dresser l'inventaire et établir des comptes annuels et un rapport de gestion. »

Les dirigeants de la SA sont visés par la loi.

Le simple fait de ne pas « *dresser l'inventaire et établir des comptes annuels et un rapport de gestion* » pour chaque exercice comptable est sanctionné. L'élaboration de ces documents est obligatoire, afin de connaître la situation de la société et d'en informer les tiers (*cf.* le dépôt des comptes au greffe du tribunal de commerce).

La loi n'exige pas la preuve de la mauvaise foi des dirigeants.

b. Délit relatif à la présentation de documents à l'assemblée générale ordinaire annuelle

(C. com., article L. 242-10)

« Est puni d'un emprisonnement de six mois et d'une amende de 9 000 € le fait, pour le président ou les administrateurs d'une société anonyme, de ne pas soumettre à l'approbation de l'assemblée générale ordinaire les comptes annuels et le rapport de gestion prévus à l'article L. 232-1. »

Les dirigeants de la SA sont visés par la loi, car ils ont l'obligation de présenter à l'assemblée générale ordinaire annuelle des actionnaires des documents précis prévus par la loi.

Les actionnaires doivent avoir connaissance des comptes sociaux et du rapport de gestion établis par les dirigeants avant de statuer sur ceux-ci en assemblée générale.

C'est le non-respect d'une règle impérative qui est ici sanctionné.

La loi ne requiert pas que soit apportée la preuve de la mauvaise foi des dirigeants de la société.

c. Délits relatifs à la participation des actionnaires à une assemblée générale

(C. com., article L. 242-9)

« Est puni d'un emprisonnement de deux ans et d'une amende de 9 000 euros.

1° Le fait d'empêcher un actionnaire de participer à une assemblée d'actionnaires.

3° Le fait de se faire accorder, garantir ou promettre des avantages pour voter dans un certain sens ou pour ne pas participer au vote, ainsi que le fait d'accorder, garantir ou promettre ces avantages. »

Toute personne peut être punie pour la commission de ces faits.

Le but de la loi est ici de préserver l'égalité des actionnaires ; par conséquent, chaque actionnaire doit pouvoir participer et exercer librement ses droits à une assemblée générale.

Sur le plan de l'élément moral (ou intentionnel), la loi utilise les termes « *empêcher* », « *se faire accorder, garantir ou promettre des avantages...* » : signifie que les auteurs de ces faits doivent agir en connaissance de cause et qu'ils sont conscients que les règles de convocation et de fonctionnement d'une assemblée générale ne sont alors plus respectées.

C Infractions relatives aux droits sociaux

Les infractions sont relatives aux valeurs obligations émises par les sociétés par actions.

La réglementation vise le président, les administrateurs, les directeurs généraux et les gérants de sociétés par actions. Sont également concernés, selon leurs attributions respectives, les membres du directoire et les membres du conseil de surveillance.

En outre, elle s'applique aussi à toute personne qui, directement ou par personne interposée, aura, en fait, exercé la direction, l'administration ou la gestion des sociétés par actions sous le couvert ou au lieu et place de leurs représentants légaux.

La loi vise donc les **dirigeants de droit** et les **dirigeants de fait**.

Remarque. Certains des textes cités ici évoquent spécifiquement la SA, alors que d'autres concernent aussi d'emblée d'autres sociétés telles que les sociétés en commandite par actions.

Il s'agit notamment des trois infractions suivantes, pour lesquelles des personnes autres que les dirigeants peuvent être sanctionnées.

1 Contravention relative à la détention d'actions

Article L. 245-4

« Le fait, pour le président et les administrateurs, les directeurs généraux, les membres du directoire et du conseil de surveillance d'une société anonyme, les gérants des sociétés en commandite par actions, de détenir, directement ou indirectement dans les conditions prévues par l'article L. 228-35-8, des actions à dividende prioritaire sans droit de vote de la société qu'ils dirigent est puni d'une amende de 150 000 €. »

Les dirigeants des sociétés sont ici visés.

La loi prévoit que les dirigeants qui disposent de pouvoirs et de rémunérations spécifiques dans les sociétés ne peuvent en plus disposer d'un certain type d'actions de préférence : les actions à dividende prioritaire sans droit de vote.

La loi ne requiert pas la mauvaise foi des dirigeants pour sanctionner la détention de ces actions.

2 Infractions relatives aux obligations

Contravention relative à l'émission d'obligations ne conférant pas les mêmes droits de créance

(C. com., article L. 245-9)

« Est puni d'une amende de 9 000 euros le fait, pour le président, les administrateurs, les directeurs généraux ou les gérants d'une société par actions d'émettre, pour le compte de cette société, des obligations négociables qui, dans une même émission, ne confèrent pas les mêmes droits de créance pour une même valeur nominale. »

Les dirigeants sont visés par la loi.

Le but est ici de préserver l'égalité des obligataires lors de l'émission d'un emprunt obligataire.

Pour sanctionner les dirigeants, la loi n'exige pas qu'ils soient de mauvaise foi.

Délits relatifs à la participation aux assemblées d'obligataires

(C. com., article L. 245-11)

« Est puni d'un emprisonnement de deux ans et d'une amende de 9 000 euros le fait :

1° d'empêcher un obligataire de participer à une assemblée générale d'obligataires ;

2° de se faire accorder, garantir ou promettre des avantages particuliers pour voter dans un certain sens ou pour ne pas participer au vote, ainsi que le fait d'accorder, garantir ou promettre ces avantages particuliers. »

Toute personne peut être punie pour la commission de ces faits.

Le but de la loi est ici de préserver l'égalité des obligataires ; par conséquent, chaque obligataire doit pouvoir participer et exercer librement ses droits à une assemblée générale.

Sur le plan de l'élément moral (ou intentionnel), la loi utilise les termes « *empêcher* », « *se faire accorder, garantir ou promettre des avantages particuliers...* » : cela signifie que les auteurs de ces faits doivent agir en connaissance de cause et qu'ils sont conscients que les règles de convocation et de fonctionnement d'une assemblée générale d'obligataires ne sont pas respectées.

Contravention relative au non établissement d'un procès-verbal

(C. com., article L. 245-13)

« Est puni d'une amende de 4 500 euros le fait, pour le président de l'assemblée générale des obligataires, de ne pas procéder à la constatation des décisions de toute assemblée générale d'obligataires par procès-verbal, mentionnant la date et le lieu de la réunion, le mode de convocation, l'ordre du jour, la composition du bureau, le nombre d'obligataires participant au vote et le quorum atteint, les documents et rapports soumis à l'assemblée, un résumé des débats, le texte des résolutions mises aux voix et le résultat des votes. »

Il faut noter ici que seul le président de l'assemblée générale des obligataires est visé par la loi, car c'est lui qui est chargé de veiller au bon fonctionnement de cette assemblée générale.

En effet, l'établissement d'un procès-verbal est obligatoire afin de prouver que l'assemblée générale s'est déroulée conformément à la loi.

Il faut noter que la mauvaise foi du président de l'assemblée n'a pas à être prouvée pour le sanctionner.

D Infractions relatives aux modifications du capital social

Selon les cas, la loi a pour objectif de sanctionner notamment les associés ou les dirigeants.

1 Délit prévu pour la SARL

Il s'agit du délit d'émission de certaines valeurs mobilières :

(C. com., article L. 241-2)

« Est puni d'un emprisonnement de six mois et d'une amende de 9 000 euros le fait, pour des gérants, d'émettre, directement ou par personne interposée, pour le compte de la société des valeurs mobilières quelconques à l'exception des obligations émises dans les conditions déterminées par l'article L. 223-11. »

La loi vise les gérants qui agissent directement ou par personne interposée.

Est puni le fait d'émettre pour le compte de la SARL des valeurs mobilières autres que les obligations dont l'émission doit respecter certaines conditions prévues par la loi.

La mauvaise foi des gérants n'a pas à être prouvée pour les sanctionner.

2 Délits prévus pour les sociétés par actions

La réglementation relative aux délits concernant l'augmentation et la réduction du capital dans la SA (quelle que soit l'organisation de sa direction) est applicable aux sociétés en commandite par actions, aux sociétés par actions simplifiée et aux sociétés européennes.

On notera que les sociétés par actions simplifiées comportent quelques particularités.

a. Infractions relatives à l'augmentation du capital

- Contravention concernant l'émission de titres dans certaines conditions :

> **(C. com. article L. 242-17)**
>
> *« Est puni de 150 000 € d'amende le fait, pour le président, les administrateurs ou les directeurs généraux d'une société anonyme, d'***émettre des actions ou des coupures d'actions** *sans que le capital antérieurement souscrit de la société ait été intégralement libéré ou sans que les nouvelles actions d'apport aient été intégralement libérées avant l'inscription modificative au registre du commerce et des sociétés ou encore sans que les actions de numéraire nouvelles aient été libérées, lors de la souscription, du quart au moins de leur valeur nominale et, le cas échéant, de la totalité de la prime d'émission. La peine prévue au présent article peut être doublée lorsque les actions ou coupures d'actions émises ont fait l'objet d'une offre au public [...]. »*

Les dirigeants de la SA sont visés par la loi.

La loi est très précise quant aux conditions d'émission des titres lors d'une augmentation de capital dans une société de capitaux. Le principe est qu'on ne peut procéder à une augmentation de capital si le capital préalablement souscrit n'a pas été entièrement libéré et si les formalités juridiques correspondantes n'ont pas été accomplies.

La mauvaise foi des dirigeants n'est pas recherchée pour pouvoir les sanctionner.

- Délit concernant la fourniture ou la confirmation d'indications inexactes

> **(C. com., article L. 242-20)**
>
> *« Est puni d'un emprisonnement de deux ans et d'une amende de 18 000 euros le fait, pour le président, les administrateurs ou les commissaires aux comptes d'une société anonyme, de donner ou confirmer des indications inexactes dans les rapports présentés à l'assemblée générale appelée à décider de la suppression du droit préférentiel de souscription des actionnaires. »*

La loi vise ici les dirigeants et les commissaires aux comptes.

Dans le cadre d'une augmentation de capital, des informations exactes sur le plan comptable doivent être remises aux actionnaires afin que, le cas échéant, ils votent en connaissance de cause pour la suppression de leur droit préférentiel de souscription.

Si les dirigeants ou les commissaires aux comptes confirment des informations comptables inexactes avant de les soumettre à l'assemblée générales des actionnaires, la loi prévoit de les punir.

Dans la mesure où la loi prévoit de sanctionner la confirmation d'indications inexactes, il paraît nécessaire de rechercher la mauvaise foi des personnes, c'est-à-dire de prouver qu'elles ont confirmé les indications inexactes en connaissance de cause.

b. Contravention relative à la réduction du capital

Cette contraventions concernent essentiellement les conditions de réalisation de la réduction du capital.

> **(C. com., article L. 242-23)**
>
> *« Est puni de 30 000 € d'amende le fait, pour le président ou les administrateurs d'une société anonyme, de procéder à une réduction du capital social sans respecter l'égalité des actionnaires. »*

La loi vise les dirigeants de la société.

Lorsqu'une société de capitaux réduit son capital, cette opération doit impérativement respecter le principe d'égalité des actionnaires.

La mauvaise foi des dirigeants n'a pas à être prouvée pour les sanctionner.

c. Infractions spécifiques aux sociétés par actions simplifiée

Délit de non consultation des associés

(C. com., article L. 244-2)

« Le fait, pour un président ou un dirigeant de société par actions simplifiée de ne pas consulter les associés dans les conditions prévues par les statuts en cas d'augmentation, d'amortissement ou de réduction du capital, de fusion, de scission, de dissolution ou de transformation en une société d'une autre forme est puni de six mois d'emprisonnement et de 7 500 euros d'amende. »

La loi vise les dirigeants de la société par actions simplifiée (SAS).

Compte tenu de la spécificité de la SAS, qui peut notamment participer à des opérations de concentration, il apparaît nécessaire de protéger plus particulièrement les associés de ce type de société.

Aussi la loi prévoit de sanctionner les dirigeants qui ne réunissent pas les associés afin que ceux-ci puissent voter sur les projets concernant l'évolution de la structure juridique de leur société.

Il n'est pas nécessaire de prouver la mauvaise foi des dirigeants pour les sanctionner.

E Infractions relatives au contrôle des sociétés

Ces infractions concernent essentiellement les interventions du commissaire aux comptes dans les sociétés.

1 Délits relatifs à l'exercice de la profession de commissaire aux comptes

- l'article L. 820-5 prévoit qu'est puni d'un an d'emprisonnement et de 15 000 euros d'amende le fait, pour toute personne qui commet notamment les actes suivants :
  - **usage du titre** de commissaire aux comptes ou de titres quelconques tendant à créer une similitude ou une confusion avec celui-ci, sans être régulièrement inscrit sur la liste des commissaires aux comptes ;
  - **exercice illégal de la profession** de commissaire aux comptes, en particulier en ne respectant pas une mesure d'interdiction ou de suspension temporaire ;
  - **violation du secret professionnel** ;
- l'article L. 820-6 dispose qu'« *est puni d'un emprisonnement de six mois et d'une amende de 7 500 euros le fait, pour toute personne d'accepter, d'exercer ou de conserver les fonctions de commissaire aux comptes, nonobstant les incompatibilités légales, soit en son nom personnel, soit au titre d'associé dans une société de commissaires aux comptes* ».

La loi vise toute personne qui n'exerce pas les fonctions de commissaires aux comptes (CAC) dans les conditions prévues par la loi.

En effet, la profession de CAC est très réglementée afin de protéger les entités contrôlées et les tiers.

Par conséquent, la loi sanctionne le **non respect des conditions d'accès de la profession** (*cf.* les conditions d'usage du titre, le respect des incompatibilités) **et d'exercice de la profession** (*cf.* l'exercice légal de la profession, le respect du secret professionnel).

Il n'est pas nécessaire de rechercher particulièrement la mauvaise foi de l'auteur de ces faits pour le sanctionner ; celui-ci est censé connaître les dispositions légales qui s'appliquent à la profession de commissaire aux comptes.

2 Délits relatifs à la désignation du commissaire aux comptes et à l'exercice de ses missions

En application de l'article L. 820-4 du Code de commerce :

« 1° Est puni d'un emprisonnement de deux ans et d'une amende de 30 000 euros le fait, pour tout dirigeant de personne ou de l'entité tenue d'avoir un commissaire aux comptes, de ne pas en provoquer la désignation. Est puni des mêmes peines, le fait pour tout dirigeant d'une personne morale ou entité ayant un commissaire aux comptes de ne pas le convoquer à toute assemblée générale.

2° Est puni d'un emprisonnement de cinq ans et d'une amende de 75 000 euros le fait, pour les dirigeants d'une personne morale ou toute personne ou entité au service d'une personne ou entité ayant un commissaire aux comptes, de mettre obstacle aux vérifications ou contrôles des commissaires aux comptes ou des experts nommés [...], ou de leur refuser la communication sur place de toutes les pièces utiles à l'exercice de leur mission et, notamment, de tous contrats, livres, documents comptables et registres de procès-verbaux. »

Les dirigeants ou personnes qui désignent un commissaire aux comptes (CAC) sont tenus d'exécuter certaines obligations envers celui-ci.

La loi prévoit qu'un CAC doit être désigné si certaines conditions sont réunies [4] ; de plus, quand un CAC est désigné, il doit être convoqué à toutes les assemblées générales et il doit être en mesure de procéder à tous les vérifications et contrôles qu'il juge utiles à l'accomplissement de sa mission [5].

Aussi la loi sanctionne-t-elle les personnes qui empêchent le CAC d'effectuer ses missions.

Si la mauvaise foi des dirigeants n'est pas exigée pour le cas du 1°, il apparaît que pour les obstacles à l'accomplissement de vérifications ou les refus de communication de pièces, la preuve de la mauvaise foi doive être apportée.

3 Délits relatifs aux opérations effectuées par le commissaire aux comptes

En application de l'article L. 820-7 du Code de commerce :

« Est puni d'un emprisonnement de cinq ans et d'une amende de 75 000 euros le fait, pour toute personne, exerçant les fonctions de commissaire aux comptes, de donner ou confirmer des informations mensongères sur la situation de la personne morale ou de ne pas révéler au procureur de la République les faits délictueux dont elle a eu connaissance. »

La loi vise en particulier le commissaire aux comptes (CAC) dans cet article.

Le CAC est puni pour deux séries d'agissements :

- s'il donne ou confirme des informations mensongères sur la situation de la personne morale ;
- s'il ne révèle au procureur de la République les faits délictueux dont il a connaissance à l'occasion de l'accomplissement de sa mission dans une entité qu'il contrôle (il s'agit du délit de non révélation des faits délictueux).

La mission fondamentale du CAC étant de certifier les comptes des entités qu'il contrôle, il ne peut être à l'origine de la diffusion d'informations mensongères sur ces entités.

La révélation de faits délictueux peut par exemple consister à informer le procureur de la République sur des détournements de fonds découverts par le CAC dans l'entité contrôlée.

---

4 *Cf.* dans la même collection, DSCG4 – Comptabilité et audit, Chapitre 16.

5 Rappel : le commissaire aux comptes est tenu d'une obligation de moyens quant à l'exercice de ses fonctions.

Pour ces deux délits, la mauvaise foi du CAC doit être prouvée. En effet, celui-ci doit savoir que les informations sont mensongères ou que les faits dont il peut avoir connaissance sont délictueux.

4 Délit relatif à l'exercice des fonctions de commissaire aux apports

Le commissaire aux comptes peut exercer les fonctions de commissaires aux apports. Il est alors chargé de l'évaluation des apports en nature lors de la constitution d'une société ou lors d'une augmentation de capital.

> **(C. com., article L. 242-5)**
>
> *« Est puni d'un emprisonnement de six mois et d'une amende de 9 000 euros le fait d'accepter ou de conserver les fonctions de commissaire aux apports, nonobstant les incompatibilités et interdictions légales. »*

La loi vise le commissaire aux apports.

Le statut juridique du commissaire aux apports est défini de manière précise et impérative par la loi ; le commissaire ne doit pas subir d'incompatibilité ou d'interdiction légales, sinon il ne peut accepter d'exercer ses fonctions ou les conserver selon le cas.

En effet, le rôle du commissaire est déterminant (*cf.* le rapport d'évaluation qu'il établit) pour la réalisation des apports en nature lorsqu'il intervient dans une société.

La loi ne requiert pas que soit prouvée la mauvaise foi du commissaire aux comptes.

F Infractions relatives au fonctionnement des marchés financiers

Dans le cadre de la mise en œuvre du droit européen (en particulier par la transposition de la directive 2014/57 du 16 avril 2014 renforçant les sanctions pénales des abus de marché), la loi du 21 juin 2016 réformant le système de répression des abus de marché modifie le droit positif inscrit dans le **Code monétaire et financier**.

Les agissements visés sont des atteintes à la transparence des marchés. Ils s'appliquent aux abus portant sur les instruments financiers admis à la négociation sur un marché réglementé (Euronext) ou sur un système multilatéral de négociation organisé tel qu'Alternext ou sur un marché libre.

Les peines maximales prévues[6] pour ces abus sont cinq d'emprisonnement et 100 millions d'euros d'amende ; l'amende peut être portée au-delà du plafond légal jusqu'au décuple du montant de l'avantage retiré du délit sans pouvoir être inférieure à cet avantage. La tentative de commission de ces faits est également punissable.

Le délit d'initié est commis par la personne qui fait usage d'une information privilégiée « en réalisant, pour elle-même ou pour autrui, soit directement, soit indirectement, une ou plusieurs opérations ou en annulant ou en modifiant un ou plusieurs ordres passés par cette même personne avant qu'elle ne détienne l'information privilégiée, sur les instruments financiers émis par cet émetteur ou sur les instruments financiers concernés par ces informations privilégiées » (article L. 465-1).

La **liste des initiés** est énoncée par la loi (article L. 465-1.I) :

- le ou les dirigeants de la société en cause : directeur général, président, membre du directoire, gérant, membre du conseil d'administration ou membre du conseil de surveillance d'un émetteur concerné par une information privilégiée ou une personne qui exerce une fonction équivalente ;
- personne disposant d'une information privilégiée concernant un émetteur au sein duquel elle détient une participation ;

6 À noter : la loi interdit désormais le cumul des poursuites pénales et administratives (par l'AMF) à l'encontre d'une personne ayant commis un abus.

- personne disposant d'une information privilégiée à l'occasion de sa profession ou de ses fonctions ou à l'occasion de sa participation à la commission d'un crime ou d'un délit ;
- toute autre personne disposant d'une information privilégiée en connaissance de cause.

Un initié commet également un **délit** s'il **recommande « la réalisation d'une ou plusieurs opérations** sur les instruments financiers auxquels l'information privilégiée se rapporte **» ou** s'il **incite** « à la réalisation de telles opérations sur le fondement de cette information privilégiée » (article L. 465-2).

Le délit de communication d'une information privilégiée à un tiers (article L. 465-3) est commis par tout initié (*cf.* la liste prévue pour le délit d'initié) et doit être commis en connaissance de cause. Le fait n'est pas punissable si l'initié prouve que cette communication intervient dans le cadre normal de sa profession ou de ses fonctions.

D'**autres délits** sont inscrits dans la loi (articles L. 465-3-1 à L. 465-3-3) et peuvent être **commis par toute personne**. Par exemple :

- le fait « de réaliser une opération, de passer un ordre ou d'adopter un comportement qui **donne ou est susceptible de donner des indications trompeuses sur l'offre, la demande ou le cours** d'un instrument financier ou qui fixe ou est susceptible de fixer à un niveau anormal ou artificiel le cours d'un instrument financier ». Toutefois, les faits ne sont pas punissables si l'opération ou le comportement est fondé sur un motif légitime et est conforme à une pratique de marché admise par l'Autorité des Marchés Financiers (AMF) ;
- le fait « de réaliser une opération, de passer un ordre ou d'adopter un comportement qui affecte le cours d'un instrument financier, en ayant **recours à des procédés fictifs ou à toute autre forme de tromperie ou d'artifice** » ;
- le fait « de **diffuser, par tout moyen, des informations qui donnent des indications fausses ou trompeuses sur la situation ou les perspectives d'un émetteur ou sur l'offre**, la demande ou le cours d'un instrument financier ou qui fixent ou sont susceptibles de fixer le cours d'un instrument financier à un niveau anormal ou artificiel » ;
- le fait « **de fournir ou de transmettre des données ou des informations fausses ou trompeuses utilisées pour calculer un indice de référence** ou des informations de nature à fausser le cours d'un instrument financier ou d'un actif auquel est lié un tel indice ».

Chapitre 7

Les pratiques anticoncurrentielles

COMPÉTENCES VISÉES :

- **Savoir ce qu'est une situation concurrentielle dans le cadre d'un marché donné et connaître le principe de liberté de la concurrence.**
- **Connaître la qualification juridique des pratiques anticoncurrentielles.**
- **Savoir identifier une entente, les conditions de sa prohibition et les limites à cette prohibition, tant au regard du droit positif français qu'au regard du droit de l'Union européenne.**
- **Savoir identifier une position de domination, les conditions de sa prohibition et les limites à cette prohibition, tant au regard du droit positif français qu'au regard du droit de l'Union européenne.**
- **Connaître les sanctions des pratiques anticoncurrentielles.**

- Lorsqu'elles constituent des **pratiques anticoncurrentielles**, c'est-à-dire lorsqu'elles **portent atteinte au bon fonctionnement du marché**[1], les ententes (I) et les positions de domination (II) sont interdites et sanctionnées (III) ; tant en droit interne qu'en droit communautaire.

[1] Le marché (lat. *mercatus*, rac. *merx, mercis*, « marchandise ») est, au sens premier : la « *convention portant sur la fourniture de marchandises, de valeurs ou de services* » (*Dictionnaire de la langue française Petit ROBERT*). Sur de plus amples développements à propos du marché au regard du droit de la concurrence, V. *Infra* : § 1-A-2-a.

PLAN DU CHAPITRE

1 Les ententes

Lorsqu'elles empêchent le libre jeu de la concurrence, les ententes sont en principe prohibées (A) et ceci, sauf exceptions (B).

A Le principe de prohibition

Le droit interne (art. L. 420-1 C. com. [2]) comme le droit communautaire (art. 101 du Traité sur le fonctionnement de l'Union européenne [3]) prohibent de façon assez similaire les ententes anticoncurrentielles.

Art. L. 420-1 C. com. :

« Sont prohibées, même par l'intermédiaire direct ou indirect d'une société du groupe implantée hors de France, lorsqu'elles ont pour objet ou peuvent avoir pour effet d'empêcher, de restreindre ou de fausser le jeu de la concurrence sur un marché, les actions concertées, conventions, ententes expresses ou tacites ou coalitions, notamment lorsqu'elles tendent à :

1° Limiter l'accès au marché ou le libre exercice de la concurrence par d'autres entreprises ;

2° Faire obstacle à la fixation des prix par le libre jeu du marché en favorisant artificiellement leur hausse ou leur baisse ;

3° Limiter ou contrôler la production, les débouchés, les investissements ou le progrès technique ;

4° Répartir les marchés ou les sources d'approvisionnement ».

Art. 101 TFUE :

« 1. Sont incompatibles avec le marché intérieur et interdits tous accords entre entreprises, toutes décisions d'associations d'entreprises, et toutes pratiques concertées, qui sont susceptibles d'affecter le commerce entre États membres et qui ont pour objet ou pour effet d'empêcher, de restreindre ou de fausser le jeu de la concurrence à l'intérieur du marché intérieur, et notamment ceux qui consistent à :

a) Fixer de façon directe ou indirecte les prix d'achat ou de vente ou d'autres conditions de transaction ;

b) Limiter ou contrôler la production, les débouchés, le développement technique ou les investissements ;

c) Répartir les marchés ou les sources d'approvisionnement ;

d) Appliquer, à l'égard de partenaires commerciaux, des conditions inégales à des prestations équivalentes en leur infligeant de ce fait un désavantage dans la concurrence ;

e) Subordonner la conclusion de contrats à l'acceptation, par les partenaires, de prestations supplémentaires qui, par leur nature ou selon les usages commerciaux, n'ont pas de lien avec l'objet de ces contrats.

2. Les accords ou décisions interdits en vertu du présent article sont nuls de plein droit.

3. Toutefois, les dispositions du paragraphe 1 peuvent être déclarées inapplicables :

– à tout accord ou catégorie d'accords entre entreprises,

– à toute décision ou catégorie de décisions d'associations d'entreprises et

– à toute pratique concertée ou catégorie de pratiques concertées,

2 Outre les dispositions de ce Code plus particulières, consacrées à certains secteurs d'activités ou certains territoires.

3 Ex-art. 81 du Traité instituant la communauté économique européenne qui a lui-même été substitué à l'art. 85 du Traité de Rome du 25 mars 1957.

qui contribuent à améliorer la production ou la distribution des produits ou à promouvoir le progrès technique ou économique, tout en réservant aux utilisateurs une partie équitable du profit qui en résulte, et sans :

a) Imposer aux entreprises intéressées des restrictions qui ne sont pas indispensables pour atteindre ces objectifs ;

b) Donner à des entreprises la possibilité, pour une partie substantielle des produits en cause, d'éliminer la concurrence ».

À la lumière de ces textes, il convient de préciser ce qu'est une entente et surtout à quelles conditions elle nuit à la concurrence.

1 Les éléments constitutifs de l'entente

L'entente est une concertation, de forme variée, entre des opérateurs économiques indépendants.

a. Les formes de l'entente

Il résulte des textes précités que l'entente peut prendre la forme d'**un contrat**, d'**un groupement ou** d'**une action concertée**.

Un contrat

L'entente peut prendre la forme d'un **contrat**, écrit ou non ; à savoir, une **convention**, source d'obligations pour les parties[4]. On distingue les **ententes horizontales** qui sont conclues entre des entreprises concurrentes (*ex. : un accord sur les prix de vente entre les fournisseurs de produits analogues*) et les **ententes verticales** qui sont conclues entre des entreprises se situant à des stades différents du processus de production-distribution (*ex. : un accord d'exclusivité entre un fournisseur et un distributeur, de nature à évincer du marché les autres opérateurs*).

Un groupement

L'entente peut prendre la forme d'**un groupement ayant la personnalité morale** (société, association, GIE, syndicat, ordre professionnel,...), lorsque ce groupement a pour objet de restreindre la concurrence (*ex. : regroupement d'opérateurs économiques de nature à diminuer le nombre d'interlocuteurs sur le marché*[5]) ou lorsqu'il favorise des restrictions de concurrence *via* ses membres (*ex. : associations professionnelles diffusant à ses membres des barèmes de prix, des consignes de boycotter tel ou tel partenaire commercial,...*).

Une action concertée

L'entente prend la forme d'une **action concertée** lorsque des entreprises coordonnent sciemment leurs comportements, sans pour autant passer de contrats entre elles (*ex. : alignement des prix sur ceux d'un concurrent, renonciation à faire concurrence sur un secteur donné,...*).

La preuve de toute entente est délicate à apporter, elle l'est plus encore en matière d'action concertée car « *la science économique enseigne que sur certains types de marchés, des stratégies d'alignement peuvent se développer spontanément, en dehors de toute concertation* »[6].

b. Les parties à l'entente

Faute de précisions à ce sujet par les articles L. 420-1 du Code de commerce français et 101 du TFUE (malgré l'utilisation par cet article de la notion peu explicite d'« *entreprise* »), les instances

---

4 Sur la notion de contrat, V. Chapitre 1.

5 À ne pas confondre avec la concentration traitée dans le chapitre suivant du présent ouvrage.

6 Jean-Bernard Blaise, Richard Desgorces, *Droit des affaires*, éd. LGDJ, coll. Manuels, 2017, n° 767, p. 435.

juridictionnelles ont déterminé que les parties à une entente doivent être **des opérateurs économiques indépendants**.

Des opérateurs économiques

Faisant application de l'article L. 410-1 du Code de commerce français, inséré dans le titre premier sur les dispositions générales du livre quatrième de ce Code (livre consacré à la liberté des prix et de la concurrence et dans lequel on trouve notamment, dans le Titre II, les dispositions relatives aux pratiques anticoncurrentielles), les instances juridictionnelles nationales (Autorité de la concurrence[7], juridictions judiciaires, juridictions administratives, Tribunal des conflits) décident que l'une au moins des parties à l'entente (qu'il s'agisse d'une personne physique ou d'une personne morale, qu'il s'agisse ou non d'une personne publique) doit être un **acteur économique** (poursuivant ou non un but lucratif) exerçant une activité (de production, de distribution ou de services) sur le marché.

> **Art. L. 410-1 C. com. :**
> *« Les règles définies au présent livre s'appliquent à toutes les activités de production, de distribution et de services, y compris celles qui sont le fait de personnes publiques, notamment dans le cadre de conventions de délégation de service public ».*

Des opérateurs économiques indépendants

Pour qu'il y ait entente, **la concertation** doit avoir lieu entre des opérateurs économiques juridiquement indépendants ; ce qui se traduit par l'**autonomie de décision de chacun**. Tel n'est pas le cas, par exemple, d'entreprises ayant fusionné[8].

2 L'entente restrictive de concurrence

Est prohibée, l'entente qui, relativement au marché de référence, est source d'altération de la concurrence.

a. Le marché de référence

La mesure de l'impact d'une entente n'a de sens que relativement au marché sur lequel la libre concurrence est menacée. Dans une approche inspirée du droit de la concurrence, le marché est « ***le lieu sur lequel se rencontrent l'offre et la demande pour un produit ou un service spécifique*** »[9]. Il n'existe donc pas un, mais des marchés dont l'appréciation dépend de plusieurs critères : **l'objet de l'échange, le profil des intervenants, le lieu de l'échange,...**[10].

Par conséquent, la recherche des effets d'une entente suppose l'identification préalable du marché concerné : **le marché pertinent**. Par exemple, devant se prononcer sur une entente, les juges ont décidé que, au regard d'une convention d'exclusivité conclue par une société ayant pour objet social d'organiser des salons professionnels avec six entreprises de manutention, le marché pertinent était celui de la manutention des salons[11].

b. L'altération de la concurrence

Sur ce point, et contrairement à ce qui précède, **droit communautaire et droit interne** peuvent paraître diverger un peu. En effet, tandis qu'en droit communautaire l'entente prohibée doit

7 La loi dite LME du 4 août 2008 a remplacé le Conseil de la concurrence par cette instance.
8 Il y a alors une opération de concentration dont le régime juridique est étudié dans le chapitre suivant du présent ouvrage.
9 Cons. conc., Rapport pour 1991, p. 48.
10 Sur la relativité du marché, V. not. : Jean-Bernard Blaise, *Droit des affaires*, éd. LGDJ, Coll. Manuels 2011, n° 795, p. 466 ; Louis Vogel, *Les limites du marché comme instrument du droit de la concurrence*, *JCP* 1994, I, 3737, p. 73.
11 Cass. com., 13 février 1996, Sté CEP Exposition c/ Ministre de l'Économie : *D.* 1996, IR, p. 70.

avoir « pour objet ou pour effet »[12] d'altérer le libre jeu de la concurrence, en droit interne l'entente est aussi prohibée si elle a pour objet ou pour effet d'altérer la concurrence, mais également si elle est seulement susceptible d'altérer cette dernière : « *Sont prohibées... lorsqu'elles ont pour objet ou peuvent avoir pour effet* »[13]. En d'autres termes, « *le droit français, contrairement au droit communautaire, condamne l'entente en raison d'une simple potentialité d'effet. Il suffit que l'effet soit normalement prévisible* »[14].

En outre, en droit communautaire, l'entente est prohibée si elle est susceptible « *d'affecter le commerce entre États membres et... de fausser le jeu de la concurrence à l'intérieur du marché intérieur* »[15]. Cette exigence d'une altération de la concurrence à l'échelle communautaire (*ex : entente entre opérateurs de différents États membres*) n'est pas requise en droit français.

Enfin, de longue date, au plan communautaire comme au plan interne, la nécessité s'est imposée de mesurer l'importance de l'altération concurrentielle inhérente à l'entente, afin de sanctionner celle-ci ; une altération simplement mineure de la concurrence ne justifiant pas de poursuites **(règle dite *de minimis*)...** du moins, lorsque l'entente ne semble pas particulièrement répréhensible en elle-même[16]. D'abord adopté par le juge communautaire[17] puis préconisé par la Commission[18], le seuil de sensibilité de l'atteinte à la concurrence a ensuite été utilisé sans définition ni chiffrage précis par les juridictions françaises[19]. Aujourd'hui, le législateur français rejoint les sources européennes en fixant **des seuils de sensibilité en pourcentage des parts de marché**[20] **des parties à l'entente** ; en distinguant selon l'horizontalité ou la verticalité de l'entente.

Art. L. 464-6-1 C. com.

(Ord. n° 2008-1161 du 13 nov. 2008, art. 4) : « L'Autorité de la concurrence peut également décider, dans les conditions prévues à l'article L. 464-6, qu'il n'y a pas lieu de poursuivre la procédure lorsque les pratiques mentionnées à l'article L. 420-1 ne visent pas des contrats passés en application du Code des marchés publics et que la part de marché cumulée détenue par les entreprises ou organismes parties à l'accord ou à la pratique en cause ne dépasse pas soit :

a) 10 % sur l'un des marchés affectés par l'accord ou la pratique lorsqu'il s'agit d'un accord ou d'une pratique entre des entreprises ou organismes qui sont des concurrents, existants ou potentiels, sur l'un des marchés en cause ;

b) 15 % sur l'un des marchés affectés par l'accord ou la pratique lorsqu'il s'agit d'un accord ou d'une pratique entre des entreprises ou organismes qui ne sont pas concurrents existants ou potentiels sur l'un des marchés en cause ».

12 *Cf. supra*, art. 101 TFUE.

13 *Cf. supra*, art. L. 420-1 C. com.

14 Jean-Bernard Blaise, *Droit des affaires*, éd. LGDJ, coll. Manuels, 2002, n° 795, p. 426.

15 *Cf. supra*, art. 101 TFUE.

16 Ainsi, l'actuel art. L. 464-6-2 C. com. évince la règle *de minimis* lorsque l'entente contient l'une des « *restrictions caractérisées de concurrence* » qu'il énonce. Pour une application de cet article à une entente contenant une restriction ayant pour objet la fixation du prix de vente, *cf.* : CA Paris, 26 oct. 2004, *D.* 2004, IR, p. 3138.

17 *Ex.* : CJCE 9 juillet 1969, Vîlk, *Rec.*, p. 295.

18 *Ex.* : Communication de la Commission concernant les accords d'importance mineure qui ne restreignent pas sensiblement le jeu de la concurrence au sens de l'article 81, paragraphe 1, du traité instituant la Communauté européenne (*de minimis*), (2001/ C368/ 07), *JOCE* n° C 368 du 22 déc. 2001.

19 *Ex.* : Cass. com., 4 mai 1993 : *Bull. civ.* IV, n° 172 (ne sont pas prohibés les accords n'ayant qu'une portée limitée dans le marché pertinent considéré et ne pouvant porter atteinte de façon sensible au jeu de la concurrence) ; Cass. com., 12 janv. 1999 : *Bull. civ.* IV, n° 9 (en l'absence de toute définition légale ou réglementaire d'un seuil de sensibilité, il appartient aux juridictions saisies de vérifier dans chaque cas d'espèce si l'effet potentiel ou avéré des pratiques incriminées est de nature à restreindre de manière sensible le jeu de la concurrence sur le marché concerné).

20 La part de marché résulte du rapport entre le volume des ventes de l'entreprise concernée et le volume total des ventes réalisé par l'ensemble des entreprises du marché de référence.

Finalement, pour peu qu'il y ait une entente, sa prohibition dépend de l'altération significative qu'elle est susceptible de produire sur la concurrence s'exerçant sur le marché de référence. Cependant, divers motifs peuvent limiter les poursuites encourues pour une entente.

B Les limites à la prohibition

Le droit communautaire comme le droit interne admettent que des ententes, qui pourraient être prohibées, soient justifiées ; et ce, soit en vertu de **dispositions légales d'exemptions** soit en vertu de **l'application jurisprudentielle de la règle de raison**.

1 Les exemptions

Fondées sur des sources juridiques de nature légale ou apparentée, les exemptions permettent de valider les ententes en tenant compte de la loi ou du progrès économique.

a. La prise en compte de la loi

Le droit français prévoit que ne doit pas être sanctionnée, une entente qui serait la conséquence inévitable du respect d'une loi ou de son règlement d'application [21].

> **Art. L. 420-4 C. com. :**
>
> *« I. Ne sont pas soumises aux dispositions des articles L. 420-1 et L. 420-2 les pratiques :*
>
> *1° Qui résultent de l'application d'un texte législatif ou d'un texte réglementaire pris pour son application ; ... ».*

b. La prise en compte du progrès économique

Selon le droit communautaire (art. 101 § 3 du TFUE reproduit *supra*) et selon le droit français (art. L. 420-4 I. 2° C. com.), une entente qui participe au progrès économique ne doit pas être sanctionnée.

> **Art. L. 420-4 C. com. :**
>
> *« I. Ne sont pas soumises aux dispositions des articles L. 420-1 et L. 420-2 les pratiques :*
>
> *1° ...*
>
> *2° Dont les auteurs peuvent justifier qu'elles ont pour effet d'assurer un progrès économique, y compris par la création ou le maintien d'emplois, et qu'elles réservent aux utilisateurs une partie équitable du profit qui en résulte, sans donner aux entreprises intéressées la possibilité d'éliminer la concurrence pour une partie substantielle des produits en cause. Ces pratiques, qui peuvent consister à organiser, pour les produits agricoles ou d'origine agricole, sous une même marque ou enseigne, les volumes et la qualité de production ainsi que la politique commerciale, y compris en convenant d'un prix de cession commun ne doivent imposer des restrictions à la concurrence, que dans la mesure où elles sont indispensables pour atteindre cet objectif de progrès ».*

À la lecture de ces textes, il y a exemption si : l'entente apporte un progrès économique (*ex. : création ou maintien de l'emploi, amélioration des services de distribution*) ; une partie équitable du profit qui en résulte est réservée aux utilisateurs (*ex. : prix maîtrisés au profit des consommateurs*) ; la concurrence est seulement restreinte sans être totalement éliminée ; et la restriction de concurrence est la seule voie permettant d'atteindre le progrès économique dont il est question.

En droit communautaire comme en droit interne, l'exemption peut être accordée de façon individuelle ou collective. Ainsi, l'article 101 du TFUE reproduit *supra* vise en son paragraphe 3 *« tout accord ou catégorie d'accords entre entreprises, [...] toute décision ou catégorie de décisions d'associations d'entreprises et [...] toute pratique concertée ou catégorie de pratiques concertées »*. L'article L. 420-4 du Code de commerce procède de même, en son point II.

21 Toutefois, lorsqu'elle est invoquée, cette cause d'exemption ne convainc pas les juridictions.

Art. 420-4 C. com. :

« II. Certaines catégories d'accords ou certains accords, notamment lorsqu'ils ont pour objet d'améliorer la gestion des entreprises moyennes ou petites, peuvent être reconnus comme satisfaisant à ces conditions par décret pris après avis conforme de l'Autorité de la concurrence ».

Une **exemption individuelle** peut donc être reconnue, **pour un accord donné**, par les instances juridictionnelles chargées d'en connaître ou par un décret pris sur avis conforme de l'Autorité de la concurrence. Une **exemption collective** peut être prononcée, **pour une catégorie d'accords donnée**, par un règlement communautaire [22] ou par un décret pris sur avis conforme de l'Autorité de la concurrence.

Remarque. L'application combinée des dispositions légales de droit communautaire et de droit interne en matière d'ententes peut être résumée comme suit :

L'entente affecte la concurrence sur le marché communautaire	L'entente affecte la concurrence seulement sur le marché français
Les instances européennes (CJCE,...) et les instances nationales sont compétentes et appliquent le droit communautaire. Les instances nationales peuvent aussi appliquer le droit interne mais doivent respecter le principe de primauté du droit communautaire (*ex.* : une entente autorisée en vertu d'un règlement communautaire d'exemption ne peut être interdite au plan national).	Les instances nationales (Autorité de la concurrence, juridictions judiciaires) sont compétentes et appliquent le droit français.

2 La règle de raison

Depuis longtemps, la jurisprudence communautaire [23] comme la jurisprudence française [24] appliquent la **« règle de raison »** [25] afin de pondérer au cas par cas la prohibition d'une entente qui, bien qu'introduisant une restriction de concurrence, peut avoir **un effet concurrentiel bénéfique**. La sphère de mise en œuvre de la règle de raison est nécessairement résiduelle, dès lors qu'elle est envisagée lorsque les seuils de sensibilité sont atteints et à défaut de pouvoir faire jouer les exemptions justifiées par le progrès économique [26].

Remarques :

- En droit communautaire comme en droit interne, aucune cause ne permet en principe de faire échapper à la prohibition (par les exemptions, la règle de raison, ...) les ententes qui restreignent de manière flagrante la concurrence. Les « **clauses noires** » dont il s'agit sont par exemple : celles qui manifestent ouvertement que l'objet de l'entente est l'atteinte à la concurrence ; celles qui imposent un prix minimal de revente des produits...
- Dans la thématique des ententes, il importe également d'évoquer les cartels qui, portant atteinte au bon fonctionnement du marché, sont réprimés par les autorités de concurrence. Les cartels peuvent être définis comme « *des ententes de longue durée, réunissant les principaux producteurs d'un secteur de l'économie, afin de fixer les prix de vente, d'attribuer des quotas*

22 *Ex.* : Règlement n° 772 / 2004 du 27 avril 2004 concernant l'application de l'article 81, paragraphe 3, du traité à des catégories d'accords de transfert de technologie.

23 Par ex., sur la justification, en dehors de toute exemption, des restrictions de concurrence consécutives à l'organisation d'un réseau de distribution sélective : CJCE, 25 oct. 1977, Métro c/ Commission, aff. 26-76, *Rec.*, p. 1875.

24 *Id.* : Cass. com., 21 oct. 1997, Sté GEPHAV c/ Sté Biotherm et Cie : *Bull. civ.* IV, n° 271 (est conforme à la concurrence un système de distribution sélective dans lequel la sélection des revendeurs s'effectue sur des critères objectifs renforçant la qualité des services offerts aux clients).

25 Inspirée de la jurisprudence nord-américaine (*rule of reason*) qui juge « raisonnable » de nuancer l'interdiction légale des ententes restreignant le commerce (interdiction générale posée par la Section I du *Sherman Act* de 1890) dès lors qu'une entente donnée concourt à des intérêts légitimes.

26 Sur les seuils de sensibilité et le progrès économique, V. *Supra*.

de production aux membres du cartel ou de répartir les marchés entre eux. Les cartels ont souvent une dimension internationale »[27].

- La prohibition d'une nouvelle forme d'entente très spécifique, puisqu'elle vise les droits exclusifs d'importation en outre-mer, a été introduite par la loi n° 2012-1270 du 20 novembre 2012 relative à la régulation économique outre-mer et portant diverses dispositions relatives aux outre-mer, à l'article L. 420-2-1 du Code de commerce : « *Sont prohibés, dans les collectivités relevant de l'article 73 de la Constitution et dans les collectivités d'outre-mer de Saint-Barthélemy, de Saint-Martin, de Saint-Pierre-et-Miquelon et de Wallis-et-Futuna, les accords ou pratiques concertées ayant pour objet ou pour effet d'accorder des droits exclusifs d'importation à une entreprise ou à un groupe d'entreprises* ». Depuis lors, l'article L. 420-2-1 du Code de commerce a été complété par un alinéa 2 ainsi ajouté par la loi n° 2020-1508 du 3 décembre 2020 portant diverses dispositions d'adaptation au droit de l'Union européenne en matière économique et financière : « *Est également prohibé dans les collectivités mentionnées au premier alinéa du présent article le fait, pour une entreprise exerçant une activité de grossiste importateur ou de commerce de détail ou pour un groupe d'entreprises dont au moins une des entités exerce une de ces activités, d'appliquer à l'encontre d'une entreprise dont elle ne détient aucune part du capital des conditions discriminatoires relatives à des produits ou services pour lesquels existe une situation d'exclusivité d'importation de fait* ». Le législateur prévoit toutefois une exemption à cette prohibition lorsque l'entente en question, dont il n'est d'ailleurs pas expressément mentionné qu'elle doit porter atteinte au bon fonctionnement de la concurrence contrairement aux autres pratiques anticoncurrentielles, est justifiée par l'efficacité économique et réserve aux consommateurs une partie du profit qui en résulte : « *Ne sont pas soumis aux dispositions des articles L. 420-2-1 et L. 420-2-2 les accords ou pratiques dont les auteurs peuvent justifier qu'ils sont fondés sur des motifs objectifs tirés de l'efficacité économique et qui réservent aux consommateurs une partie équitable du profit qui en résulte* » (art. L. 420-4 III C. com.).

Outre les ententes, les positions de domination anticoncurrentielles sont interdites.

2 Les positions de domination

Il convient de distinguer l'exploitation d'une position dominante (A) de l'exploitation d'un état de dépendance économique (B).

A L'exploitation d'une position dominante

Lorsqu'elle empêche le libre jeu de la concurrence, l'exploitation d'une position dominante est en principe prohibée et ceci, sauf exceptions.

1 Le principe de prohibition

Le droit interne (art. L. 420-2 al. 1er C. com.) comme le droit communautaire (art. 102 du TFUE[28]) prohibent de manière analogue l'exploitation d'une position dominante anticoncurrentielle.

Art. L. 420-2 al. 1er C. com. :

« Est prohibée, dans les conditions prévues à l'article L. 420-1, l'exploitation abusive par une entreprise ou un groupe d'entreprises d'une position dominante sur le marché intérieur ou une partie substantielle de celui-ci. Ces abus peuvent notamment consister en refus de vente, en ventes liées ou en conditions de vente discriminatoires ainsi que dans la rupture de relations commerciales établies, au seul motif que le partenaire refuse de se soumettre à des conditions commerciales injustifiées ».

Art. 102 TFUE :

« Est incompatible avec le marché intérieur et interdit, dans la mesure où le commerce entre États membres est susceptible d'en être affecté, le fait pour une ou plusieurs entreprises d'exploiter de façon abusive une position dominante sur le marché intérieur ou dans une partie substantielle de celui-ci.

Ces pratiques abusives peuvent, notamment, consister à :

a) Imposer de façon directe ou indirecte des prix d'achat ou de vente ou d'autres conditions de transaction non équitables ;

27 Jean-Bernard Blaise, *Droit des affaires*, éd. LGDJ, coll. Manuels, 2011, n° 760, p. 445.

28 Ex-art. 82 du Traité instituant la Communauté économique européenne qui a lui-même été substitué à l'art. 86 du Traité de Rome du 25 mars 1957.

b) Limiter la production, les débouchés ou le développement technique au préjudice des consommateurs ;

c) Appliquer à l'égard de partenaires commerciaux des conditions inégales à des prestations équivalentes, en leur infligeant de ce fait un désavantage dans la concurrence ;

d) Subordonner la conclusion de contrats à l'acceptation, par les partenaires, de prestations supplémentaires, qui, par leur nature ou selon les usages commerciaux, n'ont pas de lien avec l'objet de ces contrats ».

À partir de ces textes, il importe de préciser ce qu'est une position dominante et à quelles conditions elle nuit à la concurrence.

a. Notion de position dominante

Caractérise une position dominante, le fait pour une ou plusieurs entreprises d'occuper une place importante sur un marché donné au point d'être en mesure d'exercer un pouvoir sur les autres protagonistes de ce marché.

Le marché de référence

À l'instar des ententes, **la position dominante occupée par une ou plusieurs entreprises** ne peut être déterminée qu'au regard du marché concerné [29]. Il est à noter que le droit interne fait référence au « *marché intérieur* » [30] et que le droit communautaire, après avoir longtemps mentionné le « *marché commun* », fait également référence depuis peu au « marché intérieur » [31]. Toutefois, il s'agit respectivement du marché intérieur français et du marché intérieur européen.

La domination sur le marché

Le droit interne comme le droit communautaire reconnaissent l'existence des **positions dominantes individuelles (occupées par *« une entreprise »*)** et des **positions dominantes collectives (occupées par *« plusieurs entreprises »*,** qu'elles soient réunies en un ***« groupe »*** **ou autrement contractuellement liées entre elles)** [32].

Dans les deux droits, avoir une position dominante suppose d'une part, de jouir d'une indépendance de comportement sur le marché de référence et, d'autre part, de pouvoir influer sur le libre jeu de la concurrence qui doit s'y exercer [33]. Afin d'apprécier s'il y a une position

29 Sur la question du marché de référence, V. *Supra* : I, A, 2, a.

30 Art. L. 420-2 al. 1er C. com. précité.

31 Art. 102 TFUE précité.

32 Art. L. 420-2 al. 1er C. com. et art. 102 du TFUE précités.

33 En ce sens, par ex. : CJCE, 14 février 1978, United Brands, aff. 27-76, *Rec.*, p. 207 : « *la position dominante visée par l'article 82 concerne une position de puissance économique détenue par une entreprise qui lui donne le pouvoir de faire obstacle au maintien d'une concurrence effective sur le marché en cause, en lui fournissant la possibilité de comportements indépendants dans une mesure appréciable vis-à-vis de ses concurrents, de ses clients et finalement des consommateurs* » ; CJCE, 13 février 1979, Hoffmann La Roche, aff. 85-76, *Rec.*, p. 461 : « *la position dominante, à la différence d'une situation de monopole ou de quasi-monopole, n'exclut pas l'existence d'une certaine concurrence, mais met la firme qui en bénéficie en mesure sinon de décider, tout au moins d'influencer notablement les conditions dans lesquelles cette concurrence se développera et, en tout cas, de se comporter dans une large mesure sans devoir en tenir compte et sans pour autant que cette attitude lui porte préjudice* » ; Conseil de la concurrence, *Rapport annuel pour 2000*, 4e partie, Chapitre III, A, 2 : « *Définition de la position dominante : ayant délimité les contours du ou des marchés pertinents, le Conseil examine si l'entreprise ou le groupe d'entreprises en cause détient une position dominante sur ce ou ces marchés. En d'autres termes, il recherche si l'entreprise est en situation de s'abstraire de la concurrence des autres entreprises présentes sur le marché. Cette démarche est identique à celle de la Cour de justice des Communautés européennes qui a considéré que « la position dominante visée par l'article 82 concerne la position de puissance économique détenue par une entreprise qui lui donne le pouvoir de faire obstacle au maintien d'une concurrence effective sur le marché en cause, en lui fournissant la possibilité de comportements indépendants dans une mesure appréciable vis-à-vis de ses concurrents, de ses clients et finalement des consommateurs* ».

dominante, les autorités françaises et communautaires effectuent une **analyse essentiellement fondée sur les parts respectives des autres intervenants sur le marché**[34]. Ainsi, à défaut de chiffres précisément fixés par la législation, il y a lieu d'observer chaque situation relativement aux **parts de marché** des concurrents[35].

b. Exploitation abusive d'une position dominante

Une position dominante n'est pas en elle-même répréhensible. Seul est interdit **l'abus de position dominante**, c'est-à-dire l'exploitation d'une position dominante attentatoire au bon fonctionnement du marché. Il se dégage deux grandes catégories d'abus en la matière, à partir des illustrations qui en sont données par les textes de droit français et communautaire : les abus de comportement et les abus de structure.

Les abus de comportement

Il y a abus de comportement lorsque le titulaire de la position dominante exploite cette position, à l'égard de ses partenaires commerciaux, en accomplissant des actes portant atteinte au libre jeu de la concurrence. *Exemples : **refus injustifiés de vente** ; **ventes liées** (ventes subordonnées à telle obligation comme celle d'acheter un autre produit) ; **rupture abusive de relations commerciales** établies ; **conditions de vente discriminatoires** (conditions commerciales injustifiées,...) ;* **pratique de prix excessivement élevés ;...**

Les abus de structure

Il y a abus de structure lorsque le titulaire de la position dominante exploite cette dernière en consolidant sa position sur le marché de manière à évincer les concurrents et ce, autrement que par le fonctionnement normal du commerce. *Exemples : pratique des **prix prédateurs** par laquelle l'entreprise en position dominante baisse ses prix au point que ses concurrents ne peuvent s'aligner et sont obligés de disparaître*[36] *; réseaux d'approvisionnement exclusif créant des **barrières à l'entrée** sur le marché ;...*

Existe-t-il des facteurs de tolérance pour les abus de position dominante ?

2 Les limites à la prohibition

Le législateur français (art. L. 420-4 C. com. reproduit *supra*), pour les mêmes raisons (prise en compte de **la loi** ou du **progrès économique**) qu'en matière d'ententes, admet qu'une **exemption individuelle** ou une **exemption collective** puisse bénéficier à un abus de position dominante[37].

En revanche, et contrairement à ce qu'il mentionne en matière d'ententes, **le droit communautaire** ne prévoit aucune exemption pour les abus de position dominante.

Lorsqu'elle est anticoncurrentielle, une autre pratique est sanctionnée par le droit interne : l'exploitation d'un état de dépendance économique.

---

34 En sus du critère des parts de marché, d'autres critères peuvent être pris en compte : accès préférentiel à certaines sources de financement, dimension internationale de l'entreprise,...

35 Par exemple, peut être considérée en position dominante une entreprise dont la part de marché est de 45 %, si aucune des entreprises concurrentes n'a une part de plus de 4 %.

36 Marie-Anne Frison-Roche, Marie-Stéphane Payet, *Droit de la concurrence*, éd. Dalloz, coll. Précis droit privé, 2006, n° 261, p. 229 : « *La stratégie de prix prédateurs repose sur un pari supplémentaire de l'entreprise dominante. Elle baisse très fortement ses prix, réalisant momentanément des pertes, de manière à éliminer un concurrent ou à l'empêcher d'accéder au marché ; il lui sera ensuite possible de récupérer ses pertes, en raison de la situation acquise sur le marché* ».

37 Pour le texte de l'art. L. 420-4 C. com., ainsi que les notions de progrès économique et d'exemptions, *cf. supra* dans le présent chapitre : § 1-B-1.

B L'exploitation d'un état de dépendance économique

Originalité du droit interne, l'exploitation d'un état de dépendance économique n'est pas répertoriée par le droit communautaire. Tandis que la position dominante traduit une domination d'une ou de plusieurs entreprises sur les autres entreprises du marché de référence, **l'état de dépendance économique** manifeste **la domination d'une entreprise** (ou d'un groupe d'entreprises) **sur un partenaire commercial client ou fournisseur**. Lorsqu'elle nuit au bon fonctionnement du marché, l'exploitation d'un état de dépendance économique est prohibée, sauf exceptions.

1 Le principe de prohibition

L'exploitation anticoncurrentielle d'un état de dépendance économique est prohibée par l'article L. 420-2 al. 2 du Code de commerce français.

Art. L. 420-2 al. 2 C. com. (dans sa rédaction issue de l'ordonnance n° 2019-698 du 3 juillet 2019) :

« Est en outre prohibée, dès lors qu'elle est susceptible d'affecter le fonctionnement ou la structure de la concurrence, l'exploitation abusive par une entreprise ou un groupe d'entreprises de l'état de dépendance économique dans lequel se trouve à son égard une entreprise cliente ou fournisseur. Ces abus peuvent notamment consister en refus de vente, en ventes liées, en pratiques discriminatoires visées aux articles L. 442-1 à L. 442-3 en accords de gamme ».

L'état de dépendance économique n'est pas en lui-même interdit ; encore faut-il que son exploitation soit abusive.

a. Notion d'état de dépendance économique

L'état de dépendance économique caractérise une situation dans laquelle une entreprise est obligée de poursuivre des relations commerciales avec une autre, lorsqu'il lui est impossible de commercer par ailleurs sur des produits substituables dans des conditions équivalentes. L'état de dépendance économique se rencontre dans deux hypothèses : la dépendance économique du distributeur à l'égard du fournisseur et la dépendance économique du fournisseur à l'égard du distributeur.

Dépendance économique du distributeur à l'égard du fournisseur

La jurisprudence apprécie la dépendance économique du distributeur à l'égard du fournisseur (*ex : dépendance d'un distributeur à l'égard du fabricant d'un produit de marque*) en prenant cumulativement en compte les quatre critères suivants : la notoriété du fournisseur auprès des consommateurs avertis (*ex. : opinion répandue parmi les amateurs de tel type de produit, que celui du fournisseur est le meilleur*), la part significative de marché que détient le fournisseur (au regard de ses concurrents), la part substantielle procurée par la revente du produit en cause dans le chiffre d'affaires du distributeur et l'impossibilité pour le distributeur de trouver sur le marché une solution alternative (absence de fournisseurs offrant des conditions équivalentes).

Dépendance économique du fournisseur à l'égard du distributeur

La jurisprudence apprécie la dépendance économique du fournisseur à l'égard du distributeur (*ex. : dépendance d'un fournisseur à l'égard d'un grand distributeur*) en prenant cumulativement en compte les principaux critères suivants : l'importance du distributeur sur le marché (*ex. : distributeur en situation de quasi-monopole*), l'importance de la part du chiffre d'affaires réalisé par le fournisseur avec le distributeur, les facteurs ayant conduit à la concentration des ventes du fournisseur auprès du distributeur (choix stratégique ou nécessité technique) et l'impossibilité pour le fournisseur de trouver sur le marché une solution alternative (absence de distributeurs offrant des solutions équivalentes).

b. Exploitation abusive d'un état de dépendance économique

Seul l'abus (comportement de nature à affecter le libre jeu de la concurrence) dans l'exploitation d'un état de dépendance économique est prohibé. Cet abus peut notamment consister en **refus injustifiés de vente**, en **ventes liées** [38] ou en **accords de gamme** (accords qui offrent un avantage, financier ou autre, en contrepartie de la mise en linéaire d'une gamme de produits).

Est-il néanmoins envisageable de tolérer l'exploitation abusive d'un état de dépendance économique ?

2 Les limites à la prohibition

Réprimée par le législateur français, l'exploitation abusive d'un état de dépendance économique doit théoriquement pouvoir être exemptée si l'on en croit l'article L. 420-4 du Code de commerce reproduit *supra* [39]. En effet, cet article exempte, par la prise en compte de **la loi** ou de la contribution au **progrès économique** [40], toutes les pratiques visées à l'article L. 420-2 de ce Code ; y compris celles répertoriées au second alinéa au titre de la dépendance économique.

Mais, lorsque aucun motif recevable ne peut être avancé pour les valider, les ententes et les positions de domination anticoncurrentielles doivent être sanctionnées.

3 Les sanctions encourues

Les pratiques anticoncurrentielles peuvent être sanctionnées par le droit de la concurrence *stricto sensu* (A) et par le droit commun dont s'empare d'ailleurs de plus en plus le droit de la concurrence (B).

A Les sanctions par le droit de la concurrence

La mise en œuvre des sanctions spécifiquement prévues par le droit de la concurrence, tant communautaire qu'interne, s'effectue par les instances communautaires ou les instances nationales.

1 Rôle des instances communautaires

Au niveau communautaire, sur saisine par un État membre ou par toute personne (physique ou morale) ayant un intérêt légitime, c'est à la **Commission européenne** que revient principalement le rôle de sanctionner les ententes et positions dominantes anticoncurrentielles [41]. En vertu de son pouvoir d'**injonction**, la Commission peut ordonner la cessation des pratiques illicites. D'autre part, la Commission peut condamner les auteurs de ces pratiques au **paiement d'une « amende » administrative** [42] dont le montant peut aller jusqu'à 10 % du chiffre d'affaires total réalisé par l'entreprise ou l'association d'entreprises participant à l'« infraction ». Le pouvoir de la Commission de prononcer une « amende » est soumis à un délai de prescription de 5 ans qui court à compter du jour où l'« infraction » a été commise ou, en cas d'« infraction » continue ou répétée, à compter du jour où l'« infraction » a pris fin. Les décisions de la Commission peuvent faire l'objet d'un **recours devant le TPIUE** (Tribunal de première instance de l'Union européenne) dont les décisions sont susceptibles de **recours devant la CJUE** (Cour de justice de l'Union européenne).

---

38 Sur ces notions, *cf. supra* § 2-A-1-b.

39 *Cf. supra* § 1-B-1.

40 *Ibid.*

41 Règlement (CE) n° 1/2003 du Conseil du 16 déc. 2002 relatif à la mise en œuvre des règles de concurrence prévues aux art. 81 et 82 du Traité CE (*JOCE* n° L 1 du 4 janv. 2003).

42 Le terme d'« amende » est ambigu car il s'agit davantage d'une sanction pécuniaire que d'une sanction pénale à proprement parler.

2 Rôle des instances nationales

Au niveau national, sur saisine essentiellement par le ministre chargé de l'Économie ou par une entreprise ou sur auto-saisine, c'est à l'Autorité de la concurrence, laquelle a remplacé le **Conseil de la Concurrence** depuis la loi dite LME du 4 août 2008, que revient le rôle de sanctionner les ententes et les positions de domination anticoncurrentielles, en application du droit communautaire et du droit interne. En vertu d'un pouvoir de décision assez similaire à celui évoqué ci-avant de la Commission européenne et après une enquête le plus souvent menée par la **DGCCRF** (Direction générale de la concurrence, de la consommation et de la répression des fraudes), l'Autorité de la concurrence peut prononcer une **injonction** aux fins de **cessation des pratiques illicites**. Elle peut aussi accepter des **engagements** proposés par les entreprises et de nature à mettre un terme aux comportements susceptibles de constituer des pratiques prohibées. D'autre part, l'Autorité peut condamner les auteurs de ces pratiques au **paiement d'une « amende » administrative** dont le montant, pour une entreprise, peut aller jusqu'à 10 % du chiffre d'affaires total réalisé par l'entreprise ou l'association d'entreprises participant à l'« infraction »[43]. Le pouvoir de l'Autorité de prononcer une « amende » est soumis à un délai de prescription de 5 ans qui court à compter du jour où l'« infraction » a été commise ou, en cas d'« infraction » continue ou répétée, à compter du jour où l'« infraction » a pris fin. À noter que l'Autorité de la concurrence peut décider de réduire le montant de la sanction pécuniaire infligée à une entreprise ou à un organisme lorsque cette entreprise ou cet organisme a, en cours de procédure devant l'Autorité, versé à la victime de la ou des pratiques anticoncurrentielles sanctionnées une indemnité due en exécution d'une transaction au sens de l'article 2044 du Code civil ; lequel dispose : « *la transaction est un contrat par lequel les parties, par des concessions réciproques, terminent une contestation née, ou préviennent une contestation à naître. Ce contrat doit être rédigé par écrit* »[44]. Les décisions de l'Autorité peuvent faire l'objet d'un recours devant la **Cour d'appel de Paris** dont les décisions sont susceptibles de recours devant la **chambre commerciale de la Cour de cassation**.

Remarque. En droit communautaire comme en droit interne, dans le seul domaine des ententes, une procédure de **clémence** peut être appliquée. Elle consiste à exonérer totalement ou partiellement de sanctions pécuniaires la partie qui a participé à une entente prohibée et qui a contribué à la révéler aux autorités.

D'autres sanctions, puisées du droit commun, sont encourues du fait des pratiques anticoncurrentielles.

B Les sanctions puisées du droit commun

On entend ici par « droit commun », le droit pénal et le droit civil. Outre les sanctions vues précédemment, les pratiques anticoncurrentielles peuvent être sanctionnées sur le fondement de ces deux branches du droit ; avec, d'ailleurs, adaptation de certaines dispositions au droit de la concurrence.

1 Les sanctions pénales

Contrairement au droit communautaire, **le droit interne** prévoit une infraction consistant, pour une personne physique, à participer frauduleusement (intention de nuire) et de façon déterminante à une pratique anticoncurrentielle ; le prononcé de la peine corrélative étant de la compétence du **juge répressif**.

---

[43] Selon les dispositions du droit interne, le chiffre d'affaires visé est le « chiffre d'affaires mondial hors taxes le plus élevé réalisé au cours d'un des exercices clos depuis l'exercice précédant celui au cours duquel les pratiques ont été mises en œuvre » et « si le contrevenant n'est pas une entreprise, le montant maximum de la sanction est de 3 millions d'euros » (Art. L. 464-2 C. com.).

[44] Sur le contrat de transaction, voir le chapitre 3 du présent ouvrage.

Art. L. 420-6 al. 1er C. com. :

« Est puni d'un emprisonnement de quatre ans et d'une amende de 75 000 euros le fait, pour toute personne physique, de prendre frauduleusement une part personnelle et déterminante dans la conception, l'organisation ou la mise en oeuvre de pratiques visées aux articles L. 420-1 et L. 420-2 ».

2 Les sanctions civiles

Sont de la compétence des **juridictions judiciaires non pénales** (en première instance, selon le cas : les « tribunaux judiciaires [45] » ou les tribunaux de commerce) ou des **juridictions administratives** (en première instance, les tribunaux administratifs, lorsque la victime de la pratique anticoncurrentielle est une personne publique à l'occasion d'un contrat public) : le prononcé de la nullité absolue d'un acte constitutif d'une pratique anticoncurrentielle et éventuellement la condamnation (sur le fondement de la responsabilité civile extracontractuelle) de l'auteur de cette pratique au versement de dommages et intérêts aux personnes qui en sont victimes.

Précisément, **l'ordonnance n°2017-303 du 9 mars 2017 relative aux actions en dommages et intérêts du fait des pratiques anticoncurrentielles** (qui transpose en droit français la directive 2014/104/UE du 26 novembre 2014 du Parlement européen et du Conseil relative à certaines règles régissant les actions en dommages et intérêts en droit national pour les infractions aux dispositions du droit de la concurrence des États membres et de l'Union européenne), **par des dispositions insérées dans le Code de commerce français** (dans le Livre IV de ce Code, nouveau Titre VIII intitulé « *Des actions en dommages et intérêts du fait des pratiques anticoncurrentielles* »), **entend faciliter, sur le fondement de la responsabilité civile et par allocation de dommages et intérêts, la réparation des préjudices subis par les victimes de pratiques anticoncurrentielles.** Inspirées du droit commun de la responsabilité civile, les nouvelles dispositions adaptent cependant certaines de ses règles ; et ce, en faveur des victimes de pratiques anticoncurrentielles. Ainsi, notamment, au plan procédural : **la preuve du fait générateur de responsabilité** (entente ou position de domination anticoncurrentielle, tant au niveau interne qu'européen) **est allégée par des présomptions** (une pratique anticoncurrentielle est présumée établie de manière irréfragable lorsque son existence et l'imputation à son auteur ont été constatées par une décision prononcée par l'Autorité de la concurrence ou par la juridiction de recours, et qui ne peut plus faire l'objet d'une voie de recours ordinaire ; une pratique anticoncurrentielle est présumée établie de manière simple lorsque son existence et l'imputation à son auteur ont été constatées par une décision prononcée par une autorité de la concurrence ou par une juridiction de recours d'un autre État membre de l'Union européenne, et qui ne peut plus faire l'objet d'une voie de recours ordinaire ; lorsqu'une décision définitive de la Commission européenne a constaté une pratique anticoncurrentielle et l'a imputée à son auteur, la juridiction nationale saisie d'une action en dommages et intérêts du fait de cette pratique ne peut prendre une décision qui irait à l'encontre de la décision adoptée par la Commission) ; **la preuve du préjudice du fait de la pratique anticoncurrentielle (et, consécutivement, du lien de causalité entre cette pratique et le préjudice) est également allégée par des présomptions** (sauf preuve contraire : l'acheteur, direct ou indirect, de biens ou de services impactés par une pratique anticoncurrentielle, est réputé n'avoir pas répercuté le surcoût inhérent à cette pratique sur ses contractants directs ; une entente entre concurrents cause un préjudice ; ...) ; le **principe de la réparation intégrale du préjudice** est affirmé (perte subie : surcoût correspondant à la différence du prix du bien ou du service effectivement payé par rapport au prix qui aurait été payé en l'absence de la pratique anticoncurrentielle ; gain manqué ; perte de chance et préjudice moral) ; la règle de l'**évaluation des dommages et intérêts au jour du**

[45] Depuis le 1er janvier 2020, les « tribunaux judiciaires » résultent de la fusion des TI et des TGI.

jugement est appliquée ; **les personnes ayant concouru à la pratique anticoncurrentielle sont solidairement tenues de réparer le préjudice en résultant** ; ... L'action en dommages et intérêts se prescrit à l'expiration d'un délai de 5 ans, mais à dater du moment où le demandeur a connu ou aurait dû connaître à la fois : l'existence de la pratique anticoncurrentielle, le fait qu'elle lui cause un dommage et l'identité de l'un de ses auteurs (toutefois, la prescription ne court pas tant que la pratique n'a pas cessé). À noter que l'ordonnance n° 2017-303 du 9 mars 2017 prévoit, pour les personnes ayant bénéficié d'une exonération totale de sanction pécuniaire en vertu d'une mesure de clémence et pour les personnes ayant consenti à des transactions, des dérogations à leurs obligations d'indemnisation. Cette ordonnance tient également compte de la nécessité éventuelle de protéger le secret des affaires au cours de la procédure (*ex.* : le juge peut décider que les débats auront lieu et que la décision de justice sera rendue hors la présence du public).

Remarque. Outre la lutte contre les pratiques anticoncurrentielles, les droits français et communautaire de la concurrence couvrent de nombreux autres domaines dont celui des aides d'État. En effet, ces aides financières accordées par les pouvoirs publics à certaines entreprises sont susceptibles de favoriser ces dernières au préjudice des autres entreprises, en créant des distorsions dans le jeu de la concurrence qui se veut libre et naturel. Cependant, l'équilibre est parfois difficile à trouver entre le devoir d'un État de ne pas trop soutenir ses entreprises aux dépens de celles des autres États et sa volonté de maintenir le tissu entrepreneurial particulièrement menacé dans les périodes de crise. C'est en tenant compte de ce contexte de crise que, par exemple, la Commission européenne a adopté le 25 avril 2012, un règlement augmentant à 500 000 euros le montant maximum ne tombant pas sous le coup de l'encadrement des règles de l'Union européenne pour les aides d'État par entreprise accordées sur une période de trois ans en compensation d'une fourniture de prestation de services d'intérêt économique général (SIEG) [46].

Le droit de la concurrence s'intéresse aussi, notamment, aux opérations de concentration.

---

[46] Règlement (UE) n° 360/2012 de la Commission du 25 avril 2012 relatif à l'application des articles 107 et 108 du traité sur le fonctionnement de l'Union européenne aux aides de *minimis* accordées à des entreprises fournissant des services d'intérêt économique général (*JOUE* n° L. 114 du 26 avril 2012).

La concentration

Chapitre 8

COMPÉTENCES VISÉES :

- **Savoir ce qu'est juridiquement une opération de concentration.**
- **Connaître les conditions auxquelles, tant en droit interne qu'en droit communautaire, une opération de concentration est soumise au contrôle des autorités.**
- **Savoir identifier les étapes du contrôle d'une opération de concentration, tant en droit interne qu'en droit communautaire.**
- **Être capable de repérer, tant en droit interne qu'en droit communautaire, les sanctions encourues en cas de non-respect des étapes de la procédure de contrôle d'une opération de concentration.**

- Il y a **concentration** lorsque, par des modalités de (re)structuration, des entreprises se rapprochent au point de pouvoir influer sur le bon fonctionnement du marché de référence. À la différence des pratiques anticoncurrentielles[1], la concentration économique est davantage perçue comme un mécanisme structurel que comme une attitude répréhensible. Toutefois, le droit interne (art. L. 430-1 s. C. com. notablement réformés par la loi n° 2008-776 du 4 août 2008 de modernisation de l'économie ou encore par la loi n° 2015-990 du 6 août 2015 pour la croissance, l'activité et l'égalité des chances économiques), de même que le droit communautaire (règlement (CE) n° 139/2004 du Conseil du 20 janvier 2004 relatif au contrôle des concentrations entre entreprises[2]), dans un souci identique de prévenir ce qui pourrait être attentatoire au libre jeu de la concurrence, prévoient de façon analogue la nécessité d'un contrôle *a priori* des concentrations (I) ; contrôle dont la procédure (II) et les sanctions qui y sont associées (III) diffèrent cependant dans l'un et l'autre de ces droits dont l'application est alternative et non cumulative[3].

1 Sur les pratiques anticoncurrentielles et sur la notion de marché de référence, V. Chapitre précédent dans le présent ouvrage.

2 *JOUE*, n° L 24 du 29 janvier 2004.

3 Contrairement aux règles régissant les pratiques anticoncurrentielles, le droit interne et le droit communautaire ne peuvent être appliqués indistinctement par les autorités nationales et communautaires, en matière de concentration ; chacun de ces droits ayant là une sphère qui lui est propre, comme il est exposé dans le contenu de ce chapitre.

PLAN DU CHAPITRE

Chapitre 8

1 La concentration contrôlable

Une (re)structuration d'entreprises n'a pas forcément à être soumise à un contrôle préalable afin d'être autorisée. Le droit interne et le droit communautaire retiennent sensiblement les mêmes critères pour déterminer ce qu'il convient d'entendre par « opération de concentration » (A) et l'ampleur que celle-ci doit revêtir pour justifier de subordonner sa réalisation au contrôle des autorités compétentes (B).

A L'opération de concentration

Les articles L. 430-1 du Code de commerce français et 3 du règlement CE n° 139/2004 visent trois manières de réaliser une opération de concentration : la fusion d'entreprises, la prise de contrôle et la création d'une entreprise commune.

1 La fusion d'entreprises

Entre deux ou plusieurs entreprises antérieurement indépendantes [4], **la fusion par absorption** (l'entreprise absorbée disparaît en se fondant dans l'entreprise absorbante) **ou la fusion par création d'une entreprise nouvelle** (les entreprises qui fusionnent disparaissent en venant se fondre dans une entreprise nouvelle) constituent des opérations de concentration.

2 La prise de contrôle

Une opération de concentration peut résulter de la **prise de contrôle** d'une ou plusieurs entreprises par une ou plusieurs personnes. Cette prise de contrôle doit permettre d'exercer **une influence déterminante** sur la ou les entreprises contrôlées. Elle peut découler soit d'une **prise de participations dans le capital** (*ex.* : acquisition d'une part importante du capital [5]), soit de **droits** (*ex.* : droit de propriété sur un bien dont l'entreprise a la jouissance) **ou** de **contrats** (*ex.* : contrat de distribution particulièrement directif).

3 La création d'une entreprise commune

Constitue une concentration, la création d'une **entreprise commune accomplissant de manière durable toutes les fonctions d'une entité économique autonome**. L'entreprise commune est donc une entité créée en commun par d'autres entreprises dont elle se distingue et qui dispose de tous les moyens (matériels et humains) pour opérer de façon indépendante sur le marché (*ex.* : filiale créée par des concurrents dans le but d'effectuer de la recherche).

Quelle que soit la forme qu'elle prend, seule une opération de concentration d'une certaine dimension est soumise à un contrôle préalable.

B La dimension de la concentration

Le droit interne comme le droit communautaire soumettent les concentrations d'une ampleur minimale à un contrôle préalable, mais ils se répartissent leurs domaines respectifs d'application en fonction de la dimension en question.

1 Les concentrations relevant du droit interne

En droit interne (art. L. 430-2, I C. com.), une opération de concentration, telle que précédemment définie, doit être soumise à un **contrôle préalable** mis en œuvre en France lorsque des conditions de **seuils** exprimés en **chiffres d'affaires** sont réunies : le chiffre d'affaires total mondial hors taxes de l'ensemble des entreprises ou groupes des personnes physiques ou morales parties à la concentration doit être supérieur à 150 millions d'euros **ET** le chiffre d'affaires total hors taxes

---

4 Ce qui n'est pas le cas, par exemple, de la fusion de sociétés appartenant déjà à un même groupe.

5 Cependant, la prise en compte du pouvoir décisionnel corrélatif doit l'emporter dans l'appréciation de l'influence exercée. En effet, par exemple, par le jeu de droits de vote double, le pouvoir d'un actionnaire minoritaire peut être accru.

réalisé en France par deux au moins des entreprises ou groupes des personnes physiques ou morales concernés doit être supérieur à 50 millions d'euros.

La loi précise les **conditions de seuils exprimés en chiffre d'affaires qui doivent être réunies, pour qu'un contrôle préalable mis en œuvre en France soit effectué lorsque deux au moins des parties à la concentration exploitent un ou plusieurs magasins de commerce de détail** (art. L. 430-2, II) : le chiffre d'affaires total mondial hors taxes de l'ensemble des entreprises ou groupes des personnes physiques ou morales parties à la concentration doit être supérieur à 75 millions d'euros **ET** le chiffre d'affaires total hors taxes réalisé en France dans le secteur du commerce de détail par deux au moins des entreprises ou groupes des personnes physiques ou morales concernés doit être supérieur à 15 millions d'euros [6].

En outre, et dans tous les cas, l'opération de concentration ne doit pas, en principe, entrer dans le champ d'application du règlement CE précité relatif au contrôle des concentrations des entreprises.

2 Les concentrations relevant du droit communautaire

Le règlement CE n° 139/2004, qui organise au niveau communautaire un contrôle préalable des opérations qualifiées de concentrations, ***« s'applique à toutes les concentrations de dimension communautaire »*** (art. 1er § 1 du règlement). Or, ce règlement, en s'appuyant essentiellement sur des **seuils en terme de chiffres d'affaires**, indique dans les paragraphes 2 et 3 de son article 1er ce qu'est une concentration de dimension communautaire.

Art. 1er, § 2 et 3 du règlement CE n° 139/2004 :

« 2. Une concentration est de dimension communautaire lorsque :

a) le chiffre d'affaires total réalisé sur le plan mondial par l'ensemble des entreprises concernées représente un montant supérieur à 5 milliards d'euros, et

b) le chiffre d'affaires total réalisé individuellement dans la Communauté par au moins deux des entreprises concernées représente un montant supérieur à 250 millions d'euros,

à moins que chacune des entreprises concernées réalise plus des deux tiers de son chiffre d'affaires total dans la Communauté à l'intérieur d'un seul et même État membre.

3. Une concentration qui n'atteint pas les seuils fixés au paragraphe 2 est de dimension communautaire lorsque :

a) le chiffre d'affaires total réalisé sur le plan mondial par l'ensemble des entreprises concernées représente un montant supérieur à 2,5 milliards d'euros ;

b) dans chacun d'au moins trois États membres, le chiffre d'affaires total réalisé par toutes les entreprises concernées est supérieur à 100 millions d'euros ;

c) dans chacun d'au moins trois États membres inclus aux fins du point b), le chiffre d'affaires total réalisé individuellement par au moins deux des entreprises concernées est supérieur à 25 millions d'euros, et

d) le chiffre d'affaires total réalisé individuellement dans la Communauté par au moins deux des entreprises concernées représente un montant supérieur à 100 millions d'euros,

à moins que chacune des entreprises concernées réalise plus des deux tiers de son chiffre d'affaires total dans la Communauté à l'intérieur d'un seul et même État membre ».

---

6 En dehors du commerce de détail, les seuils de 75 millions d'euros et de 15 millions d'euros s'appliquent lorsqu'au moins une des parties à la concentration exerce tout ou partie de son activité dans un ou plusieurs départements d'outre-mer, dans le département de Mayotte, dans les îles Wallis-et-Futuna ou dans les collectivités d'outre-mer de Saint-Pierre-et-Miquelon, Saint-Martin et Saint-Barthélémy. Toutefois, dans le secteur du commerce de détail, le seuil du chiffre d'affaires total hors taxes réalisé individuellement dans au moins un des départements ou collectivités territoriales concernés par deux au moins des entreprises ou groupes de personnes physiques ou morales est de 5 millions d'euros (art. L. 430-2, III C. com.).

Remarques :

- en son article 5, le règlement CE n° 139/2004, auquel se range le droit interne sur cette question [7], décrit de quelle façon calculer les chiffres d'affaires visés qui sont en principe ceux réalisés par les entreprises concernées au cours du dernier exercice.
- par exception, dans de strictes hypothèses qu'ils précisent, les textes de droit français et de droit communautaire prévoient qu'une opération de concentration de dimension communautaire peut être renvoyée aux autorités françaises compétentes. À l'inverse, il peut être demandé aux autorités communautaires d'examiner une concentration qui n'est pas de dimension communautaire [8].

Il demeure que l'identification de la dimension de l'opération de concentration est cruciale pour la procédure de contrôle à enclencher.

2 La procédure de contrôle

En raison de la dimension de l'opération de concentration à contrôler, il s'opère une répartition des compétences entre **les autorités françaises (A) et communautaires (B)** induisant des distinctions procédurales ; en dépit d'une démarche assez semblable qui repose principalement sur un contrôle de la concentration projetée dont la notification incombe aux parties concernées.

A La procédure de droit interne

Applicable à toute concentration contrôlable au sens du droit interne, cette procédure est initiée par la notification de l'opération de concentration à l'autorité compétente ; celle-ci exerçant alors son contrôle.

1 La notification de l'opération de concentration

La **notification** d'une opération de concentration contrôlable consiste, avant sa réalisation, à en présenter un projet suffisamment abouti (à partir d'un accord de principe, de l'annonce d'une offre publique d'achat,...) et ce, depuis la loi LME, à **l'Autorité de la concurrence** [9] (et non plus au ministre chargé de l'économie). « *L'obligation de notification incombe aux personnes physiques ou morales qui acquièrent le contrôle de tout ou partie d'une entreprise ou, dans le cas d'une fusion ou de la création d'une entreprise commune, à toutes les parties concernées qui doivent alors notifier conjointement. Le contenu du dossier de notification est fixé par décret* » [10]. Cependant, dès réception du dossier, l'Autorité de la concurrence en adresse un exemplaire au ministre chargé de l'économie [11].

2 Le contrôle de l'opération de concentration

Quelles sont les modalités de contrôle de l'opération de concentration et quelles sont les décisions pouvant être prises à l'issue de ce contrôle ?

a. Les modalités du contrôle

Après examen du dossier de notification, l'Autorité de la concurrence se prononce sur l'opération de concentration, sauf exceptions, dans un délai de 25 jours ouvrés à compter de la date de réception de la notification complète [12].

---

7 Les chiffres d'affaires visés aux I, II et III de l'article L. 430-2 du Code de commerce sont calculés selon les modalités définies par l'article 5 du règlement (CE) du Conseil n° 134/2004 du 20 janvier 2004 (art. L. 430-2, V C. com.).

8 V. *infra* dans le présent chapitre : remarque à l'issue du § 2-B-1.

9 On a déjà signalé que cette nouvelle Autorité, créée par la loi LME, remplace le Conseil de la concurrence.

10 Art. L. 430-3 C. com.

11 Art. L. 430-3 *in fine*, C. com. Avant la loi LME, c'est le ministre chargé de l'économie qui, dès réception de la notification, en adressait un exemplaire au Conseil de la concurrence.

12 Art. L. 430-5, I C. com.

b. Les décisions prises à l'issue du contrôle

De manière motivée, l'Autorité de la concurrence peut prendre l'une des décisions prévues par le législateur.

- La décision constatant que **l'opération notifiée n'entre pas dans le champ d'application des opérations de concentration contrôlable au regard du droit français** (seuils en chiffres d'affaires non atteints, opération de dimension communautaire,...).
- La décision d'**autoriser l'opération notifiée**, avec éventuellement subordination de cette autorisation à la réalisation d'engagements pris par les parties pour remédier aux effets anticoncurrentiels de l'opération (les engagements sont des mesures, des « remèdes » destinés à atténuer les dommages à la concurrence).
- La décision de procéder à un **examen approfondi, s'il subsiste un doute sérieux d'atteinte à la concurrence** (l'Autorité examine notamment si l'opération envisagée est de nature à apporter au progrès économique une contribution suffisante pour compenser les atteintes à la concurrence ; elle entend les parties qui ont procédé à la notification, des tiers, les comités d'entreprise des entreprises parties,...). Les parties peuvent proposer des engagements de nature à remédier aux effets anticoncurrentiels de l'opération. L'Autorité de la concurrence doit prendre une décision motivée, en principe dans un délai de 65 jours ouvrés à compter de l'ouverture de cet examen approfondi : soit elle interdit l'opération de concentration, soit elle autorise cette opération avec ou sans injonctions (ordres de prendre telle ou telle mesure destinée à assurer une concurrence suffisante). Si l'Autorité de la concurrence ne prend aucune de ces mesures dans le délai qui lui est imparti, elle en informe le ministre chargé de l'économie. Ce dernier, dans un délai de 25 jours ouvrés à compter de la date à laquelle il a été informé, peut statuer sur l'opération en cause (par exemple, en l'autorisant). Faute de décision du ministre au terme dudit délai, l'opération est réputée avoir fait l'objet d'une décision d'autorisation[13].
- La décision de ne prendre **aucune des trois précédentes décisions. L'Autorité de la concurrence en informe alors le ministre chargé de l'économie**. Celui-ci peut, dans les 5 jours ouvrés à compter de la date à laquelle il est informé, demander à l'Autorité de la concurrence un examen approfondi qui se déroule dans les mêmes conditions que lorsque cet examen est à l'initiative de l'Autorité. Le ministre peut aussi dans un délai de 25 jours ouvrés à compter de la date à laquelle il a été informé, statuer sur l'opération en cause (par exemple, en l'autorisant). Faute de décision du ministre au terme dudit délai, l'opération est réputée avoir fait l'objet d'une décision d'autorisation.

En résumé, la réalisation effective d'une opération de concentration ne peut intervenir qu'après l'accord de l'Autorité de la concurrence ou, lorsqu'il a été amené à se prononcer, l'accord tacite ou non du ministre de l'économie[14].

D'un cheminement comparable, la procédure de droit communautaire fait intervenir d'autres autorités.

B La procédure de droit communautaire

Applicable à toute concentration contrôlable au sens du droit communautaire, cette procédure est initiée par la notification de l'opération de concentration à l'autorité compétente ; celle-ci exerçant alors son contrôle.

---

13 Art. L. 430-6, L. 430-7 et L. 430-7-1 C. com.

14 Art. L. 430-4 C. com. Il est à noter que, en cas de nécessité particulière motivée par les parties qui ont procédé à la notification, celles-ci peuvent demander à l'Autorité de la concurrence une dérogation leur permettant de procéder à la réalisation effective de tout ou partie de la concentration sans attendre la décision de l'Autorité ou du ministre.

1 La notification de l'opération de concentration

Comme en droit interne, **la notification** d'une opération de concentration contrôlable consiste, avant sa réalisation, à en présenter un projet suffisamment abouti (à partir d'un accord de principe, de l'annonce d'une offre publique d'achat,...) à l'autorité compétente qui est ici la **Commission européenne.** « *Les concentrations qui consistent en une fusion au sens de l'article 3, paragraphe 1, point a), ou dans l'établissement d'un contrôle en commun au sens de l'article 3, paragraphe 1, point b), doivent être notifiées conjointement par les parties à la fusion ou à l'établissement du contrôle en commun. Dans les autres cas, la notification doit être présentée par la personne ou l'entreprise qui acquiert le contrôle de l'ensemble ou de parties d'une ou plusieurs entreprises* »[15].

Remarque. Avant la notification d'une concentration de dimension communautaire, les personnes à qui incombe cette notification peuvent, au moyen d'un mémoire motivé, informer la Commission que cette concentration risque d'affecter de manière significative la concurrence sur un marché à l'intérieur d'un État membre qui présente toutes les caractéristiques d'un marché distinct ; cette concentration devant être, par conséquent, examinée en tout ou en partie par cet État membre. La Commission transmet alors sans délai ledit mémoire à tous les États membres. L'État membre visé doit, dans les quinze jours ouvrables suivant la réception du mémoire, exprimer son accord ou son désaccord sur la demande de renvoi de l'affaire. De son côté, la Commission doit, dans les vingt-cinq jours ouvrables à compter du jour où elle a reçu le mémoire, prendre sa décision de renvoyer ou de ne pas renvoyer l'affaire. **Sauf désaccord de l'État membre, si la Commission estime que l'affaire doit être renvoyée aux autorités compétentes de cet État, c'est le droit national de cet État qui sera appliqué au contrôle de la concentration**[16]. Inversement, **un ou plusieurs États membres peuvent demander à la Commission d'examiner une concentration qui n'est pas de dimension communautaire** mais qui affecte le commerce entre États membres et menace d'affecter de manière significative la concurrence sur le territoire du ou des États membres qui formulent cette demande. **Si la Commission estime que l'affaire doit être examinée par elle, c'est le droit communautaire qui sera appliqué au contrôle de la concentration**[17]. Il en est **de même, lorsqu'à la demande des parties chargées de la notification, la Commission s'estime compétente pour contrôler une concentration qui n'est pas de dimension communautaire mais qui est susceptible d'être examinée en vertu du droit national d'au moins trois États membres**[18].

2 Le contrôle de l'opération de concentration

Sauf renvoi à l'autorité de droit interne compétente, le contrôle d'une concentration au niveau communautaire est effectué **par la Commission européenne** selon les dispositions du droit communautaire et, sauf dérogation accordée par cette dernière, cette concentration ne peut être réalisée avant d'avoir été déclarée compatible avec le marché commun[19]. La Commission, qui doit se prononcer dès que possible et en principe au plus tard dans **les 90 jours ouvrables** à compter de la date d'ouverture de la procédure, peut prendre diverses sortes de décisions[20] susceptibles de voies de recours.

a. Les décisions prises à l'issue du contrôle

À moins qu'elle ne décide que la concentration n'entre pas dans le champ d'application du règlement, la Commission européenne peut prendre, à l'issue de son contrôle, l'une des décisions prévues par le règlement CE n° 139/2004.

- La décision déclarant la concentration compatible avec le marché commun (notamment en l'absence de création ou de renforcement d'une **position dominante** préjudiciable au bon fonctionnement de la concurrence sur le marché commun).

---

15 Art. 4, § 2 du règlement CE n° 139/2004.
16 Art. 4, § 4 du Règlement CE n° 139/2004.
17 Art. 22 du Règlement CE n° 139/2004.
18 Art. 4, § 5 du Règlement CE n° 139/2004. Les États membres concernés doivent donner leur accord à l application de ce système dit du « guichet unique » qui, pour des raisons de simplification de la procédure, conduit à ce que la concentration ne soit pas contrôlée dans chacun de ces États mais seulement par la Commission européenne.
19 Art. 7, § 1 du règlement CE n° 139/2004.
20 Art. 6 et 8 du règlement CE n° 139/2004.

- La décision, éventuellement assortie de conditions et le plus souvent après modifications apportées par les entreprises concernées, déclarant la concentration compatible avec le marché commun (la Commission observe si, entre autres, la concentration ainsi aménagée est tolérable au regard du **progrès économique**).
- La décision déclarant la **concentration incompatible** avec le marché commun.

b. Les recours contre les décisions de la Commission

La Commission européenne prend ses décisions en application du règlement n° 139/2004, sous réserve du contrôle de la **CJUE** [21].

Les décisions (d'autorisation ou d'interdiction) résultant du contrôle des concentrations, que ce soit en droit interne ou en droit communautaire, ne sanctionnent pas pécuniairement les parties concernées. Néanmoins, en cas d'irrespect des procédures par ces dernières, des sanctions sont encourues dans l'un comme dans l'autre de ces droits.

3 Les sanctions encourues

Le droit interne (A) comme le droit communautaire (B) prévoient que les parties concernées qui ne respectent pas la procédure du contrôle des concentrations encourent des sanctions.

A Les sanctions de droit interne

L'article L. 430-8 du Code de commerce français envisage cinq hypothèses de déviances qu'il assortit de sanctions.

1 L'opération de concentration a été réalisée sans être notifiée

L'Autorité de la concurrence enjoint sous astreinte aux parties de notifier l'opération, à moins de revenir à l'état antérieur de la concentration.

En outre, l'Autorité peut infliger, aux personnes auxquelles incombait la charge de la notification, une sanction pécuniaire dont le **montant maximum** s'élève :

- **pour les personnes morales** : à 5 % de leur chiffre d'affaires hors taxes réalisé en France lors du dernier exercice clos, augmenté, le cas échéant, de celui qu'a réalisé en France durant la même période, la partie acquise ;
- **pour les personnes physiques** : à 1,5 million d'euros.

2 L'opération de concentration notifiée a été réalisée avant la décision d'autorisation

L'Autorité de la concurrence peut infliger, aux personnes ayant procédé à la notification, une **sanction pécuniaire** dont le montant maximum est le même que ci-avant.

3 La notification de l'opération de concentration était inexacte

L'Autorité de la concurrence peut infliger, aux personnes ayant procédé à la notification, **une sanction pécuniaire** dont le montant maximum est le même que ci-avant.

Cette sanction peut s'accompagner du retrait de la décision ayant autorisé l'opération de concentration. À moins de revenir à l'état antérieur de la concentration, les parties sont alors tenues de notifier de nouveau l'opération dans un délai d'un mois à compter du retrait de la décision, sous peine d'encourir les sanctions pécuniaires ci-avant.

---

[21] Art. 21, § 2 du règlement CE n° 139/2004.

4 Les parties n'ont pas exécuté une injonction, une prescription ou un engagement

Si elle estime que les parties n'ont pas exécuté dans les délais fixés une injonction, une prescription ou un engagement figurant dans la décision d'autorisation, **l'Autorité de la concurrence** constate l'inexécution. Elle **peut** :

- **retirer la décision ayant autorisé la réalisation de l'opération.** À moins de revenir à l'état antérieur de la concentration, les parties sont tenues de notifier de nouveau l'opération dans un délai d'un mois à compter du retrait de la décision, sous peine d'encourir les sanctions pécuniaires ci-avant.
- **enjoindre sous astreinte**, aux parties auxquelles incombait l'obligation non exécutée, **d'exécuter dans un délai qu'elle fixe les injonctions, prescriptions ou engagements**.

En outre, l'Autorité de la concurrence peut infliger aux personnes visées une sanction pécuniaire ne devant pas dépasser le montant ci-avant.

5 L'opération de concentration a été réalisée en contravention des décisions prises en application des articles L. 430-7 et L. 430-7-1 du Code de commerce [22]

L'Autorité de la concurrence enjoint sous astreinte aux parties de revenir à l'état antérieur à la concentration. Elle peut aussi infliger aux personnes auxquelles lesdites décisions s'imposaient une sanction pécuniaire ne devant pas dépasser le montant ci-avant.

Remarque. L'Autorité de la concurrence peut, en cas d'exploitation abusive d'une position dominante ou d'un état de dépendance économique, enjoindre, par décision motivée, à l'entreprise ou au groupe d'entreprises en cause, de modifier, de compléter ou de résilier, dans un délai déterminé, tous accords et tous actes par lesquels s'est réalisée la concentration de la puissance économique qui a permis les abus [23].

B Les sanctions de droit communautaire

Le règlement CE n° 139/2004 [24] permet à la Commission européenne de prendre, à l'encontre des parties concernées, des mesures et sanctions justifiées par le non-respect de la procédure de contrôle des concentrations.

1 L'opération de concentration repose sur des renseignements défectueux

Lorsque, dans le cadre de la procédure de contrôle des concentrations, les parties concernées ont fourni délibérément ou par négligence un **renseignement inexact ou incomplet** (notamment dans les livres ou autres documents professionnels), la Commission peut leur infliger une **« amende » administrative** pouvant aller jusqu'à 1 % du chiffre d'affaires total réalisé par l'entreprise ou association d'entreprises concernée.

Par ailleurs, pour contraindre les parties concernées notamment à fournir de façon correcte un renseignement, la Commission peut leur infliger des **astreintes** pouvant aller jusqu'à 5 % de leur chiffre d'affaires total journalier moyen, par jour ouvrable de retard à compter de la date qu'elle fixe.

En outre, la Commission peut retirer la décision qu'elle a prise autorisant la réalisation de la concentration.

2 L'opération de concentration a été réalisée en violation des autres exigences procédurales

Lorsque, délibérément ou par négligence, l'opération de concentration a été réalisée sans notification ou autorisation préalables, ou en contravention d'une condition imposée par la

22 Les situations visées sont celles de l'examen approfondi et de l'intervention éventuelle du ministre de l'économie vus *supra*.
23 Art. L. 430-9 C. com.
24 Spéc. art. n° 8, 14 et 15 du règlement CE n° 139/2004.

Commission, celle-ci peut infliger aux personnes concernées une **« amende » administrative** pouvant aller jusqu'à 10 % de leur chiffre d'affaires total.

Par ailleurs, selon le cas, la Commission peut ordonner la **dissolution de la concentration**[25] (concentration incompatible avec le marché commun), **prendre des mesures provisoires** pour maintenir les conditions d'une concurrence effective (en attendant qu'une décision soit prise au regard de la compatibilité avec le marché commun) ou **révoquer la décision d'autorisation qu'elle a prise** (les entreprises concernées contreviennent aux engagements qu'elles ont pris).

En outre, pour contraindre les parties concernées à respecter ces mesures, la Commission peut leur **infliger des astreintes** pouvant aller jusqu'à 5 % de leur chiffre d'affaires total journalier moyen, par jour ouvrable de retard à compter de la date qu'elle fixe.

---

25 *Ex.* : par séparation des entreprises fusionnées ou cessions des actifs acquis.

Chapitre 9

La transparence et les pratiques restrictives

COMPÉTENCES VISÉES :

- **Connaître les particularités de la législation commerciale quant à la transparence devant exister dans les différentes phases de la négociation entre fournisseurs et distributeurs.**
- **Être capable d'identifier le non-respect des exigences légales en matière de transparence et les sanctions encourues.**
- **Savoir quelles sont les principales règles énoncées par le législateur et visant à un équilibre des relations commerciales entre fournisseurs et distributeurs.**
- **Pouvoir identifier les pratiques dites restrictives de concurrence qui contreviennent à l'équilibre des relations commerciales entre fournisseurs et distributeurs voulu par le législateur et en déduire les sanctions applicables.**

- Dans le cadre de la législation relative à la concurrence, s'intéressant à des comportements individuels d'entreprises, le droit français se singularise en posant des interdictions *per se*, autrement dit des interdictions indépendantes de l'atteinte au bon fonctionnement du marché (contrairement au raisonnement mené en matière de pratiques anticoncurrentielles). Ces dispositions, pour l'observation desquelles un organe consultatif (la Commission d'examen des pratiques commerciales) a été créé, sont réunies dans le Titre IV du Livre IV du Code de commerce et visent pour l'essentiel d'une part, une obligation de transparence des informations sur le marché (I) et, d'autre part, la prohibition de pratiques dites restrictives de concurrence entre partenaires commerciaux (II). Ces dernières années, ces dispositions ont été substantiellement modifiées à de nombreuses reprises. Entre autres, ont été créées des sanctions administratives visant des manquements aux règles du Titre IV du Livre IV du Code de commerce et donc à celles ayant trait à la transparence et aux pratiques restrictives de concurrence (III), outre des sanctions existant déjà dans ce domaine. **Plus récemment, la matière a été profondément modifiée par l'ordonnance nº 2019-359 du 24 avril 2019 portant refonte du Titre IV du Livre IV du Code de commerce relatif à la transparence, aux pratiques restrictives de concurrence et aux autres pratiques prohibées.** Des dispositions de plusieurs lois de décembre 2020 ont également apporté des adaptations plus ponctuelles[1].

PLAN DU CHAPITRE

[1] Loi n° 2020-1508 du 3 décembre 2020 portant diverses dispositions d'adaptation au droit de l'Union européenne en matière économique et financière ; loi n° 2020 -1525 du 7 décembre 2020 d'accélération et de simplification de l'action publique ; loi n° 2020-1672 du 24 décembre 2020 relative au Parquet européen, à la justice environnementale et à la justice pénale spécialisée.

1 La transparence

Insérée dans le Titre IV du Livre IV du Code de commerce, dont le contenu et la numérotation ont été profondément modifiés par l'ordonnance précitée n° 2019-359 du 24 avril 2019, la question de la transparence des informations (désormais spécifiée **« transparence dans la relation commerciale »**), c'est-à-dire la mise à la connaissance de ces informations de la manière la plus complète possible et au plus grand nombre, supposée favoriser le libre fonctionnement de la concurrence, se conçoit tant à l'égard des consommateurs, qu'entre les professionnels. En ce qui concerne la transparence **à l'égard des consommateurs**, le Code de commerce mentionne essentiellement des dispositions (art. 441-2) quant à l'obligation générale d'information pré-contractuelle (sur les caractéristiques du bien ou du service concerné, les coordonnées du vendeur...) que le professionnel doit fournir au consommateur et ne fait que renvoyer aux articles du Code de la consommation (art. L. 111-1 et L. 111-2). Mais en matière de transparence, conformément au programme de l'UE 1 du DSCG, l'accent doit être mis ici sur les dispositions du Code de commerce applicables **entre professionnels** ; à savoir : les règles sur **la communication des conditions générales de vente (A), la formalisation du résultat de la négociation commerciale (B) et la facturation (C)**. Contrairement à la situation antérieure, cet ordre d'exposition, qui correspond à la logique de la chronologie de la négociation commerciale, est celui qui est désormais adopté par le Code de commerce suite à l'ordonnance précitée du 24 avril 2019.

A Les conditions générales de vente (CGV)

En quoi consiste l'obligation de communication des CGV et quelles sont les sanctions dédiées à cette obligation si elle est transgressée ?

1 L'obligation de communication des CGV

Qui sont les parties à la communication des CGV et que recouvrent ces conditions ?

a. Les personnes concernées

L'article L. 441-1-II du Code de commerce indique ainsi désormais qui sont les parties à la communication des CGV : « *Toute personne exerçant des activités de production, de distribution ou de services qui établit des conditions générales de vente est tenue de les communiquer à tout acheteur qui en fait la demande pour une activité professionnelle* ».

Le débiteur de l'obligation de communication

Tout d'abord, il faut distinguer l'établissement des CGV (qui n'est pas une obligation) et, **dès lors que les CGV existent, l'obligation de leur communication de la part de celui qui les a établies ; à savoir un professionnel, qu'il soit producteur** (personne physique ou morale, de droit privé ou de droit public, qui fabrique une chose), **distributeur** (intermédiaire dans la chaîne de distribution entre le producteur et le client) ou **prestataire de services** (personne qui fournit un service ; or, au sens du Traité CE qui s'impose à tous les États membres dont la France, « *sont considérées comme services les prestations fournies normalement contre rémunération, dans la mesure où elles ne sont pas régies par les dispositions relatives à la libre circulation des marchandises, des capitaux et des personnes. Les services comprennent notamment : a) des activités de caractère industriel, b) des activités de caractère commercial, c) des activités artisanales, d) les activités des professions libérales...* » [2]). **La communication des CGV doit s'effectuer *« par tout moyen constituant un support durable »*.**

[2] Art. 57 du Traité sur le fonctionnement de l'Union européenne (ex-art. 50 du Traité instituant la communauté économique européenne, qui a lui-même été substitué à l'article 60 du Traité CE signé à Rome le 25 mars 1957).

Le créancier de l'obligation de communication

Il s'agit de **tout client potentiel** (« *tout acheteur* ») **et professionnel** (« *pour une activité professionnelle* »)[3] **qui demande** (« *qui en fait la demande* ») **à ce que les CGV lui soient communiquées**.

b. Le contenu des CGV

Les **conditions générales de vente (CGV) constituent le socle unique de la négociation commerciale** et, selon le nouvel article L. 441-1-I du Code de commerce français, **elles comprennent notamment** (la liste n'est donc pas exhaustive et les CGV peuvent par exemple également mentionner les conditions de vente : modalités de « vente » offertes par le fournisseur à ses clients comme les délais de livraison ...) : **les éléments de détermination du prix tels que** le **barème des prix unitaires** (avec durée de validité du barème, ...) et **les éventuelles réductions de prix** (les rabais : réductions de prix à caractère commercial accordées en cas de défaut de qualité, de retard de livraison ou de non-conformité à la commande ; les remises : réductions immédiates calculées sur le prix de vente brut HT d'un bien ou d'un service ; les ristournes : remboursements au client d'une partie de la somme qu'il a déjà payée, généralement accordés périodiquement en fonction de la réalisation des objectifs qui conditionnent leur versement[4] ou les escomptes : réductions de prix consenties par le vendeur pour paiement comptant)[5] **ainsi que** les **conditions de règlement** (**délai de paiement** des sommes dues ; conditions d'application et taux d'intérêt des **pénalités de retard** exigibles le jour suivant la date de règlement figurant sur la facture dans le cas où les sommes dues sont réglées après cette date[6] ; ...).

En ce qui concerne en particulier les **délais de paiement**, le législateur a récemment étoffé et modifié les dispositions qui y sont relatives et qui figurent dans le Code de commerce au même niveau de subdivision que la facturation. Ainsi, sauf stipulations contraires des parties, le délai maximal de règlement des sommes dues est fixé par la loi au 30e jour suivant la date de réception des marchandises ou d'exécution de la prestation demandée. Si les parties conviennent d'un délai pour régler les sommes dues, ce délai ne peut cependant dépasser 60 jours à compter de la date d'émission de la facture ou, par dérogation, 45 jours fin de mois à compter de la date d'émission de la facture (sous réserve que ce délai soit expressément stipulé dans le contrat et qu'il ne constitue pas un abus manifeste à l'égard du créancier). En outre, en cas de facture périodique, ce délai ne peut dépasser 45 jours à compter de la date d'émission de la facture. Par ailleurs, les professionnels d'un secteur (clients et fournisseurs) peuvent décider de réduire ce délai maximum de paiement et ils peuvent également proposer de retenir la date de réception des marchandises ou d'exécution de la prestation de services demandée comme point de départ de ce délai. Des accords sont alors conclus par leurs organisations professionnelles ; un décret pouvant étendre ces stipulations à tous les opérateurs du secteur. Toutefois, dans certains domaines, les délais de paiement convenus ne peuvent absolument pas dépasser un certain

---

3 Les CGV n'ont donc pas à être communiquées à un consommateur.

4 Glossaire du *Rapport du groupe d'experts constitué sur les rapports entre industrie et commerce* remis le 18 oct. 2004 au ministre de l'économie (Rapport dit Canivet consultable sur http://www.minefi.gouv.fr).

5 Les produits fournis gratuitement par le vendeur peuvent également s'analyser comme des réductions de prix à caractère quantitatif.

6 Art. L. 441-10-II C. com. « ... *Sauf disposition contraire qui ne peut toutefois fixer un taux inférieur à trois fois le taux d'intérêt légal, ce taux est égal au taux d'intérêt appliqué par la Banque centrale européenne à son opération de refinancement la plus récente majoré de 10 points de pourcentage. Dans ce cas, le taux applicable pendant le premier semestre de l'année concernée est le taux en vigueur au 1er janvier de l'année en question. Pour le second semestre de l'année concernée, il est le taux en vigueur au 1er juillet de l'année en question. Les pénalités de retard sont exigibles sans qu'un rappel soit nécessaire* ».

nombre de jours à compter d'une date particulière[7]. Il est à noter que la loi prévoit que, selon des modalités définies par décret, les sociétés dont les comptes annuels sont certifiés par un commissaire aux comptes communiquent des informations sur les délais de paiement de leurs fournisseurs ou de leurs clients ; lesdites informations faisant l'objet d'une attestation du CAC que celui-ci adresse (à l'exclusion des informations concernant les microentreprises ainsi que les petites et moyennes entreprises) au ministre chargé de l'économie si cette attestation révèle des manquements répétés et significatifs aux exigences en la matière notamment de l'article L. 441-10 du Code de commerce[8].

La question des délais de paiement est évidemment cruciale pour la survie des entreprises, spécialement en période de crise. Ainsi, soucieuse du respect des délais de paiement par le débiteur, la loi nº 2012-387 du 22 mars 2012 avait déjà ajouté, à la charge du débiteur retardataire, une contrainte entrée en vigueur à compter du 1er janvier 2013 : « *Tout professionnel en situation de retard de paiement est de plein droit débiteur, à l'égard du créancier, d'une indemnité forfaitaire pour frais de recouvrement, dont le montant est fixé par décret. Lorsque les frais de recouvrement exposés sont supérieurs au montant de cette indemnité forfaitaire, le créancier peut demander une indemnisation complémentaire, sur justification. Toutefois, le créancier ne peut invoquer le bénéfice de ces indemnités lorsque l'ouverture d'une procédure de sauvegarde, de redressement ou de liquidation judiciaire interdit le paiement à son échéance de la créance qui lui est due* »[9].

Outre cette indemnité forfaitaire de recouvrement, la législation prévoit également que, lorsqu'une procédure d'acceptation ou de vérification permettant de certifier la conformité des marchandises ou des services au contrat est prévue, la durée de cette procédure est fixée conformément aux usages commerciaux et ne peut en principe dépasser 30 jours à compter de la date de réception des marchandises ou de réalisation de la prestation de services ; sauf stipulations contractuelles contraires, pourvu toutefois que ces stipulations ne constituent pas des clauses abusives.

En tout état de cause, les CGV ont vocation à être appliquées dans les mêmes conditions à tous les acheteurs qui sont en concurrence. Néanmoins, le législateur admet que le vendeur ou le prestataire peut faire bénéficier de conditions différenciées une même catégorie d'acheteurs de produits ou de demandeurs de prestations de services. Ainsi, des **conditions générales de vente différenciées** peuvent être consenties **au regard des catégories de clients** (grossistes,...). La communication des CGV catégorielles est alors réservée aux seuls opérateurs relevant de la catégorie concernée[10]. Par ailleurs, des **conditions particulières de vente (CPV)** peuvent être convenues entre un fournisseur et tel ou tel de ses clients professionnels. Ces CPV, propres à la relation entre le fournisseur et le client en question, ne sont pas soumises à l'obligation légale de communication générale[11].

2 Les sanctions encourues

Depuis l'ordonnance précitée du 24 avril 2019, **tout manquement à l'obligation de communication des CGV** n'est plus sanctionnée par la responsabilité civile de l'auteur du manquement mais par une **amende administrative dont le montant ne peut excéder 15 000 € pour une personne physique et 75 000 € pour une personne morale**.

7 Art. L. 441-11-II-8º C. com. : « *Cinquante-quatre jours fin de mois après la date d'émission de la facture dans le secteur de la filière du cuir, pour les ventes entre les fournisseurs et les distributeurs spécialisés* ».

8 Art. L. 441-14 C. com.

9 Art. L. 441-10-II du C. com.

10 Art. L. 441-1-II C. com.

11 Art. L. 441-1-III C. com.

Quant au **non-respect des dispositions relatives aux délais de paiement** (paiement hors délai, omission des mentions exigées par la loi dans les CGV, fixation des pénalités en contradiction avec la loi…), il est désormais passible d'une **amende administrative dont le montant ne peut excéder 75 000 € pour une personne physique et deux millions d'euros pour une personne morale**. Le montant de cette amende est d'ailleurs doublé en cas de réitération du manquement dans un délai de 2 ans à compter de la date à laquelle la première décision de sanction est devenue définitive (Art. L. 441-16 C. com).

Outre les sanctions que l'on vient de voir et qui sont propres aux conditions générales de vente, il convient de garder à l'esprit les sanctions administratives applicables à tous les manquements au Titre IV du Livre IV du Code de commerce[12].

La formalisation du résultat de la négociation commerciale est l'un des deux autres volets de l'obligation légale de transparence entre professionnels.

B La formalisation du résultat de la négociation commerciale

En quoi consiste la formalisation du résultat de la négociation commerciale et quelles sont les sanctions dédiées si les règles régissant cette formalisation sont transgressées ?

1 La négociation commerciale dont le résultat doit être formalisé

Que doit-on formaliser et comment doit-on le faire ?

a. Le résultat de la négociation commerciale à formaliser

La négociation commerciale visée est celle qui est menée entre le fournisseur et le distributeur, portant sur les obligations auxquelles ils s'engagent ; obligations dont dépend la fixation du prix de l'opération convenue entre eux.

Selon le nouvel article L. 441-3-III du Code de commerce, les obligations en question sont de trois sortes : les **obligations tenant aux conditions de vente** (CGV ou conditions dérogatoires)[13] ; les **éventuelles obligations tenant aux services de coopération commerciale** (obligations à la charge du distributeur et en vertu desquelles ce dernier s'engage à rendre au fournisseur tout service dépassant les simples obligations d'achat et de vente et qui est propre à favoriser la commercialisation[14]) et les **éventuelles autres obligations destinées à favoriser la relation commerciale entre le fournisseur et le distributeur**[15].

b. Le formalisme à respecter

Selon l'article L. 441-3 du Code de commerce, le résultat de la négociation commerciale doit être consigné dans une **convention écrite établie soit dans un document unique, soit dans un ensemble formé par un contrat-cadre et des contrats d'application**. La convention est conclue pour une durée d'1 an, de 2 ans ou de 3 ans et elle doit être établie avant le 1er mars de l'année pendant laquelle elle prend effet ou dans les deux mois suivant le point de départ de la période de commercialisation des produits ou des services soumis à un cycle de commercialisation particulier (jouets, articles de mode…). D'ailleurs, le fournisseur doit communiquer ses CGV au distributeur dans un délai raisonnable avant le 1er mars ou, pour les produits ou services soumis

---

12 V. *infra* § 3.

13 V. *Supra* § 1-A.

14 Les services dont il s'agit peuvent être la mise en avant de produits par une publicité spéciale, par l'attribution d'emplacements privilégiés…

15 Ces obligations renvoient notamment à la notion de « services distincts », que mentionnait l'article L. 441-7 du Code de commerce dans sa rédaction issue de la loi n° 2005-882 du 2 août 2005, et qui désignait tous les services, en dehors des services inhérents au contrat de vente et au contrat de coopération commerciale, qu'un distributeur peut rendre contre rémunération à un fournisseur. *Ex.* : fourniture de renseignements commerciaux sur les goûts des consommateurs,…

à un cycle de commercialisation particulier, avant le point de départ de la période de commercialisation.

Lorsqu'elle est conclue pour une durée de 2 ou 3 ans, la convention fixe les modalités selon lesquelles le prix convenu sera révisé.

Suite à une renégociation, tout éventuel avenant à la convention fait également l'objet d'un écrit qui doit mentionner l'élément nouveau le justifiant.

Remarque. La convention fait l'objet de dispositions spéciales quant à son contenu lorsqu'elle est relative à des produits de grande consommation définis comme des produits non durables à forte fréquence et récurrence de consommation. Contrairement à la convention de droit commun vue ci-avant, cette convention spécifique ne s'applique pas au grossiste qui « *s'entend de toute personne physique ou morale qui, à des fins professionnelles, achète des produits à un ou plusieurs fournisseurs et les revend, à titre principal, à d'autres commerçants, grossistes ou détaillants, à des transformateurs ou à tout autre professionnel qui s'approvisionne pour les besoins de son activité* [...] ».

2 Les sanctions encourues

Selon l'article L. 441-6 du Code de commerce, **tout manquement aux exigences relatives à la formalisation du résultat de la négociation commerciale** est passible d'une **amende administrative dont le montant ne peut excéder 75 000 € pour une personne physique et 375 000 € pour une personne morale**. Le maximum de l'amende encourue est doublé en cas de réitération du manquement dans un délai de 2 ans à compter de la date à laquelle la première décision de sanction est devenue définitive.

Outre cette sanction qui est propre au délai à respecter pour la formalisation du résultat de la négociation commerciale, il convient de garder à l'esprit les sanctions administratives applicables à tous les manquements au Titre IV du Livre IV du Code de commerce[16].

La facturation constitue le troisième volet de l'obligation légale de transparence entre professionnels.

C La facturation

Outil de transparence par excellence, **la facture** remplit traditionnellement plusieurs fonctions : elle est essentiellement à la fois un **instrument probatoire** de l'accord passé entre des cocontractants professionnels, un **instrument de crédit**, un **instrument justificatif des écritures comptables**, un **instrument de contrôle fiscal** et un **instrument de contrôle des prix**.

Quelles sont les règles du droit commercial à respecter en matière de facturation[17] et quelles sont les sanctions encourues en cas de transgression de ces règles ?

1 La facturation au regard du droit commercial

Quelle est la sphère d'application de la facturation et comment doit-elle être établie ?

a. La sphère d'application de la facturation

> **La rédaction de l'article L. 441-9 du Code de commerce français débute ainsi :**
> « *Tout achat de produits ou toute prestation de service pour une activité professionnelle fait l'objet d'une facturation. Le vendeur est tenu de délivrer la facture dès la réalisation de la livraison ou de la prestation de services [...]. L'acheteur est tenu de la réclamer* ».

On en déduit qui sont les parties à la facturation et quelle est l'opération concernée.

16 V. *infra* § 3.

17 Le propos est ici de ne s'en tenir qu'aux règles du droit commercial.

- **Les parties à la facturation**

Dès la réalisation d'une vente [18] ou d'une prestation de services effectuée dans le cadre d'une activité professionnelle [19], **le vendeur ou le prestataire de services** sont les débiteurs de l'obligation de délivrer une facture à un **acheteur professionnel** [20] qui, quant à lui, est le débiteur de l'obligation de réclamer cette facture [21].

- **L'opération à facturer**

Il résulte de la législation et de la jurisprudence que doit donner lieu à une facture : **toute opération, entre professionnels, de vente ou de prestation de services**.

b. L'élaboration de la facture

Selon le nouvel article L. 441-9 du Code de commerce, **la facture doit être rédigée en deux exemplaires** (l'un pour le vendeur, l'autre pour l'acheteur) **mais seulement si elle est émise sous forme papier**. Elle doit être délivrée en principe **dès la réalisation de la vente ou de la prestation de services**. Elle **doit mentionner en principe** : le nom et l'adresse de chaque partie ; la date de la vente ou de la prestation de services ; la quantité, la dénomination précise et le prix unitaire hors TVA des produits vendus et des services rendus ainsi que toute réduction de prix acquise à la date de la vente ou de la prestation de services et directement liée à cette opération (à l'exclusion des escomptes non prévus sur la facture) ; la date à laquelle le règlement doit intervenir ; les conditions d'escompte applicables en cas de paiement à une date antérieure à celle résultant de l'application des CGV ; le taux des pénalités exigibles le jour suivant la date de règlement inscrite sur la facture (le règlement étant réputé réalisé à la date à laquelle les fonds sont mis, par le client, à la disposition du bénéficiaire ou de son subrogé), le montant de l'indemnité forfaitaire pour frais de recouvrement due au créancier en cas de retard de paiement et, depuis l'ordonnance précitée du 24 avril 2019, l'adresse de facturation si elle est différente de celle des parties ainsi que le numéro du bon de commande lorsqu'il a été préalablement établi par l'acheteur.

2 Les sanctions encourues

Toute **manquement** aux dispositions de l'article L. 441-9 du Code de commerce est désormais puni d'une **amende administrative** (et non plus pénale) **de 75 000 € pour une personne physique et de 375 000 € pour une personne morale**. Le maximum de cette amende est doublé en cas de réitération du manquement dans un délai de 2 ans à compter de la date à laquelle la première décision de sanction est devenue définitive.

Outre ces peines propres aux règles relatives à la facturation, il convient là encore de garder à l'esprit les sanctions administratives applicables à tous les manquements au Titre IV du Livre IV du Code de commerce (V. *infra* § 3).

Précisément, après les considérations relatives à la transparence, le Titre IV du Livre IV du Code de commerce français contient des dispositions prohibant les pratiques dites restrictives de concurrence entre partenaires commerciaux.

---

18 Sur le contrat de vente, *cf.* Chapitre 3.

19 La jurisprudence a cependant pu admettre que des ventes non professionnelles, mais « *revêtant un caractère significatif par leur quantité ou leur répétition* », doivent donner lieu à facturation (en ce sens, pour des ventes de champignons sauvages ramassés par des particuliers : CA Limoges, 16 oct. 1996, Procureur général c/ X : Louis Vogel, *Droit des pratiques commerciales*, *op. cit.*, p. 50).

20 Un « vendeur » professionnel ne délivre pas à un consommateur une « facture » régie par les dispositions de l'art. L. 441-9 C. com., mais une « note » (en vertu notamment de l'arrêté n° 83-50/A du 3 oct. 1983).

21 Le vendeur ou le prestataire de services, d'une part, et l'acheteur, d'autre part, sont donc « *tenus à des obligations complémentaires et réciproques* » (Cass. crim., 20 juin 1994 : *Bull. crim.* n° 245).

2 Les pratiques restrictives

Depuis l'ordonnance précitée du 24 avril 2019, les « pratiques restrictives de concurrence » figurent dans le Code de commerce français parmi les « pratiques commerciales déloyales entre entreprises ».

Insistons ici également sur les dispositions consacrées aux pratiques restrictives **entre professionnels** fournisseurs et distributeurs : certaines de ces pratiques étant sanctionnées pénalement (A) et d'autres civilement (B)[22].

A Les pratiques pénalement sanctionnées

Ce sont la revente à perte et la revente à prix imposé.

1 La revente à perte

Historiquement institué pour protéger le petit commerce de la concurrence des grands distributeurs qui peuvent se permettre de vendre en grande quantité à « prix cassés », le principe de l'interdiction de la **revente à perte**[23] empêche pour un commerçant la revente ou l'annonce de la revente d'un produit en l'état à un prix inférieur à son prix d'achat effectif. Cependant, le dispositif s'est révélé inflationniste car les avantages consentis hors facture d'achat aux distributeurs ne venaient pas en diminution du **seuil de revente à perte (SRP)**. Ces avantages dits « **marges arrière** » sont constitués en particulier de la rémunération par les fournisseurs des services de « coopération commerciale » ou des « services distincts »[24].

Afin d'abaisser le seuil de la revente à perte en intégrant l'ensemble des « marges arrière » dans le prix d'achat effectif, l'article L. 442-5 du Code de commerce prévoit que : **le prix d'achat effectif** est le prix unitaire net figurant sur la facture d'achat, minoré du montant de l'ensemble des autres avantages financiers consentis par le vendeur exprimé en pourcentage du prix unitaire net du produit et majoré des taxes sur le chiffre d'affaires, des taxes spécifiques afférentes à cette revente et du prix du transport[25].

Cependant, ce prix d'achat effectif est affecté d'un coefficient de 0,9 pour le grossiste qui distribue exclusivement des produits ou services à des revendeurs finaux qui lui sont indépendants[26]. Cette disposition a pour but d'accentuer la baisse du seuil à partir duquel les petits revendeurs de détails peuvent revendre les produits ou services aux consommateurs.

Le fait, pour tout commerçant, d'outrepasser ces dispositions est une infraction punie de 75 000 € d'amende. Cette amende peut être portée à la moitié des dépenses de publicité dans le cas où une annonce publicitaire, quel qu'en soit le support, fait état d'un prix inférieur au prix d'achat effectif. En outre, la cessation de l'annonce publicitaire peut être ordonnée par le juge d'instruction ou par le tribunal saisi des poursuites, soit sur réquisition du ministère public, soit d'office. Le législateur spécifie que les personnes morales pénalement responsables du délit de revente à perte encourent une peine complémentaire : la publicité de la décision de condamnation (par affichage dans la presse,...)[27].

---

22 Outre les sanctions administratives applicables à tout manquement aux règles posées par le Titre IV du Livre IV du Code de commerce.

23 Nouv. art. L. 442-5 C. com.

24 Sur les services de « coopération commerciale » et les « services distincts », *cf. supra* § 1-B.

25 Cela s'apparente au SRP dit « trois fois net ». V. Rapport Canivet précité, p. 74 : « *Cette notion de prix « trois fois net », familière aux fournisseurs comme aux distributeurs, correspond au prix d'achat tous remises, ristournes, rabais et coopération commerciale déduits* ».

26 Art. L. 442-5-I C. com. : « *[...] Est indépendante [...] toute entreprise libre de déterminer sa politique commerciale et dépourvue de lien capitalistique ou d'affiliation avec le grossiste* ».

27 Art. L. 442-5-III C. com.

Toutefois, selon l'article L. 442-5-II du Code de commerce, **l'interdiction de la revente à perte ne s'applique pas à la vente de certains produits** : ventes motivées par la cessation ou le changement d'une activité commerciale ; produits dont la vente présente un caractère saisonnier marqué pendant la période terminale de la saison des ventes et dans l'intervalle compris entre deux saisons de vente[28] ; produits périssables menacés d'une altération rapide (à condition que l'offre de prix réduit ne fasse l'objet d'une quelconque publicité ou annonce à l'extérieur du point de vente) ; ... Cependant, ces exceptions ne font pas obstacle, notamment au prononcé de la faillite personnelle dans le cadre d'une procédure de redressement judiciaire ou de liquidation judiciaire[29].

2 La revente à prix imposé

Constitue une infraction, punie d'une amende de 15 000 €, la revente à prix imposé visée par l'article L. 442-6 du Code de commerce comme : « *le fait, par toute personne d'imposer, directement ou indirectement, un caractère minimal au prix de revente d'un produit ou d'un bien, au prix d'une prestation de service ou à une marge commerciale* ».

Remarques :

- Seule l'imposition d'un prix minimum, et non celle d'un prix maximum, est prohibée.
- Les prix simplement conseillés sont autorisés, pourvu qu'ils laissent une réelle autonomie de décision au revendeur.
- Outre la peine pénale, la jurisprudence sanctionne parfois au plan civil la revente à prix imposé par l'annulation des contrats concernés.

Précisément, le législateur énumère des pratiques restrictives devant être sanctionnées civilement.

B Les pratiques civilement sanctionnées

Auparavant, c'était essentiellement l'article L. 442-6 du Code de commerce qui donnait une longue liste des pratiques restrictives de concurrence faisant encourir des sanctions civiles. Désormais, **depuis l'ordonnance précitée du 24 avril 2019, la liste de ces pratiques a été allégée et répartie dans les articles L. 442-1 et suivants du Code de commerce**. Voyons quelles sont les principales pratiques ainsi visées et les spécificités des sanctions civiles dont elles sont assorties.

1 Les principales pratiques visées

Certaines de ces pratiques font encourir la responsabilité civile de leur auteur, tandis que d'autres sont frappées de nullité.

a. Les pratiques sanctionnées par la responsabilité civile de leur auteur

Toute personne exerçant des activités de production, de distribution ou de services (et non plus « tout producteur, commerçant, industriel ou personne immatriculée au répertoire des métiers ») qui, dans le cadre de la négociation commerciale, de la conclusion ou de l'exécution d'un contrat, commet un manquement, mentionné par les nouveaux articles L. 442-1 et L. 442-2 du Code de commerce, engage sa responsabilité civile et doit réparer le préjudice ainsi causé.

---

28 *Ex.* : il a pu être jugé que la mise en vente de jouets le 23 décembre se situe dans la phase terminale de la saison (Cass. crim., 3 mai 2001 : *RJDA* 2002, n° 441).

29 En effet, la faillite personnelle d'une personne peut être prononcée si, entre autres, dans l'intention d'éviter ou de retarder l'ouverture de la procédure de redressement judiciaire ou de liquidation judiciaire, elle a fait des achats en vue d'une revente au-dessous du cours (art. L. 653-5 2° C. com.).

- **Les manquements interdits par le nouvel article L. 442-1 du Code de commerce**[30]

Ces manquements sont de quatre ordres[31] et, de manière condensée, peuvent respectivement être désignés comme ayant trait à des **avantages indus**, des **abus de dépendance**, des **pénalités excessives en cas de mauvaise exécution contractuelle** et à la **rupture brutale de relations commerciales établies** :

1º Obtenir ou tenter d'obtenir de l'autre partie un avantage ne correspondant à aucune contrepartie ou manifestement disproportionné au regard de la valeur de la contrepartie consentie ;

2º Soumettre ou tenter de soumettre l'autre partie à des obligations créant un déséquilibre significatif dans les droits et obligations des parties ;

3º Imposer des pénalités disproportionnées au regard de l'inexécution d'engagements contractuels ou procéder au refus ou retour de marchandises ou déduire d'office du montant de la facture établie par le fournisseur les pénalités ou rabais correspondant au non-respect d'une date de livraison, à la non-conformité des marchandises, lorsque la dette n'est pas certaine, liquide et exigible, sans même que le fournisseur ait été en mesure de contrôler la réalité du grief correspondant ;

4º Rompre brutalement, même partiellement, une relation commerciale établie, en l'absence d'un **préavis écrit** qui tienne compte notamment de la durée de la relation commerciale, en référence aux usages du commerce ou aux accords interprofessionnels (étant précisé, d'une part, que la responsabilité de l'auteur de la rupture ne peut être engagée en raison d'une durée insuffisante s'il a respecté un préavis de 18 mois et, d'autre part, qu'il est possible de résilier le contrat sans préavis en cas d'inexécution de l'autre partie ou en cas de force majeure).

- **Le manquement interdit par le nouvel article L. 442-2 du Code de commerce**

Il s'agit de la **violation de l'interdiction de revente hors réseau** : il est interdit de participer, directement ou non, à la violation de l'interdiction de revente hors réseau faite au distributeur lié par un accord de distribution sélective ou exclusive (les contrats de distribution entre un fabricant et ses revendeurs agréés interdisent à ces revendeurs de vendre les produits visés par les contrats à des revendeurs ne faisant pas partie du réseau de distribution).

b. Les pratiques sanctionnées par la nullité

Selon le nouvel article L. 442-3 du Code de commerce, **sont frappés de nullité absolue**[32] les clauses ou contrats prévoyant, pour toute personne exerçant des activités de production, de distribution ou de services, la possibilité : de bénéficier rétroactivement de remises, de ristournes ou d'accords de coopération commerciale ou de bénéficier automatiquement des conditions plus favorables consenties aux entreprises concurrentes par le cocontractant ou d'interdire au cocontractant la cession à des tiers des créances qu'elle détient sur elle.

2 La mise en œuvre des sanctions civiles

La procédure obéit à des règles particulières, tant en ce qui concerne les personnes pouvant agir en justice qu'en ce qui concerne les prétentions que les unes et les autres peuvent faire valoir.

a. Les personnes pouvant agir en justice

Le nouvel article L. 442-4-I du Code de commerce énonce que **l'action en justice** visant à ce que soient sanctionnées au plan civil les pratiques restrictives susvisées **peut être introduite, devant la juridiction compétente** (« tribunal judiciaire »[33] ou tribunal de

---

30 Dans sa rédaction issue de la loi n° 2020-1525 du 7 décembre 2020.

31 Outre le non-respect, par les personnes proposant un service d'intermédiation en ligne, des obligations prévues par le Règlement (UE) 2019/1150 du Parlement européen et du Conseil du 20 juin 2019.

32 Sur la notion de nullité, *cf.* Chapitre 2.

33 Depuis le 1er janvier 2020, les « tribunaux judiciaires» résultent de la fusion des TI et TGI.

commerce [34] territorialement compétent) [35], **par toute personne justifiant d'un intérêt** (à commencer par le partenaire commercial victime de la pratique) ; mais aussi, et cela est plus original car des pouvoirs sont ainsi conférés aux autorités publiques en la matière, par **le ministère public** (magistrats du parquet chargés, au nom des intérêts généraux de la société, de requérir l'application de la loi), par **le ministre chargé de l'économie ou** par **le président de l'Autorité de la concurrence** lorsque ce dernier constate, à l'occasion des affaires qui relèvent de sa compétence, une des pratiques en question.

b. Les sanctions des pratiques prohibées en fonction de la qualité du demandeur

Selon le nouvel article L. 442-4-I du Code de commerce, dans le cadre de l'exercice de l'action en justice, ***« Toute personne justifiant d'un intérêt »*** peut demander à la juridiction saisie d'ordonner la **cessation des pratiques** prohibées ainsi que la **réparation du préjudice subi**.

Mais **seule la victime de ces pratiques peut faire constater la nullité des clauses ou contrats illicites et demander la restitution des avantages indus**.

Quant au **ministre chargé de l'économie ou le ministère public**, ils peuvent demander à la juridiction saisie d'ordonner la **cessation des pratiques** prohibées. **Ils peuvent aussi faire constater la nullité des clauses ou contrats illicites et demander la restitution des avantages indûment obtenus, à condition que la victime des pratiques ait été informée, par tous moyens, de l'introduction de cette action en justice.** Ils peuvent également demander le prononcé d'une **amende civile dont le montant ne peut** toutefois **pas excéder le plus élevé de ces trois montants** : 5 millions d'euros ; le triple du montant des avantages indûment perçus ou obtenus ; 5 % du chiffre d'affaires hors taxes réalisé en France par l'auteur des pratiques lors du dernier exercice clos depuis l'exercice précédant celui au cours duquel les pratiques ont été mises en œuvre.

En outre, il est à noter que **la juridiction qui se prononce doit ordonner systématiquement la publication, la diffusion ou l'affichage de sa décision ou d'un extrait de celle-ci selon les modalités qu'elle précise** (les frais étant supportés par la personne condamnée) et elle **peut ordonner l'exécution de sa décision sous astreinte**.

Remarques :

- Selon qu'ils portent ou non atteinte au bon fonctionnement du marché, certains comportements constituent des pratiques anticoncurrentielles [36] ou des pratiques restrictives (*ex.* : abus de dépendance).
- Le législateur envisage d'autres pratiques restrictives que celles traitées dans les articles précités du Code de commerce. Ainsi, par exemple, font encourir des sanctions civiles : le fait de pratiquer, en situation de crise conjoncturelle, des prix de première cession abusivement bas pour les produits agricoles périssables (art. L. 442-7 C. com.) ou encore le fait de ne pas respecter les dispositions posées par les articles L. 442-8 et suivants du Code de commerce relatives aux **enchères inversées à distance** (enchères effectuées à distance mais qui, contrairement aux enchères classiques, sont initiées par l'acheteur qui fixe un prix maximum). Le législateur consacre également des dispositions spécifiques aux produits agricoles et denrées alimentaires (art. L. 443-1 à L. 443-4 C. com.).

Le panorama que l'on vient de voir des dispositions relatives à la transparence et aux pratiques restrictives, ainsi que les sanctions qui leur sont propres, ne serait cependant pas complet sans évoquer d'autres sanctions ; à savoir les sanctions administratives, qui les concernent aussi car elles sont applicables à tous les manquements au Titre IV du Livre IV du Code de commerce.

---

34 Selon les règles habituelles de procédure, la compétence d'attribution (compétence matérielle) de la juridiction dépend de la nature de l'affaire (acte de commerce entre toutes les parties, acte non commercial entre toutes les parties ou acte mixte).

35 En cas d'urgence, le juge des référés peut être saisi afin qu'il ordonne, au besoin sous astreinte, la cessation des pratiques ou toute autre mesure provisoire.

36 V. *supra* dans le présent ouvrage : Chapitre consacré aux pratiques anticoncurrentielles.

3 Les sanctions administratives en matière de transparence et de pratiques restrictives

Le renforcement des pouvoirs de l'administration en la matière provient de la loi n° 2014-344 du 17 mars 2014 relative à la consommation qui a créé une nouvelle subdivision dans le Livre IV du Code de commerce : le Titre VI *bis* devenu le Titre VII de ce Code depuis l'ordonnance n° 2017-303 du 9 mars 2017 et intitulé « *Des injonctions et sanctions administratives* ». Ce titre était constitué des articles L. 465-1 et L. 465-2 qui sont devenus, depuis l'ordonnance précitée de 2017, les articles L. 470-1 et L. 470-2. Précisément, avec **l'injonction administrative** (A) et **l'amende administrative** (B), les pouvoirs publics disposent de moyens supplémentaires afin de faire respecter par les professionnels les dispositions du Titre IV du Livre IV du Code de commerce.

A L'injonction administrative

L'injonction administrative est une procédure dont les modalités visent en quelque sorte à donner à un contrevenant sa chance de cesser ses agissements. L'issue de l'injonction diffère selon que le contrevenant aura ou non saisi cette chance.

1 Les modalités de l'injonction

Dans le cadre de leurs fonctions, les agents habilités à rechercher aussi bien les infractions que tous les manquements aux obligations prévues au Titre IV du Livre IV du Code de commerce et qui constatent de telles déviances, en dressent procès-verbal et, après avoir entendu les explications du professionnel concerné, peuvent lui enjoindre (ordonner), en lui impartissant un délai raisonnable, de se conformer à ses obligations, de cesser tout agissement illicite ou de supprimer toute clause illicite.

2 L'issue de l'injonction

À l'issue du délai fixé par les autorités, soit le professionnel a décidé d'obtempérer et la procédure s'achève, soit le professionnel ne se conforme pas à l'injonction et l'autorité administrative chargée de la concurrence et de la consommation peut prononcer à son encontre une amende administrative dont le montant ne peut excéder 3 000 € pour une personne physique et 15 000 € pour une personne morale.

Combinée ou non à l'injonction, l'amende administrative est donc l'autre aspect du pouvoir de sanction de l'administration s'agissant des dispositions du Titre IV du Livre IV du Code de commerce.

B L'amende administrative

L'amende administrative peut être prononcée par l'autorité chargée de la concurrence et de la consommation soit à l'issue d'une injonction non suivie d'effet, soit pour sanctionner directement certains manquements au Titre IV du Livre IV du Code de commerce. Ce dernier décrit la procédure à mettre en œuvre pour le prononcé de cette amende, ainsi que des règles de cumul éventuel de sanctions.

1 La procédure à suivre

Tout manquement passible d'une amende administrative doit être constaté par procès-verbal. Avant toute décision, l'administration informe par écrit de la sanction envisagée la personne mise en cause et indique à celle-ci qu'elle peut prendre connaissance des pièces du dossier et qu'elle peut se faire assister par le conseil de son choix. La personne mise en cause est également invitée à présenter sous 60 jours ses observations écrites et, le cas échéant, orales. Passé ce délai, l'autorité administrative peut prononcer l'amende, par une décision motivée et qui doit être publiée.

Pour prendre sa décision, l'autorité administrative doit tenir compte de règles de cumul éventuel de sanctions.

2 Le cumul éventuel de sanctions

Lorsqu'une amende administrative est susceptible de se cumuler avec une amende pénale infligée à raison des mêmes faits à l'auteur du manquement, le montant global des amendes prononcées ne doit pas dépasser le maximum légal le plus élevé.

Lorsque, à l'occasion d'une même procédure ou de procédures séparées, plusieurs sanctions administratives ont été prononcées à l'encontre d'un même auteur pour des manquements en concours, ces sanctions s'exécutent cumulativement.

La concurrence déloyale

Chapitre 10

COMPÉTENCES VISÉES :

- **Savoir identifier une situation de concurrence déloyale.**
- **Connaître les spécificités de l'action en justice fondée sur la concurrence déloyale.**

- L'exercice de la libre concurrence ne doit pas se traduire par tous les débordements. **La concurrence doit être loyale, c'est-à-dire conforme à une certaine éthique des affaires.** Aussi, **en dehors des comportements réprimés par le législateur** (transgression des règles relatives aux pratiques anticoncurrentielles, à la concentration ou à la transparence et aux pratiques restrictives)[1], **la jurisprudence est à l'origine de la sanction de la concurrence déloyale (I) par application des dispositions sur la responsabilité civile délictuelle**, laquelle est **appelée responsabilité civile « extracontractuelle » dans le Code civil depuis l'ordonnance n° 2016-131 du 10 février 2016** portant réforme du droit des contrats, du régime général et de la preuve des obligations (II).

1 Sur ces différents volets du droit de la concurrence *cf.* Chapitres 7, 8 et 9.

PLAN DU CHAPITRE

1 Les éléments constitutifs de la concurrence déloyale

Conformément au droit commun de la **responsabilité civile extracontractuelle**, trois éléments doivent être réunis pour que celle-ci soit engagée : **un fait générateur (A), un préjudice (B) et un lien de causalité entre le fait générateur et le préjudice (C)** ; le fait générateur étant tout fait dommageable qui ne consiste pas en la mauvaise exécution d'une obligation contractuelle entre cocontractants. Précisément, le fait générateur de responsabilité extracontractuelle en matière de concurrence déloyale est un **acte qui déroge à la loyauté, l'honnêteté qui doivent présider à la compétition normale dans le monde des affaires**.

A Les actes de concurrence déloyale

L'observation de la jurisprudence permet de distinguer **quatre catégories principales d'actes de concurrence déloyale** à propos desquels il a été de longue date suggéré de légiférer [2] à l'instar de ce que font les droits de nombreux autres pays européens [3]. Il s'agit du **dénigrement**, des **actes destinés à créer une confusion**, des **actes destinés à la désorganisation économique** et des **agissements parasitaires**.

1 Le dénigrement

Le dénigrement consiste à porter atteinte à l'image ou à la réputation (dévalorisation, discrédit) **d'une entreprise** (concurrente ou non [4], nommément désignée ou aisément identifiable) **par la diffusion** (publiquement : annonce dans la presse, tracts,...) **auprès de la clientèle** (clients de l'entreprise visée) **d'une information péjorative ou malveillante** (appréciations vraies ou fausses mais attentatoires à l'honorabilité) **sur l'entreprise elle-même ou sur sa production** (comportements de l'entreprise, qualités de ses produits ou de ses services,...).

Remarques :

- **Le dénigrement ne doit pas être confondu avec la simple critique** (dès lors qu'elle est justifiée et objective : appréciations portées par un chercheur,...) **ni avec la diffamation (allégation ou imputation d'un fait, constitutive d'une infraction, qui porte atteinte à l'honneur ou à la considération d'une personne en particulier ou d'un corps constitué).**
- **Autorisée par le législateur, la publicité comparative ne doit pas donner lieu à des comportements concurrentiels déloyaux.** En effet, cette publicité doit : être menée **à partir d'une comparaison véridique** (l'annonceur doit être en mesure de prouver l'exactitude de ses allégations, indications ou présentations), être **objective** (la publicité comparative ne peut porter que sur des caractéristiques essentielles, significatives, pertinentes et vérifiables de biens ou services de même nature et disponibles sur le marché) et être **loyale** (l'annonceur doit agir en conformité avec les usages honnêtes du commerce : ne pas dénigrer,...). L'ex-article L. 121-8 du Code de la consommation, devenu l'article L. 122-1 de ce Code depuis l'ordonnance n° 2016-301 du 14 mars 2016, dispose : « *Toute publicité qui met en comparaison des biens ou services en identifiant, implicitement ou explicitement, un concurrent ou des biens ou services offerts par un concurrent n'est licite que si : 1° Elle n'est pas trompeuse ou de nature à induire en erreur ; 2° Elle porte sur des biens ou services répondant aux mêmes besoins ou ayant le même objectif ; 3° Elle compare objectivement une ou plusieurs caractéristiques essentielles, pertinentes, vérifiables et représentatives de ces biens ou services, dont le prix peut faire partie* ».

2 Les actes destinés à créer une confusion

Constituent des actes de concurrence déloyale les **actes destinés**, intentionnellement ou non, à **créer une confusion ou un risque de confusion dans l'esprit des clients d'attention moyenne** et ce, essentiellement par l'imitation suffisamment ressemblante des signes de ralliement de la

---

2 *Rapport du groupe d'experts constitué sur les rapports entre industrie et commerce* remis le 18 oct. 2004 au ministre de l'économie (Rapport dit Canivet *op. cit.*), annexe p. 126.

3 *Ibid.*, p. 70 : « *Allemagne, Espagne, Belgique, Danemark, Suisse, Hongrie, Pologne, République tchèque,...* ».

4 Le dénigrement peut être collectif et porter sur l'ensemble d'une profession (ex : fabricants de vêtements en fourrures véritables,...).

clientèle (nom commercial[5], enseigne[6], marque[7],...) ou des produits (conditionnement,...) du concurrent.

Remarques :
- Les éléments copiés doivent avoir un minimum d'**originalité**.
- Lorsque l'élément copié est protégé par un droit de propriété industrielle (marque,...), la victime peut également exercer l'action pénale en **contrefaçon**.

3 Les actes destinés à la désorganisation économique

Constituent des actes de concurrence déloyale les **actes manifestant un abus dans l'exercice de la libre concurrence et destinés à la désorganisation d'une entreprise ou du marché par la création d'une entreprise concurrente** (par l'ancien salarié ou dirigeant d'une entreprise qui démarche systématiquement la clientèle de cette dernière ou qui utilise des secrets de fabrication ou documents qu'il a détournés,...), **le débauchage ou la tentative de débauchage intentionnels des salariés du concurrent** (débauchage massif de salariés du concurrent suite à des promesses de rémunération anormalement élevées,...) ou **la désorganisation de l'activité commerciale** (par l'espionnage commercial, le masquage des panneaux publicitaires d'un concurrent,...).

Remarque. La liberté de créer une entreprise est également restreinte par les éventuelles **clauses de non-concurrence** insérées dans certains contrats (clause de non-concurrence du vendeur de fonds de commerce vis-à-vis de l'acheteur du fonds, clause de non-concurrence du salarié vis-à-vis de l'employeur,...), pourvu qu'elles soient valables (limitées dans le temps et dans l'espace,...).

4 Les agissements parasitaires

Entendus au sens large, les **agissements parasitaires** sont les **comportements par lesquels un agent économique s'immisce dans le sillage d'un autre, concurrent ou non, afin de tirer profit sans rien dépenser des efforts et du savoir-faire de ce dernier.** Concrètement, ces agissements consistent principalement en la **reproduction des produits d'autrui** (vente par un commerçant, et sous son propre nom, de produits copiant ceux d'un autre fabricant,...), l'**exploitation du travail ou des investissements d'autrui** (émission de télévision similaire à une autre émission diffusée par une chaîne concurrente, imitation du style d'un artiste,...), l'**exploitation de la publicité d'autrui** (imitation du concept publicitaire d'un concurrent,...) ou l'**exploitation de la notoriété d'autrui** (entreprise installée à proximité d'une entreprise concurrente afin de profiter de la grande renommée de celle-ci, appellation d'un produit susceptible de détourner la notoriété d'un autre produit pourtant de nature différente[8],...).

Remarque. Le parasitisme ne doit pas être confondu avec la confusion envisagée *supra* : le « parasite » adopte un comportement suiveur afin de profiter du succès d'autrui mais ne cherche pas à se faire passer pour lui. Par ailleurs, il y a concurrence parasitaire à proprement parler lorsque le « parasite » et le « parasité » sont des concurrents. Il y a agissements parasitaires au sens strict en dehors d'un rapport de concurrence entre le « parasite » et le « parasité ».

Pour qu'il y ait concurrence déloyale répréhensible sur le plan de la responsabilité civile extracontractuelle, outre l'existence du fait générateur de cette concurrence, un préjudice doit être causé.

---

5 Nom sous lequel le commerçant exerce son commerce.
6 Élément d'individualisation du commerce, suggérant l'activité pratiquée.
7 Signe distinctif apposé sur un produit ou accompagnant un service afin de distinguer ce produit ou ce service de ceux des concurrents et afin d'en indiquer la provenance aux consommateurs.
8 *Ex.* : l'appellation « Champagne » choisie pour l'un de ses parfums par le parfumeur Yves Saint Laurent a été jugée constitutive d'un agissement parasitaire (CA Paris, 15 déc. 1993 : *JCP* 1994, II, 22229, note Frédéric Pollaud-Dulian).

B Un préjudice

L'acte de concurrence déloyale doit être dommageable. **Le préjudice**, qui conformément au droit commun **doit être direct et certain, peut être matériel et/ou moral**. Il consiste, pour la victime de l'acte, le plus souvent en la **perte d'une partie de sa clientèle** se traduisant par la **baisse du chiffre d'affaires** ou en la **perte d'une chance d'augmenter sa clientèle potentielle**. À noter que **la jurisprudence tend à présumer le préjudice du fait de l'acte de concurrence déloyale**[9].

C Le lien de causalité

Le **lien de cause à effet entre l'acte de concurrence déloyale et le préjudice subi** doit être établi. Toutefois, en matière de concurrence déloyale, comme pour le préjudice, la jurisprudence tend à déduire facilement ce **lien de causalité** de la seule concomitance entre l'acte et le préjudice[10].

L'acte de concurrence déloyale qui cause ainsi un préjudice peut être sanctionné par l'engagement de la responsabilité civile extracontractuelle de l'auteur de l'acte ; ce qui suppose, de la part de la victime, l'exercice en justice de l'action en concurrence déloyale.

2 L'action en concurrence déloyale

A Mise en œuvre de l'action en concurrence déloyale

1 Le fondement de l'action

La jurisprudence sanctionne la concurrence déloyale sur le fondement du **régime de la responsabilité civile extracontractuelle du fait personnel** basé sur **les articles 1382 et 1383 du Code civil**, **devenus**, depuis l'ordonnance précitée du 10 février 2016, les **articles 1240 et 1241 de ce Code**.

Art. 1240 C. civ. (anc. art. 1382) :

« Tout fait quelconque de l'homme, qui cause à autrui un dommage, oblige celui par la faute duquel il est arrivé, à le réparer ».

Art. 1241 C. civ. (anc. art. 1383) :

« Chacun est responsable du dommage qu'il a causé non seulement par son fait, mais encore par sa négligence ou par son imprudence ».

Le demandeur doit donc prouver qu'il subit un préjudice causé par une faute (acte de concurrence déloyale) commise intentionnellement ou non par le défendeur.

2 Les parties au procès

En principe, **l'action en concurrence déloyale ne peut prospérer que s'il existe un rapport de concurrence** (par des biens ou services de nature comparable proposés à une même catégorie de clientèle) **entre le demandeur** (personne physique ou morale qui agit en justice) **et le défendeur** (personne physique ou morale qui est assignée en justice). Toutefois, dans certains cas (dénigrement, agissements parasitaires[11],...), la jurisprudence accueille cette action en l'absence d'un rapport de concurrence entre les parties.

---

9 Il s'infère nécessairement des actes déloyaux constatés l'existence d'un préjudice, fût-il seulement moral (*ex.* : Cass. com., 9 févr. 1993 : *Bull. civ.* IV, n° 53).

10 *Ex.* : les juges du fond établissent l'existence d'un lien de causalité entre la faute et le préjudice dès lors qu'ils constatent la corrélation entre l'installation concurrente et la diminution du chiffre d'affaires du commerçant et écartent formellement d'autres causes de cette baisse (Cass. com., 29 nov. 1976 : *Bull. civ.* IV, n° 300).

11 Sur ces notions, *cf. supra* § 1-A-1.

En principe, **le demandeur est la victime directe de la concurrence déloyale et le défendeur est l'auteur en personne de cette concurrence**. Cependant, par exemple, un syndicat professionnel peut agir au nom des membres qu'il représente ou encore un commettant (employeur,...) peut être tenu pour responsable des actes de concurrence déloyale commis par ses préposés (salariés,...)[12].

3 La compétence juridictionnelle

La détermination de la **compétence d'attribution** (dite aussi matérielle) et de la **compétence territoriale** des juridictions ayant à connaître de l'action en concurrence déloyale obéit aux règles procédurales de droit commun.

Ainsi, le procès doit commencer au premier degré juridictionnel de l'ordre judiciaire non répressif. La compétence d'attribution dépend de la qualité des parties en cause : saisine du tribunal de commerce pour un procès entre commerçants, ou au choix du demandeur non-commerçant en matière d'acte mixte[13] ; saisine du « tribunal judiciaire » pour un procès entre non-commerçants ou, si dans un acte mixte, le défendeur est le non-commerçant ou si le demandeur non-commerçant le décide.

Quant à la compétence territoriale, le demandeur peut saisir, à son choix, la juridiction du lieu de résidence du défendeur, la juridiction du lieu du fait dommageable ou celle dans le ressort de laquelle le dommage causé par la concurrence déloyale est subi.

Remarques :
- L'exercice des éventuelles voies de recours (*ex.* : appel, pourvoi en cassation) contre la décision rendue au premier degré s'effectue selon les règles procédurales de droit commun (délai d'action,...).
- Le juge des référés (président du tribunal normalement compétent) peut être saisi en cas de troubles imminents.

B Effets de l'action en concurrence déloyale

L'action en concurrence déloyale est surtout une **action en réparation des préjudices subis**, mais aussi, le cas échéant, une **action préventive**. Lorsque cette action aboutit, les juges peuvent condamner l'auteur de la concurrence déloyale à payer, en réparation des préjudices, des **dommages-intérêts** (somme d'argent compensatoire du dommage subi) à la victime. Ils peuvent aussi ordonner d'une part, **par voie d'injonction** (ordre de faire ou de ne pas faire donné par un juge) **toutes les mesures nécessaires pour que cessent les comportements fautifs** et, d'autre part, la **publication de la décision par voie de presse. La décision peut être assortie d'une astreinte** (condamnation à une somme d'argent, à raison de tant par jour ou semaine... de retard, prononcée par le juge contre un débiteur afin de l'amener à exécuter son obligation).

Remarque. Au terme de cette étude du droit de la concurrence, dans le présent chapitre et les trois chapitres qui précèdent, on observe la coexistence de recours exercés par les pouvoirs publics (*public enforcement*) et d'actions privées (*private enforcement*) parfois difficiles à articuler[14]. Ces deux types de procédures, tendant au respect des règles d'une saine concurrence, sont pourtant complémentaires et le législateur comme la jurisprudence, tant au niveau français qu'au niveau européen, s'emploient à les concilier.

---

12 L'article 1384 alinéa 5 du Code civil devenu, depuis l'ordonnance précitée du 10 février 2016, l'article 1242 alinéa 5 de ce Code, pose une présomption de responsabilité extracontractuelle du commettant pour le dommage causé par ses préposés dans le cadre des fonctions auxquelles il les a employés.

13 Acte passé entre au moins un commerçant et au moins un non-commerçant ; qu'il s'agisse de personnes physiques ou morales.

14 Sur la distinction, en général, entre *public enforcement* et *private enforcement*, V. not. : A. Mitchell Polinsky, Steven Shavell, *Handbook of Law and Economics*, Vol. 1, Éd. A. Mitchell Polinsky, Steven Shavell, 2007, Elsevier B.V., Chapter 6 : « The theory of public enforcement of law », p. 405 s.

Chapitre 11

L'entreprise et l'administration fiscale

COMPÉTENCES ATTENDUES

- **Assister l'entreprise dans ses relations avec l'administration fiscale.**
- **Rédiger et concevoir les demandes d'agrément et de rescrit.**
- **Suivre la procédure de vérification fiscale.**
- **Apprécier l'opportunité d'accepter ou de contester une proposition de redressement.**
- **Suivre et orienter le contentieux fiscal.**

- Dans le cadre de son activité, l'entreprise est amenée à entretenir des relations avec l'administration fiscale.

  Elle peut être à l'initiative de ses relations dans le cadre de demandes d'agrément et de rescrit, ou elle doit répondre aux sollicitations de l'administration pour vérifier le respect des obligations fiscales qui incombent aux entreprises dans le cadre des procédures qui définissent les droits et les obligations de chacune des parties.
- Pour renforcer les relations entre l'administration fiscale et ses usagers, l'Etat s'est doté de la **loi du 10 août 2018 pour un État au service d'une société de confiance (ESSOC)**.
- Son objectif vise à mobiliser davantage l'administration fiscale au service de la sécurité juridique. Cela passe notamment par le développement de la procédure de rescrit, l'introduction d'un droit à l'erreur, la garantie fiscale et l'examen de conformité fiscale par un tiers de confiance.

PLAN DU CHAPITRE

1 Les procédures à disposition des entreprises

A Les agréments fiscaux

1 Définition et fonctionnement du dispositif

L'agrément fiscal est une **procédure administrative** qui permet à une entreprise d'obtenir un régime fiscal spécifique pour la réalisation d'opérations déterminées.

Créée en 1992, cette procédure était destinée, à l'origine, à favoriser l'exécution de certaines opérations considérées comme prioritaires pour les pouvoirs publics.

Concrètement, elle se traduit par l'obtention d'une autorisation dérogatoire au régime de droit commun qui permet à l'entreprise de bénéficier d'allégements fiscaux.

L'obtention d'un agrément fiscal est très encadrée. Il est subordonné au dépôt d'une demande préalable, selon un modèle fourni par l'Administration, qui doit être adressée à la Direction générale des finances publiques avec, généralement, l'ensemble des renseignements nécessaires à son traitement.

L'agrément est accordé par le ministre du Budget ou ses représentants selon la nature et l'importance des allégements demandés.

En cas de refus, l'entreprise peut contester cette décision au moyen d'un recours pour excès de pouvoir.

Il existe, selon la jurisprudence, deux catégories d'agrément.

- **L'agrément accordé de droit**, qui a pour seul objet de vérifier que les conditions requises pour son obtention sont effectivement remplies. Si cet agrément est refusé à l'entreprise, l'Administration devra justifier son refus.
- **L'agrément discrétionnaire**, où l'Administration dispose de la possibilité d'opposer un refus sans avoir à motiver sa position.

Les avantages fiscaux accordés par agrément sont subordonnés au respect des engagements pris par les bénéficiaires.

Si l'Administration constate que les engagements n'ont pas été tenus, elle doit mettre l'entreprise en mesure de présenter ses observations. En tout état de cause, la décision de retrait doit être motivée.

Le retrait de l'agrément entraîne la déchéance des avantages fiscaux accordés.

L'entreprise se voit alors réclamer la totalité des droits dont elle avait été dispensée du fait de l'agrément.

2 Principaux agréments

Les différents agréments peuvent être regroupés en quatre catégories.

a. Agréments destinés à faciliter les restructurations des entreprises

Cela concerne certaines opérations d'apports partiels d'actif, d'apports fusions à des sociétés étrangères, de transferts de déficits antérieurs à des fusions ou des opérations de restructuration au sein d'un groupe dans le cadre du régime d'intégration fiscale.

b. Agréments destinés à favoriser l'aménagement du territoire

Il s'agit essentiellement d'exonérations temporaires de Contribution économique territoriale (CET) dans certaines zones du territoire national, ainsi que des dispositifs en faveur des investissements dans les départements et territoires d'outre-mer.

c. Agréments destinés à mieux conserver et protéger le patrimoine national

Ces agréments concernent les exonérations des droits de mutation à titre gratuit pour certains monuments historiques, ainsi que les dons d'œuvres d'art et les remises d'immeubles à l'État.

d. Agréments à destination des entreprises en difficulté

Les sociétés créées jusqu'au 31 décembre 2021 pour la reprise d'entreprises ou d'établissements industriels en difficulté peuvent bénéficier d'une exonération d'impôt sur les sociétés à raison des bénéfices réalisés au cours de leurs vingt-quatre premiers mois d'activité sous certaines conditions.

Un agrément est exigé pour les entreprises implantées dans les zones d'aide à finalité régionale et les petites et moyennes entreprises, quel que soit leur lieu d'implantation.

B Le rescrit

1 Principe général d'application

Le droit fiscal est réputé pour sa complexité. De fait, il n'est pas toujours aisé de connaître le régime fiscal applicable à une situation donnée.

La procédure de rescrit permet à un contribuable, personne physique ou personne morale, d'interroger l'administration sur les conséquences fiscales d'une situation de fait.

La réponse de l'administration lui sera opposable. Elle ne pourra plus procéder à des rectifications ultérieures qui seraient fondées sur une appréciation différente de la situation exposée par le contribuable.

C'est l'article L. 80 A alinéa 1 du Livre de procédures fiscales (LPF), qui fixe la règle suivante : « *Il ne sera procédé à aucun rehaussement d'impositions antérieures si la cause du rehaussement poursuivi par l'administration est un différend sur l'interprétation par le redevable de bonne foi du texte fiscal et s'il est démontré que l'interprétation sur laquelle est fondée la première décision a été, à l'époque, formellement admise par l'administration.* »

Il s'agit d'une sécurité juridique importante pour le contribuable. Cette garantie suppose que les énonciations du contribuable soient claires, précises et explicites pour que l'administration puisse se prononcer en toute connaissance de cause.

Dans la pratique, la procédure de rescrit va être utilisée soit pour l'**interprétation de textes légaux** ou réglementaires, soit pour connaître le **régime fiscal d'une situation de fait**. Le contribuable peut aussi utiliser les prises de position formelle de portée générale qui ont déjà été publiées en ligne par l'Administration.

L'article L. 80 B traite des différents cas de rescrits fiscaux en fonction de la nature des demandes faites par le contribuable.

2 Le rescrit de droit commun

Il est prévu à l'article L. 80 B 1er : « *Lorsque l'administration a formellement pris position sur l'appréciation d'une situation de fait au regard d'un texte fiscal ; elle se prononce dans un délai de trois mois lorsqu'elle est saisie d'une demande écrite, précise et complète par un redevable de bonne foi.* »

Il peut s'agir d'une **demande écrite du contribuable** à l'Administration pour connaître le régime applicable à une situation donnée.

Dans ce cas, cette dernière va s'engager par écrit, dans le délai de trois mois à compter de la réception de la demande, et apporter ainsi une garantie substantielle au contribuable.

Toutefois, le rescrit ne saurait être opposable qu'à la double condition que la situation de fait soit identique à celle sur laquelle l'Administration s'est prononcée et que le contribuable se soit strictement conformé à la solution retenue par l'Administration.

Ainsi, par exemple un contribuable pourra se faire préciser si, au regard de sa situation personnelle, son domicile fiscal doit être localisé en France.

La prise de position peut aussi se retrouver **dans les pièces de procédure lors d'un contrôle fiscal**. Si l'Administration, lors d'une vérification de comptabilité, retient une méthode de calcul pour la détermination de la dépréciation du stock de marchandises, le contribuable pourra s'en servir comme support de rescrit ultérieurement si l'Administration venait à revoir son analyse.

Cette garantie sera valable jusqu'à ce que l'Administration rapporte officiellement sa position par écrit.

Dans le cadre de la loi ESSOC, il est prévu que les contribuables faisant l'objet d'une vérification ou d'un examen de comptabilité ont la possibilité de demander au service vérificateur une prise de position formelle, opposable à l'administration, sur les points de droit ou de fait examinés au cours du contrôle et pour lesquels aucun rehaussement n'est envisagé.

Attention Dans le cadre du rescrit de droit commun, l'Administration est tenue de répondre dans le délai de trois mois qui lui est imparti, mais elle peut également ne pas répondre à une demande de rescrit.
L'absence de réponse n'équivaut pas à une réponse tacite positive à la question posée dans le rescrit général. Elle doit être interprétée comme une réponse tacite négative.

3 Les rescrits spécifiques

Ils sont expressément prévus par la loi avec des modalités particulières d'application.

a. Les rescrits sans délai de réponse pour l'Administration

Pour les rescrits suivants, l'absence de réponse ne vaut pas accord tacite.

- **L'accord préalable en matière de fiscalité internationale sur la détermination des prix de transfert** (article L. 80 B-7° du LPF) : l'entreprise française ou étrangère qui réalise des opérations transfrontalières avec des entreprises qui lui sont liées peut solliciter de l'administration fiscale française la conclusion d'un **accord préalable** sur la méthode de détermination des **prix de transfert** qui s'appliquera lors des futures transactions au sein du groupe. Cette demande permet de sécuriser la politique de prix retenue par l'entreprise, même si l'administration fiscale du pays où sont réalisées les opérations transfrontalières pourra dans certains cas contester cette politique de prix de transfert.
- **Le rescrit relatif à la valeur d'une entreprise** (article L. 18 du LPF) : préalablement à une opération de donation d'une entreprise, le donateur peut demander à l'Administration de valider la valeur vénale qui servira au calcul des droits de mutation à titre gratuit.

b. Les rescrits comportant un délai de réponse de trois mois

Pour ces rescrits, l'Administration doit, dans un délai de trois mois, répondre à la demande du contribuable. Passé ce délai, elle est réputée avoir tacitement accepté la demande de rescrit.

Les principaux rescrits soumis à ce délai sont les suivants.

- **Le rescrit relatif aux entreprises nouvelles**, aux entreprises implantées en zones franches urbaines ou en zones de revitalisation rurale, aux jeunes entreprises innovantes et jeunes entreprises universitaires, par lequel une entreprise demande si elle a droit aux allégements d'impôt sur les bénéfices (articles L. 80 B-2° et 4° du LPF).
- **Le rescrit relatif au crédit d'impôt recherche**, pour savoir si le projet de dépenses de recherches de l'entreprise est éligible au bénéfice des dispositions de l'article 244 *quater* B du CGI (articles L. 80 B-3° et 3° *bis* du LPF). Pour ce rescrit, il est même prévu que les entreprises qui ont déjà obtenu une prise de position formelle de l'Administration confirmant l'éligibilité de leur projet pluriannuel au crédit impôt recherche peuvent désormais solliciter la révision de la décision initiale en cas de modification ultérieure de leur projet pluriannuel de recherche. Cette mesure, ouverte aux entreprises depuis le 1er octobre 2016, devrait permettre à

l'Administration d'instruire plus facilement la demande du fait de sa connaissance préalable du dossier.

- **Le rescrit relatif aux établissements stables**, par lequel une entreprise peut s'assurer qu'elle n'a pas d'établissement stable en France (article L. 80 B-6° du LPF).
- **Le rescrit relatif à la définition catégorielle de certains revenus professionnels**, par lequel un contribuable peut demander à l'Administration de se prononcer sur la catégorie dont relève son activité professionnelle (BIC ou BNC), ou de se prononcer sur la nature de l'impôt (IR ou IS) dont relève l'activité d'une société civile (article L. 80 B-8° du LPF).

c. Les rescrits comportant un délai de réponse de six mois

- **Le rescrit relatif au mécénat** par lequel un organisme peut solliciter la reconnaissance du statut d'intérêt général d'organismes recevant des dons (article L. 80 C du LPF).
- **Le rescrit relatif à l'abus de droit**, par lequel un contribuable peut consulter l'Administration, avant la conclusion d'un acte, d'une convention ou d'une opération, afin qu'elle se prononce sur la portée véritable de cette opération, c'est-à-dire qu'elle indique dans quelle mesure les éléments qui sont soumis à son analyse caractérisent ou non une situation fictive ou différente de la situation juridique véritable (article L. 64 B du LPF).

Le rescrit préalable aux opérations de fusion, de scission ou d'apport partiel d'actif :

Ce dispositif applicable depuis le 1er janvier 2018 à l'article L. 80 B, 9 du LPF permet aux entreprises qui souhaitent sécuriser le traitement fiscal de l'opération de **fusion**, de **scission** ou d'**apport partiel d'actif**, de demander à l'administration la confirmation que les dispositions excluant des régimes de faveurs ne lui sont pas applicables. L'administration est considérée avoir donné un **accord tacite** lorsqu'elle ne répond pas dans les six mois.

Les modalités d'application de cette mesure viennent d'être précisées par décret.

La **demande** doit préciser :

- le nom ou la raison sociale et l'adresse du demandeur et des autres personnes concernées par l'opération de fusion, de scission ou d'apport partiel d'actif ;
- la date prévue de l'opération envisagée, la nature du patrimoine apporté, les modalités de transcription et de rémunération des apports et le montant des plus-values mises en sursis d'imposition ;
- la nature et le contexte économique de cette opération, ses conséquences économiques et fiscales, ainsi que, le cas échéant, les autres informations nécessaires pour mettre l'administration en mesure d'en apprécier les motifs et objectifs.

4 Les recours possibles

Après prise de décision formelle par l'Administration, le contribuable dispose de la possibilité de demander un second examen de la demande de rescrit.

Cette possibilité de second examen concerne le rescrit général comme les rescrits spécifiques, **à l'exception du rescrit abus de droit**, qui bénéficie d'ores et déjà de garanties spécifiques au titre de la procédure dite « de l'abus de droit fiscal ».

Le contribuable doit exercer ce recours dans un délai de deux mois à compter du jour de la réception de la réponse de l'Administration, sans avoir à invoquer d'éléments nouveaux puisque le second examen a vocation à juger la pertinence du premier avis, et non à se prononcer sur une nouvelle situation de fait.

Ce second examen est assuré par un collège de six fonctionnaires dont aucun n'a eu à prendre position sur la demande initiale pour garantir la neutralité et l'impartialité de l'avis rendu.

Ce collège devra répondre dans les mêmes délais (à compter de la nouvelle saisine) et selon les mêmes règles que ceux auxquels était soumise la saisine initiale.

L'avis du collège s'impose au service qui a délivré la réponse initiale et qui sera chargé d'en faire part au contribuable.

> Dans la pratique l'administration fiscale délivre chaque année environ 18 000 prises de position formelles selon la procédure de rescrit sur des situations de fait présentées par des contribuables.
> L'essentiel des demandes relève des services territoriaux.
> Afin de faciliter l'instruction de toutes les demandes de rescrit général dans les meilleurs délais un formulaire indiquant les principales informations à fournir est mis à la disposition des contribuables sur le site impots.gouv.fr/Les rescrits/ Je demande un rescrit/Documentation utile/modèle de rescrit.
> Pour permettre aux usagers d'accéder aux rescrits de portée générale tout en renforçant leur visibilité, une nouvelle série dédiée à la publication de rescrits, intitulée RES - Rescrits, a été créée dans la base documentaire BOFiP-Impôts. Les publications, classées par impôt ou par catégorie de revenus, interviennent au fil des décisions et font l'objet d'un lien « actualité » en page d'accueil de BOFIPImpôts. Elles sont aussi signalées sur le site www.impots.gouv.fr

À titre d'exemple, voici un modèle type de demande de rescrit abus de droit accessible sur le site www.impots.gouv.fr

RESCRIT ABUS DE DROIT

Demande d'avis relative à la mise en œuvre de la garantie prévue par l'article L. 64 B

L'article L. 64 B du Livre des procédures fiscales vous offre la possibilité de saisir l'Administration, préalablement à la conclusion d'un contrat ou d'une convention pour apprécier la portée fiscale de cette opération.
Si vous souhaitez faire usage de cette faculté, il vous faut faire parvenir à la Direction générale des finances publiques un dossier complet et précis.
Le présent cahier des charges a pour vocation de vous aider dans cette tâche :
- Les indications qu'il comporte ne sont pas limitatives. Il vous appartient d'y ajouter les éléments qui vous paraissent utiles.
- Ces indications sont également générales : il n'est pas possible de fixer par avance le degré de précision avec lequel tel ou tel point devrait être exposé.

1 - DEMANDEUR (s)
1.1. Personne physique - Nom et prénom : - Adresse : - Téléphone : 1.2. Personne morale - Dénomination : - Forme juridique : - Adresse du siège social et des établissements : Fournir un extrait K*bis* et la photocopie des statuts et des 3 derniers bilans.
2 - OPÉRATION ENVISAGÉE
2.1. Exposé clair, complet et sincère des opérations : 2.2. Motifs de l'opération : 2.3. Calendrier estimatif : 2.4. Enjeux financiers : 2.5. Analyse fiscale de l'opération : Cette analyse doit indiquer les dispositifs et impositions qui pourraient être appliqués après mise en œuvre de la procédure de l'abus de droit fiscal
3 - PARTIES À L'OPÉRATION
3.1. Désignation exacte (nom ou raison sociale, adresse) de toutes les parties à l'opération : 3.2. Description des liens déjà existants entre ces parties :
4 - PROJETS D'ACTES, CONTRATS ET CONVENTIONS

4.1. Production d'une copie de tous les projets de documents nécessaires à l'opération :
Pour que l'Administration soit engagée par la réponse qu'elle vous fournira, il faut que votre demande soit formulée de bonne foi et de manière à ce que l'Administration dispose de tous les éléments qui caractérisent l'opération. Le délai de six mois ne commence à courir qu'à compter du dépôt d'une demande complète auprès de l'autorité compétente À......, le....... Certifié exact, conforme et sincère Signature et qualité du signataire.

2 Le droit de contrôle de l'Administration

Le système fiscal français est un **système essentiellement déclaratif**. Ce sont les contribuables qui, sous leur propre responsabilité, déclarent les sommes à partir desquelles l'imposition va être établie.

La contrepartie de ce système déclaratif, qui laisse une certaine liberté au contribuable, est la possibilité pour l'administration fiscale de **contrôler les déclarations déposées** et de vérifier si elles correspondent à la réalité des opérations réalisées.

Ce droit de contrôle est strictement réglementé par la loi qui fixe un certain nombre de règles de procédure destinées à protéger les contribuables. Le non-respect de ces règles peut entraîner la déchéance de la procédure et l'annulation des impôts qui en découlent.

Bien évidemment, le contrôle des déclarations permet aussi à l'Administration de rétablir l'imposition exacte de certains contribuables qui auraient été surtaxés.

Ce pouvoir de contrôle est encadré dans le temps. Il doit être exercé dans le délai légal de reprise ou de prescription, à l'expiration duquel l'administration ne peut plus établir d'imposition primitive ou supplémentaire.

A Le délai de reprise

Prévu par le Livre des procédures fiscales, le droit de reprise est la faculté donnée à l'Administration de réparer les insuffisances, omissions et erreurs commises dans l'établissement de l'impôt.

Cette prescription du droit de reprise doit être distinguée de celle de l'action de recouvrement qui suit des règles spécifiques.

Le délai de reprise varie de un à dix ans selon la nature de l'impôt.

1 Le délai général

Conformément aux articles L. 169 et L. 176 du LPF, le délai de droit commun est de trois ans. Il concerne l'impôt sur le revenu, l'impôt sur les sociétés et taxes assimilées ainsi que les taxes sur le chiffre d'affaires.

Concrètement, **pour l'impôt sur le revenu et l'impôt sur les sociétés**, le délai de reprise de l'administration expire, en principe, à la fin de la troisième année suivant celle au titre de laquelle l'imposition est due.

Ainsi, pour les revenus de l'année 2020 (déclarés en 2021), le délai de reprise expirera le 31 décembre 2024.

Pour la TVA, ce délai s'exerce jusqu'à la fin de la troisième année suivant celle au cours de laquelle la taxe est devenue exigible.

L'Administration pourra donc, jusqu'au 31 décembre 2021, exercer son droit de reprise à l'égard des opérations réalisées depuis le 1er janvier 2018 (exercice coïncidant avec l'année civile) ou depuis l'ouverture de l'exercice 2017-2018 pour un exercice avec clôture en cours d'année).

Attention

- Pour l'impôt sur le revenu et les prélèvements sociaux de l'année 2018, le délai de reprise sera, à titre exceptionnel, porté de trois à quatre ans. Cette mesure est liée à la mise en place du prélèvement à la source de l'impôt sur le revenu et des prélèvements sociaux.

  Ainsi, pour les revenus de l'année 2018, le délai de reprise expirera le 31 décembre 2022.

  En raison de la crise sanitaire et de confinement intervenu en 2020, le législateur a repoussé le délai de reprise concernant l'exercice 2017 qui normalement devait intervenir au 31 décembre 2020.

  Ce délai a été repoussé au 14 juin 2021.
- L'expiration du délai de reprise ne fait pas obstacle à l'exercice par l'Administration du droit de vérification à l'égard des périodes qui, bien que prescrites, ont une influence sur les résultats de périodes non prescrites. Cela concerne essentiellement les déficits antérieurs reportables ainsi que les crédits de TVA.

Exemple

Examinons la situation d'une société redevable de l'impôt sur les sociétés dont l'exercice coïncide avec l'année civile qui aurait à l'ouverture de l'exercice 2018 un déficit reportable provenant de l'exercice 2016.
Si cette société fait l'objet d'une vérification de comptabilité en 2021, l'administration fiscale serait en droit d'examiner la comptabilité des exercices 2016 et 2017, pourtant prescrits en 2021.
Pour ce contrôle, l'Administration serait limitée à la réduction ou l'annulation du déficit reportable à l'ouverture du premier exercice non prescrit mais en aucun cas à un rappel d'impôt sur ces deux exercices.

Pour les droits d'enregistrement et l'impôt sur la fortune immobilière, l'action en reprise, conformément aux dispositions de l'article L. 80 du LPF, se prescrit le 31 décembre de la troisième année suivant celle au cours de laquelle l'exigibilité des droits a été suffisamment révélée par l'enregistrement d'un acte ou d'une déclaration ou par l'exécution de la formalité fusionnée et ce sans qu'il soit nécessaire de recourir à des recherches ultérieures.

À défaut de révélation de l'opération, le droit de reprise de l'Administration s'exerce jusqu'à l'expiration de la sixième année suivant celle du fait générateur de l'impôt (article L. 186 du LPF).

Exemple

Pour un décès survenu en 2021, en l'absence de déclaration de succession déposée par les héritiers et d'acte juridique mentionnant un transfert quelconque de propriété, l'administration fiscale disposera d'un délai jusqu'au 31 décembre 2027 pour réclamer les droits dus sur cette mutation par décès.

En matière de **contribution économique territoriale**, le délai général est aussi de trois ans.

2 Les délais spéciaux

Certaines situations peuvent entraîner l'application d'un délai supérieur au délai général de trois ans, à l'exception de la prescription abrégée pour certains impôts locaux.

a. Le recours à l'assistance administrative internationale

Dans certaines situations, l'administration fiscale peut, dans le délai initial de reprise, avoir **besoin d'interroger une autorité compétente** d'un autre État pour obtenir des renseignements concernant un contribuable.

Dans ce cas, conformément à l'article L. 188 A du LPF, elle peut réparer les omissions ou insuffisances d'imposition afférentes à cette demande, même si le délai initial de reprise est écoulé, jusqu'à la fin de l'année qui suit celle de la réception de la réponse et au plus tard jusqu'au 31 décembre de la troisième année suivant celle au titre de laquelle le délai initial de reprise est écoulé.

Ce dispositif s'applique dans la mesure où le contribuable a été informé de l'existence de la demande de renseignements dans le délai de soixante jours suivant son envoi, ainsi que de la réponse de l'autorité compétente de l'autre État dans le délai de soixante jours suivant sa réception par l'Administration.

b. La découverte d'agissements frauduleux

Aux termes de l'article L. 187 du LPF, l'Administration pourra, en cas de découverte d'agissements frauduleux entraînant le **dépôt d'une plainte en vue de l'application de sanctions pénales**, procéder à des rehaussements au titre des deux années qui excèdent le délai ordinaire de prescription.

Exemple

Si une vérification de comptabilité effectuée en matière d'impôt sur le revenu et portant sur les années 2018 à 2019 donne lieu à une proposition de rectification en juin 2021 et au dépôt d'une plainte en août 2021, l'Administration disposera, après cette date et jusqu'au 31 décembre 2021, de la possibilité d'effectuer une vérification pour les années 2016 et 2017.

c. L'existence d'une activité occulte

Le dispositif relatif à l'activité occulte telle qu'elle est définie par l'article L. 174 du LPF concerne le contribuable qui n'a pas déposé dans le délai légal les déclarations qu'il était tenu de souscrire et qui n'a pas fait connaître son activité à un centre de formalités des entreprises ou au greffe du tribunal de commerce, ou qui se livre à une activité illicite.

Dans ce cas, l'Administration bénéficie d'un délai de reprise **jusqu'à la fin de la dixième année** suivant celle au titre de laquelle l'imposition est due.

Ce délai spécial de reprise vise expressément l'impôt sur le revenu pour les catégories de revenus relevant d'une activité professionnelle, l'impôt sur les sociétés, la cotisation foncière des entreprises, la cotisation sur la valeur ajoutée des entreprises ainsi que les taxes sur le chiffre d'affaires et assimilées.

d. La non déclaration d'avoirs détenus à l'étranger ou de revenus provenant de l'étranger

En application de l'article 1649 A du CGI, le contribuable, personne physique, association et société n'ayant pas la forme commerciale, domicilié ou établi en France, doit déclarer, en même temps que ses déclarations de revenus ou de résultats, les références des comptes financiers ouverts, utilisés ou clos par lui à l'étranger.

L'Administration dispose avec l'article L. 23 C du LPF d'**un délai de dix ans** pour obtenir du contribuable toutes informations ou justifications sur l'origine et les modalités d'acquisition des avoirs figurant sur le compte ou le contrat d'assurance-vie.

e. La prescription abrégée en matière d'impôts locaux

En matière de taxes foncières, taxe d'habitation et taxes annexes établies sur les mêmes bases, le délai général de reprise expire le 31 décembre de l'année suivant celle au titre de laquelle l'impôt est établi.

Ainsi, les avis d'imposition à la taxe d'habitation et de taxe foncière de 2021 pourront faire l'objet d'une rectification jusqu'au 31 décembre 2022.

3 L'interruption de la prescription

La prescription a pour effet, par le simple écoulement du délai, d'éteindre l'obligation du contribuable. Certains événements, lorsqu'ils interviennent avant l'expiration du délai de reprise, permettent d'interrompre la prescription.

Il s'agit essentiellement de la proposition de rectification adressée au contribuable dès lors qu'elle répond aux conditions légales de validité.

L'interruption, limitée alors aux droits mentionnés dans ce document, a pour effet de faire courir à compter de l'acte interruptif une prescription nouvelle de même nature et de même durée.

> **Exemple :** Dans le cadre d'un contrôle, si l'Administration adresse une proposition de rectification en octobre 2021 au titre de l'impôt sur les revenus de 2018, elle a la possibilité d'établir les impositions correspondantes jusqu'au 31 décembre 2024.

La prescription peut aussi être interrompue par tout acte comportant reconnaissance de la part du contribuable.

C'est le cas notamment avec le dépôt d'une déclaration fiscale rectificative ou la reconnaissance expresse d'une dette de TVA au passif du bilan.

B Les différents moyens de contrôle

Pour exercer son pouvoir de contrôle, l'Administration dispose de plusieurs moyens qu'elle adapte en fonction des objectifs recherchés.

1 Les informations recueillies auprès du contribuable

Deux types de demande peuvent être adressés au contribuable.

a. La demande d'informations (article L. 10 du LPF)

L'Administration a toujours la faculté d'interroger le contribuable (verbalement ou par écrit) pour obtenir des renseignements ou des justifications concernant les déclarations souscrites.

Cette demande ne revêt **aucun caractère contraignant** et permet de questionner directement le contribuable. Celui-ci n'a pas l'obligation de répondre.

b. La demande d'éclaircissements ou de justifications (articles L. 16 et L. 16 A du LPF)

Cette demande présente un caractère plus contraignant pour le contribuable.

Elle ne concerne que **l'impôt sur le revenu** pour les demandes relatives :

- à la situation et charges de famille ;
- aux charges retranchées du revenu global ou ouvrant droit à une réduction d'impôt ;
- aux éléments servant à la détermination des revenus fonciers, gains de cession de valeurs mobilières et plus-values immobilières ;
- et s'il est établi que le contribuable peut avoir des revenus plus importants que le revenu déclaré, aux avoirs ou revenus d'avoirs à l'étranger.

Le contribuable dispose d'un délai de réponse de deux mois. En cas de réponse insuffisante, une mise en demeure invitera le contribuable à préciser sa réponse dans un délai de 30 jours.

L'absence ou l'insuffisance de réponse pourra entraîner **l'application de la procédure de taxation d'office**.

2 Les informations recueillies auprès de tiers

L'Administration a la possibilité de s'adresser à des tiers pour obtenir des informations complémentaires sur la situation du contribuable. Pour cela, elle utilisera le droit de communication ou le recours à l'assistance administrative internationale.

a. Le droit de communication (article L. 81 du LPF)

Le droit de communication est le droit reconnu à l'administration fiscale de prendre connaissance et, au besoin, copie de documents détenus par des tiers (entreprises, administrations, tribunaux, etc.) en vue de leur utilisation à des fins de contrôle.

Les personnes ou organismes assujettis au droit de communication sont limitativement énumérés par la loi. Il s'agit :

- des entreprises commerciales et agricoles, des professionnels libéraux assurant des prestations à caractère juridique, financier ou comptable, des entreprises dans le secteur bancaire et des compagnies d'assurances ;
- des tribunaux (autorité judiciaire et ministère public) ;
- des organismes de sécurité sociale ;
- des administrations publiques et assimilées.

Depuis le 1er janvier 2015, la loi a étendu le champ du droit de communication, en disposant que les informations susceptibles d'être recueillies en vue de l'établissement de l'assiette et du contrôle de l'impôt peuvent porter sur des informations relatives à des personnes non identifiées.

Aucune formalité particulière n'est prévue pour l'exercice du droit de communication, l'Administration pouvant se contenter de consulter les documents concernés ou d'en prendre photocopies.

Dans la pratique, elle recommande à ses agents d'adresser, ou de remettre à l'intéressé un avis de passage pour l'exercice du droit de communication.

Le droit de communication porte sur « **tous documents relatifs à leur activité** » (formulation issue de la loi du 29 décembre 2014 applicable à compter du 1er janvier 2015).

Concrètement, cela concerne les livres dont la tenue est rendue obligatoire par les articles L. 123-12 à L. 123-28 du Code de commerce, ainsi que tous les livres et documents annexes, pièces de recettes et de dépenses.

Cependant, en aucun cas l'administration fiscale ne pourra obtenir par le biais du droit de communication des renseignements couverts par le secret professionnel (avocats, médecins, etc.).

L'Administration n'a pas l'obligation d'informer le contribuable des démarches qu'elle effectue dans le cadre du droit de communication. Cependant, si elle se fonde sur les renseignements recueillis pour établir des impositions supplémentaires, elle devra l'informer de la teneur et de l'origine de ces renseignements.

En cas de refus de communiquer les documents soumis au droit de communication, l'amende s'élève à 5 000 €.

b. L'assistance administrative internationale

L'Administration peut échanger des renseignements avec les pays ayant conclu avec la France une convention fiscale internationale prévoyant l'assistance mutuelle, ainsi qu'avec l'ensemble des États membres de l'Union européenne.

C'est cette demande, effectuée dans la délai initial de reprise, qui va permettre à l'Administration de pouvoir bénéficier d'un délai supplémentaire prévu à l'article L. 188 A du LPF.

3 Les investigations avec les procédures d'enquête, de visite et de saisie

Plusieurs dispositifs existent pour permettre à l'Administration de procéder à des enquêtes ou d'effectuer des opérations de perquisition.

a. Le droit d'enquête

Le **droit d'enquête**, codifié aux articles L. 80 F à L. 80 J du LPF, a pour objet la recherche de manquements aux règles de facturation auxquelles sont soumis les assujettis à la TVA et, le cas échéant, le contrôle des obligations liées à la facturation électronique.

Cette procédure permet à l'Administration d'intervenir de manière inopinée dans les locaux professionnels d'un assujetti ou, sur convocation dans les bureaux de l'Administration, d'auditionner celui-ci.

Une même enquête peut donner lieu à une ou plusieurs interventions sur place. Les enquêteurs peuvent consulter **les factures, la comptabilité matières, les livres, les registres** ainsi que tous documents professionnels pouvant se rapporter à des opérations ayant donné lieu à facturation.

Chaque audition donne lieu à l'établissement d'un **compte rendu d'audition**. L'enquête se conclut par un procès-verbal. Celui-ci doit être rédigé au plus tard dans les trente jours qui suivent la dernière intervention sur place ou la dernière convocation.

Ce document consigne les manquements constatés aux règles de la facturation ou l'absence de tels manquements.

Une copie est remise à l'intéressé, qui dispose d'un délai de trente jours pour faire valoir ses observations.

b. Le droit de visite et de saisie

Lorsque l'Administration détient des éléments laissant supposer une **présomption de fraude** portant sur les impôts directs ou la TVA, elle peut utiliser la procédure de droit de visite et de saisie prévue à l'article L. 16 B du LPF.

L'engagement d'une telle procédure doit être autorisé par **une ordonnance du juge des libertés et de la détention**. La visite et la saisie de documents doivent s'effectuer sous l'autorité et le contrôle du juge qui les a autorisées.

Le droit de visite et de saisie est particulièrement encadré.

La visite ne peut commencer avant 6 heures ni après 21 heures ; elle peut être effectuée en tous lieux où les pièces et documents se rapportant aux agissements frauduleux sont susceptibles de se trouver (locaux d'habitation et locaux professionnels), chez le contribuable ou chez des tiers (conseil ou comptable du contribuable).

La visite est effectuée par des agents de l'Administration ayant au moins le grade d'inspecteur et habilités à cet effet par le directeur général des finances publiques. Ils doivent être obligatoirement accompagnés par un officier de police judiciaire désigné par le juge.

Lors de cette perquisition, l'Administration peut saisir tous les documents et fichiers de nature à apporter la preuve des agissements frauduleux dont la recherche a été autorisée par l'autorité judiciaire.

L'inventaire des pièces, documents et fichiers saisis devra être annexé au procès-verbal à établir par l'administration fiscale pour relater les modalités et le déroulement de l'opération et consigner les constatations effectuées.

Ce document est signé par les agents des finances publiques, l'officier de police judiciaire et l'occupant des lieux ou son représentant (en cas de refus de signer, mention en est faite au procès-verbal).

Sauf cas particuliers, les documents saisis sont restitués dans les six mois de la visite.

c. La procédure de flagrance fiscale

Cette procédure permet à l'Administration de prendre, dans certains cas, **des mesures conservatoires pour sécuriser le recouvrement de l'impôt**.

Ce dispositif s'applique dans les cas suivants :

- exercice d'une activité occulte ;
- établissement ou comptabilisation de factures fictives ;
- utilisation de logiciels permissifs ;
- infraction à la législation sociale en matière de travail dissimulé ;
- absence répétée de souscription de la déclaration mensuelle de TVA.

Ces situations peuvent être mises en évidence lors d'un droit d'enquête, d'un droit de visite et de saisie ou lors d'une vérification de comptabilité. Elles donnent lieu à l'établissement d'un procès-verbal de flagrance fiscale avec possibilité pour le comptable des finances publiques de procéder à des saisies conservatoires (sans accord préalable d'un juge) à hauteur d'un montant représentatif des impôts afférents à la période en cours.

L'ensemble des faits constatés par le procès-verbal est sanctionné par l'application d'une amende dont le montant varie de 5 000 à 30 000 € selon l'importance des faits reprochés à l'entreprise.

4 Le contrôle des déclarations fiscales

L'Administration dispose de plusieurs possibilités pour contrôler les déclarations déposées par les contribuables et s'assurer qu'elles reprennent l'ensemble des opérations réalisées.

a. L'examen sur pièces des déclarations

Cet examen va d'abord permettre à l'Administration d'effectuer un **premier contrôle de la cohérence** des déclarations souscrites et de relancer les contribuables qui n'auraient pas déposé les déclarations dont ils sont redevables.

Dans un second temps, l'Administration pourra procéder à l'**examen critique des déclarations** à l'aide des renseignements et autres documents figurant dans le dossier du contribuable.

Ce contrôle, qui concerne aussi bien les personnes physiques que les personnes morales, porte sur l'ensemble des déclarations professionnelles ou personnelles et sur tous les impôts.

C'est à cette occasion que l'Administration pourra adresser, si elle le juge utile, une demande d'information ou une demande d'éclaircissements ou de justifications.

Ce contrôle conduit soit :

- au **classement sans suite du dossier** dès lors qu'aucune erreur n'a été constatée ;
- à la **mise en évidence d'une erreur devant faire l'objet d'une rectification**. Dans ce cas, l'Administration utilise une procédure de rectification pour réclamer un complément d'impôt ou procède à un dégrèvement en cas d'erreur en défaveur du contribuable ;
- à une **proposition de vérification** compte tenu des anomalies ou incohérences constatées.

b. L'examen de comptabilité

Conformément à l'article L. 13 G du LPF applicable à compter du 1er janvier 2017, l'Administration peut, avec la procédure d'examen de comptabilité, **vérifier la comptabilité des entreprises tenue sous forme informatisée sans se rendre sur place**, d'où l'appellation par les praticiens du contrôle fiscal « à distance ».

Dans le cadre de ce contrôle, les contribuables devront, sur demande de l'Administration, remettre leur Fichier des écritures comptables (FEC) dans un délai de 15 jours à compter de la réception de l'avis d'examen de comptabilité.

Avec cette procédure, l'Administration examinera les données du FEC avec si besoin demande de renseignements, justifications ou éclaircissements au contribuable. Elle pourra aussi réaliser si besoin des traitements informatiques sur les fichiers complémentaires qui lui seront transmis spontanément par le contribuable.

Attention Les fichiers des écritures comptables ne peuvent être conservés par l'Administration. Ils doivent être détruits avant la mise en recouvrement ou avant d'informer le contribuable de l'absence de redressements.

c. La vérification de comptabilité

La vérification de comptabilité représente l'une des formes principales de mise en œuvre du contrôle fiscal pour les professionnels.

Conformément à l'article R. 13-1 du LPF, elle comporte :

- la comparaison des déclarations souscrites par les contribuables avec les écritures comptables et avec les registres et documents de toute nature, notamment ceux dont la tenue est prévue par le Code général des impôts et par le Code de commerce ;

- l'examen de la régularité, de la sincérité et du caractère probant de la comptabilité à l'aide éventuellement des renseignements recueillis à l'occasion de l'exercice du droit de communication, et de contrôles matériels.

Elle implique, au-delà du simple examen de la comptabilité, **une confrontation des renseignements extracomptables avec les données comptables** qui se trouvent à la base des déclarations souscrites.

Cette vérification de comptabilité, qui se traduit par l'intervention de l'administration fiscale dans les locaux de l'entreprise, est **particulièrement encadrée** par tout un ensemble de règles de procédures qui garantissent les différentes étapes de ce contrôle.

d. L'examen de la situation fiscale personnelle

L'examen de la situation fiscale personnelle (en abrégé : ESFP) concerne les **personnes physiques** et a pour but de **vérifier la sincérité et l'exactitude de la déclaration d'ensemble des revenus**.

Il s'agit de s'assurer de la cohérence entre les revenus portés sur la déclaration d'impôt sur le revenu et les éléments tirés de la situation patrimoniale, de la situation de trésorerie et du train de vie des membres du foyer fiscal.

L'Administration, qui effectue ce contrôle dans ses locaux, va chercher à confronter les éléments de la déclaration d'impôt sur le revenu du contribuable avec les autres informations dont elle dispose telles que :

- les relevés d'identité bancaire qu'elle obtient dans le cadre du droit de communication ;
- les informations émanant des services de police (contribuables se livrant à des activités illicites ou occultes), de l'Urssaf (cotisations payées pour les gens de maison), de l'administration des douanes (bateaux de plaisance, mouvements sur des œuvres d'art et d'antiquités), etc. ;
- du patrimoine immobilier à partir des actes qu'elle détient ;
- des éléments connus du train de vie des membres du foyer fiscal.

Le service vérificateur peut être amené à établir une balance de trésorerie pour détecter d'éventuelles anomalies entre les encaissements et les décaissements.

Comme pour la vérification de comptabilité, cette procédure est très encadrée pour permettre au contribuable de bénéficier des différentes garanties liées au contrôle.

3 Les garanties du contribuable dans les procédures de contrôle

L'Administration, dans le strict respect du Code général des impôts et du Livre des procédures fiscales, met en œuvre les procédures qui lui sont conférées par la loi pour contrôler les actes et déclarations et réunir les éléments d'information pour procéder aux rehaussements des bases d'imposition.

En contrepartie des pouvoirs de contrôle et de rectification que la loi accorde aux agents des finances publiques, des mesures législatives et administratives ont été prévues pour garantir les droits des contribuables.

Ces garanties offertes par la procédure fiscale tendent à consacrer les droits de la défense.

Elles interviennent à toutes les étapes des opérations de contrôle.

A Les garanties avant le contrôle

L'article L. 47 du LPF fait **obligation** à l'Administration d'**informer le contribuable** avant l'engagement d'un examen de comptabilité, d'une vérification de comptabilité comme d'un ESFP par l'envoi ou la remise d'un avis de vérification.

Cet avis de vérification doit comporter une série de mentions obligatoires destinées à rappeler au contribuable les droits et les garanties dont il bénéficie durant la procédure de contrôle.

1 Les impôts visés et la période vérifiée

L'Administration peut exercer son contrôle sur l'ensemble des impôts relatifs à la période concernée par la prescription ou limiter son contrôle à un seul impôt, à une période ciblée ou à une déclaration particulière.

Elle devra indiquer, sur l'avis de vérification, les impôts soumis à contrôle, ainsi que les périodes visées.

Attention Il est interdit à l'Administration de procéder à la vérification d'un impôt ou d'une période qui a déjà fait l'objet d'une première vérification, qu'il s'agisse d'une vérification de comptabilité ou d'un examen de comptabilité. En cas de violation de cette règle, la deuxième vérification serait irrégulière.

2 La faculté de se faire assister d'un conseil

Cet avis doit mentionner expressément, sous peine de nullité de la procédure, que le contribuable a la faculté de se faire assister par un conseil de son choix.

Il s'agit d'une garantie essentielle. Ce n'est, bien sûr, qu'une faculté pour le contribuable, aucun texte ne fait de la présence effective du conseil une condition nécessaire à la validité de la vérification.

Afin de permettre au contribuable de recourir à l'aide d'un conseil, l'Administration doit respecter, de fait, un certain délai entre la date de réception de l'avis de vérification par le contribuable et la date de la première intervention du service vérificateur.

3 La charte du contribuable vérifié

Cette obligation est prévue à l'article L. 10 du LPF : « *Avant l'engagement d'une des vérifications prévues aux articles L. 12 et L. 13 du LPF, l'Administration des impôts remet au contribuable la charte des droits et obligations du contribuable vérifié ; les dispositions contenues dans la Charte sont opposables à l'Administration.* »

Il s'agit d'une brochure, jointe à l'avis de vérification, qui résume les principales règles s'appliquant aux vérifications et informe les intéressés de leurs obligations ainsi que des garanties que leur offre la loi.

Depuis le 1er janvier 2016, cette brochure n'est plus remise, mais elle est mentionnée sur l'avis de vérification comme étant consultable sur le site web de l'administration fiscale.

Le non-respect de cette obligation entraîne la nullité de la procédure d'imposition.

4 La désignation des voies de recours hiérarchiques

La personnalisation des voies de recours hiérarchiques répond au souci de permettre au contribuable de pouvoir s'adresser directement aux supérieurs hiérarchiques de l'agent vérificateur.

C'est pourquoi l'avis de vérification doit comporter le nom, le grade et l'adresse administrative :

- de **l'inspecteur principal ou de l'inspecteur divisionnaire** dont relève le vérificateur ;
- de **l'interlocuteur départemental** (ayant au moins le grade d'administrateur des finances publiques adjoint) de la direction du vérificateur.

5 Le mode opératoire de l'intervention inopinée

Dans certains cas, l'envoi d'un tel avis en matière de vérification de comptabilité peut enlever au contrôle une partie de son efficacité.

L'article L. 47 du LPF prévoit la possibilité pour l'Administration d'intervenir inopinément sur place dans le but d'effectuer des constatations matérielles d'éléments physiques et de l'existence et de l'état des documents comptables. Toutefois, l'examen au fond de ces documents ne peut commencer qu'à l'issue d'un délai raisonnable permettant au contribuable de se faire assister d'un conseil.

Dans le cas d'un contrôle inopiné, l'Administration est autorisée selon la procédure de l'article L. 47 A III du LPF à prendre des **copies de fichiers informatiques** présents dans les locaux de l'entreprise, sur lesquels, en cas de difficultés ultérieures et suivant une procédure spéciale, elle pourra effectuer les opérations nécessaires au contrôle, y compris les traitements informatiques.

B Les garanties pendant le contrôle

Différentes garanties encadrent les conditions d'exercice des contrôles.

1 Le lieu du contrôle

Pour l'examen de comptabilité comme pour l'ESFP, les opérations de contrôle s'effectuent dans les **locaux de l'Administration**.

Pour la vérification de comptabilité, le contrôle intervient dans les **locaux professionnels** du contribuable ou au siège de l'entreprise.

Toutefois, à la demande du contribuable et avec l'accord du vérificateur, la vérification peut se dérouler entièrement au lieu où se trouvent les documents comptables (locaux du cabinet d'expertise comptable ou du conseil de l'entreprise).

De manière exceptionnelle, il est possible, sur demande expresse du contribuable, de réaliser ces opérations dans les locaux de l'Administration. Dans ce cas, le service vérificateur doit rédiger un inventaire détaillé des pièces emportées qui devront en tout état de cause être restituées avant l'organisation d'une réunion de synthèse.

2 La durée du contrôle

Pour la vérification de comptabilité, il n'existe **pas de délai sauf pour les petites entreprises**.

En vertu de l'article L. 52 du LPF, les opérations sur place ne peuvent excéder une **durée supérieure à trois mois** pour les contribuables dont le chiffre d'affaires ou le montant annuel des recettes brutes ne dépasse pas la limite d'admission au régime simplifié d'imposition, à savoir :

- 789 000 € hors taxe pour les entreprises industrielles ou commerciales dont l'activité principale est l'achat-revente de biens ou la fourniture de logements ;
- 238 000 € hors taxe pour les autres entreprises industrielles ou commerciales (prestataires de services) ;
- 352 000 € hors taxe pour les entreprises agricoles.

Ce délai peut être porté à six mois si l'Administration remet en cause le caractère probant et sincère de la comptabilité, compte tenu des irrégularités constatées.

Pour l'examen de comptabilité, l'administration fiscale dispose alors d'un délai de **six mois** après la réception des FEC conformes.

Pour les ESFP, la durée du contrôle est limitée en principe à une année à compter de la date de réception de l'avis de vérification.

3 Le débat oral et contradictoire

Le contrôle doit s'effectuer dans le cadre d'un débat oral et contradictoire fondé sur **la nécessité de maintenir en permanence un dialogue** entre le contribuable et le vérificateur.

Ce droit à un débat oral et contradictoire constitue une garantie essentielle des droits de la défense.

Dans la pratique, il se matérialise par des entretiens tout au long des interventions sur place pour les vérifications de comptabilité, ou dans les locaux de l'Administration pour les ESFP et par l'organisation d'une réunion de synthèse, afin de présenter verbalement les constatations du service vérificateur.

Pour l'examen de comptabilité, les échanges entre le contribuable et l'Administration pourront s'effectuer par écrit sur support dématérialisé (par courriel) par téléphone, ou oralement dans les locaux de l'Administration.

Pour les informations recueillies à l'occasion d'un ESFP, l'obligation du secret professionnel nécessaire au respect de la vie privée s'impose à l'Administration à l'égard de toutes personnes autres que celles ayant, par leurs fonctions, à connaître le dossier.

4 Le contrôle de comptabilités informatisées

Lorsque la comptabilité est tenue au moyen de systèmes informatisés, le contribuable doit, conformément à l'article L. 47 A I du LPF, présenter ses documents comptables en remettant à l'Administration dès le début du contrôle une copie des **fichiers des écritures comptables** (FEC) sous forme dématérialisée.

Ce fichier est un **document informatique qui contient l'ensemble des enregistrements du système comptable d'une entreprise**.

Il peut être constitué soit sous forme de **fichiers à plat**, soit sous forme de **fichiers codés en XML**, remplissant les normes définies au VI de l'article A. 47 A-1 du LPF.

Si l'Administration le souhaite, elle pourra avoir recours à la réalisation de **traitements informatiques**.

Dans ce cas, en application de l'article L. 47 A II du LPF, elle devra indiquer par écrit la nature des investigations souhaitées.

De son côté, le contribuable devra formaliser par écrit son choix quant aux modalités pratiques de réalisation des traitements, à savoir :

- traitements réalisés par l'Administration sur le matériel utilisé par le contribuable ;
- traitements réalisés par le contribuable lui-même ;
- traitements réalisés par l'Administration, hors de l'entreprise, après remise par le contribuable d'une copie des fichiers informatiques nécessaires aux traitements.

En cas de mise en œuvre du II de l'article L. 47 A du LPF au cours du contrôle d'une entreprise dont la durée de vérification sur place est limitée à trois mois, cette limitation est prorogée de la durée comprise entre la date du choix du contribuable pour l'une des options prévues à cet article pour la réalisation du traitement et, respectivement selon l'option choisie, soit celle de la mise à disposition du matériel et des fichiers nécessaires par l'entreprise, soit celle de la remise des résultats des traitements réalisés par l'entreprise à l'Administration, soit celle de la remise des copies de fichiers nécessaires à la réalisation des traitements par l'Administration (article L. 52, III-al. 2 du LPF).

Pour les FEC comme pour les fichiers récupérés pour la réalisation de traitements informatiques, l'Administration a l'obligation, au plus tard avant la mise en recouvrement, de détruire les copies qui lui ont été remises.

C Les garanties après le contrôle

En tout état de cause, l'Administration doit informer le contribuable de la fin du contrôle avec trois situations possibles :

- le contrôle ne révèle aucune erreur ou anomalie, l'Administration adressera un **avis d'absence de rectification** ;
- des erreurs ont été commises en défaveur du contribuable, **l'Administration procédera à une restitution d'impôt** ;
- des omissions ou anomalies ont été constatées, **l'Administration engagera une procédure contradictoire** écrite pour rectifier la base et le montant des impôts déclarés.

Cette procédure de droit commun ne sera pas utilisée dans certaines situations. Elle sera remplacée à la demande du contribuable par la procédure de régularisation ou, si le contribuable n'a pas respecté certaines de ses obligations fiscales, par des procédures dérogatoires au droit commun.

Enfin, le contribuable bénéficie de plusieurs voies de recours.

1 La procédure contradictoire

Cette procédure prévue à l'article L. 55 du LPF, est la **procédure de droit commun**. Elle s'applique à l'égard de tous impôts (sauf certains impôts directs locaux), chaque fois que le contribuable a respecté ses obligations déclaratives, et ce quels que soient l'origine des rectifications, leur nature, leurs motifs et les sanctions encourues.

Le déroulement de la procédure contradictoire se matérialise par différents échanges écrits.

a. La proposition de rectification

L'Administration qui entend modifier le résultat fiscal du contribuable à l'issue d'un contrôle doit adresser en recommandé un courrier pour exposer les erreurs constatées. Ce document doit être motivé de manière à permettre au contribuable de formuler ses observations ou de faire connaître son acceptation.

Lorsque la rectification fait suite à un examen de comptabilité, une vérification de comptabilité ou un ESFP, l'Administration est tenue d'indiquer en plus des montants rectifiés en base, les droits et pénalités en résultant. La proposition de rectification ouvre un délai de réponse de trente jours qui peut, sur demande du contribuable, être prolongé d'un mois.

Ce document va aussi permettre à l'Administration **d'interrompre le délai de prescription**.

b. Le droit de réponse du contribuable et les suites à donner

Dans ce délai de réponse, le contribuable peut, soit accepter la rectification proposée, soit présenter des observations pour contester en partie ou en totalité les rappels notifiés.

En cas d'accord, l'imposition supplémentaire sera établie sur la base rectifiée. Le contribuable conserve cependant le droit de présenter une réclamation après la mise en recouvrement de l'imposition.

Si le contribuable émet des observations dans le délai légal, et si ses observations sont reconnues fondées, en tout ou partie, l'Administration abandonne ou modifie son projet de rectification.

Enfin, si l'Administration rejette les observations du contribuable, elle doit l'informer par une réponse motivée.

Aucun délai n'est imposé à l'Administration pour répondre aux observations du contribuable. Cependant, la loi impose à l'Administration de répondre dans un délai de **soixante jours** à compter de la réception des observations lorsque la proposition de rectification fait suite à la vérification de comptabilité d'une entreprise dont le chiffre d'affaires est inférieur à 1 526 000 € s'il s'agit d'une entreprise industrielle ou commerciale, ou à 460 000 € en ce qui concerne les prestataires de services.

Le défaut de notification d'une réponse dans le délai de soixante jours équivaut à une acceptation des observations du contribuable.

Si l'Administration entend retenir un fondement juridique autre que celui qu'elle a utilisé lors de la proposition de rectifications, elle doit obligatoirement adresser d'une nouvelle proposition de rectification accompagnée d'un nouveau délai de trente ou soixante jours pour que le contribuable puisse formuler ses observations.

2 La procédure de régularisation

Les contribuables qui font l'objet d'une vérification de comptabilité ou d'un examen de comptabilité peuvent, en cours de contrôle, demander la régularisation des erreurs, inexactitudes ou omissions qui portent sur les déclarations ou les impôts vérifiés.

Cette procédure codifiée à l'article L. 62 du LPF s'applique si le contribuable en fait expressément la demande avant la fin du contrôle et si sa bonne foi n'est pas remise en cause par l'Administration.

Avec cette procédure, le contribuable dépose une déclaration complémentaire dans les trente jours de sa demande et acquitte l'intégralité des suppléments de droits simples et des intérêts de retard au moment du dépôt de la déclaration, ou à la date limite de paiement portée sur l'avis d'imposition en cas de mise en recouvrement par voie de rôle. Il bénéficie d'une réfaction de 30 % des intérêts de retard dus sur les droits à payer.

3 Les procédures dérogatoires

a. La procédure d'office

La loi reconnaît à l'Administration, dans certains cas, le pouvoir d'établir « d'office » les impositions supplémentaires.

Les procédures d'office sont dérogatoires du droit commun et ne concernent que certaines situations limitativement énumérées par la loi. Il en existe deux :

- la **taxation d'office** prévue à l'article L. 66 du LPF : elle concerne le défaut de production ou la souscription tardive des déclarations servant directement à l'assiette ou au calcul de l'impôt ;
- l'**évaluation d'office** prévue à l'article L. 73 du LPF : elle concerne le défaut de production ou la souscription tardive des déclarations spéciales déposées au titre des revenus catégoriels qui servent à la détermination de l'impôt sur le revenu.

La principale caractéristique de ces procédures d'imposition d'office est de **ne pas être contradictoire** : elles se déroulent sans que le contribuable soit invité à exposer sa position et elles mettent la preuve à sa charge s'il conteste l'imposition devant les tribunaux.

De plus, les compléments d'impôts réclamés peuvent être assortis de pénalités spécifiques.

b. La procédure des abus de droit

Avec cette procédure prévue à l'article L. 64 du LPF, l'Administration va chercher à écarter les **actes dissimulant la portée véritable d'un contrat ou d'une convention** sous l'apparence de fausses stipulations n'ayant comme seul objectif d'éluder ou d'atténuer les charges fiscales qui incombent normalement au contribuable.

Lorsqu'elle est appliquée, cette procédure donne lieu à l'application de sanctions variant de 40 à 80 % des droits selon la gravité des faits constatés.

4 La déduction en cascade des rappels d'impôts

En cas de vérification simultanée des taxes sur le chiffre d'affaires et de l'impôt sur le revenu ou l'impôt sur les sociétés, le système de la déduction en cascade permet à un contribuable d'obtenir que les suppléments de droits soient admis en déduction des rectifications opérées aux bases d'autres impôts également vérifiés.

L'imputation s'effectue dans l'ordre où les droits rappelés auraient dû normalement influencer ces bases si les déclarations fiscales avaient été correctement souscrites.

Ce système comporte deux dispositifs.

a. La cascade simple

La cascade simple permet de **déduire les rappels de TVA, notifiés** au contribuable vérifié, des bases d'impôt sur le revenu ou d'impôt sur les sociétés des exercices au cours desquels les infractions de TVA ont été commises.

Ce mécanisme s'applique de droit, mais l'entreprise peut toujours y renoncer.

b. La cascade complète

La cascade complète est **relative aux distributions**. Elle permet, pour l'assiette de l'impôt sur le revenu, de diminuer les revenus distribués par une société soumise à l'impôt sur les sociétés du montant de cet impôt et de la TVA afférents à cette distribution.

5 Les voies de recours

a. Durant les opérations de contrôle

Le contribuable dispose de différents recours durant les opérations de contrôle.

Il peut s'entretenir directement avec le supérieur hiérarchique du vérificateur, ou demander à rencontrer l'interlocuteur départemental.

Ces recours peuvent permettre de débloquer certaines situations ou de clarifier certaines positions retenues par le service vérificateur.

b. À la fin des opérations de contrôle

En cas de désaccord entre l'Administration et le contribuable sur des rectifications en matière d'impôts directs et de taxes sur le chiffre d'affaires, les deux parties ont la possibilité de solliciter l'avis de la **commission départementale des impôts directs et des taxes sur le chiffre d'affaires**.

Présidée par un conseiller du tribunal administratif, cette commission est composée généralement de trois représentants des contribuables dont obligatoirement un expert-comptable et de deux représentants de l'administration fiscale.

Cette commission est compétente pour l'examen des **litiges portant sur la détermination du résultat fiscal** des entreprises et de la TVA, dès lors que le désaccord concerne des questions de fait et non de droit (par exemple, appréciation du caractère normal d'une charge, caractère probant ou non d'une comptabilité).

Après délibération, cette commission départementale formule un avis qui sera communiqué aux deux parties. L'Administration conserve le droit de maintenir les rectifications envisagées. De son côté, le contribuable garde la possibilité, même en cas d'avis défavorable, d'engager une procédure contentieuse à l'issue de la vérification.

Lorsque le litige porte sur une insuffisance relevée en matière de droits d'enregistrement, de taxe de publicité foncière ou d'impôt sur la fortune immobilière, c'est la **commission de conciliation** qui est compétente.

Composée d'un magistrat de l'ordre judiciaire, de représentants de l'Administration, d'un notaire et de représentants des contribuables, elle fonctionne selon les mêmes modalités que la commission départementale des impôts directs et taxes sur le chiffre d'affaires.

6 Les garanties liées aux prises de position de l'Administration

a. Opposabilité de l'interprétation administrative des textes fiscaux

L'article L. 80 A du LPF interdit à l'administration fiscale de procéder à des redressements d'impositions qui seraient **en contradiction avec la doctrine administrative** en vigueur au moment où il en a été fait application, soit par l'Administration (en mettant en recouvrement l'imposition primitive), soit par le contribuable (en souscrivant une déclaration ou en liquidant un impôt).

Si l'Administration souhaite modifier l'interprétation qu'elle avait précédemment donnée de textes fiscaux, elle doit rectifier sa doctrine avant de pouvoir l'opposer au contribuable.

b. Opposabilité de l'appréciation des situations de fait

Si l'Administration a formellement pris position sur la situation de fait du contribuable au regard d'un texte fiscal (par exemple sur la méthode de détermination d'une dépréciation, ou sur une durée d'amortissement), elle ne peut, conformément à l'article L. 80 B 1° du LPF, procéder à des rectifications d'impositions antérieures, qui seraient fondées sur une appréciation différente de cette situation. **Elle ne peut modifier sa position que pour l'avenir**, après en avoir avisé le contribuable.

c. L'extension de la garantie fiscale à partir du 1er janvier 2019

Avec l'article 9 de l a loi n° 2018-727 du 10 août 2018 pour un État au service d'une société de confiance (loi ESSOC) le contribuable peut se prévaloir des positions prises par l'administration à l'issue d'un contrôle fiscal externe, non seulement sur les points ayant fait l'objet d'une rectification, mais également sur les points examinés au cours du contrôle n'ayant pas donné lieu à rectification. Cette nouvelle garantie, codifiée au deuxième alinéa de l'article L. 80 A du LPF. Elle vise à renforcer la sécurité juridique des contribuables et à les conforter dans leurs décisions de gestion.

Aussi à compter du 1er janvier 2019, à l'issue d'un contrôle fiscal, le vérificateur, outre les points rectifiés, doit indiquer au contribuable les points examinés qui n'ont donné lieu à aucun rehaussement.

La garantie n'est donc pas générale, mais porte uniquement sur les points qui auront été examinés par le service de contrôle et seulement dans le cadre des procédures listées par la loi.

Elle ne s'applique, en outre, qu'au contribuable de bonne foi au sens du premier alinéa de l'article L. 80 A du LPF : ce dernier doit avoir exposé toute sa situation fiscale lors du contrôle sans omettre aucun élément, permettant ainsi à l'administration de prendre position en connaissance de cause.

d. Le contrôle sur demande des PME

Pour être éclairés sur leur situation ou sur un point particulier, les contribuables peuvent obtenir les informations souhaitées auprès de l'Administration selon diverses modalités, contact oral direct ou envoi d'une demande écrite.

Le dispositif défini par l'article L. 13 C du LPF complète ces modalités, en permettant aux entreprises petites et moyennes qui veulent s'assurer qu'elles appliquent correctement les règles fiscales, de demander à l'Administration un contrôle de leurs opérations sur un point particulier.

Ce contrôle sur demande concerne les entreprises commerciales, libérales ou agricoles relevant de l'impôt sur le revenu ou de l'impôt sur les sociétés dont le montant du chiffre d'affaires n'excède pas 1 500 000 € (entreprises de vente de marchandises et assimilées) ou 450 000 € pour les autres.

L'engagement du contrôle par l'Administration n'est pas obligatoire. Si elle le réalise et si certaines erreurs ou omissions sont relevées, le contribuable sera invité à procéder à une régularisation de sa situation avec application d'un intérêt de retard à taux réduit.

Un dispositif identique existe pour l'ensemble des entreprises en matière de contrôle du crédit d'impôt recherche.

4 Les sanctions fiscales et pénales

Les sanctions applicables en matière fiscale sont de deux ordres :

- les **sanctions proprement fiscales** qui se traduisent par des pénalités financières appliquées par l'Administration, en vertu de la loi et sous le contrôle des tribunaux ;
- les **sanctions pénales** qui se matérialisent par des peines correctionnelles prononcées par les tribunaux de l'ordre judiciaire pour les infractions les plus graves.

A Les sanctions fiscales

Il convient de distinguer les intérêts de retard et les éventuelles majorations en fonction de la gravité des manquements relevés.

1 L'intérêt de retard

L'intérêt de retard n'est **pas une sanction au sens strict du terme**. Il est destiné à compenser le préjudice financier subi par le Trésor du fait de l'encaissement tardif d'une créance.

Il est applicable quels que soient les impôts ou taxes concernés (impôts directs, TVA, droits d'enregistrement), la nature de l'infraction (retard de paiement, défaut ou retard de déclaration) et les modalités de correction de cette infraction (réparation spontanée, recouvrement forcé, proposition de rectification).

Il se calcule toujours sur le montant des droits dus. Son taux est depuis le 1er janvier 2018 de **0,20 % par mois**. Auparavant il était de 0,40 % par mois.

L'intérêt de retard se rajoute aux majorations et amendes qui pourraient être réclamées sur le montant des droits éludés par le contribuable.

Il se calcule à compter du premier jour du mois suivant celui au cours duquel l'impôt aurait dû être acquitté, jusqu'au dernier jour du mois de la souscription de la déclaration ou de la proposition de rectification.

Il n'est cependant pas réclamé dans les cas suivants :

- la **mention expresse** : elle s'applique dès lors que le contribuable a précisé, sur une déclaration ou une note annexe, les motifs de droit ou de fait pour lesquels il ne mentionne pas certains éléments d'imposition ou donne à ces éléments une qualification qui entraîne une taxation atténuée. Dans cette situation, l'Administration qui rétablit à bon droit l'imposition dans le cadre d'une proposition de rectification ne peut pas assortir les rappels d'impôt de l'intérêt de retard ;
- la **tolérance légale** : aucun intérêt de retard ne sera applicable lorsque les insuffisances des chiffres déclarés n'excèdent pas, après rectification, un dixième de la base d'imposition en matière de droits d'enregistrement, taxe de publicité foncière, impôt sur la fortune immobilière ou un vingtième de la base d'imposition en matière d'impôt sur le revenu et d'impôt sur les sociétés.

2 Les majorations

Elles varient selon la nature et la gravité des manquements relevés.

a. L'absence ou le dépôt tardif de déclaration

Le défaut ou le retard dans la souscription des déclarations de toute nature ou dans la présentation d'un acte à la formalité est sanctionné comme suit :

- taux de 10 % en l'absence de mise en demeure ou lorsque le document a été déposé dans les trente jours suivant la réception d'une mise en demeure ;
- taux de 40 % lorsque le document n'a pas été déposé dans les trente jours suivant la réception d'une mise en demeure ;
- taux de 80 % en cas d'exercice d'une activité occulte.

Ces pénalités sont majorées du montant de l'intérêt de retard.

b. L'insuffisance de déclaration

Il s'agit des insuffisances de déclaration relatives à la détermination de l'assiette ou à la liquidation de l'impôt, ainsi que l'obtention indue du versement d'une créance fiscale (crédits d'impôt, créance née du report en arrière d'un déficit, remboursement de crédits de TVA...).

Lorsque ces infractions relevées peuvent être qualifiées par l'Administration comme relevant de **manquements délibérés**, elles sont passibles d'une **majoration de 40 %** en plus des intérêts de retard.

Cette majoration est portée à 80 % en cas de manœuvres frauduleuses ou de dissimulation de prix dans un acte.

La **charge de la preuve** pour l'application des majorations de 40 ou 80 % incombe à l'Administration.

Pour justifier un manquement délibéré, il lui appartient de réunir tous éléments d'information ou d'appréciation utiles en vue d'établir que le contribuable ne pouvait pas ignorer les insuffisances, inexactitudes ou omissions qui lui sont reprochées et que l'infraction a donc été commise sciemment.

Pour l'application des sanctions pour manœuvres frauduleuses, l'Administration doit, en plus du caractère intentionnel des infractions commises, démontrer l'existence ou la mise en œuvre de procédés destinés à masquer l'existence de l'infraction ou à la présenter sous la forme d'une opération parfaitement régulière.

La décision d'appliquer les sanctions pour manquements délibérés ou manœuvres frauduleuses ne peut être prise que par un agent ayant au moins le grade d'inspecteur divisionnaire.

c. Les autres infractions

Il existe des sanctions spécifiques en fonction des manquements constatés. Cela concerne essentiellement :

- **les infractions aux règles de facturation** avec une amende de 5 % du montant de la transaction pour les professionnels qui ne respectent pas l'obligation de délivrance d'une facture, pouvant atteindre 50 % si l'opération n'a pas été comptabilisée ou s'il s'agit de factures de complaisance ou de factures fictives ;
- **le non-respect de l'obligation de déclarer les avoirs à l'étranger** prévue par l'article 1649 A du CGI. Le défaut de production de ces déclarations entraîne l'application d'une amende de 1 500 € ou 10 000 € en fonction de la localisation du compte ;
- **l'absence de remise de FEC ou de remise de fichiers non conformes** prévue à l'article L. 47 A I du LPF avec application d'une amende de 5 000 € par exercice ou, en cas de rectification si le montant est plus élevé, d'une majoration de 10 % des droits mis à la charge du contribuable (article 1729 D du CGI) ;
- **le défaut de présentation des documents, données et traitements** nécessaires à la mise en œuvre des investigations prévues au II de l'article L. 47 A du LPF est passible d'une amende égale à 5 000 € par exercice ou si ce montant est plus élevé à une majoration de 10 % des droits mis à la charge du contribuable ;
- **l'opposition à contrôle fiscal** si l'Administration peut démontrer que le contrôle ne peut être effectué du fait du contribuable ou d'autres personnes. Dans ce cas, les bases d'imposition sont évaluées d'office avec application d'une majoration de 100 %.

B Les sanctions pénales

Les sanctions pénales ont pour objet de réprimer le délit de fraude fiscale. Une personne est coupable du délit de fraude fiscale lorsqu'elle se soustrait frauduleusement à l'impôt et ce quel que soit le procédé. Il peut s'agir de la dissimulation de sommes soumises à l'impôt, de l'organisation d'insolvabilité ou d'autres manœuvres faisant obstacle au recouvrement de l'impôt, d'irrégularités comptables graves et répétées.

Le caractère intentionnel et frauduleux de l'infraction doit être démontré par les parties poursuivantes.

Concrètement, l'Administration porte plainte devant le tribunal correctionnel en charge du dossier après avoir recueilli un avis favorable de la commission des infractions fiscales.

Les sanctions pénales, indépendamment des sanctions fiscales, se matérialisent par une amende pouvant atteindre 1 000 000 € et une peine d'emprisonnement de cinq à dix ans selon la gravité des faits.

5 Le contentieux de l'impôt

Le contribuable dispose toujours d'un recours contentieux pour contester le bien-fondé d'une imposition, demander le remboursement d'un impôt payé en trop, ou réclamer le bénéfice d'une mesure à laquelle il estime avoir droit.

Le contribuable peut aussi solliciter, pour des raisons particulières, une remise ou modération d'une imposition dont il ne conteste pas le bien-fondé.

Enfin, il peut engager avec l'Administration une transaction pour établir un accord à partir de concessions réciproques pour solder le litige en cours.

A Recours contentieux

Tout contribuable peut demander, par la voie contentieuse, une décharge totale ou partielle des droits mis à sa charge **s'il estime avoir été injustement taxé** au regard des textes de loi applicables.

Le droit fiscal prévoit, avant de pouvoir porter la contestation devant un juge de l'impôt, une procédure préalable auprès de l'administration fiscale : c'est la phase administrative préalable.

Une réclamation doit être normalement **formulée par écrit** et envoyée au service des impôts du lieu d'imposition du contribuable. Elle doit être adressée avant le 31 décembre de la seconde année suivant la mise en recouvrement de l'impôt ou de la troisième année suivant celle de la notification de la proposition de rectification.

L'Administration dispose alors d'un délai de six mois pour instruire cette réclamation et communiquer au contribuable sa décision. Celle-ci doit être motivée dès qu'il s'agit d'un rejet partiel ou total de la demande du contribuable.

En cas de désaccord persistant, **le contentieux peut entrer dans une phase juridictionnelle**. Pour les impôts directs et taxes sur le chiffre d'affaires, la première instance se déroule devant le tribunal administratif (TA). Un recours est possible auprès de la cour administrative d'appel (CAA). Enfin, le Conseil d'État (CE) intervient en dernier recours si nécessaire. Pour les droits d'enregistrement et l'ISF, c'est le tribunal de grande instance (TGI) qui statue dans un premier temps, avec recours possible auprès de la cour d'appel avant d'adresser un pourvoi de cassation.

B Recours gracieux

Dans le cadre de cette démarche, le contribuable qui ne conteste pas le bien-fondé d'une imposition, souhaite obtenir de la part de l'Administration **une approche bienveillante de sa situation**, afin d'obtenir une modération partielle ou totale des impositions qui lui sont réclamées.

Les demandes gracieuses ne sont soumises à aucun formalisme ni délai. Elles peuvent concerner les impôts directs ou indirects, mais aussi les pénalités dont le contribuable est redevable.

De son côté, l'Administration n'est tenue à **aucun délai pour instruire** la demande et n'a pas à fournir d'explication sur la décision qu'elle prend.

C Transaction

La transaction est une **convention entre le contribuable et l'Administration** qui consiste bien souvent à clore une procédure de contrôle. Elle intervient généralement lorsque les pénalités et, le cas échéant, les impositions principales ne sont pas définitives, c'est-à-dire lorsque le contribuable dispose encore du moyen de les contester suivant la procédure contentieuse.

La transaction négociée entre les deux parties a pour **objectif de réduire et d'arrêter définitivement le montant des impositions et pénalités** dû par le contribuable qui, de son côté, s'engage à s'acquitter de sa dette et renonce à mener une procédure contentieuse.

D Dégrèvements et restitutions d'office

En dehors de toute démarche de la part du contribuable, l'Administration, de sa propre initiative, a la possibilité de rectifier par voie de dégrèvement d'office les erreurs commises au préjudice des contribuables. Généralement, elle limite cette possibilité dans un délai qui expire le 31 décembre de la quatrième année qui suit celle au cours de laquelle le délai légal de réclamation a pris fin.

L'entreprise et la dimension environnementale

Chapitre 12

COMPÉTENCES VISÉES

- **Assister une entreprise dans la mise en œuvre de dispositions relevant du droit de l'environnement.**

À l'échelle européenne, la **directive 2004/35/CE du Parlement européen et du Conseil du 21 avril 2004** sur la responsabilité environnementale en ce qui concerne la prévention et la réparation des dommages environnementaux contient des dispositions qui visent à sanctionner les atteintes à l'environnement.

L'article premier dispose que « *la présente directive a pour objet d'établir un* ***cadre de responsabilité environnementale fondé sur le principe du « pollueur payeur »****, en vue de prévenir et de réparer les dommages environnementaux.* »

L'action en réparation est visée à l'**article 6** :

« *1. Lorsqu'un dommage environnemental s'est produit, l'exploitant informe sans tarder l'autorité compétente de tous les aspects pertinents de la situation et prend :*

a) toutes les mesures pratiques afin de combattre, d'endiguer, d'éliminer ou de traiter immédiatement les contaminants concernés et tout autre facteur de dommage, en vue de limiter ou de prévenir de nouveaux dommages environnementaux et des incidences négatives sur la santé humaine ou la détérioration des services ; et

b) les mesures de réparation nécessaires. »

Sur le plan national, **l'article L.110-1 du Code de l'environnement** évoque « *l'objectif de développement durable qui requiert des engagements tels que la lutte contre le changement climatique, la préservation de la biodiversité, la cohésion sociale et la solidarité entre les territoires et les générations, la transition vers une économie circulaire.* »

Afin de préserver ce développement durable, le Code pose « *le* ***principe pollueur-payeur****, selon lequel les frais résultant des mesures de prévention, de réduction de la pollution et de lutte contre celle-ci doivent être supportés par le pollueur.* »

Selon les sources de droit applicables en matière environnementale, les entreprises sont incitées, voire obligées, de promouvoir et de préserver le développement durable ; à défaut, elles peuvent engager leur responsabilité environnementale.

Les entreprises se conforment à divers textes ; c'est dans ce cadre qu'elles communiquent des informations extra financières à leurs parties prenantes, en particulier en matière environnementale.

Les informations communiquées découlent d'un texte dont l'application est facultative ou d'un texte d'ordre public.

En matière d'environnement, les textes doivent être appréhendés sur les plans international, européen et national. Ils sont étatiques ou non étatiques.

À noter Cette étude n'est pas exhaustive ; elle concerne les principaux textes en vigueur.

PLAN DU CHAPITRE

1 Normes internationales

A Norme ISO 14001 :2015

B Norme ISO 26000 :2010

2 Droit européen

A Label écologique de l'Union européenne

B EMAS

C REACH

D SEVESO

E Système d'échange de quotas d'émission de gaz à effet de serre

F IED

G Publication d'informations non financières

3 Droit national

A Installations Classées pour la Protection de l'Environnement (ICPE)

B Gaz à effet de serre

C Installations nucléaires de base (INB)

D Marque NF environnement

E Reporting social et environnemental

F Comptabilisation des aspects environnementaux

1 Normes internationales

L'application de ces normes par les entreprises est facultative.

A Norme ISO 14001 :2015

L'organisation internationale de normalisation ISO (International Organisation for Standardisation) a établi en 1996, les normes ISO14000. Ces normes permettent aux entreprises d'estimer si leur activité pollue ou non l'environnement.

1 Objet

La **norme ISO14001 :2015** est la plus utilisée des normes de la série de ces normes relatives au management environnemental. Elle repose sur le **principe d'amélioration continue de la performance environnementale** des entreprises par la maîtrise des impacts liés à leur activité.

Cette norme est appliquée aux **systèmes de management environnemental** pour répondre aux préoccupations environnementales des consommateurs.

2 But

Elle vise la structuration d'une **démarche environnementale** par les entreprises.

3 Objectifs

Sur le plan interne

- donner à la direction de l'entreprise une assurance qu'elle maîtrise les processus et les activités organisationnels ayant un impact sur l'environnement ;
- donner aux salariés de l'entreprise une assurance qu'ils travaillent pour une organisation responsable vis-à-vis de l'environnement.

Sur le plan externe

- donner une assurance sur les questions environnementales aux parties prenantes extérieures (clients, collectivités, organismes de réglementation...) ;
- se conformer à la réglementation en matière d'environnement.

4 Principe et exigences

La norme ISO 14001 : 2015 définit les éléments caractéristiques d'un système de gestion efficace et écologique de l'entreprise.

Elle regroupe 18 exigences réparties en 6 chapitres dont :

1. les exigences générales qui traduisent les intentions de l'entreprise en termes d'environnement ;
2. la politique environnementale qui définit les objectifs de l'entreprise ;
3. la planification qui recadre le plan d'action de l'entreprise pour satisfaire sa politique environnementale ;
4. la mise en œuvre qui regroupe les actions réalisées pour atteindre les objectifs et satisfaire la politique environnementale de l'entreprise ;
5. les contrôles et les actions correctives qui consistent à faire un suivi systématique du planning de l'entreprise pour mesurer la réalisation des actions planifiées et le bon fonctionnement du système de management environnemental ;
6. la revue de direction qui vérifie l'efficacité de la politique environnementale et la conformité des actions planifiées à la législation et aux réglementations applicables.

Extrait du site http://www.iso14001.fr/

B Norme ISO 26000 :2010

1 Domaine

Cette norme concerne la **responsabilité sociétale** des entreprises.

2 But

La norme propose des lignes directrices et non des exigences ; elle n'est pas destinée à la certification.

3 Objectifs

Ils sont variés :
- clarifier la notion de responsabilité sociétale ;
- aider les entreprises et les organisations à traduire les principes en actes concrets ;
- faire connaître les meilleures pratiques en matière de responsabilité sociétale dans le monde entier ;
- viser les organisations de tous types, quelles que soient leur activité, leur taille ou leur localisation.

4 Contenu

L'ISO 26000 :2010 présente des **lignes directrices** pour tous types d'organisations, quelle que soit leur taille ou leur localisation, concernant :
- les concepts, termes et définitions relatifs à la responsabilité sociétale ;
- les origines, les orientations et les caractéristiques de la responsabilité sociétale ;
- les principes et pratiques en matière de responsabilité sociétale ;
- les questions centrales et les domaines d'action de la responsabilité sociétale ;
- l'intégration, la concrétisation et la promotion d'un comportement responsable dans l'ensemble de l'organisation et, à travers ses politiques et pratiques, dans sa sphère d'influence ;
- l'identification des parties prenantes et le dialogue avec elles ;
- la communication sur les engagements, les performances et autres informations concernant la responsabilité sociétale.

Extrait du site https://www.iso.org/

2 Droit européen

A Label écologique de l'Union européenne

Le règlement **(CEE) N° 880/92 du Conseil du 23 mars 1992, publié dans le JOCE du 11 avril 1992 a institué l'Ecolabel européen**.

Le règlement communautaire en vigueur aujourd'hui est le **règlement (CE) N°66/2010 du 25 novembre 2009**, qui est applicable depuis le 20 février 2010. Il a établi le label écologique de l'Union européenne (UE).

1 Objet du règlement de 2009

Il « *établit les règles relatives à l'établissement et à l'application du **système volontaire de label écologique de l'UE*** » (Art. 1)

2 Champ d'application du règlement de 2009

Il « *s'applique à **toute marchandise ou service** qui est fourni en vue d'être distribué, consommé ou utilisé sur le marché communautaire, à titre onéreux ou gratuit* ». Toutefois, le règlement ne s'applique pas aux médicaments. (Art. 2)

3 Exigences générales relatives aux critères du label écologique de l'UE

« 1. Les critères du label écologique de l'UE sont fondés sur la **performance environnementale des produits**, compte tenu des objectifs stratégiques les plus récents de la Communauté dans le domaine de l'environnement.

2. Les critères du label écologique de l'UE précisent les **exigences environnementales** auxquelles doit satisfaire un produit pour pouvoir porter le label écologique de l'UE.

3. ***Les critères du label écologique de l'UE sont déterminés sur la base de données scientifiques***, compte tenu du cycle de vie complet des produits. Aux fins de déterminer ces critères, les éléments suivants sont pris en considération : a) les incidences sur l'environnement les plus significatives, en particulier l'incidence sur le changement climatique, l'incidence sur la nature et la biodiversité, la consommation d'énergie et de ressources, la production de déchets, les émissions dans tous les milieux de l'environnement, la pollution liée aux effets physiques [...].

4. Les critères du label écologique de l'UE comprennent des exigences permettant de garantir que les produits portant le label écologique de l'UE répondent correctement à ***l'usage*** auquel ils sont destinés. » (Art. 6)

B EMAS

1 Objet

EMAS (Eco-management and audit scheme) a été créé par le **règlement (CE) n° 1221/2009 du Parlement européen et du Conseil du 25 novembre 2009** concernant la **participation volontaire des organisations à un système communautaire de management environnemental et d'audit (EMAS)**, abrogeant le **règlement (CE) n° 761/2001 et les décisions de la Commission 2001/681/CE et 2006/193/CE**.

Il est entré en application le 11 janvier 2010 permettant à tout type d'organisation d'**évaluer, de publier et d'améliorer sa performance environnementale**.

2 Objectif

Ce système communautaire de management environnemental et d'audit, est « ouvert à la participation volontaire des organisations implantées dans la Communauté ou en dehors de celle-ci ».

C' « *est un instrument important du plan d'action pour une consommation et une production durables et pour une politique industrielle durable* » qui « *a pour objet de* ***promouvoir l'amélioration constante des résultats obtenus par les organisations en matière d'environnement*** » (Art. 1)

3 Moyens

Information

- Etablissement et mise en œuvre, par ces organisations, de systèmes de management environnemental, de l'évaluation systématique, objective et périodique du fonctionnement de ces systèmes.
- Fourniture d'informations sur les résultats obtenus en matière d'environnement.
- Concertation avec le public et les autres parties intéressées.
- Participation active des employés des organisations et d'une formation appropriée.

Enregistrement EMAS

Pour une durée de 3 ans de l'organisation qui satisfait aux exigences du règlement et fait l'objet d'un audit annuel de suivi.

C REACH

Le **règlement (CE) n° 1907/2006 du Parlement européen et du Conseil du 18 décembre 2006** concerne **l'enregistrement, l'évaluation et l'autorisation des substances chimiques, ainsi que les restrictions applicables à ces substances (REACH)**, instituant une agence européenne des produits chimiques, modifiant la **directive 1999/45/CE** et abrogeant le règlement (CEE) n° 793/93 du Conseil et le règlement (CE) n° 1488/94 de la Commission ainsi que la directive 76/769/CEE du Conseil et les directives 91/155/CEE, 93/67/CEE, 93/105/CE et 2000/21/CE de la Commission.

1 Que signifie l'acronyme REACH ?

- En**Re**gistrement de toutes les substances fabriquées ou importées à plus de 1 tonne par an.
- **E**valuation des propositions d'essais, des dossiers d'enregistrement et des substances.
- **A**utorisation, pour les substances extrêmement préoccupantes.
- **R**estrictions, pour gérer les risques liés à d'autres substances **CH**imiques.

2 Objet et champ d'application du règlement

Le règlement « *vise à* ***assurer un niveau élevé de protection de la santé humaine et de l'environnement****, y compris la promotion de méthodes alternatives pour l'évaluation des dangers liés aux substances, ainsi que la* ***libre circulation des substances dans le marché intérieur tout en améliorant la compétitivité et l'innovation****.* » (Art. 1)

Il repose sur le principe qu'il incombe aux fabricants, aux importateurs et aux utilisateurs en aval de veiller à fabriquer, à mettre sur le marché ou à utiliser des substances qui n'ont pas d'effets nocifs pour la santé humaine ou l'environnement. Ces dispositions reposent sur le **principe de précaution**.

3 Moyens

Pour sécuriser la fabrication et l'utilisation des substances chimiques dans l'industrie européenne, il s'agit de recenser, d'évaluer et de contrôler les substances chimiques fabriquées, importées, mises sur le marché européen.

Obligations des entreprises industrielles

Pour répertorier les substances et encadrer les risques, les entreprises doivent effectuer trois procédures en fonction de la dangerosité des substances :

- **procéder à l'enregistrement** des substances chimiques fabriquées ou importées dans l'Union européenne si ces substances représentent, telles quelles ou dans un mélange, une quantité supérieure à 1 tonne par an ;
- **demander l'autorisation** pour les substances chimiques les plus préoccupantes, susceptibles de provoquer des effets irréversibles graves sur la santé ou l'environnement ;
- **fournir les informations demandées** dans le cadre du règlement pour les substances dont la mise sur le marché ou l'utilisation entraine un risque qui n'est pas valablement maitrisé et qui mérite une action au niveau communautaire.

D SEVESO

La **directive 2012/18/UE du Parlement européen et du Conseil du 4 juillet 2012** concerne la maîtrise des dangers liés aux accidents majeurs impliquant des substances dangereuses ; elle modifie puis abroge la directive 96/82/CE du Conseil.

Cette directive est aussi dénommée **« directive Seveso 3 »**. Elle est entrée en vigueur le 1er juin 2015.

1 Objet de la directive

Elle « *établit des* ***règles pour la prévention des accidents majeurs impliquant des substances dangereuses et la limitation de leurs conséquences pour la santé humaine et l'environnement****, afin d'assurer de façon cohérente et efficace dans toute l'Union un niveau de protection élevé.* » (Art. 1)

2 Moyens

Les mesures de sécurité et les procédures prévues par la directive varient selon le type d'établissements, c'est-à-dire selon la quantité totale de matières dangereuses sur site :

- les établissements Seveso seuil haut ;
- les établissements Seveso seuil bas,

afin d'appliquer le principe d'une proportionnalité des obligations entre établissements.

Le règlement :

- établit de **nouvelles méthodes de classification des substances** ;
- crée de **nouvelles dénominations de dangers** ;
- renforce les **dispositions relatives à l'accès du public aux informations en matière de sécurité**, ainsi que sa participation au processus décisionnel et son accès à la justice.

E Système d'échange de quotas d'émission de gaz à effet de serre

La réglementation communautaire applicable aux substances appauvrissant la couche d'ozone et aux gaz à effet de serre fluorés découle des engagements pris par la communauté internationale dans le cadre du protocole de Montréal et du protocole de Kyoto qui visent à limiter les émissions de ces substances.

Ces substances sont encadrées par le **règlement (CE) n° 1005/2009 du Parlement européen et du Conseil du 16 septembre 2009 relatif à des substances qui appauvrissent la couche d'ozone** (modifié par le **règlement (UE) n° 744/2010 de la Commission du 18 août 2010 modifiant le règlement (CE) n° 1005/2009 du Parlement européen et du Conseil**).

Le **règlement (UE) n° 517/2014 du Parlement européen et du Conseil du 16 avril 2014** est relatif aux gaz à effet de serre fluorés (il abroge le règlement (CE) n° 842/2006).

1 Contenu du règlement (CE) n°1005/2009

Notamment :

- ***énonce les règles*** relatives à la production, à l'importation, à l'exportation, à la mise sur le marché, à l'utilisation, à la récupération, au recyclage, à la régénération et à la destruction des substances qui appauvrissent la couche d'ozone ;
- ***définit un mécanisme*** de **quota et de licence** de production, d'importation, d'exportation et d'utilisation des substances et des produits et équipements qui contiennent ces substances ou qui en sont tributaires. La délivrance de quotas (à demander avant le mois de juin de l'année N-1 pour l'année N) et la délivrance de licences est gérée directement au niveau communautaire par la Commission européenne ;
- ***définit les obligations et modalités*** de **rapportage annuel**, notamment : chaque entreprise produisant, important ou exportant, détruisant ou utilisant des substances appauvrissant la couche d'ozone doit rapporter, directement auprès de la Commission européenne, ses données de l'année N-1 au plus tard le 31 mars de l'année N ;
- ***prévoit des règles*** sur le confinement, l'utilisation, la récupération et la destruction des **gaz à effet de serre fluorés**, l'étiquetage et l'élimination des produits et des équipements contenant ces gaz, le contrôle de leurs utilisations et fixe des interdictions de mise sur le marché de produits et d'équipements.

2 Le SEQE-UE

Le système d'échange de quotas d'émission de l'UE (SEQE-UE) a été créé en 2005 et repose sur un principe de plafonnement et d'échange des droits d'émission.

Un plafond est fixé pour limiter le niveau total de certains gaz à effet de serre qui peuvent être émis par les installations concernées par le système. Ce plafond diminue progressivement afin de faire baisser le **niveau total des émissions**.

Dans les limites de ce plafond, les entreprises reçoivent ou achètent des **quotas d'émission** qu'elles peuvent échanger avec d'autres entreprises en fonction de leurs besoins.

F IED

La **directive 2010/75/UE du 24 novembre 2010** est relative aux émissions industrielles a pour objet **la prévention et la réduction intégrées de la pollution.** Elle est applicable depuis le 6 janvier 2011.

1 Objet de la directive

Elle « *énonce des **règles concernant la prévention et la réduction intégrées de la pollution due aux activités industrielles**.* » (Art. 1)

2 Objectif

Il s'agit de parvenir à un niveau élevé de protection de l'environnement grâce à une prévention et à une réduction intégrées de la pollution provenant d'un large éventail d'activités industrielles et agricoles.

3 Moyens

Obligation de détention d'une autorisation :

- chaque installation ne peut être exploitée que si elle a obtenu une autorisation ou, dans le cas de certaines installations et activités utilisant des solvants organiques, uniquement si elle a obtenu une autorisation ou est enregistrée ;
- contenu de l'autorisation : définition de toutes les mesures nécessaires pour garantir un niveau élevé de protection de l'environnement dans son ensemble, et que l'installation est exploitée conformément aux principes généraux des obligations fondamentales de l'exploitant ;
- définition des conditions d'autorisation sur la base des meilleures techniques disponibles (MTD).

Les États membres

Ils prennent, en principe, les mesures nécessaires afin qu'aucune installation ou installation de combustion, installation d'incinération des déchets ou installation de co incinération des déchets ne soit exploitée sans autorisation.

G Publication d'informations non financières

La directive 2014/95/UE du Parlement européen et du Conseil du 22 octobre 2014 modifie la directive 2013/34/UE en ce qui concerne la **publication d'informations non financières et d'informations relatives à la diversité par certaines grandes entreprises et certains groupes**. Elle est entrée en vigueur le 15 novembre 2014.

La directive de 2014 ajoute à la directive de 2013 des dispositions concernant la **déclaration non financière : elle crée une nouvelle obligation pour certaines entreprises.**

Obligation pour les grandes entreprises

« *1. Les grandes entreprises qui sont des entités d'intérêt public dépassant, à la date de clôture de leur bilan, le critère du nombre moyen de 500 salariés sur l'exercice **incluent dans le rapport de gestion une déclaration non financière comprenant des informations, dans la mesure nécessaire à la compréhension de l'évolution des affaires, des performances, de la situation de l'entreprise et des incidences de son activité, relatives au moins aux questions environ-***

***nementales, aux questions sociales et de personnel, de respect des droits de l'homme et de lutte contre la corruption**, y compris :*

a) une brève description du modèle commercial de l'entreprise ;

b) une description des politiques appliquées par l'entreprise en ce qui concerne ces questions, y compris les procédures de diligence raisonnable mises en œuvre ;

c) les résultats de ces politiques ;

d) les principaux risques liés à ces questions en rapport avec les activités de l'entreprise, y compris, lorsque cela s'avère pertinent et proportionné, les relations d'affaires, les produits ou les services de l'entreprise, qui sont susceptibles d'entraîner des incidences négatives dans ces domaines, et la manière dont l'entreprise gère ces risques ;

e) les indicateurs clés de performance de nature non financière concernant les activités en question. » (Art. 19 bis)

Obligation pour les entreprises mères d'un groupe

Les entités d'intérêt public[1] doivent effectuer une **déclaration non financière consolidée** (article 29 bis de la directive) quand elles remplissent les critères de taille de l'article 19 bis (cf. supra) ; elles doivent alors inclure dans le rapport consolidé de gestion une déclaration non financière consolidée comprenant des informations autres que celles prévues par l'article 19 bis (exemples : respect des droits de l'homme, lutte contre la corruption).

3 Droit national

A Installations Classées pour la Protection de l'Environnement (ICPE)

1 Notion d'ICPE

Les ICPE sont les usines, ateliers, dépôts, chantiers et, d'une manière générale, les installations exploitées ou détenues par toute personne physique ou morale, publique ou privée, qui peuvent présenter des dangers ou des inconvénients notamment pour le voisinage, la santé, la sécurité et la salubrité publiques, la protection de la nature, de l'environnement et des paysages, l'agriculture.

2 Nomenclature ICPE

« *Il s'agit d'un document règlementaire qui permet le classement des ICPE. Celles-ci doivent alors répondre à une législation particulière à ce titre. Ces installations sont soumises à **déclaration (D)**, **déclaration périodique (DC)**, **enregistrement (E)** ou **autorisation (A)** suivant la gravité des dangers et inconvénients que peut présenter leur exploitation.* » (Art. L.511-1 C. env.)

3 Régime juridique : les différentes procédures de création d'une ICPE

Procédure de déclaration

Installations concernées

Ce sont celles qui ne présentant pas de graves dangers ou inconvénients pour l'environnement ou la santé humaine ; elles doivent respecter les prescriptions générales édictées par le préfet.

(Art. L.512-8 et R.512-47 C. env.)

Si la déclaration a été effectuée en la forme régulière, le préfet n'a pas de motifs pour s'opposer à la délivrance de la preuve de dépôt.

Il peut toutefois adresser des prescriptions spéciales à l'exploitant dans le cas où les prescriptions générales applicables à l'installation ne suffiraient pas à la protection de l'environnement ou de la santé humaine telle que prévue par les textes législatifs et règlementaires (Art. R.512-49 C. env.)

[1] Selon l'art. L. 820.1 C. com., les entités publiques sont notamment les établissements de crédit, les entreprises d'assurance et de réassurance, les institutions de prévoyance et leurs unions, les mutuelles et unions de mutuelles.

Cas de la déclaration périodique

Certaines catégories d'installations, définies par décret en Conseil d'Etat en fonction des risques qu'elles présentent, peuvent être soumises à des contrôles périodiques permettant à l'exploitant de s'assurer que ses installations fonctionnent dans les conditions requises par la réglementation. (Art. L.512-11 C. env.)

Procédure d'enregistrement

La procédure d'enregistrement est aussi appelée autorisation simplifiée.

Installations concernées

Ce sont celles qui présentent des dangers et inconvénients qui peuvent être, en principe, prévenus par le respect des prescriptions générales.

Demande d'enregistrement

(**Art. L512-7, R.512-46-3 et R.512-46-4 C. env.**)

Pour le demandeur : cf. supra : la demande de déclaration.

Le dossier est adressé au préfet de département.

Étapes à suivre

Le Code de l'environnement prévoit les étapes à respecter dans cette procédure (Art. R. 512-46-3, R. 512-46-11, L. 512-7-1, R. 512-46-15...).

1. Une fois le dossier reçu, le préfet effectue un ***premier examen de recevabilité***.
   Dès que le dossier est complet et régulier, le préfet en informe le pétitionnaire et transmet une copie du dossier au conseil municipal de la commune concernée pour avis. Il a alors 5 mois pour statuer.
2. Une ***consultation publique*** est organisée dans les mairies des communes concernées.
3. ***Instruction administrative*** : après avoir recueilli l'avis des conseillers municipaux et des observations publiques, l'inspection des installations classées établit un rapport présentant ses propositions sur la demande d'enregistrement.
   La décision du préfet de refus ou d'enregistrement doit alors être motivée et notifiée au pétitionnaire. **Le silence gardé par le préfet vaut refus de la demande.**

Procédure d'autorisation environnementale

L'autorisation environnementale unique (AE) est applicable depuis le 1er mars 2017.

Demande d'autorisation environnementale

Le demandeur est toute personne, physique ou morale, publique ou privée, qui souhaite réaliser une activité, une installation, un ouvrage ou des travaux (AIOT) soumis à déclaration, enregistrement ou à autorisation selon les nomenclatures Eau et ICPE.

Le demandeur peut donc être indistinctement le maître d'ouvrage, le propriétaire ou l'exploitant.

La demande est adressée au préfet de département dans lequel est situé le projet (ou les préfets de département si le projet est situé sur le territoire de plusieurs départements).

Etapes à suivre

(Notamment : **art. L.181-5 C. env**.)

Une fois la demande adressée au préfet, ce dernier doit délivrer un accusé de réception. La demande est ensuite instruite selon trois phases, pour une durée de 9 mois environ :

1. **La phase d'examen** (environ 4 mois) : si l'instruction fait apparaitre que le dossier est irrégulier ou incomplet, le préfet invite le demandeur à compléter ou régulariser son dossier dans un délai qu'il fixe ;
2. **La phase d'enquête publique** (environ 3 mois) : le préfet saisit le président du tribunal administratif en vue de la désignation du commissaire enquêteur ou de la commission d'enquête afin qu'une enquête publique soit ouverte selon les modalités prévues par le Code de l'environnement.

3. **La phase de décision** (environ 2 mois) : dans les 15 jours suivant la réception du rapport d'enquête publique, le préfet transmet pour information la note de présentation non technique de la demande d'autorisation environnementale et les conclusions motivées du commissaire enquêteur à la commission départementale de la nature, des paysages et des sites (CDNPS) ou au conseil départemental de l'environnement et des risques sanitaires et technologiques (CODERST).

   Le préfet a alors 2 mois pour statuer sur la demande d'autorisation. Le silence gardé à l'issue de ce délai vaut décision implicite de rejet.

B Gaz à effet de serre

La réglementation nationale sur les gaz à effet de serre vise à définir les modalités concrètes d'application des **règlements n° 1005/2009 et n° 517/2014** : cf. supra : II. Droit européen.

Elle est essentiellement contenue dans les **articles L. 229-1. à L.229-26 du code de l'environnement et dans les arrêtés du 29 février 2016**.

C Installations nucléaires de base (INB)

1 Cadre juridique

Notion de sécurité nucléaire

« La **sécurité nucléaire** comprend la sûreté nucléaire, la radioprotection, la prévention et la lutte contre les actes de malveillance ainsi que les actions de sécurité civile en cas d'accident.

La **sûreté nucléaire** est l'ensemble des dispositions techniques et des mesures d'organisation relatives à la conception, à la construction, au fonctionnement, à l'arrêt et au démantèlement des installations nucléaires de base ainsi qu'au transport des substances radioactives, prises en vue de prévenir les accidents ou d'en limiter les effets.

La **radioprotection** est la protection contre les rayonnements ionisants, c'est-à-dire l'ensemble des règles, des procédures et des moyens de prévention et de surveillance visant à empêcher ou à réduire les effets nocifs des rayonnements ionisants produits sur les personnes, directement ou indirectement, y compris par les atteintes portées à l'environnement. » (**Art. L.591-1 C. env.**)

Rôle de l'Autorité de sûreté nucléaire (ASN)

L'ASN est une autorité administrative indépendante qui participe au contrôle de la sûreté nucléaire, de la radioprotection et des activités nucléaires prévues par le Code de la santé publique.

Elle participe à l'information du public et à la transparence dans ses domaines de compétence. (Art. L.592-1 C. env.)

2 Notion d'INB

« *Les installations nucléaires de base sont :*

1° Les réacteurs nucléaires ;

2° Les installations, répondant à des caractéristiques définies par décret en Conseil d'Etat, de préparation, d'enrichissement, de fabrication, de traitement ou d'entreposage de combustibles nucléaires ou de traitement, d'entreposage ou de stockage de déchets radioactifs ;

3° Les installations contenant des substances radioactives ou fissiles et répondant à des caractéristiques définies par décret en Conseil d'Etat ;

4° Les accélérateurs de particules répondant à des caractéristiques définies par décret en Conseil d'Etat ;

5° Les centres de stockage en couche géologique profonde de déchets radioactifs mentionnés à l'article L. 542-10-1. » (Art. L.593-2 C. env.)

3 Règles applicables aux INB

« La conception, la construction, le fonctionnement, la mise à la fermeture et le démantèlement des installations nucléaires de base ainsi que l'arrêt définitif, l'entretien et la surveillance des installations de stockage de déchets radioactifs sont soumis à des **règles générales applicables à toutes ces installations ou à certaines catégories d'entre elles**.

Ces règles générales, qui peuvent prévoir des modalités d'application particulières pour les installations existantes, sont fixées par arrêté du ministre chargé de la sûreté nucléaire." (**Art. L.593-4 C. env.**)

4 Responsabilité de l'exploitant

L'exploitant d'une installation nucléaire de base a différentes obligations, notamment il :

- est responsable de la **maîtrise des risques** et inconvénients que son installation peut présenter ;
- dispose des **ressources** techniques, financières et humaines, qu'il décrit dans une notice, et met en œuvre les moyens nécessaires pour exercer cette responsabilité ;
- recense, dans un **rapport de sûreté**, les risques auxquels son installation peut exposer, directement ou indirectement, que la cause soit interne ou externe à l'installation ;
- établit des **règles d'exploitation** de ses installations ;
- met en place, et formalise dans un **plan d'urgence interne**, une organisation et des moyens destinés à maîtriser les incidents et accidents et à limiter leurs conséquences pour les intérêts susmentionnés. (Art. 593-6 C. env.)

5 Création d'une INB

(Notamment : art. L.593-7, L.593-8 C. env.)

Demande d'autorisation

La création d'une installation nucléaire de base est soumise à une autorisation.

Cette autorisation ne peut être délivrée que si, compte tenu des connaissances scientifiques et techniques du moment, l'exploitant démontre que les dispositions techniques ou d'organisation prises ou envisagées aux stades de la conception, de la construction et de l'exploitation ainsi que les principes généraux proposés pour le démantèlement ou, pour les installations de stockage de déchets radioactifs, pour leur entretien et leur surveillance après leur fermeture sont de nature à **prévenir ou** à **limiter de manière suffisante les risques ou inconvénients que l'installation présente pour les intérêts** mentionnés à l'article L. 593-1[2].

L'autorisation prend en compte les **capacités techniques et financières de l'exploitant** qui doivent lui permettre de conduire son projet dans le respect de ces intérêts, en particulier pour couvrir les dépenses de démantèlement de l'installation et de remise en état, de surveillance et d'entretien de son lieu d'implantation ou, pour les installations de stockage de déchets radioactifs, pour couvrir les dépenses de fermeture, d'entretien et de surveillance.

Délivrance de l'autorisation

L'autorisation est délivrée après avis de l'Autorité de sûreté nucléaire et après l'accomplissement d'une enquête publique.

L'autorisation détermine les caractéristiques et le périmètre de l'installation et fixe le délai dans lequel celle-ci doit être mise en service.

---

[2] Pour la sécurité, la santé et la salubrité publiques ou la protection de la nature et de l'environnement.

Application de l'autorisation
(**Art. L.593-10 et L.593-11 C. env.**)

L'Autorité de sûreté nucléaire :

- **définit, dans le respect des règles générales, les prescriptions** relatives à la conception, à la construction et à l'exploitation de l'installation qu'elle estime nécessaires. Ces prescriptions peuvent notamment porter sur des moyens de suivi, de surveillance, d'analyse et de mesure. Elle les communique au ministre chargé de la sûreté nucléaire ;
- autorise la mise en service de l'installation. Elle en informe le ministre chargé de la sûreté nucléaire. La mise en service peut être partielle.

6 Réexamen de l'installation

(**Art. L.593-18 et L. 593-19 C. env.**)

L'exploitant d'une installation nucléaire de base procède périodiquement au réexamen de son installation en prenant en compte les meilleures pratiques internationales.

Le réexamen a lieu tous les dix ans. Toutefois, le décret d'autorisation peut fixer une périodicité différente si les particularités de l'installation le justifient.

L'exploitant adresse à l'Autorité de sûreté nucléaire et au ministre chargé de la sûreté nucléaire un **rapport** comportant les conclusions du réexamen et, le cas échéant, les dispositions qu'il envisage de prendre pour remédier aux anomalies constatées ou pour améliorer la protection des intérêts mentionnés à l'**article L. 593-1**.

Après analyse du rapport, l'Autorité de sûreté nucléaire peut imposer de nouvelles prescriptions techniques. Elle communique au ministre chargé de la sûreté nucléaire son analyse du rapport, ainsi que les prescriptions qu'elle prend.

D Marque NF environnement

Créée en 1991, NF Environnement est un écolabel délivré par AFNOR Certification, organisme certificateur indépendant.

1 But

NF environnement vise à **attester la conformité de produits ou services** aux exigences définies dans des cahiers des charges (ou référentiels) qui sont basés sur des normes et qui portent sur la qualité d'usage et la qualité environnementale des produits.

2 Règles générales de la marque NF Environnement

Objet

La marque collective de **certification NF ENVIRONNEMENT**, matérialise une certification de produits ou services.

Conformité aux documents de référence

Une certification matérialisée par la marque NF Environnement :

- a pour objet d'attester la conformité des produits et/ou services aux documents normatifs nationaux, européens et internationaux les concernant, et qui sont complétés le cas échéant par d'autres documents de référence en vigueur en matière de protection de l'environnement ;
- vise à certifier que les produits et/ou services, sur lesquels elle est apposée, présentent un impact négatif moindre sur l'environnement ;
- peut s'appliquer aux produits et/ou services destinés aux consommateurs et aux produits ou services intermédiaires. Par ailleurs elle peut être attribuée à des produits et/ou services dont la fonction est utile à la protection de l'environnement.

Extrait du site http://cdn.afnor.org

E Reporting social et environnemental

La **loi n° 2001-420 du 15 mai 2001** relative aux nouvelles régulations économiques (art. 116) contient des dispositions concernant le **rapport de gestion annuel établi dans les sociétés.**

Le Code de commerce accroît le nombre d'informations qui doivent figurer dans ce rapport.

Une déclaration de performance extra-financières est insérée dans le rapport de gestion, lorsque le total du bilan excède 100 millions d'euros ou que le montant net du chiffre d'affaires excède 100 millions d'euros et que le nombre moyen de salariés permanents employés au cours de l'exercice excède 500.

A noter que les sociétés qui dépassent ces seuils et établissent des comptes consolidés sont tenues de publier cette déclaration de performance extra-financières.

Cette déclaration présente des informations sur la manière dont la société prend en compte les conséquences sociales et environnementales de son activité. (**Art. L.225-102-1**). Le but est d'accroître la transparence sur la vie de l'entreprise vis-à-vis des parties prenantes et des tiers.

Le décret n° 2002-221 du 20 février 2002 pris pour l'application de l'article L. 225-102-1 du Code de commerce précise les informations environnementales à inscrire dans le rapport.

L'article 148-3 indique que sont notamment visées les informations suivantes :

1. la **consommation de ressources** en eau, matières premières et énergie avec, le cas échéant, les mesures prises pour améliorer l'efficacité énergétique et le recours aux énergies renouvelables, les conditions d'utilisation des sols, les **rejets dans l'air, l'eau et le sol** affectant gravement l'environnement et dont la liste sera déterminée par arrêté des ministres chargés de l'environnement et de l'industrie, les nuisances sonores ou olfactives et les déchets ;
2. les **mesures prises pour limiter les atteintes** à l'équilibre biologique, aux milieux naturels, aux espèces animales et végétales protégées ;
3. les **démarches d'évaluation ou de certification** entreprises en matière d'environnement ;
4. les **mesures prises, le cas échéant, pour assurer la conformité de l'activité** de la société aux dispositions législatives et réglementaires applicables en cette matière ;
5. l'existence au sein de la société de **services internes de gestion de l'environnement**, la formation et l'information des salariés sur celui-ci, les moyens consacrés à la réduction des risques pour l'environnement ainsi que l'organisation mise en place pour faire face aux accidents de pollution ayant des conséquences au-delà des établissements de la société ;
6. le **montant des provisions et garanties pour risques en matière d'environnement**, sauf si cette information est de nature à causer un préjudice sérieux à la société dans un litige en cours ;
7. le **montant des indemnités versées** au cours de l'exercice en exécution d'une décision judiciaire en matière d'environnement et les actions menées en réparation de dommages causés à celui-ci. »

F Comptabilisation des aspects environnementaux

1 Objectif

Il s'agit de permettre aux actionnaires des sociétés d'appréhender les passifs environnementaux actuels et à venir.

2 Obligations des entreprises

Les risques environnementaux

Ils doivent être anticipés dans le bilan sous forme de **provision pour risque environnemental.**

Le risque peut se réaliser de différentes manières, par exemple pollution de l'air ou de l'eau qui oblige l'entreprise à réparer le préjudice causé à l'environnement par des travaux de dépollution et le versement de dommages intérêts en cas d'action en justice intentée par les victimes.

Par ailleurs, si sa responsabilité pénale est mise en cause, l'entreprise peut être condamnée à **payer une ou des amendes** au Trésor public.

Pour financer l'indemnisation des préjudices qu'elle peut causer, l'entreprise peut donc être conduite à comptabiliser des **dettes** envers des tiers et à constituer des provisions pour risque environnemental.

Informations significatives

À noter également que **dans les comptes annuels, l'annexe doit comporter toutes les informations significatives** (*ex.* : montant de la provision à l'ouverture et à la clôture de l'exercice, dotations constituées au cours de l'exercice).

Le développement de l'entreprise

Partie 2

Chapitre 13

Constitution et transformation des sociétés

COMPÉTENCES VISÉES

- **Assister le chef d'entreprise dans les choix juridiques et fiscaux liés à la constitution de sociétés et à la transformation de sociétés.**
- **Maîtriser le droit et la fiscalité de la constitution des sociétés et de la transformation des sociétés.**

- Ces opérations sont réglementées par le Code civil, le Code de commerce et des dispositions fiscales.

PLAN DU CHAPITRE

1 Constitution des sociétés

La constitution des sociétés est étudiée dans le cadre de l'UE 2 relative au droit des sociétés.

Dans le cadre de la présente étude, l'objectif est de rappeler les caractéristiques essentielles à la constitution des principales sociétés.

Elle est encadrée par des règles communes à toutes les sociétés en ce qui concerne notamment le contrat de société, et par des règles spécifiques qui prennent en compte l'originalité de chaque société.

A Règles communes

1 Définition et règles de validité des contrats

« Le contrat est un **accord de volontés** entre deux ou plusieurs personnes destiné à créer, modifier, transmettre ou éteindre des obligations. » (article 1101 du Code civil)

Cette définition met en évidence l'autonomie de la volonté et l'engagement des personnes, ainsi que le contenu des obligations.

a. Principes fondamentaux

Le principe de la **liberté contractuelle** (article 1102 du Code civil) est affirmé et s'applique de trois façons :

- liberté de contracter ou ne de pas contracter ;
- liberté de choix du cocontractant ;
- liberté de déterminer le contenu et la forme du contrat.

Il est à noter que cette liberté a deux limites : la **loi** qui doit être respectée, et l'**ordre public** auquel il est interdit de déroger.

Le principe de **bonne foi** (c'est-à-dire pas d'abus ou de fraude dans le comportement) concerne la négociation, la formation et l'exécution du contrat ; il est d'ordre public (article 1104 du Code civil).

Le principe de la **force obligatoire du contrat** : quand le contrat est légalement formé, il tient lieu de loi à ceux qui l'ont fait (article 1103 du Code civil).

b. La validité du contrat

Elle est organisée par les articles 1128 à 1171 du Code civil.

> **Trois conditions** doivent être remplies pour la validité d'un contrat (article 1128 du Code civil) : le consentement des parties, leur capacité à contracter et un contenu licite et certain.

- Le **consentement des parties** ne doit pas être vicié par l'erreur, le dol ou la violence (article 1130 du Code civil) ; ces vices sont des causes de nullité relative du contrat.
- **Capacité des parties** (articles 1145 et 1146 du Code civil) :
  - *toute personne physique* peut contracter sauf en cas d'incapacité prévue par la loi. Les mineurs non émancipés et les majeurs protégés sont incapables de contracter ;
  - *personne morale* : sa capacité est limitée aux actes utiles à la réalisation de son objet tel que défini par ses statuts et aux actes qui leurs sont accessoires, dans le respect des règles qui leur sont applicables.
    → L'**incapacité de contracter** est une cause de **nullité relative**.
- Un **contenu licite et certain** du contrat : *notamment*
  - le contrat ne peut déroger à l'**ordre public** ni par ses stipulations, ni par son but (article 1162 du Code civil) ;

- toute **obligation** a pour objet une *prestation présente ou future*, qui doit être possible et déterminée ou déterminable (article 1163 du Code civil).

  → La loi dispose qu'il y a **nullité absolue** du contrat quand le contenu de ce dernier porte atteinte à l'intérêt général (article 1179 du Code civil).

2 Le contrat de société

La création d'une société découle d'un contrat, appelé **contrat de société** ou **statuts**.

a. Définition du contrat de société : article 1832 du Code civil

« La société est instituée par deux ou plusieurs personnes qui conviennent par un contrat d'affecter à une entreprise commune des biens ou leur industrie en vue de partager le bénéfice ou de profiter de l'économie qui pourra en résulter.

Elle peut être instituée, dans les cas prévus par la loi, par l'acte de volonté d'une seule personne.

Les associés s'engagent à contribuer aux pertes. »

b. Éléments du contrat de société

Les personnes qui s'associent et leur intention

- L'apporteur est une **personne physique** ou une **personne morale** (*ex.* : une autre société) :
  - en principe : deux associés au moins. Deux époux peuvent être associés dans une même société (article 1832-1 du Code civil). Ils peuvent aussi gérer la société (gestion sociale) ;
  - exceptions : un seul associé dans les cas prévus par la loi : création d'une entreprise unipersonnelle à responsabilité limitée (EURL), d'une société par actions simplifiée unipersonnelle (SASU).
- Les personnes ont l'**intention de s'associer** : c'est l'***affectio societatis***. Elles expriment la volonté de s'associer en application de l'article 1832 du Code civil.

Les apports

- **Définition** de l'apport (*Cf.* article 1843-3 du Code civil) : il s'agit d'un bien (somme d'argent meuble, immeuble, fonds de commerce) ou de compétences que l'apporteur s'engage à mettre à la disposition de la société.
- **Condition pour être associé** : il est obligatoire de faire un **apport** (article 1843-3 du Code civil). En contrepartie, l'associé reçoit des **droits sociaux** (parts sociales ou actions). Les droits de chaque associé dans le capital social sont proportionnels à ses apports (article 1843-2 du Code civil).
- En fonction de la structure juridique choisie, la **responsabilité de l'associé** est soit limitée aux apports qu'il a effectués (*ex.* : société à responsabilité limitée [SARL], société anonyme [SA], société par actions simplifiée [SAS], soit indéfinie et conjointe (*ex.* : société civile), soit indéfinie et solidaire (*ex.* : société en nom collectif [SNC]).
- Pour effectuer un apport, il faut suivre deux étapes (article 1843-3 alinéa 1 du Code civil) :
  - **souscription** : c'est l'engagement à effectuer l'apport ;
  - **libération** : c'est la réalisation de l'apport (*ex.* : remise d'un chèque).
- On distingue 3 types d'apports :
  - apport EN NUMÉRAIRE (ou ESPÈCES) :
    - ✓ constitué notamment par une somme d'argent, un chèque, un virement ;
    - ✓ libéré en totalité lors de la constitution de la société ou en plusieurs fois (*cf.* loi : le plus souvent dans un délai de 5 ans) ;
    - ✓ **possible dans toute société** ;

- apport EN NATURE :
  ✓ constitué par des meubles (corporels, incorporels), immeubles ;
  ✓ **possible dans toute société** ;
  ✓ réalisé **en propriété** (la société devient propriétaire le jour de son immatriculation au RCS), **en jouissance** (l'apporteur reste propriétaire du bien) ou **en usufruit** (la société ne dispose pas du droit de disposer).
  → À noter : pour pallier notamment le risque de **surévaluation d'un apport en nature**, la loi prévoit l'intervention d'un **commissaire aux apports** dans certains cas (par exemple dans les sociétés de capitaux) ;
- apport EN INDUSTRIE :
  ✓ constitué en particulier par les compétences et l'activité des personnes ;
  ✓ **interdit dans certaines sociétés** (par exemple, les sociétés anonymes [SA]) ;
  ✓ a un régime juridique différent de celui des autres apports, car pour l'apporteur il n'y a pas remise de titres en contrepartie de cet apport : celui-ci ne concourt pas à la formation du capital social (article 1843-2 alinéa 2 du Code civil). Par ailleurs, sauf clause contraire, la part de l'apporteur en industrie dans les bénéfices et sa contribution aux pertes sont celles de l'associé qui a le moins apporté par ailleurs.

• L'ensemble des apports constitue le **capital social**.
Remarque : pour certaines sociétés de capitaux, la loi impose un minimum pour le capital social.
Le capital social correspond au **droit de gage général des créanciers**.

Le but des personnes qui s'associent : il s'agit soit de réaliser et de partager un **bénéfice**, soit de réaliser et de partager des **économies**.

L'engagement à contribuer aux pertes

Cela signifie que chaque associé est tenu de participer au paiement des sommes dues par la société (du fait de son activité) si cette dernière ne le peut pas (parce qu'elle a fait des pertes). L'associé participe aux pertes proportionnellement au montant de son apport (article 1844-1 du Code civil).

→ Exemple : l'associé qui a apporté 10 % du capital, doit payer 10 % des sommes dues par la société. Deux situations sont possibles :

Associé qui a une responsabilité *limitée*	Associé qui a une responsabilité *indéfinie et solidaire*
Il peut contribuer jusqu'au montant total de son apport, c'est-à-dire 10 % du capital social. Dans ce cas, il perd son apport.	Si le montant de son apport ne suffit pas à désintéresser le ou les créanciers, il devra payer sur son patrimoine personnel les sommes restant dues.

c. Forme et contenu du contrat

Forme

L'**écrit** est obligatoire (article 1835 du Code civil).

C'est un acte sous signature privée en principe.

Par exception, un acte authentique est obligatoire en cas d'apport d'un immeuble.

Contenu du contrat (statuts)

• Les statuts « **déterminent**, *outre les apports de chaque associé, la forme, l'objet, l'appellation, le siège social, le capital social, la durée de la société et les modalités de son fonctionnement. Les statuts* **peuvent préciser une raison d'être**, *constituée des principes dont la société se dote* *et pour le respect desquels elle entend affecter des moyens dans la réalisation de son activité* ». (Article 1835 du Code civil)

- « *Toute société doit avoir un* **objet licite** *et être constituée dans l'intérêt commun des associés. La société est* **gérée dans son intérêt social**, *en prenant en considération les* **enjeux sociaux et environnementaux de son activité** ». (Article 1833 du Code civil)
- **Choix de la qualité de société à mission** (Article L.210-10 du Code de commerce)
  Une société peut faire publiquement état de ce choix lorsque les conditions suivantes sont respectées :

1° Ses statuts précisent une raison d'être, au sens de l'article 1835 du Code civil ;

2° Ses statuts précisent un ou plusieurs objectifs sociaux et environnementaux que la société se donne pour mission de poursuivre dans le cadre de son activité ;

3° Ses statuts précisent les modalités du suivi de l'exécution de la mission mentionnée au 2°. Ces modalités prévoient qu'un comité de mission, distinct des organes sociaux et devant comporter au moins un salarié, est chargé exclusivement de ce suivi et présente annuellement un rapport joint au rapport de gestion à l'assemblée chargée de l'approbation des comptes de la société. Ce comité procède à toute vérification qu'il juge opportune et se fait communiquer tout document nécessaire au suivi de l'exécution de la mission ;

4° L'exécution des objectifs sociaux et environnementaux mentionnés au 2° fait l'objet d'une vérification par un organisme tiers indépendant. Cette vérification donne lieu à un avis joint au rapport mentionné au 3° ;

5° La société déclare sa qualité de société à mission au greffier du tribunal de commerce, qui la publie.

3 La personnalité juridique de la société

a. Notion de personnalité juridique

À compter de l'immatriculation au RCS, la société est une personne morale qui existe et a un patrimoine distinct de celui de chacun des associés qui ont fait les apports. Elle a une existence propre, indépendante de celle des associés. En conséquence, elle a la **personnalité morale** (article 1842 du Code civil).

b. La capacité des sociétés

La **capacité** est l'aptitude d'une personne à être titulaire de droits et à les exercer.

Capacité de jouissance	Capacité d'exercice
= aptitude à être titulaire de droits pécuniaires ou extra pécuniaires.	= aptitude à exercer les droits dont on est titulaire.
Pour une société, on prend en compte le **principe de spécialité** (1).	La société est **représentée par une personne physique** (exemple : gérant) pour l'exercice de ses droits. La désignation du représentant fait l'objet de formalités de publicité légale. → Les limitations statutaires des pouvoirs des dirigeants sont inopposables aux tiers.

(1) Principe de spécialité défini par la loi : **la capacité des personnes morales est limitée** aux actes utiles à la réalisation de leur objet tel que défini par leurs statuts et aux actes qui leur sont accessoires, dans le respect des règles applicables à chacune d'entre elles (*cf.* les règles applicables à chaque société).

À noter : la notion d'utilité à la réalisation de l'objet est plus large que celle d'objet ; la notion d'accessoire signifie qu'un acte est accessoire dans la mesure où il se rattache à l'objet par un lien juridique ou matériel.

4 Publicité légale

Le Code de commerce prévoit que la constitution d'une société fait l'objet de plusieurs formalités de publicité après la signature des statuts :

- insertion d'un avis dans un **journal d'annonces légales** (JAL) à l'initiative des fondateurs de la société ;
- dépôt au **Centre de formalités des entreprises** (CFE) d'un dossier en vue de l'immatriculation de la société au registre du commerce et des sociétés (RCS, tenu par le greffier du tribunal de commerce) ;
- insertion d'une annonce au **Bulletin officiel des annonces civiles et commerciales** (BODACC) ou au **Bulletin des annonces légales obligatoires** (BALO) pour certaines sociétés, à l'initiative du greffier.

La publicité légale a **deux effets juridiques** : naissance de la personnalité morale de la structure juridique à compter de la date d'immatriculation au RCS et opposabilité de la société vis-à-vis des tiers.

B Règles spécifiques aux différentes sociétés

La constitution des sociétés est étudiée dans le cadre de l'UE 2 relative au droit des sociétés.

Dans le cadre de la présente étude, l'objectif est de rappeler des caractéristiques essentielles à la constitution des principales sociétés.

1 Sociétés commerciales

Elles sont réglementées par le Code de commerce.

a. Société en nom collectif (SNC)

Conditions de fond

- Les **associés** ont la qualité de commerçant et répondent indéfiniment et solidairement des dettes sociales (article L. 221-1).
- L'**objet social** ne peut être l'une des activités suivantes : assurances, banque, comptabilité, expertise comptable, laboratoire d'analyses médicales.
- Le capital social :
  - la loi ne prévoit pas de montant minimum légal pour le capital et pour les parts sociales ; ces dernières ne sont pas représentées par des titres négociables (article L. 221-13). Sont interdits : l'émission de titres négociables, l'offre au public des titres ;
  - apports en numéraire, en nature ou en industrie. Pour les apports en nature, la loi ne prévoit pas de vérification par un commissaire aux apports. La libération des apports est organisée librement.

Conditions de forme

Les **statuts** sont établis par écrit et signés par tous les associés.

b. Société en commandite simple (SCS)

Conditions de FOND

- **Statut des associés :**

  La SCS comporte au moins deux associés : un associé commandité et un associé commanditaire.

Catégories d'associés	Éléments du statut
Associés commandités	**Ont le statut des associés en nom collectif** ([*ex.* : capacité commerciale], article L. 222-1 alinéa 1). *Remarque* : les personnes morales peuvent être associés commandités.
Associés commanditaires	**Répondent des dettes sociales à concurrence du montant de leur apport** (article L. 222-1 alinéa 2). Ils doivent avoir la capacité civile. *Peuvent être associés* : mineur émancipé, majeur protégé.

- **Capital social, apports**

  Le montant du capital social est déterminé dans les statuts.

Catégories d'associés	Apports
Associés commandités	En numéraire, en nature, en industrie.
Associés commanditaires	En numéraire, en nature.

Conditions de FORME

Dans les statuts, il faut indiquer en particulier le montant ou la valeur des apports de tous les associés et la part dans ce montant ou cette valeur de chaque associé commandité ou commanditaire (article L. 222-4).

c. Sociétés comportant des caractéristiques des sociétés de personnes et des sociétés de capitaux : société à responsabilité limitée (SARL), entreprise unipersonnelle à responsabilité limitée (EURL)

Conditions de FOND

- Les **associés** : 1 minimum (est associé unique) dans l'EURL (article L. 223-1 alinéa 2), 100 maximum dans la SARL (article L. 223-3), ont la capacité civile et ne supportent les pertes qu'à concurrence de leurs apports (article L. 223-1 alinéa 1).
- Le **capital social** : son montant est fixé par les **statuts** et est divisé en parts égales (article L. 223-2) ; il n'y a pas de minimum légal. Les parts sociales ne peuvent être représentées par des titres négociables (article L. 223-12).
- Les apports :
  - **en industrie** : sont possibles ;
  - **en numéraire** : il faut libérer au moins 1/5e du montant des apports lors de la constitution et la libération du surplus doit intervenir en une ou plusieurs fois sur décision du gérant, dans un délai de 5 ans (article L. 223-7). Le retrait des fonds a lieu après l'immatriculation au RCS (article L. 223-8) ;
  - **en nature** : en principe, l'évaluation doit être effectuée par un **commissaire aux apports** (CAA) ; elle est facultative si aucun apport en nature n'a une valeur supérieure à 30 000 € ET si la valeur totale de l'ensemble des apports en nature n'excède pas la moitié du capital social (article L. 223-9). En cas de non recours à un CAA : la décision est prise à l'unanimité des associés et les associés sont solidairement responsables pendant 5 ans de la valeur attribuée aux apports en nature.
- L'objet social :
  - activités **autorisées** : civiles ou commerciales ;
  - activités **interdites** : entreprises d'assurances, de capitalisation et d'épargne ;
  - activités **réglementées** : *cf.* les conditions relatives notamment à la qualification professionnelle (*ex.* : société d'expertise comptable, pharmacie).

Conditions de FORME

Les statuts sont écrits, et contiennent en particulier le montant du capital social et la répartition des parts sociales.

d. Société anonyme (SA)

Caractéristiques fondamentales

- C'est une société dont le capital est divisé en **actions** et qui est constituée entre des associés qui ne supportent les pertes qu'à concurrence de leurs apports (article L. 225-1).
- La SA est constituée :
  - **soit AVEC offre au public** (par quelque moyen que ce soit, par exemple : publicité, démarchage). À noter : une SA peut faire offre au public de ses titres et ne pas être inscrite à un marché réglementé ;
  - soit SANS offre au public.

Conditions de fond communes aux SA

- Statut de l'associé : c'est un **actionnaire** ; il n'est pas commerçant.
- **Nombre d'actionnaires** : deux au minimum dans les SA dont les titres ne sont pas admis aux négociations sur un marché réglementé ; sept au minimum dans les SA *dont les titres sont admis* aux négociations sur un marché réglementé.
- **Capital social** : 37 000 € au minimum.
- **Apports** (article L. 225-3) :
  - **en numéraire** : ils doivent être souscrits intégralement et libérés d'au moins la moitié des apports (le solde étant libéré dans un délai de 5 ans) ;
  - **en nature** : sont évalués par un commissaire aux apports (CAA) qui rédige un **rapport** sur cette évaluation (article L. 225-8).

    En contrepartie des apports, les associés reçoivent des **actions** (article L. 228-7).
- **Désignation des dirigeants** : le choix entre une SA avec un conseil d'administration ou avec un directoire et un conseil de surveillance est opéré à la constitution de la société.

Conditions PROPRES aux SA AVEC offre au public

(articles L. 225-2 à L. 225-11-1). Diverses obligations doivent être respectées.

- **Projet de statuts** : à déposer au greffe du TC.
- **Note d'information** : à rédiger et doit être soumise au visa de l'Autorité des Marchés Financiers.
- **Bulletin de souscription** : à remettre aux actionnaires pour constater les apports en numéraire.
- **Notice au Bulletin des annonces légales obligatoires (BALO)** : à publier avant le début des opérations de souscription des actions.
- **Convocation de l'assemblée générale constitutive (AGC)** qui **délibère** aux conditions de **quorum** (1/4 des actions ayant droit de vote sur 1re convocation et 1/5e sur 2e convocation) et de **majorité** (2/3 des voix dont disposent les actionnaires présents ou représentés) des assemblées générales extraordinaires. L'AGC :
  - constate que le **capital** est entièrement **souscrit** et que les actions sont **libérées d'au moins la moitié** ;
  - vote l'adoption des statuts ;
  - nomme les premiers dirigeants (*ex.* : administrateurs) ;
  - désigne un ou plusieurs **commissaires aux comptes** ;
  - approuve notamment les actes accomplis au nom de la SA en formation.

- **Publicité LÉGALE** : avis dans un journal d'annonces légales (JAL), dépôt des statuts au Centre de formalités des entreprises (CFE), immatriculation au Registre du commerce et des sociétés (RCS), insertion au Bulletin des annonces légales obligatoires (BALO).

e. Société en commandite par actions (SCA)

Conditions de fond

- **Deux catégories d'associés** : commandités (un minimum) qui ont une responsabilité indéfinie et solidaire et des commanditaires (trois minimum) qui ont une responsabilité limitée aux apports (article L. 226-1).
- **Capital social** : est constitué avec ou sans offre au public des titres (*cf.* SA) par des apports (*cf.* la SCS).
- Un **conseil de surveillance** doit être prévu dans les statuts.

Conditions de forme : *cf.* SA.

f. Société par actions simplifiée (SAS), Société unipersonnelle par actions simplifiée (SASU)

Conditions de fond

- **Nombre d'associés** : le minimum légal est de deux ; dans la SASU : une seule personne. Leur responsabilité est limitée à leurs apports (article L. 227-1).
- **Capital social** : la loi ne prévoit pas de montant minimum ; doit être libéré de la moitié du montant lors de la souscription. L'offre au public des titres est interdite en principe (article L. 227-2).
- **Apports** en espèces, en nature et en industrie (pour ces derniers apports : émission d'actions inaliénables (article L. 227-1 alinéa 5).

Conditions de forme :

Cf. SA sans offre au public des titres.

2 Sociétés civiles : dispositions communes

Les règles évoquées dans cette étude sont inscrites dans le Code civil.

Conditions de fond

- La loi dispose qu'« ont le **caractère civil** toutes les sociétés auxquelles la loi n'attribue pas un autre caractère à raison de leur forme, de leur nature, ou de leur objet. » (article 1845 alinéa 2). Ces sociétés effectuent des opérations civiles (exemples : activités libérales, immobilières...) et sont immatriculées au RCS.
- Les **associés** : sont au moins deux et doivent avoir la capacité civile.
- Le **capital social** : la loi ne prévoit pas un montant minimum et le capital est divisé en parts égales (article 1845-1 alinéa 1). La libération du capital est organisée par les statuts et tous les types d'apports sont possibles.

Conditions de forme :

Cf. les règles communes à toutes les sociétés (statuts écrits et publicité légale).

2 Transformation

La transformation des sociétés est étudiée dans le cadre de l'UE 2 relative au droit des sociétés.

La loi contient des dispositions applicables à toutes les sociétés et des règles qui intègrent les particularités des différentes sociétés.

Dans le cadre de la présente étude, l'objectif est de rappeler des caractéristiques essentielles à la transformation des principales sociétés.

A Règles communes aux transformations des sociétés

Ces règles sont inscrites dans le Code civil et dans le Code de commerce.

1 Définition et effet de la transformation

La transformation d'une société est le **changement de la forme juridique** de la société (exemple : les associés décident de remplacer la structure actuelle de leur entreprise qui est celle de la SA par celle de la SAS).

La loi dispose notamment que « la transformation régulière d'une société en une société d'une autre forme **n'entraîne pas la création d'une personne morale nouvelle** » (article 1844-3 du Code civil).

2 Procédure et publicité légale

Procédure

- La transformation d'une société va entraîner une **modification des statuts** ; aussi, l'assemblée des associés se réunit pour voter cette **décision extraordinaire**. Les dispositions légales concernant le quorum et la majorité pour les assemblées (générales) extraordinaires varient selon les structures juridiques.
- De plus, la loi prévoit pour chaque société les **étapes de la transformation** de la société :
  - projet de transformation élaboré par les dirigeants ;
  - rapport du commissaire aux comptes (quand il est désigné dans la société) sur cette opération ;
  - rapport d'un commissaire à la transformation, le cas échéant ;
  - vote de l'assemblée des associés, qui approuve ou non le projet de transformation et les rapports d'évaluation des commissaires aux comptes et commissaires à la transformation ;
  - formalités de publicité légale concernant l'opération.
- Pour chaque transformation de société, **deux séries de règles doivent être impérativement respectées** ; elles concernent :
  - le vote des associés dans la société qui se transforme (quorum, majorité...) ;
  - les conditions de fond à respecter relativement à la nouvelle forme juridique choisie (nombre d'associés, capital minimum légal...).

Publicité légale

Les tiers doivent être informés de la modification des statuts qui résulte du changement de structure juridique de l'entreprise. Par conséquent, un avis au JAL, une modification au RCS et une insertion au BODACC (ou au BALO) doivent être effectués.

B Règles spécifiques aux différentes sociétés qui se transforment

1 Sociétés commerciales

a. SNC

Vote des associés : les statuts prévoient les conditions de majorité pour le vote des associés ; à défaut, l'unanimité est requise (article L. 221-6).

Cas de la transformation imposée : **la transformation d'une société est imposée** en particulier *en cas de décès d'un associé* si la continuation est prévue avec les héritiers et que l'un d'entre eux est mineur : la SNC doit être transformée dans le délai d'un an en SCS, SCA ou SARL, SA. *À défaut* : la société est dissoute (article L. 221-15 alinéa 7).

b. SCS

Vote des associés : la transformation de la société peut être décidée avec le consentement de tous les commandités et de la majorité en nombre et en capital des commanditaires. Les clauses édictant des conditions plus strictes de majorité sont réputées non écrites (article L. 222-9).

Cas de la transformation imposée : si l'unique associé commandité décède et ne peut être remplacé, la transformation de la société doit intervenir dans le délai d'un an.

c. SARL-EURL

Vote des associés dans la SARL (articles L. 223-30 et L. 223-43) :

- la décision de transformer la SARL en société anonyme est prise à la majorité requise pour la transformation des statuts (au moins les trois quarts des parts sociales). Toutefois, la transformation peut être décidée par des associés représentant la majorité des parts sociales si les capitaux propres figurant au dernier bilan excèdent 750 000 euros ;
- la décision de transformer la SARL en société en nom collectif, en commandite simple ou en commandite par actions, exige l'accord unanime des associés.

Cas de la transformation imposée : si le nombre d'associés est inférieur à deux ou s'il dépasse cent (exemple : il peut y avoir transformation en SA ou en SAS).

Procédure de transformation :

- un commissaire aux comptes (CAC) doit établir un **rapport sur la situation de la société** (article L. 223-43 alinéa 3) ;
- pour toute transformation en une société par actions : un commissaire à la transformation (CAT) vérifie la **valeur des biens composant l'actif de la SARL**, sauf s'il y a un CAC dans la SARL (article L. 224-3).

d. SA

Conditions de la transformation

- Toute SA « peut se transformer en société d'une autre forme si au moment de la transformation, elle a **au moins deux ans d'existence** et si elle a établi et fait approuver par les actionnaires le **bilan de ses deux premiers exercices** » (article L. 225-243).
- La **décision de transformation** est prise au vu du rapport du CAC de la SA, qui atteste que les capitaux propres sont au moins égaux au montant du capital social (article L. 225-244).

À noter : en cas de transformation en SNC : les conditions présentées ci-dessus ne sont pas requises.

Vote des actionnaires, règles spécifiques (notamment : article L. 225-245) :

Transformation	Modalités
SA → SARL	*Cf.* conditions de modification des statuts dans SARL
SA → SCS ou SCA	*Cf.* conditions de quorum et de majorité de l'assemblée générale extraordinaire (AGE) + accord unanime des actionnaires qui seront associés commandités
SA → SAS	*Cf.* conditions de quorum de l'AGE + accord unanime des actionnaires
SA → SNC	Accord unanime des actionnaires
SA → Société civile	Accord unanime des actionnaires

Cas de la SA qui a des créanciers obligataires : le projet de transformation doit être soumis à leur autorisation. *À défaut de cette autorisation* : il y a remboursement des obligataires qui en font la demande, dans le délai de trois mois à compter de l'insertion (au JAL ou BALO) de la décision de ne pas accorder l'autorisation.

e. SCA

Principe :

La transformation de la SCA exige, **sauf clause contraire, l'accord de tous les commandités** (article L. 226-11 alinéa 1).

Règles spécifiques :

La transformation de la SCA en société anonyme ou en société à responsabilité limitée est décidée par l'assemblée générale extraordinaire des actionnaires, avec l'accord de la majorité des associés commandités (article L. 226-14).

f. SAS

La transformation est possible **même si la SAS a moins de 2 ans d'existence** (article L. 227-1 alinéa 3).

Vote des associés : la majorité requise pour décider la transformation en une société d'une autre forme est prévue dans les statuts (article 227-9 alinéa 2).

2 Sociétés civiles

Vote des associés : la loi dispose que « les décisions qui excèdent les pouvoirs reconnus aux gérants sont prises selon les dispositions statutaires ou, en l'absence de telles dispositions, à l'unanimité des associés » (article 1852 du Code civil).

3 Fiscalité applicable à la constitution des sociétés

La constitution d'une société implique que les associés consentent des apports à la société. Il peut s'agir d'apports en numéraire ou d'apports en nature portant sur des biens meubles ou immeubles autres que l'argent : par exemple, fonds de commerce, immeubles, matériels, créances, brevets, etc.

Le régime d'imposition de ces apports aux droits d'enregistrement est complexe. Sur le plan fiscal, une distinction importante doit être faite entre :

- **les apports « purs et simples » (APS)** : ils confèrent à l'apporteur, en échange de sa mise, de simples droits sociaux, parts sociales ou actions, exposés à tous les risques de l'entreprise et notamment, en cas de mauvaises affaires, à la perte éventuelle de cette mise ;
- **les apports « à titre onéreux » (ATO)** : ils sont rémunérés par un équivalent ferme et actuel, définitivement acquis à l'apporteur et soustrait aux risques sociaux (par *ex.* des espèces, des obligations, ou une prise en charge par la société d'un passif incombant à l'apporteur). L'associé ne fait pas une véritable mise sociale et son apport prend le caractère d'une vente faite à la société ;
- **les « apports mixtes »** : ce sont ceux qui sont rémunérés, pour partie au moyen de la remise d'actions ou parts sociales (apport pur et simple), pour partie par un avantage soustrait aux aléas sociaux (apport à titre onéreux). Par exemple, une somme d'argent, ou la prise en charge d'un passif incombant à l'apporteur).

Exemple

Les données :

Une société SAP est constituée avec les apports de trois associés :

- Mme S. apporte un brevet estimé 100 000 € et 50 000 € en numéraire.
- M. A. apporte un local commercial d'une valeur de 450 000 €, mais la société réglera le solde de l'emprunt, soit 200 000 €.
- M. P. apporte son entreprise de prestations de services comprenant la clientèle estimée 300 000 €, des créances chiffrées à 220 000 €, la société s'engageant à régler 120 000 € à ses fournisseurs.

>>>

>>> **La solution :**
Total des apports : 1 120 000
APS : 800 000
ATO : 320 000

Afin de maîtriser la fiscalité applicable à ces apports, il convient de s'interroger à la fois sur la qualité de l'apporteur, la qualité de l'entité bénéficiaire des apports et sur la nature du bien apporté. Ces apports sont enregistrés gratuitement.

A Les apports purs et simples (APS)

Les apports purs et simples effectués lors de la constitution d'une société sont, en principe, exonérés de droit d'enregistrement. Cependant, dans certains cas spécialement visés par la loi, ils sont assujettis à un droit de mutation.

1 Le principe : l'exonération (CGI art. 810 *bis*, al. 1)

Sont exonérés de droit d'enregistrement dès lors qu'ils sont réalisés lors de la constitution de la société, les actes constatant :

- des apports en espèces à des sociétés quelconques ;
- des apports purs et simples à des sociétés quelconques de biens autres que des immeubles ou droits immobiliers, fonds de commerce, clientèles, droits au bail ou à une promesse de bail (tels, par exemple, les droits sociaux, les créances) ;
- des apports purs et simples d'immeubles ou droits immobiliers, fonds de commerce, clientèles, droits au bail ou à une promesse de bail, **faits à des sociétés relevant de l'IR ou entre sociétés (ou autres personnes morales) passibles de l'IS**.

2 L'exception : l'imposition des APS (CGI art. 809, 810 et 810 *bis*)

Les apports purs et simples faits à une personne morale passible de l'IS par une personne (physique ou morale) non soumise à l'IS sont assujettis à un droit de mutation, s'ils ont pour objet :

- des immeubles ou biens assimilés (actions ou parts d'une société immobilière transparente) ;
- des droits immobiliers (usufruit, nue-propriété, droit d'usage et d'habitation, servitudes réelles) ;
- un fonds de commerce, ou une clientèle civile ou commerciale ;
- un droit à un bail ou promesse de bail portant sur tout ou partie d'un immeuble.

Le droit de mutation est en principe perçu au taux global de 5 % à compter du 01/01/2006 pour les immeubles ou droits immobiliers.

Pour les fonds de commerce, clientèles, droits au bail ou à une promesse de bail, le taux de 3 % ne s'applique qu'à la fraction de la valeur excédant 23 000 €, la fraction excédant 200 000 € étant seule taxée au taux de 5 %.

3 L'exception à l'exception : le régime d'exonération avec engagement de conservation des titres (CGI art. 809-I-3° et 810-III)

Les apports, dès lors qu'ils sont réalisés lors de la constitution de la société, sont exonérés lorsque l'apporteur s'engage à conserver pendant 3 ans les titres remis en contrepartie de l'apport.

Remarque. Pour les immeubles et droits immobiliers, l'exonération est en outre subordonnée à la condition qu'ils soient compris dans l'apport de l'ensemble des éléments d'actif immobilisé affectés à l'exercice d'une activité professionnelle, selon les conditions de l'art. 151 *octies* du CGI.)

En cas de non-respect de l'engagement de conservation des titres, le droit de mutation est immédiatement exigible, sans possibilité de fractionnement.

Éclairage

Lorsque la personne morale passible de l'IS, à laquelle les biens ont été apportés en exonération de droit par une personne non passible de cet impôt, les apporte à son tour à une autre société passible de l'IS, ce nouvel apport est, par exception à la règle, soumis au droit de 5 %. Ce nouvel apport peut toutefois être exonéré si l'apporteur prend l'engagement de conserver les titres pendant trois ans.

4 Apports passibles de la TVA (CGI art. 810 et 810 *bis*)

Les apports qui entrent dans le champ d'application de la TVA sont exonérés de droits d'enregistrement lorsqu'ils sont réalisés lors de la constitution de la société (*ex. : apports d'immeubles neufs soumis à la TVA immobilière*).

Exemple

Les données :

- Trois personnes envisagent de constituer une société à laquelle ils apporteraient :
  - M. X, un local à usage d'atelier, valeur 100 000 €.
  - Mme Y, son fonds de commerce valant 40 000 € et du matériel valant 10 000 €, non soumis à la TVA et des marchandises destinées à la revente, valant 10 000 €.
  - Mme Z, du numéraire pour 15 000 €.
- Ils voudraient connaître les droits à payer lors de l'enregistrement du contrat mais :
  - ils hésitent pour la forme sociale à adopter, entre une SNC (sans option pour l'IS) et une SARL ;
  - ils ne savent pas s'ils conserveront leurs droits sociaux plus de 3 ans.

La solution :

Si apport à SNC : exonération (apporteurs à l'IR vers société à l'IR)
Si apport à SARL : apporteurs à l'IR vers société à l'IS

Sans engagement de conservation des titres :

M. X : 100 000 × 5 % = 5 000 €
Mme Y : (50 000 – 23 000) × 3 % = 810 €
Mme Z : exonération

Avec engagement de conservation des titres :

M. X : 100 000 × 5 % = 5 000 €
Pour les immeubles et droits immobiliers, l'exonération est en outre subordonnée à la condition qu'ils soient compris dans l'apport de l'ensemble des éléments d'actif immobilisé affectés à l'exercice d'une activité professionnelle, ce qui n'est pas le cas en l'espèce.
Pour les autres apports, exonération

B Les apports à titre onéreux (ATO)

De tels apports (exemple le plus courant : prise en charge, par la société, d'un passif incombant à l'apporteur) constituent en réalité de véritables ventes. Leur régime fiscal diffère selon qu'ils ont pour objet des immeubles ou d'autres biens.

Remarque. Les apports passibles de la TVA sont exonérés

1 Les ATO d'immeubles (CGI art. 683 *bis*)

Les apports à titre onéreux d'immeubles ou de droits immobiliers sont soumis à une taxation spécifique de 5 %.

2 Les ATO de biens autres qu'immeubles

Les apports à titre onéreux ayant pour objet des biens autres que des immeubles sont soumis, quel que soit le régime fiscal de la société qui les reçoit, aux droits de mutation ordinaires selon la nature des biens ainsi apportés (fonds de commerce, droits sociaux, etc...). Les règles fiscales à suivre sont celles qui sont applicables aux ventes des biens concernés. Les régimes spéciaux applicables à certaines ventes peuvent donc s'appliquer aussi.

C Les apports mixtes

1 Le principe

Les apports mixtes sont soumis :

- au régime des **apports purs et simples** pour la partie rémunérée par des actions ou parts de la société bénéficiaire des apports ;
- au régime des **apports à titre onéreux** pour la partie rémunérée par une contrepartie soustraite aux risques sociaux (par *ex. : prise en charge, par la société, d'un passif incombant à l'apporteur*).

Les parties sont libres de déclarer dans l'acte d'apport quels sont, parmi les biens apportés, ceux qui constituent un apport pur et simple et ceux qui constituent un apport à titre onéreux : c'est **l'imputation fiscale**.

Elles ont tout intérêt à utiliser cette faculté, en rangeant dans la seconde catégorie les biens (par exemple, marchandises neuves, créances, meubles...) dont la vente est exonérée de tous droits d'enregistrement ou supporte les tarifs les moins élevés. À défaut de cette précision, l'administration procéderait (ce qui serait plus coûteux) à une imputation proportionnelle sur les biens de chaque nature apportés par l'intéressé (voir exemple *infra*).

2 L'apport en société d'une entreprise individuelle (CGI art. 809-I *bis* et 810 *bis*, al. 1)

En cas d'apport à une société, par une personne physique, de l'ensemble des éléments d'actif immobilisé affectés à l'exercice d'une activité professionnelle, l'apport à titre onéreux résultant de la prise en charge par la société du passif incombant à l'apporteur est soumis à un droit de 3 ou 5 % lorsque le passif est imputé :

- sur des immeubles ou droits immobiliers (quelle que soit leur valeur) ;
- sur des fonds de commerce, clientèles, droits à un bail ou à une promesse de bail, le droit de 3 ou 5 % ne s'appliquant, en ce qui les concerne, qu'à la fraction de leur valeur supérieure à 23 000 € ou 200 000 €.

Un régime de faveur peut toutefois être appliqué. Cet apport, s'il est effectué dans les conditions prévues à l'art. 151 *octies* du CGI, peut être exonéré si l'apporteur prend l'engagement de conserver les titres pendant trois ans (mêmes conditions que pour le régime de faveur applicable aux apports purs et simples). L'option pour l'application du régime de l'art. 151 *octies* n'est pas nécessaire.

Exemple

Exemple 1 :

Une SARL est constituée entre deux personnes physiques :

- M. A retraité apporte un immeuble à usage d'atelier, estimé à 500 000 € mais la société doit régler le solde d'un emprunt pour 100 000 €.
- Mme S apporte un fonds commercial évalué 600 000 € et des marchandises estimées à 400 000 €, la société réglant 250 000 € à ses fournisseurs.

1. Apport de M. A

Le passif s'impute sur la valeur de l'immeuble et les droits sont en principe calculés sur :

APS : 400 000

ATO : 100 000

Total droits dus : 500 000 × 5 % = 25 000 €

Un engagement de M. A de conserver durant trois ans au moins les titres reçus n'aurait aucune incidence sur le calcul des droits sur l'ATO car l'immeuble n'est pas compris dans l'apport d'un ensemble affecté à l'exercice d'une activité professionnelle.

>>>

>>>

2. Apport de Mme S

Aucune imputation n'est précisée dans l'acte :

APS : 750 000

ATO : 250 000

Application de l'imputation proportionnelle :

250 000 × 600 000 / 1 000 000 = 150 000 € imputés sur le fonds

ATO : (150 000 - 23 000) × 3 % = 3 810

APS : 50 000 × 3 % = 1 500

APS : 400 000 × 5 % = 20 000

Total dû : **25 310 €**

250 000 × 400 000 / 1 000 000 = 100 000 € imputés sur les marchandises : TVA

L'engagement de conserver les titres reçus permet de bénéficier de l'exonération de droit sur les apports de fonds, tant pour l'apport à titre pur et simple que pour l'apport à titre onéreux, celui-ci résultant de la prise en charge du passif de l'entreprise de Mme S. Dans ce cas, aucun droit n'est dû.

• **L'imputation est précisée dans l'acte d'apport :**

Les associés pourraient spécifier dans l'acte que les dettes prises en charge s'imputent sur les marchandises dont l'apport à titre onéreux n'est pas taxé.

Ainsi, l'apport de Mme S s'analyse comme suit :

- Sur le fond : apport pur et simple de 600 000
- Sur les marchandises : apport pur et simple de 150 000 et à titre onéreux de 250 000

Le calcul des droits s'établit alors ainsi en cas d'engagement de conservation des titres :

- Sur le fonds : apport pur et simple : 450 000 × 0 % = 0
- Sur les marchandises : TVA avec dispense car transfert d'universalité (art. 257 *bis* du CGI)

Dans ce cas, aucun droit n'est exigible au total lors de la constitution.

Exemple 2 :

La constitution d'une société passible de l'impôt sur les sociétés.

La SARL A est constituée le 1er janvier 2020 avec un capital de 600 000 €. Elle a pour objet de développer une gamme de biscuits. Les apports réalisés par les différents actionnaires se répartissent de la façon suivante :

- apport de M. A :
  - fonds de commerce dont clientèle : 400 000 €
  - marchandises : 200 000 € ;
  - passif pris en charge : 300 000 € ;
- apport de M. B : immeuble à usage commercial achevé en 2017, d'une valeur de 200 000 € ;
- apport de Monsieur C : apport en numéraire de 100 000 €.

Quels sont les droits dus au titre de la constitution de cette société ?

Les droits sont calculés sur la base d'une analyse de chaque opération.

Apport de M. A :

L'apport de M. A est un apport mixte. Il est pur et simple à hauteur de 300 000 € et à litre onéreux à hauteur du passif pris en charge (300 000 €).

En présence d'apports mixtes, les parties peuvent user de la liberté d'imputation du prix de la mutation ou du passif qui leur est reconnue. Cette liberté d'imputation fiscale du passif conduit à imputer le passif en priorité sur les éléments dont la cession est exonérée de droits d'enregistrement ou soumise à la TVA :

- droits dus sur les apports à titre onéreux : au cas présent, on va imputer en premier lieu le passif pris en charge sur les marchandises qui relèvent de la TVA (300 000 - 200 000 = 100 000). Le reliquat (100 000) est imputable sur le fonds de commerce. On applique les droits dus en cas d'apport d'un fonds de commerce : (100 000 - 23 000) × 3 % = 2 310 €
- droits dus sur les apports à titre pur et simple : l'apport à titre pur et simple d'un fonds de commerce supporte un droit calculé au taux global de 3 % sur la fraction inférieure à 200 000 € et supérieure à 23 000 € et au taux global de 5 % sur la fraction supérieure à 200 000 €.

Au cas présent :

100 000 × 3 % = 3 000

200 000 × 5 % = 10 000

après imputation de l'ATO

La franchise de 23 000 € a déjà été utilisée pour l'imposition de l'ATO.

ATTENTION : l'apport vise l'intégralité des éléments de l'actif professionnel d'une entreprise individuelle. Si M. A s'engage à conserver les titres de la SARL A reçus en échange pendant trois ans, aucun droit n'est exigible ni sur les apports à titre onéreux, ni sur les apports a titre pur et simple.

>>>

>>>

Apport de M. B

Il s'agit d'un apport d'un immeuble à usage commercial achevé il y a moins de cinq ans. Cet apport relève de la TVA immobilière à la charge de l'apporteur.

200 000 × 20 % = 40 000 €

Cet apport sera majoré de la taxe sur la publicité foncière au taux de 0,70 % à la charge de la société bénéficiaire de l'apport.

Apport de M. C

Cet apport en numéraire est purement et simplement exonéré, s'agissant d'un apport réalisé lors de la constitution de la société.

EN RÉSUMÉ

Apports purs et simples	Apports à titre onéreux	Apports mixtes
L'associé reçoit, en contrepartie de ses apports, des droits sociaux représentatifs du capital (parts sociales, actions)	L'apporteur ne reçoit pas de droits sociaux en échange de son apport. Il réalise une véritable vente à la société. Les apports sont rémunérés par la remise de fonds ou par l'engagement pris par la société de rembourser une dette (prise en charge, par la société, d'un passif incombant à l'acheteur).	Les apports sont réalisés en partie à titre pur et simple, en partie à titre onéreux (une partie est rémunérée par des droits sociaux, l'autre par des espèces ou la prise en charge d'un passif).
En principe exonérés, sauf exceptions	En principe taxables, sauf exceptions	ATO taxables sauf exception APS exonérés sauf exception

4 Fiscalité des transformations

La transformation d'une société est l'opération par laquelle celle-ci adopte une forme juridique différente de celle sous laquelle elle avait été constituée ou existait. Les conséquences de cette opération sont différentes selon qu'elle entraîne, ou non, la **création d'une personne morale nouvelle**.

Si la transformation entraîne création d'une personne morale nouvelle, cette transformation est considérée, du point de vue fiscal, comme emportant dissolution de la société ancienne et constitution d'une société nouvelle et elle comporte des conséquences en matière de droits d'enregistrement et d'impôts directs.

Cette situation est rare en pratique (par exemple : transformation d'une SA en association loi de 1901).

Si la transformation n'entraîne pas création d'une personne morale nouvelle, il convient d'analyser si la transformation provoque, ou non, un **changement du régime fiscal de la société** (passage de l'impôt sur les sociétés à l'impôt sur le revenu ou réciproquement).

Si la transformation n'a pas pour effet de rendre la société passible de l'impôt sur les sociétés, seul le droit fixe des actes innomés (125 €) est dû et il n'existe pas de conséquences fiscales en impôts directs.

A La transformation entraîne un changement de régime fiscal

Une société à l'IS devient imposable à l'IR (art. 221,2 et 221 bis du CGI)

- a.1 : conséquences en matière d'impôts directs pour la société :

  Le changement de régime fiscal est assimilé à une **cessation d'activité** sur le plan fiscal avec les conséquences fiscales suivantes :
  - le résultat d'exploitation de l'exercice en cours à la date du changement est immédiatement imposable (une clause de rétroactivité insérée dans l'acte de transformation ne modifie pas cette analyse) ;
  - les bénéfices en sursis d'imposition deviennent imposables, les provisions ordinaires et les provisions réglementées sont réintégrées et imposées, de même que les plus-values latentes sur immobilisations acquises à la date de la transformation, et les éventuels profits latents sur les stocks sont taxés ;
  - la moins-value à long terme (MVLT) de l'exercice se compense en principe avec la plus-value à long terme de l'exercice ;
  - s'il s'agit d'une MVLT globale, une déduction est possible pour une fraction de son montant des bénéfices de l'exercice, en fonction du rapport existant entre le taux d'imposition applicable aux plus-values à long terme et le taux normal de l'IS (15/28 %/31 % ou 26,5 % en 2021). Une possibilité de **dispense d'imposition immédiate** existe pour la société qui passe de l'IS à l'IR (art. 221 *bis* du CGI).

  Dans ce contexte, les bénéfices en sursis d'imposition, les plus-values latentes comprises dans l'actif social et les profits non encore taxés sur les stocks ne font pas l'objet d'une imposition immédiate. Seul le résultat d'exploitation de la période reste imposable.

  Pour que cette dispense puisse s'appliquer, deux conditions doivent être respectées par la société transformée :
  - aucune modification ne doit être apportée à ses écritures comptables ;
  - l'imposition de ces bénéfices et plus-values doit être possible à l'IR, ce qui est difficile pour les plus-values compte tenu des spécificités de l'IR en ce domaine (nombreuses mesures d'exonération).

  La société transformée doit déposer, auprès du centre des Finances Publiques, dans les soixante jours de la date du changement, sa liasse fiscale de cessation. Elle fait l'objet d'une imposition immédiate et a l'obligation de liquider et de verser au Trésor, à l'expiration du délai de soixante jours, l'IS dû sur ses bénéfices et plus-values imposables.
  - Le changement de régime fiscal emporte la perte des déficits antérieurs, qui ne peuvent en aucun cas être utilisés par une entité à l'IR.
- a-2 : Conséquences en matière d'enregistrement pour la société :

  Le changement de régime fiscal d'une société soumise à l'impôt sur les sociétés n'entraîne pas de conséquence spécifique en matière d'enregistrement.
- a-3 : Conséquences fiscales pour les associés :

  Les conséquences fiscales pour les associés de la société transformée sont les suivantes :
  - Les bénéfices et réserves des personnes morales cessant d'être assujetties à l'IS sont réputés distribués chez les associés (art. 111 *bis* du CGI).

  Résultat imposable chez l'associé :
  - bénéfices ou plus-values du dernier exercice dont les résultats sont soumis à l'IS ;
  - réserves provenant de bénéfices des exercices antérieurs, y compris celles incorporées au capital, à l'exclusion des apports et des primes, et diminués du report à nouveau déficitaire.

Pour les associés relevant de l'IR, cette appréhension du bénéfice de l'exercice et des réserves antérieures est qualifiée de distribution « régulière » avec application, depuis le 1er janvier 2018 du PFU non libératoire de 12,80 % pour la société distributrice majoré de prélèvements sociaux de 17,20 % (soit une « flat tax » de 30 % au total) ;

Sur option, et s'il y a fiscalement intérêt, l'associé peut soumettre son dividende brut au barème progressif de l'IR : un abattement de 40 % s'imputera sur le dividende, et le PFU pratiqué par la société distributrice s'imputera sur l'IR ; une CSG de 6,80 % du dividende brut s'imputera sur le revenu brut global.

Pour les associés relevant de l'IS, le régime des sociétés mères et filiales est applicable si les conditions de son application sont réunies (5 % minimum de détention du capital de la filiale notamment).

b. Une société à l'IR devient imposable à l'IS

De la même manière que dans l'hypothèse précédente, les résultats de l'exercice de changement de régime fiscal deviennent immédiatement imposables.

Ainsi, sont imposés les résultats d'exploitation de l'exercice en cours à la date du changement de régime fiscal, les bénéfices en sursis d'imposition, les provisions ordinaires et provisions réglementées, les plus-values latentes acquises à la date du changement, ainsi que les éventuels profits latents sur les stocks ;

La moins-value à long terme de l'exercice se compense avec la plus-value à long terme de l'exercice ; s'il s'agit d'une MVLT globale, une possibilité de déduction existe pour une fraction de son montant des bénéfices de l'exercice, en fonction du rapport existant entre le taux d'imposition applicable aux plus-values à long terme et le taux normal de l'IS (45,7 % en 2020 (12,80/28) et 48,30 % en 2021 (12,80/26,5)) ;

L'impôt dû est établi au nom de chacun des associés, à hauteur de la quote-part de leurs droits dans les résultats sociaux.

Deux situations doivent toutefois être distinguées :

- b-1 : La société passe de l'IR à l'IS et elle exerce une activité professionnelle

  Dans une telle situation, une dispense d'imposition immédiate est possible (art. 202 *ter*, I, alinéa 2 du CGI).

  Ainsi, les bénéfices en sursis d'imposition, les plus-values latentes sur immobilisations, et les profits latents sur les stocks ne sont pas imposés.

  Mais la société doit respecter deux conditions :

  - aucune modification ne doit être apportée à ses écritures comptables ;
  - l'imposition de ces bénéfices et plus-values doit demeurer possible sous le nouveau régime fiscal.

  Pour les associés, la transformation entraîne un transfert des droits sociaux dans leur patrimoine privé.

  Les plus-values latentes sur ce transfert sont normalement imposables mais il existe un report automatique d'imposition jusqu'à la date de cession, de rachat ou d'annulation des parts ou actions de l'associé (art. 151 *nonies*, III, du CGI).

- b-2 : La société passe de l'IR à l'IS et elle exerce une activité patrimoniale, c'est à dire une activité non professionnelle, dont les revenus ne relèvent pas des BIC, des BNC ou des BA.

  Les résultats de la société sont immédiatement imposables chez les associés (art. 202 *ter*, II à IV, du CGI) : il s'agit des revenus et plus-values non encore taxés à la date du changement de régime, incluant les plus-values latentes afférentes aux biens compris dans le patrimoine de la société.

Les associés sont immédiatement imposés sur leur quote-part de résultat, dans la catégorie de revenu qui correspond à l'activité exercée par la société (revenus fonciers, revenus de capitaux mobiliers...)

La société patrimoniale peut choisir l'imposition immédiate des plus-values latentes avec inscription au bilan d'ouverture du premier exercice d'assujettissement à l'IS des biens pour leur valeur vénale ;

Ou l'inscription des immobilisations au bilan d'ouverture du premier exercice d'assujettissement à l'IS, pour leur **valeur d'origine**, en faisant apparaître :

- leur valeur brute ;
- et les amortissements et provisions qui auraient pu être déduits si l'entreprise avait été soumise à l'IS depuis leur acquisition.

Dans ce dernier cas, les plus-values latentes ne sont pas imposées.

- b-3 : Conséquences en matière d'enregistrement

  Lorsqu'une personne morale dont les résultats n'étaient pas jusqu'alors soumis à l'IS devient passible de cet impôt, le changement de son régime fiscal rend, en principe, exigible sur certains apports en nature qui lui ont été faits un droit spécial de mutation perçu au taux global de 5 % selon les règles générales vues *supra* pour les apports à une société relevant de l'IS.

  Ces apports peuvent être enregistrés gratuitement si les associés s'engagent à conserver pendant trois ans les titres détenus à la date du changement de régime fiscal.

Remarque. Les apports concernés par la taxation s'entendent exclusivement des apports faits depuis le 1er août 1965 par des personnes (physiques ou morales) non soumises à l'impôt sur les sociétés et portant sur des immeubles, droits immobiliers, fonds de commerce, clientèles, droits à un bail ou promesses de bail. Il est fait abstraction des biens dont l'apport a été dispensé des droits d'enregistrement, parce que passible de la TVA.
Le droit spécial de mutation est calculé sur la valeur vénale des biens à la date du changement de régime fiscal (CGI ann. II art. 298).

B La transformation n'entraîne pas de changement de régime fiscal

Il n'existe dans ce cas aucune conséquence fiscale.

Organisation et transparence des sociétés

Chapitre 14

COMPÉTENCES VISÉES

- **Assister le chef d'entreprise dans le suivi juridique de la désignation et du fonctionnement des organes de direction d'une société.**

- Différentes structures juridiques peuvent être adoptées lors de la création ou de l'évolution des entreprises.

  Les fondateurs ou les propriétaires des entreprises peuvent notamment choisir la forme sociétaire : société commerciale ou société civile en fonction de l'activité de chaque entreprise.
- Le droit français est relativement précis et contraignant en ce qui concerne l'organisation et le fonctionnement des sociétés, et plus particulièrement en ce qui concerne les sociétés commerciales. Parmi ces dernières, les sociétés par actions sont souvent plus encadrées par de nombreuses règles impératives.

PLAN DU CHAPITRE

1 Sociétés et gouvernement d'entreprise

2 Organisation et recherche de transparence dans les principaux types de sociétés

A Statut et pouvoirs des dirigeants sociaux

B Statut et pouvoirs des associés ou actionnaires

C Limites aux pouvoirs des dirigeants et des associés ou actionnaires

3 Organisation et gouvernement d'entreprise dans les sociétés dont les titres sont admis à la négociation sur un marché réglementé

A Origines du gouvernement d'entreprise

B Enjeux du gouvernement d'entreprise

C Réglementation applicable

1 Sociétés et gouvernement d'entreprise

Le droit applicable, contenu notamment dans le Code de commerce et le Code civil, évolue dans deux directions : il s'efforce d'une part de **simplifier la vie des sociétés** en allégeant certaines règles et, d'autre part, de **renforcer ponctuellement le contrôle des sociétés** dans un but de **transparence**.

La transparence des sociétés est recherchée en ce qui concerne l'organisation et le fonctionnement des sociétés tout particulièrement à propos de **l'organisation de la gestion et de l'exercice du pouvoir des dirigeants et de leurs relations avec les associés**.

Cette double évolution vise à faciliter la constitution et le fonctionnement des sociétés, mais aussi à **protéger les propriétaires des entreprises, ainsi que les personnes qui sont en relation avec ces entreprises**.

La loi ne définit pas le gouvernement d'entreprise.

Toutefois, ses objectifs peuvent être identifiés : il s'agit de **promouvoir la séparation et l'équilibre des pouvoirs** et la **transparence du fonctionnement** des sociétés.

Le gouvernement d'entreprise concerne la direction des sociétés et les **moyens dont disposent les actionnaires pour contrôler que les dirigeants agissent dans leur intérêt**.

Le problème posé est donc celui du pouvoir dans les sociétés, de sa détention (voire de sa délégation), de son exercice et de son contrôle.

Cette approche peut concerner toutes les sociétés, mais la notion de gouvernement d'entreprise est surtout évoquée explicitement à propos des sociétés dont les titres sont admis aux négociations sur un marché réglementé (ou sociétés cotées) compte tenu des enjeux financiers, économiques et environnementaux qu'elles représentent.

On peut distinguer deux types de sociétés :

- les sociétés qui ne sont pas inscrites à un marché réglementé, et qui sont essentiellement régies par le Code civil et le Code de commerce ;
- les sociétés dont les titres sont admis aux négociations sur un marché réglementé qui sont en outre soumises à des règles particulières, notamment en termes de gouvernement d'entreprise.

La loi n° 2019-486 du 22 mai 2019 relative à la croissance et la transformation des entreprises (loi PACTE) dispose d'une part que les statuts de toute société « **peuvent préciser une raison d'être** » (Article 1835 du Code civil) et, d'autre part, que « toute société *doit avoir un* **objet licite** *et être constituée dans l'intérêt commun des associés* » et qu'elle « *est* **gérée dans son intérêt social**, *en prenant en considération les* **enjeux sociaux et environnementaux de son activité** ». (Article 1833 du Code civil).

De plus, la loi PACTE prévoit qu'une société peut choisir l'état de **qualité de société à mission** (Article L.210-10 du Code de commerce) ; les statuts doivent alors préciser notamment « un ou plusieurs objectifs sociaux et environnementaux que la société se donne pour mission de poursuivre dans le cadre de son activité ».

Dans son esprit et ses dispositions, la loi PACTE participe à la transparence et à la gouvernance des sociétés dans la mesure où les intérêts de toutes les parties prenantes et de l'environnement au sens le plus large sont pris en considération.

Remarques méthodologiques

L'objet de ce chapitre n'est pas de reprendre le détail du cours déjà étudié en DCG2 en droit des sociétés, mais de mettre en perspective des notions clés et synthétiques dans l'optique du programme du DSCG.

Les dispositions relatives au gouvernement d'entreprise des sociétés dont les titres sont admis aux négociations sur un marché réglementé qui n'ont pas été étudiées en DCG2 seront présentées de manière plus précise.

La première partie portera sur les règles communes aux principaux types de sociétés et la seconde partie sur les règles spécifiques qui s'appliquent aux sociétés dont les titres sont admis aux négociations sur un marché réglementé.

2 Organisation et recherche de transparence dans les principaux types de sociétés

Des **principes communs** s'appliquent aux différentes sociétés.

Dans tout type de sociétés, la loi organise la répartition des pouvoirs et le contrôle de l'exercice des pouvoirs.

Ainsi, la séparation des pouvoirs entre les associés ou actionnaires et les dirigeants et les relations entre ces personnes, le régime des conventions et le contrôle des commissaires aux comptes constituent des domaines clés dans lesquels le législateur recherche la transparence des sociétés.

Les règles posées par la loi sont plus ou moins nombreuses et contraignantes en fonction des structures juridiques. Elles peuvent être **d'ordre public ou supplétives** en fonction du degré de liberté que le législateur veut accorder aux fondateurs et aux propriétaires des sociétés.

Cette étude évoquera des caractéristiques essentielles relatives aux :

- sociétés en nom collectif (SNC), sociétés en commandite simple (SCS) ;
- sociétés à responsabilité limitée (SARL) ;
- sociétés de capitaux : société anonyme (SA), société par actions simplifiée (SAS) ; société en commandite par actions (SCA).

A Statut et pouvoirs des dirigeants sociaux

1 Mise en place des dirigeants

a. Notion de dirigeant social

Les **statuts** peuvent prévoir des conditions particulières à remplir pour être nommé dirigeant ; par exemple l'obligation d'être associé et/ou d'avoir un âge maximal.

Le principe est le **libre choix** des dirigeants sociaux par les associés ou actionnaires ; par exception, la loi peut notamment exclure la possibilité pour une personne morale d'être dirigeant (dans les SARL par exemple) et les statuts peuvent prévoir une limite d'âge dans certaines sociétés.

Par ailleurs, la loi pose des exigences relatives à la capacité, aux interdictions de gérer et aux incompatibilités que doivent respecter les dirigeants sociaux.

La loi prévoit la désignation d'un ou plusieurs **gérants** dans les SNC, les SCS, les SARL et les SCA et d'un **président** dans les SAS. Dans les SCA et les SCS, les gérants sont des associés commandités ou des tiers.

Dans les SA, l'organisation de la direction peut être plus complexe : les actionnaires ont le choix entre deux types d'organisation : soit avec un **conseil d'administration** (CA) avec un président du conseil d'administration (PCA) et un directeur général (ou un CA avec une personne physique qui cumule les fonctions de PCA et de directeur général unique), soit avec un **directoire** avec un président du directoire (ou un directeur général) et un **conseil de surveillance** (CS). La loi organise précisément les pouvoirs respectifs de ces différents organes. C'est ainsi notamment que si le CA a un pouvoir de contrôle sur le directeur général, il oriente aussi la gestion de la SA alors que le CS contrôle la gestion du directoire et apprécie l'opportunité des actes de gestion effectués. Le CA et le CS sont des instances collégiales. Le CA peut décider la création de comités d'études, qui ont pour mission d'étudier des questions que le CA ou son président soumettent à leur examen pour avis.

Le directeur général et le président du directoire (ou le directeur général unique) représentent la SA.

La loi prévoit qu'un ou plusieurs directeurs généraux délégués peuvent être désignés dans la SA (auprès du directeur général) et dans les SAS (auprès du président).

b. Enjeux

La diversité et la multiplication des organes de direction et de contrôle dans les sociétés par actions se justifie par la volonté du législateur de répartir le pouvoir de gestion, de représentation et de contrôle entre plusieurs personnes dans ces sociétés, et ce dans l'intérêt de la société, des associés et des tiers.

Les règles relatives aux modalités de désignation de ces organes sont aussi à noter : l'assemblée des associés ou actionnaires élit le ou les gérants, les membres du conseil d'administration et du conseil de surveillance tandis que les autres organes (président du conseil d'administration, président du directoire, directeur général, directeur général délégué…) sont désignés par le conseil d'administration ou le conseil de surveillance selon le cas.

Il faut noter que la rémunération des dirigeants sociaux est fixée par les instances qui les désignent.

Au cours de la vie sociale, les associés ou actionnaires peuvent décider de **modifier l'organisation de la direction des sociétés** afin de mettre en place une autre répartition des pouvoirs. Par exemple, dans une SA, les actionnaires peuvent décider, de remplacer le directoire et le conseil de surveillance par un conseil d'administration avec un président et un directeur général. Le but est alors d'obtenir une nouvelle répartition des pouvoirs de gestion entre les organes sociaux.

Les dirigeants sociaux qui sont désignés dans les conditions prévues par la loi, et le cas échéant les statuts, sont dénommés **dirigeants de droit**.

La jurisprudence a mis en évidence la notion de **dirigeant de fait** lorsqu'une ou plusieurs personnes assument en fait la gestion d'une société aux lieu et place ou sous le couvert de ses représentants légaux. Il s'agit de protéger la société notamment quand des associés ou actionnaires non dirigeants s'immiscent dans la gestion et de mettre en jeu leur responsabilité s'ils ont causé des préjudices à la société, aux associés ou aux tiers.

2 Exercice des fonctions de dirigeant social

La **loi** fixe les conditions dans lesquelles les dirigeants sociaux exercent leurs fonctions. Des dispositions spécifiques concernent les différentes sociétés en ce qui concerne leurs pouvoirs, leur rémunération, leur révocation et leur responsabilité. Pour la SA, la loi prévoit la publicité globale des rémunérations versées au conseil d'administration.

Dans certaines sociétés (par exemple les SARL et les SAS), la loi accorde aux associés ou actionnaires une relative liberté pour déterminer l'étendue des pouvoirs des dirigeants.

Dans le cadre de leur **mandat social**, les dirigeants, nommés par les associés ou actionnaires, agissent au nom et pour le compte de la société.

3 Étendue des pouvoirs des dirigeants et contrôle

Les pouvoirs des dirigeants varient selon l'organisation de la direction dans les sociétés. Ainsi, dans la SARL les gérants peuvent se répartir le pouvoir entre eux, et dans la SA les systèmes de direction prévus par la loi offrent le choix entre différentes répartitions des pouvoirs.

Dans toute société, le ou les dirigeants doivent assurer le bon fonctionnement de la structure juridique.

a. Cadres juridiques

Les dirigeants doivent exercer leurs pouvoirs dans des cadres juridiques précis :

- ils doivent agir dans **l'intérêt social**, en prenant des décisions profitables à la société, en ne commettant pas de faute de gestion, d'infractions… en évitant les conflits d'intérêts ;
- ils doivent préserver **l'intérêt des associés ou actionnaires**, par exemple en faisant respecter le principe d'égalité entre eux ;
- ils **engagent la société envers les tiers** quand ils agissent au nom et pour le compte de la société. En principe, les actes doivent entrer dans l'objet social (par exemple : actes de gestion courante) ; par exception, dans certaines conditions, les actes peuvent sortir de l'objet social et engager les sociétés telles que les SARL et les sociétés par actions (sauf s'il est prouvé que le tiers savait que l'acte dépassait l'objet social ou ne pouvait l'ignorer compte tenu des circonstances, la seule publication des statuts ne suffisant pas à apporter cette preuve). Lorsqu'un dirigeant a le pouvoir d'engager la société vis-à-vis des tiers, il a la qualité de **représentant légal** de la société.

Par ailleurs, dans le but de protéger plus particulièrement le patrimoine de certaines sociétés telles que les SA, les garanties, cautions et avals consentis par le représentant légal doivent être autorisés préalablement par le conseil d'administration ou le conseil de surveillance pour être opposables à la SA.

b. Obligations des dirigeants sociaux et sanctions

Les dirigeants doivent présenter à l'assemblée annuelle les **comptes annuels** et le **rapport de gestion**. Les associés ou actionnaires votent pour approuver ou non les comptes et pour accorder ou non le quitus sur la gestion des dirigeants.

Le cas échéant, la non approbation des comptes et/ou le refus du quitus peuvent entraîner la révocation des dirigeants sociaux par l'assemblée.

4 Limites aux pouvoirs des dirigeants sociaux

En principe, les dirigeants ne peuvent effectuer d'actes de modification des statuts, qui sont de la **compétence des assemblées d'associés ou d'actionnaires**.

Par exception, la loi permet aux dirigeants de modifier les statuts. Ainsi :

- le transfert du siège social peut, dans des conditions précises, être effectué par le gérant dans les SARL et le conseil d'administration ou le conseil de surveillance dans les SA ;
- la modification de certaines clauses des statuts peut être faite par le dirigeant de la SAS si les statuts prévoient cette faculté.

Les **statuts** peuvent limiter les pouvoirs des dirigeants ; par exemple, ils peuvent exiger une autorisation préalable des associés ou actionnaires pour que le représentant légal contracte un engagement financier au-delà d'un certain montant avec les tiers.

5 Cumul d'un mandat social avec un contrat de travail et/ou d'autres mandats sociaux

En principe, le cumul d'un mandat social avec un contrat de travail est possible si certaines conditions sont remplies : fonctions techniques effectives et rémunération distinctes, état de subordination et qualité d'associé minoritaire dans les SARL ; la loi prévoit des exceptions dans les SA, pour les administrateurs notamment qui ne peuvent conclure un contrat de travail.

Le contrat de travail est soumis à la procédure des conventions réglementées.

La loi n'interdit pas et ne réglemente pas le **cumul de mandats sociaux** dans les SNC, les SARL, les sociétés en commandite et les SAS. Toutefois, les statuts peuvent refuser ce cumul.

La loi réglemente le cumul des mandats dans les SA. Par exemple, une personne physique membre du conseil d'administration ou du conseil de surveillance ne peut détenir plus de cinq mandats sociaux (directeur général, membre du directoire, directeur général unique, administrateur ou membre du conseil de surveillance) de SA ayant leur siège social en France.

Remarque. La loi prévoit des dérogations concernant les mandats d'administrateurs qui sont exercés dans les sociétés qui sont contrôlées, au sens de l'article L. 233-16 du Code de commerce, par la société dans laquelle est exercé le mandat d'administrateur qui permet le cumul, et qui ne sont pas pris en compte, sous réserve que les titres des sociétés-filles ne soient pas cotés.

6 Fin du mandat social

Elle découle de la survenance du terme inscrit dans les statuts ou prévu par la loi, d'un motif personnel (incompatibilité, décès, faillite personnelle...), de la démission ou de la révocation des dirigeants.

La **démission** est libre ; aucun texte ne limite cette faculté des dirigeants sociaux. Cependant les dirigeants ne doivent pas démissionner avec l'intention de nuire à la société ; cela constitue un abus de droit.

En principe, la **révocation** des dirigeants est libre ; ce principe est d'ordre public et toute disposition contraire est réputée non écrite. Cependant, la révocation doit être faite conformément aux règles prévues par la loi pour les différents types de sociétés, sauf dans les SAS et les SCA où ce sont les statuts qui déterminent les conditions de révocation des dirigeants sociaux.

La révocation est décidée par les associés ou actionnaires. Elle peut notamment sanctionner une mauvaise gestion de la société, des agissements fautifs (délit d'abus des biens ou du crédit...) ou une mésentente grave avec les associés ou actionnaires.

Dans toutes les sociétés, la révocation des dirigeants doit avoir un **juste motif** (sauf dans les SAS et les SCA où cela n'est pas toujours exigé par les statuts) tel que l'atteinte à l'intérêt social par une gestion ruineuse ou la divergence de vues avec les associés ou actionnaires, qui compromettent le fonctionnement de la société. De plus, la révocation ne doit pas être abusive ; par exemple, elle ne doit pas s'accompagner de circonstances vexatoires ou injurieuses.

Le dirigeant social a une **obligation de non-concurrence** envers la société qu'il quitte ; il en découle pour lui une obligation générale de loyauté à l'égard de la société et de ses associés.

7 Responsabilité des dirigeants sociaux

Les dirigeants peuvent engager leur responsabilité à propos des différents actes qu'ils effectuent.

La loi prévoit les conditions de la mise en jeu de la responsabilité civile, pénale, fiscale, patrimoniale et professionnelle des dirigeants sociaux.

a. Responsabilité civile

Les dirigeants sociaux peuvent engager leur responsabilité civile contractuelle à propos de différents agissements :

- **faute de gestion** : le comportement des dirigeants doit être contraire à l'intérêt social (*exemple* : engagement financier excessif pris au nom de la société, absence de souscription d'un contrat d'assurance) ;
- **non-respect des lois et règlements** (*exemple* : non-respect des droits des associés) ;
- **violation des statuts** (*exemple* : non-respect des limitations des pouvoirs).

Dans la mesure où ils ne sont pas mandatés par les sociétés, les dirigeants de fait encourent une responsabilité civile délictuelle (fondée sur l'article 1382 du Code civil) dans le cadre des SARL et des sociétés par actions.

Les dirigeants non fautifs et les associés ou actionnaires peuvent agir en justice pour mettre en cause la responsabilité civile des dirigeants sociaux.

En cas de pluralité de dirigeants qui ont commis une faute en commun, la responsabilité est solidaire en principe.

Si la faute commise cause un préjudice à la société, une **action sociale** peut être engagée par la société elle-même (par l'intermédiaire des représentants légaux qui n'ont pas commis les faits préjudiciables) ou par un seul associé (ou actionnaire) ou plusieurs associés (ou actionnaires) selon les sociétés (ils doivent représenter au moins 10 % du capital social dans les SARL et 5 % dans les sociétés par actions). Si l'action sociale réussit, des dommages intérêts seront versés à la société.

La loi prévoit qu'aucune décision de l'assemblée des associés ou actionnaires ne peut avoir pour effet d'éteindre l'action sociale. C'est ainsi notamment que le quitus accordé à la gestion n'empêche pas une action sociale ultérieurement.

Pour engager la responsabilité des dirigeants sociaux, il faut prouver le préjudice, la faute et le lien de causalité entre eux.

Si la faute commise par les dirigeants sociaux cause un préjudice à un associé (ou un actionnaire), ce dernier peut exercer une **action individuelle** pour faire réparer le préjudice qu'il subit personnellement. Ce préjudice doit être distinct de celui subi par la société ; par exemple : empêchement d'assister à une assemblée, détournement de dividendes.

Dans les sociétés de capitaux, les actionnaires peuvent se grouper pour agir quand leur préjudice individuel découle des mêmes faits.

Si la faute commise par les dirigeants sociaux cause un préjudice à des tiers, leur responsabilité peut être engagée seulement s'ils ont commis une **faute séparable de leurs fonctions** et si elle leur est imputable personnellement. La jurisprudence met en jeu cette responsabilité en particulier quand le dirigeant social commet intentionnellement une faute d'une particulière gravité incompatible avec l'exercice normal des fonctions sociales. À titre d'exemples, on peut citer le défaut de paiement d'une prime d'assurance pour un véhicule utilisé par un salarié de la société, l'octroi d'une caution de la SA sans autorisation préalable du conseil d'administration ou du conseil de surveillance.

Selon le cas, la responsabilité des dirigeants sociaux peut être individuelle ou solidaire.

b. Responsabilité pénale

Les dirigeants sociaux engagent leur responsabilité s'ils commettent des **infractions** relatives à la vie des affaires (*exemples* : délit de présentation de comptes ne donnant pas une image fidèle, délit d'abus des biens ou du crédit) ou concernant plus particulièrement les sociétés dans lesquelles ils exercent leurs fonctions (*exemples* : délit de surévaluation frauduleuse d'un apport en nature, contravention relative au non établissement des comptes annuels, contravention de non-respect de l'égalité des actionnaires dans une SA en cas de réduction du capital social).

Dans le cadre des procédures collectives de redressement ou de liquidation judiciaire, les dirigeants peuvent être condamnés pour délit de **banqueroute.**

Les dirigeants de fait encourent la même responsabilité pénale que les dirigeants de droit.

c. Responsabilité professionnelle

Dans le cadre des procédures collectives de redressement ou de liquidation judiciaire, les dirigeants de droit ou de fait peuvent être condamnés à la **faillite personnelle** et à l'**interdiction de gérer**, le cas échéant en complément de leur condamnation pénale pour délit de banqueroute.

d. Responsabilité fiscale

La loi fiscale prévoit que les dirigeants de droit ou de fait qui, par des manœuvres frauduleuses ou par l'inobservation grave et répétée des obligations fiscales, ont rendu impossible le recouvrement d'impositions et de pénalités dues par leur société, peuvent être condamnés personnellement au paiement de ces différentes sommes.

Pour mettre en jeu la responsabilité des dirigeants, il faut prouver que les dirigeants ont exercé effectivement la direction de la société.

e. Responsabilité patrimoniale

Les dirigeants de droit ou de fait peuvent, en cas de liquidation judiciaire, être obligés de **contribuer au passif social**. En effet, le tribunal peut, en cas de faute de gestion ayant contribué à cette insuffisance d'actif, décider que le montant de cette dernière sera supporté, en tout ou en partie, par tous les dirigeants, ou par certains d'entre eux, ayant contribué à la faute de gestion. En cas de pluralité de dirigeants, le tribunal peut, par décision motivée, les déclarer solidairement responsables.

B Statut et pouvoirs des associés ou actionnaires

1 Acquisition de la qualité d'associés ou actionnaires

Ils sont les propriétaires des sociétés auxquelles ils font des apports en nature et en numéraire lors de la constitution de la société ou au cours de la vie sociale, par exemple en cas d'augmentation du capital ou de transformation de la société.

Quand ils souscrivent leurs apports, ils ont l'obligation de les effectuer dans les conditions prévues en termes de délais ou de montants.

Ils ont l'obligation de respecter les **statuts** de la société.

2 Étendue des pouvoirs des associés ou actionnaires

La qualité de propriétaire de l'entreprise est source de droits pour les associés ou actionnaires. Ils bénéficient de droits individuels et de droits collectifs.

a. Droit de communication

Tout au long de l'exercice social, les associés ou actionnaires bénéficient d'un **droit de communication permanent** plus ou moins développé en fonction des sociétés. Les actionnaires des SA ont accès à un plus grand nombre d'informations en particulier sur le fonctionnement des organes de direction (cumul de mandats, rémunérations...).

Dans toutes les sociétés, ils peuvent aussi poser des questions aux dirigeants en cours d'exercice social et obtenir communication des documents comptables, financiers et juridiques relatifs à la gestion et à la vie sociale.

Avant chaque assemblée, les associés ou actionnaires ont un **droit de communication temporaire** qui leur permet de recevoir ou d'avoir accès aux informations nécessaires pour voter sur les projets qui leur sont soumis lors des assemblées.

Les documents auxquels ont accès les associés ou actionnaires sont en principe prévus par la loi. Par exemple, pour l'assemblée annuelle, les dirigeants doivent communiquer aux associés ou actionnaires les documents concernant l'exercice écoulé tels que l'inventaire, les comptes annuels, le rapport de gestion, le texte des résolutions proposées, le rapport général du commissaire aux comptes (s'il a été désigné), le rapport spécial sur les conventions réglementées et les comptes consolidés si la société est tenue d'en établir.

À défaut de communication de ces documents, les associés ou actionnaires peuvent demander au président du tribunal, statuant en référé, soit d'enjoindre sous astreinte aux dirigeants de communiquer ces informations, soit de désigner un mandataire chargé de procéder à cette communication.

À partir de la communication des documents sociaux, tout associé ou actionnaire a, en principe, la faculté de poser des questions par écrit auxquelles les dirigeants répondent au cours des débats de l'assemblée.

b. Droit de participer et de voter dans les assemblées

Les associés (des SARL et SNC, les associés commandités) se réunissent dans les **assemblées d'associés** et les actionnaires (des SA, SAS, SCA) dans les **assemblées générales**. À défaut de convocation de l'assemblée par les dirigeants, le commissaire aux comptes ou un mandataire désigné en justice (à la demande notamment d'un ou plusieurs associés ou actionnaires ou du comité d'entreprise) peuvent la convoquer.

Le droit de participer aux assemblées et de voter est d'**ordre public** ; il est protégé par la loi. Afin de faciliter cette participation, il est possible de se faire représenter. De plus, le vote à distance est pratiqué dans un grand nombre de sociétés.

Dans les sociétés par actions telles que les SA, la loi organise précisément toutes les étapes de la convocation et du déroulement des assemblées afin de préserver les droits des actionnaires.

Ces assemblées sont réunies pour prendre deux types de décisions :

- les décisions ordinaires concernent notamment l'approbation des comptes annuels et le quitus de la gestion, la désignation ou la révocation des dirigeants, la désignation des commissaires aux comptes ;
- les décisions extraordinaires visent à modifier les statuts des sociétés, par exemple en cas de réduction du capital social ou de transformation de la société.

Les décisions prises par les assemblées s'imposent aux dirigeants qui ont l'obligation d'exécuter par exemple des résolutions votées lors de l'assemblée annuelle, une augmentation du capital social ou une modification de l'organisation de la direction de la société.

Les assemblées ont un pouvoir de décision, même si elles statuent à partir de documents élaborés par les dirigeants (rapport de gestion, projet d'augmentation de capital…). Elles approuvent ou non les résolutions et les projets qui leur sont soumis. Le cas échéant, si elles n'approuvent pas un projet, cela peut conduire à la démission ou à la révocation d'un ou plusieurs dirigeants.

Le bon déroulement des assemblées, la protection des intérêts collectifs et la régularité des votes sont assurés notamment par la rédaction d'un ordre du jour, des modalités de convocation précises, la signature d'une feuille de présence (qui permet de vérifier le quorum atteint quand cela est requis par la loi) et la rédaction d'un procès-verbal (qui atteste en particulier des votes émis).

c. Droit de percevoir des dividendes

Lors des assemblées annuelles, les associés ou actionnaires votent notamment la répartition du bénéfice et des **dividendes**.

d. Droit de demander une expertise de gestion

La loi accorde ce droit aux associés de SARL (qui représentent au moins un dixième du capital social) et aux actionnaires de SA (qui représentent au moins 5 % du capital social). Ils peuvent demander au président du tribunal de commerce de désigner un expert chargé de rédiger un rapport sur une ou plusieurs **opérations de gestion** effectuées par les dirigeants sociaux.

e. Droit de cession des parts sociales ou des actions

La liberté de **cession des titres** dépend du type de société.

Le législateur veut favoriser l'*intuitu personae* dans les SNC où la cession des titres n'est pas libre et les SARL où la liberté peut être réduite par les statuts.

Dans les sociétés par actions telles que les SA et les SAS, les actionnaires peuvent décider d'inscrire dans les statuts (ou dans un acte séparé) des clauses limitant la liberté de cession des actions ; par exemple, des clauses d'agrément, de préemption, d'inaliénabilité.

Ces clauses sont souvent qualifiées de pactes d'actionnaires, qui sont extrastatutaires quand ils font l'objet d'un acte séparé des statuts. Un pacte d'actionnaires est un contrat conclu entre certains actionnaires. Il est régi par le principe de la liberté contractuelle et le Code civil. Il peut contenir une clause pénale et ne doit pas être contraire aux statuts et à l'intérêt social.

Par ces différentes dispositions, la loi permet aux sociétés de contrôler l'entrée et la sortie des associés ou actionnaires, et donc de maîtriser la répartition du pouvoir de décision dans les assemblées.

f. Droit de déclencher l'alerte

Dans les SARL, les associés non gérants peuvent deux fois par exercice poser par écrit des questions au gérant sur tout fait de nature à compromettre la continuité d'exploitation. Le gérant doit répondre par écrit et adresser une copie de sa réponse au commissaire aux comptes (s'il en existe un).

Dans les SA, la **procédure d'alerte** est plus longue et implique davantage d'acteurs. Elle peut être déclenchée par un ou plusieurs actionnaires représentant au moins 5 % du capital social dans les mêmes conditions que dans la SARL. Au cours des différentes étapes de la procédure seront impliqués le conseil d'administration (ou le conseil de surveillance), et le cas échéant, l'assemblée générale.

3 Obligations des associés ou actionnaires

Ces obligations consistent à respecter et exécuter toutes les décisions prises en assemblée au cours de la vie sociale.

En outre, la réparation de certains préjudices peut être mise à la charge des associés ou actionnaires en engageant leur responsabilité.

a. Responsabilité relative aux votes en assemblée

Certaines décisions peuvent découler d'un **abus du droit de vote** qui peut se traduire par un délit d'abus de majorité (qui est sanctionné par la nullité de la décision prise) ou d'abus de minorité (pour empêcher le vote d'une décision extraordinaire essentielle pour la société).

Ces abus sont commis quand la décision votée est contraire à l'intérêt social et a pour but de favoriser les associés ou actionnaires qui l'ont prise.

b. Responsabilité relative aux dettes sociales

Elle varie selon les sociétés :

- dans les SNC, elle est indéfinie et solidaire ;
- dans les SARL, les SA, les SAS, elle est limitée aux apports ;
- dans les sociétés en commandite : les associés commandités ont une responsabilité indéfinie et solidaire alors que les associés commanditaires ont une responsabilité limitée aux apports.

Le but de la loi est de protéger les tiers créanciers et la société. Toutefois, en cas de liquidation judiciaire, ces dispositions légales peuvent s'avérer insuffisantes pour désintéresser les tiers.

C Limites aux pouvoirs des dirigeants et des associés ou actionnaires

1 Contrôle des conventions

La loi réglemente les conventions conclues en particulier par les dirigeants ou les associés avec les sociétés afin d'éviter les conflits d'intérêts.

Ce type de dispositions vise les SARL et les sociétés de capitaux où la responsabilité des associés ou actionnaires est limitée.

Elle différencie :

- les conventions interdites, par exemple si la société se porte caution dans l'intérêt personnel d'un dirigeant ;
- les conventions libres, qui sont conclues dans le cadre de l'objet social à des conditions normales ;
- les conventions réglementées, par exemple un contrat de travail conclu entre la société et un dirigeant, qui doivent suivre une procédure particulière.

Les conventions réglementées doivent faire l'objet d'un rapport spécial (rédigé par le commissaire aux comptes s'il a été désigné ou à défaut par le dirigeant) présenté à l'assemblée des associés ou actionnaires qui ratifie ou non ces conventions.

2 Information sur les rémunérations des dirigeants sociaux

Dans les SA, le rapport de gestion présenté par le conseil d'administration ou le directoire à l'assemblée générale annuelle rend compte notamment de la **rémunération totale** et des **avantages de toute nature** versés, durant l'exercice, à chaque mandataire social, y compris sous forme d'attribution de titres de capital, de titres de créances ou de titres donnant accès au capital.

Il indique également le montant des rémunérations et des avantages de toute nature que chacun de ces mandataires a reçu durant l'exercice de la part des sociétés contrôlées au sens de l'article L. 233-16 du Code de commerce ou de la société qui contrôle, au sens du même article, la société dans laquelle le mandat est exercé.

Ce rapport décrit en les distinguant les éléments fixes, variables et exceptionnels composant ces rémunérations et avantages ainsi que les critères en application desquels ils ont été calculés ou les circonstances en vertu desquelles ils ont été établis.

Le cas échéant, une information détaillée doit être fournie sur les stock-options dont les dirigeants peuvent bénéficier.

3 Contrôle par des organes de surveillance

La loi accorde une relative liberté pour l'organisation et le fonctionnement de certaines sociétés par actions. En même temps, elle prévoit des organes spécifiques de contrôle.

Dans la SCA, un **conseil de surveillance**, qui représente les actionnaires commanditaires, assure le contrôle permanent de la gestion de la société et contrôle notamment les comptes sociaux et apprécie l'opportunité des actes de gestion.

Dans la SAS, les actionnaires peuvent prévoir dans les statuts **tout organe de surveillance** qu'ils jugent opportun.

4 Contrôle par les commissaires aux comptes

a. Désignation

La loi prévoit les conditions dans lesquelles les sociétés ont l'**obligation de désigner** au moins un commissaire aux comptes. Ces conditions résident dans le dépassement de seuils (en termes de total de bilan, de chiffre d'affaires et d'effectif salarié moyen) au cours d'un exercice[1].

Si les sociétés n'y sont pas obligées, elles peuvent cependant décider de nommer un commissaire aux comptes.

1 Désignation obligatoire s'il y a dépassement de 2 des seuils suivants :
4 000 000 € de total de bilan
8 000 000 € de chiffre d'affaires HT
50 salariés.

En vue de préserver son **indépendance**, les fonctions de commissaire aux comptes doivent respecter les incompatibilités prévues par la loi (article L. 822-10 du Code de commerce) :

- toute activité ou tout acte de nature à porter atteinte à son indépendance ;
- tout emploi salarié ; toutefois, un commissaire aux comptes peut dispenser un enseignement se rattachant à l'exercice de sa profession ou occuper un emploi rémunéré chez un commissaire aux comptes ou chez un expert-comptable ;
- toute activité commerciale, qu'elle soit exercée directement ou par personne interposée.

La loi ajoute que le commissaire aux comptes ne peut prendre, recevoir ou conserver, directement ou indirectement, un **intérêt** auprès de la personne ou de l'entité dont il est chargé de certifier les comptes, ou auprès d'une personne qui la contrôle ou qui est contrôlée par elle.

De plus (selon l'article L. 820-3 du Code de commerce), avant sa désignation, le commissaire aux comptes informe par écrit la personne ou l'entité dont il se propose de certifier les comptes de son affiliation à un **réseau**, national ou international, qui n'a pas pour activité exclusive le contrôle légal des comptes et dont les membres ont un intérêt économique commun.

Le cas échéant, il l'informe également du montant global des **honoraires** perçus par ce réseau au titre des prestations qui ne sont pas directement liées à la mission du commissaire aux comptes, fournies par ce réseau à une personne ou entité contrôlée ou qui contrôle la personne ou l'entité dont ledit commissaire aux comptes se propose de certifier les comptes. Ces informations sont intégrées aux documents mis à la disposition des actionnaires par le conseil d'administration ou le directoire.

L'information sur le montant des honoraires versés à chacun des commissaires aux comptes est mise, au siège de la personne ou de l'entité contrôlée, à la disposition des associés et actionnaires et, pour les associations, des adhérents et donateurs.

Ces différentes règles visent à renforcer la confiance accordée aux commissaires aux comptes dans l'exercice de leur mission de contrôle (des comptes...) des sociétés.

b. Prérogatives

Le commissaire aux comptes a des **pouvoirs de contrôle** étendus, notamment :

- contrôle permanent des comptes ;
- certification ou certification avec réserves ou refus de certification des comptes ;
- information des associés ou actionnaires et des dirigeants sociaux par exemple sur les irrégularités qu'il découvre ;
- obligation de déclencher la procédure d'alerte s'il constate tout fait de nature à compromettre la continuité d'exploitation. Dans les SA, la procédure est relativement plus développée que dans les autres sociétés ; elle vise aussi à informer le président du tribunal de commerce et le comité d'entreprise ;
- obligation de révélation des faits délictueux découverts à l'occasion de l'exercice de sa mission au procureur de la République.

Le commissaire aux comptes assume ses missions dans l'**intérêt général**, car ses interventions visent à protéger les sociétés, les associés ou actionnaires et les tiers en relation avec les sociétés qu'il contrôle.

Dans des sociétés qu'il ne contrôle pas, le commissaire aux comptes peut être désigné par exemple en tant que commissaire aux apports ou commissaire à la transformation.

c. Contraintes

Les pouvoirs du commissaire aux comptes sont limités.

Il lui est **interdit de s'immiscer dans la gestion** des sociétés qu'il contrôle.

Sa responsabilité civile (pour défaut de diligence...), pénale (pour délit de révélation des faits délictueux...), professionnelle (pour non-respect du Code de déontologie de la profession) peut être engagée.

Par ailleurs, le **Haut Conseil du commissariat aux comptes** surveille l'exercice de la profession, et veille en particulier au respect de la déontologie et de l'indépendance des commissaires aux comptes. Dans ce cadre, il émet des avis relatifs aux situations incompatibles qui peuvent survenir.

5 Développement des droits des salariés

a. Attributions du comité social et économique

Le Code du travail et le Code de commerce contiennent des dispositions relatives aux attributions du comité social et économique (CSE).

Le CSE a les prérogatives suivantes :

- est informé et consulté sur les questions intéressant l'organisation, la gestion et la marche générale de l'entreprise, sur les modifications de l'organisation économique ou juridique de l'entreprise (par exemple, fusion, cession ou acquisition d'autres entreprises) ;
- est destinataire, dans les sociétés commerciales, des mêmes informations que les associés de la société ;
- dispose de deux représentants avec voix consultative aux séances du conseil d'administration ou du conseil de surveillance.

Le CSE peut :

- convoquer les commissaires aux comptes de la société pour recevoir leurs explications sur les documents qu'il a reçus ;
- se faire assister d'un expert rémunéré par l'entreprise en vue de l'aider à examiner les comptes de la société et la documentation relative à la situation économique de l'entreprise ;
- demander la désignation d'un expert de gestion ;
- déclencher la procédure d'alerte lorsqu'il a connaissance de faits de nature à affecter de manière préoccupante la situation économique de l'entreprise ;
- demander en justice la désignation d'un mandataire chargé de convoquer l'assemblée générale en cas d'urgence ;
- requérir l'inscription de projets de résolution à l'ordre du jour des assemblées.

b. Participation à la vie sociale

Sur le **plan de la gestion**, si les statuts des SA le prévoient, les salariés peuvent élire quatre administrateurs qui les représentent avec voix délibérative.

Sur le **plan financier**, la loi a notamment institué au profit des salariés :

- un système de participation obligatoire dans les entreprises employant au moins 50 salariés ; ces derniers ont droit à une part du bénéfice réalisé par l'entreprise au cours de l'année ;
- un système facultatif d'intéressement, qui permet d'associer les salariés aux performances et aux résultats de l'entreprise ;
- le plan d'épargne entreprise, par lequel les salariés de l'entreprise peuvent se constituer un portefeuille de valeurs mobilières au moyen de sommes provenant de la participation, de l'intéressement, de versements volontaires des salariés et de versements complémentaires de l'entreprise ;
- la participation des salariés au capital de la société par la mise en place de plans d'options de souscription ou d'achat d'actions (ou stock-options), par l'attribution gratuite d'actions aux salariés, par la réservation d'augmentations de capital facultatives au profit des salariés.

3 Organisation et gouvernement d'entreprise dans les sociétés dont les titres sont admis à la négociation sur un marché réglementé

Le gouvernement d'entreprise concerne le fonctionnement des grandes entreprises, et plus particulièrement les sociétés dont les titres sont admis aux négociations sur un marché réglementé.

Les systèmes économiques et juridiques anglophones utilisent l'expression de « *corporate governance* » qui a été traduite en France notamment par « gouvernement d'entreprise » ou « gouvernance d'entreprise ».

A Origines du gouvernement d'entreprise

1 Aux États-Unis

Cette doctrine est née aux États-Unis dans les années 1980 après une série d'offres publiques d'achat hostiles et une série de scandales financiers. On a alors mis en évidence la mauvaise gestion de certaines sociétés cotées au détriment des apporteurs de capitaux.

Les principes du gouvernement d'entreprise revendiquent une séparation des fonctions du directeur général et du président du conseil d'administration dans les sociétés.

En application de la loi Sarbanes-Oxley (loi SOX) du 31 juillet 2002 promulguée par le président George W. Bush, il revient au directeur général de certifier personnellement les comptes avec le directeur financier et d'affirmer que la société n'a, à sa connaissance, pas violé la loi au cours de l'exercice clos.

2 En Europe

Le débat sur le gouvernent d'entreprise s'est diffusé notamment au Royaume-Uni et en France.

Au Royaume-Uni, après plusieurs scandales financiers, le rapport Cadbury (1991) porte sur le contrôle financier des sociétés cotées. Le rapport Greenbury (1995) plaide pour la constitution d'un comité de rémunération indépendant concernant les dirigeants. Aujourd'hui, le Combined Code on Corporate Governance (1998) est annexé au City Code du London Stock Exchange et doit être respecté par les sociétés cotées.

En France, le rapport Viénot I recommande l'intégration d'au moins deux administrateurs indépendants au conseil d'administration (CA) et la limitation à cinq du nombre de mandats d'administrateur par personne. Le rapport Viénot II (1999) réclame la faculté pour les sociétés d'adopter une séparation des fonctions à la tête de l'exécutif des sociétés. Le rapport Bouton (2002) préconise l'adoption d'un règlement intérieur pour le CA et insiste sur l'indépendance des comités.

Le rapport Afep-Medef (2003) met en évidence le caractère collégial du CA, la déontologie et la rémunération des administrateurs. En 2008, ce rapport est devenu un Code de gouvernement d'entreprise des sociétés cotées : il intègre des éléments sur la rémunération des dirigeants sociaux élaborés par le comité d'éthique du Medef.

En 2009, le Code de gouvernement d'entreprise Middlenext[2] est publié et concerne les valeurs moyennes et petites cotées ; il a été actualisé en 2016.

Le Code Afep-Medef[3] fait l'objet de révisions. Par exemple, en 2013 (principe « say on pay », relatif à l'avis donnée par l'assemblée générale sur la rémunération de chaque dirigeant mandataire social), en 2018 (rôle accru du CA en matière de Responsabilité Sociale et Environnementale, encadrement renforcé de l'attribution des indemnités de non-concurrence aux dirigeants).

2 Voir le texte intégral du Code sur le site Internet www.middlenext.com.
3 Voir le texte du Code Afep-Medef révisé sur le site Internet www.medef.com.

En 2020, la politique de mixité femmes/hommes au sein des instances dirigeantes est valorisée : il est prévu que, sur proposition de la direction générale, le conseil d'administration détermine des objectifs de mixité au sein des instances dirigeantes.

3 Sur le plan international

L'OCDE a rédigé des principes (première version en 1999, révisée notamment en 2015) intitulés « Principes de gouvernement d'entreprise » (« Principles of Corporate Governance »), qui ont pour but d'interpeller les pouvoirs publics afin qu'ils mettent en place un cadre réglementaire efficace et obligent les entreprises à rendre des comptes.

B Enjeux du gouvernement d'entreprise

La problématique à résoudre vient de la **dissociation entre les propriétaires** des sociétés détenteurs du capital (les actionnaires) **et les dirigeants** (experts en gestion) chargés légalement de la gestion des sociétés. Dans leurs travaux, des auteurs tels que Berle et Means [4] ont dissocié le pouvoir de management et le droit de propriété des actionnaires et mis en évidence la théorie de la firme managériale.

Dans les SA, on observe la mise en place d'une double délégation de pouvoirs : des actionnaires aux administrateurs, et ensuite des administrateurs aux dirigeants tels que le directeur général. Il en découle notamment la nécessité de satisfaire les besoins d'un grand nombre de personnes et la perte d'information et de contrôle pour les propriétaires des sociétés au profit des dirigeants qu'ils ont mandatés pour agir au nom de la société. De plus, des conflits d'intérêts peuvent apparaître dans le fonctionnement des organes de direction.

Pour expliquer ces phénomènes, divers auteurs ont élaboré la **théorie de l'agence**. Selon certains [5], l'agence « est un contrat par lequel une (ou plusieurs) personne(s), le principal, engage une autre personne, l'agent, pour effectuer une mission à son profit et pour laquelle il est nécessaire de déléguer une partie de l'autorité de l'agent ».

Par ailleurs, le développement des **marchés financiers** a conduit les investisseurs (notamment professionnels) à demander aux sociétés davantage de rentabilité et à diversifier leurs placements.

Ces investisseurs demandent des garanties aux sociétés cotées en termes d'information comptable et financière.

Le gouvernement d'entreprise vise à protéger les intérêts des **actionnaires** (les « shareholders »), mais aussi les **autres parties prenantes** que sont les créanciers sociaux, les salariés, les prêteurs (obligataires, banques), les collectivités publiques, l'État... (les « stakeholders »).

C Réglementation applicable

1 Directives européennes

Plusieurs directives concernent le gouvernement d'entreprise et en particulier :

- la Directive dite « gouvernement d'entreprise » n° 2006/46/CE du 14 juin 2006, qui prévoit que les sociétés dont les titres sont admis à la négociation sur un marché réglementé et qui ont leur siège statutaire dans la Communauté devraient être tenues de publier une déclaration annuelle sur le gouvernement d'entreprise dans une section spécifique et clairement identifiable du rapport annuel ;

---

[4] A. Berle et G. Means, *The modern corporation and the private property*, New York, 1932.

[5] *Cf.* Théorie de l'agence – Ces dérives managériales observables ont très tôt été théorisées à travers la théorie de l'agence dont les principaux auteurs sont C. Jensen et W.H. Meckling (« Theory of the firm : management behavior, agency costs and capital structure », *Journal of Finance and Economics*, 1976, vol. 3).

- la Directive n° 2007/36/CE en date du 11 juillet 2007 est relative à l'exercice de certains droits des actionnaires dans les sociétés cotées, selon laquelle tous les actionnaires devraient donc disposer d'un délai suffisant pour examiner les documents qu'il est prévu de soumettre à l'assemblée générale et pour décider du sens qu'ils donneront à leur vote, d'inscrire des points à l'ordre du jour de l'assemblée générale et de déposer des projets de résolutions concernant des points inscrits à l'ordre du jour, de poser des questions en rapport avec les points inscrits à l'ordre du jour de l'assemblée générale et de recevoir des réponses et de faciliter l'exercice du vote sans présence physique à l'assemblée générale, que ce soit par correspondance ou par voie électronique.

Une proposition de directive du Parlement européen et du Conseil a été émise pour modifier la directive 2007/36/CE en vue de promouvoir l'engagement à long terme des actionnaires, et la directive 2013/34/UE en ce qui concerne certains éléments de la déclaration sur la gouvernance d'entreprise et recommandation de la Commission sur la qualité de l'information sur la gouvernance d'entreprise (« appliquer ou expliquer »). Cette proposition fait suite au constat de certaines défaillances en matière de gouvernance d'entreprise dans les sociétés cotées européennes. Elles concernent différents acteurs de la gouvernance d'entreprise : les administrateurs, les actionnaires (investisseurs institutionnels et gestionnaires d'actifs) et les conseillers en vote (« proxy advisors »).

2 Mise en place du gouvernement d'entreprise dans les sociétés dont les titres financiers sont admis aux négociations sur un marché réglementé en France

La mise en place du gouvernement d'entreprise découle de la loi, des organisations représentatives des entreprises et de l'AMF.

La **loi** française a notamment pour objet de transposer les directives européennes relatives au gouvernement d'entreprise. Plusieurs lois sont intervenues pour faire évoluer les règles du gouvernement d'entreprise.

Les organisations représentatives des entreprises sont l'Afep-Medef et le Middlenext (dédié aux petites et moyennes entreprises cotées). Elles émettent des **recommandations** dans le cadre de codes révisés régulièrement : **Code de gouvernance Afep-Medef** (depuis juin 2013) et **Code de gouvernance Middlenext** (depuis décembre 2009).

L'AMF a notamment pour mission le suivi de l'information financière diffusée par les sociétés cotées et la surveillance du marché financier.

Cette étude concerne des éléments clés du gouvernement d'entreprise.

a. Règlement intérieur du conseil d'administration

Les Codes de gouvernance recommandent son élaboration.

Son objet est de préciser les modalités de **fonctionnement du conseil d'administration**. Par exemple, il permet de préciser les modalités d'exercice du droit de communication des administrateurs, les règles de convocation, d'élaboration de l'ordre du jour, de participation des administrateurs et leurs obligations et la liste des opérations de gestion soumises à l'autorisation préalable du conseil.

Il faut noter que les obligations des administrateurs peuvent aussi être inscrites dans une charte des administrateurs.

Le règlement peut aussi contenir les compétences des différents comités « satellites » au conseil (*exemple* : comité des rémunérations).

b. Statut des administrateurs

Détention d'actions

L'Afep et le Medef recommandent que les administrateurs (autres que les salariés actionnaires et ceux qui représentent les salariés) détiennent personnellement un nombre relativement significatif d'actions.

Le Middelnext indique que le nombre d'actions à détenir est à la discrétion du conseil.

Information

Les organisations représentatives des entreprises font des recommandations quant à la façon dont doit être organisée l'information des administrateurs, par exemple :

- le règlement intérieur doit définir les modalités d'exercice du droit de communication ainsi que les obligations de confidentialité correspondantes ;
- il faut fournir aux administrateurs toute information pertinente à tout moment de la vie sociale si l'importance ou l'urgence de l'information le justifie.

Cumul contrat de travail et mandat social

Alors que le Code de gouvernance Afep-Medef recommande aux dirigeants de mettre fin au contrat de travail qui les lie à la société, le Code de gouvernance Middlenext recommande que le conseil d'administration ou de surveillance apprécie l'opportunité d'autoriser ou non le cumul.

Jetons de présence

Pour l'Afep et le Medef, le montant des jetons de présence alloué aux administrateurs doit tenir compte de leur participation effective aux travaux du conseil et de leur niveau de responsabilité ; le Middlenext retient l'assiduité et le temps consacré à l'exercice des fonctions pour l'évaluation de cette rémunération.

c. Administrateurs indépendants et comités

Selon le Code de gouvernance Afep-Medef, un **administrateur indépendant** n'entretient aucune relation de quelque nature que ce soit avec la société, son groupe ou sa direction, qui puisse compromettre l'exercice de sa liberté de jugement. Ainsi, par « administrateur indépendant », il faut entendre, non pas seulement administrateur non exécutif c'est-à-dire n'exerçant pas de fonctions de direction de la société ou de son groupe, mais encore dépourvu de lien d'intérêt particulier (actionnaire significatif, salarié, autre) avec ceux-ci.

Ce code précise certains **critères** que doivent examiner le comité et le conseil afin de qualifier un administrateur d'indépendant et de prévenir les risques de conflit d'intérêts entre l'administrateur et la direction, la société ou son groupe, notamment : ne pas être salarié ou mandataire social de la société, salarié ou administrateur de sa société mère ou d'une société qu'elle consolide et ne pas l'avoir été au cours des cinq années précédentes ; ne pas être client, fournisseur, banquier, commissaire aux comptes de la société, administrateur ou actionnaire de référence.

La loi (article L. 823-19 du Code de commerce) crée l'**administrateur indépendant** en instituant le **comité d'audit**. C'est un comité spécialisé agissant sous la responsabilité du conseil d'administration ou de surveillance qui assure le suivi des questions relatives à l'élaboration et au contrôle des informations comptables et financières.

La composition de ce comité est fixée, selon le cas, par le conseil. Le comité ne peut comprendre que des membres de l'organe chargé de l'administration ou de la surveillance en fonction dans la société, à l'exclusion de ceux exerçant des fonctions de direction.

L'administrateur indépendant est visé quand la loi précise qu'un membre au moins du comité doit présenter des compétences particulières en matière financière ou comptable et être indépendant au regard de critères précisés et rendus publics par l'organe chargé de l'administration ou de la surveillance.

Ce comité est notamment chargé d'assurer le suivi :
- du processus d'élaboration de l'information financière ;
- de l'efficacité des systèmes de contrôle interne et de gestion des risques ;
- du contrôle légal des comptes annuels et, le cas échéant, des comptes consolidés par les commissaires aux comptes ;
- de l'indépendance des commissaires aux comptes.

Pour assister le conseil d'administration, le Code de gouvernance Afep-Medef recommande la création d'un **comité des nominations** (ou comité de sélection) pour étudier la composition, l'organisation et le fonctionnement du conseil d'administration, d'un **comité des rémunérations** chargé de présenter des propositions ou des recommandations concernant notamment la politique de rémunération globale des dirigeants de la société. De plus, l'Afep, le Medef et le Middlenext recommandent que la rémunération des présidents soit déterminée par le conseil d'administration sur la proposition du comité des rémunérations.

d. Attribution des options ou des actions gratuites aux dirigeants sociaux

Le Code de gouvernance Afep-Medef pose des principes pour l'attribution des titres, par exemple ces titres appelés actions de performance doivent prévoir des conditions de performance. Les critères à retenir doivent correspondre aux objectifs de l'entreprise et être exigeants.

Le Code Middlnext recommande en particulier de ne pas trop concentrer l'attribution de ces titres sur les dirigeants et de ne pas procéder à cette attribution à l'occasion de leur départ.

e. Droits des actionnaires

Convocation aux assemblées

L'avis de convocation fait l'objet d'une insertion au **Bulletin des annonces légales obligatoires** (BALO) au moins 15 jours avant la tenue de l'assemblée.

Publication de documents

Les sociétés doivent publier notamment les documents suivants :
- l'avis de réunion publié au BALO ;
- le nombre total de droits de vote existant et le nombre d'actions composant le capital de la société à la date de la publication de l'avis au BALO en précisant, le cas échéant, le nombre d'actions et de droits de vote existant à cette date pour chaque catégorie d'actions ;
- les documents destinés à être présentés à l'assemblée ;
- le texte des projets de résolution qui seront présentés à l'assemblée par le conseil d'administration ou le directoire, selon le cas ;
- les formulaires de vote par correspondance et de vote par procuration.

Informations spécifiques communiquées à l'AGO annuelle

La loi (article L. 225-37 du Code de commerce) prévoit que le président du conseil d'administration ou du conseil de surveillance rend compte, dans un **rapport joint au rapport de gestion** :
- de la **composition du conseil** et de l'application du principe de représentation équilibrée des femmes et des hommes en son sein ;
- des **conditions de préparation et d'organisation des travaux du conseil**, ainsi que des **procédures de contrôle interne et de gestion des risques** mises en place par la société, en détaillant notamment celles de ces procédures qui sont relatives à l'élaboration et au traitement de l'information comptable et financière pour les comptes sociaux et, le cas échéant, pour les comptes consolidés.

Lorsque la société se réfère volontairement à un **code de gouvernement d'entreprise** élaboré par les organisations représentatives des entreprises, ce rapport précise également les dispositions qui ont été écartées et les raisons pour lesquelles elles l'ont été (principe « appliquer ou expliquer »). Si la société ne se réfère pas à un tel code de gouvernement d'entreprise, ce rapport indique les règles retenues en complément des exigences requises par la loi et explique les raisons pour lesquelles la société a décidé de n'appliquer aucune disposition de ce code de gouvernement d'entreprise.

La loi prévoit aussi que le rapport de gestion doit rendre compte de la rémunération totale et des avantages de toute nature versés durant l'exercice écoulé à chaque mandataire social, y compris les attributions de valeurs mobilières.

Enfin, le rapport de gestion doit contenir des **informations relatives aux conséquences environnementales et sociales de l'activité de l'entreprise exploitée**. Elles portent sur la manière dont la société prend en compte les conséquences sociales et environnementales de son activité ainsi que sur ses engagements sociétaux en faveur du développement durable et en faveur de la lutte contre les discriminations et de la promotion des diversités (article L. 225-102-1 alinéa 4, du Code de commerce).

La loi dispose que toute société dont les titres sont admis aux négociations sur un marché réglementé doit insérer dans le rapport de gestion une **déclaration de performance extra-financière** (article L. 225-102-1 alinéa 5 du Code de commerce) lorsqu'elle dépasse les seuils suivants à la date de clôture de l'exercice : 20 millions d'euros pour le total du bilan, 40 millions d'euros pour le montant net du chiffre d'affaires et 500 pour le nombre moyen de salariés permanents employés au cours de l'exercice (Article R. 225-104 du Code de commerce).

A noter : les textes disposent aussi que toute société dont les titres ne sont pas admis aux négociations sur un marché réglementé est également tenue d'effectuer une déclaration de performance extra-financière si elle dépasse les seuils suivants à la date de clôture de l'exercice : 100 millions d'euros pour le total du bilan, 100 millions d'euros pour le montant net du chiffre d'affaires et 500 pour le nombre moyen de salariés permanents employés au cours de l'exercice.

La loi précise que, dans la mesure nécessaire à la compréhension de la situation de la société, de l'évolution de ses affaires, de ses résultats économiques et financiers et des incidences de son activité, la déclaration présente en particulier des **informations sur la manière dont la société prend en compte les conséquences sociales et environnementales de son activité.**

Cette déclaration « *comprend notamment des informations relatives aux conséquences sur le changement climatique de l'activité de la société et de l'usage des biens et services qu'elle produit, à ses engagements sociétaux en faveur du développement durable, de l'économie circulaire, de la lutte contre le gaspillage alimentaire, de la lutte contre la précarité alimentaire, du respect du bien-être animal et d'une alimentation responsable, équitable et durable, aux accords collectifs conclus dans l'entreprise et à leurs impacts sur la performance économique de l'entreprise ainsi que sur les conditions de travail des salariés, aux actions visant à lutter contre les discriminations et promouvoir les diversités et aux mesures prises en faveur des personnes handicapées.* » (Article L. 225-102-1 du Code de commerce).

Ces informations font l'objet d'une publication librement accessible sur le site Internet des sociétés. L'article R225-105 du Code de commerce précise le contenu des informations qui doivent figurer dans la déclaration de performance extra-financière.

Information du public

La loi (article L. 451-1-2 du Code monétaire et financier) prévoit que les sociétés dont les titres sont admis aux négociations sur un marché réglementé doivent publier et déposer auprès de l'Autorité des marchés financiers un **rapport financier annuel** dans les quatre mois qui suivent la clôture de leur exercice.

Ce rapport financier annuel est tenu à la disposition du public pendant cinq ans, selon des modalités prévues par le règlement général de l'Autorité des marchés financiers. Il comprend les **comptes annuels**, les comptes consolidés le cas échéant, un rapport de gestion, une **déclaration** des personnes physiques qui assument la responsabilité de ces documents et le rapport des commissaires aux comptes ou des contrôleurs légaux ou statutaires sur les comptes précités.

Droit d'alerte

Deux fois par exercice, une **association d'actionnaires** peut interroger par écrit les dirigeants sur tout fait de nature à compromettre la continuité de l'entreprise.

Exercice de l'action sociale

Les associations d'actionnaires peuvent représenter les intérêts des actionnaires minoritaires en justice. Elles doivent, en principe, regrouper des actionnaires justifiant d'une inscription nominative depuis au moins deux ans et détenant ensemble au moins 5 % des droits de vote.

f. Droits des salariés

La loi (article L. 225-23 du Code de commerce) dispose que dans certaines sociétés[6] lorsque le rapport de gestion présenté lors de l'assemblée générale établit que les actions détenues par le personnel de la société représentent plus de 3 % du capital social de la société, un ou plusieurs **administrateurs** sont élus par l'assemblée générale des actionnaires. Ces administrateurs sont élus parmi les salariés actionnaires ou, le cas échéant, parmi les salariés membres du conseil de surveillance d'un fonds commun de placement d'entreprise détenant des actions de la société.

g. Statut du commissaire aux comptes

Dans les sociétés dont les titres sont admis aux négociations sur un marché réglementé, il est interdit, au commissaire aux comptes personne physique ainsi qu'aux associés signataires d'une société de commissaire aux comptes, de certifier les comptes durant plus de six exercices consécutifs.

h. Protection contre les infractions financières

La loi (article L. 465-1 du Code monétaire et financier) punit notamment les dirigeants des sociétés et les personnes titulaires d'une information privilégiée sur les perspectives ou la situation d'un émetteur ou de ses titres admis aux négociations sur un marché réglementé qui réalisent, tentent de réaliser ou permettent de réaliser, soit directement, soit par personne interposée, une ou plusieurs opérations avant que le public ait connaissance de ces informations. Sont également sanctionnées les manipulations de cours et la diffusion de fausses informations.

i. Surveillance du marché financier et de la pratique du gouvernement d'entreprise

L'Autorité des marchés financiers (**AMF**) est chargée de différentes missions qu'elle exerce dans l'intérêt général.

La loi (article L. 621-22 du Code monétaire et financier) prévoit que :

- l'AMF peut demander aux commissaires aux comptes de ces sociétés cotées tous **renseignements** sur les personnes qu'ils contrôlent ;
- les commissaires aux comptes de personnes dont les titres financiers sont admis aux négociations sur un marché réglementé peuvent interroger l'Autorité des marchés financiers sur toute question rencontrée dans l'exercice de leur mission et susceptible d'avoir un effet sur l'information financière de la personne.

De plus, les commissaires aux comptes des personnes informent l'autorité de tout fait ou décision justifiant leur intention de refuser la **certification des comptes**.

6 Il s'agit des sociétés qui emploient à la clôture de deux exercices consécutifs au moins mille salariés permanents dans la société et ses filiales, directes ou indirectes, dont le siège social est fixé sur le territoire français, ou au moins cinq milles salariés permanents dans la société et ses filiales, directes ou indirectes, dont le siège social est fixé sur le territoire français et à l'étranger.

L'AMF **vérifie l'information financière publiée** par les sociétés cotées. Elle veille aussi à ce que les intermédiaires financiers respectent leurs obligations professionnelles. Enfin, elle surveille les marchés financiers et le comportement de leurs acteurs.

L'objectif de la surveillance des marchés est de détecter tout événement ou comportement pouvant constituer un abus de marché (manipulation de cours, opération d'initié ou diffusion de fausse information) ou tout autre manquement à la réglementation applicable aux intervenants sur les marchés (notamment les obligations professionnelles des intermédiaires financiers).

Chaque année l'AMF établit un **rapport annuel** sur les pratiques des sociétés cotées à Paris en matière de gouvernement d'entreprise. Ce rapport est mis à disposition du public [6].

---

6 L'AMF publie ce rapport annuel sur le site Internet www.amf-france.org.
Le règlement général de l'AMF peut aussi être consulté sur ce site.

Le commerce électronique

Chapitre 15

COMPÉTENCES VISÉES

Répondre à des questions courantes touchant aux implications juridiques et fiscales :

- **de la création et l'utilisation d'un site internet ;**
- **du recours à l'informatique dans les transactions courantes de la vie de l'entreprise.**

Quelques définitions :

Internet :

Définition publiée au *Journal officiel* en 1999 : c'est un « ***réseau*** *mondial associant des ressources de télécommunication et des ordinateurs serveurs et clients, destiné à l'échange de messages électroniques, d'informations multimédias et de fichiers. L'accès au réseau est ouvert à tout utilisateur ayant obtenu une adresse auprès d'un organisme accrédité* ».

L'internet est un gigantesque réseau composé de millions de réseaux publics et privés, universitaires, commerciaux, gouvernementaux…

Les **applications** utilisant le réseau sont nombreuses : le courrier électronique, la messagerie instantanée, la téléphonie, l'échange de fichiers.

Web :

(raccourci de « *world wide web* », traduit en français par toile mondiale) correspond à **une des applications utilisant le réseau Internet.**

Le web est un système de publication et de consultation de documents (textes, sons, images) faisant appel aux techniques de l'hypertexte qui utilisent des renvois permettant de passer directement d'une partie d'un document à une autre, ou d'un document à d'autres documents choisis comme pertinents par l'auteur. Les technologies à la base du web (url, html, http) ont été mises au point en 1989-1990.

commerce électronique

= e-commerce = cybercommerce

PLAN DU CHAPITRE

1 Le cadre juridique du commerce électronique

A Sur le plan européen

Le Règlement général sur la protection des données (RGPD), ou GDPR (General Data Protection Regulation) en anglais, est le nouveau cadre juridique de l'Union européenne qui gouverne la collecte et le traitement des données à caractère personnel des utilisateurs.

Il est applicable depuis le 25 mai 2018 (cf. IV. Infra) et s'inscrit dans la continuité de la **Loi française Informatique et Libertés de 1978** (cf. B. infra).

B Sur le plan national

1 La loi n° 78-17 du 6 janvier 1978 relative à l'informatique, aux fichiers et aux libertés a défini des éléments essentiels du droit de l'informatique.

Elle a fait l'objet de modifications par la **loi n° 2004-575 du 21 juin 2004** pour la confiance dans l'économie numérique.

- Elle a précisé notamment :
  - **les enjeux de l'informatique** : « L'informatique doit être au service de chaque citoyen. Son développement doit s'opérer dans le cadre de la coopération internationale. Elle ne doit porter atteinte ni à l'identité humaine, ni aux droits de l'homme, ni à la vie privée, ni aux libertés individuelles ou publiques » (Art. 1) ;
  - **les traitements visés par la loi** : « s'applique aux traitements automatisés de données à caractère personnel, ainsi qu'aux traitements non automatisés de données à caractère personnel contenues ou appelées à figurer dans des fichiers, à l'exception des traitements mis en œuvre pour l'exercice d'activités exclusivement personnelles » (Art. 2) ;
  - **les conditions de licéité des traitements de données à caractère personnel :**

Notamment :

- « Un traitement ne peut porter que sur des données à caractère personnel qui satisfont aux conditions suivantes :

1° Les données sont collectées et traitées de manière loyale et licite ;

2° Elles sont collectées pour des finalités déterminées, explicites et légitimes et ne sont pas traitées ultérieurement de manière incompatible avec ces finalités. Toutefois, un traitement ultérieur de données à des fins statistiques ou à des fins de recherche scientifique ou historique est considéré comme compatible avec les finalités initiales de la collecte des données, s'il est réalisé dans le respect des principes et des procédures prévus au présent chapitre, au chapitre IV et à la section 1 du chapitre V ainsi qu'aux chapitres IX et X et s'il n'est pas utilisé pour prendre des décisions à l'égard des personnes concernées ;

3° Elles sont adéquates, pertinentes et non excessives au regard des finalités pour lesquelles elles sont collectées et de leurs traitements ultérieurs ;

4° Elles sont exactes, complètes et, si nécessaire, mises à jour ; les mesures appropriées doivent être prises pour que les données inexactes ou incomplètes au regard des finalités pour lesquelles elles sont collectées ou traitées soient effacées ou rectifiées ;

5° Elles sont conservées sous une forme permettant l'identification des personnes concernées pendant une durée qui n'excède pas la durée nécessaire aux finalités pour lesquelles elles sont collectées et traitées » (Art. 6) :

- « Un traitement de données à caractère personnel doit avoir reçu le consentement de la personne concernée ou satisfaire à l'une des conditions suivantes :

1° Le respect d'une obligation légale incombant au responsable du traitement ;

2° La sauvegarde de la vie de la personne concernée ;

3° L'exécution d'une mission de service public dont est investi le responsable ou le destinataire du traitement ;

4° L'exécution, soit d'un contrat auquel la personne concernée est partie, soit de mesures précontractuelles prises à la demande de celle-ci ;

5° La réalisation de l'intérêt légitime poursuivi par le responsable du traitement ou par le destinataire, sous réserve de ne pas méconnaître l'intérêt ou les droits et libertés fondamentaux de la personne concernée » (Art.7).

- **Elle a institué la CNIL (Commission nationale informatique et libertés)**, qui a pour mission essentielle de protéger la vie privée et les libertés individuelles ou publiques. Elle est chargée de veiller au respect de la **loi n° 78-17 du 6 janvier 1978** relative à l'informatique, aux fichiers et aux libertés.

2 La loi n° 2004-575 du 21 juin 2004 pour la confiance dans l'économie numérique

- **Définit la notion de « courrier électronique »** : « tout message, sous forme de texte, de voix, de son ou d'image, envoyé par un réseau public de communication, stocké sur un serveur du réseau ou dans l'équipement terminal du destinataire, jusqu'à ce que ce dernier le récupère » (Art.1).
- Contient notamment des dispositions concernant :
  - la liberté de communication en ligne ;
  - le commerce électronique (principes généraux, la publicité par voie électronique, les obligations souscrites sous forme électronique) ;
  - la sécurité dans l'économie numérique (moyens et prestations de cryptologie, lutte contre la cybercriminalité...).

3 La loi n° 2018-493 du 20 juin 2018 relative à la protection des données personnelles (loi RGPD)

Elle met en conformité la **loi du 6 janvier 1978** avec le Règlement Général sur la Protection des Données (RGPD), qui est le règlement (UE) 2016/679 du 27 avril 2016 directement applicable dans tous les pays européens depuis le 25 mai 2018.

4 Le décret n° 2018-687 du 1er août 2018

Ce décret a été pris pour l'application de la **loi n° 78-17 du 6 janvier 1978** relative à l'informatique, aux fichiers et aux libertés, modifiée par **la loi n° 2018-493 du 20 juin 2018** relative à la protection des données personnelles.

5 Le décret n° 2019-536 du 29 mai 2019

Ce décret a été pris pour l'application de la **loi n° 78-17 du 6 janvier 1978** relative à l'informatique, aux fichiers et aux libertés. Il constitue la dernière étape de la mise en conformité du droit national avec le Règlement général sur la protection des données (RGPD) et la Directive (UE) 2016/680 du Parlement européen et du Conseil du 27 avril 2016 relative à la protection des personnes physiques à l'égard du traitement des données à caractère personnel par les autorités compétentes à des fins de prévention et de détection des infractions pénales, d'enquêtes et de poursuites en la matière ou d'exécution de sanctions pénales, et à la libre circulation de ces données. **Ce décret est entré en vigueur le 1er juin 2019**.

2 La création d'une entreprise de commerce électronique

A noter : le créateur d'une entreprise de commerce électronique crée son entreprise en choisissant une structure juridique d'une part, et doit effectuer des démarches spécifiques pour exercer son activité de manière sécurisée d'autre part.

A Création d'une entreprise

Les obligations légales relatives à toute création d'entreprise doivent être respectées.

Le ou les fondateurs de l'entreprise doivent :

- choisir une structure juridique parmi celles que la loi autorise et respecter les conditions de fond et de forme correspondantes (entreprise individuelle, EURL, SASU, SAS, SARL...) prévues en particulier par le Code de commerce ;
- effectuer les formalités de publicité légale (immatriculation au Registre du commerce et des sociétés...) et remplir les obligations fiscales inhérentes à la création de l'entreprise.

B Mise en place de l'activité de commerce électronique

1 Spécificités du commerce électronique

- Le commerce électronique regroupe l'ensemble des **transactions commerciales qui s'opèrent à distance** en utilisant le réseau internet ou d'autres réseaux. Les biens et les services font l'objet d'une commande déposée via ces réseaux ; toutefois, le paiement et la livraison du bien ou du service peuvent être effectués par des méthodes traditionnelles.
- Les transactions commerciales peuvent intervenir entre **différentes personnes** :
  - B to B (Business to Business) : vente entre entreprises ou entre professionnels ;
  - B to C (Business to Consumer) : ventes entre les entreprises directement aux particuliers.
- L'entreprise qui veut faire du commerce électronique doit choisir et réserver un **nom de domaine**.

2 Règles applicables au nom de domaine

Choix et intérêts du nom de domaine

- Le nom de domaine est le **nom donné par l'entreprise au site internet**, afin de vendre un bien ou d'effectuer une prestation en ligne, faire connaître l'entreprise, ses produits, son savoir-faire, et rallier sa clientèle ...

Comme une adresse postale ou un numéro de téléphone, le nom de domaine permet à un tout internaute de localiser un site.

- Le nom de domaine, qui prend la forme www.nomdedomaine.fr (ou .com, .org, .net, etc.), est l'**appellation identifiant un site internet,** et constituant le moyen technique de localisation et d'accès aux pages de ce site internet.
- le nom de domaine **doit être distingué** de la **marque**, qui est un titre de propriété industrielle et de la **dénomination sociale ou du nom commercial,** qui identifie l'entreprise.
- Le nom de domaine **profite à celui qui en demande la réservation le premier**, sous réserve que le nom de domaine ne porte pas atteinte à des droits antérieurs de tiers.
- Le nom de domaine est composé d'un radical et d'une extension.

Exemple, pour l'Institut national de la propriété industrielle (INPI) : inpi.fr

Le radical (inpi) constitue l'identifiant du nom de domaine. Il correspond à la dénomination sociale d'une entreprise ou à une marque déposée.

- L'extension (.fr) caractérise le site dans son activité et/ou dans la zone géographique d'où il émet ou d'où il est hébergé.

Exemple

Exemples d'extensions :

Extensions avec une connotation géographique :
.fr pour la France,
.de pour l'Allemagne,
.uk pour la Grande-Bretagne,
.eu pour la communauté européenne.
.com pour donner une dimension internationale,
.net pour les structures liées à Internet,
.org, **.biz**, **.info**, **.pro ...**

La connaissance de l'identité ou l'origine géographique du site permet à l'internaute de déterminer la loi applicable sur le territoire de son correspondant.

À noter : l'enregistrement des domaines nationaux est géré pays par pays, selon des procédures et des règles d'attribution nationale.

Réservation du nom de domaine

Démarche :

1° vérifier la **disponibilité du nom** choisi afin d'éviter les conflits entre noms de domaine, marques ou dénominations sociales ;

1° bis vérifier en parallèle auprès de l'**INPI** que le nom n'a pas été déposé en tant que marque ;

2° enregistrer auprès d'un des bureaux d'enregistrement (« les Registrars ») sous réserve que ce bureau soit accrédité par les organismes chargés de gérer les noms de domaine.

Exemple

Par exemple, pour une réservation en **.fr** : s'adresser à un **bureau d'enregistrement accrédité par l'Afnic** (Association française pour le nommage Internet en coopération) qui donne les habilitations pour la création de noms de domaines en .fr
Il faut s'adresser à l'EURid pour les .eu et l'ICANN pour les .com .net org.

En complément de la demande d'enregistrement, il faut fournir les éléments suivants :

- pour un nom de domaine déposé par une entreprise : un extrait K (entreprise individuelle) ou Kbis (société) et le numéro Siret ;
- pour une association : la copie de la déclaration à la préfecture ou de sa parution au Journal officiel ;
- et éventuellement le certificat de dépôt ou d'enregistrement de la marque délivrée par l'INPI.

Protection du nom de domaine

Le nom de domaine peut être protégé contre les éventuels concurrents, notamment par un **enregistrement en tant que marque auprès de l'INPI** en complément de la réservation du nom de domaine.

Si une atteinte est portée à son nom de domaine, l'entreprise a la faculté d'engager une **action en concurrence déloyale.**

Déclaration du nom de domaine au RCS

Dans le cadre des formalités de création d'une entreprise individuelle ou d'une société, il est recommandé de joindre une déclaration relative au nom de domaine du site internet de l'entreprise.

Cette déclaration fera l'objet d'une inscription dans les éléments constitutifs de l'entreprise avec notamment en ce qui concerne les entreprises commerciales, une inscription au Registre du commerce et des sociétés.

Le nom de domaine fera également l'objet d'une mention sur l'extrait K-bis de l'entreprise.

Remarque Un site web est déterminé par une adresse numérique unique (dite adresse IP : Internet Protocol) et un nom de domaine.

3 Le commerce électronique

A Cadre juridique

1 En France

C'est la **loi n° 2004-575 du 21 juin 2004** pour la confiance dans l'économie numérique (LCEN), modifiée en particulier par la **loi n°2018-898 du 23 octobre 2018**.

Elle est intégrée notamment dans le Code de la consommation, le Code civil et le Code pénal.

Définition et champ d'application

« Le commerce électronique est l'**activité économique par laquelle une personne propose ou assure à distance et par voie électronique la fourniture de biens ou de services.**

Entrent également dans le champ du commerce électronique les services tels que ceux consistant à fournir des informations en ligne, des communications commerciales et des outils de recherche, d'accès et de récupération de données, d'accès à un réseau de communication ou d'hébergement d'informations, y compris lorsqu'ils ne sont pas rémunérés par ceux qui les reçoivent. » (**Article 14 de la loi LCEN**)

Activités exclues

Exemple

Exemples :
- les jeux d'argent et de hasard, en principe.
- les activités de représentation et d'assistance en justice.

2 Dans l'Union européenne

L'activité *définie à l'article 14* de la loi LCEN est soumise à la **loi de l'Etat membre sur le territoire duquel la personne qui l'exerce est établie, sous réserve** de la commune intention de cette personne et de celle à qui sont destinés les biens ou services.

Toutefois, cela ne peut avoir pour effet, notamment : de priver un consommateur ayant sa résidence habituelle sur le territoire national de la protection que lui assurent les dispositions impératives de la loi française relatives aux obligations contractuelles, conformément aux engagements internationaux souscrits par la France. Les dispositions relatives aux obligations contractuelles comprennent les dispositions applicables aux éléments du contrat, y compris celles qui définissent les droits du consommateur, qui ont une influence déterminante sur la décision de contracter (**Art. 18 de la loi LCEN**).

Une personne est regardée comme étant établie en France lorsqu'elle s'y est installée d'une manière stable et durable pour exercer effectivement son activité, quel que soit, s'agissant d'une personne morale, le lieu d'implantation de son siège social.

B Accès aux informations relatives aux fournisseurs de biens et prestataires de services

Toute personne qui exerce l'activité *définie à l'article 14* est tenue d'assurer à ceux à qui est destinée la fourniture de biens ou la prestation de services un **accès facile, direct et permanent utilisant un standard ouvert aux informations suivantes :**

« 1° S'il s'agit d'une personne physique, ses nom et prénoms et, s'il s'agit d'une personne morale, sa raison sociale ;

2° L'adresse où elle est établie, son adresse de courrier électronique, ainsi que des coordonnées téléphoniques permettant d'entrer effectivement en contact avec elle ;

3° Si elle est assujettie aux formalités d'inscription au registre du commerce et des sociétés ou au répertoire des métiers, le numéro de son inscription, son capital social et l'adresse de son siège social ;

4° Si elle est assujettie à la taxe sur la valeur ajoutée et identifiée par un numéro individuel en application de l'article 286 ter du code général des impôts, son numéro individuel d'identification ;

5° Si son activité est soumise à un régime d'autorisation, le nom et l'adresse de l'autorité ayant délivré celle-ci ;

6° Si elle est membre d'une profession réglementée, la référence aux règles professionnelles applicables, son titre professionnel, l'Etat membre dans lequel il a été octroyé ainsi que le nom de l'ordre ou de l'organisme professionnel auprès duquel elle est inscrite.

Toute personne qui exerce l'activité définie à l'article 14 doit, même en l'absence d'offre de contrat, dès lors qu'elle mentionne un prix, indiquer celui-ci de manière claire et non ambiguë, et notamment si les taxes et les frais de livraison sont inclus. Le présent alinéa s'applique sans préjudice des dispositions régissant les pratiques commerciales trompeuses prévues à **l'article L. 121-1 du code de la consommation**, *ni des obligations d'information sur les prix prévues par les textes législatifs et réglementaires en vigueur.* » (**Art. 19 de la loi LCEN**)

C Publicité par voie électronique

Toute publicité, sous quelque forme que ce soit, accessible par un service de communication au public en ligne, doit pouvoir être clairement identifiée comme telle. Elle doit rendre clairement identifiable la personne physique ou morale pour le compte de laquelle elle est réalisée (**Art. 20 de la loi LCEN**).

A noter : ces règles s'appliquent sans préjudice des dispositions réprimant les pratiques commerciales trompeuses (prévues à **l'article L. 121-1 du code de la consommation**, qui interdit les pratiques commerciales déloyales).

Ainsi, les publicités, et notamment les offres promotionnelles, telles que les rabais, les primes ou les cadeaux, ainsi que les concours ou les jeux promotionnels, adressés par courrier électronique, doivent pouvoir être identifiés de manière claire et non équivoque dès leur réception par leur destinataire, ou en cas d'impossibilité technique, dans le corps du message (**Art. L.121-15-1 C. cons.**).

D Conclusion d'un contrat électronique

1 Définition du contrat de vente à distance

L'**article L. 221-1 du Code de la consommation** dispose qu'il s'agit de « *tout contrat conclu entre un professionnel et un consommateur, dans le cadre d'un système organisé de vente ou de prestation de services à distance, sans la présence physique simultanée du professionnel et du consommateur, par le* ***recours exclusif à une ou plusieurs techniques de communication à distance*** *jusqu'à la conclusion du contrat.* »

2 Contenu de l'offre

Quiconque propose, à titre professionnel, par voie électronique, la fourniture de biens ou la prestation de services, met à disposition les **conditions contractuelles applicables d'une manière qui permette leur conservation et leur reproduction**.

L'auteur reste engagé par elle tant qu'elle est accessible par voie électronique de son fait.

« *L'offre énonce en outre :*

1° Les différentes ***étapes*** *à suivre pour conclure le contrat par voie électronique ;*

2° Les moyens techniques permettant au destinataire de l'offre, avant la conclusion du contrat, d'identifier d'éventuelles ***erreurs*** *commises dans la saisie des données et de les corriger ;*

*3° Les **langues** proposées pour la conclusion du contrat au nombre desquelles doit figurer la langue française ;*

*4° Le cas échéant, les modalités d'**archivage** du contrat par l'auteur de l'offre et les conditions d'accès au contrat archivé ;*

*5° Les moyens de consulter par voie électronique les **règles professionnelles et commerciales** auxquelles l'auteur de l'offre entend, le cas échéant, se soumettre* » (**Art. 1127-1 C. civ**).

3 Obligation d'information précontractuelle

Préalablement à la conclusion d'un contrat de vente ou de fourniture de services, le professionnel communique au consommateur, de manière lisible et compréhensible, des informations précises.

Exemple

Par exemple :
1° les informations prévues aux articles L. 111-1* et L. 111-2 ;
2° lorsque le droit de rétractation existe, les conditions, le délai et les modalités d'exercice de ce droit ainsi que le formulaire type de rétractation ;
3° le cas échéant, le fait que le consommateur supporte les frais de renvoi du bien en cas de rétractation et, pour les contrats à distance, le coût de renvoi du bien lorsque celui-ci, en raison de sa nature, ne peut normalement être renvoyé par la poste ; [...] (Art. L.221-5 C. Cons.).

A noter : la charge de la preuve du respect des obligations d'information pèse sur le professionnel.

**Article L111-1 du Code de la consommation (extrait)*

« Avant que le consommateur ne soit lié par un contrat de vente de biens ou de fourniture de services, le professionnel communique au consommateur, de manière lisible et compréhensible, les informations suivantes :

1° Les caractéristiques essentielles du bien ou du service, compte tenu du support de communication utilisé et du bien ou service concerné ;

2° Le prix du bien ou du service, en application des articles L. 112-1 à L. 112-4 ;

3° En l'absence d'exécution immédiate du contrat, la date ou le délai auquel le professionnel s'engage à livrer le bien ou à exécuter le service ;

4° Les informations relatives à son identité, à ses coordonnées postales, téléphoniques et électroniques et à ses activités, pour autant qu'elles ne ressortent pas du contexte ;

5° *S'il y a lieu, les informations relatives aux garanties légales, aux fonctionnalités du contenu numérique et, le cas échéant, à son interopérabilité, à l'existence de toute restriction d'installation de logiciel, à l'existence et aux modalités de mise en œuvre des garanties et aux autres conditions contractuelles* ;

6° La possibilité de recourir à un médiateur de la consommation [...] »

4 Modalités de conclusion du contrat électronique

- Le contrat n'est **valablement conclu** que si le destinataire de l'offre a eu la possibilité de vérifier le détail de sa commande et son prix total et de corriger d'éventuelles erreurs avant de confirmer celle-ci pour exprimer son acceptation définitive.

  L'auteur de l'offre doit accuser réception sans délai injustifié, par voie électronique, de la commande qui lui a été adressée.

  La commande, la confirmation de l'acceptation de l'offre et l'accusé de réception sont considérés comme reçus lorsque les parties auxquelles ils sont adressés peuvent y avoir accès (Art. 1127-2 C. civ.)

  La **remise d'un écrit électronique** est effective lorsque le destinataire, après avoir pu en prendre connaissance, en a accusé réception (Art. 1127-4 C. civ.).

- Le professionnel rappelle au consommateur, avant qu'il ne passe sa commande, de manière lisible et compréhensible, les informations relatives aux caractéristiques essentielles des biens ou des services qui font l'objet de la commande, à leur prix, à la durée du contrat et, s'il y a lieu, à la durée minimale des obligations de ce dernier au titre du contrat.

  Le professionnel veille à ce que le consommateur, lors de sa commande, reconnaisse explicitement son obligation de paiement. A cette fin, la fonction utilisée par le consommateur pour valider sa commande comporte la mention claire et lisible : commande avec obligation de paiement ou une formule analogue, dénuée de toute ambiguïté, indiquant que la passation d'une commande oblige à son paiement.

  Les sites de commerce en ligne indiquent clairement et lisiblement, au plus tard au début du processus de commande, les moyens de paiement acceptés par le professionnel et les éventuelles restrictions de livraison.

  L'auteur de l'offre doit **accuser réception** sans délai injustifié et par voie électronique de la commande qui lui a été adressée.

  La commande, la confirmation de l'acceptation de l'offre et l'accusé de réception sont considérés comme reçus lorsque les parties auxquelles ils sont adressés peuvent y avoir accès.

  Le professionnel fournit au consommateur, sur support durable, dans un délai raisonnable, après la conclusion du contrat et au plus tard au moment de la livraison du bien ou avant le début de l'exécution du service, la **confirmation du contrat.**

5 Allègement des modalités de conclusion des contrats électroniques entre professionnels

Les règles ci-dessus (cf. contenu de l'offre et modalités de conclusion du contrat électronique) ne s'appliquent pas pour les contrats de fourniture de biens ou de prestation de services qui sont conclus exclusivement par échange de courriers électroniques.

6 Preuve du contrat

« ***L'écrit électronique a la même force probante que l'écrit sur support papier****, sous réserve que puisse être dûment identifiée la personne dont il émane et qu'il soit établi et conservé dans des conditions de nature à en garantir l'intégrité.* » (Art. 1366 C. civ.)

E Conservation des contrats électroniques

Lorsque le contrat est conclu par voie électronique et qu'il porte sur une **somme égale ou supérieure à 120 euros** (Art. D. 213-1 C. Cons.), le contractant professionnel assure la conservation de l'écrit qui le constate pendant une durée de **dix ans** à compter de la conclusion du contrat lorsque la livraison du bien ou l'exécution de la prestation est immédiate. Dans le cas contraire, le délai court à compter de la conclusion du contrat jusqu'à la date de livraison du bien ou de l'exécution de la prestation et pendant une durée de dix ans à compter de celle-ci.

De plus, le contractant professionnel garantit à tout moment l'accès à l'écrit à son cocontractant si celui-ci en fait la demande.

F Exécution du contrat électronique

On distingue :

- les livraisons de **marchandises** et les **prestations de services qui ne peuvent être dématérialisées** et qui sont donc exécutées en dehors du réseau ;
- la fourniture de **biens immatériels** (œuvres littéraires, musicales, cinématographiques, logiciels, jeux vidéo...), qui s'exécute en ligne par la mise à disposition du client de fichiers informatiques à télécharger.

G Responsabilité de l'exploitant du site de e-commerce

1 Responsabilité contractuelle

Toute personne physique ou morale exerçant *l'activité définie au premier alinéa de l'article 14 de la loi LCEN* **est responsable de plein droit*[1] à l'égard de l'acheteur** de la bonne exécution des obligations résultant du contrat, que ces obligations soient à exécuter par elle-même ou par d'autres prestataires de services, sans préjudice de son droit de recours contre ceux-ci.

Toutefois, elle **peut s'exonérer de tout ou partie de sa responsabilité** en apportant la preuve que l'inexécution ou la mauvaise exécution du contrat est imputable, soit à l'acheteur, soit au fait, imprévisible et insurmontable, d'un tiers étranger à la fourniture des prestations prévues au contrat, soit à un cas de force majeure.

2 Responsabilité extracontractuelle

Il s'agit de la responsabilité de l'entreprise vis-à-vis des tiers.

Exemple

Cas de responsabilité

- **Atteintes aux propriétés intellectuelles,** *notamment* : enregistrement comme non de domaine d'une marque déposée, utilisation en ligne sans l'autorisation des titulaires de droits de fichiers informatiques contenant des bases de données, des logiciels ou des œuvres musicales ou cinématographiques protégés.
- **Atteintes à la concurrence**, telles que : ententes, abus de position dominante.
- **En matière de traitement automatisé de données à caractère personnel**, *notamment* : si un traitement n'est pas réalisé avec le consentement des personnes intéressées, n'a pas une finalité légitime ou ne permet pas la correction ou le retrait des données inexactes (cf. loi n° 78-17 du 6 janvier 1978 Informatique et libertés, modifiée à la suite de la transposition du Règlement (UE) 2016/679 du 27 avril 2016 RGPD (Règlement Général sur la Protection des Données) : cf. infra.

4 SIGNATURE ET FACTURE ELECTRONIQUES, RGPD

A La signature électronique

Dans les transactions, les personnes peuvent utiliser une signature électronique.

Définitions

- L'article 1367 du Code civil dispose :

« *La signature nécessaire à la perfection d'un acte juridique identifie son auteur. Elle manifeste son consentement aux obligations qui découlent de cet acte. Quand elle est apposée par un officier public, elle confère l'authenticité à l'acte.*

Lorsqu'elle est électronique, elle ***consiste en l'usage d'un procédé fiable d'identification garantissant son lien avec l'acte auquel elle s'attache****. La fiabilité de ce procédé est présumée, jusqu'à preuve contraire, lorsque la signature électronique est créée, l'identité du signataire assurée et l'intégrité de l'acte garantie, dans des conditions fixées par décret en Conseil d'Etat.* »

- Le décret n° 2017-1416 du 28 septembre 2017 relatif à la signature électronique définit trois types de signature :
  - « *signature électronique* », des données sous forme électronique, qui sont jointes ou associées logiquement à d'autres données sous forme électronique et que le signataire utilise pour signer ;

[1] * « de plein droit » signifie que l'exploitant a une obligation de résultat.

- « *signature électronique avancée* », une signature électronique qui satisfait aux exigences énoncées à l'article 26 ;
- « *signature électronique qualifiée* », une signature électronique avancée qui est créée à l'aide d'un dispositif de création de signature électronique qualifié, et qui repose sur un certificat qualifié de signature électronique (Art.3).

L'**article 26 du décret** précise les exigences relatives à une signature électronique avancée :

« a) être liée au signataire de manière univoque ;

b) permettre d'identifier le signataire ;

c) avoir été créée à l'aide de données de création de signature électronique que le signataire peut, avec un niveau de confiance élevé, utiliser sous son contrôle exclusif

d) et être liée aux données associées à cette signature de telle sorte que toute modification ultérieure des données soit détectable. »

Effets juridiques des signatures électroniques

L'**article 25 du décret n° 2017-1416 du 28 septembre 2017 relatif à la signature électronique précise :**

« 1. L'effet juridique et la recevabilité d'une **signature électronique** comme preuve en justice ne peuvent être refusés au seul motif que cette signature se présente sous une forme électronique ou qu'elle ne satisfait pas aux exigences de la signature électronique qualifiée.

2. L'effet juridique d'une **signature électronique qualifiée** est équivalent à celui d'une signature manuscrite.

3. Une signature électronique qualifiée qui repose sur un certificat qualifié délivré dans un État membre est reconnue en tant que signature électronique qualifiée dans tous les autres États membres. »

B La facture électronique

Définition

Une facture électronique est une facture dématérialisée qui est transmise par un fournisseur à ses clients en recourant à l'échange de données informatisées qui transitent sur une plate-forme sécurisée.

La validité juridique de cet échange **dématérialisé des factures repose sur la reconnaissance juridique de la signature électronique.**

Utilisation et validité de la facture électronique

L'entreprise a recours à la signature électronique et à l'échange de données informatisées (EDI) pour télétransmettre les factures.

À noter : les mentions obligatoires à indiquer sur les factures électroniques sont les mêmes que celles prévues pour les factures en format papier.

Mise en place dans les entreprises

L'**article 3 de l'Ordonnance n° 2014-697 du 26 juin 2014** relative au développement de la facturation électronique a prévu un passage progressif à la facturation électronique pour les entreprises :

- dès le 1er janvier 2017 pour les grandes entreprises (plus de 5 000 salariés) et les personnes publiques ;
- le 1er janvier 2018 pour les entreprises de taille intermédiaire (250 à 5 000 salariés) ;
- le 1er janvier 2019 pour les petites et moyennes entreprises (10 à 250 salariés) ;
- le 1er janvier 2020 pour les microentreprises (moins de 10 salariés).

C Le Règlement Général sur la Protection des Données (RGPD)

Il a été créé par le **Règlement (UE) 2016/679 du 27 avril 2016.**

Traitements concernés

- Données personnelles

Le RGPD s'applique dès lors qu'un organisme traite ou collecte des données personnelles. Ces données peuvent permettre une identification directe ou indirecte des personnes :

- identification directe, lorsque l'organisme détient des informations permettant d'identifier directement une personne (un nom ou un prénom) ;
- identification indirecte, lorsque l'organisme détient des informations permettant d'identifier indirectement une personne, telles qu'un numéro d'identification (exemple : un code adhérent), une adresse, un numéro de téléphone, une adresse IP.

- Opérations effectuées par l'entreprise

Dès qu'une entreprise détient une seule de ces informations, elle doit appliquer le RGPD, quels que soient son secteur d'activité et sa taille. L'entreprise est concernée si elle traite, stocke ou analyse des données personnelles, dès lors qu'elle est responsable du traitement des données. Il en est de même si elle traite des données personnelles pour d'autres organismes, publics ou privés, en tant que sous-traitant.

Champ d'application

- Le règlement s'applique dès lors que **le responsable de traitement ou le sous-traitant est établi sur le territoire de l'Union européenne** ou que le responsable de traitement ou le sous-traitant met en œuvre des traitements visant à fournir des biens et des services aux résidents européens ou à les cibler.

Le RGPD s'applique chaque fois qu'un résident européen est visé par un traitement de données, y compris par Internet.

- Le RGPD renforce les droits des personnes concernées par les traitements de données en mettant à leur disposition une **information claire, intelligible et facilement accessible**.

Les personnes doivent être informées de l'usage de leurs données ; elles doivent, en principe, donner leur accord pour le traitement de celles-ci ou pouvoir s'y opposer.

La charge de la preuve du consentement des personnes incombe au responsable de traitement.

Outils de conformité

Le RGPD prévoit en particulier dans son article 30 la mise en place d'un nouvel outil de conformité : le **registre des activités de traitement**.

Il dispose notamment que :

« *1. Chaque responsable du traitement et, le cas échéant, le représentant du responsable du traitement tiennent un registre des activités de traitement effectuées sous leur responsabilité. Ce registre* ***comporte toutes les informations suivantes*** *:*

a) le nom et les coordonnées du responsable du traitement et, le cas échéant, du responsable conjoint du traitement, du représentant du responsable du traitement et du délégué à la protection des données ;

b) les finalités du traitement ;

c) une description des catégories de personnes concernées et des catégories de données à caractère personnel ;

d) les catégories de destinataires auxquels les données à caractère personnel ont été ou seront communiquées, y compris les destinataires dans des pays tiers ou des organisations internationales ;

e) le cas échéant, les transferts de données à caractère personnel vers un pays tiers ou à une organisation internationale, y compris l'identification de ce pays tiers ou de cette organisation internationale et, dans le cas des transferts visés à l'article 49, paragraphe 1, deuxième alinéa, les documents attestant de l'existence de garanties appropriées ;

f) dans la mesure du possible, les délais prévus pour l'effacement des différentes catégories de données ; [...] »

Ce registre des activités de traitement permet de recenser tous les traitements de données personnelles faits par l'entreprise et les utilisations qu'elle en fait.

Autorités de contrôle en France

- Le **Délégué à la Protection des Données (DPD)** a pour rôle la surveillance de la conformité au RGPD. Il s'assure que le texte est respecté dans l'entreprise. Les informations qu'il collecte sont diffusées aux autorités de contrôle.
- La **Commission Nationale de l'Informatique et des Libertés (CNIL)** est l'autorité de contrôle de la bonne application du règlement RGPD. Si cela est nécessaire, elle peut utiliser des mesures contraignantes de tous les organismes (entreprises...) concernés.

Chaque entreprise doit apporter la preuve de sa conformité au RGPD auprès de la CNIL.

Sanctions pénales

Le Code pénal prévoit des peines correctionnelles en cas d'**atteintes aux droits de la personne résultant des fichiers ou des traitements informatiques**.

Il vise à sanctionner le non-respect de la **loi n° 78-17 du 6 janvier 1978** relative à l'informatique, aux fichiers et aux libertés et du **Règlement (UE) 2016/679 du 27 avril 2016** relatif au RGPD.

Exemple

Exemples de dispositions :

- Le fait, y compris par négligence, de procéder ou de faire procéder à des **traitements de données à caractère personnel sans qu'aient été respectées les formalités préalables à leur mise en œuvre** prévues par la loi est puni de cinq ans d'emprisonnement et de 300 000 euros d'amende.

  Est puni des mêmes peines le fait, y compris par négligence, de procéder ou de faire procéder à un traitement qui a fait l'objet de l'une des mesures prévues au 3° du III de l'article 20 de la loi n° 78-17 du 6 janvier 1978 ***relative à l'informatique, aux fichiers et aux libertés*** (Art. 226-16 C. pén.).
- Le fait de procéder ou de faire procéder à un **traitement de données à caractère personnel sans mettre en œuvre les mesures prescrites** aux articles 24, 25, 30 et 32 du règlement (UE) 2016/679 du 27 avril 2016 précité ou au 6° de l'article 4 et aux articles 99 à 101 de la loi n° 78-17 du 6 janvier 1978 précitée est puni de cinq ans d'emprisonnement et de 300 000 euros d'amende (Art. 226-17 C. pén.).

Chapitre 16

Fiscalité des affaires internationales

COMPÉTENCES VISÉES

- **Maîtriser le régime fiscal des opérations faites avec l'étranger.**
- **Connaître les grands principes de la territorialité.**
- **Savoir analyser des conventions, les règles de rattachement et régimes de crédits d'impôt.**
- **Anticiper les risques fiscaux internationaux.**

L'entreprise peut être amenée à développer son activité hors du cadre strictement national. Cette dimension comporte de multiples retombées pour l'entreprise notamment dans le domaine fiscal. Il est donc indispensable de connaître les grands principes de la fiscalité internationale et des risques liées à ces opérations.

- L'internationalisation des affaires, l'interdépendance des économies, la libre circulation des personnes et des capitaux ont contribué au développement des opérations internationales. Cette multiplication des échanges crée de plus en plus de situations qui ne relèvent plus d'une seule souveraineté fiscale. Cette évolution a obligé les États à mettre en place des dispositions particulières qui constituent des sources internationales du droit fiscal.

PLAN DU CHAPITRE

1 Environnement international

A Les enjeux fiscaux des opérations internationales

1 Définition et sources juridiques

Définition

C'est l'ensemble des règles relatives à l'étendue de la juridiction fiscale d'un État donné, lorsque la matière imposable a une coloration internationale.

En pratique cela concerne :

- l'ensemble des règles relatives à l'imposition par un État donné des revenus réalisés à l'étranger par les résidents de cet État ;
- l'ensemble des règles relatives à l'imposition par un État donné des revenus réalisés par des non-résidents et afférents à des sources situées dans cet État ;
- l'ensemble des règles permettant d'éliminer ou de limiter la double ou la multiple imposition de revenus lorsque le pouvoir d'imposition de plusieurs États s'exerce sur ces mêmes revenus.

Dans un sens plus large, il s'agit de l'ensemble des règles tendant à la coopération entre différents États, pour l'application de leurs propres règles de droit fiscal interne, et pour la prévention de l'évasion et de la fraude fiscale internationale.

Sources

Elles sont de trois ordres :

- **La législation nationale** (loi interne d'un État donné), définissant de manière unilatérale l'étendue de son pouvoir d'imposition ;
- **La législation conventionnelle** avec les traités bilatéraux ou multilatéraux ;
- **Les directives européennes**.

2 Approches retenues pour déterminer l'étendue du pouvoir d'imposition

Plusieurs approches sont possibles pour appréhender le pouvoir d'imposition de chaque État.

L'application du principe de territorialité

Dans ce cas il y a imposition des actifs situés sur le territoire de l'État concerné, quel que soit le lieu de résidence du propriétaire, et imposition des revenus ayant leur source dans cet État, quel que soit le lieu de résidence de leur bénéficiaire.

Application du principe de la mondialité

Avec ce système l'imposition du résident d'un État donné s'effectue à partir de ses actifs et revenus mondiaux, quels que soient le lieu de situation de ces actifs ou la source de ces revenus.

Système mixte

Celui-ci combine les deux approches avec par exemple une imposition illimitée des résidents (approche mondiale) et une imposition limitée, basée sur une approche territoriale, des non-résidents.

La législation française reprend le principe de la territorialité pour l'Impôt sur les sociétés alors que l'approche est celle de la mondialité pour l'impôt sur le revenu.

B Problèmes liés aux opérations internationales

La localisation des personnes, des revenus et des actifs

Avant de procéder à des répartitions il faut être capable de localiser les personnes les revenus et les actifs.

Si dans la très grande majorité des cas il est aisé de définir le domicile d'une personne physique ou morale il reste des situations ou la localisation d'un contribuable s'avère beaucoup plus complexe. Les artistes, certains sportifs, et les professionnels ayant de multiples activités dans différents pays sont souvent des personnes difficiles à localiser.

De même la qualification des revenus comme étant de source française ou étrangère peut s'avérer une opération délicate compte tenu de la nature même des revenus réalisés et de leur mode d'appréhension au cours d'une période donnée.

La double imposition

Dès lors qu'une même opération ou qu'une même situation va faire l'objet d'une double analyse les risques de double imposition sont très fréquents.

Ces doubles impositions internationales peuvent être classées en deux grandes catégories :

- la double imposition juridique ;
- la double imposition économique.

Double imposition juridique

Elle peut être définie comme l'imposition d'un même contribuable dans deux États au titre d'un même revenu.

Elle se produit essentiellement dans deux cas :

- le même contribuable est assujetti à l'impôt dans deux États sur son revenu mondial (conflit de double domicile) ;
- un contribuable domicilié dans un État est imposé sur les revenus provenant de l'autre État par les deux États concernés (conflit entre l'État de la source et l'État de la résidence).

La législation française ne comprend pas en matière d'impôt sur le revenu de dispositions assurant d'une façon générale l'élimination des doubles impositions internationales.

En ce qui concerne l'impôt sur les sociétés, le principe de territorialité permet généralement d'éviter l'imposition en France des revenus tirés d'entreprises exploitées à l'étranger.

Pour illustrer cette notion prenons un exemple simple.

Examinons la situation d'une personne physique qui séjourne et travaille régulièrement en France et dans un pays qui n'a pas signé de convention fiscale avec la France.

L'administration fiscale française qui va analyser la situation fiscale de cette personne va peut-être arriver à la conclusion qu'elle doit être entièrement « fiscalisée » en France dès lors qu'au regard des textes applicables dans la législation fiscale française son domicile peut être considéré comme étant sur le territoire français.

Cette même personne va faire l'objet d'un examen de sa situation fiscale par les autorités compétentes de l'autre pays. Cet État, au regard de son droit interne, va peut-être aboutir à la conclusion qu'il est domicilié dans ce pays et qu'il doit être soumis à un impôt sur l'ensemble de ses revenus.

Finalement cette même personne sera localisée dans deux États différents avec une imposition dans ces deux États sur l'ensemble de ses revenus mondiaux.

En aucun cas ce contribuable pourra évoquer l'imposition effectuée par un pays pour s'exonérer d'une nouvelle imposition dans l'autre pays.

Il ne s'agit pas d'une situation théorique mais d'un risque réel dès lors qu'une personne voit sa situation faire l'objet d'une double analyse fiscale par deux pays qui ne sont liés par aucune convention.

Double imposition économique

Elle se produit quand deux entreprises liées (société mère et filiale par exemple) sont installées dans deux pays différents, et qu'il y a conflit entre les deux administrations sur les revenus à prendre en considération pour l'assiette de l'impôt de chaque société. Il s'agit d'un problème de répartition du revenu imposable.

Illustrons ce risque à partir de l'exemple suivant :

Une société domiciliée dans un État E (pays n'ayant pas signé de convention avec la France) met à la disposition d'une société établie en France dont elle détient la majorité du capital, un brevet de fabrication. En contrepartie la société française verse des redevances sur la base d'un prix de 120 000 € par an.

Pour l'actionnaire de ce groupe cette opération est neutre dès lors qu'un produit de 120 000 € comptabilisé dans les comptes de la société dans l'État E se retrouve en charge dans les comptes de la société française.

Dans le cadre d'une vérification de comptabilité diligentée à l'encontre de la société française, l'Administration fiscale française va peut-être remettre en cause une partie de la déductibilité fiscale de cette charge dès lors qu'elle apparaît disproportionnée au regard de l'utilité réelle de ce brevet. Après échanges et discussions dans le cadre du contrôle, la société française en accord avec l'Administration fiscale va accepter que la charge admise en déduction du résultat fiscal soit réduite à 60 000 € annuels.

Il semblerait logique de répercuter cette réduction de la charge au niveau du produit constaté dans les comptes de la société dans l'État E et de le ramener à un montant de 60 000 €. Cependant cette modification ne peut se faire que si l'Administration fiscale de l'État E l'accepte sachant que dans ce cas elle serait vraisemblablement obligée d'accorder un remboursement pour une réduction du bénéfice déclaré.

Nous avons donc ici un réel risque de double imposition, dès lors que pour une même opération fiscale, l'analyse faite par les deux administrations en cause peut être différente.

En résumé il y a une réelle insécurité fiscale à réaliser des opérations internationales dès qu'un risque de double imposition existe.

C'est justement pour éviter un tel risque que certains pays ont décidé de se rapprocher afin de mettre en place des règles permettant de plus pénaliser les échanges internationaux.

C Conventions internationales

Le développement des relations commerciales, financières et culturelles entre les États implique la recherche de solutions permettant d'éviter les doubles impositions internationales. En effet, chaque État élabore souverainement sa législation fiscale et, en règle générale, cette superposition des souverainetés fiscales peut conduire à imposer deux fois la même personne, le même revenu ou le même bien. Une telle situation est, à l'évidence, un obstacle au développement des échanges internationaux.

C'est pour cela qu'il est apparu indispensable que la situation fiscale des contribuables qui résident dans plusieurs pays et qui exercent des activités professionnelles dans d'autres pays, soit clarifiée, unifiée et garantie.

1 Principes généraux

L'objectif premier des conventions fiscales internationales qui sont des traités internationaux est de mettre en place des mesures pour **éviter les doubles impositions**.

Elles prévoient aussi des mesures d'assistance administrative réciproque avec notamment l'échange de renseignements destinés à éviter la fraude et l'évasion fiscale.

Généralement les conventions passées avec les pays industrialisés s'inspirent des conventions « modèle OCDE » tandis que celles conclues avec les pays en voie de développement se conforment au « modèle ONU ».

Elles traitent prioritairement de l'impôt sur le revenu et l'impôt sur les sociétés, mais aussi pour certaines d'entre elles, des retenues et prélèvements à la source, des impôts sur les successions et taxe sur les salaires.

La TVA et autres droits indirects ne sont jamais abordés dans les conventions.

Sur le site impôt.gouv (https://www.impots.gouv.fr/portail/les-conventions-internationales) il est possible de consulter l'ensemble des conventions en vigueur.

2 Caractéristiques des conventions

Primauté des conventions sur le droit interne

Aux termes de l'article 55 de la Constitution, « *les traités ou accords régulièrement approuvés ont, dès leur publication, une autorité supérieure à celle des lois (...) sous réserve, pour chaque traité ou accord de son application par l'autre partie* ».

C'est de cette règle que la jurisprudence du Conseil d'État tire traditionnellement le principe de primauté des conventions fiscales sur la législation interne.

Cela ne signifie pas pour autant que, dès qu'on analyse une situation bilatérale couverte par une convention, il convient de faire abstraction des dispositions du Code Général des Impôts.

Les conventions ont pour objet d'éviter que deux États soient conduits à imposer simultanément un même revenu, chacun en application de sa propre législation interne. Elles n'ont pas vocation à donner à un État un pouvoir d'imposition qui ne figurerait pas dans son droit national.

Ainsi, une convention fiscale peut interdire à l'un des États signataires d'exercer le droit d'imposer qu'il tient de sa législation nationale, mais réciproquement le texte conventionnel ne crée pas, à lui seul, le pouvoir d'opérer un prélèvement non prévu par le droit interne (CE 19 décembre 1975 n° 84.774 et 91.985, plénière fiscale ; CE 17 mars 1993 n° 85.894).

C'est le principe de priorité du droit interne, parfois également appelé **principe de subsidiarité des conventions**.

La répartition du droit d'imposer

Afin de supprimer la double imposition, les conventions définissent si le droit d'imposer une catégorie de revenus (ou un élément de fortune) appartient à l'un ou l'autre des deux États, ou éventuellement aux deux États.

La convention indique ainsi qu'une catégorie de revenus est imposable, voire n'est imposable que dans un État (État de la résidence ou de la source).

Il s'agit d'un droit d'imposer que le ou les États concernés ne sont pas obligés d'exercer.

Si le revenu en question est imposable, il n'est pas nécessairement imposé.

C'est l'illustration du principe de primauté du droit interne selon lequel une convention ne donne pas, à elle seule, de fondement autonome à l'application d'un impôt.

Par ailleurs, le droit d'imposer peut être accordé par la convention exclusivement à l'un des deux États signataires ou bien partagé entre chacun d'eux.

La formule « *ne sont imposables que* » correspond à un droit d'imposition exclusif.

La formule « *sont imposables* » permet aux deux États signataires d'exercer conjointement leur pouvoir d'imposition dans certaines limites.

Ces limites sont fixées, soit par l'article afférent à la catégorie de revenus concernés, soit par l'article relatif à l'élimination des doubles impositions.

Une autre stipulation des conventions joue un rôle déterminant en matière de répartition du droit d'imposer, il s'agit de l'article « Autres revenus ».

Cet article prévoit généralement que tous les revenus d'un résident d'un État contractant, d'où qu'ils proviennent, qui ne sont pas traités dans les articles précédents de la convention ne sont imposables que dans cet État.

L'article « Autres revenus » constitue une « clause-balai ».

L'approche retenue par les conventions est une approche cédulaire : la répartition entre États du droit d'imposer est fixée catégorie de revenus par catégorie de revenus (revenus immobiliers, bénéfices des entreprises, dividendes, etc.).

Pour déterminer quel est le régime d'imposition d'un élément particulier de revenu, il convient par conséquent d'abord de déterminer si la convention comporte des stipulations traitant spécifiquement de cette catégorie de revenus.

Mais, si tel n'est pas le cas, ce sont les règles définies par l'article « Autres revenus » qui s'appliquent avec pour effet de priver l'État autre que celui de la résidence du bénéficiaire de tout droit d'imposer.

De ce point de vue, la définition du périmètre des articles visant spécifiquement une catégorie de revenus apparaît donc essentielle.

La définition et l'interprétation des termes de la convention

Certains articles des conventions définissent eux-mêmes les mots et expressions qu'ils emploient.

Ainsi, les conventions indiquent généralement ce que recourent les concepts de « *dividendes* », « *intérêts* » et « *redevances* ».

Les conventions comportent également un article qui explicite le sens de termes qui se retrouvent en plusieurs endroits de la convention comme les mots « *personne* », « *société* » ou l'expression « *trafic international* ».

Cet article énonce, en outre, une règle générale d'interprétation des mots utilisés dans la convention sans y être définis.

Il s'agit de la formule qui se trouve généralement au paragraphe 2 de l'article 3 du Modèle de l'OCDE et selon laquelle :

« *Pour l'application de la convention à un moment donné par un État contractant, tout terme ou expression qui n'y est pas défini a, sauf si le contexte exige une interprétation différente, le sens que lui attribue, à ce moment, le droit de cet État concernant les impôts auxquels s'applique la convention, le sens attribué à ce terme ou expression par le droit fiscal de cet État prévalant sur les autres branches du droit de cet État* ».

De fait si un mot n'est pas défini par la convention, il convient de se reporter, pour en comprendre le sens, au droit interne de l'État qui applique la convention, et plus spécialement au droit fiscal de cet État.

3 Modalités pratiques de lecture d'une convention

Les conventions fiscales fondées sur le modèle OCDE ou ONU comportent une trentaine d'articles, pouvant être ventilés en quatre groupes :

- une première série d'articles concernant les définitions, le champ d'application de la convention etc...
- une seconde série d'articles répartissant le droit d'imposer par catégorie de revenus entre les deux États ;
- des dispositions permettant l'élimination de la double imposition pour chaque État ;
- enfin, divers articles relatifs à l'application de la convention.

Les conventions type OCDE prévoient une répartition des rôles entre les deux États.

L'un des États est désigné comme celui de la résidence, il sera le seul à pouvoir soumettre le contribuable à une imposition globale.

L'autre État, celui de la source, pourra avoir un droit d'imposition, qui selon le cas, sera limité, voire annulé.

L'analyse du régime fiscal applicable dans une situation déterminée peut se décomposer en quatre étapes, pouvant être schématisées comme suit :

1re étape : applicabilité générale de la convention

Trois questions essentielles :

- le contribuable en cause est-il couvert par la convention ?
- les impôts en cause sont-ils visés par la convention ?
- le territoire en cause est-il couvert par la convention ?

Cette première étape est essentielle car elle permet de délimiter le champ d'application d'une convention.

2e étape : détermination du rôle des États

Deux questions essentielles :

- Quel est l'État de résidence, compte tenu des règles internes et, si nécessaire, des règles conventionnelles ?
- Pour quels revenus ou quels biens l'autre État est-il l'État de la source ?

3e étape : Principes applicables aux revenus concernés

Deux questions essentielles :

- Quelle est la qualification de ces divers revenus ou biens, en fonction des droits internes et/ou de la convention (imposition sans limite, imposition limitée, exonération...) et quels sont les articles concernés de la convention ?
- Quelle est la règle d'imposition qui en découle dans l'État de la source en fonction de la convention et en fonction du droit interne de cet État, s'il a le droit d'imposer ?

4e étape : comment la double imposition est-elle éliminée par l'État de résidence ?

Elle découle de l'articulation des conclusions de la troisième étape avec les règles prévues par l'article de la convention permettant d'éliminer les doubles impositions.

4 Méthodes permettant d'éviter les doubles impositions

La convention type OCDE laisse aux membres de ces pays le choix entre les deux méthodes :

- La méthode de l'exonération.
- La méthode de l'imputation.

Méthode de l'exonération

Il existe en réalité deux méthodes d'exonération :

- Soit il s'agit d'une exonération totale ce qui signifie que l'État de résidence n'impose pas les revenus de l'État source.
- Soit il s'agit d'une exonération avec progressivité. Dans ce cas, l'État de résidence prend en compte les revenus de l'État source pour déterminer le barème d'imposition même si les revenus de l'État source ne sont pas imposés.

Cette méthode de l'exonération avec progressivité se retrouve en matière d'impôt sur le revenu sous le nom de la méthode dite du « taux effectif »qui permet à la France de maintenir la progressivité de l'impôt même lorsque la convention lui retire le droit d'imposer ce revenu étranger.

Méthode de l'imputation

Avec ce système le contribuable est imposable sur la totalité des revenus dans l'État de résidence.

Pour cette méthode aussi il existe deux variantes :

- Soit l'imputation est totale. De fait l'impôt déjà payé dans l'État source est intégralement déduit de l'impôt acquitté sur l'ensemble des revenus dans l'État de résidence.

- Soit l'imputation prend la forme d'un crédit d'impôt dans l'État de résidence. Le montant de ce dernier correspond au montant de l'impôt déjà payé dans l'État source et il est limité au montant de l'impôt acquitté dans l'État de résidence sur ces mêmes revenus.

Exemple

Soit un contribuable disposant d'un revenu global de 1 000 dont 800 provenant d'une activité dans l'État R de résidence, et 200 dans l'État S de source de revenus.
L'État S impose les revenus qui ont leur source sur son territoire à une retenue à la source de 25 % lorsqu'ils sont appréhendés par des non-résidents.
L'État R taxe les revenus de ses résidents à un barème progressif par tranches au taux suivants :
0 % de 0 à 100
10 % de 100 à 300
20 % de 300 à 600
30 % de 600 à 900
40 % au-delà de 900

Les différentes hypothèses	Imposition dans l'État S	Imposition dans l'État R	Imposition totale
Les États R et S n'ont pas signé de convention	Imposition : **50** (200 × 25 %)	Imposition sur la base du revenu global à déclarer de 1 000. Son imposition sera de : 0 % × 100 + 10 % × 200 + 20 % × 300 + 30 % × 300 + 40 % × 100 = **210**	*50 dans l'État S* *210 dans l'État R* *Soit un total de* ***260***
Les États R et S ont signé une convention prévoyant une taxation du revenu dans l'État S de source avec une exonération intégrale dans l'État R de résidence	Imposition S : **50** (200 × 25 %)	Imposition sur la base de 800 : 0 % × 100 + 10 % × 200 + 20 % × 300 + 30 % × 200 = **140**	*50 dans l'État S* *140 dans l'État R* *Soit un total de* ***190***
Les États R et S ont signé une convention prévoyant une taxation du revenu dans l'État de source S avec une exonération selon un système de progressivité dans l'État R de résidence	Imposition : **50** (200 × 25 %)	Calcul de l'impôt sur le revenu mondial soit : Base 1 000 : Impôt théorique : 0 % × 100 + 10 % × 200 + 20 % × 300 + 30 % × 300 + 40 % × 100 = 210 On ne retient que la part imposable dans l'État R soit : 210 × (800 / 1 000) = **168**	*50 dans l'État S* *168 dans l'État R* *Soit un total de* ***218***
Les États R et S ont signé une convention prévoyant la taxation du revenu dans l'État de source avec l'imputation intégrale du crédit d'impôt	Imposition : **50** (200 × 25 %)	Calcul de l'impôt sur le revenu mondial soit : Base 1 000 : Impôt théorique : 0 % × 100 + 10 % × 200 + 20 % × 300 + 30 % × 300 + 40 % × 100 = 210 Imputation du crédit d'impôt : 50 soit un impôt net dans l'État R de **160**.	*50 dans l'État S* *160 dans l'État R* *Soit un total de* ***210***

>>>

>>>

Les différentes hypothèses	Imposition dans l'État S	Imposition dans l'État R	Imposition totale
Les États R et S ont signé une convention prévoyant la taxation du revenu dans l'État de source avec l'imputation du crédit d'impôt après opération de conversion	Imposition : **50** (200 × 25 %)	Calcul de l'impôt sur le revenu mondial soit : Base 1 000 : Impôt théorique : 0 % × 100 + 10 % × 200 + 20 % × 300 + 30 % × 300 + 40 % × 100 = 210 Le revenu de 200 appréhendé dans l'État S correspond dans l'État R à un impôt de : 200 × (210 / 1 000) = 42 Imputation du crédit d'impôt : 42 soit un impôt net dans l'État R de **168**	*50 dans l'État S* *168 dans l'État R* *Soit un total de **218***

Cet exemple montre bien que la situation la plus pénalisante est celle relevée en cas d'absence de convention.

Généralement les conventions les plus anciennes adoptent les systèmes d'exonération ou d'imputation intégrale alors que les conventions et les avenants récemment signés retiennent les systèmes moins favorables d'exonération ou d'imputation partielle.

Seule la lecture de la convention permettra, pour chaque catégorie de revenus, de connaître le système retenu.

5 Les autres dispositifs de la convention

Clause d'égalité de traitement

Les conventions comprennent généralement une clause d'égalité de traitement qui pose le principe que les nationaux d'un État contractant ne sont soumis dans l'autre État à aucune imposition ou obligation y relative, qui est autre ou plus lourde que les impositions et obligations y relatives auxquelles sont ou pourront être soumis les nationaux de cet autre État se trouvant dans la même situation.

Ce principe se retrouve dans la plupart des conventions tendant à éviter les doubles impositions.

Procédure d'accord amiable

Les conventions prévoient généralement la possibilité pour un contribuable qui estime que, malgré la convention il fait l'objet d'une double imposition, de soumettre son cas aux autorités compétentes soit de l'État dont il est résident, soit de l'un ou l'autre des États contractants.

Assistance administrative

Il s'agit de l'ensemble des opérations traduisant une coopération entre les administrations fiscales de deux ou plusieurs États, en vue de permettre une application correcte des dispositions régissant l'assiette, le contrôle et le recouvrement des impôts de chacun des États intéressés, soit :

- l'échange de renseignements ;
- l'assistance au recouvrement ;
- les clauses « treaty shopping ».

L'échange de renseignements peut avoir lieu soit de manière spontanée, avec communication par un État d'informations pouvant intéresser l'autre État, ou sur demande, si un État sollicite l'autre sur une demande précise.

L'assistance au recouvrement permet aux États de lutter contre l'évasion et la fraude fiscale avec un contribuable qui peut être tenté d'organiser son insolvabilité dans l'État qui a établi les impositions. En général cette assistance ne concerne que les impôts visés dans la convention.

De plus en plus de conventions comportent une clause appelée « treaty shopping » visant à limiter l'usage abusif des règles conventionnelles. En effet la convention doit rester un accord bilatéral qui est destiné à bénéficier directement aux résidents des deux États concernés, et qui ne doit pas donner d'avantages indirects à ces résidents d'États tiers.

2 Application de la territorialité des impôts directs

A Définition du territoire national

Pour l'application des impôts sur le revenu des personnes physiques et morales, la France s'entend, du point de vue territorial :

- de la France continentale, des îles du littoral et de la Corse ;
- des départements d'outre-mer (Guadeloupe, Guyane, Martinique, La Réunion et Mayotte) sous réserve de certaines particularités concernant principalement le calcul de l'impôt.

En revanche, elle n'inclut pas les collectivités d'outre-mer de la République française, (Polynésie française, Terres australes et antarctiques françaises, Wallis-et-Futuna, Saint-Pierre-et-Miquelon et la Nouvelle-Calédonie) qui disposent d'une compétence propre en matière fiscale.

B L'impôt sur le revenu

Les règles de territorialité reposent sur un principe fondamental :

l'étendue de l'obligation fiscale d'une personne dépend exclusivement du lieu de son domicile fiscal.

Ainsi **l'article 4-A du Code Général des Impôts** fixe l'étendue de l'obligation fiscale selon que la personne a ou non son domicile fiscal en France, puis l'article 4 B du même code énonce les critères de domiciliation en France.

Toutefois, il est à noter que ce domicile fiscal est défini par le droit interne (français) sous réserve de l'application des conventions internationales.

> ***L'article 4-A alinéas 1 et 2 du Code Général des Impôts est ainsi rédigé :***
>
> *Alinéa 1 :*
>
> *« Les personnes qui ont **en France leur domicile fiscal** sont passibles de l'impôt sur le revenu en raison de l'ensemble de leurs revenus »*
>
> *Alinéa 2 :*
>
> *« Celles dont le domicile fiscal est situé hors de France sont passibles de cet impôt en raison de leurs seuls revenus de source française ».*

Il est important de souligner que la **nationalité demeure sans influence** sur le champ d'application de l'impôt sur le revenu ; en conséquence, les contribuables de nationalité étrangère sont soumis au même régime que ceux de nationalité française.

1 La notion de domicile fiscal

En droit interne

Aux termes de **l'article 4-B du Code Général des Impôts** (CGI), sont considérées comme ayant leur domicile fiscal en France quelle que soit leur nationalité, les personnes qui :

- ont en France leur foyer ou le lieu de leur séjour principal (critère d'ordre personnel) ;

- exercent en France une activité professionnelle, salariée ou non, à moins qu'elles ne justifient que cette activité y est exercée à titre accessoire (critère d'ordre professionnel) ;
- possèdent en France le centre de leurs intérêts économiques (critère d'ordre économique).

Ces critères sont alternatifs, (c'est-à-dire qu'il suffit de répondre à l'un des critères pour être fiscalement domicilié en France) et indépendants les uns des autres.

Avec le **critère d'ordre personnel** c'est la recherche des personnes qui y ont leur foyer ou le lieu de leur séjour principal. Ces deux critères doivent être regardés comme exclusifs l'un de l'autre, le lieu du séjour principal ne devant être recherché que dans le cas où l'existence d'un foyer ne peut être déterminée.

Pour l'application du lieu de séjour principal, on considère généralement qu'il se situe en France si la personne y a séjourné plus de six mois au cours d'une même année.

Pour le **critère d'ordre professionnel**, c'est la recherche d'une activité principale sur le territoire français.

Elle est déterminée par référence au temps effectif consacré à chaque activité, même si elle ne dégage pas l'essentiel de ses revenus.

Si un tel critère ne peut être appliqué, l'activité principale sera celle qui procurera au contribuable la plus grande part de ses revenus mondiaux.

Le **critère d'ordre économique** s'entend comme le pays ou la personne y a le centre de leurs intérêts économiques.

Il s'agit suivant les cas, du lieu des principaux investissements, du siège des affaires ou bien, d'où sont administrés les biens, ou du pays où le contribuable a le centre de ses activités professionnelles ou celui d'où il tire la plus grande partie de ses revenus.

En droit conventionnel

En cas de conflit entre deux pays sur la détermination du domicile fiscal d'une personne, il sera nécessaire de se référer au droit conventionnel s'il existe. Celui-ci aura de fait une primauté sur le droit interne français.

Les conventions définissent généralement la résidence au regard des critères suivants :

Le premier critère correspond à la notion de foyer permanent d'habitation. Cela recouvre toute forme d'habitation (maison, appartement, chambre meublée) que la personne soit propriétaire ou locataire, à condition qu'elle ait un caractère permanent : disposition durable d'une habitation.

À la différence du droit interne, il ne s'agit non pas du foyer (un contribuable n'a normalement qu'un seul foyer au sens de l'article 4 B-1 du CGI) mais d'un foyer (simple disposition durable d'une habitation).

Ainsi une même personne peut avoir un foyer d'habitation permanent dans deux États ; si c'est le cas, il est nécessaire de recourir au deuxième critère pour déterminer la résidence du contribuable.

Le deuxième critère fait état du centre des intérêts vitaux. Il peut être défini comme le pays avec lequel les liens personnels et économiques sont les plus étroits. La détermination du centre des intérêts vitaux passe par l'examen d'une multitude d'indices révélateurs de ces liens personnels et/ou professionnels ; ce qui rend ce critère souvent imprécis et largement subjectif. Si ce critère ne peut être appliqué on se réfère au troisième critère.

Le troisième critère tient compte du lieu de séjour habituel. Il sera recherché non seulement les séjours faits par l'intéressé dans son foyer d'habitation mais aussi à tout autre endroit dans cet État.

À défaut de se prononcer avec le lieu de séjour habituel, le 4e critère se focalise sur la nationalité.

La personne est considérée comme résidente de l'État dont elle a la nationalité.

Enfin, si la personne possède la nationalité des deux États ou bien celle d'aucun d'eux, la convention confie aux autorités compétentes le soin de trancher la question d'un commun accord, selon la « **procédure amiable** ».

2 Les modalités d'imposition des contribuables domiciliés en France

Principe

Les contribuables domiciliés en France sont assujettis à l'impôt sur le revenu dans les conditions de droit commun, à raison de l'ensemble de leurs revenus, qu'ils soient de source française ou étrangère, sous réserve de l'application des conventions internationales.

Les revenus de source étrangère dont a disposé un contribuable domicilié en France sont imposables même s'ils n'ont pas été transférés en France.

En ce qui concerne les revenus de source étrangère, pour éviter les risques de double imposition, les conventions signées par la France prévoient deux méthodes combinées :

- la méthode de l'imputation ;
- la **méthode de l'exonération** avec progressivité ou méthode du « **taux effectif** ».

Avec la méthode de l'imputation le contribuable bénéficie d'un crédit d'impôt égal au montant de l'impôt français correspondant aux revenus qui ont leur source hors de France.

Avec la méthode de l'exonération le calcul de l'impôt dans l'État de résidence se fait en deux étapes :

- la première consiste à déterminer l'impôt correspondant au montant total des revenus soumis au barème progressif (encaissés en France et hors de France) ;
- la deuxième consiste à appliquer à cet impôt le rapport existant entre le revenu net imposable en France et le revenu net mondial.

> **Formule pratique :** Impôt dû = I × (X / X + Y) avec
> **X = le revenu imposable en France**
> **Y = le revenu exonéré**
> X + Y = le revenu mondial
> I = Impôt théorique sur X + Y

Précisions :

- le revenu mondial se compose des revenus encaissés en France et hors de France, diminués des charges, déductions forfaitaires ou abattements afférents à ces revenus (mêmes règles que celles applicables aux revenus de source française de nature identique) et des déficits antérieurs, des charges déductibles du revenu brut global, des abattements particuliers (personnes âgées ou invalides, enfants mariés rattachés).

L'impôt éventuellement payé à l'étranger se déduit du revenu brut, avant application des déductions et abattements propres à ce revenu. Il doit être justifié.

Obligations déclaratives

Les revenus encaissés hors de France doivent être mentionnés séparément sur la déclaration d'ensemble des revenus imprimé n° 2042 et détaillés dans la déclaration annexe imprimé n° 2047.

3 Les modalités d'imposition des contribuables domiciliés hors de France

Principe

Les contribuables domiciliés **hors de France** ne sont soumis en France qu'à une **obligation fiscale limitée** aux seuls revenus de source française sous réserve de l'application des conventions internationales.

Définition des revenus de source française

Les revenus de source française sont énumérés à l'article 164 B du CGI.

Il s'agit des revenus suivants :

- les revenus provenant des immeubles situés en France ou des droits relatifs à ces immeubles ;
- les revenus des valeurs mobilières françaises et de tous autres capitaux mobiliers placés en France ;
- les revenus provenant des exploitations situées en France ;
- les revenus tirés d'activités professionnelles, salariées ou non, exercées en France ou d'opérations de caractère lucratif réalisées en France ;
- les profits immobiliers professionnels et les produits assimilés sur immeubles situés en France ;
- les plus-values immobilières sur immeubles situés en France ;
- les plus-values résultant de la cession de droits sociaux, de sociétés soumises à l'impôt sur les sociétés et ayant leur siège en France ;
- les sommes, y compris les salaires, correspondant à des prestations artistiques ou sportives fournies ou utilisées en France ;
- les pensions et rentes viagères versées par un débiteur domicilié ou établi en France ;
- les produits perçus par les inventeurs ou au titre de droits d'auteur, ceux perçus par les obtenteurs de nouvelles variétés végétales, ainsi que tous les produits tirés de la propriété industrielle ou commerciale et de droits assimilés, versés par un débiteur domicilié ou établi en France ;
- les sommes payées en rémunération des prestations de toute nature fournies ou utilisées en France et versées par un débiteur domicilié ou établi en France.

Obligations déclaratives

Les contribuables domiciliés hors de France doivent souscrire une déclaration imprimé n° 2042 et pour les seuls revenus de revenus de source française auprès du service des impôts des non-résidents.

Retenue à la source

Certains revenus perçus par les non-résidents doivent donner lieu lors de leur réalisation ou de leur versement à une retenue à la source ou à un prélèvement.

Certains de ces prélèvements ou retenues présentent un caractère définitif ; de ce fait, les revenus correspondants n'ont pas à être inclus dans la base d'imposition à l'impôt progressif sur le revenu.

D'autres n'ont pas un caractère libératoire et présentent le caractère d'un simple acompte : les revenus correspondants doivent donc être inclus dans la base de l'impôt progressif sur le revenu, mais la fraction non libératoire de la retenue déjà supportée s'impute sur le montant de l'impôt.

Le montant de la retenue à la source dépend de la nature du revenu, du pays de résidence du contribuable lié par une convention avec la France ou faisant partie d'un état ou territoire non-coopératif.

C L'impôt sur les sociétés

Chaque pays où intervient une entreprise ou un groupe de dimension internationale est susceptible de revendiquer partiellement ou totalement l'imposition du résultat généré par la distribution ou la vente du produit ou la fourniture de services.

En matière d'impôt sur les sociétés deux approches peuvent être retenues, la territorialité ou la mondialité.

1 La notion de territorialité en droit interne

La France a adopté en droit interne une conception territoriale de l'impôt sur les sociétés.

En effet les sociétés de capitaux sont soumises à l'impôt sur les sociétés à raison des seuls revenus générés dans leur pays d'immatriculation.

En France, on parle d'une « territorialité stricte » puisque l'article 209-I du CGI dispose que :

« *Les bénéfices passibles de l'impôt sur les sociétés sont déterminés… en tenant compte uniquement des bénéfices réalisés dans les entreprises exploitées en France…* ».

A contrario, ne sont pas imposables en France les bénéfices réalisés hors de France. Cette règle de base est appliquée quel que soit le résultat, profits ou pertes. Ainsi, si les profits ne sont pas imposables, les pertes ne sont pas déductibles.

En conséquence, selon cette conception territoriale, lorsqu'une entreprise française réalise des bénéfices en France ainsi qu'à l'étranger où elle possède un établissement :

- La part des bénéfices réalisés en France est soumise à l'impôt sur les sociétés.
- La part des bénéfices réalisés par l'établissement étranger n'est pas soumise à l'impôt sur les sociétés.

Réciproquement, lorsqu'une entreprise étrangère réalise des bénéfices en France, où elle possède un établissement :

- Les bénéfices réalisés par cet établissement sont soumis à l'impôt sur les sociétés.
- Les bénéfices réalisés à l'étranger ne sont pas soumis à l'impôt sur les sociétés.

Ce principe de territorialité est souvent qualifié **« d'exception française »** puisque la totalité des États de l'OCDE ainsi que de l'Union européenne, à l'exception de la Suisse et du Danemark, retiennent un système de mondialité, dans lequel les sociétés résidentes sont imposées sur leurs revenus mondiaux.

Avec le système de la mondialité les entreprises sont imposées dans leur État de résidence sur l'ensemble de leurs bénéfices mondiaux avec possibilité de déduire l'impôt payé à l'étranger dans le pays ou se situe l'établissement secondaire.

La différence essentielle entre ces deux systèmes c'est la possibilité avec la mondialité de pouvoir compenser les déficits réalisés à l'étranger.

Bien évidemment en cas de conflit d'imposition il faudra se référer au droit conventionnel s'il est applicable à la société concernée.

2 La notion « d'entreprises exploitées en France » en droit interne

La loi ne définit pas la notion d'entreprise exploitée en France. Sa définition se fonde sur la jurisprudence du Conseil d'État à partir de litiges qui lui ont été soumis.

La notion d'entreprise exploitée en France s'entend de l'exercice habituel d'une activité en France.

Elle se décline selon trois critères :

- être **effectuée dans le cadre d'un établissement autonome** ;
- ou **par l'intermédiaire de représentants** n'ayant pas de personnalité distincte de celle de l'entreprise mandante ;
- ou **résulter de la réalisation d'opérations formant un cycle commercial complet**.

Ces critères s'utilisent pour localiser une activité réalisée en France par une société étrangère mais aussi pour localiser à l'étranger une activité réalisée par une société française.

L'établissement autonome se définit comme une installation matérielle possédant une certaine permanence et qui est le siège d'opérations normalement génératrices de profits. Cet établissement doit être formé par une unité de production ou de commercialisation qui possède une autonomie propre au sein de la société sans pour autant être dotée de la personnalité morale.

En l'absence d'établissement on recherchera la présence **d'opérations réalisées par l'intermédiaire de représentants**. Ces derniers doivent apparaître comme de véritables préposés de l'entreprise placé dans **un état de subordination** mais **dotés de pouvoirs** pour traiter ou négocier de manière autonome pour le compte de leur employeur.

Pour le dernier critère il s'agit d'une notion particulière au droit fiscal français et que l'on ne retrouve pas dans le droit des autres pays développés, ni dans les conventions fiscales.

Le **cycle complet d'opérations** correspond à une série d'opérations commerciales, industrielles ou artisanales, dirigées dans un but déterminé et dont l'ensemble forme un tout cohérent que l'on peut détacher des autres opérations.

3 Le droit conventionnel

En présence d'une convention fiscale destinée à éliminer ces doubles impositions, les règles d'imposition d'une entreprise commerciale ou industrielle dépendent de l'existence d'un établissement stable dans l'autre pays contractant.

Ainsi, dans les relations conventionnelles, une entreprise d'un État est passible de l'impôt sur les bénéfices dans l'autre État à la condition qu'elle y réalise son activité par l'entremise **d'un établissement stable**.

Exclusivement conventionnelle, la notion d'établissement stable est proche de celle d'établissement utilisée en droit interne pour déterminer si une entreprise est exploitée en France.

Un établissement stable désigne traditionnellement :

- une installation fixe d'affaires par l'intermédiaire de laquelle une entreprise exerce tout ou partie de son activité ;

  ou

- en l'absence d'une telle installation, toute personne ayant le pouvoir d'engager à titre habituel l'entreprise, sauf s'il s'agit d'un agent bénéficiant d'un statut indépendant et agissant dans le cadre ordinaire de son activité.

4 Détermination du bénéfice imposable en France

La détermination des bénéfices imposables en France ne soulève pas de difficultés lorsque les opérations sont nettement distinctes et effectuées dans des établissements autonomes dotés d'une comptabilité distincte.

Dans le cas contraire, il est nécessaire de procéder à une ventilation des profits et des charges communes à l'ensemble de l'entreprise.

Dans la mesure du possible, le bénéfice taxable en France doit être déterminé séparément d'après la comptabilité française, (détermination des recettes se rattachant effectivement à l'activité française, non-prise en compte des dépenses se rapportant aux opérations effectuées à l'étranger).

Dans le cas où les conditions de fonctionnement de l'entreprise ne le permettent pas, il convient de procéder à une ventilation forfaitaire.

Pour ce faire deux méthodes de ventilation peuvent être appliquées :

- La méthode de répartition proportionnelle

  Elle consiste à appliquer au montant du bénéfice global (ou le cas échéant à certains postes comptables) de l'entreprise un coefficient résultant du rapport de deux grandeurs préalablement choisies au niveau des dépenses (achats ou salaires) ou du capital investi, ou du chiffre d'affaires réalisés.

- La méthode de répartition par comparaison

  Elle consiste à comparer l'établissement distinct, dont il y a lieu de déterminer le bénéfice imposable en France, à des entreprises similaires, fonctionnant dans les mêmes conditions et participant au même processus économique.

  Le résultat recherché peut être obtenu en appliquant au chiffre d'affaires de l'établissement en cause, le pourcentage moyen de bénéfice net constaté dans les entreprises choisies comme terme de comparaison.

Mode de calcul des bénéfices attribuables en cas de convention

Généralement les conventions précisent que les bénéfices à imputer à un établissement stable sont ceux que cet établissement aurait réalisé si, au lieu de traiter avec son siège central, il avait traité avec une entreprise entièrement distincte, aux conditions et aux prix du marché ordinaire. Cette définition reprend la logique de la méthode de répartition par comparaison.

D Prévention de l'évasion fiscale

Dès lors que les pays n'appliquent pas les mêmes règles fiscales pour une même opération, il peut y avoir une tentation pour une personne physique ou morale de localiser l'opération dans le pays où la fiscalité est la plus avantageuse.

Différents procédés permettent aux particuliers comme aux entreprises d'échapper à l'impôt en tout ou partie en délocalisant leurs revenus ou bénéfices dans des pays où ils sont faiblement imposés ou même dans des paradis fiscaux où ils ne sont pas imposés du tout.

C'est pourquoi le droit fiscal français comporte des règles spécifiques « anti-évasion » qui sont de trois types :

- un premier groupe de dispositions, sans déroger réellement au principe de territorialité, vise à réintégrer dans le résultat imposable d'entreprises exploitées en France des sommes versées à l'étranger qui ont été déduites de ce résultat et qui auraient été normalement taxables en France. C'est l'objet des articles 57, 238 A, 212 et 155 A du CGI ;
- un deuxième groupe de dispositions, qui dérogent cette fois à la territorialité de l'IS, intègrent dans le résultat imposable d'entreprises exploitées en France des bénéfices d'entreprises établies à l'étranger, dans l'objectif d'éviter le non-rapatriement de revenus provenant d'activités menées à l'étranger et thésaurisés dans des structures contrôlées par des résidents français mais situées dans un paradis fiscal. C'est le cas de l'article 209 B ;
- enfin, plusieurs dispositions plus récentes, introduites en 2009, visent à dissuader les entreprises soumises à l'IS de faire verser certains produits de source française (dividendes, revenus immobiliers, redevances, etc.) à des structures établies dans un État ou territoire non coopératif.

1 Notion de régime fiscal privilégié et États non coopératifs

Régime fiscal privilégié

> ***C'est l'article 238 A du CGI qui nous donne la définition du de régime fiscal privilégié.***
>
> *« les personnes sont regardées comme soumises à un régime fiscal privilégié dans l'État ou le territoire considéré si elles n'y sont pas imposables ou si elles y sont assujetties à des impôts sur les bénéfices ou les revenus dont le montant est* ***inférieur de plus de la moitié*** *à celui de l'impôt sur les bénéfices ou sur les revenus dont elles auraient été redevables dans les conditions de droit commun en France, si elles y avaient été domiciliées ou établies. »*

États et territoires non coopératifs

Dans le cadre de l'offensive lancée par le G20 et l'OCDE en 2008-2009 contre les paradis fiscaux, et dans l'objectif de dissuader les entreprises soumises à l'IS de faire verser certains produits de source française à des structures établies dans de tels États, la loi de finances rectificative pour 2009 a créé, à l'article 238-0 A du CGI, une nouvelle notion, celle d'États et territoires non coopératifs (ETNC).

En vertu de cet article, figurent sur cette « liste » les États et territoires qui remplissent, au 1er janvier 2010, quatre conditions cumulatives :

- ne pas être membre de l'UE ;
- faire l'objet d'un examen par l'OCDE au regard de la transparence et de l'échange d'informations en matière fiscale ;
- ne pas avoir conclu avec la France une convention fiscale d'assistance administrative permettant l'échange de renseignements ;
- ne pas avoir signé avec au moins douze États ou territoires une telle convention.

Cette liste est mise à jour chaque année pour prendre en compte les nouvelles conclusions de conventions internationales ainsi que les conclusions de l'examen réalisé par l'OCDE, mais aussi afin d'y ajouter les États et territoires ayant certes conclu avec la France une convention d'assistance administrative mais dont les stipulations ou la mise en œuvre n'ont pas permis à l'administration fiscale d'obtenir les renseignements nécessaires à l'application de la législation fiscale française.

Pour 2021 cette liste comporte treize Etats ou territoires : Anguilla, Iles Vierges Britanniques, Panama, Seychelles, Vanuatu, Fidji, Guam, Iles Vierges américaines, Samoa américaines, Samoa, Trinité et Tobago, Palaos, Dominique.

2 Principaux dispositifs « anti-évasion »

Dérogation au principe de territorialité avec l'article 209 B du CGI

Ainsi en application de l'article 209 B du CGI, l'entreprise passible de l'impôt sur les sociétés en France, qui détient, directement ou indirectement au moins 50 % des actions ou parts d'une société établie dans un pays étranger dont le régime fiscal est privilégié au sens de l'article 238 A du CGI, sera imposée sur les bénéfices réalisés par la filiale étrangère, en proportion des droits sociaux qu'elle y détient, sauf si l'entreprise française apporte la preuve que la localisation des activités de la filiale dans cet état n'a pas un but fiscal.

Réintégration de certains paiements faits à des résidents de « paradis fiscaux » avec l'article 238 A du CGI

Cet article est destiné à lutter contre l'évasion fiscale par des personnes physiques ou morales au moyen de versements, déduits des bases de l'impôt en France, destinés à des personnes établies dans des pays à régime fiscaux privilégiés.

Il concerne les charges financières, redevances et autres rémunérations de prestations de service de toute nature quel que soit le lieu où la prestation est réalisée.

Il instaure un renversement de la charge de la preuve dès lors qu'il incombe au contribuable de prouver que les sommes en question correspondent à des opérations réelles et dont la rémunération ne présente pas un caractère anormal ou exagéré.

L'entreprise devra démontrer que les rapports contractuels ne sont pas fictifs et que les obligations du débiteur ne présentent pas un caractère anormal ou d'exagéré.

À défaut ces sommes seront réintégrées dans l'assiette de l'impôt sur le revenu ou de l'impôt sur les sociétés.

Imposition du prestataire de services sur les sommes perçues par une société interposée établie hors de France en rémunération des prestations qu'il a fournies avec l'article 155 A du CGI

Cet article a été créé dans l'objectif de contrer le modèle d'évasion dit « rent a star », dans lequel la rémunération due en contrepartie d'une performance artistique ou sportive n'est pas versée au prestataire, mais à une société interposée, située dans un État dont le taux d'imposition est inférieur à celui subi par le prestataire.

Si elle est le plus souvent appliquée à des personnes physiques, cette disposition est toutefois applicable à tout prestataire de services, y compris personne morale soumise à l'impôt sur les sociétés. Elle permet d'imposer directement le prestataire sur les sommes qui ont été perçues par la société interposée établie hors de France en rémunération des services rendus, et non seulement sur les sommes que le prestataire réel a effectivement perçues.

Mesures applicables aux résidents d'ETNC ou aux revenus transitant par de tels États ou territoires

De nombreux dispositifs fiscaux dérogatoires du régime de droit commun s'appliquent pour opérations réalisées dans ces territoires.

Cela concerne notamment :

- un prélèvement libératoire de 75 % pour les produits des placements à revenu fixe, les produits des bons de capitalisation et des contrats d'assurance-vie versés dans un ETNC ;
- les plus-values immobilières réalisées par les personnes physiques ou morales domiciliées avec une taxation au taux de 75 % ;
- la retenue à la source des dividendes distribués par une société française vers un ETNC aux taux de 75 % ;
- les intérêts sortant vers un ETNC avec une retenue à la source de 75 % ;
- le régime des sociétés mères/filles qui n'est pas applicable aux produits des titres d'une société établie dans un ETNC.

3 L'analyse des prix de transfert prévue à l'article 57 du CGI

Le fondement théorique

L'une des principales techniques d'évasion des bénéfices des sociétés consiste en la manipulation des prix intra-groupes. Certaines prestations entre deux entreprises associées d'un même groupe sont alors facturées à un prix supérieur à ce qu'il aurait été si les entreprises n'étaient pas liées, ce qui permet à l'entreprise débitrice, située dans un État à fiscalité élevée, de déduire de son résultat la charge correspondant à ce prix.

L'idée que les prix puissent être convenus entre les entreprises membres d'un même groupe à des conditions différentes de celles qui auraient été appliquées si lesdites entreprises n'avaient pas été liées (principe de pleine concurrence) est à la base de la notion de contrôle des prix de transfert.

Un prix de transfert est le prix convenu entre deux parties qui sont placées sous une commune dépendance pour conclure une transaction, quelle qu'elle soit (achat, vente, rémunération d'un service, conditions financières d'un prêt et d'un emprunt etc...). Il n'est pas considéré comme anormal en tant que tel ; il s'agit d'une notion purement objective.

En revanche, compte tenu du fait qu'il est convenu entre entités dépendantes, la volonté des parties contractantes n'est pas forcément éclairée et peut être influencée par l'entité qui contrôle le groupe économique auquel elles appartiennent.

Tous les États considèrent que les prix des transactions doivent être rectifiés lorsqu'ils ne correspondent pas à ceux que l'on aurait constatés si les entreprises avaient été indépendantes.

On notera qu'aujourd'hui, plus de 70 % du commerce international résulte de transactions conclues entre entités appartenant à un même groupe économique.

Exemple

Prenons un groupe économique entre la société M qui exerce son activité en France et sa filiale F qui exerce son activité à l'étranger.
F fabrique un produit dont le prix de revient est 100.
M achète ce produit à F et le revend à un client indépendant pour 160.
Pour le groupe la marge globale dégagée par la vente de ce produit est de 60 (160 - 100).
Ou sera localisée cette marge ou présenté différemment comment sera fixé le prix entre la société M acheteuse et la société F venderesse ?
Si dans le pays où se trouve F le taux d'imposition est plus faible qu'en France il pourra y avoir un intérêt à localiser un maximum de marge dans ce pays.
Ainsi par exemple la société M pourra acheter le produit 150 à F.
Dans cette situation la marge de F sera de 50 (150 - 100) et celle de M sera de 10 (160 - 150).
Finalement la marge globale reste toujours à 60 mais elle est localisée en grande partie dans le pays ou l'imposition fiscale est la moins lourde.

Le dispositif article 57 du CGI

L'article 57 du CGI permet **d'imposer les transferts de bénéfices** consentis par une entreprise française à une entreprise étrangère lorsque ces entreprises sont unies par des liens de dépendance, quel que soit le lieu où est établie l'entreprise étrangère.

La notion de fiscalité privilégiée qui est exclue de la logique de l'article 57 constitue cependant un important moyen de lutte contre l'utilisation artificielle de sociétés-relais localisées dans des paradis fiscaux.

Cet article dispose que :

« Pour l'établissement de l'impôt sur le revenu dû par les entreprises qui sont sous la dépendance ou qui possèdent le contrôle d'entreprises situées hors de France, les bénéfices indirectement transférés à ces dernières, soit par voie de majoration ou de diminution des prix, d'achat ou de vente, soit par tout autre moyen, sont incorporés aux résultats accusés par les comptabilités. Il est procédé de même à l'égard des entreprises qui sont sous la dépendance d'une entreprise ou d'un groupe possédant également le contrôle d'entreprises situées hors de France.

La condition de dépendance ou de contrôle n'est pas exigée lorsque le transfert s'effectue avec des entreprises établies dans un État étranger ou un territoire situé hors de France, dont le régime fiscal est privilégié au sens du 2e alinéa de l'article 238 A.

À défaut d'éléments précis pour opérer les redressements prévus à l'alinéa précédent, les produits imposables sont déterminés par comparaison avec ceux des entreprises similaires exploitées normalement. »

Il convient de noter que les conventions fiscales contiennent des dispositions comparables, aux termes desquelles :

- les bénéfices à attribuer à un établissement stable s'entendent de ceux qu'il aurait normalement réalisés à égalité de situation, s'il avait constitué une entreprise autonome ;
- lorsque deux entreprises sont, dans leurs relations commerciales ou financières, liées par des conditions qui diffèrent de celles qui seraient convenues entre des entreprises indépendantes, les résultats de ces entreprises peuvent être rectifiés en prenant pour base le **prix de pleine concurrence** (« arm's length principle »).

Les modalités pratiques d'application

La mise en œuvre de l'article 57 est subordonnée à la preuve par l'Administration de la réunion de deux conditions :

- Les entreprises doivent être en relation de dépendance.

  Cette dépendance peut être juridique à travers le jeu des détentions du capital ou par personnes interposées. Elle peut aussi être de fait avec l'existence d'un lien contractuel ou des conditions dans lesquelles s'établissent les relations entre les entreprises.

L'Administration est dispensée d'établir un lien de dépendance ou de contrôle lorsque le transfert de bénéfice s'effectue au profit d'une entreprise établie dans un pays étranger (ou territoire situé hors de France à fiscalité privilégiée) au sens de l'article 238 A du CGI.

- Les opérations doivent être génératrices d'un transfert de bénéfices à l'étranger.

  Il s'agit pour l'administration d'établir l'existence d'un avantage au profit de l'entreprise étrangère comme par exemple la majoration ou minoration des prix d'achat ou de vente, le versement de redevances excessives ou sans contrepartie, l'octroi de prêts sans intérêts ou à taux réduits, la remise de dettes ou l'attribution d'avantages hors de proportion avec le service obtenu.

Si ces deux conditions sont remplies, l'Administration rectifiera le résultat imposable en incorporant le montant des avantages consentis par l'entreprise française à l'entreprise établie hors de France.

Dans la pratique et selon les recommandations de l'OCDE, les principes applicables en matière de prix de transfert à l'intention des entreprises multinationales et des administrations fiscales proposent cinq méthodes de partage des bénéfices imposables des groupes internationaux. Ces méthodes visent toutes à faire prévaloir le principe de pleine concurrence dans les transactions intragroupes :

- **La méthode du prix comparable sur un marché libre** qui retient comme prix de pleine concurrence le prix qu'auraient pratiqué deux entreprises indépendantes lors d'une transaction identique et dans des conditions similaires.
- **La méthode du prix de revente moins** qui détermine le prix de pleine concurrence en se référant au prix de vente aux clients extérieurs au groupe. On défalque de ce prix de vente une marge considérée comme normale.
- **La méthode du coût de revient majoré** qui ajoute la marge normale au coût de revient dans la société cédante.
- **La méthode de partage des bénéfices** qui calcule d'abord le profit total pour l'ensemble des deux sociétés concernées. On partage ce profit total équitablement entre les deux sociétés.
- **La méthode transactionnelle de la marge nette** qui évalue d'abord la marge nette normale réalisée par des entreprises comparables. Les profits respectifs des deux sociétés du groupe doivent être analogues aux profits normaux des entreprises comparables.

Les différentes mesures autour de l'article 57

- L'obligation pour l'entreprise de fournir une documentation :

  Depuis 2010, les entreprises françaises appartenant à des grands groupes internationaux doivent préparer **une documentation justifiant le caractère normal** ou de pleine concurrence de leurs prix de transfert, c'est-à-dire des prix pratiqués dans le cadre de leurs transactions intragroupe internationales ; cette documentation doit être remise à l'administration fiscale lors d'un contrôle.

  La loi de finances pour 2018 a renforcé l'obligation de documentation des prix de transfert pour les entreprises françaises appartenant à des grands groupes. En s'alignant sur le modèle proposé par l'OCDE, ces entreprises devront fournir un contenu plus détaillé.

  Cette obligation concerne les sociétés qui remplissent les conditions suivantes :

1. Avoir un chiffre d'affaires annuel hors taxes ou un actif brut au bilan au moins égal à 400 M € ;
2. Détenir à la clôture de l'exercice, directement ou indirectement, plus de la moitié du capital ou des droits de vote d'une entité juridique remplissant la condition visée au point 1 ;
3. Être détenues de la même manière qu'au point 2 par une telle entité ;

4. Appartenir à un groupe intégré au sens de l'article 223 A ou de l'article 223 A *bis* du CGI lorsque ce groupe comprend au moins une personne morale satisfaisant à l'une des conditions mentionnées aux trois points précédents.

- Prévention de la double imposition résultant de la répression des transferts indirects :

  Le redressement des prix de transfert, opéré dans un État, peut générer une double imposition s'il n'est pas accompagné d'un ajustement de sens opposé dans l'autre État concerné. Ce problème est généralement réglé par **des accords préalables**, par **des procédures amiables** ou par **des procédures d'arbitrage** prévues dans les conventions fiscales.
- Procédures bilatérales d'accord préalable (AAP) :

  Les procédures d'accord préalable en matière de prix de transfert sont fondées sur les clauses des procédures amiables des conventions fiscales bilatérales. Elles permettent à un groupe opérant dans deux pays, d'obtenir des administrations fiscales des deux pays concernés, une prise de position formelle sur sa politique de prix de transfert avec les filiales situées dans l'un ou l'autre de ces pays.
- Accord amiable unilatéral

  L'accord unilatéral de prix est une variété de rescrit fiscal, fondé sur l'article L. 80 B 7º du LPF. Il n'engage que l'administration française qui est seule à prendre position.
- Procédures amiables prévues par les conventions fiscales bilatérales

  La procédure amiable est une voie de recours concernant les difficultés d'application des conventions bilatérales tendant à éviter la double imposition. Les administrations fiscales des deux pays concernés doivent chercher une solution mais elles ne la trouvent pas nécessairement et, dans ce cas, la double imposition subsiste.
- Convention européenne d'arbitrage

  Les États membres de l'Union européenne ont adopté une convention relative à l'élimination *des doubles impositions en cas de correction des bénéfices des entreprises associées*. La convention institue, entre États membres, une procédure amiable puis, le cas échéant, une procédure d'arbitrage.

  L'élimination de la double imposition est garantie à l'issue de cette procédure.

3 Territorialité de la TVA

A Délimitation des territoires

Avant d'évoquer les règles de territorialité en matière de TVA, il est d'abord nécessaire de définir les différents territoires.

1 Territoire français

Il se définit comme suit :

- La France Continentale y compris les îles du littoral ;
- Les eaux territoriales (12 miles nautiques soit environ 22 km) ;
- La Corse qui bénéficie d'allégement de l'imposition de certains produits ;
- La principauté de Monaco où la législation française est introduite ;
- Les départements de la Guadeloupe, de la Martinique, de Mayotte, de La Réunion et la Guyane.

Toutefois, dans leurs relations avec la France continentale et dans leurs relations entre eux ces départements sont considérés comme des territoires d'exportation.

Les territoires d'Outre-mer et les collectivités territoriales de Mayotte et de Saint-Pierre-et-Miquelon sont également considérés comme territoire d'exportation.

2 Territoire de l'Union Européenne

Actuellement il comprend la France plus les 26 pays de la l'Union Européenne à savoir :

Avant 1995 : Allemagne, Belgique, Danemark, Espagne, Grèce, Irlande, Italie, Luxembourg, Pays-Bas, Portugal.

Entrée en 1995 : Autriche, Finlande, Suède.

Entrée en 2004 : République Tchèque, Estonie, Chypre, Lettonie, Lituanie, Hongrie, Malte, Pologne, Slovénie et Slovaquie.

Entrée en 2007 : Bulgarie et Roumanie.

Entrée en 2013 de la Croatie.

Attention depuis le 31 janvier 2020 le Royaume uni ne fait plus parti de l'Union Européenne.

3 Territoire hors Union Européenne

Ce sont par défaut tous les autres pays.

Au même titre que les DOM et les TOM français certains territoires des pays de l'Union Européenne sont exclus du champ d'application de la TVA intracommunautaire.

Il s'agit des territoires suivants :

- île d'Helgoland (dans la mer du Nord) et ville de Busingen (enclavée en Suisse) pour l'Allemagne ;
- villes de Ceuta et de Mellila (en Afrique) et îles Canaries (dans l'Atlantique) pour l'Espagne ;
- localités de Livigno et de Campione d'Italia et eaux du lac de Lugano (à la frontière suisse) pour l'Italie ;
- mont Athos (communauté théocratique autonome) pour la Grèce ;
- îles Aland (dans la mer Baltique) pour la Finlande ;
- îles Féroé (dans l'Atlantique) pour le Danemark ;
- Antilles néerlandaises pour les Pays-Bas.

B Les échanges extracommunautaires

Ce régime est celui qui était applicable à l'ensemble des échanges internationaux avant la mise en place de la TVA intracommunautaire. Depuis le 1er janvier 1993, il ne s'applique plus que pour les échanges entre la France et les pays tiers ne faisant pas partie de l'Union européenne.

1 Importation

Définition

Elle se définit comme l'entrée en France d'un bien originaire ou en provenance d'un État qui n'appartient pas à l'Union européenne.

Régime général

L'introduction en France de biens donne lieu, en principe, à la **perception de la TVA** par le service des Douanes lors de l'importation.

Le passage de la frontière constitue en lui-même un acte imposable, même en l'absence de transfert de propriété, dès lors que les produits importés sont eux-mêmes imposables sur le marché intérieur et ce, que l'opération soit effectuée à titre onéreux ou gratuit.

Le redevable des taxes à l'importation est la personne désignée comme destinataire réel des biens.

L'exigibilité de la TVA intervient lors de l'importation en appliquant le taux applicable au produit selon la législation française.

La taxe acquittée par un redevable au titre d'une importation est déductible, selon les règles de droit commun, dès lors qu'elle grève les éléments du prix d'une opération imposable et qu'elle ne fait pas l'objet d'une limitation ou d'une exclusion particulière.

Régime dérogatoire

Depuis janvier 2015, il est possible, sous certaines conditions, de demander à porter cette TVA due à l'importation sur la déclaration de chiffre d'affaires.

Cette autorisation pour **l'autoliquidation** de la taxe est accordée par l'administration des douanes pour trois ans, renouvelable par tacite reconduction.

Pour ces entreprises qui en bénéficient, ce régime permet de simplifier les formalités douanières et évite de faire une avance de TVA pour les opérations d'importation.

2 Exportation

Définition

Les exportations sont des livraisons de biens meubles corporels expédiés ou transportés hors de France et hors de l'Union européenne par le vendeur ou pour son compte.

Régime applicable

L'article 262 I du Code Général des Impôts pose le principe de l'exonération des exportations de biens meubles corporels.

Cette exonération **suppose la réalisation de trois conditions** cumulatives énumérées à l'article 74 de l'annexe III au CGI, à savoir :

- l'expédition ou le transport réel des biens hors du territoire national ;
- l'inscription en comptabilité ou, à défaut, sur un registre spécial permettant d'identifier les envois à l'étranger ;
- la production d'une déclaration d'exportation conforme au modèle donné par l'administration.

C Les échanges intracommunautaires

Ce régime repose sur la distinction entre le régime applicable aux redevables et celui applicable aux consommateurs ou non redevables.

Pour les redevables, la TVA reste gérée selon le principe de l'assujettissement dans le seul pays de destination. Les livraisons intracommunautaires, comme les exportations, sont exonérées. Les acquisitions intracommunautaires sont, en principe soumises à la TVA.

La TVA est appliquée lors de l'arrivée de la marchandise dans l'entreprise.

À ce régime général se rajoutent plusieurs dispositifs spécifiques en fonction de la nature de l'opération ou du bien vendu.

Pour les acquisitions réalisées par les particuliers, les non-assujettis ou les non- redevables, la taxation intervient, en principe, dans le pays de départ des marchandises.

Pour les distinguer des non-assujettis ou non-redevables, les assujettis redevables sont tous dotés d'un numéro individuel d'identification appelé aussi « numéro de TVA intracommunautaire » qui doit être mentionné sur tous les documents commerciaux.

Pour les entreprises domiciliées en France, le numéro est constitué du code FR, d'une clé informatique à 2 chiffres et du numéro Siren de l'entreprise (9 chiffres).

1 Acquisition intracommunautaire

Définition

L'acquisition se définit selon l'article 256 *bis*-3 comme **l'obtention du pouvoir de disposer comme un propriétaire** d'un bien meuble corporel expédié ou transporté en France par le vendeur, par l'acquéreur ou pour leur compte, à destination de l'acquéreur à partir d'un autre État membre.

Elle se caractérise par le transfert du pouvoir de disposer de ce bien comme un propriétaire au profit de l'acquéreur et par l'expédition ou le transfert du bien à partir d'un autre État membre à destination de la France.

Régime applicable

L'acquisition intracommunautaire est taxable à la TVA si l'opération est réalisée à titre onéreux par un vendeur assujetti redevable à destination d'un acquéreur assujetti redevable.

En pratique, c'est la présence du numéro de TVA intracommunautaire qui permettra de connaître la qualité des opérateurs au regard de la TVA.

L'acquéreur est le redevable de la TVA. Cette dernière est exigible le 15 du mois suivant celui au cours duquel est intervenu le fait générateur ou à la délivrance de la facture lorsque celle-ci est délivrée à l'acquéreur avant le 15 du mois suivant celui du fait générateur.

En pratique, la date d'exigibilité correspond généralement à la date de facturation du bien.

Le taux applicable est celui applicable aux livraisons internes.

Cette taxe ainsi collectée par un redevable au titre d'une acquisition intracommunautaire est déductible, selon les règles de droit commun, dès lors qu'elle grève les éléments du prix d'une opération imposable et qu'elle ne fait pas l'objet d'une limitation ou exclusion particulière.

2 Livraison intracommunautaire

Définition

La livraison intracommunautaire se définit, comme le transfert du pouvoir de disposer comme un propriétaire, d'un bien meuble corporel expédié ou transporté de la France vers un autre État membre.

Régime applicable

L'article 262 *ter* I du CGI exonère de TVA la livraison intracommunautaire de biens sous respect des conditions suivantes :

- l'opération doit être réalisée à titre onéreux par un vendeur assujetti redevable ;
- l'acquéreur doit être un assujetti redevable ;
- le bien doit être expédié ou transporté hors de France, par le vendeur, par l'acquéreur, ou pour leur compte, à destination d'un autre État membre de l'Union européenne.

En pratique, le vendeur qui entend bénéficier de l'exonération doit prouver que l'acquéreur est un assujetti redevable de la TVA dans son pays. Cette preuve est apportée dès lors que l'acquéreur fournit au vendeur un numéro d'identification à la TVA dans un autre État membre. Le vendeur doit s'assurer de l'existence et de la validité du numéro d'identification qui lui est communiqué par l'acquéreur et le faire figurer sur ses factures afférentes à des livraisons intracommunautaires.

Pour vérifier que le numéro de TVA est bien valide il suffit de se connecter à la base de données mise en ligne sur le site de l'Union Européenne suivant :

http://ec.europa.eu/taxation_customs/vies/vieshome.do ?selectedLanguage=fre

Pour la justification de la réalité du transfert physique hors de France et à destination d'un autre État membre, les indications résultant des documents commerciaux usuels doivent permettre d'apporter la preuve de l'existence de l'expédition ou du transport.

Il peut s'agir des documents de transports (lettre de voiture, lettre de transport aérien, connaissement maritime ou fluvial...), des contrats d'assurance relatifs au transport, des bons de livraison ou d'enlèvement ainsi que la confirmation écrite par l'acquéreur de la réception des biens dans un autre État membre.

En attendant une refonte profonde du système TVA au 1er juillet 2022, l'Union Européenne a mis en place une série de petites mesures pour améliorer le système actuel, les « Quick Fixes » ou « Solutions Rapides », qui entreront en vigueur dans tous le Etats membres de l'Union Européenne au 1er janvier 2020. Ainsi de nouvelles conditions de fond ont été rajoutées pour l'amélioration des livraisons intracommunautaires ;

- Le numéro de TVA de l'acquéreur dans un Etat membre autre que celui du départ de la marchandise des biens devient une condition de fond de l'exonération. Il faut désormais vérifier systématiquement, préalablement à chaque opération que le client est réellement identifié aux fins de la TVA dans un Etat membre autre que celui de départ des biens. Ce numéro devra être vérifié (sur la base de données en ligne VIES) et mentionné dans la déclaration d'échange des biens (DEB) du vendeur ainsi que sur la facture du vendeur.
- L'expédition des biens hors du territoire de départ et à destination d'un autre Etat membre de l'UE devra être prouvée par le vendeur. Cette condition n'est pas nouvelle, mais la directive crée des présomptions et conduit donc, à partir du 1er janvier 2020, à organiser et structurer cette épreuve.

Si le transport est organisé par le vendeur, la preuve du transport sera présumée rapportée si le vendeur est en mesure de produire deux documents de transport non contradictoires (CMR, bill of loading, etc), ou un document de transdport accompagné d'une preuve non-contradictoire additionnelle) (comme un contrat d'assurance internationale de transport, documents bancaires...).

Si le transport est organisé par l'acheteur, les mêmes règles s'appliquent, auxquelles il faut ajouter une déclaration écrite de l'acheteur stipulant que le transport a été organisé par lui.

3 Les régimes particuliers

Certains échanges intracommunautaires portant sur des livraisons de biens meubles corporels obéissent à des règles de territorialité particulières.

Il s'agit principalement des opérations réalisées par des personnes bénéficiant du régime dérogatoire (PBRD), des ventes à distance et des opérations triangulaires.

Le régime des PBRD

Il concerne les personnes morales non assujetties, les assujettis réalisant exclusivement des opérations n'ouvrant aucun droit à déduction, les personnes bénéficiant de la franchise de base et les exploitants agricoles placés sous le régime du remboursement forfaitaire.

En dessous d'un certain seuil, les acquisitions en provenance d'autres États membres réalisées par ces personnes sont traitées comme des ventes à des particuliers, la TVA étant due dans le pays de départ par le fournisseur.

Au-delà de ce seuil ces personnes doivent déclarer la TVA dans le pays d'arrivée sachant que cette TVA due par l'acquéreur ne peut pas faire l'objet d'une déduction.

La France a retenu un seuil de 10 000 €.

Le régime des ventes à distance

Ce régime concerne les ventes faites par des assujettis redevables de la TVA à des particuliers et à des personnes bénéficiaires du régime dérogatoire.

Ce sont les ventes de biens expédiés ou transportés par le vendeur ou pour son compte à destination d'un acquéreur établi dans un autre État membre.

Le transport est effectué par le vendeur ou pour son compte. Cela correspond aux ventes « franco de port », ce qui implique que la marchandise circule aux risques et aux périls du vendeur, le transfert de propriété s'effectuant à l'arrivée des produits, sauf clauses contraires dans la vente.

Ces ventes sont normalement taxables pour le vendeur dans le pays de départ de la marchandise puisqu'elles s'adressent à des particuliers ou assimilés.

Cependant pour éviter des délocalisations de taxes chaque État membre a fixé un seuil qui s'il est dépassé entraîne la taxation de la TVA dans le pays d'arrivée du bien, à charge pour le vendeur de collecter cette taxe.

Le seuil de la France, qui avait été fixé à l'origine à 100 000 €, a été abaissé à 35 000 € à compter de 2016.

Les opérations triangulaires

Il s'agit d'opérations juridiques et physiques qui mettent en présence trois intervenants de trois États membres différents.

Exemple

Une société A achète un bien à une société B ; elle le revend à une société C et demande à son fournisseur B de livrer directement le produit à son client C.
- *la société A est la société intercalaire : elle achète et revend le bien sans le recevoir sur son territoire ;*
- *la société B est le fournisseur et le pays où elle se situe constitue le point de départ de la marchandise ;*
- *la société C est le client final et où elle se situe constitue le point d'arrivée de la marchandise.*

Les principes d'imposition de la TVA intracommunautaire obligent normalement l'acheteur revendeur (A) à s'identifier soit dans l'État membre à partir duquel il réalise une livraison (B), soit dans l'État membre à partir duquel il réalise une acquisition (C).

Afin d'éviter de s'identifier dans un autre État membre, l'entreprise intercalaire peut utiliser la mesure de simplification prévue la directive numéro 92/111/CEE du 14 décembre 1992 pour des opérations qui mettent en relation trois opérateurs identifiés à la TVA dans trois États membres différents de l'Union. Sous réserve du respect de conditions de fond et de forme, la société intercalaire (société A dans l'exemple) se trouve en dehors du circuit de la TVA avec une acquisition sans TVA et une revente sans TVA.

4 Opérations réalisées par les particuliers

Le principe

Le régime de TVA intracommunautaire a facilité la situation des particuliers en leur permettant d'acheter, au cours de leurs déplacements dans les pays de l'Union européenne, des biens sans aucune franchise intracommunautaire en acquittant la TVA du pays où ils achètent, comme n'importe quel résident de ce pays.

Il n'y a, de fait plus aucune formalité douanière aux frontières, que ce soit à l'occasion d'un voyage ou d'un déménagement.

Néanmoins, pour limiter les principaux risques de distorsion de concurrence liés aux écarts de taux entre États membres, un régime particulier a été prévu pour les moyens de transport neufs.

Le régime des moyens de transports neufs

Ce régime repose sur l'idée que les achats intracommunautaires de moyens de transport neufs doivent être soumis à la TVA dans l'État membre de destination même si l'acquéreur est un particulier ou une personne bénéficiant du régime dérogatoire.

- **Définition**

  La notion de moyens de transport neufs recouvre :
  - les bateaux de plus de 7,50 m ;
  - les aéronefs de plus de 1 550 kg au décollage ;

- les véhicules terrestres de plus de 48 cm^3 ou d'une puissance supérieure à 7,2 Kw.

Ces moyens de transport sont considérés comme neufs lorsqu'ils remplissent l'une des deux conditions suivantes :

- **être livrés dans les six mois suivant la première mise en service pour les véhicules terrestres, ou dans les trois mois pour les autres véhicules ;**
- **avoir parcouru moins de 6 000 km pour les véhicules terrestres**, ou navigué moins de 100 heures pour les bateaux, ou volé moins de 40 heures pour les avions.

A contrario, un véhicule sera d'occasion s'il remplit les deux conditions suivantes : être livré depuis plus de 6 mois et avoir parcouru au moins 6 000 km.

- **Régime applicable**

Le bien est vendu hors taxe dans le pays de livraison. L'acquéreur acquittera la TVA dans son pays, au moment de l'immatriculation. Concrètement, l'administration fiscale délivre un certificat attestant que le moyen de transport est en situation régulière au regard de la TVA, que ledit moyen de transport soit neuf ou d'occasion. Ce n'est qu'avec ce document que le particulier peut alors procéder aux formalités d'immatriculation.

Cette obligation concerne, non seulement les particuliers mais aussi les redevables habituels. Pour ces derniers, ils doivent joindre à leur déclaration de chiffre d'affaires un relevé détaillé indiquant, pour la période couverte par la déclaration, l'identification, le prix et la date de chacune de leurs acquisitions (taxables ou non) de moyens de transport (neufs ou d'occasion) en provenance d'un autre État membre.

D Les Prestations de services

Les critères habituellement retenus pour les livraisons de biens (critères physiques de franchissement de la frontière, critère juridique de transfert de propriété) se révèlent inadaptés en raison de l'aspect le plus souvent immatériel de ces opérations.

Le législateur a donc retenu des critères plus facilement utilisables, comme le lieu d'établissement du prestataire, le lieu d'exécution des services ou de situation des biens sur lesquels portent les services et surtout la qualité d'assujetti ou de non assujetti des prestataires et bénéficiaires des prestations.

Le régime applicable dépend de la qualification des intervenants, avec deux types de relations possibles :

- la relation entre deux professionnels assujettis à la TVA dite « B to B » pour « Business to Business » ;
- la relation entre un prestataire professionnel assujettis à la TVA et un personne non assujettie dite « B to C » pour « Business to Consumer ».

1 La notion d'assujetti à la TVA

Dès lors que les règles de territorialité dépendent de la qualification du preneur, il est nécessaire de définir précisément la notion d'assujetti pour le régime applicable aux prestations de services,

Pour ces opérations deux notions d'assujettis coexistent :

- celle qui relève du droit commun de la TVA : il s'agit d'une personne qui réalise de manière indépendante une activité économique et agit en tant que tel (art. 259 A du CGI) ;
- celle qui va au-delà de la définition classique : ainsi le preneur est aussi considéré comme assujetti quand il réalise à la fois des activités économiques dans le champ et hors du champ d'application (assujetti partiel), mais également lorsqu'il s'agit d'une personne morale non assujetti mais identifiée à la TVA (art. 259-0 du CGI).

Cette définition de l'assujetti s'applique à toutes les personnes physiques ou morales et ce qu'elles résident dans l'Union Européenne ou hors Union Européenne. Il revient alors au prestataire dans le cadre des relations d'affaires qu'il entretient avec son client de s'assurer par tout moyen de la position de son client au regard de ces critères.

2 Régime général

- Pour les prestations rendues à un preneur assujetti

  Le lieu de la prestation est le pays où le preneur est établi (CGI, art. 259-1°).

  C'est lui qui sera chargé de collecter la TVA sur cette prestation. La base de la TVA est le prix HT facturé par le prestataire étranger.

  Il pourra déduire cette même TVA selon les règles de droit commun, dès lors qu'elle grève les éléments du prix d'une opération imposable et qu'elle ne fait pas l'objet d'une limitation ou exclusion particulière.
- Pour les prestations rendues à un preneur non assujetti

  Le lieu de la prestation est le pays où le prestataire est établi. Le prestataire facture au preneur le prix TTC.
- Précision sur la notion du lieu d'établissement

  Le lieu d'imposition dépend du lieu d'établissement du preneur ou du prestataire, ce lieu pouvant être caractérisé par deux éléments :
  - il peut s'agir de l'endroit ou l'assujetti a établi le siège de son activité économique, celui-ci étant déterminé à partir de différents indices, tels que le siège statutaire de la société, le lieu de son administration centrale ou encore le lieu de réunion de ses dirigeants sociaux ;
  - il peut aussi s'agir du lieu d'établissement stable caractérisé par un degré suffisant de permanence et une structure apte, du point de vue humain et technique, à rendre possible de manière autonome soit la fourniture, soit l'utilisation d'un service.

3 Dérogations au régime général

Ces principes comportent de nombreuses dérogations, les principales étant résumées dans les tableaux ci-après.

Dérogations pour les prestations rendues à un preneur assujetti ou non :

Nature de la prestation	Lieu d'imposition
Location de moyens de transport de courte durée (période n'excédant pas trente jours)	lieu de mise à disposition effective du bien
Services se rattachant à un immeuble	lieu de l'immeuble
Transport de passagers	taxation à proportion de la distance parcourue dans l'État
Ventes à consommer sur place	lieu d'exécution matérielle

Dérogations pour les prestations rendues à un preneur non assujetti :

Nature de la prestation	Lieu d'imposition
Transports intracommunautaires de biens	lieu de départ
Transports de biens autres qu'intracommunautaires	taxation à proportion de la distance parcourue dans l'État
Prestations accessoires aux deux types de transports de biens	lieu d'exécution matérielle
Prestations culturelles, artistiques, sportives	lieu d'exécution matérielle
Travaux et expertises portant sur des biens meubles corporels	lieu d'exécution matérielle

Nature de la prestation	Lieu d'imposition
Prestations de services immatérielles	
- si preneur non assujetti établi dans un État tiers à l'UE	Opération non imposable
- si prestataire hors de l'UE + preneur non assujetti en France ou dans l'UE + service est utilisé ou exploité en France	taxation en France
Prestations de services fournies par voie électronique	Lieu de situation du preneur non assujetti

4 Le redevable de la TVA

Le redevable sera le preneur si le prestataire n'est pas établi en France ou, s'il y est établi mais par l'intermédiaire d'un établissement stable qui ne participe pas effectivement à l'opération, et si le preneur est assujetti ou identifié à la TVA en France.

Dès lors, plusieurs cas de figure peuvent être envisagés lorsque les prestations sont taxables en France :

- si le prestataire est établi en France, il est, alors, le redevable ;
- si le prestataire n'est pas établi en France, le redevable sera le preneur si celui-ci est assujetti en France, et le prestataire si le preneur n'est pas assujetti en France.

Dans cette dernière hypothèse, le prestataire devra s'identifier auprès de la Direction des Impôts des non résident s'il est établi dans l'Union européenne, ou désigner un représentant fiscal en France s'il est établi hors de l'Union européenne et déposer ses déclarations auprès du service des impôts dont dépend son représentant.

Le financement

Partie 3

Le financement de l'entreprise

17

Chapitre

COMPÉTENCES VISÉES :

- **Maîtriser les implications juridiques et fiscales liées aux opérations de financement de l'entreprise (choix du mode de financement, suivi du financement,..).**

- Les différents moyens permettant d'assurer la croissance de l'entreprise sont :
- l'autofinancement, mais ce seul moyen pourrait freiner le développement de l'entreprise,
- le financement par apports nouveaux comme l'augmentation de capital,

L'entreprise peut rechercher ses financements sur le marché des capitaux propres à travers une augmentation de capital (1) ou une introduction en bourse, (2) mais il faut aussi prévoir les réductions éventuelles de capital. (4)

- le financement par apports en comptes courants associés (5),
- le financement externe comme des emprunts, des emprunts obligataires (6).

- Les **intérêts** des intervenants peuvent être **divergents**. Des textes prévoient par conséquent la **protection** des uns ou des autres (en particulier les obligataires), mais les actionnaires peuvent aussi conclure des pactes d'actionnaires à cette fin (3).
- Les choix de financement ont des impacts essentiels sur la **structure financière** de l'entreprise et par voie de conséquence sur le comportement des actionnaires. L'endettement n'est-il pas trop élevé ? Le capital social n'est-il pas trop dilué ? La réponse à ces questions pourrait être des refinancements de l'entreprise par des capitaux propres (1) ou (5) ou encore des rachats d'actions pour les annuler (4).
- Nous verrons que des outils financiers existent pour créer des passerelles entre les titres ayant des caractéristiques d'emprunts et les titres ayant les caractéristiques de capitaux propres.

  Enfin, le choix des méthodes de financement a un **impact fiscal**. Il faudra donc veiller à l'évolution de la fiscalité sur chacun des paramètres, pour l'entreprise qui réalise l'opération, mais aussi pour les bénéficiaires.

PLAN DU CHAPITRE

1 L'augmentation de capital

A Généralités

L'augmentation de capital permet d'obtenir des capitaux durables, à rémunération variable et sécurisant les tiers. Elle représente une levée de capitaux nécessaires au financement de la croissance de l'entreprise pour, par exemple, introduire un nouvel actionnaire, financer la croissance ou encore permettre aux salariés de devenir actionnaire. Le renforcement des fonds propres facilite également l'accès aux financements bancaires.

Illustration

Catana Group lance une augmentation de capital avec maintien du droit préférentiel de souscription de 5 millions d'euros pour accompagner l'accélération de son développement. Le fabricant de catamarans va émettre 1 662 463 actions nouvelles ordinaires. Leur prix d'émission est de 3 euros par action, dont 0,50 euro de valeur nominale par action et 2,50 euros de prime d'émission, à libérer intégralement lors de la souscription...

Source : Capital 19/03/2018

Les différentes techniques évoquées dans la communication seront étudiées dans ce chapitre.

1 Conditions préalables : libération ou non du capital ancien

Selon le type d'émission, les conditions varient comme le montre le tableau récapitulatif suivant :

Augmentation de capital	SARL et SA, SCA, SAS
Émission d'actions nouvelles à libérer en numéraire	Capital initial entièrement libéré
Par élévation de la valeur nominale	Libération partielle acceptée
Par compensation des créances	Capital initial entièrement libéré
Par apports en nature	Libération partielle acceptée
Par incorporation des réserves	Libération partielle acceptée

Le non respect de ces conditions entraîne la nullité de l'augmentation de capital ainsi que des sanctions pénales (*cf.* Chap. 6, § 2-A-2a).

2 Libération des actions nouvelles

Les délais de libération du capital sont également les mêmes pour les SARL et les SA.

	SARL	SA, SAS, SCA
Émission d'actions ou de parts nouvelles libérées en numéraire	Libération de 1/4 au moins du montant nominal, le surplus dans les 5 ans.	
Émission par apports en nature	Libération immédiate	
Prime d'émission	Selon la décision des associés, le Code de commerce n'imposant pas la libération intégrale	Libération intégrale lors de la souscription

3 Régime fiscal de l'augmentation de capital

Il s'agit de l'augmentation de capital par apports nouveaux (CGI art. 810, I)

Les apports faits en cours de société à l'occasion d'une augmentation de capital sont soumis, au même régime fiscal que les apports faits lors de la constitution de la société, sous réserve du droit fixe qui demeure applicable.

Ces apports :

- s'ils sont **purs et simples (APS)**, ils sont enregistrés gratuitement depuis le 1/01/2019 ;
- les apports d'immeubles, fonds de commerce, clientèles ou droits à un bail apportés à une société passible de l'impôt sur les sociétés par une personne non soumise à cet impôt sont soumis au droit de 5 % ; toutefois, ils sont enregistrés *gratis* depuis le 1/1/2019 si l'apporteur prend l'engagement de conserver les titres remis en contrepartie de son apport pendant trois ans ;
- s'ils sont **à titre onéreux (ATO)**, ils sont, pour les immeubles, enregistrés au droit de 5 %, ou, pour les autres biens, aux droits de mutation ordinaires. L'apport à titre onéreux résultant de la prise en charge par la société d'un passif incombant à l'apporteur est soumis, soit au droit de 5 %, ou enregistrés gratuitement si l'apporteur prend l'engagement de conserver les titres pendant trois ans.

Les apports passibles de la TVA sont enregistrés gratuitement (CGI art. 810, IV).

Lorsqu'il en existe, les primes d'apport suivent le sort des augmentations de capital correspondantes.

B Augmentation de capital dans le cadre de la SARL

1 Décision de l'assemblée générale extraordinaire

L'augmentation du capital en numéraire ou en nature exige une décision des associés en assemblée générale extraordinaire (AGE) (convoqués au moins 15 jours à l'avance).

Les conditions de quorum et de majorité ont changé pour les sociétés créées après le 4 août 2005, comme le montre ce tableau récapitulatif :

Type d'augmentation de capital	Quorum	Majorité
Apports en nature comme il n'y a pas de DPS, il n'y aura pas de rapport de commissaire aux comptes (avec rapport du commissaire aux apports)	• Pour les sociétés créées avant le 4 août 2005 : Aucun quorum requis (art. L. 223-30 al. 2, c. com). Les statuts ne peuvent pas modifier ces conditions. • Pour les sociétés créées après le 4 août 2005 : - 1/4 des parts sociales sur première convocation (art. L. 223-30 al. 3, c. com). Les statuts peuvent prévoir un quorum plus élevé. - 1/5 des parts sociales sur deuxième convocation sauf clause statutaire prévoyant un quorum plus élevé.	Au moins les deux tiers des parts sociales. Les statuts peuvent prévoir une majorité plus élevée, celle-ci ne pouvant pas atteindre l'unanimité. Pour les sociétés créées avant le 4 août 2005 : au moins les trois quarts des parts sociales.
Augmentation de capital par incorporation des réserves ou du bénéfice ou des primes d'émission, d'apport ou de fusion	*Idem*	Majorité simple des voix dont disposent les associés présents ou représentés. Juridiquement le constat de la décision par l'AGE correspond à la réalisation de l'opération (C. com., art. L. 223-30, al. 6).
Augmentation de capital par élévation de la valeur nominale des droits sociaux	*Idem*	À l'unanimité, car les engagements des associés sont augmentés (C. com., art. L. 223-30, al. 5).

Remarque. La création de parts sociales nouvelles au profit d'un tiers à l'entreprise nécessite l'agrément préalable par l'ensemble des associés. Si ceux-ci sont ascendants, descendants ou conjoints d'un associé, ils peuvent librement souscrire, sauf dispositions statutaires imposant leur agrément. Enfin, le souscripteur marié sous le régime de la communauté de biens doit justifier de l'accord de son conjoint dans l'acte d'apport. Le conjoint pourra être associé à hauteur de la moitié des parts sociales attribuées, ou y renoncer.

2 Formes de l'augmentation de capital

a. Augmentation de capital par apport en numéraire

L'augmentation de capital par apport en numéraire, ne peut être réalisée que si le **capital ancien est totalement libéré** (C. com., art. L. 223-7, al. 1).

L'augmentation de capital par **compensation avec des créances** liquides et exigibles n'est pas prévue par la loi dans le cadre d'une SARL. Elle est néanmoins licite si elle est **prévue dans les statuts** ou si l'assemblée générale a expressément prévu ce mode de libération.

Procédure

- Le gérant doit convoquer une première assemblée générale extraordinaire des associés afin de décider l'augmentation de capital.
- Si l'AGE donne son accord, les fonds doivent être déposés dans les 8 jours de leur réception, pour le compte de la société : soit à la Caisse des dépôts et consignation, soit chez un notaire, soit auprès d'un établissement bancaire (C. com., art. R. 223-3). Un certificat de dépositaire est remis au gérant.
- Une seconde AGE doit ensuite constater la réalité de l'augmentation de capital dans les 6 mois suivant la première AGE ayant approuvé l'augmentation de capital. Le représentant de la société pourra alors retirer les fonds sur présentation du certificat de dépositaire.

Libération des parts sociales attribuées en contrepartie de l'apport en numéraire

Les parts sociales nouvelles doivent être libérées du **quart** de leur valeur nominale à la souscription et du reste dans un délai de cinq ans (C. com., art. L. 223-32, al. 1). Ces dispositions ont été alignées en 2011 sur celles concernant les sociétés par actions.

b. Augmentation de capital par apport en nature

L'augmentation de capital par apport en nature peut être réalisée même si l'**ancien capital n'est pas intégralement libéré**.

Libération des parts sociales ou des actions attribuées en contrepartie de l'apport en nature

La libération doit être réalisée dès l'émission des parts sociales.

Nomination d'un commissaire aux apports

Un commissaire aux apports est désigné à l'unanimité des associés ou, à défaut, par décision de justice à la demande d'un associé ou du gérant et cela **quel que soit le montant de l'apport** (C. com., art. L. 223-33, al. 1), contrairement à ce qui est requis lors de la constitution d'une SARL.

Le rapport du commissaire aux apports est déposé au greffe du tribunal de commerce et annexé à l'acte constatant la réalisation de l'opération. Si la valeur retenue est différente de celle proposée par le commissaire aux apports, ou si un commissaire aux comptes n'a pas été désigné, cela n'entraîne pas la nullité de l'opération, mais entraîne la **responsabilité** du gérant et des apporteurs solidairement pendant 5 ans (C. com., art. L. 223-33, al. 2).

c. Augmentation de capital par incorporation de réserves

Cette opération correspond à un simple virement comptable du compte « réserve » vers le compte « capital ». Les capitaux propres avant et après l'opération sont identiques et cette opération ne procure aucune trésorerie pour l'entreprise. Elle permet néanmoins de conforter les créanciers puisque les réserves incorporées ne pourront plus être distribuées.

L'opération donne lieu :
- soit à une attribution de parts gratuites (cas le plus fréquent) ;
- soit à une élévation de la valeur nominale.

d. Droits préférentiels de souscription (DPS et prime d'émission)

L'augmentation de capital peut créer un déséquilibre entre les associés, si tous ne participent pas à l'augmentation de capital, ou si de nouveaux associés bénéficient de l'augmentation de capital. En effet dans ces deux cas, l'augmentation de capital provoque la dilution du pouvoir des anciens associés.

Deux moyens sont envisageables pour rééquilibrer l'opération dans le cas d'une augmentation en numéraire ou d'incorporation de réserves :
- la création d'un droit préférentiel de souscription, dont le régime est identique à celui des sociétés anonymes. Cette pratique est facultative dans la SARL, les statuts pouvant l'envisager de façon permanente ;
- ou la création d'une prime d'émission, cette prime étant versée à la société et non aux associés. Cette prime d'émission peut ne pas être libérée intégralement lors de la souscription des parts sociales, contrairement aux SA.

Ces deux possibilités sont traitées *infra* § 1-C-2-b.

3 Calendrier

J-30 jours **Pour les augmentations de capital par apport en nature :**	Si un commissaire aux apports n'a pas été désigné à l'unanimité des associés, dépôt par le gérant ou par un associé d'une requête auprès du président du tribunal de commerce pour demander la désignation d'un commissaire aux apports. La désignation du commissaire aux apports intervient environ 15 jours après le dépôt de cette requête.
Au plus tard J-15	Convocation des associés à l'AGE. Préparation du rapport spécial de la gérance relatif au montant et aux raisons de l'augmentation de capital.
Au plus tard J-8	En cas d'augmentation de capital par apport en nature : dépôt du rapport du commissaire aux apports au greffe du tribunal de commerce du siège social de la société.
J	Remise du rapport de la gérance sur les raisons de l'augmentation de capital. Tenue de l'AGE : approbation de l'augmentation de capital et fixation de son montant, agrément du (des) souscripteur (s) et modification corrélative des statuts. Le cas échéant : fixation du montant et des modalités de versement de la prime d'émission, suppression du droit préférentiel de souscription, Procès-verbal de l'AGE.
Réception des fonds	En cas d'augmentation de capital par apport en numéraire : réception des fonds apportés par le(s) souscripteur(s).
Au plus tard 8 jours après la réception des fonds	En cas d'augmentation de capital par apport en numéraire : dépôt des fonds auprès d'une banque, d'un notaire, ou de la Caisse des dépôts et consignations.

Au plus tard J+5 mois	Publication, dans un journal d'annonces légales, d'un avis de modification du capital social. Enregistrement auprès des services fiscaux. Au greffe du tribunal de commerce du siège social de l'entreprise : - dépôt du PV de l'assemblée générale extraordinaire et des statuts modifiés ; - en cas d'apport en nature : joindre le contrat d'apport et le rapport du commissaire aux apports ; - demande d'inscription modificative au RCS.
Au plus tard J+5 mois + 15 jours	Au moins 15 jours avant la date de la seconde AGE : convocation des associés pour la deuxième AGE.
Au plus tard J+6 mois	Tenue de l'AGE constatant la réalisation des formalités et le caractère définitif de l'augmentation de capital.

C Augmentation de capital dans le cadre de la SA, SAS, SCA

La croissance externe des entreprises est souvent réalisée par une augmentation de capital. Elle permet également de fidéliser les salariés en leur permettant de devenir actionnaires. L'émission d'actions nouvelles peut être réalisée par :

- apports en numéraire : versement d'espèces ou compensation avec des créances liquides et exigibles ;
- apports en nature ;
- incorporation de réserves, de bénéfices ou de primes d'émission ;
- compensation de créances ;
- incorporation de comptes courants associés ;
- apport en nature ;
- conversion d'obligations ;
- fusion ou scission.

L'augmentation de capital peut prendre deux formes :

- par émission de valeurs mobilières donnant accès immédiat ou à terme, à une quotité du capital de la société ;
- par majoration du montant nominal des actions. Dans ce cas, la décision n'est prise qu'avec le consentement unanime des actionnaires, à moins qu'elle ne soit réalisée par incorporation de réserves, bénéfices ou primes d'émission.

L'opération relève de la compétence de l'AGE qui peut aussi déléguer au conseil d'administration ou au directoire certains pouvoirs, dans la limite d'un plafond d'augmentation de capital qu'elle détermine.

1 Organes compétents, délais et publicité

a. Propositions du conseil d'administration (ou du directoire)

Le conseil d'administration (ou le directoire), donne dans son rapport :

- toutes les indications utiles sur les motifs de l'augmentation du capital proposée ainsi que sur la marche des affaires sociales depuis le début de l'exercice en cours ;
- le montant maximal de l'augmentation de capital ;
- des informations complémentaires s'il est prévu la suppression du droit préférentiel de souscription.

Remarque. Pour les SAS à capital variable, les statuts peuvent prévoir une fourchette de variation de capital avec un minimum et un maximum. Toute variation de ce capital à l'intérieur de cette fourchette pourra être réalisée sans commissaire aux apports.

b. Rapport du commissaire aux comptes

Un rapport spécial des commissaires aux comptes est exigé :

- en cas de suppression du droit préférentiel de souscription ;
- sur des opérations constituant des augmentations de capital différées, comme des attributions d'options de souscription d'actions ou des émissions de titres donnant accès au capital ;
- en cas d'apports en nature ;
- en cas d'augmentation de capital par compensation des créances ;
- ou encore en cas d'attribution d'avantages particuliers, comme la création d'actions de préférence.

c. Décision par l'assemblée générale extraordinaire

L'augmentation de capital modifie les statuts. Elle doit donc être réalisée sur décision d'une assemblée générale extraordinaire des actionnaires. L'AGE est en effet la seule compétente pour décider une augmentation de capital sur rapport du conseil d'administration ou du directoire (C. com., art. L. 225-129, al. 1).

Quorum et majorité

Le quorum et la majorité pour prendre des décisions en AGE sont les suivants :

Types d'apports	Quorum	Majorité
Apports en numéraire ou en nature. Apports par compensation des créances.	1/4 des actions ayant droit de vote sur première convocation 1/5 des actions sur deuxième convocation. (Les statuts peuvent prévoir un quorum plus élevé pour les sociétés dont les actions ne sont pas admises aux négociations sur un marché réglementé).	Au moins les **deux tiers** des actions. L'**unanimité** est nécessaire pour une augmentation de capital par élévation du nominal des actions.
Incorporation des réserves, des bénéfices ou des primes d'émission. **Quorum et majorité prévues dans les assemblées générales ordinaires.**	1/5 des actions ayant droit de vote sur première convocation. (Les statuts peuvent prévoir un quorum plus élevé pour les sociétés dont les actions ne sont pas admises aux négociations sur un marché réglementé). Aucun quorum sur deuxième convocation.	**Majorité simple** des voix dont disposent les actionnaires présents ou représentés.

Remarque. Seules les actions ayant droit de vote sont prises en compte pour le calcul du quorum. Les actions privées de droit de vote (comme les actions non libérées des versements exigibles par exemple) sont ignorées. Les votes à distance sont pris en compte dans le calcul du quorum.

Délégation au conseil d'administration ou au directoire

L'assemblée générale extraordinaire des actionnaires peut déléguer sa compétence ou son pouvoir au conseil d'administration (ou au directoire).

La **délégation de pouvoir** est décidée par l'AGE qui délègue au conseil d'administration ou au directoire le pouvoir d'en fixer les modalités, conformément à l'article L. 225-129-2 du Code de commerce. La **délégation de compétence** est décidée par l'AGE qui délègue au conseil d'administration ou au directoire sa compétence pour décider de l'augmentation de capital elle-même, conformément à l'article L. 225-129-2 du Code de commerce. Un rapport complémentaire doit être rédigé.

La délégation ne concerne que des augmentations de capital par apport en numéraire et jamais par apport en nature. Cependant, pour les sociétés cotées, l'assemblée peut déléguer ses pouvoirs pour des apports de titres en capital, ou de valeurs mobilières donnant accès à terme au capital.

- **Délégation de compétence**

L'assemblée générale extraordinaire des actionnaires peut (**en fixant le montant total** de l'augmentation de capital qui doit être réalisée sans droit préférentiel de souscription), déléguer sa compétence au conseil d'administration ou au directoire, (C. com., art. L. 225-129-2, al. 1) pour :

- procéder en une ou plusieurs fois, aux émissions de valeurs mobilières,
- constater la réalisation,
- procéder à la modification corrélative des statuts.

L'assemblée générale extraordinaire fixe la durée de la délégation qui **ne pourra pas excéder vingt-six mois**, la réalisation de l'augmentation étant toujours dans les **5 ans** de la délégation. La délégation de compétence prive d'effet, pour la partie non utilisée et pour la période non écoulée, la délégation accordée par l'assemblée générale extraordinaire antérieure.

Dans ce cadre, l'assemblée générale doit fixer des plafonds particuliers :

- pour les actions de préférence émises en application de l'article L. 228-11 (*cf. infra* § 1-C-6) ;
- pour toute autre catégorie de valeurs mobilières.

- **Délégation de pouvoir**

L'assemblée générale extraordinaire des actionnaires peut décider de l'augmentation de capital et déléguer au conseil d'administration (ou au directoire), son pouvoir pour :

- fixer les modalités de l'émission des titres ; l'augmentation doit être réalisée dans les **5 ans** de la délégation ;
- procéder à une augmentation de capital, dans **la limite de 10 % de son capital**, pour rémunérer des apports de titres ou de valeurs mobilières donnant accès au capital.

- **Rapport complémentaire**

En cas de délégation, le conseil d'administration (ou le directoire) doit établir un rapport complémentaire à l'assemblée générale ordinaire suivante, en précisant :

- les conditions définitives de l'opération ;
- l'incidence sur la situation des actionnaires ou des porteurs de valeurs mobilières donnant accès au capital (*cf. infra* § 6-B) ;
- pour les sociétés cotées, l'incidence théorique sur la valeur boursière actuelle en tenant compte de l'ensemble des titres émis susceptibles d'être convertis en actions. En effet ces titres à terme, dilueront le capital.

- **Subdélégation : délégation au directeur général**

Dans les sociétés dont les titres sont admis aux négociations sur un marché réglementé, le conseil d'administration (ou le directoire), peut déléguer au directeur général les pouvoirs de réaliser l'augmentation de capital, ainsi que celui d'y surseoir. Le conseil d'administration (ou le directoire) fixe les limites et les modalités préalablement, en décidant par exemple des pouvoirs pour certaines catégories de valeurs mobilières.

Le président rend compte au conseil d'administration ou au directoire, selon le cas, de l'utilisation faite de ces pouvoirs dans les conditions prévues par ce dernier.

Le conseil d'administration (ou le directoire), rend compte ensuite à l'assemblée générale ordinaire suivante de l'utilisation faite des autorisations d'augmentation de capital précédemment votées par l'assemblée générale extraordinaire.

Illustration

SUEZ

Source : BALO 02/03/2020 pour l'AGO du 12 /05/2020

Vingt-troisième résolution (Délégation de compétence à donner au Conseil d'Administration en vue de procéder à l'augmentation du capital social de la Société par émission, avec suppression du droit préférentiel de souscription des actionnaires, par voie d'offre au public, à l'exception de celle s'adressant exclusivement à des investisseurs qualifiés...)

L'Assemblée Générale

- délègue au Conseil d'Administration, avec **faculté de subdélégation** dans les conditions fixées par la loi et les statuts de la Société, sa compétence pour décider de l'augmentation du capital, par voie d'offre au public, ... , en une ou plusieurs fois, tant en France qu'à l'étranger, dans les proportions et aux époques qu'il appréciera, soit en euros, soit en devises étrangères, par l'émission (i) d'actions ordinaires de la Société, (ii) de valeurs mobilières qui sont des titres de capital donnant accès à d'autres titres de capital de la Société ou donnant droit à l'attribution de titres de créance et/ou (iii) de valeurs mobilières, y compris de titres de créance, donnant accès à des titres de capital de la Société à émettre, étant précisé que la souscription de ces actions et autres valeurs mobilières pourra être opérée soit en espèces, soit par compensation avec des créances liquides et exigibles ;
- décide qu'est expressément exclue toute émission d'actions de préférence et de valeurs mobilières donnant accès à des actions de préférence ;
- décide que les opérations d'augmentation du capital pourront être effectuées à tout moment, dans le respect de la réglementation en ... ;
- décide que le montant nominal maximal des augmentations de capital susceptibles d'être réalisées, immédiatement ou à terme, ... s'imputera sur le plafond nominal global de 500 millions ...

5. décide que le montant nominal maximal des valeurs mobilières ... ;
6. décide de supprimer le droit préférentiel de souscription des actionnaires aux actions et/ou valeurs mobilières pouvant être émises en vertu de la présente délégation ; et à la réglementation applicable, de l'utilisation faite de cette délégation ; ...

La présente délégation est donnée pour une durée de vingt-six (26) mois à compter de la présente Assemblée.

d. Délai de réalisation de l'augmentation de capital

L'augmentation du capital doit être réalisée dans le **délai de cinq ans** à dater de l'assemblée générale qui l'a décidée ou déléguée au conseil d'administration (ou au directoire).

Ce délai ne s'applique pas aux augmentations de capital à réaliser par conversion d'obligations en actions, ni aux augmentations de capital en numéraire résultant de la souscription d'actions émises à la suite des levées d'options.

En outre, l'augmentation du capital par **offre au public**, réalisée **moins de 2 ans** après la constitution d'une société sans offre au public, doit être précédée, dans les conditions visées aux articles L. 225-8 à L. 225-10 du Code de commerce, d'une **vérification de l'actif et du passif** ainsi que, le cas échéant, des avantages particuliers consentis, dans les mêmes conditions que pour une constitution de société avec offre au public (C. com., art. L. 225-131, al. 2). Cette règle évite les constitutions sans offre au public, suivies d'une augmentation de capital avec offre au public, sans contrôle initial.

Exemple

EDF, communiqué de presse le 7 mars 2017
Calendrier indicatif annonçant l'obtention du visa de l'AMF et décrivant les principales caractéristiques de l'augmentation de capital et les modalités de mise à disposition du Prospectus.

6 mars 2017	Visa de l'AMF sur le Prospectus. Signature du contrat de garantie.
7 mars 2017	Diffusion d'un communiqué de presse de la Société annonçant l'obtention du visa de l'AMF et décrivant les principales caractéristiques de l'augmentation de capital et les modalités de mise à disposition du Prospectus.
8 mars 2017	Détachement des droits préférentiels de souscription et ouverture de la période de négociation des droits préférentiels de souscription sur Euronext Paris.
10 mars 2017	Ouverture de la période de souscription.
17 mars 2017	Clôture de la période de négociation des droits préférentiels de souscription.
21 mars 2017	Clôture de la période de souscription.
28 mars 2017	Diffusion d'un communiqué de presse de la Société annonçant le résultat des souscriptions. Diffusion par Euronext Paris de l'avis d'admission des Actions Nouvelles indiquant le montant définitif de l'augmentation de capital et le barème de répartition pour les souscriptions à titre réductible.
30 mars 2017	Émission des Actions Nouvelles – Règlement-livraison. Admission des Actions Nouvelles aux négociations sur Euronext Paris.

e. Publicité de la décision d'augmentation de capital

- Toutes les sociétés par actions doivent, dans un délai d'un mois à compter de la date de l'assemblée, procéder à :
  - l'enregistrement fiscal,
  - l'insertion dans un journal d'annonces légales,
  - le dépôt au greffe du tribunal de commerce avec la demande d'inscription modificative au RCS,
  - l'insertion au BODACC par les soins du greffier du tribunal de commerce.
- Les sociétés dont les actions sont admises aux négociations sur un marché réglementé (Euronext Paris) doivent publier sur leur site Internet (C. com. art. R. 210-20 créé par le décret n° 2010-684 du 23 juin 2010) certaines informations intéressant leurs actionnaires, au moins 21 jours avant la date de l'assemblée générale, et notamment :
  - l'avis de réunion ;
  - le texte des projets de résolution qui seront présentés à l'assemblée générale par le conseil d'administration ou le directoire ;
  - les documents que les actionnaires ont le droit de consulter préalablement à l'assemblée (inventaire, comptes annuels et comptes consolidés, rapport de gestion, rapports des commissaires aux comptes, etc.

f. Publicité de la réalisation de l'augmentation de capital

L'augmentation de capital implique une modification des statuts. Rappelons que les modifications de statuts sont soumises à des formalités de publicité (*cf.* Chapitre 13, § 2-A-2).

g. Résumé des opérations et calendrier

J-15 jours ou avant	Rapport du conseil d'administration
Au plus tard J-15	**Convocation des associés à l'AGE.** Préparation du rapport spécial de la gérance relatif au montant et aux raisons de l'augmentation de capital.
Au plus tard J-8	En cas d'augmentation de capital par apport en nature : dépôt du rapport du commissaire aux apports au greffe du tribunal de commerce du siège social de la société.
J	Tenue de l'**AGE** : approbation de l'augmentation de capital et fixation de son montant, et des modalités Le cas échéant : autorisation de délégation au conseil d'administration
Au plus tard J+1 mois	Au greffe du tribunal de commerce du siège social de l'entreprise : - dépôt du PV de délibération de l'AGE, - publication au BALO.
Dans les 5 ans de l'AGE Réalisation de l'augmentation de capital par le conseil d'administration	**K-14 Avis envoyé à tous les actionnaires** **K Ouverture de la période de souscription, début de la cotation** Si l'augmentation de capital n'est pas réalisée dans les 6 mois, à compter de l'ouverture de souscription, tout souscripteur peut demander au président du tribunal de commerce statuant en « référé », la nomination d'un **mandataire** chargé de retirer les fonds afin de les restituer aux souscripteurs.
Réception des fonds	En cas d'augmentation de capital par apport en numéraire : réception des fonds apportés par le(s) souscripteur(s)
Au plus tard 8 jours après la réception des fonds	En cas d'augmentation de capital par apport en numéraire : dépôt des fonds auprès d'une banque, d'un notaire, ou de la Caisse des dépôts et consignations.
Au plus tard K+5 mois	**15 jours avant la date** de la seconde **AGE** : convocation des associés.
Au plus tard K+6 mois	**Fin de la période de souscription.** Tenue de l'**AGE** constatant la réalisation des formalités et le caractère définitif de l'augmentation de capital.
Formalités : K+7 mois	Enregistrement fiscal de la délibération de l'AGE ou du CA (si délégation) : - publication, dans un journal d'annonces légales, d'un avis de modification du capital social, - au greffe du tribunal de commerce du siège social de l'entreprise : dépôt du PV de l'assemblée générale extraordinaire et des statuts modifiés, sous peine d'une amende de 9 000 € et de 6 mois de prison, - demande d'inscription modificative au RCS.

2 Augmentation de capital par apport en numéraire

a. Condition préalable

Libération du capital ancien

Le capital doit être **intégralement libéré** avant toute émission d'actions nouvelles à libérer en numéraire, **à peine de nullité** de l'opération et de sanctions pénales (C. com., art. L. 225-131, al. 1). Cet article ne vise pas les augmentions de capital en numéraire par élévation de la valeur nominale des actions, qui rappelons-le, ne se réalisent que par approbation à l'unanimité des actionnaires.

b. Équité entre les actionnaires anciens et nouveaux

La différence entre la valeur réelle des titres et leur valeur nominale peut léser les porteurs de titres ne participant pas à l'opération d'augmentation de capital. Les anciens actionnaires courent deux dangers :

- le renversement de majorité car les anciens actionnaires seront dilués,
- une amputation de leurs droits sur les bénéfices et les réserves, donc une baisse de rendement de leurs actions.

Pour rectifier l'écart de valeurs et pallier ces deux inconvénients, il est possible :

- de prévoir une **prime d'émission** par titre créé ;
- ou de créer **un droit préférentiel de souscription** attaché à chacun des titres anciens (voir ci-après).

Création d'une prime d'émission

La prime d'émission correspond à un droit d'entrée versé par un nouvel actionnaire. Elle est versée à l'entreprise et non aux anciens actionnaires (contrairement au DPS, la prime d'émission ne donne à l'actionnaire l'ayant versée, ni droit de vote, ni rémunération future).

Rappel. Lors de l'augmentation de capital dans la SA, la prime d'émission doit être immédiatement libérée alors que la libération partielle est autorisée dans le cadre de la SARL (*cf. supra* § 1-B-2-d).

Exemple

Une SA a un capital composé de 10 000 actions de 100 euros.
L'AGE décide une augmentation de capital en numéraire, par émission de 1 000 actions nouvelles au prix de 218 euros.

Bilan avant l'augmentation de capital :

ACTIF		PASSIF	
Actifs divers		Capital (10 000* 100 €)	1 000 000
		Prime d'émission	
		Réserves	700 000
		Résultat de l'exercice	470 000
		Total Capitaux propres	**2 170 000**
Trésorerie		Dettes	

Réalisation de l'augmentation de capital :
Les 1 000 titres nouveaux seront enregistrés au crédit du capital social pour leur valeur nominale prévue dans les statuts : 100 euros, soit 1 000 × 100 = 100 000 €.
La prime d'émission, sera de 1 000 titres × 118 € = 118 000 € puisque le nouvel actionnaire va acquérir une quote-part de la propriété des résultats non distribués aux anciens actionnaires (1 170 000 €).

Représentation partielle du bilan après l'augmentation de capital :

ACTIF		PASSIF	
Actifs divers		Capital (10 000* 100 € + 1 000* 100 €)	1 100 000
		Prime d'émission	118 000
		Réserves	700 000
		Résultat de l'exercice	470 000

>>>

>>>

ACTIF		PASSIF	
		Total Capitaux propres	**2 388 000**
Trésorerie	218 000		
		Dettes	

Présentation comptable
Le capital social a bien augmenté d'un montant égal à la valeur nominale de 1 000 actions nouvelles de 100 €.
La différence représentée par la prime d'émission est identifiée dans les capitaux propres.
Impact financier de cette opération
Les capitaux propres par action avant l'augmentation de capital étaient de :

((10 000 × 100) + 1 170 000)/10 000 actions = 217 €

Les capitaux propres par action après l'augmentation de capital sont de :

2 388 000/11 000 actions = 217 €

Sans la création de la prime d'émission, les titres anciens qui avaient une valeur de 217 € auraient maintenant une valeur de :

(1 100 000 + 1 170 000)/11 000 actions = 206 €

Impact pour les nouveaux actionnaires :
L'apporteur verse une somme de 218 € par action, mais sa quote-part dans le capital social, qui détermine son pouvoir dans la nouvelle structure et son droit dans le partage des bénéfices, ne s'élève qu'à 100 € par action.

Le droit préférentiel de souscription

Les actionnaires ont, proportionnellement au montant de leurs actions, un droit de préférence à la souscription des **actions de numéraire** émises pour réaliser une augmentation de capital (C. com., art. L. 225-132, al. 2).

L'actionnaire ancien pourra, soit exercer son droit préférentiel de souscription (DPS), afin de ne pas être dilué, soit vendre son DPS afin de ne pas perdre en patrimoine.

Dans certains cas cependant, l'augmentation de capital peut se faire avec suppression des DPS, soit par renonciation des actionnaires anciens, soit du fait de la loi :

- les actionnaires renoncent **à titre individuel** à leur DPS par exemple, lorsque l'augmentation de capital a pour objectif d'introduire un nouvel actionnaire pour financer la croissance ou pour éponger les dettes (*cf.* Chap. 20 § 2-A) ;
- certaines **décisions collectives** des actionnaires impliquent renonciation aux DPS (conversion d'actions de préférence – *cf. infra* § 1-C-6-c, émission de valeurs mobilières donnant accès au capital – *cf. infra* § 6-B, approbation d'un projet de fusion ou de scission par les actionnaires de la société bénéficiaire des apports – *cf. infra* Chap. 18) ;
- la **loi** prive du DPS, les actions de préférence sans droit de vote (*cf. infra* § 1-C-6) auxquelles est attaché un droit limité de participation aux dividendes, aux réserves ou au partage du patrimoine en cas de liquidation, sauf disposition contraire des statuts (C. com., art. L. 228-11, al. 5) ;

Dans la SARL, la pratique du droit préférentiel de souscription est facultative, les statuts pouvant rendre obligatoire cette modalité de façon permanente.

▪ Évaluation du DPS

La valeur théorique du DPS est en principe égale au niveau du prix de vente du DPS pour lequel l'actionnaire ancien n'est pas lésé. Le DPS représente ainsi la perte de valeur d'une action après l'augmentation de capital.

Exemple

Calcul de la valeur théorique du droit préférentiel de souscription.
La société MAGDM est une SA au capital de 10 000 actions de valeur nominale 100 €. La valeur réelle de l'action a été estimée à 160 € (par des experts).
Une augmentation de capital est votée : émission de 2 000 actions à 130 €.
Quelle est la valeur théorique du droit préférentiel de souscription (DPS) ?
Valeur de l'action avant l'opération d'augmentation de capital : 160 €.
Première méthode :

	Capitaux propres	Nombre d'actions	Valeur unitaire de l'action
Situation avant l'augmentation de capital	1 600 000	10 000	160
Augmentation de capital avec prime d'émission	260 000	2 000	130
Situation après l'augmentation de capital :	1 860 000	12 000	155

La valeur théorique de l'action après l'augmentation de capital est de 155 €.
Valeur du DPS : 160 – 155 = 5 €.
Deuxième méthode : Une action nouvelle = 5 DPS + 130 €.
Valeur de 5 DPS : 155 – 130 = 25, soit 5 € par DPS.
Parité : 2 000 actions nouvelles pour 10 000 anciennes, soit un rapport de 1/5 ; pour 1 action nouvelle, il faut 5 DPS (à chaque action ancienne est attaché un DPS).
La perte de valeur unitaire est apparemment de 5 €, mais pour avoir le droit de souscrire à une action, il faut 5 droits de souscription, chaque droit étant attaché à une action ancienne. La valeur théorique du droit de souscription est très exactement égale à la perte unitaire de valeur, soit 5 € dans cet exemple.

Exemple

Signification patrimoniale du droit préférentiel de souscription.
Exemple 1
Un actionnaire de la société MAGDM détient 5 actions et ne veut pas souscrire à l'augmentation de capital ; il vend ses 5 DPS.
Son patrimoine avant l'augmentation de capital est de 5 × 160 € = 800 €
Son patrimoine après l'augmentation de capital est de 5 × 155 € = 775 € + l'encaissement des 5 DPS : 25 €, soit 800 € partagés entre des titres (775 €) et des espèces encaissées (25 €).
Exemple 2
Un autre actionnaire de la société MAGDM détient 4 actions. Il dispose donc d'un DPS par action ancienne, qui est détachable des actions et négociable pendant toute la durée de la souscription. Chaque DPS lui permettra de souscrire à 1/5 d'action nouvelle (2 000 actions nouvelles/ 10 000 actions anciennes).
Le DPS a été valorisé à 5 €.
Le patrimoine ancien de cet actionnaire est de 4 actions × 160 € = 640 €.
Lors de l'augmentation de capital :

– soit il achète un DPS pour pouvoir acquérir une action nouvelle :

Valeur du patrimoine après l'opération : 5 actions × 155 =		775
Coût de l'opération : diminution de sa trésorerie		
Acquisition d'un DPS :	– 5	
Acquisition d'une action :	– 130	
Coût total :	– 135	
Valeur du patrimoine et des liquidités :	(775 – 135)	640

– soit il n'est pas intéressé par l'acquisition d'une action et il vend ses 4 DPS

Valeur du patrimoine après l'opération : 4 actions × 155 € :	620
Encaissement de la vente des 4 DPS : 4 × 5 € =	20
Valeur du patrimoine et des liquidités	640

Par cet exemple, nous constatons que le mécanisme du droit de souscription garantit le maintien de l'équilibre des pouvoirs entre les actionnaires.

▪ Influence de la prime d'émission sur le calcul du droit préférentiel de souscription

Si les actions nouvelles sont émises avec une prime d'émission, la valeur du droit préférentiel de souscription baissera mécaniquement.

▪ Situation du DPS dans les sociétés cotées

Si la société est cotée, le DPS est lui-même coté durant la période de souscription. Ces titres peuvent être très volatils et très spéculatifs puisqu'ils enregistrent toutes les variations entre un cours (fluctuant) et un prix d'émission (fixe) mais généralement rapporté à une faible valeur, puisque nous pouvons constater que plus le prix d'émission est élevé, plus la valeur du DPS est faible.

Illustration

Annonce Catana Group le 19 mars 2018

CATANA Group lance une augmentation de capital avec maintien du droit préférentiel de souscription de 5 M € pour accompagner l'accélération de son développement :

- Souscription du 23 mars au 9 avril inclus
- Négociation des DPS du 21 mars au 5 avril 2018
- Parité de souscription : 88 DPS donnant droit de souscrire à 5 actions nouvelles
- Prix de souscription : 3 € par action

Valeur théorique du droit préférentiel de souscription et décote du prix d'émission par rapport au cours de l'action ex-droit

Sur la base du cours de clôture de l'action CATANA GROUP le 13 mars 2018, soit 3,50 € :

- La valeur théorique du DPS s'élève à 0,027 €
- La valeur théorique de l'action ex-droit s'élève à 3 473 €
- Le prix d'émission des actions nouvelles à 3 € fait apparaître une décote de 13,62 % par rapport à la valeur théorique de l'action ex-droit.

Exercice du droit préférentiel de souscription

Le droit préférentiel de souscription s'exerce à titre irréductible. Ce droit, d'ordre public, est proportionnel aux droits antérieurs dans le capital et il est négociable. Le délai de souscription ne peut être inférieur à **5 jours de bourse** (C. com., art. L. 225-132 et L. 225-141).

Le conseil d'administration (ou le directoire) décide du sort des titres non souscrits à titre irréductible en limitant par exemple l'augmentation de capital. Cette limitation ne peut être décidée qu'à la condition que l'augmentation de capital soit réalisée à **au moins 75 %** du montant fixé initialement, sauf si l'assemblée générale en avait décidé autrement.

Le droit préférentiel de souscription peut ensuite s'exercer **à titre réductible**, si et seulement si, l'assemblée générale extraordinaire avait expressément prévu cette possibilité lors de la décision d'augmentation de capital. Les titres non souscrits à titre irréductible sont alors répartis de façon proportionnelle aux droits antérieurs des actionnaires.

Exemple

Une augmentation de capital est décidée. 30 actions n'ont pas été souscrites à titre irréductible. L'assemblée générale extraordinaire avait prévu une souscription à titre réductible. Les actions non souscrites seront partagées au prorata du nombre des droits de souscription que chacun détient. Le tableau de répartition des actions non encore souscrites est le suivant :

Actionnaires	Nombre de DPS détenus :	Nombre d'actions désirées :	Attribution théorique :
M. F.	522	13	11
M. P.	388	15	8
Mme S	300	12	7
Mme M	165	4	4
Total	1 375	44	30

L'attribution théorique pour M. F. par exemple est calculée ainsi :

$$\frac{\text{30 actions à souscrire} \times \text{522 DPS détenus par M. F.}}{\text{Nombre total des DPS des actionnaires intéressés : 1 375}} = \text{soit 11 actions}$$

Selon, notre exemple, les actions nouvelles sont maintenant toutes souscrites.

Si un actionnaire avait une attribution théorique supérieure au nombre d'actions désirées, il resterait des actions non encore souscrites à répartir une deuxième fois entre les actionnaires toujours intéressés, suivant le même tableau de répartition.

Illustration

Annonce Catana Group le 19 mars 2018

Souscription à titre réductible

Il est institué, au profit des actionnaires, un droit préférentiel de souscription (DPS) à titre réductible aux Actions Nouvelles qui s'exercera proportionnellement à leurs droits et dans la limite de leurs demandes. **En même temps qu'ils déposeront leurs souscriptions à titre irréductible**, les actionnaires ou les cessionnaires de DPS pourront souscrire à titre réductible le nombre d'Actions Nouvelles qu'ils souhaiteront, en sus du nombre d'Actions Nouvelles résultant de l'exercice de leurs droits préférentiels de souscription à titre irréductible. Les Actions Nouvelles éventuellement non absorbées par les souscriptions à titre irréductible seront réparties et attribuées aux souscripteurs à titre réductible. Les ordres de souscription à titre réductible seront servis dans la limite de leurs demandes et au prorata du nombre d'actions existantes dont les droits auront été utilisés à l'appui de leur souscription à titre irréductible, sans qu'il puisse en résulter une attribution de fraction d'Action Nouvelle. Au cas où un même souscripteur présenterait plusieurs souscriptions distinctes, le nombre d'Actions Nouvelles lui revenant à titre réductible ne sera calculé sur l'ensemble de ses DPS que s'il en fait expressément la demande spéciale par écrit, au plus tard le jour de la clôture de la souscription. Cette demande devra être jointe à l'une des souscriptions et donner toutes les indications utiles au regroupement des droits, en précisant le nombre de souscriptions établies ainsi que le ou les intermédiaires habilités auprès desquels ces souscriptions auront été déposées. Les souscriptions au nom de souscripteurs distincts ne peuvent être regroupées pour obtenir des Actions Nouvelles à titre réductible.

Sort des DPS à l'issue de l'opération et traitement fiscal

À l'issue de l'opération, les droits sont retirés de la cote et perdent toute valeur.

En cas de cession de DPS, la plus-value dégagée est soumise à la fiscalité des plus-values de cession de valeurs mobilières, c'est à dire soit à la FLAT TAX de 30 %, soit au barème progressif sur option en fonction de la durée de détention et de la nature des titres concernés.

Suppression du droit préférentiel de souscription

Dans certains cas, une société peut avoir besoin de réaliser une augmentation de capital réservée à un ou des tiers :

- pour faire entrer un tiers au capital ;
- ou pour réaliser des augmentations de capital consécutives à l'émission de valeurs mobilières donnant accès au capital (*cf. infra* § 6-B).

La suppression du DPS nécessite une autorisation préalable de l'assemblée générale extraordinaire des actionnaires (C. com., art. L. 225-135), qui peut ensuite déléguer sa compétence ou ses pouvoirs au conseil d'administration (ou au directoire) dans la limite d'un plafond qu'elle a fixé (*cf. supra* § 2-C-1-c). L'autorisation peut n'intéresser qu'une partie de l'augmentation de capital.

La décision de l'AGE est prise au vu du rapport du conseil d'administration ou du directoire exposant les motifs de l'augmentation et de la suppression du DPS et après lecture du rapport spécial du commissaire aux comptes donnant son avis sur la suppression du DPS et les modalités de calcul du prix d'émission des actions nouvelles. L'absence de l'un de ses rapports entraîne la nullité des délibérations. Dans la situation où la compétence de l'AGE est déléguée au conseil d'administration, ou au directoire, le rapport du commissaire aux comptes n'est pas requis. Il établira un rapport sur les conditions définitives de l'opération qui sera présentée à l'AGO suivante de la société émettrice.

Illustration

Global Bioenergies

Lancement d'une augmentation de capital par voie d'offre au public avec suppression du droit préférentiel de souscription d'un montant initial de 17 millions d'euros.

Global Bioenergies (la « **Société** »), seule société au monde à avoir développé un procédé de conversion de ressources renouvelables en isobutène, annonce aujourd'hui le lancement d'une augmentation de capital avec suppression du droit préférentiel de souscription des actionnaires par voie d'offre au public et sans délai de priorité de souscription au bénéfice des actionnaires, d'un montant initialement prévu de 17 M€, pouvant être porté à un maximum de 19,5 M€ en cas d'exercice intégral de la clause d'extension (l' « **Offre** »).

L'Offre a pour objet de fournir à la Société les moyens de :

- compléter le développement du procédé Isobutène à l'échelle du laboratoire, du pilote et du démonstrateur (pour environ 58% du produit de l'émission) ;
- poursuivre les efforts de R&D pour adapter le procédé à l'utilisation de ressources de deuxième et de troisième génération (pour environ 20% du produit de l'émission)....

Dans le cadre de l'Offre, le groupe L'Oréal, via son fonds d'investissement BOLD Business Opportunities for L'Oréal Development, s'est engagé, sous certaines conditions, à souscrire pour un montant de 7 M€.... En outre, plusieurs fonds d'investissements institutionnels se sont engagés irrévocablement à souscrire à l'Offre pour un montant de 5,2 M€, représentant 30,8% du montant brut de l'Offre, chacun de ces engagements de souscription ne représentant pas plus de 5% du capital après émission des actions nouvelles.

En cas d'insuffisance de la demande, l'augmentation de capital envisagée pourrait être limitée aux souscriptions reçues dans la mesure où ces dernières représentent 80,3% du montant de l'émission initialement prévu, ce qui ne remettrait pas en cause la réalisation des objectifs de la Société.

Organe compétent : l'AGE

Une augmentation avec suppression du DPS exige une double AGE.

- Une première AGE décide de la suppression du DPS.
- Une deuxième AGE décidera de l'augmentation de capital, sous condition de l'accord des actionnaires lors de la première AGE.

- **Société ne procédant pas par offre au public.**

  L'AGE est seule compétente pour supprimer le DPS.

  Une première AGE doit nommer les bénéficiaires, ces derniers ne votant pas à l'AGE.

  L'émission d'actions nouvelles doit être réalisée dans un délai de 18 mois à compter de l'AGE ayant décidé la suppression du DPS. Elle peut être totale ou partielle, ou ne concerner qu'une tranche de l'augmentation de capital.

  Les actionnaires, réunis en AGE entendent :

  - **le rapport du conseil d'administration ou du directoire exposant :**
    - les motifs de l'augmentation de capital ;
    - les raisons de la suppression du DPS ;
    - les noms des bénéficiaires de la suppression du DPS et le nombre de titres qui leur sont attribués ;
    - le prix d'émission des titres attribués ;
    - l'incidence de l'émission des actions nouvelles sur la proportion de capital détenue par les actionnaires anciens.
  - **le rapport spécial du commissaire aux comptes :**
    - avis sur les conditions de l'émission et donc sur l'opportunité de la suppression du DPS.
    - avis sur le calcul du prix d'émission, certifiant ces éléments exacts et sincères.

    Le rapport du commissaire aux comptes est destiné au conseil d'administration (ou au directoire) s'il a obtenu un pouvoir de délégation de la part de l'AGE.

    L'absence du rapport du commissaire aux comptes entraîne la nullité de la délibération.

  Le commissaire aux comptes devra émettre un autre rapport destiné aux actionnaires lors de la réalisation définitive de l'opération (dit « rapport complémentaire ») (C. com. art. R. 225-116). Il est mis à la disposition des actionnaires 15 jours au plus après la réunion du CA ou du directoire et porté à la connaissance de la prochaine assemblée.

  Après avoir entendu ces rapports, l'AGE décide la suppression des droits préférentiels de souscription puis vote, le cas échéant, la délégation au conseil d'administration (ou au directoire). Les personnes bénéficiaires de l'opération ne prennent pas part au vote.

  L'émission des **actions nouvelles** (et non l'augmentation de capital) doit ensuite être réalisée **dans les 18 mois** à compter de cette assemblée (C. com., art. L. 225-138-III). L'AGE peut décider un délai plus court.

- **Augmentation de capital par offre au public ou par placement privé.**
  - **Suppression des DPS sans indication du nom des bénéficiaires**. Lorsque l'augmentation de capital est réalisée **par offre au public de titres financiers** ou par **placement privé** au profit d'investisseurs qualifiés ou dans un cercle restreint d'investisseurs, l'AGE peut supprimer les DPS sans nommer les bénéficiaires (C. com., art. L. 225-136) afin de faciliter les investissements des sociétés institutionnelles (compagnies d'assurance, banques...). En contrepartie, la société augmente les primes d'émission améliorant d'autant la trésorerie. L'augmentation de capital par placement privé ne doit pas être confondue avec une offre au public ; elle est limitée à 20 % du capital social par an.
  - Le **prix d'émission** des titres nouveaux ne peut pas avoir une décote supérieure à 5 % de la moyenne pondérée des cours des trois dernières séances de Bourse. Par exception, l'AGE peut autoriser le conseil d'administration (ou le directoire) à fixer le prix d'émission pour une opération par an ne représentant pas plus de 10 % du capital. Dans ce cas, le commissaire aux comptes rédige un rapport complémentaire décrivant les conditions définitives de l'opération.

- **Droit de priorité non négociable.** Les sociétés cotées sur un marché réglementé peuvent prévoir pour leurs anciens actionnaires, afin de compenser la suppression du DPS, un droit de priorité de souscription (non négociable) proportionnel au nombre d'actions anciennes (C. com. art. L. 225-135, al. 2) (calcul identique à celui proposé dans l'exemple ci-dessus de la société MAGDM, cf. *supra* § 1.C.2.b). **L'AGE fixe alors la durée d'exercice du droit qui doit être égale à au moins 3 jours de Bourse**.

Illustration

WALLIX GROUP : augmentation de capital
Publié le 16/05/2018
WALLIX GROUP lance une augmentation de capital avec suppression du droit préférentiel de souscription des actionnaires et avec délai de priorité à titre irréductible d'un montant initial maximal de 32 m euros.

- Délai de priorité des actionnaires du 16 mai 2018 au 21 mai 2018 inclus

« Le choix de réaliser cette opération avec un délai de priorité pour les actionnaires de WALLIX GROUP répond à notre double objectif de leur offrir une protection contre la dilution tout en permettant à de nouveaux investisseurs de souscrire plus aisément à notre augmentation de capital. »

Lors de toute décision d'augmentation du capital par apport en numéraire, sauf si elle résulte d'une émission au préalable de valeurs mobilières donnant accès au capital, l'assemblée générale extraordinaire doit se prononcer sur un projet de résolution tendant à la réalisation d'une augmentation de capital dans les conditions prévues aux articles L. 3332-18 à L. 3332-24 du Code du travail, lorsque la société a des salariés.

Champ d'application : cette obligation concerne les SA ayant leur **capital détenu à moins de 3 % par les salariés**. Ce seuil concerne les salariés de l'entreprise au sens de l'article L. 225-180 (sociétés détenues directement ou indirectement à 50 % au moins). Ainsi, une société n'ayant pas de salariés est concernée si elle appartient à un groupe ayant des salariés. L'application aux SAS et SASU n'est pas précisée par le Code de commerce, mais est confirmée par plusieurs réponses ministérielles. L'obligation ne concerne pas les sociétés ayant mis en place un dispositif d'épargne salariale s'appliquant à tous les salariés.

Lorsque le seuil de 3 % est atteint, il n'est plus nécessaire de proposer une telle résolution.

Obligation triennale

Tous les 3 ans, l'assemblée générale ordinaire d'approbation des comptes, constate que le capital est détenu à moins de 3 % par des salariés et se prononce sur une résolution tendant à réaliser une augmentation de capital réservée aux salariés dans le cadre d'un plan d'épargne entreprise. Il s'agira d'une résolution extraordinaire et, par conséquent, d'une assemblée générale Mixte.

Les actionnaires accepteront ou rejetteront la proposition selon les mêmes règles de quorum et majorité que les autres résolutions extraordinaires. Si la résolution est rejetée, les associés ont satisfait à leur obligation légale. Si la résolution est acceptée, il appartiendra au dirigeant de la société de convoquer une assemblée générale extraordinaire ultérieure pour proposer une augmentation de capital au profit des salariés.

Obligation ponctuelle

Lors de toute décision d'augmentation du capital, en SA comme en SAS, l'assemblée générale extraordinaire doit se prononcer sur un projet de résolution tendant à réaliser une augmentation de capital réservée aux salariés adhérents d'un plan d'épargne d'entreprise (article L. 225-129, VII-al. 1 du Code de commerce).

Si l'assemblée générale extraordinaire s'est prononcée sur une augmentation de capital réservée aux salaries, l'obligation de renouvellement de l'obligation passe alors de 3 ans à 5 ans.

Exemple

En juin N : AGO mixte : proposition d'augmentation de capital au profit des salariés.
En juin N+1 : AGE : augmentation de capital et proposition d'une résolution d'augmenter le capital au profit des salariés.
Le délai de renouvellement de l'obligation passe alors de 3 ans à 5 ans, soit N+5.

- **Des dispositions spécifiques** sont prévues pour les augmentations de capital réservées aux salariés dans le cadre d'un **PEE** (plan d'épargne entreprise).

Illustration

TOTAL S.A

« TOTAL S.A. (la "Société") (Paris:FP) (LSE:TTA) (NYSE:TOT) met en œuvre son opération annuelle d'augmentation de capital réservée aux salariés et anciens salariés du groupe TOTAL (le "Groupe") .... La participation des salariés au capital de la Société, au sens de l'article L. 225-102 du Code de commerce, s'élevait à 5,30 % au 31 décembre 2019. L'assemblée Générale du 1er juin 2018 a, dans sa dix-huitième résolution, délégué au Conseil d'administration sa compétence pour décider, dans un délai maximum de vingt-six mois, une ou plusieurs augmentations de capital par l'émission d'actions ordinaires avec suppression du droit préférentiel de souscription, dans la limite de 1.5 % du capital social existant à la date de la réunion du Conseil décidant l'opération, réservées aux adhérents à un plan d'épargne d'entreprise, conformément aux dispositions, d'une part, des articles L. 225-129 et suivants, et ...
En vertu de cette délégation, le Conseil d'administration a, lors de sa réunion du 18 septembre 2019, décidé de procéder, en 2020, à une nouvelle augmentation de capital réservée aux salariés et anciens salariés du Groupe dans les conditions décrites ci-après : Nombre maximum d'actions pouvant être émises et montant total de l'offre ... Nature et caractéristique des actions nouvelles actions .... Admission des actions nouvelles aux négociations sur Euronext Paris .... Prix de souscription des actions ... Calendrier indicatif ... Fixation du prix de souscription : le 29 avril 2020 ... Période de souscription : du 6 mai au 18 mai 2020 (inclus). »

Source : zone bourse, le 21/02/2020

c. Réalisation de l'augmentation de capital

Publicité avant l'ouverture des souscriptions : avis aux actionnaires

La publicité est différente suivant que les sociétés procèdent ou non par offre au public.

- Pour les **sociétés ne procédant pas par offre au public**, la société envoie **un avis** à tous les actionnaires (par lettre recommandée avec avis de réception) **14 jours au moins** avant la clôture de souscription. Cet avis décrit l'opération. Si les actions ne revêtent pas toutes la forme nominative ou si elles sont cotées sur un marché réglementé, les informations sont les mêmes, mais elles sont publiés au BALO.
- Pour les **sociétés procédant par offre au public**, il y a dispense de publication au BALO. Un **prospectus** doit être publié. Il mentionne, entre autres, le contenu et les modalités de l'opération. Des informations nécessaires (voir illustration ci-dessous) sont exigées par le règlement général de l'AMF. Les sociétés diffusent également le prospectus par insertion dans la presse et sur Internet. Le prospectus et sa version électronique doivent être remis à l'AMF préalablement à leur diffusion. Le prix d'émission définitif peut ne pas être inclus dans le prospectus ; il pourra être publié selon les modalités prévues par l'AMF, au plus tard la veille de l'ouverture de la souscription. En revanche, si l'augmentation de capital est réservée par exemple aux salariés, il n'y a pas à établir de prospectus.

L'AMF peut demander des informations complémentaires.

Illustration

Capgemini fait état du lancement d'une émission obligataire de 1 milliard d'euros comprenant deux tranches senior non-garanties, la première de 500 millions d'euros à 6 ans et demi (la tranche 2024) et la seconde de 500 millions d'euros à 10 ans (la tranche 2028).

De plus, Capgemini annonce que BNP Paribas a lancé ce jour une offre de rachat en numéraire portant sur les obligations Capgemini de 1,25 milliard d'euros arrivant à maturité en juillet 2020 ..., pour un montant maximum en principal de 500 millions d'euros. L'offre de rachat devrait expirer à 16h00, heure de Paris le 10 avril.

Capgemini à l'intention d'échanger tout ou partie de la tranche 2024 contre les obligations 2020 rachetées par BNP Paribas à travers l'offre de rachat.

Les produits de la tranche 2028 et le surplus éventuel de la tranche 2024 seront utilisés pour les besoins généraux du groupe y compris le remboursement de l'obligation de 500 millions d'euros arrivant à échéance le 2 juillet 2018 ...

Avec ces opérations, sans impact significatif sur le montant total de la dette, Capgemini entend « tirer parti des conditions de marché attractives pour gérer de manière proactive son profil d'échéances de dettes ».

Boursier.com

- Pour les augmentations de capital réservées à une ou plusieurs personnes déterminées avec suppression du DPS, la société n'a pas à publier d'informations au BALO (C. com., art. R. 225-121).

Souscription partielle ou supérieure aux possibilités offertes

- Si **les souscriptions à titre irréductible et, le cas échéant, à titre réductible** n'ont pas permis la réalisation complète de l'augmentation de capital, le conseil d'administration ou le directoire peut :
  - répartir les actions non souscrites en totalité ou en partie entre les actionnaires ou les tiers sauf décision contraire de l'assemblée ;
  - limiter l'augmentation au montant des souscriptions recueillies sous la **double condition** que cette faculté ait été prévue par l'assemblée des actionnaires lors de l'émission (C. com., art. L. 225-134-I-1°) et que le montant des actions non souscrites représente **moins de 25 %** de l'augmentation de capital ;
  - limiter d'office l'augmentation au montant des souscriptions recueillies (C. com., art. L. 225-134-III) si le montant des actions non souscrites représente **moins de 3 %** de l'augmentation de capital.
- Si l'augmentation de capital est plus importante, l'assemblée générale peut avoir prévu lors de ses délégations de pouvoirs au conseil d'administration, que le nombre de titres sera augmenté dans les trente jours à compter de la clôture de souscription, dans les mêmes conditions et **dans la limite de 15 %** de l'émission initiale (C. com., art. L. 225-135-1 et R. 225-118).

Dépôt des fonds

Lors de l'augmentation de capital, la **totalité de la prime d'émission** et **le quart de la valeur nominale des actions** (l'AGE pouvant prévoir une quote-part supérieure) doivent être immédiatement libérés et déposées à la Caisse des dépôts et consignation, chez un notaire ou dans une banque, dans les **8 jours** de la réception des fonds. Le dépositaire constate les souscriptions et les versements par un **certificat**. La libération du surplus doit intervenir dans un délai de **5 ans**.

Les augmentations de capital réservées aux salariés n'exigent aucune libération immédiate lors de la souscription. La libération des actions et de la prime d'émission éventuelle doit être effectuée dans un délai de 3 ans.

Il est possible de libérer les fonds par **compensation avec des créances liquides et exigibles** à la date de la compensation si **l'assemblée générale n'a pas exclu cette possibilité** (l'intéressé n'ayant pas pris part au vote lors de l'AGE). Ces créances font l'objet d'un arrêté de compte établi par le conseil d'administration et certifié conforme par le commissaire aux comptes. Le commissaire aux comptes attestera que les écritures comptables ont bien été enregistrées. Cette attestation remplacera le certificat du dépositaire.

Si l'augmentation de capital n'est pas réalisée dans les **6 mois**, à compter de l'ouverture de la souscription, tout souscripteur peut demander au président du tribunal de commerce statuant en « référé », la nomination d'un **mandataire** chargé de retirer les fonds afin de les restituer aux souscripteurs.

d. Modification des statuts

Après réalisation de l'augmentation de capital, le conseil d'administration ou le directoire procède à la modification des statuts et aux formalités de publicités consécutives.

3 Augmentation de capital par apport en nature

a. Libération ou non du capital social initial

L'augmentation de capital par apport en nature dans la SA ne nécessite pas la libération intégrale du capital social existant. En revanche les actions d'apport en nature (dites « action d'apport ») doivent être intégralement libérées.

b. Contrat d'apport

Un projet de contrat d'apport prévoit :

- la désignation des biens ;
- leur description ;
- leur évaluation proposée ;
- le nombre d'actions nouvelles qui seront émises en rémunération de l'apport ;
- les modalités de l'émission.

Le contrat est signé par le président du conseil d'administration après autorisation du conseil d'administration, mais il n'engagera la société qu'après l'approbation par l'AGE.

c. Rapport du commissaire aux apports

Un ou plusieurs commissaires aux apports sont désignés à l'unanimité des actionnaires. Sinon, tout intéressé (mais en général le président du conseil d'administration) doit demander, par requête, la nomination d'un commissaire aux apports par ordonnance du président du tribunal de commerce (C. com., art. L. 225-147, al. 1).

Le commissaire aux apports apprécie la valeur des apports en nature présentée dans le projet de contrat d'apport. Les dirigeants ne sont pas liés par les conclusions du commissaire aux apports. Si l'évaluation retenue est différente de celle retenue par le rapport du commissaire aux apports, la délibération reste valable, mais les **dirigeants et les bénéficiaires** sont alors **responsables** soit civilement, soit pénalement de la valeur attribuée.

Le rapport est tenu à la disposition des actionnaires au moins **8 jours** avant la date de l'AGE et il est déposé au greffe du tribunal de commerce au moins 8 jours avant la date de l'assemblée.

d. Assemblée générale extraordinaire

L'AGE statue sur :

- le rapport du Conseil d'administration (motivant l'augmentation du capital) ;
- le rapport du commissaire aux apports ;
- le cas échéant sur la prime d'apport (prime d'emission).

Si l'apporteur est un actionnaire, il ne participe pas au vote.

Délégation

Dans les sociétés faisant appel public à l'épargne, certains pouvoirs peuvent être délégués (*cf. supra* § 1-C-1-c) pour procéder à une augmentation de capital, dans la limite de 10 % du capital, et s'il ne s'agit pas d'une OPE, pour rémunérer des apports de titres ou de valeurs mobilières donnant accès au capital.

e. Prime d'apport

L'augmentation de capital par apport en nature ne donne pas lieu à l'exercice d'un droit préférentiel de souscription, mais si la valeur intrinsèque des actions anciennes est supérieure à la valeur nominale, une prime peut être calculée : c'est la **prime d'apport** qui est de même nature que la prime d'émission.

4 Augmentation de capital par incorporation de réserves

L'intérêt financier de l'incorporation des réserves a déjà été exposé (*cf. supra* § 1-B-2-c).

Dans certaines sociétés cotées, dont l'action a une forte valeur unitaire, la distribution gratuite permet également de réduire le cours unitaire, ce qui favorise la liquidité du marché (on peut aussi pour les mêmes raisons procéder à une multiplication du nombre d'actions).

a. Réserves capitalisables

Toutes les réserves, primes d'émission, primes d'apports et de fusion sont capitalisables sauf la réserve spéciale de participation qui ne constitue pas une véritable réserve.

Un éventuel report à nouveau négatif doit être imputé sur ces réserves.

b. Formes des augmentations de capital

L'opération donne lieu soit :

- à une **attribution d'actions gratuites** (la décision de l'AGE étant avec majorité simple) au prorata des droits des actionnaires dans le capital ancien. Par cette méthode, au jour de l'augmentation de capital, le cours unitaire des actions baisse, mais nous obtenons une meilleure liquidité des titres, ce qui peut être intéressant pour une société souhaitant élargir le marché de son titre. La distribution d'actions gratuites à un impact psychologique favorable auprès des actionnaires.
- à une **élévation de la valeur nominale** (sur décision de l'AGE à l'unanimité). Dans ce cas, la valeur intrinsèque de l'action ne change pas. Cette méthode a l'avantage de ne pas poser de problèmes de rompus, mais l'opération risque de passer inaperçue pour l'actionnaire.

c. Droit d'attribution et fiscalité

En cas d'attribution d'actions gratuites, les actionnaires bénéficient d'un droit d'attribution exerçable ou négociable dans les mêmes conditions que le droit préférentiel de souscription.

Par ce procédé, chaque titulaire d'actions anciennes a donc un droit d'attribution d'actions nouvelles, proportionnel aux actions anciennes détenues. Ce droit est négociable et il a un prix qui est la valeur théorique du droit d'attribution. Elle est égale à la perte de valeur de l'action ancienne en raison de l'augmentation de capital par incorporation des réserves.

Dans la plupart des cas, il n'est pas possible d'attribuer un nombre entier d'actions nouvelles pour chaque action ancienne. Les actionnaires peuvent alors se voir contraints d'acheter ou de vendre des droits d'attribution.

Remarque. Dans les SARL situation possible si les statuts le prévoient (la loi ne prévoyant pas expressement cette situation).

Exemple

Soit la société ATTRIB au capital de 3 000 000 € divisé en 30 000 actions de 100 € et dont les réserves s'élèvent à 1 200 000 €. Elle décide d'augmenter son capital social par l'incorporation des réserves à concurrence de 500 000 € assortie de la création de 5 000 actions nouvelles.

Valeur de l'action avant l'augmentation de capital

$$\frac{3\,000\,000 + 1\,200\,000}{30\,000 \text{ actions}} = 140 \text{ €}$$

Si on incorpore au capital social, 500 000 € prélevés sur les réserves en émettant 5 000 actions nouvelles gratuites de 100 €, la valeur de l'action devient :

$$\frac{3\,000\,000 + 1\,200\,000}{35\,000 \text{ actions}} = 120 \text{ €}$$

La valeur théorique du droit d'attribution s'élève à 140 € – 120 € = 20 €.

Il est ainsi attribué 1 action nouvelle pour 6 actions anciennes. La valeur des 6 droits nécessaires pour obtenir 1 action gratuite est bien égale à la nouvelle valeur de l'action : 20 € × 6 = 120 €.

d. Actions à dividendes prioritaires sans droit de vote et certificats d'investissement

S'il subsiste des « **actions à dividende prioritaire sans droit de vote** », l'attribution d'actions gratuites s'applique également aux titulaires de cette catégorie de titres en voie d'extinction. Mais l'AGE peut décider qu'au lieu de recevoir des actions ordinaires, ils recevront des « actions de préférence sans droit de vote » (*cf. infra* § 1-C-6) assorties des mêmes droits que les actions qu'ils détiennent déjà (C. com., art. L. 228-35-7).

Pour la même raison, s'il subsiste des **certificats d'investissement** (autre catégorie de titres en voie d'extinction), de nouvelles actions de préférence sans droit de vote et assorties des mêmes droits que les certificats d'investissement doivent être créées et remises gratuitement aux propriétaires des certificats anciens (C. com., art. L. 228-33). Il n'est pas prévu que des actions ordinaires puissent être remises gratuitement aux détenteurs de certificats d'investissement.

e. Réalisation de l'augmentation de capital

L'incorporation des réserves peut être effectuée même si le capital de la société n'a pas été intégralement libéré (*cf.* tableau récapitulatif *supra* § 1-A-1).

L'**AGE** approuve l'augmentation de capital par incorporation des réserves. Mais contrairement aux autres formes d'augmentation de capital, elle statue aux **conditions de quorum et de majorité d'une assemblée générale ordinaire**.

Toutes les autres règles sont celles d'une assemblée générale extraordinaire.

L'attribution n'est pas une souscription, aussi l'augmentation de capital est définitive dès que l'assemblée l'a décidée.

Un fois émises, les actions résultant d'une incorporation de réserves sont considérées comme des actions de numéraire ; elles sont négociables dès l'accomplissement de la formalité d'inscription modificative au RCS.

La modification des statuts rend obligatoire l'accomplissement des formalités de publicité habituelles.

f. Fiscalité de l'augmentation de capital par incorporation de réserves (CGI art. 812, I)

Lorsqu'une société quelconque augmente son capital au moyen de l'incorporation de réserves, de bénéfices ou de provisions, cette « capitalisation » est enregistrée gratuitement depuis le 1/1/2019.

5 Augmentation de capital par conversion d'obligations en actions

Cette opération modifie la structure du passif de l'entreprise, puisque les dettes diminuent en contrepartie d'un renforcement des fonds propres. Parallèlement nous observons une dilution des actions.

Cette augmentation de capital concerne la conversion en actions, d'obligations ordinaires ou de valeurs mobilières donnant accès au capital.

a. Conversion d'obligations ordinaires

L'assemblée générale des obligataires n'a pas le pouvoir d'accepter ce type de conversion. L'accord de chaque porteur d'obligation est obligatoire. S'il est obtenu, l'AGE décidera l'augmentation de capital qui peut prendre deux formes :

- augmentation par apport en numéraire réalisé par compensation avec les obligations. Dans cette situation, il faut prévoir la suppression du DPS ;
- augmentation par apport en nature de la créance sur la société auquel cas un rapport du commissaire aux apports est nécessaire.

b. Conversion de valeurs mobilières donnant accès au capital

Lorsque la société avait émis des valeurs mobilières donnant accès au capital (par exemple des obligations convertibles en actions), l'AGE avait approuvé cette opération qui devait générer des augmentations de capital différées. Les actionnaires avaient accès à ces titres grâce au droit préférentiel de souscription.

Après l'approbation de ces décisions, les porteurs de ces valeurs mobilières, par simple signature du bulletin de souscription des actions nouvelles attribuées en échange de leurs titres, ne sont plus porteurs de titres de créances mais deviennent actionnaires.

Les formalités administratives sont alors très simplifiées. Il n'y a pas de publicité légale, de constatation de souscription... il suffit de constater l'augmentation de capital et de modifier les statuts en conséquence à tout moment de l'exercice. Normalement, cette tâche avait été déléguée par l'AGE au conseil d'administration (ou au directoire) qui lui-même pouvait faire une subdélégation au directeur général (ou au président du directoire).

6 Actions de préférence

Les sociétés par actions peuvent créer des **actions de préférence avec ou sans droit de vote, assorties d'avantages particuliers** (C. com., art. L. 228-11, al. 1). Cette disposition a été instituée par l'ordonnance 2004-604 du 24 juin 2004 qui a substitué la catégorie des actions de préférences aux deux catégories des actions de priorité et des actions à dividende prioritaire sans droit de vote (ADPSDV) ainsi qu'aux certificats d'investissement. L'objectif est de doter les entreprises d'un support d'investissement répondant aux demandes des investisseurs. Ils pourront aménager leurs droits politiques (avec une participation accrue ou non dans la gestion de l'entreprise) et leurs droits financiers.

a. Droits attachés aux actions de préférence

Le cadre légal des actions de préférence est plus souple que celui qui encadrait les anciennes catégories car, désormais, les droits attachés aux actions de préférence sont définis dans les statuts. Elles offrent pour les mêmes raisons une meilleure sécurité financière que les pactes d'actionnaires (*cf. infra* § 2.C.3).

Droit de vote

Le droit de vote des « actions de préférence avec droit de vote » peut être supprimé ou aménagé pour un délai déterminé ou déterminable (C. com., art. L. 228-11, al. 2). Il est notamment possible de leur attribuer un droit de vote double.

Cependant, les actions de préférence sans droit de vote ne peuvent pas représenter **plus de la moitié du capital social**, et dans les sociétés dont les actions sont admises aux négociations sur un marché réglementé, **plus du quart du capital social** (C. com., art. L. 228-11, al. 3).

Avantages particuliers

Le Code de commerce laisse une grande liberté à l'initiative statutaire. Les avantages particuliers peuvent être notamment :

- des avantages pécuniaires (dividende prioritaire par rapport aux actions ordinaires, dividende cumulatif c'est-à-dire prélevé sur les bénéfices ultérieurs lorsque le bénéfice de l'exercice est insuffisant), attribution prioritaire en cas de boni de liquidation, rachat prioritaire des actions de préférence, amortissement prioritaire des actions de préférence en cas d'amortissement du capital) ;
- des avantages non pécuniaires (information renforcée, association au pouvoir de décision par l'attribution de sièges dans les organes de gestion ou de contrôle – droit politique –, soumission à l'autorisation des porteurs d'actions de préférence de certaines opérations déterminées, droit de demander un audit).

Ces droits particuliers peuvent être exercés dans la société contrôlant la société émettrice des actions de préférence ou dans une société contrôlée par la société émettrice (C. com., art. L. 228-13, al. 1). Ainsi, il est possible pour un investisseur dans une société holding d'avoir des droits dans une filiale opérationnelle particulièrement performante ou inversement.

Limites des avantages particuliers

Il est interdit de prévoir :

- un intérêt fixe ou un pourcentage fixe par rapport à un investissement réalisé. Cet apport serait alors considéré comme un emprunt ;
- de verser un dividende en l'absence de bénéfice distribuable au titre de l'exercice ; le montant d'un dividende ne doit pas pouvoir être fixé arbitrairement au détriment des autres associés.

b. Émission des actions de préférence

Les règles applicables à l'émission des actions ordinaires s'appliquent aussi à l'émission des actions de préférence.

En outre, les bénéficiaires de l'émission des actions de préférence ne peuvent pas prendre part au vote de l'AGE sur la création cette catégorie d'actions. Un commissaire aux avantages particuliers doit être désigné en justice pour faire un rapport sur les avantages particuliers conférés aux actions de préférence (C. com., art. L. 228-15).

Il est intéressant d'inscrire dans les statuts les modalités de conversion ou de rachat des actions de préférence, car la société peut organiser par avance ces opérations en fixant les faits déclencheurs et les modalités de réalisation. Cette organisation rend ensuite l'organisation plus souple en évitant la réunion de l'organe compétent pour délibérer ensuite lors de la conversion ou du rachat des actions de préférence. Il suffira, lors du déclenchement de la conversion ou du rachat que l'organe compétent et le commissaire aux comptes rédigent leur rapport.

c. Conversion et rachat des actions de préférence

Les actions de préférence peuvent être rachetées par la société ou converties en actions ordinaires ou en actions de préférence différentes. L'AGE est seule compétente pour décider le rachat ou la conversion. Les modalités de rachat ou de conversion peuvent être fixées par les statuts.

d. Protection des titulaires d'actions de préférence

Les porteurs d'actions de préférence, constitués en **assemblée spéciale**, peuvent donner mission au commissaire aux comptes de la société de faire un rapport sur le respect de leurs droits particuliers (C. com., art. L. 228-19).

En cas de fusion ou de scission, les actions de préférence peuvent être échangées contre des actions de la société absorbante, contre des actions conférant des droits équivalents ou selon une parité d'échange spécifique. À défaut, la fusion ou la scission doit être approuvée par l'assemblée spéciale des titulaires d'actions de préférence.

7 Les titres participatifs

L'objectif des titres participatifs, créés en 1983, (C. com., art. L. 228-36 et C. de la mutualité, art. L. 124-5-1) était de permettre aux entreprises relevant du secteur public et aux sociétés coopératives anonymes de renforcer leurs capitaux propres sans toucher à l'équilibre des pouvoirs en leur sein ni modifier la structure de leur capital. Ces titres se caractérisaient par une absence de droits de vote, et une rémunération compensatrice, basée à la fois sur une partie fixe et sur une partie variable.

La pratique des titres participatifs est tombée en désuétude.

8 Abandon de créances

Une aide consentie à une autre entreprise n'est pas déductible du résultat fiscal de la société qui la consent dès lors qu'elle ne présente pas de caractère commercial ou qu'elle n'est pas consentie à une entreprise soumise à une procédure de conciliation, de sauvegarde, de redressement ou de liquidation judiciaire.

Sont concernées par la limitation de la déduction les entreprises soumises à l'impôt sur le revenu ou à l'impôt sur les sociétés qui consentent une aide au profit d'une entreprise établie en France ou à l'étranger.

Les aides peuvent être versées à une entreprise tierce ou à des sociétés appartenant à un même groupe.

Toutes les aides sont concernées : l'abandon de créances, la subvention, la prise en charge de dettes d'un tiers, l'engagement de caution donné en faveur d'une autre société, les prêts ou avances sans intérêts ainsi que la renonciation à recettes.

Les aides commerciales sont en principe déductibles, alors que les aides financières ne le sont plus, sauf cas particulier.

a. Abandons de créances à caractère commercial

Conséquences fiscales pour la société créancière :

La déduction du résultat de la société créancière est subordonnée au respect des principes posés par la jurisprudence du Conseil d'État : l'aide doit entrer dans le cadre d'une **gestion normale** et elle doit être effectuée dans **l'intérêt propre** de l'entreprise versante.

Il n'existe pas de définition légale des aides à caractère commercial, seul le juge fiscal s'est prononcé sur cette question. Selon lui, présente un **caractère commercial** un abandon de créance qui trouve son origine dans des relations commerciales entre deux entreprises et qui est consenti soit pour maintenir des débouchés commerciaux, soit pour préserver des sources d'approvisionnement ou bien encore pour défendre son renom commercial.

Au contraire, présente un **caractère financier**, un abandon de créance lorsque la nature de la créance, les liens entre le créancier et le débiteur sont exclusifs de toute relation commerciale et lorsque la motivation de l'abandon de créance présentent un caractère strictement financier. C'est le cas lorsque le créancier cherche à sauvegarder la valeur de ses participations en assurant la pérennité d'une filiale afin d'éviter d'être contraint de combler son passif.

Éclairage : Le Conseil d'État reconnaît le caractère commercial d'un abandon de créance consenti par une société à une de ses filiales en difficulté financière détenue à plus de 99 %, après avoir souligné que cette société n'était pas seulement une société holding, détenant des titres de sociétés de distribution, mais qu'elle fournissait également à ses filiales des prestations de référencement, négociant à cet effet des conditions tarifaires favorables avec les fournisseurs du groupe (CE, 7 février 2018, n° 398 676, SARL France Frais).

Conséquences fiscales pour la société débitrice :

Pour la société débitrice, la créance abandonnée constitue un produit comptablement et fiscalement imposable.

TVA

Pour les abandons de créances, il convient de rechercher successivement :

- si les sommes sont la contrepartie d'une opération ;
- si les sommes complètent le prix d'une opération imposable.

En cas de réponse négative à ces deux questions, les abandons de créances ne sont pas soumis à la TVA.

En effet, la notion de prestation de services effectuée à titre onéreux au sens de l'article 2 de la sixième directive TVA suppose l'existence d'un lien direct entre :

- le service rendu,
- et la contre-valeur reçue.

Dès lors qu'il y a absence de lien direct entre le montant des contributions versées à un tiers et les opérations réalisées par lui, ce dernier ne peut être regardé comme ayant effectué de façon générale des prestations de services à titre onéreux au sens des articles 256 et 256 A du CGI.

En résumé :

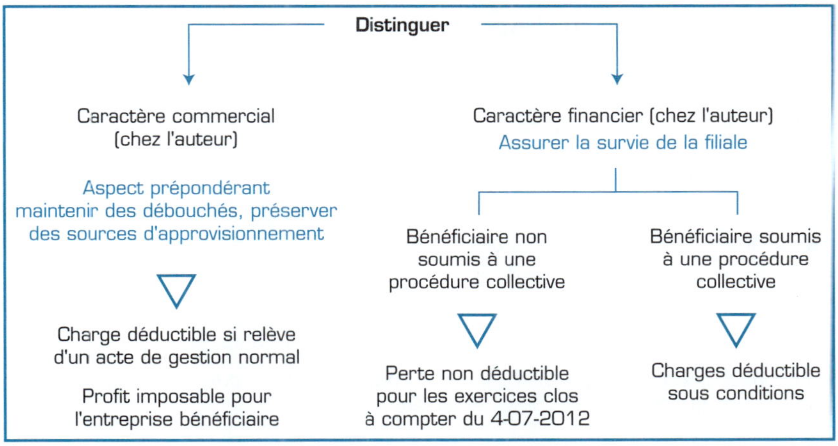

b. Abandons de créances à caractère autre que commercial

Le régime fiscal des abandons de créances à caractère autre que commercial (dits « financiers ») est développé au Chapitre 21 – *La fiscalité des groupes*.

2 Le recours au marché financier

L'architecture des marchés financiers résulte de la directive européenne 2004-39 transposée en droit français par l'ordonnance 2007-544 du 12 avril 2007.

A Les marchés

On distingue :

- **les marchés réglementés** qui sont des marchés très contrôlés, mettant à la charge des émetteurs davantage d'obligations, par exemple celles relatives aux OPA, ou encore à l'application des normes comptables IFRS. (*Exemple* : Euronext Paris). Un marché réglementé est géré par une *entreprise de marché* (*Exemple* : Euronext) ;
- **les systèmes multilatéraux de négociation** (*Multilateral Trading Facility* – MTF). Ces systèmes sont analogues aux marchés réglementés mais les modalités d'admission et de cotation y sont assouplies. Leur exploitation constitue un service d'investissement assuré par une *entreprise d'investissement* ou par une *entreprise de marché* comme Euronext Growth qui permet aux PME d'accéder à la cotation. ;
- **les marchés de gré à gré** où interviennent des internalisateurs.

B Acteurs des marchés

- **Opérateurs de marché.** Une ou plusieurs personnes gérant et/ou exploitant l'activité d'un marché réglementé.
- **Entreprise d'investissement.** Toute personne morale ayant reçu un agrément pour fournir à titre *habituel* des services d'investissement (réception et transmission d'ordres portant sur des instruments financiers, exécution d'ordres au nom de clients, négociation pour compte propre, gestion de portefeuille, conseil en investissement, prise ferme et/ou placement d'instruments financiers, exploitation d'un MTF). (*Exemples* : Axa épargne entreprise, BNP Paribas Equities France, etc.).
- **Internalisateur systématique**. Prestataire de services d'investissement qui, de façon organisée, fréquente et systématique, négocie pour compte propre en exécutant les ordres de ses clients en dehors d'un marché réglementé ou d'un système multilatéral de négociation.

C Procédures d'introduction en bourse

Il existe plusieurs procédures d'introductions qui peuvent être combinées pour permettre une introduction adaptée à chaque société. Dans tous les cas, la demande est présentée par un « agent introducteur » prestataire de services d'investissements.

1 Offre à prix ferme (OPF)

Par une offre à prix ferme, un ou plusieurs actionnaires s'engagent à céder une quantité de titres déterminée à un prix ferme et définitif. En fonction du succès de l'introduction, une réduction proportionnelle des ordres peut être opérée.

Cette procédure d'introduction est supplantée maintenant par l'offre publique à prix ouvert.

> **Exemple :** *Un investisseur passe un ordre d'achat au prix de 1 000 € pour 40 actions. Si la demande est servie à proportion de 20 %, l'investisseur versera 200 € et recevra 8 actions.*

2 Offre à prix ouvert (OPO)

Avec cette procédure, la plus utilisée en France notamment pour les valeurs de taille modeste, le prix est fixé à la dernière minute et correspond ainsi à la demande réelle du marché à cet instant. Une fourchette de prix (un prix minimal et un prix maximal) est communiquée aux investisseurs et ceux-ci indiqueront la quantité de titres et le prix maximum (à l'intérieur de la fourchette communiquée) auquel ils désirent acquérir ces actions.

3 Offre à prix minimal (OPM)

Euronext publie un avis qui précise à la fois le nombre d'actions offertes au public et le **prix minimal** de vente. L'investisseur devra fixer le prix limite (supérieur au prix minimal) auquel il accepte d'acheter l'action, et indiquer la quantité d'actions qu'il désire. Une fois la totalité des ordres recensés et si la demande est importante, Euronext exécutera les ordres d'achat avec un taux de réduction plus important pour les ordres au prix limite le moins élevé.

L'OPM est souvent utilisée dans les périodes de hausse de la Bourse.

4 Cotation directe

a. Intérêt de la cotation directe

La procédure de cotation directe est utilisée pour une introduction en bourse destinée à des investisseurs institutionnels, lorsque la volonté stratégique de l'entreprise est d'obtenir un actionnariat stable. Si la société recherche tout de même une certaine liquidité du titre, elle couplera son opération avec une offre à prix ouvert.

b. Organisation de l'opération

La société émettrice cède les actions à des banques ou des entreprises d'investissement, constitués en syndicat bancaire, qui sont chargées de l'introduction en bourse de ces actions. Le prix de vente minimal est fixé par accord entre la société émettrice et le syndicat bancaire.

L'établissement chef de file du syndicat centralise les ordres d'achat (sans passer par Euronext).

D Règles particulières aux titres cotés

1 Identification des actionnaires

a. Titres au porteur identifiables

Régime facultatif permettant à la société émettrice d'identifier les actions admises aux négociations sur un marché réglementé. Ce régime doit être prévu par les statuts (C. com. art. L. 228-2, I, al. 1).

b. Actionnaire personne morale

Toute personne morale possédant plus de 2,5 % du capital ou des droits de vote d'une société, est tenue, sur demande de la société, de lui faire connaître l'identité des personnes qui détiennent plus du tiers du capital ou des droits de vote de la personne morale (C. com. art. L. 228-3-1, II).

2 Cessions d'instruments financiers cotés

La directive a instauré la concurrence entre les marchés réglementés, les MTF et les marchés de gré à gré. L'intervention d'un intermédiaire agréé est, en principe, facultative. Néanmoins, la fourniture de services d'investissement effectuée à titre de profession *habituelle*, est le monopole des **entreprises d'investissement**.

3 Obligations de transparence

Les entreprises de marché, les gestionnaires de MTF et les internalisateurs systématiques sont soumis à des obligations de transparence (prix à l'achat et à la vente et nombre d'instruments financiers correspondants).

Tout actionnaire agissant seul ou en concert, doit informer la société et l'AMF du nombre total d'actions ou de droits de vote qu'il possède lorsqu'il franchit à la hausse ou à la baisse les seuils de 5%. Lorsque les seuils de 10%, 15%, 20%, 25% et 30% sont franchis l'actionnaire doit le déclarer et il doit en outre remettre une déclaration d'intention pour les 6 prochains mois (achats, contrôle, stratégie).

Le franchissement du seuil de 30% doit s'accompagner du déclenchement d'une offre publique d'achat (**HYPERLINK"https://www.lafinancepourtous.com/decryptages/entreprise/offres-publiques-opa-ope-opr/"**OPA). Le seuil de 95% de détention rend possible le déclenchement par l'actionnaire qui atteint ce seuil d'une procédure d'expropriation des actionnaires minoritaires ; il s'agit alors d'une Offre publique de retrait (OPR).

E Informations privilégiées

Les « initiés » sont les **dirigeants sociaux** (*initiés primaires*) et les personnes disposant en raison de l'exercice de leur profession ou de leurs **fonctions**, d'information privilégiées sur la situation d'un émetteur de titres *admis aux négociations sur un marché réglementé* (initiés secondaires). S'ils réalisent ou permettent de réaliser, directement ou par personne interposée, des opérations avant que le public ait connaissance de ces informations, les initiés sont passibles de sanctions pénales (deux ans d'emprisonnement et amende de 1 500 000 € pouvant être portée jusqu'au décuple du montant du profit réalisé) prononcées par le tribunal correctionnel (C. mon. et fin. art. L. 465-1).

Sont également passibles des mêmes sanctions, les manœuvres ayant pour objet d'entraver le fonctionnement régulier d'un marché réglementé en induisant autrui en erreur, en répandant dans le public des **informations fausses ou trompeuses** de nature à agir sur les cours. (C. mon. et fin., art. L. 465-2).

F Offres publiques d'acquisition

L'offre publique d'acquisition consiste à faire connaître publiquement aux actionnaires d'une société qu'on se porte acquéreur de leurs actions à un prix déterminé réglé en espèces (offre publique d'achat – OPA) ou par remise de titres (offre publique d'échange – OPE).

1 Offres publiques volontaires

L'initiateur d'une offre publique est soumis à des obligations de déclaration à l'AMF et d'information du comité d'entreprise, du public et des actionnaires.

L'offre est **irrévocable**.

La procédure de **retrait obligatoire** peut être mise en œuvre à l'issue d'une offre publique dès l'instant où les titres non présentés à l'offre ne représentent pas plus de 5 % du capital ou des droits de vote.

2 Offres publiques obligatoires

L'offre publique est obligatoire lorsqu'une personne agissant seule ou de concert, détient **plus du tiers** des droits de vote. L'offre doit viser la **totalité des titres.**

3 Le pacte d'actionnaires

Le pacte d'actionnaires est une convention **sous seing privé**, soumise à la règle du **droit des contrats**.

C'est un contrat écrit signé entre les principaux actionnaires d'une société ou certains d'entre eux.

Le pacte est inscrit dans les statuts ou fait l'objet d'un acte extrastatutaire (il peut alors rester secret dans les sociétés dont les titres ne sont pas inscrits sur un marché réglementé) ; les statuts d'une société par actions simplifiée peuvent comprendre des pactes d'actionnaires.

L'Etat et EADS : pacte d'actionnaires
« L'Etat français et EADS vont conclure un pacte d'actionnaires d'une durée de 90 ans pour permettre au premier de continuer à peser sur la stratégie du constructeur aéronautique Dassault Aviation, selon un avis de l'Autorité des marchés financiers (AMF) publié mardi.
L'Etat n'était présent jusqu'ici au capital du constructeur du Rafale qu'indirectement à travers sa participation dans EADS. ...
La France pouvait donc craindre une dilution de ses liens avec Dassault Aviation, une entreprise stratégique... »

Source : AFP 16/04/2013

A Motivations

Le pacte d'actionnaires permet de garantir aux signataires, des clauses inscrites dans le pacte, par exemple :

- contrôler la répartition du capital, par exemple par des clauses d'agrément, ou des clauses de non dilution ;
- organiser les pouvoirs de l'investisseur minoritaire et limiter ses risques ;
- protéger les intérêts de l'actionnaire ;
- renforcer le pouvoir des actionnaires sur la gestion de l'entreprise ;

Le pacte d'actionnaires peut lier les investisseurs à l'équipe dirigeante, ou encore lier les investisseurs entre eux si l'investissement est syndiqué. Il peut exister plusieurs pactes en même temps.

Un capital-risqueur qui cherche à limiter ses risques, exige en général un pacte d'actionnaires comportant les clauses suivantes : droit de préemption en cas de vente d'actions, droit de sortie conjointe, droit à l'information privilégiée. Il peut y avoir d'autres clauses interdisant de vendre les actions pendant un certain temps (évitant la dilution en cas d'augmentation de capital), limitant la rémunération du dirigeant, etc.

B Clauses

1 Clauses relatives à la gouvernance

Ces clauses permettent aux financiers qui ne s'impliquent pas dans la gestion directe de l'entreprise, de **contrôler l'équipe dirigeante**. Ces clauses comprennent par exemple :

- la composition et les pouvoirs du conseil de surveillance et du directoire ;
- les obligations d'information régulière ;
- les obligations de consultation/autorisation préalable du conseil de surveillance pour certaines décisions importantes ;
- des clauses de non concurrence et d'exclusivité qui prévoient des sanctions si le dirigeant quitte la société dans certaines conditions (clause de *bad leaver*).
- une convention de management, l'acquéreur de titres devant consulter ses partenaires financiers pour les décisions extraordinaires sortant du cadre de la gestion courante.

  Les partenaires disposent d'un droit de veto et ils peuvent sortir du capital en cas de désaccord avec l'acquéreur.
- une clause de droit préférentiel à l'information, les investisseurs obtenant des informations plus fréquentes et détaillées.

2 Clauses relatives au maintien de la valorisation des investisseurs anciens

Une **clause de non-dilution** ou clause « *ratchet* » peut disposer que les actionnaires ont un droit préférentiel de souscription lors des augmentations de capital : ils peuvent conserver un pourcentage de capital identique.

Exemple

Lors d'une première augmentation de capital de la société, l'investisseur X avait souscrit 6 000 actions de 1 € nominal au prix de 1 000 € par action. Sa participation était donc valorisée à 6 000 000 €.
Par la suite, le cours de l'action est tombé à 200 €. La société procède à une seconde augmentation de capital en émettant 30 000 actions de 1 € au prix de 200 €, soit un apport de 200 € × 30 000 = 6 000 000 €, égal à l'apport initial de l'actionnaire X. Pour que la valorisation de l'apport de X se maintienne à 6 000 000 €, il faudrait que X détienne lui aussi 30 000 actions au lieu de 6 000. Cet objectif sera atteint grâce à une clause « ratchet » ayant attribué à M. X, une option de souscription de 24 000 actions au prix d'exercice de 1 € par action.

3 Clauses relatives à l'évolution de l'actionnariat

Ces clauses permettent le **contrôle des titres** en prévoyant par exemple :

- une **clause d'agrément** qui a pour but d'écarter certaines personnes de la société ; dans le cas où un actionnaire désire céder ses actions, les actionnaires présents sont prioritaires ; cette clause peut être prévue seulement par les sociétés dont les titres ne sont pas inscrits sur le marché réglementé ;
- un **droit de préemption mutuel** qui confère des droits prioritaires sur le rachat des parts qui seraient cédées par un autre actionnaire ; cette clause permet ainsi d'assurer une certaine stabilité du capital, notamment dans sa répartition entre actionnaires ;
- une **clause de sortie conjointe** (*tag along*). Cette clause protège les actionnaires minoritaires exigeants d'un cédant qu'il obtienne l'accord de l'acquéreur afin que ce dernier rachète également leurs actions, aux mêmes conditions ;
- une clause de retrait ; un signataire du pacte peut **se retirer du capital** si un ou des événements précisés dans le pacte surviennent au cours de la période de validité du contrat.

Les signataires du pacte sont contraints de racheter les parts du partenaire souhaitant se retirer à un prix calculé d'avance et précisé dans le pacte :

- une clause de sortie prioritaire garantie, l'acquéreur devant, à l'issue d'une période donnée, racheter les titres des minoritaires désireux de vendre, à un prix calculé d'avance (méthode de calcul précisée dans le pacte) ;
- une clause de « ***buy or sell*** ». L'objectif est de contrecarrer une mauvaise « cohabitation » entre deux actionnaires. La clause prévoit qu'un actionnaire A peut contraindre un actionnaire B, soit à lui racheter ses titres, soit à lui vendre ses titres, d'où le nom de clause « buy or sell » ;
- une clause **complément de prix (*earn-out*)**. L'*earn-out* représente un complément du prix de base d'acquisition (*earn*) tiré de la société acquise (*out*). C'est un complément de prix différé, payé sur plusieurs exercices et variable en fonction des performances futures de la société acquise.

Une clause d'exclusion. Les signataires du pacte ont le droit d'exclure l'un d'entre eux si certains événements surviennent :

- Les signataires doivent racheter les titres de l'exclu à un prix calculé par avance ;
- L'action de concert peut exister pour des **titres inscrits sur un marché réglementé ou sur Euronext**. Elle vise à acquérir, céder ou exercer des **droits de vote**, pour mettre en œuvre une politique commune vis-à-vis de la société ou pour obtenir le **contrôle** de celle-ci. Les signataires doivent respecter certaines **obligations** (déclaration de franchissement de seuil...) sous peine de sanction.

C Non respect du pacte

On applique ici le droit des contrats.

Exemple

Si des titres sont cédés à un tiers en violation du pacte, la cession reste valable si le tiers est de bonne foi, mais la partie lésée peut engager une procédure auprès du tribunal de commerce ou du tribunal de grande instance. Le cédant s'expose alors au versement de dommages et intérêts pour violation du contrat.

4 Amortissement du capital et réduction de capital

A Amortissement du capital

1 Définition

L'amortissement du capital est une opération rarement pratiquée par laquelle une société rembourse aux actionnaires, tout ou partie du montant nominal de leurs actions à titre d'avance sur la liquidation future de la société.

2 Contexte économique

L'amortissement du capital est surtout pratiqué pour des sociétés concessionnaires d'un service public dont les actifs sont dévolus à la collectivité concédante à l'expiration de la concession. Néanmoins, la clause permettant l'amortissement du capital est souvent prévue dans les statuts des sociétés commerciales mais sa pratique est très rare, en dehors des sociétés concessionnaires, notamment pour des raisons fiscales (*cf. infra* § 4-A-5).

3 Contexte juridique

L'amortissement du capital est effectué en vertu d'une stipulation statutaire ou d'une décision de l'assemblée générale extraordinaire.

a. Cas où l'amortissement du capital ne peut être réalisé

Afin de protéger les droits de certains actionnaires ou obligataires, l'opération d'amortissement de capital ne sera pas possible dans les situations suivantes :

Existence d'actions à dividendes prioritaire sans droit de vote

Si cette catégorie d'actions subsiste dans la société, celle-ci devra dans un premier temps racheter ces titres et les annuler avant de procéder à l'amortissement des actions ordinaires.

Existence de valeurs mobilières donnant accès au capital

L'opération de remboursement partiel ou total des actions est alors **interdite** (*cf. infra* § 4-B-3-a § 6-B-4-a).

Coexistence d'actions amorties et non amorties

Le capital non amorti appartient aux seuls actionnaires détenant des actions non amorties.

Le capital amorti appartient conjointement à tous les actionnaires, car le remboursement a été effectué par prélèvement sur des bénéfices ou des réserves appartenant à tous les actionnaires.

b. Impact juridique sur les droits attachés aux actions

Alors que les actions non amorties prennent le nom **action de capital**, les actions qui deviennent amorties prennent le nom d'**action de jouissance**.

Les actions intégralement ou partiellement amorties perdent, à due concurrence, le droit au premier dividende et au remboursement de la valeur nominale. Elles conservent tous leurs autres droits.

c. De l'action de jouissance à l'action de capital

Lorsque le capital est divisé, soit en actions de capital et en actions totalement ou partiellement amorties, soit en actions inégalement amorties, l'assemblée générale des actionnaires peut décider, dans les conditions requises pour la modification des statuts, la conversion des actions totalement ou partiellement amorties en actions de capital.

Les actionnaires peuvent être autorisés, dans les mêmes conditions, à verser à la société le montant amorti de leurs actions, augmenté, le cas échéant, du premier dividende ou de l'intérêt statutaire pour la période écoulée de l'exercice en cours et, éventuellement, pour l'exercice précédent.

Le conseil d'administration ou le directoire, selon le cas, apporte les modifications nécessaires aux clauses des statuts.

4 Conséquences financières

L'amortissement du capital consiste à rembourser, dans le respect de l'égalité entre tous les actionnaires, tout ou partie de la valeur nominale des actions. Les sommes remboursées sont cependant prélevées sur les bénéfices et les réserves non distribuées et non sur le capital lui-même. Il est également interdit de prélever sur la réserve légale ou la réserve statutaire. Le montant du capital social n'est donc pas modifié par son amortissement.

Exemple

Bilan avant amortissement des actions :

ACTIF		PASSIF	
Actifs divers	2 000	Capital	1 000
		Réserves	600
		Total Capitaux propres	**1 600**
Trésorerie	1 600	Dettes	2 000
TOTAL ACTIF	**3 600**	**TOTAL PASSIF**	**3 600**

La société amortit des actions à hauteur de 400.
Bilan après amortissement des actions :

ACTIF		PASSIF	
Actifs divers	2 000	Capital non amorti	600
		Capital amorti	400
		Réserves	200
		Total Capitaux propres	**1 200**
Trésorerie	1 200	Dettes	2 000
TOTAL ACTIF	**3 200**	**TOTAL PASSIF**	**3 200**

5 Impact fiscal

Le terme « amortissement » désigne l'opération consistant à rembourser le montant des actions ou parts au moyen de fonds prélevés sur les bénéfices sociaux (bénéfices de l'exercice ou antérieurement mis en réserve), (CGI art. 112). Dans ce cas, le capital figure au bilan sous la dénomination de « capital amorti » et les actions de capital deviennent des actions de jouissance.

Sous réserve des dispositions particulières prévues en faveur des sociétés concessionnaires, que nous ne traiterons pas ici, l'amortissement constitue un événement imposable.

Les sommes attribuées aux associés personnes physiques à l'occasion d'une opération d'amortissement du capital sont imposables au prélèvement forfaitaire unique (PFU) ou sur option au barème progressif de l'impôt sur le revenu, avec abattement de 40 %.

Pour les associés personnes morales relevant de l'IS, une option pour le régime mère-fille peut être envisagée, sous conditions.

À la liquidation de la société, la reprise du capital amorti s'effectue, en principe, sans impôt pour la fraction ayant lors de l'amortissement, supporté l'impôt.

Attention L'amortissement du capital ne doit pas être confondu avec l'opération de réduction du capital.

B Réduction de capital

La réduction du capital d'une société par actions ou d'une SARL peut être décidée pour l'une des trois principales raisons : l'annulation de pertes, le remboursement pour réduction d'un capital jugé trop élevé (effet de relution, contraire de la dilution), l'annulation de ses propres parts sociales ou de ses propres actions. Si par la réduction de capital, celui-ci devient inférieur au seuil légal, il faut prévoir une AGE décidant de réduire le capital social, puis d'augmenter le capital social par différents moyens : augmentation du capital en numéraire ou par incorporation des écarts de réévaluation....

La première résolution est sous conditions suspensive de l'acceptation de la deuxième résolution.

1 Conditions et formalités

a. Compétence

Dans la SA

La réduction de capital est autorisée ou décidée par **l'assemblée générale extraordinaire** dans le respect de l'égalité des actionnaires. L'AGE statue au vu du rapport du conseil d'administration (ou du directoire ou de gérance) et du rapport spécial du commissaire aux comptes. Elle peut déléguer au conseil d'administration ou au directoire, selon le cas, tous pouvoirs pour réaliser l'opération (C. com., art. L. 225-204).

En cas de violation de ce principe, les dirigeants encourent des sanctions pénales.

Les actionnaires peuvent, en revanche, renoncer individuellement à l'opération. Ainsi, si un ou plusieurs actionnaires l'acceptent formellement, la réduction de capital peut être supportée par ce ou ces actionnaires dont les actions seront supprimées.

Dans la SARL

La réduction du capital est autorisée par l'assemblée des associés dans les mêmes conditions exigées que pour la modification des statuts (C. com., art. L. 223-34, al. 1).

b. Commissaire aux comptes

Le projet de réduction, avant d'être soumis à l'AGE, doit être communiqué au commissaire aux comptes :

- dans le cadre de la SARL : au moins **45 jours** avant la date prévue pour la réunion (s'il existe un commissaire aux comptes) ;
- dans le cadre de la SA, il n'existe pas de délai formel. Il est juste demandé un délai raisonnable.

Le commissaire aux comptes s'assure entre autres de l'égalité des actionnaires. Il établit un rapport sur l'opération envisagée et fait connaître son appréciation sur les causes et conditions de la réduction. Le rapport est communiqué aux actionnaires de la société **15 jours au moins** avant l'AGE.

c. Protection des créanciers

La loi prévoit une protection des créanciers pour les réductions de capital non motivées par des pertes (*cf. infra* § 4-B-3-a).

d. Publicité

Lorsque le conseil d'administration ou le directoire ou la gérance, selon le cas, réalise l'opération, sur délégation de l'assemblée générale, il en dresse procès-verbal soumis à publicité (insertion dans un journal d'annonces légales, dépôt d'actes au greffe, inscription modificative au RCS, insertion au BODACC) et procède à la modification corrélative des statuts.

e. Modalités

La réduction de capital peut être pratiquée, soit par la diminution du nombre d'actions, soit par la diminution de la valeur nominale par action.

Le capital social ne peut être réduit au-dessous du capital minimum légal, à moins que cette réduction de capital soit faite sous condition suspensive :

- d'augmenter ensuite le capital au moins au montant minimum légal,
- ou de transformer la société en une autre forme juridique.

2 Réduction de capital motivée par des pertes

Si, en raison des pertes accumulées, les **capitaux propres** deviennent **inférieurs à la moitié capital**, le dirigeant ou le conseil d'administration ou le directoire, selon le cas, est tenu dans les **4 mois** qui suivent l'approbation des comptes ayant fait apparaître ces pertes, de convoquer l'AGE à effet de décider, ou non, de la dissolution anticipée de la société. À défaut de consultation des associés, les responsables statutaires encourent six mois d'emprisonnement et une amende.

Remarque. Pour déterminer cette perte, on prend en compte les capitaux propres tels qu'ils apparaissent au bilan (les actions non libérées n'étant donc pas décomptées). En revanche, on n'inclut pas dans les capitaux propres, les prêts participatifs.

Si la dissolution n'est pas retenue, la société a un délai de **deux ans** pour régulariser sa situation. Deux procédés sont envisageables : la société **reconstitue ses capitaux propres** à hauteur de la moitié du capital social, ou elle **diminue son capital social**.

La première solution peut être réalisée par tous moyens : réalisation de bénéfices suffisants, abandon de créances, augmentation du capital par apport en numéraire ou en nature, voire par la réduction du capital. Ces procédés peuvent être cumulés. La régularisation par abandon de créances est un moyen souvent utilisé par une société mère et ses filiales en difficulté.

La seconde solution est l'ultime moyen et non une réelle solution d'assainissement de l'entreprise.

a. Règles générales

La réduction de capital obéit aux règles de majorité relatives à la modification des statuts, sans dérogation possible.

En aucun cas, elle ne peut porter atteinte à l'égalité entre associés (*cf.* Conditions et formalités *supra* § 4-B-1).

b. Coup d'accordéon sans prise de contrôle par des tiers

Le coup d'accordéon consiste en une réduction de capital suivie d'une augmentation de capital.

L'AGE décide :

- de réduire le capital social pour réduire les pertes, pour que celles-ci n'excèdent pas la moitié du capital social,
- puis d'augmenter le capital social par différents moyens : augmentation du capital en numéraire ou par incorporation des écarts de réévaluation...

c. Coup d'accordéon et prise de contrôle par un tiers

L'intérêt est ici de réduire le capital pour assainir la situation, puis d'augmenter le capital, augmentation réservée à un tiers qui apporte de l'argent frais et prend le contrôle de l'entreprise.

Procédure

La réduction de capital suivie d'une augmentation de capital par émission d'actions nouvelles exige une **double AGE**, la décision de la première AGE étant sous condition suspensive de l'accord des actionnaires pour les résolutions de la deuxième AGE acceptant l'augmentation de capital au profit d'un tiers.

La réduction de capital est décidée lors de la première AGE qui statue au vu du rapport de conseil d'administration et du rapport du commissaire aux comptes. Le commissaire aux comptes s'assure du respect de l'égalité des actionnaires. Son rapport est communiqué aux actionnaires de la société au moins 15 jours au moins avant l'AGE.

Impact financier

Les capitaux propres sont restructurés mais les actionnaires anciens sont dilués.

Exemple

Capitaux propres de la société COUDAC au 31/12/N :
Capital social : 100 000 (10 000 actions de 10 €)
Réserves : - 40 000
Le capital sera réduit de 40 000 € par diminution de la valeur nominale des actions. M. Aubène est prêt à entrer au capital de COUDAC en apportant 60 000 €.
Deux hypothèses sont envisageables :
- une réduction de capital est effectuée préalablement à l'augmentation de capital réservée à M. Aubène,
- une augmentation de capital réservée à M. Aubène est réalisée sans réduction préalable du capital.

Avec la première hypothèse :
- premier temps. Réduction de capital de 40 000 € par diminution de la valeur nominale : le capital est maintenant composé de 10 000 actions de valeur nominale 6 €.
- second temps. Augmentation de capital réservée à M. Aubène : il reçoit : 60 000/6 = 10 000 actions de valeur nominale 6 €. Il détient donc 10 000/20 000 = 50 % des actions.

Avec la deuxième hypothèse :
- premier temps. Mr Aubène apporte 60 000 €. Il reçoit donc : 60 000/10 = 6 000 actions. Après l'augmentation de capital, M. Aubène détiendra : 6 000/16 000 = 38 % des actions (contre 50 % dans la première hypothèse).
- second temps. Réduction de capital de 40 000 €. M. Aubène supportera la réduction de capital alors que la gestion antérieure ne lui est pas imputable. Il détiendra 6 000 actions de 6 € mais avec 38 % du capital.

Conclusion : La première hypothèse est donc préférable. Il vaut mieux réduire dans un premier temps le capital social pour l'augmenter dans un deuxième temps, afin que le nouvel actionnaire ne soit pas pénalisé par la gestion passée.

Conséquences fiscales

d. En impôts directs

La réduction de capital peut :
- Lorsqu'elle ne se traduit par aucune répartition au profit des associés (réduction motivée par des pertes ou réduction du nominal des droits sociaux et mise en réserve des sommes correspondantes) ne donner lieu à aucune imposition.
- Lorsqu'elle se traduit par une répartition au profit des associés, ces derniers sont imposables dans la catégorie des revenus distribués.

Seuls sont non imposables les remboursements d'apport et de prime d'émission lorsque toutes les réserves ont été préalablement réparties.

e. En droits d'enregistrement

Nature de l'opération	Droits d'enregistrement applicables	Explication
Réduction de capital contre annulation ou réduction du nominal ou réduction du nombre de titres		
Avec remboursement aux associés (CGI. art. 814 C)	Enregistrée gratuitement (CGI art. 814 C)*	* Remarque 1 : Les dispositions de l'article 814 C du CGI ne sont pas applicables aux opérations placées dans le champ d'application de la théorie de la mutation conditionnelle des apports (CGI, art. 810, III), qui emporte la taxation aux droits de mutation à titre onéreux
Sans remboursement aux associés (CGI. art. 680)	Droit fixe 125 €	

f. Coup d'accordéon par incorporation des comptes courants associés

Le coup d'accordéon consiste en une augmentation de capital, libérée par prélèvement sur le compte courant des associés, suivie d'une réduction de capital par imputation des pertes.

Impact financier

Cette opération est sans effet sur le résultat de la société. Elle a seulement pour conséquences de modifier la structure du passif et de consolider les fonds propres.

Modalité juridique

Ce sont les modalités décrites *supra* § 4-B-1.

Impact fiscal

Cette opération sans impact sur le résultat fiscal de la société n'absorbe pas les déficits antérieurs qui restent reportables et ne génère pas de recettes taxables à la TVA.

L'acte constatant la réduction de capital sans remboursement aux associés est soumis au droit fixe de 125 €.

3 Réduction de capital non motivée par des pertes

La réduction de capital non motivée par des pertes est une opération qui peut être décidée, soit pour réduire une trésorerie jugée pléthorique par rapport aux besoins réels de la société, soit pour annuler des titres propres achetés ou reçus en apport dans le cadre de l'absorption d'une société.

a. Droit d'opposition des créanciers

Alors que la réduction de capital motivée par des pertes peut être obligatoire, la **réduction de capital** non motivée par des pertes est facultative. Les créanciers ont donc un droit d'opposition, car la réduction de capital a pour effet de **réduire le gage des créanciers**. Le droit d'opposition est conféré aux créanciers sociaux dont la créance est née antérieurement à la date du dépôt au greffe, du procès verbal de la délibération de l'assemblée.

Si les créanciers font opposition, une décision de justice, soit rejettera l'opposition, soit ordonnera le remboursement des créances, soit exigera la constitution de garanties si la société en offre et si elles sont jugées suffisantes.

Les opérations de réduction du capital ne peuvent commencer pendant le délai d'opposition ni, le cas échéant, avant qu'il ait été statué en première instance sur cette opposition.

Si le juge de première instance accueille l'opposition, la procédure de réduction du capital est immédiatement interrompue jusqu'à la constitution de **garanties suffisantes** ou jusqu'au remboursement des créances. S'il la rejette, les opérations de réduction peuvent commencer.

b. Échéancier

J-15. La société adresse aux actionnaires ou met à leur disposition, le rapport des commissaires aux comptes sur cette opération.

J. Date de l'assemblée générale appelée à statuer sur l'opération envisagée. Elle fixe le nombre maximal de titres qui pourront être acquis, ainsi que le montant maximal de l'opération.

Dépôt au greffe du procès-verbal de délibération de l'assemblée générale qui a décidé ou autorisé la réduction

J à J+20. Le délai d'opposition des créanciers à la réduction du capital est de vingt jours à compter de la date du dépôt au greffe du procès-verbal de délibération de l'assemblée générale qui a décidé ou autorisé la réduction.

L'opposition éventuelle est portée devant le tribunal de commerce.

c. Existence d'autres valeurs mobilières que les actions ordinaires

Actions de préférence

S'il existe des actions de préférence, il est nécessaire d'obtenir l'approbation des assemblées spéciales d'actionnaires de chacune des catégories d'actions de préférence dont les droits sont diminués, par l'effet de la réduction de capital.

Obligations et autres créances

Lorsque l'assemblée approuve un projet de réduction du capital non motivée par des pertes, le représentant de la masse des obligataires et les créanciers dont la créance est antérieure à la date de dépôt au greffe du procès-verbal de délibération peuvent former opposition à la réduction, dans le délai de 20 jours (C. com., art. L. 225-205). (*cf. supra* § 4-B-3-a). (Les droits et les protections des obligataires sont étudiés *infra* § 6-A-4).

d. Rachat par l'entreprise de ses propres actions pour les conserver et OPRA

Rachat de ses propres actions sur le marché

Pour les sociétés cotées uniquement, le rachat sur le marché (au fil de l'eau) est possible dans la limite de 10 % du capital et dans le cadre d'un programme de rachat d'actions approuvé par l'assemblée des actionnaires.

▪ Formalités

- Publication d'une note d'information visée par l'Autorité des marchés financiers ;
- Approbation du programme de rachat d'actions par l'assemblée des actionnaires. La durée maximale du programme est de 18 mois.

Offre publique de rachat

Une société peut également procéder au rachat de ses propres actions par une offre de rachat ouverte à tous ses actionnaires. Si la société est cotée, on parle alors d'offre publique de rachat (OPRA).

▪ Formalité

Le conseil d'administration, autorisé par l'AGE, propose à tous les actionnaires de leur racheter tout ou partie de leurs actions à un certain prix et ce pendant une certaine période (environ 1 mois).

- **Sort des actions acquises**

Les actions acquises peuvent être conservées par l'entreprise pour réaliser des opérations de croissance externe (OPE...) ou pour une attribution future d'actions aux salariés dans le cadre de stock-options. Elles peuvent aussi être revendues sur le marché, la technique servant alors pour réguler le cours de l'action, ou encore pour les annuler (voir ci-après).

e. Rachat par l'entreprise de ses propres actions pour les annuler

Cette opération peut avoir pour objet une réduction de capital non motivée par des pertes. La raison peut être aussi financière. La société peut pratiquer des opérations « relutives » pour améliorer les indicateurs par action (bénéfice par action, dividende par action), et pour permettre à des actionnaires d'augmenter leur taux de détention. Ainsi, lorsqu'une société décide (*via* la réunion d'une Assemblée Générale extraordinaire) de racheter un certain nombre de ses actions puis de les annuler, les actionnaires qui restent, à performances financières globales inchangées, voient le bénéfice par action et l'ensemble des ratios de performance des actions s'améliorer. Pour éviter toute manipulation, le rachat d'actions de sociétés cotées est très encadré. Ces **procédures de rachat d'actions** sont valables dès lors que moins de 10 % du capital et moins de 25 % des volumes d'échange moyens sur un titre donné sont concernés. Ce sont évidemment les entreprises qui disposent de liquidités abondantes qui peuvent ainsi **se permettre de racheter leurs propres actions**. Si elles s'endettent à cette fin, l'opération pourrait représenter un acte anormal de gestion (*cf.* I.C.8.a).

- **Formalité**

Lorsque la société a décidé de procéder à l'achat de ses propres actions, elle doit faire cette offre d'achat à tous les actionnaires.

À cette fin, un avis d'achat est inséré dans un journal habilité à recevoir les annonces légales dans le département du siège social et, en outre, si la société fait publiquement appel à l'épargne, au bulletin des annonces légales obligatoires (BALO).

Toutefois, si toutes les actions de la société sont nominatives, les insertions prévues peuvent être remplacées par un avis adressé, par lettre recommandée à chaque actionnaire.

- **Réalisation de l'opération**

Si les actions présentées à l'achat excèdent le nombre d'actions à acheter, il est procédé, pour chaque actionnaire vendeur, à une réduction proportionnelle au nombre d'actions dont il justifie être propriétaire ou titulaire.

Si les actions présentées à l'achat n'atteignent pas le nombre d'actions à acheter, le capital social est réduit à due concurrence des actions achetées. Toutefois, le conseil d'administration ou le directoire, selon le cas, peut décider de renouveler l'opération, jusqu'à l'achat complet du nombre d'actions initialement fixé dans la limite du délai fixé par la délibération de l'assemblée générale ayant autorisé la réduction du capital.

Les actions acquises sont annulées en contrepartie d'une diminution du capital social et éventuellement d'un compte de réserves. L'annulation intervient dans le mois suivant l'expiration du délai de validité de l'offre d'achat.

- **Imposition des profits résultant du rachat**

Le rachat par une société de ses propres titres a subi une évolution par la loi de finances rectificative pour 2015 suite à une décision du Conseil constitutionnel du 20-6-2014 :

Les sommes versées aux associés ne sont plus, à compter du 1er janvier 2015, considérées comme des revenus mobiliers mais comme des plus-values (CGI, art. 112, 6°).

La qualification de plus-values s'applique à tous les associés que ceux-ci soient :

- des personnes physiques soumises à l'impôt sur le revenu ;
- ou des personnes morales soumises à l'impôt sur les sociétés.

Si l'associé est une personne physique, détenant les titres dans le cadre de son patrimoine privé, les sommes sont taxées selon le régime des plus-values de cession de valeurs mobilières et droits sociaux :

- Le gain net est égal à la différence entre le montant du remboursement et le prix ou la valeur d'acquisition ou de souscription des titres rachetés (CGI art. 150-0 D, 8 *ter*), et il supporte le PFU ou FLAT TAX de 30 %.

  Si l'associé est une personne morale passible de l'impôt sur les sociétés, le gain de rachat relève du régime des plus et moins-values du portefeuille-titres.

  Les modalités d'imposition de la plus-value de rachat dépendent notamment de la nature des titres rachetés :

  S'il s'agit de titres de placement : application du taux d'IS courant.

  S'il s'agit de titres de participation :
- Régime du long terme : taux 0 et réintégration de 12 % au résultat fiscal.
- Régime du court terme : taux de droit commun.

Exemple

La société X soumise à l'impôt sur les sociétés rachète ses propres titres à sa société mère Y en 2020.
Les 1 000 actions ont été souscrites par l'associé à 100 € en 2008.
Elles sont rachetées par la société à 1 500 € l'action :

- **Le régime fiscal de l'opération de rachat des actions qui sont qualifiées titres de participation.**
- **Plus-value globale : 1 000 × (1 500 – 100) = 1 400 000 €.**
- **La plus-value imposable est une plus-value professionnelle à long terme.**
- **La plus-value relève du taux 0 %, et réintégration de la quote-part de 12 %.**

- Soit pour un exercice ouvert en 2020 un I.S au taux de 28 % 1 400 000 × 12 % × 28 % = 47 040 €.

Droits d'enregistrement

Deux hypothèses sont à distinguer suivant que le rachat et l'annulation des actions sont constatés par un même acte ou par deux actes distincts.

Rachat par la société de ses propres titres		
Par un acte unique, qui constate constater le rachat et la réduction de capital (CGI, art. 814 C)	Enregistrement gratis *	* **Remarque 1** : Les dispositions de l'article 814 C du CGI ne sont pas applicables aux opérations placées dans le champ d'application de la théorie de la mutation conditionnelle des apports (CGI, art. 810, III), qui emporte la taxation aux droits de mutation à titre onéreux
Par deux actes :		
Acte de rachat des titres	Exonération ou droits de mutation à titre onéreux au tarif des cessions de droits sociaux (CGI, art. 726)	
Acte de réduction de capital	Enregistrement *gratis**	* *Idem* remarque 1

5 Financement par apports en comptes courants d'associés

Pour les besoins de financement de leur société, les associés peuvent effectuer des dépôts sous forme d'avances dites en compte courant. Ces avances sont juridiquement des créances des associés sur la société.

Remarque. L'expression « compte courant » d'associé, consacrée par l'usage, est impropre car le contrat de compte courant est un contrat par lequel deux personnes, envisageant de faire entre elles une série d'opérations, stipulent que les créances et les dettes réciproques à naître de ces opérations ne seront pas réglées séparément, mais qu'elles figureront dans un compte unique, où elles perdront leur individualité et seront remplacées par des articles de crédit et de débit pour se résoudre, lors de la clôture du compte, par voie de compensation, en un solde, seul exigible.
Les dépôts de fonds par les actionnaires correspondent généralement à de simples prêts et non à l'ouverture d'un compte courant répondant à cette définition.

A Avantages financiers

Les comptes courants d'associés présentent l'avantage :
- que les sommes prêtées peuvent être rémunérées par des intérêts déductibles du bénéfice imposable de la société ;
- que l'associé peut, de manière souple, effectuer des retraits ou, au contraire, s'engager à bloquer les fonds pendant un temps déterminé ;
- de consolider la surface financière de la société, sans faire appel à d'autres associés, et donc sans risque de renversement de majorité.

Remarque. Les banques subordonnent souvent leur concours à un engagement de la part de l'associé de bloquer les sommes en compte pendant un certain temps.

B Limites des comptes courants d'associés

1 Interdiction des comptes débiteurs

Il est interdit aux personnes physiques (et à leurs conjoint, ascendants, descendants) qui sont :
- gérants et associés de SARL ;
- administrateurs, membres du directoire ou du conseil de surveillance, directeurs généraux de SA ;
- président et autres dirigeants de SAS ;

de contracter des emprunts auprès de la société et de se faire consentir par elle un **découvert en compte courant** (C. com., art. L. 225-43).

Cette interdiction ne s'applique pas, dans les banques, aux opérations courantes conclues à des conditions normales.

2 Conventions réglementées

Dans les **sociétés anonymes**, les conventions de compte courant portant intérêts, conclues entre la société d'une part, et les dirigeants, administrateurs ou actionnaires détenant plus de 10 % des droits de vote d'autre part, sont soumises à l'autorisation préalable du conseil d'administration (C. com., art. L. 225-38). Le président du CA doit en aviser le commissaire aux comptes. Ce dernier présente à l'assemblée générale un rapport spécial sur ces conventions (C. com., art. L. 225-40, al. 2 et 3).

3 Monopole bancaire

Le monopole bancaire des opérations de crédit ne fait pas obstacle à ce qu'une SA reçoive des fonds laissés en compte par les actionnaires détenant au moins 5 % du capital ou par les administrateurs, les membres du directoire et du conseil de surveillance (C. mon. et fin. art. L. 312-2, al. 1).

C Régime fiscal des comptes courants et de leurs intérêts

1 Régime fiscal des comptes courants

Cession de comptes courants

La cession d'un compte courant est une cession de créance passible du droit fixe de 75 €. Ce droit fixe n'est pas perçu lorsque le droit proportionnel est dû sur la valeur des actions ou parts sociales cédées par le même contrat.

2 Régime fiscal des intérêts des comptes courants

a. Déductibilité pour la société versante

La déductibilité des intérêts sur les sommes mis par des associés à la disposition de leur société, est soumise à deux conditions (CGI, art. 39-I-3°) :

- le capital de la société doit être **entièrement libéré** ;
- le **taux maximal** des intérêts déductibles est égal au TMPv (taux moyen pratiqué par les banques pour les prêts à taux variable aux entreprises, d'une durée initiale supérieure à deux ans), soit 1,18 % pour les clôtures au 31/12/2020 ;
- l'apport est réalisé dans l'intérêt de **la société qui a besoin de trésorerie**. Cet apport est une composante de la politique de financement.

Par ailleurs, pour les sociétés ne faisant pas partie d'un groupe intégré, les charges financières nettes du résultat fiscal sont déductibles dans la limite du plus élevé des deux montants suivants: 3 millions d'euros ou 30 % de l'EBITDA fiscal. Les intérêts des comptes courants sont inclus dans les charges fiscales nettes.

b. Comptes courants d'associés entre sociétés liées

Dans la limite du taux maximal (voir ci-dessus), la déductibilité des intérêts est soumise à des règles particulières dans le cas où les intérêts sont versés entre deux entreprises liées par un lien de dépendance. Un nouveau dispositif est applicable aux exercices ouverts à compter du 1/1/2019 (voir *supra*).

Ces règles sont développées au Chapitre 21 – *La fiscalité des groupes*, § 2.

c. Imposition de l'associé bénéficiaire

Intérêts perçus par un associé personne physique

- **Intérêts déductibles par la société versante**

Les intérêts déductibles chez la société versante sont imposés à l'impôt sur le revenu dans la catégorie des revenus mobiliers ;

Un **prélèvement** forfaitaire unique au taux de 30 % (soit 12,8 % d'impôt et 17,20 % de prélèvements sociaux inclus) est opéré sur ces intérêts. Ce prélèvement est un acompte à valoir sur l'impôt sur le revenu payé l'année suivante, sauf si le bénéficiaire ne souhaite pas opter pour l'imposition progressive, auquel cas il est définitif.

- **Intérêts non déductibles par la société versante**

Si la société versante relève du régime de l'IR, les intérêts non déductibles sont compris dans la masse des bénéfices sociaux à répartir entre les associés.

Si la société versante est soumise à l'IS, les intérêts non déductibles sont présumés être des revenus distribués et sont imposés à l'IR au même titre que les dividendes, mais sans ouvrir droit à l'abattement de 40 % en cas d'option pour le barème.

Intérêts perçus par un associé personne morale

Les intérêts sont compris dans le bénéfice imposable et sont soumis à l'IR ou à l'IS.

L'administration accepte toutefois que le régime mère-fille soit applicable à la fraction d'intérêts non déductibles, en application de l'article 212, I du CGI, versée à une société bénéficiant de ce régime (BOI-IS-BASE-35-20-10 n° 120).

6 Le financement par emprunt sur le marché financier

A Emprunts obligataires

Lorsqu'une entreprise fait appel à un financement externe, elle peut, soit s'endetter auprès d'une banque, soit se financer sur le marché des obligations (l'entreprise devient alors plus indépendante à l'égard des banques).

Le marché obligataire est un moyen de financement utilisé par les entreprises, l'État, les collectivités locales et certains organismes tels que la CADES (Caisse d'amortissement de la dette sociale).

> **Illustration**
>
> Le groupe Capgemini annonce avoir placé avec succès le 3 novembre dernier un emprunt obligataire senior de 500 millions d'euros à 5 ans portant un coupon annuel de 0,5 % (prix d'émission de 99,769 %).
>
> *Annonce du 7 novembre 2016*

1 Caractéristiques financières

L'obligation est un titre négociable qui, dans une même émission, confère les mêmes droits de créance pour une même valeur nominale (C. mon. et fin. art. L. 213-5). Sa durée est le plus souvent comprise entre sept ans et quinze ans. Le paiement annuel (ou *annuité de remboursement*) comprend les intérêts (ou *coupons*) et, le cas échéant, le remboursement de tout ou partie de la dette (ou *amortissement*).

Les obligations sont obligatoirement inscrites en compte (sauf pour les obligations émises avant le 3 novembre 1984).

a. Nature financière

Les obligations ordinaires contrairement aux actions, ne représentent pas une part du capital mais une part des **dettes**. Mais nous verrons que certains titres peuvent être analysés en tout ou partie comme éléments des capitaux propres (*cf. infra* les TSDI § 6-A-1-c et les valeurs mobilières donnant accès au capital § 6-B).

Les obligations permettent d'accéder directement au marché financier sans l'intermédiation d'une banque.

b. Éléments caractéristiques des obligations

Nominal

Comme les actions, une obligation a une valeur nominale, qui représente la quote-part du montant de l'emprunt. Cette valeur n'est pas à confondre avec le prix d'émission ou avec la valeur boursière. C'est sur la base de la valeur nominale que sont calculés les coupons que versera la société. La valeur nominale des obligations est librement fixée par l'émetteur.

Taux d'intérêt nominal

Le taux nominal (ou taux facial) est le taux qui, appliqué à la valeur nominale, donne le montant du coupon. Ce taux peut être **fixe** (le plus souvent), variable ou révisable.

Un **taux variable** varie au jour le jour.

Un **taux révisable** est un taux fixe modifié annuellement.

Les taux variables ou révisables sont souvent indexés sur :
- un taux du marché monétaire (*ex.* : T4M – moyenne des EONIA du mois concerné ; EONIA est le taux au jour le jour du marché monétaire européen) ;
- ou du marché obligataire (*ex.* : TME – taux moyen mensuel des emprunts d'État à long terme).

Taux actuariel

Il s'agit du taux d'intérêt réellement perçu par l'investisseur. Ce taux est le taux de rendement annuel brut (avant impôts) qui réalise l'équivalence entre le prix d'acquisition de l'obligation et les annuités de remboursement (intérêts et amortissement du principal).

Prix d'émission

Le prix d'émission de l'obligation peut être en dessous du pair, c'est-à-dire inférieur à la valeur nominale (l'inverse, très rare est également possible). La différence entre la valeur nominale et le prix d'émission constitue la « prime d'émission ».

Prix de remboursement

Le montant remboursé à l'échéance peut être supérieur au montant du nominal, afin d'attirer les investisseurs. La différence entre le prix de remboursement et le nominal est appelée « prime de remboursement ».

Cotation des obligations

Les obligations peuvent faire l'objet d'une cotation sur un marché réglementé.

Le cours des obligations à **taux fixe** évolue en fonction inverse des taux d'intérêts du marché (*cf. infra* § 6-A-3-c) et de la proximité de l'échéance (ou « maturité » de l'obligation).

D'autres paramètres comme la notation de l'émetteur (*rating*) influent aussi bien sur le cours des obligations à taux fixe que sur celui des obligations à taux variable ou révisable. Le cours est indiqué en **pourcentage du nominal** et au pied du coupon.

Mode d'amortissement

Il existe différents modes d'amortissement, c'est-à-dire de remboursement du « principal » de l'emprunt (montant de la dette hors intérêts) :
- le remboursement ***in fine*** (le plus fréquent),
- le remboursement par **amortissements constants** (une tranche comprenant un nombre égal d'obligations, est tirée au sort chaque année pour être amortie),
- obligations dites à coupon zéro (voir ci-après).

Remarque. Le remboursement par annuités constantes est techniquement irréalisable en France car il n'est pas possible de tirer au sort individuellement les obligations qui seraient à rembourser. Ce mode de remboursement était habituel pour les obligations émises avant le 3 novembre 1984 quand chaque obligation était matérialisée par un titre numéroté en papier.

Durée de vie (ou maturité)[1]

Le marché obligataire est un marché de long terme. La durée de vie moyenne des obligations se situe entre **7 et 10 ans** pour les obligations émises par les **entreprises**, et **15 ans** pour les obligations émises par **l'État**. Plus la durée de vie est longue, plus le risque attaché à l'obligation est élevé.

c. Particularités de certaines obligations

Obligations à fenêtres

Le remboursement de l'obligation peut être anticipé pendant des périodes appelées fenêtres. Si le remboursement est demandé par la société émettrice, il s'accompagne d'une prime ; s'il est proposé par l'obligataire, celui-ci sera pénalisé par la remise d'un coupon réduit.

1 L'anglicisme « maturité » a une signification imprécise. En anglais, « *maturity* » signifie « date d'échéance », mais le monde de la finance emploie aussi ce mot pour désigner, soit la durée entre la date d'émission et la date d'échéance, soit la durée entre aujourd'hui et la date d'échéance.

Obligations à coupon zéro

Aucun coupon n'est versé durant toute la durée de vie de l'obligation. Les coupons sont capitalisés et permettent de verser une forte prime de remboursement à l'échéance de l'obligation. Ces obligations sont donc remboursées à un prix élevé, ce qui permet au porteur de ce type d'obligation de réaliser une plus-value qui compense l'absence de coupon pendant la vie de l'obligation.

Il existe une variante, dite « obligation à coupon unique », où les intérêts capitalisés sont versés à l'échéance en même temps que le remboursement du nominal.

Obligations assimilables du Trésor (OAT)

Ce sont des titres de créance qui représentent une part d'un emprunt à long terme que l'État français émet par adjudication. L'État s'engage à rembourser ces obligations en une seule fois à une échéance de sept à trente ans. L'intérêt est annuel. L'émission est « assimilée » à une ancienne tranche d'emprunt d'État et elle en présente les mêmes caractéristiques (durée, échéance, nominal, etc.). Seul le prix d'émission varie d'une tranche à l'autre selon le résultat de l'adjudication. Les OAT sont cotées en Bourse pendant toute la durée de leur vie, ce qui permet à leur porteur de s'en défaire facilement.

Titres subordonnés

Les titres subordonnés sont des valeurs mobilières semblables à des obligations qui, en cas de liquidation de la société émettrice, ne sont remboursées que si tous les autres créanciers de la société l'ont été préalablement (C. com., art. L. 228-97) : c'est en cela que l'on parle de dette subordonnée ou dette d'avant-dernier rang.

En raison du risque particulier attaché à la dette d'avant-dernier rang, le taux de rendement actuariel exigé des titres subordonnés est généralement un peu plus élevé que celui d'un emprunt obligataire classique de mêmes caractéristiques.

Les titres subordonnés ont été utilisés à l'origine pour financer les entreprises nationalisées dans les années 1980. Ils sont aujourd'hui utilisés par les établissements bancaires car ils sont considérés comme des quasi fonds propres par les ratios prudentiels (ratios Cooke).

On distingue essentiellement deux catégories de titres subordonnés :

- les TSR (titres subordonnés remboursables) ;
- les TSDI (titres subordonnés à durée indéterminée), dits aussi « obligations perpétuelles ».

Les **TSR** représentent une **dette** au même titre que les obligations ordinaires. En revanche, comme la société émettrice n'est pas juridiquement obligée de rembourser les **TSDI**, on s'accorde en France (en l'absence de précision des textes) à classer les TSDI dans la rubrique des « **Autres fonds propres** ». Pour la même raison, les TSDI répondent à la définition des « **instruments de capitaux propres** », donnée par la norme comptable internationale IAS 32.

2 Modalités de l'émission des obligations

a. Conditions d'émission

Sont autorisées à émettre des obligations les personnes morales suivantes :

- les sociétés par actions ;
- les GIE dont les membres sont exclusivement des sociétés par actions ;
- les associations exerçant une activité économique ;
- l'État et les personnes morales de droit public ;
- les sociétés d'économie mixte ;
- certaines SARL satisfaisant aux conditions définies par le Code de commerce (art. L. 223-11).

Outre son statut juridique, d'autres conditions sont exigées de l'émetteur (C. com., art. L. 228-39) :

- son capital doit être **entièrement libéré**, sauf si les actions non libérées sont réservées aux salariés dans le cadre des lois en vigueur sur la participation ou l'actionnariat ;
- dans les **sociétés par actions**, si la société n'a pas déjà établi deux bilans, un **commissaire aux apports** doit vérifier l'actif et le passif ; par ailleurs, le bénéficiaire d'avantages particuliers ne doit pas participer au vote (C. com., art. L. 225-8 et L. 225-10).

b. Réalisation de l'émission

Compétence

Pour les **obligations ordinaires**, il appartient au conseil d'administration, au directoire ou au gérant d'émettre des obligations, sauf décision contraire de l'assemblée générale ou si les statuts réservent cette compétence à l'assemblée générale (C. com., art. L. 228-40, al. 1).

Le conseil d'administration ou le directoire peuvent **subdéléguer** ce pouvoir au président ou à toute personne de son choix, membre de l organe considéré.

En revanche, la décision d'émission d'**obligations donnant accès au capital** relève de la compétence de l'**assemblée générale extraordinaire**. L'assemblée peut **déléguer** au conseil d'administration ou au directoire, le pouvoir de procéder à l'émission des obligations et d'en fixer les modalités. Ces organes doivent réaliser l'opération dans les **5 ans** à compter de la date de l'assemblée ayant opéré cette délégation.

Conditions d'émission

- Fixation du montant de l'emprunt : il est fixé librement par la société.
- Procédés d'émission : l'émission est **privée** lorsque la société ne recourt à aucune mesure de publicité. Néanmoins, dans la plupart des cas, l'émission est **publique** ; la société utilise alors les services d'établissements financiers ou a recours à la publicité.
- Respect du principe de l'égalité des droits : les obligations émises lors d'un même emprunt doivent conférer les **mêmes droits de créance** à chaque obligataire, pour une **même valeur nominale** (C. mon. et fin., art. L. 213-5), sous peine de sanctions pénales. La nullité peut être prononcée pour violation d'une disposition impérative (C. com., art. L. 235-1, al. 2).

Publicité

La publicité n'est requise qu'en cas d'émission publique. Les formalités obligatoires sont les suivantes :

- publication d'un prospectus visé par l'AMF, avant toute opération de souscription ; l'AMF peut, en cas de violation de cette disposition, infliger des sanctions pécuniaires ;
- publication facultative de prospectus ou de documents, devant mentionner l'existence du prospectus visé par l'AMF.

Souscription des obligations

La loi n'impose pas d'établissement d'un bulletin de souscription. La société peut fixer librement les conditions de versement des sommes dues. Les souscriptions peuvent être libérées par tout moyen de paiement, notamment par compensation de créance sur l'émetteur, si celle-ci est **certaine, liquide et exigible**.

3 Droits des obligataires

a. Droit au remboursement des obligations

Les conditions du remboursement des obligations doivent être prévues dans le **contrat d'émission**. Le remboursement peut être :

- réalisé en une fois à l'échéance ;
- étalé par le procédé de l'amortissement ;

- réalisé par tirage au sort de tranches annuelles ; les titres appartenant à la tranche sortie au tirage sont alors remboursés et annulés.

b. Droit aux intérêts

Les intérêts peuvent être fixes ou variables, périodiques ou uniques. Les intérêts périodiques sont généralement annuels dans la zone euro mais le contrat d'émission peut prévoir une périodicité plus courte (semestrielle pour le marché du dollar).

c. Droit de céder ses titres

Les obligations sont des **titres négociables** dont la cession s'opère par virement de compte à compte. Si les obligations sont admises à la cote, elles peuvent être cédées en Bourse. Lors de la cession, l'obligataire réalise une perte ou un bénéfice.

Le prix de cession des obligations à **taux fixe** est essentiellement fonction du taux d'intérêt versé aux obligations émises au même moment (taux d'intérêt du marché). Si le taux d'intérêt de l'obligation est plus faible que celui des obligations concurrentes, l'obligation ne sera pas attractive et le cédant sera contraint d'accepter un prix de cession plus faible.

Au contraire, le prix des obligations à **taux variable** est peu volatil.

4 Protection des intérêts des obligataires

a. Masse des obligataires

Les porteurs d'obligations d'une même émission sont groupés de plein droit pour la défense de leurs intérêts communs, en une **masse** qui jouit de la personnalité civile (C. com., art. L. 228-46). Il est possible de grouper en une masse unique les porteurs d'obligations d'émissions successives lorsque leurs droits sont identiques et lorsqu'une clause de chaque contrat d'émission le prévoit.

b. Représentants de la masse des obligataires

La masse est représentée par un ou plusieurs mandataires élus par l'assemblée générale des obligataires (C. com., art. L. 228-47). Leur nombre ne peut en aucun cas excéder trois.

Les représentants de la masse des obligataires, qui peuvent être des personnes physiques ou morales, ont accès à l'assemblée générale des actionnaires (mais sans voix délibérative) et ils reçoivent les mêmes documents que les actionnaires. Ils sont rémunérés par la société émettrice. En cas de litige, le tribunal de grande instance fixe leur rémunération. Les représentants de la masse des obligataires accomplissent tous les actes ayant pour objet la défense des intérêts communs des obligataires, mais ils ne peuvent pas s'immiscer dans la gestion des affaires sociales.

c. Assemblée générale des obligataires

La convocation des assemblées générales d'obligataires est faite dans les mêmes conditions de forme et de délai que celle des assemblées d'actionnaires (convocation, définition d'un ordre du jour, tenue d'une feuille de présence, rédaction d'un procès verbal de l'assemblée des obligataires).

Une société qui détient au moins 10 % du capital de la société débitrice ne peut voter à l'assemblée avec les obligations qu'elle détient (C. com., art. L. 228-61).

d. Autorisation de l'assemblée des obligataires pour des modifications du contrat

L'assemblée générale délibère sur toutes mesures ayant pour objet d'assurer la défense des obligataires et **l'exécution du contrat** d'emprunt ainsi que sur toute proposition tendant à **la modification du contrat** et notamment dans les cas suivants (C. com., art. L. 228-65-I).

Cas où la décision de l'assemblée des obligataires s'impose à la société

- Compromis ou transaction sur des droits litigieux ou ayant fait l'objet de décisions judiciaires.
- Abandon total ou partiel des garanties conférées aux obligataires, report de l'échéance du paiement des intérêts et modification des modalités d'amortissement ou du taux des intérêts.

Cas où la société peut passer outre en offrant de rembourser les obligations

- Modification de l'objet ou de la forme de la société (la société peut passer outre en offrant de rembourser les obligataires.
- Émission d'obligations comportant un droit de préférence par rapport à la créance des obligataires composant la masse.
- Transfert du siège social d'une société européenne dans un autre État membre.

Cas où la société peut passer outre mais où la masse des obligataires peut demander en justice, soit le remboursement des obligations, soit la constitution de garanties

- Fusion ou scission de la société.

e. Opposition aux réductions de capital non motivées par des pertes

En cas de réduction de capital **non motivée par des pertes**, le représentant de la masse des obligataires et les créanciers dont la créance est antérieure à la date de dépôt au greffe du procès-verbal de délibération peuvent former opposition à la réduction, dans le délai de 20 jours (C. com., art. L. 228-98, al. 4) (*cf. supra* § 4-B-3-a).

B Valeurs mobilières donnant accès au capital

1 Notion de titre hybride

Les **titres hybrides** (ou **titres composés**) sont des titres contenant à la fois une composante de capitaux propres et une composante d'emprunt.

En effet, ces titres impliquent une obligation de remboursement à l'échéance sur demande de leur détenteur. Ce sont donc des **titres d'emprunt**. Ils sont, d'autre part, assortis d'une option de souscription d'actions dont l'exercice permet d'accéder au capital de la société émettrice. Cette option est considérée par les normes comptables internationales comme équivalente à un **titre de capital**.

Un calcul permet de distinguer dans la valeur totale du titre hybride, ce qui est la valeur d'un emprunt de caractéristiques voisines et, par différence, ce qui est la valeur de la composante capital.

Remarque. Les expressions « titres hybrides » et « titres composés » n'existent pas en droit français. L'expression « titres hybrides » (*hybrid financial instruments*) est d'origine américaine (norme comptable FAS 133) et les deux expressions synonymes (*combined instruments* et *hybrid instruments*) sont définies par les normes comptables internationales IAS 32 (§ 28) et IAS 39 (§ 10).

2 Cadre légal unifié

En droit français, tous les titres hybrides sont regroupés dans une catégorie unique de valeurs mobilières : les « **valeurs mobilières donnant accès au capital** » (C. com., art. L. 228-91, al. 1).

Cette catégorie de valeurs mobilières a été créée par l'ordonnance du 24 juin 2004 en remplacement d'une variété d'obligations dont certaines étaient encadrées par des régimes juridiques spécifiques (obligations avec bons de souscription d'actions, obligations convertibles en actions, obligations échangeables contre des actions). Les autres relevaient d'un texte plus général (obligations remboursables en actions).

Ces régimes particuliers ou généraux ont été abrogés sous réserve du maintien des droits des titulaires des contrats d'émission antérieurs (Ord. 2004-604 du 24.06.2004, art. 64-II). Il appartient désormais aux statuts et aux contrats d'émission de préciser, au cas par cas, les modalités applicables à telle ou telle valeur mobilière donnant accès au capital.

Illustration

DUNIVERSAL S.A. annonce l'emission d'Obligations Remboursables en Actions par abondement d'un maximum de 200 000 euros.

Le conseil d'administration d'Eduniversal S.A. (la « *Société* ») annonce émettre par abondement de ses obligations remboursables en actions portant un intérêt de 2 % et convertibles en actions nouvelles d'une valeur nominale de 0,25 euros (les « *Actions Ordinaires* ») de la Société (« *ORA* ») en émettant des obligations remboursables en actions additionnelles pour un montant maximum de 200 000 euros (« *ORA Additionnelles* »). Les ORA Additionnelles seront émises à une valeur nominale de 100 000 euros par obligation et le prix d'émission des ORA sera déterminé suite à un processus de placement privé. Les droits de préférentiels de souscription des actionnaires existants ont été exclus.

La Société a l'intention d'utiliser les produits issus de l'émission d'ORA annoncée pour financer sa stratégie de croissance.

3 Typologie des titres hybrides

Bien que les anciennes catégories de titres hybrides n'aient plus de valeur légale, la pratique continue à identifier les valeurs mobilières donnant accès au capital, en fonction de leurs caractéristiques principales. C'est ainsi que l'on parle d'obligations convertibles en actions, d'obligations à bons de souscription d'actions ou d'obligations remboursables en actions.

a. Obligations convertibles en actions (OCA)

Ce sont des obligations ordinaires assorties d'une option de conversion de l'obligation en actions nouvelles ou existantes. La conversion peut être réalisée à tout moment ou à des dates déterminées à l'avance par l'émetteur. L'obligation et l'option ne peuvent pas être séparées.

- **Pour l'entreprise**, ces obligations ont l'avantage :
  - d'augmenter les chances de succès de l'emprunt ;
  - d'avoir un coût moins élevé. En général, ces obligations sont en effet émises à un taux inférieur aux taux des obligations classiques ;
  - de réduire la dépense de remboursement si l'obligation est convertie ;
  - de renforcer à terme le poids des capitaux propres dans le bilan.
- **Pour l'obligataire**, ces obligations ont l'avantage :
  - de bénéficier dans un premier temps d'un revenu fixe ;
  - d'observer la société et l'évolution du cours en Bourse (cette période d'observation, est aussi parfois appelée une période de fiançailles) avant de prendre la décision de devenir actionnaire (ce sera le mariage). L'actionnaire convertit ses obligations lorsque le cours de l'action augmente et devient supérieur à la valeur de remboursement de l'obligation. Il profite ainsi d'un meilleur rendement. L'obligation convertible permet ainsi au porteur de bénéficier d'une gestion flexible.

Illustration

Korian : lancement d'une émission d'OCEANE

Korian annonce le lancement d'une émission d'OCEANE à échéance 2027 par voie de placement auprès d'investisseurs qualifiés, pour un montant nominal d'environ 400 millions d'euros, obligations dont le règlement-livraison est prévu le 6 mars prochain. Elles seront émises au pair et leur valeur nominale unitaire fera ressortir une prime de conversion de 55 % par rapport au cours de référence de l'action. Elles porteront intérêt à un taux nominal annuel entre 0,125 % et 0,875 %, payable annuellement le 6 mars. Le produit net de l'émission a pour objet de financer les besoins généraux du groupe et sa croissance, incluant des investissements immobiliers et des acquisitions, y compris le refinancement des acquisitions réalisées au cours du premier trimestre.

Source : Bousorama.com ; Cercle finance 03/03/2020

b. Emprunts remboursables en actions (ORA)

Les obligations sont nécessairement remboursées en actions. Ces titres donnent bien « accès au capital » mais ce ne sont pas des titres hybrides ; ils n'ont pas de composante emprunt en raison de la certitude de l'échange contre des actions.

Illustration

Michelin a annoncé le lancement d'une émission d'obligations convertibles non-dilutives remboursables uniquement en numéraire et arrivant à échéance en 2022, d'un montant nominal de 400 millions de dollars, pouvant être porté à 500 millions de dollars en cas d'exercice intégral de la clause d'extension.

Annonce AOF, 05/01/2017

c. Obligations à bons de souscription d'actions (OBSA)

Ce sont des obligations assorties d'une option d'achat d'actions émises par la société. Le bon de souscription permet de souscrire à une future augmentation de capital à un prix d'exercice fixé. L'obligation et le bon de souscription sont cotés séparément. Une fois l'obligation émise, l'obligation et le bon peuvent s'échanger indépendamment l'un de l'autre et après l'exercice des bons, les obligations continuent d'exister à côté des nouvelles actions.

Les OBSA sont souvent utilisées dans les opérations à effet de levier, comme les **LBO** (rachat des actions d'une entreprise financé par endettement). Elles ont alors le caractère de dette subordonnée, remboursable à l'investisseur après que les autres créanciers ont été désintéressés. L'option de souscription d'action représentée par le bon de souscription, rémunère alors le risque supplémentaire encouru par l'investisseur.

d. Obligations à bons de souscription d'actions remboursables (OBSAR)

Les sociétés procèdent souvent à ce type d'émission pour céder ensuite les bons de souscription au profit de salariés ou de mandataires sociaux de la société. L'AMF demande en conséquence (position du 13/08/2008) que la société propose à l'assemblée l'émission d'OBSAR mais en précisant que l'attribution des bons de souscription aux bénéficiaires actionnaires fera l'objet d'une décision distincte pour laquelle les bénéficiaires ne prendront pas part au vote. **Les deux attributions sont ainsi distinctes**.

4 Émission de valeurs mobilières donnant accès au capital

La décision d'émission de valeurs mobilières donnant accès au capital est prise par **l'assemblée générale extraordinaire**. Celle-ci se prononce sur le rapport du conseil d'administration ou du directoire et sur le rapport spécial du commissaire aux comptes (C. com., art. L. 228-92). Les règles prévues pour les augmentations de capital par émission d'actions ordinaires ou d'actions de préférence s'appliquent. Par exemple, les actionnaires de la société qui émet des valeurs mobilières donnant accès au capital, ont le **droit de souscrire, par préférence** ces valeurs mobilières. Il est possible également de leur demander de renoncer à leur DPS.

5 Protection des porteurs de valeurs mobilières donnant accès au capital

a. Opérations interdites

À dater de l'émission de valeurs mobilières donnant accès au capital, la société devant attribuer ces titres ne peut (C. com., art. L. 228-98, al. 1er et 2) :

- modifier sa forme ou son objet ;
- modifier les règles de répartition de ses bénéfices ;
- amortir son capital.

Ces opérations peuvent être autorisées par le contrat d'émission. La masse des porteurs des valeurs mobilières peut également autoriser les opérations et sous réserve de prendre les dispositions nécessaires au maintien des droits des titulaires des valeurs mobilières donnant accès au capital.

b. Opérations portant sur le capital

Des mesures nécessaires à la protection des intérêts des titulaires de valeurs mobilières donnant accès au capital doivent être prises par la société tenue d'émettreles actions devant être attribuées aux porteurs de ces valeurs lorsqu'elle décide de (C. com. art. L. 228-99) :

- procéder à l'émission sous quelque forme que ce soit de nouveaux titres de capital avec droit préférentiel de souscription réservé à ses actionnaires ;
- distribuer des réserves en espèces ou en nature ou des primes d'émission ;
- modifier la répartition de ses bénéfices par la création d'actions de préférence.

c. Réduction du capital social

En cas de réduction de capital **motivée par des pertes**, les droits des titulaires des valeurs mobilières donnant accès au capital sont réduits en conséquence comme s'ils les avaient exercés avant la date à laquelle la réduction de capital est devenu définitive (C. com. art. L. 228-98, al. 4).

Remarque. La loi est muette sur le cas des réductions de capital non motivées par des pertes. Les dispositions de l'art. L. 228-99 du Code de commerce, devraient s'appliquer (voir ci-dessus les opérations portant sur le capital).

6 Valeurs mobilières donnant droit à l'attribution de titres de créances

L'ordonnance du 24 juin 2004 qui a institué les valeurs mobilières donnant accès au capital, a aussi institué la catégorie voisine des « **valeurs mobilières donnant droit à l'attribution de titres de créances** ». Ces titres ont remplacé en pratique l'ancienne catégorie des *obligations à bons de souscription d'obligations* (OBSO). Ce ne sont pas des titres hybrides puisque ce sont des titres d'emprunt donnant droit à d'autres titres d'emprunt.

L'émission des *valeurs mobilières donnant droit à l'attribution de titres de créance* est autorisée par l'**assemblée générale extraordinaire** dans les mêmes formes que l'émission des *valeurs mobilières donnant accès au capital* (*cf. supra* § 6-B-4) (C. com., art. L. 228-92).

C Fiscalité des emprunts obligataires

1 Situation de la société émettrice

a. Intérêts des emprunts

Les intérêts sont des charges financières **déductibles** à condition que l'emprunt ait été contracté pour les besoins et dans l'intérêt de l'entreprise et inscrit au bilan. La déduction des intérêts doit être opérée sur les résultats de l'exercice au cours duquel ils ont **couru**.

Pour les exercices ouverts à compter du 1/1/2019, et dans la mesure où la société débitrice des intérêts n'est pas sous-capitalisée, les charges financières sont désormais déductibles dans la limite du plus élevé des deux montants suivants :

- 30 % du résultat avant impôts, intérêts, provisions et amortissements (EBITDA fiscal) ;
- 3 M € (par exercice de 12 mois).

b. Primes de remboursement

Définition fiscale

Pour la détermination du résultat fiscal de la société émettrice, on entend par « prime de remboursement » la différence entre le prix de remboursement et le prix d'émission (quelle que soit la valeur nominale).

Cas général

L'amortissement annuel des primes de remboursement est déductible, au choix de l'entreprise, soit au prorata des intérêts courus, soit par fractions égales au prorata de la durée de l'emprunt.

Cas des fortes primes de remboursement

Les primes de remboursement dont le montant est supérieur à 10 % du prix d'émission, sont déductibles pour la fraction courue, calculée de manière actuarielle par la méthode des intérêts composés (CGI, art. 39-1-1° *ter*). Cette disposition ne s'applique pas aux TSDI.

Primes de conversion des obligations convertibles

La prime de remboursement afférente aux obligations converties en actions n'est pas déductible.

c. Frais d'émission des emprunts

Les frais d'émission d'emprunt (publicité, commissions aux intermédiaires financiers) sont en principe immédiatement déductibles.

Toutefois, sur option globale et irrévocable pour une durée de deux ans, ces frais peuvent être étalés sur la durée de vie de l'emprunt de manière linéaire ou au prorata des intérêts courus (CGI, art. 39-1-1° *quater*). Le traitement comptable des frais (charges ou actif) détermine l'option fiscale. Cette disposition ne s'applique pas aux TSDI ni aux emprunts convertibles.

2 Situation des détenteurs des obligations

a. Définition fiscale de la prime de remboursement

Pour l'imposition du détenteur des obligations (personne physique ou société) qui détient les titres, la prime de remboursement est définie par le CGI (art. 238 *septies* E-I-1), comme la différence entre le prix de remboursement et le prix d'acquisition ou de souscription.

b. Personnes physiques

Les produits des obligations, **encaissés au cours de l'année**, sont imposables à l'IR dans la catégorie des revenus des capitaux mobiliers au PFU de 30 % ou au barème progressif de l'IR, sans abattement d'aucune sorte. Les produits imposés comprennent les intérêts mais aussi les primes de remboursement.

c. Entreprises individuelles et sociétés soumises à l'IR

Les produits des titres à revenus fixes détenus par l'entreprise, sont imposés à l'IR (revenus des capitaux mobiliers) au nom de l'exploitant ou des associés au prorata de leurs droits. Ils sont soumis au choix de l'exploitant ou de l'associé au PFU ou au barème progressif de l'IR. Le corollaire est que ces produits sont déduits fiscalement du bénéfice imposable de l'entreprise.

d. Sociétés soumises à l'IS

Les produits des placements à revenus fixes sont en principe rattachés au bénéfice imposable, et sont imposés à l'IS. Cependant, ces produits viennent atténuer les charges fiscales nettes qui ne sont déductibles que dans la limite du plus élevé des deux montants suivants :

- 30 % du résultat avant impôts, intérêts, provisions et amortissements (EBITDA fiscal) ;
- 3 M d'€ (par exercice de 12 mois).

Cas général

Les intérêts des placements à revenus fixes doivent être rattachés au résultat de l'exercice au cours duquel ils ont couru (CGI, art. 38).

Les primes de remboursement sont en principe rattachées au résultat de l'exercice au cours duquel leur remboursement est venu à échéance.

Cas des fortes primes de remboursement

Les primes de remboursement et les intérêts versés chaque année sont imposés au titre de chaque exercice, après une répartition actuarielle, lorsque les conditions suivantes sont réunies (CGI, art. 238 *septies* E-II-1) :

- la prime excède 10 % du prix d'acquisition du titre ;
- la prime s'attache à un titre dont le prix d'émission n'excède pas 90 % du prix de remboursement.

Le taux actuariel est le taux annuel qui, à la date d'acquisition, égalise à ce taux et à intérêts composés les valeurs actuelles des montants à verser et des montants à recevoir.

Cette disposition a fait perdre beaucoup de leur attractivité fiscale aux obligations à coupon zéro.

Exemple

Une entreprise E, dont l'exercice coïncide avec l'année civile, acquiert le 1er janvier N, une obligation à coupon zéro au prix de 1 100 €. Cette obligation avait été émise en N–2 au prix de 1 000 €. L'échéance du remboursement est le 31 décembre N+2. Le prix de remboursement est 1 273,39 €.
1re condition : prime = prix de remboursement (1 273,39) – prix d'acquisition (1 100) = 173,39 € > 110 € (10 % du prix d'acquisition).
2e condition : prix d'émission = 1 000 € < 90 % × 1 273,39 € = 1 146,05 € (90 % du prix de remboursement).
Les deux conditions sont satisfaites. La prime de remboursement est donc imposable au titre de chaque exercice selon une répartition actuarielle. Le taux actuariel est le taux x qui réalise l'équivalence entre le prix d'acquisition (1 000 €) et le prix de remboursement (1 273,39 €), soit : 1 000 = 1 273,39 × $(1 + x)^{-3}$ ⟹ x = 5 %.
Les fractions de prime rattachées aux bénéfices imposables de l'entreprise E au titre des exercices successifs sont respectivement :

– en N : 1 100 × 5 % =	*55,00*
– en N+1 : (1 100 + 55) × 5 % =	*57,75*
– en N+2 : (1 100 + 55 + 57,75) × 5 % =	*60,64*
Total	*173,39*

7 Le financement participatif (crowdfunding)

Le financement participatif (crowdfunding), stimulé par les nouvelles technologies permet aux entreprises d'accéder à des financements alternatifs et aux particuliers de réaliser un nouveau type de placement.

Le crowdfunding, littéralement « financement par la foule » peut prendre d'apport en capital (crowdequity), de prêt (crowdlending), ou de don. Il s'adresse à des startups, à des TPE, PME, ETI ou encore à des associations.

En 2019, 1,4 milliards d'euros de fonds ont été collectés. 20 % des porteurs de projets faisant appel au financement participatif sont des start-up, et 72 % sont des TPE/PME et ETI[2].

Un cadre réglementaire est fixé depuis 2014 et le 11 avril 2019, la loi PACTE, adoptée par le Parlement facilite l'accès aux TPE, PME et ETI à des financements diversifiés tels que l'entrée en bourse, le capital-investissement, mais également le crowdequity et les ICO (Initial Coin Offering).

A Les financements participatifs sous forme d'apport en capital (crowdequity)

1 Plafond par projet

Les starts-up ou PME/ETI peuvent lever des fonds via une plateforme internet et, en contre-partie, les investisseurs deviennent actionnaires. Un plafond de 8 millions d'euros est fixé par projet proposé. Cette possibilité est offerte pour les sites de financement participatif en capital disposant du statut de conseiller en investissements participatifs (CIP), statuts octroyé par l'AMF et doivent être enregistrés à l'ORIAS. Sinon, le seuil est de 2,5 millions d'euros.

2 Les ICO (initial coin offering)

Suite à l'adoption de la loi Pacte le 22 mai 2019, les sociétés peuvent se financer par des ICO.

Une ICO est une levée de fonds en crypto-monnaies. Pour lever via une ICO, une entreprise doit émettre des jetons sur une plateforme dédiée. Les jetons(tokens) émis permettront à son détenteur soit de recevoir une partie des bénéfices générés par l'entreprise, comme un dividende avec une action, ou de s'en servir pour utiliser le service de l'entreprise. Une fois que le projet est déposé sur la plateforme, l'entreprise en fait la promotion auprès de la communauté. Les investisseurs intéressés envoient ensuite de la crypto-monnaie, principalement des ethers ou des bitcoins, en échange des jetons.

Garantie : L'Autorité des marchés financiers (AMF) a publié le règlement général relatif aux ICO. Il s'agit d'un visa délivré par l'AMF dédié à la protection des épargnants. Ce visa permet aux entreprises qui le demandent de garantir la réalité des projets et la qualité des équipes afin de rassurer les clients.

3 Fiscalité du particulier

Les résidents français ont la possibilité de réaliser des déductions fiscales sur leur impôt sur le revenu ou bénéficient de conditions avantageuses du PEA et PEA-PME.

Les plus-values réalisées en crowdequity sont soumises à la flax tax de 30 % avec la possibilité d'opter pour l'imposition au barème de l'impôt sur le revenu.

4 Garanties

La plateforme doit nécessairement présenter les opérations de crowdequity à travers un site d'accès progressif. L'investisseur potentiel devra préalablement s'inscrire à la plateforme, puis attester qu'il a conscience des risques de perte totale de capital et des possibles difficultés de

2 Etude menée par KMPG ET FPF (association Financement participatif) : publication annuelle du baromètre de référence alternative et du financement participatif.

revente des titres. S'il répond par la négative, il se verra refuser l'accès aux offres. Dans le cas contraire, s'il souhaite investir dans un ou plusieurs projets, la plateforme lui fera passer un test d'adéquation de l'investissement avec son niveau de connaissance, sa situation financière et ses objectifs de financement.

Les plate-formes qui possèdent le statut d'IFP ou de CIP ont la possibilité d'afficher le label « Plateforme de financement participatif régulée par les autorités françaises », gage du contrôle de l'ACPR (Autorité de contrôle prudentiel et de résolution) et de l'AMF (Autorité des marchés financiers).

5 Comptabilisation dans la société bénéficiaire de l'apport en capital

L'apport en capital avec détermination de la prime d'émission est réalisé de façon classique.

B Les financements participatifs sous forme de prêt, obligations, titres participatifs (crowdlending)

1 Prêts avec intérêts

Les emprunteurs peuvent être des personnes physiques agissant à des fins professionnelles ou des personnes morales.

Les prêteurs peuvent être des personnes physiques ou des personnes morales.

Leur prêt est plafonné à 2000 euros par projet.

2 Prêts sans intérêts

Les emprunteurs peuvent être des Personnes physiques agissant à des fins professionnelles ou non, des associations, ou des personnes morales.

Les prêteurs peuvent être des Personnes physiques ou des personnes morales.

Leur prêt est plafonné à 5000 euros par projet.

3 Montant des emprunts

L'ordonnance n° 2014-559 du 30 mai 2014 prévoit un emprunt maximum de 2,5 millions d'euros par projet.

Les remboursements ne peuvent pas excéder 7 ans. Les intérêts sont réguliers et le taux d'intérêt est obligatoirement à taux fixe. Il est fixé dans un contrat. L'emprunteur est directement responsable des remboursements à l'égard des prêteurs.

4 Les minibons

Les minibons (bons de caisse) sont des prêts en souscrivant des titres nominatifs et non négociables, comportant l'obligation des sociétés émettrices de payer à échéance déterminée. Ils sont proposés par les sites de financement participatif en capital. Ils doivent disposer du statut de conseiller en investissements participatifs (CIP), statut octroyé par l'AMF et doivent être enregistrés à l'ORIAS. A la différence d'un contrat de prêt proposé par les intermédiaires en financement participatif, l'investisseur n'est pas limité en montant de financement.

Comme pour les bons de caisse, les minibons sont inscrits au nom de leur propriétaire dans un registre tenu par l'émetteur. Ils ne peuvent être souscrits à plus de 5 ans.

Le montant total des offres d'un même émetteur ne doit pas excéder 2.5 millions d'euros.

Emetteurs

Seules les sociétés par actions et les SARL dont le capital est intégralement libéré et qui ont établi le bilan de leur troisième exercice, sont autorisées à émettre des minibons (c. mon. et fin. art. L. 223-7 nouveau).

5 Comptabilisation

La comptabilisation chez l'emprunteur suit les mêmes règles qu'un emprunt normal.

Les intérêts, comptabilisés en charges financières, sont déductibles du résultat imposable.

6 Fiscalité du particulier

Produits :

Revenus sur prêts

Comme tous les revenus de placements financiers, les intérêts du crowdlending sont soumis à la flax tax de 30% avec la possibilité d'opter pour l'imposition au barème de l'impôt sur le revenu.

7 Obligations et minibons.

Depuis la loi PACTE, les titres participatifs obligations et minibons peuvent être logés dans une PEA-PME, bénéficiant ainsi d'une fiscalité avantageuse.

Pertes :

Pour l'impôt sur le revenu des particuliers, les pertes, qu'elles proviennent d'un prêt participatif ou de minibons souscrits depuis 2017, sont déductibles des intérêts perçus dans la limite de 8 000 euros par an.

C Les financements participatifs sous forme de dons

1 Dons reçus par des sociétés commerciales

S'il existe une contrepartie : le don reçu est enregistré en chiffre d'affaires et la TVA s'appliquera.

S'il n'existe pas de contrepartie, le don reçu est enregistré en « autres produits »

2 Dons reçus par des associations

Si la somme n'a pas de contrepartie (ou symbolique), la somme reçue est qualifiée de don ou de cotisation que le contributeur acquiert ou non la qualité d'adhérent.

Il est estimé que la contrepartie ne doit pas avoir une valeur monétaire excédant 25% du montant du don.

Si la somme a une contrepartie, elle peut avoir un caractère lucratif. Elle sera alors enregistrée en chiffre d'affaires et entrera dans le champ d'application de la TVA.

3 Fiscalité des donateurs

Les dons pour certains projets peuvent ouvrir droit à une réduction d'impôt.

8 Contrats de financement

Les entreprises peuvent négocier leur financement avec les banques et autres établissements de crédit, plutôt que de recourir au marché financier. Elles concluent alors des contrats de financement.

A Contrats de prêt et de découvert

1 Contrat de prêt en argent

a. Définition

Le **prêt en argent** est une convention par laquelle une personne (le **prêteur**) remet une somme d'argent à une autre personne (l'**emprunteur** ou **bénéficiaire**) ; cette dernière s'engage à rembourser une somme identique augmentée d'un intérêt, à une date convenue.

Le prêt en argent appartient à la catégorie des prêts de « consommation » (C. civ., art. 1895).

La jurisprudence distingue selon que le prêt est consenti par un professionnel du crédit ou par un particulier :

- le prêt consenti par un professionnel est un **contrat consensuel** qui se forme par l'accord des parties, non à la date de remise des fonds, mais au jour de l'acceptation de l'offre préalable ; la banque est donc tenue de verser les fonds dès lors qu'elle a consenti au contrat ;
- le prêt consenti par un particulier est un **contrat réel** qui est conditionné par la remise de la somme empruntée.

b. Durée du prêt

Le prêt sera remboursé au terme convenu. Le terme est présumé en faveur du débiteur sauf stipulation contraire (C. civ., art. 1187). Ceci autorise, en principe, le débiteur à rembourser le prêt par anticipation.

En pratique, il est généralement stipulé, soit l'interdiction du remboursement anticipé, soit le paiement par l'emprunteur d'une indemnité en cas de remboursement anticipé.

c. Remboursement du prêt

Le débiteur doit rendre la somme prêtée dans les espèces ayant cours au moment du paiement (C. civ., art. 1895).

Cependant, les prêts accordés aux personnes morales ainsi qu'aux personnes physiques pour les besoins de leur activité professionnelle, peuvent être indexés sur le niveau général des prix (C. mon. et fin., art. L. 112-3-8°).

d. Sanction du défaut de paiement

Il peut être stipulé dans le contrat que le défaut de paiement des intérêts ou d'une annuité de remboursement soit sanctionné par l'exigibilité immédiate de la totalité de la créance (déchéance du terme). Le juge peut cependant reporter ou échelonner le paiement des sommes dues, dans la limite de deux années. Il peut aussi prescrire une réduction du taux d'intérêt ou que les paiements s'imputeront d'abord sur le capital (C. civ., art. 1244-1).

e. Taux d'intérêt

Le taux de l'intérêt conventionnel doit être fixé par écrit (C. civ., art. 1907, al. 2). Ce taux peut être fixe ou variable. À défaut de stipulation d'un taux d'intérêt, c'est le taux légal qui s'applique.

L'indexation du taux sur un taux de référence, dit « taux de base bancaire », fixé unilatéralement par la banque, est admise.

Remarque. Les dispositions relatives au taux effectif global et au taux de l'usure, ne sont pas applicables aux **prêts** accordés à une personne physique agissant pour ses besoins professionnels ou à une personne morale se livrant à une activité industrielle, commerciale, artisanale, agricole ou professionnelle non commerciale (C. consom., art. L. 313-3, al. 4).

f. Formalité fiscale

Les personnes qui interviennent dans la conclusion des contrats de prêts ou dans la rédaction des actes qui les constatent, sont tenues de déclarer le prêt à l'administration (CGI, art. 242 *ter* 3).

Une dispense existe pour les prêts dont le montant en principal n'excède pas 5 000 €.

2 Découvert en compte courant

Le découvert en compte ne doit pas être confondu avec un prêt. Lorsqu'elle prête de l'argent, la banque remet des fonds à l'emprunteur alors que dans le découvert, il n'y a pas de remise de fonds.

a. Forme de l'engagement

L'engagement de découvert peut être implicite. Il peut aussi être constaté dans une convention écrite.

b. Durée du découvert

Le découvert en compte peut être à durée déterminée ou à durée indéterminée.

Lorsque le découvert est à durée **indéterminée**, il ne peut être réduit ou interrompu que sur notification écrite et à l'expiration d'un **délai de préavis**.

Que l'ouverture de crédit soit à durée **indéterminée ou déterminée**, l'établissement de crédit n'est pas tenu de respecter un délai de préavis en cas de comportement gravement **répréhensible** du bénéficiaire du crédit ou au cas où la situation de ce dernier s'avérerait irrémédiablement compromise (C. mon. et fin., art. L. 313-12).

c. Taux d'intérêt

Voir les dispositions concernant le taux d'intérêt des contrats de prêt (*cf. supra* § 7-A-1-e).

Les établissements de crédit sont tenus de porter à la connaissance de leur clientèle et du public les **conditions générales de banque** qu'ils pratiquent pour les opérations qu'ils effectuent (C. mon. et fin., art. R. 312-1, al. 1).

L'obligation de payer des intérêts conventionnels exige, non seulement que le taux effectif global soit porté à titre indicatif sur un document écrit préalable, mais aussi que ce **taux soit porté sur les relevés périodiques** reçus par l'emprunteur sans protestation ni réserve (Cass., ch. com., 22 mai 2007, n° 772).

Le **taux effectif global** (TEG) qui doit être mentionné, comprend les frais, commissions ou rémunérations de toute nature, directs ou indirects, y compris ceux qui sont payés ou dus à des intermédiaires (C. mon. et fin., art. L. 313-4).

La convention peut prévoir que les intérêts seront **capitalisés** ; il doit s'agir d'intérêts dus pour une année entière (C. civ., art. 1154).

Pour les découverts en compte consentis à des professionnels, constitue un **prêt usuraire** tout prêt consenti à un taux effectif global qui excède de plus du tiers, le taux effectif moyen pratiqué au cours du trimestre précédent par les établissements de crédit pour les opérations de même nature comportant des risques analogues (C. mon. et fin., art. L. 313-5-1).

B Crédit-bail

1 Définition et formes particulières

a. Définition

Les opérations de crédit bail sont les opérations de **location** qui réunissent les caractéristiques suivantes (C. mon. et fin., art. L. 313-7) :

- Les biens loués sont :
  - des **biens d'équipement**, de **matériel** ou d'**outillage** ;
  - ou de **biens immobiliers à usage professionnel** ;
  - ou d'un **fonds de commerce** ou d'un fonds artisanal (ou d'un élément incorporel du fonds).
- Ces biens sont **achetés** en vue de cette location par des entreprises qui en **demeurent propriétaires**.
- Le locataire a la **possibilité d'acquérir**, en fin de bail, les biens loués moyennant un prix convenu.

L'opération de crédit-bail comprend à la fois une **vente**, une opération de **crédit** et une **location** assortie d'une **promesse unilatérale de vente** en fin de contrat. Elle fait intervenir trois parties : le fournisseur du bien, le crédit-bailleur (établissement de crédit) et le crédit-preneur (locataire utilisateur du bien).

Remarques :

1. Lorsque l'opération concerne d'autres biens que ceux énumérés ci-dessus, ce n'est pas légalement une opération de crédit-bail bien que la pratique parle de **« crédit-bail » non réglementé.**
2. Il est admis qu'un **véhicule automobile** puisse être considéré comme un bien d'équipement pouvant faire l'objet d'un crédit-bail.

3. Les **biens immobiliers** peuvent être, non seulement achetés par le bailleur, mais aussi construits pour son compte.
4. Le crédit-bail peut théoriquement porter sur des actions nominatives ou des parts de SARL (C. mon. et fin., art. L. 313-7-4). C'est cependant très rare en pratique.

Les opérations de crédit-bail ne peuvent être faites, *à titre habituel*, que par des **établissements de crédit** (C. mon. et fin., art. L. 515-2).

b. Formes particulières de crédit-bail

Cession-bail (ou *lease-back*)

Dans la cession-bail, l'entreprise propriétaire et utilisatrice d'un bien d'équipement ou d'un immeuble, le vend à un établissement de crédit qui le lui reloue immédiatement dans le cadre d'un contrat de crédit-bail.

La cession-bail est une opération de financement, comparable à un prêt de l'établissement de crédit au propriétaire et utilisateur. Le remboursement de ce prêt est garanti par le droit de l'établissement de crédit sur le bien pendant la durée du financement. Les loyers sont comparables à des annuités de remboursement du prêt.

Crédit-bail adossé (ou crédit-bail fournisseur)

Un fournisseur vend un bien à un établissement de crédit qui le lui reloue immédiatement en crédit-bail. Le fournisseur sous-loue ensuite le bien à l'utilisateur, avec promesse de faire bénéficier le sous-locataire de l'option d'achat.

2 Contrat de vente lié au crédit-bail

Un contrat de vente est conclu entre le **fournisseur** du matériel financé par crédit-bail et le **crédit-bailleur**. C'est cependant le crédit-preneur qui choisit le matériel (marque, type) sur lequel porte le contrat, le fournisseur de ce matériel et les modalités de sa livraison.

a. Obligations du vendeur (le fournisseur)

Obligation de délivrance

C'est le fournisseur qui a l'obligation de délivrer le bien (contrairement au contrat de location simple où cette obligation incombe au bailleur). Il est cependant prudent de le stipuler expressément dans le contrat de crédit-bail.

Obligations spécifiques

Des obligations spécifiques peuvent être mises à la charge du vendeur pour le cas où le contrat de crédit-bail serait résilié :

- engagement de reprendre le bien en location ;
- ou engagement de racheter le bien ;
- ou engagement de chercher un éventuel acquéreur ou un locataire de remplacement.

b. Obligation du crédit-preneur

Le crédit-preneur a l'obligation de **prendre livraison** du bien. Il dresse un procès-verbal de réception.

3 Contrat de crédit-bail

a. Durée du contrat

La durée du contrat correspond à la vie économique du bien loué. La liberté est la règle bien qu'elle soit en fait limitée par une contrainte fiscale (amortissement fiscal du bien par le crédit-bailleur sur la « durée d'usage »).

b. Fin du contrat

Arrivée au terme convenu

- **Crédit-bail mobilier**

Le contrat contient, de la part du crédit-bailleur, une **promesse unilatérale de vente** à un prix convenu, au crédit-preneur au terme du contrat. Cette clause est essentielle pour qualifier le contrat de « crédit-bail ». Le plus souvent, le crédit-preneur exerce son option d'achat et devient propriétaire du bien.

- **Crédit-bail immobilier**

Outre la technique de la promesse unilatérale de vente, deux autres techniques peuvent être utilisées pour transférer au crédit-preneur la propriété de l'immeuble :
- **cession des parts** détenues par l'établissement de crédit dans une société civile propriétaire de l'immeuble ;
- **accession** de plein droit, en fin de bail, à la propriété du bâtiment construit sur un terrain appartenant au crédit-preneur.

Résiliation du contrat

Le contrat est résilié de plein droit dans les cas suivants :
- résolution du contrat de vente ;
- manquement du crédit-preneur à ses obligations contractuelles (non-paiement du loyer) ;
- événement (sinistre total) rendant impossible la jouissance du bien loué ;
- dissolution de la personne morale locataire.

Généralement, le contrat contient une clause attribuant au crédit-bailleur une **indemnité** compensant son préjudice en cas de résiliation. La jurisprudence admet la validité de clauses indemnitaires prévoyant le remboursement du prix d'achat, le paiement des loyers à échoir et même le remboursement du manque à gagner de l'établissement de crédit.

Quand le contrat contient une **clause pénale** prévoyant une indemnisation supérieure au préjudice, le juge a le pouvoir de réduire la peine convenue s'il la juge manifestement excessive (C. civ., art. 1152, al. 2, et art. 1231).

Les contrats de **crédit-bail immobilier** doivent, à peine de nullité, comporter une clause prévoyant les **conditions de résiliation** à la demande du crédit-preneur (C. mon. et fin., art. L. 313-9, al. 2).

4 Effets du crédit-bail entre les parties

a. Obligations du crédit-bailleur

Obligations générales du bailleur

En principe, les bailleurs assument les obligations de **délivrance**, de **jouissance paisible** et de **garantie** du bien loué.

En pratique, les clauses du contrat déchargent le crédit-bailleur des obligations de délivrance et de garantie. Il est stipulé que le crédit-preneur :
- reçoit mandat de s'adresser directement au fournisseur pour obtenir la livraison du bien ; le crédit-bailleur se décharge ainsi de sa responsabilité en cas de délivrance partielle, retardée ou non conforme ;
- bénéficie du transfert, par le crédit-bailleur, des actions en garantie contre le fournisseur ;
- assume la charge de l'entretien du bien loué.

Obligation de conseil de l'établissement de crédit

Comme tout établissement de crédit, le crédit-bailleur a des obligations de prudence, d'information et de conseil. Il engage sa responsabilité s'il consent un crédit inapproprié ou excessif compte tenu des facultés de remboursement du crédit-preneur ou de ses perspectives de rentabilité.

Obligations propres au crédit-bail immobilier

- **Dommages causés aux tiers**

Le crédit-bailleur, en qualité de propriétaire de l'immeuble loué, demeure responsable à l'égard des tiers des **dommages causés par l'immeuble** (C. civ., art. 1386).

- **Indemnisation du crédit-preneur**

Le crédit-bailleur doit allouer une indemnité au crédit-preneur pour les **constructions nouvelles** réalisées au cours du crédit-bail par le crédit-preneur.

- **Non-application du statut des baux commerciaux**

Le statut des baux commerciaux ne s'applique pas au crédit-bail portant sur un immeuble.

b. Obligations du crédit-preneur

Utilisation du bien loué

Le crédit-preneur doit user du bien loué en **bon père de famille**. Il n'a pas le droit de sous-louer (sauf dans le cas d'un crédit-bail adossé).

Paiement des loyers

Les sommes versées par le crédit-preneur (loyers et prix de l'option) couvrent le prix d'acquisition du bien et la rémunération financière du capital ainsi investi par le crédit-bailleur.

Assurance du bien loué

Une clause du contrat oblige le crédit-preneur à assurer le bien loué. Le contrat prévoit une délégation de l'indemnité d'assurance au crédit-bailleur.

Obligation de restitution du bien loué

Au terme du contrat, le crédit-preneur qui n'exercerait pas son option d'achat, devrait restituer le bien au crédit-bailleur qui en est propriétaire.

c. Garanties contre les défaillances du crédit-preneur

Garanties conventionnelles

Le crédit-bailleur exige souvent les garanties conventionnelles ci-après :
- la **caution** des dirigeants ou de la société mère de la société locataire ;
- une **assurance-vie** sur la tête des responsables de la société locataire ;
- l'obligation pour le crédit-preneur de verser un **dépôt de garantie** ;
- clause pénale pour le cas d'inexécution des obligations du crédit-preneur.

Garantie légale en cas de redressement ou de liquidation judiciaire du crédit-preneur

Le crédit-bailleur peut **revendiquer la propriété** du bien en cas de redressement ou de liquidation judiciaire. Ce droit est subordonné à l'accomplissement de formalités de **publicité** (*cf.* ci-après). En l'absence de cette publicité à la date du jugement d'ouverture d'une procédure collective, la propriété du crédit-bailleur est inopposable aux tiers.

5 Publicité et effets du crédit-bail à l'égard des tiers

a. Publicité du crédit-bail

La publicité des opérations de crédit-bail s'effectue à l'initiative de l'entreprise de crédit-bail (crédit-bailleur).

Publicité du crédit-bail mobilier

La publicité du crédit-bail mobilier est **obligatoire** (C. mon. et fin., art. L. 313-10). Elle est faite sur un registre tenu au greffe du tribunal de commerce ou du tribunal de grande instance statuant commercialement dans le ressort duquel est situé l'établissement utilisateur du bien loué (C. mon. et fin., art. R. 313-4 et R. 313-5). Elle doit être renouvelée après cinq ans (C. mon. et fin., art. L. 313-11).

Publicité du crédit-bail immobilier

La publicité du crédit-bail immobilier, obligatoire ou facultative, est faite auprès du bureau des hypothèques. Elle est en principe **obligatoire** pour les contrats conclus pour une durée **supérieure à douze ans** (C. mon. et fin., art. R. 313-12, et décret n° 55-22 du 4.01.1955).

En pratique, l'obligation de publication est peu respectée car l'opposabilité aux tiers du droit de propriété du crédit-bailleur ne dépend que de la publicité de l'acte d'achat de l'immeuble par le crédit-bailleur (et non de la publicité du crédit-bail immobilier).

Annexe des comptes annuels du crédit-preneur

Le crédit-preneur (commerçant ou personne morale) doit donner des informations sur ses contrats de crédit-bail en cours, dans l'annexe de ses comptes annuels (C. mon. et fin., art. R. 313-14).

b. Effet du crédit-bail à l'égard du bailleur d'immeuble

En principe, le bailleur d'immeuble bénéficie d'un privilège sur le prix de « *tout ce qui garnit* » l'immeuble loué (C. civ., art. 2102). Par exception, ce privilège ne s'étend pas aux meubles qui sont l'objet d'un crédit-bail.

c. Effet du crédit-bail à l'égard de l'acquéreur et du sous-acquéreur

Si le crédit-preneur vend le bien loué en fraude des droits du crédit-bailleur, il s'expose aux sanctions de **l'abus de confiance** (*cf.* Chapitre 6, § 1-C). Le crédit-bailleur peut revendiquer le bien en possession de l'acquéreur, présumé de mauvaise foi du fait de la publicité.

En revanche, si l'acquéreur a revendu le bien, le droit de propriété du sous-acquéreur est opposable au crédit-bailleur (*Cass. Com., 14.10.1997, n° 95-10.006*).

6 La fiscalité du crédit-bail

a. Les opérations de crédit-bail en impôts directs

▪ La déduction des redevances de crédit-bail mobilier et immobilier

Le crédit-bail est une opération financière par laquelle une entreprise donne en location des biens mobiliers ou immobiliers à un preneur qui à un moment quelconque du contrat, mais le plus souvent à l'échéance, peut décider de devenir propriétaire du ou des biens qui ont été l'objet de ce contrat. Le bailleur consent une promesse unilatérale de vente au preneur dont la réalisation est subordonnée au paiement du prix fixé à l'avance augmenté des intérêts et des frais.

▪ Le crédit-bail mobilier

Les loyers dus par le preneur d'un contrat de crédit-bail mobilier sont, en principe, admis pour la totalité en déduction des résultats imposables au cours de la période couverte par le contrat.

Il existe une particularité pour les véhicules de tourisme qui est présentée dans l'ouvrage DCG 4 – Droit fiscal – Manuel et applications, éd. 2021-2022.

La déductibilité des loyers versés peut être remise en cause lorsque le contrat est requalifié en vente à tempérament, où lorsque l'option d'achat peut être levée pour un prix anormalement faible : de tels indices résultant de durées de location très brèves, de levées d'option très inférieures à la valeur comptable du bien à l'échéance du contrat.

Exemple

Des conventions initialement qualifiées de contrats de location de matériels constituent en réalité des achats à tempérament dans les circonstances suivantes :
- création simultanée d'une entreprise individuelle de location de matériels et d'une société, seule cliente, avec son PDG, de la première entreprise ;
- durée des locations inférieure à onze mois suivie du rachat systématique des matériels par la société locataire pour une valeur égale à une mensualité de loyer (CAA Nancy 29 décembre 1989, n° 232, Plén., Locatelli).

Le crédit-bail immobilier

Le crédit-bail immobilier appartient aux opérations fiscalement complexes. Son traitement fiscal nécessite une bonne compréhension de ses mécanismes.

Le crédit-bail immobilier est un mode de financement de l'immeuble d'exploitation. Il s'agit de l'opération par laquelle une entreprise, que l'on qualifie de « crédit- bailleur », donne en location des immeubles à usage professionnel, et permet aux locataires de devenir propriétaire de tout ou partie du bien à l'issue du bail.

Le crédit-bail immobilier procède de la combinaison d'une opération de louage et d'une promesse de vente, moyennant un prix de levée d'option relativement faible.

Nous étudierons la situation du crédit-preneur (locataire) dont le contrat a été conclu après le 1er janvier 1996.

Sont admis en déduction les loyers autres que ceux qui correspondent à ceux afférents au financement en capital du terrain. Le montant des réintégrations à pratiquer, pour le crédit-preneur, correspond à la différence entre le prix de revient du terrain pour le crédit-bailleur et le prix de levée d'option.

Exemple

La société Dupont a pris en crédit-bail un immeuble dont le prix de revient se décompose ainsi :
- contrat de crédit-bail immobilier d'une durée de 15 ans portant sur un immeuble à usage de bureaux achevé le 1er janvier N ;
- durée normale d'utilisation des constructions : 30 ans ;
- prix d'acquisition de l'immeuble (€) : 1 500 000 € ;
- prix des constructions : 1 050 000 € ;
- prix du terrain (30 %) : 450 000 € ;
- prix de levée de l'option (B) : 75 000 €.

La réintégration fiscale s'élève par conséquent à 450 000 – 75 000 = 375 000 €. L'entreprise Dupont réintégrera au total 375 000 € de loyers à son résultat imposable.

b. La sortie du crédit-bail

La sortie du crédit-bail mobilier

La cession du contrat de crédit-bail

Les droits attachés à un contrat de crédit-bail mobilier sont assimilés à des éléments incorporels de l'actif immobilisé et relèvent, en cas de cession du contrat, du régime des plus ou moins-values professionnelles.

Lorsque le contrat de crédit-bail est cédé par le souscripteur initial, la plus-value correspond au prix de cession.

Pour les entreprises imposées à l'IR, la plus-value est à long terme à la condition que le cédant soit titulaire du contrat depuis deux ans au moins. Si le contrat est détenu depuis moins de deux ans, la totalité de la plus-value est à court terme.

Pour les entreprises soumises à l'IS, la plus-value est imposable au taux courant de l'IS.

La technique de calcul de la plus-value à long terme s'opère selon des règles particulières compte tenu du fait que le preneur ne pratique aucun amortissement sur le bien pris en crédit-bail.

Pour déterminer la plus-value à court terme consécutive à la cession du contrat, il faut se référer à une notion **d'amortissement théorique** du contrat. Son montant est censé correspondre à l'amortissement financier de l'investissement supporté par le preneur à travers le paiement des loyers pendant la période de détention du contrat. La fraction de la plus-value qui excède l'amortissement théorique bénéficie du taux réduit des plus-values à long terme.

Cet amortissement théorique est calculé en linéaire sur le prix d'acquisition HT du bien par le bailleur diminué du prix prévu pour la levée d'option d'achat, sur une période égale à celle couverte par le contrat.

Exemple

Un contrat de crédit-bail mobilier souscrit par une entreprise à l'IR d'une durée de 10 ans porte sur une machine acquise par le bailleur pour un prix HT de 200 000 € et il est cédé au terme de 5 ans pour un prix de 100 000 €. Le prix de levée d'option au terme du contrat est de 10 000 €. La plus-value de cession est égale à 100 000 €.
L'amortissement théorique s'élève à : (200 000 € – 10 000 €) × 1/10 × 5 = 95 000 €.
La plus-value est à court terme à hauteur de l'amortissement théorique (95 000 €) et à long terme pour le surplus (5 000 €).

La cession du bien acquis à l'échéance du contrat

Lors de la cession d'un bien acquis à l'échéance d'un contrat de crédit-mobilier, la plus-value réalisée est déterminée dans les conditions de droit commun, par différence entre le prix de vente du bien et son prix de revient selon que le preneur était titulaire du contrat depuis l'origine ou l'avait acquis auprès d'un précédent locataire, diminué des amortissements pratiqués.

Pour les entreprises soumises à l'impôt sur le revenu, le Code des impôts prévoit des règles particulières pour distinguer entre la fraction de la plus-value relevant du régime des plus-values à court terme et celle soumise au régime des plus-values à long terme. La plus-value réalisée est à court terme à concurrence :

- des amortissements pratiqués à raison du prix d'acquisition du bien incluant, le cas échéant, les amortissements pratiqués sur le prix d'acquisition des droits attachés au contrat si ce dernier a été acquis auprès d'un précédent locataire ;
- et augmentés de l'amortissement théorique du contrat déterminé selon les modalités exposées ci-avant.

La fraction de la plus-value qui excède la plus-value à court terme ainsi définie bénéficie du taux réduit d'imposition des plus-values à long terme, dès lors que le bien cédé a été détenu pendant au moins deux ans.

L'administration estime que le délai de deux ans est apprécié à partir de la date à laquelle le bien concerné est entré dans l'actif immobilisé, c'est-à-dire la date de levée d'option d'achat.

La sortie du crédit-bail immobilier

Cession du contrat avant l'échéance

Lors de la cession d'un contrat de crédit-bail immobilier, il faut répartir le prix de cession entre la fraction correspondant aux droits sur les constructions et celle correspondant aux droits sur le terrain.

Lorsque le cédant est titulaire du contrat depuis l'origine, la cession de ce contrat dégage une plus-value correspondant au prix de cession de ce contrat diminué, pour les contrats conclus depuis le 1er janvier 1996, des quotes-parts de loyers non déductibles se rapportant au terrain. Si le cédant a acquis le contrat, la plus-value correspond au prix de cession du contrat diminué de sa valeur nette comptable et, le cas échéant, des quotes-parts de loyers non déductibles.

Aucune précision n'est donnée quant aux modalités d'imputation du prix de revient global du contrat sur les droits représentatifs du terrain et ceux représentatifs des constructions, alors que cette affectation est pourtant nécessaire.

Lorsque la cession est réalisée par une entreprise relevant de l'impôt sur le revenu, au moins deux ans après la conclusion du contrat, une fraction de la plus-value réalisée est susceptible de bénéficier du taux réduit d'imposition des plus-values à long terme. La plus-value à court terme correspond, quant à elle, à la fraction déduite des loyers pris en compte pour le calcul du prix de vente diminuée des frais d'achat de l'immeuble par le bailleur.

Cession de l'immeuble acquis à l'échéance

Lors de la cession de l'immeuble acquis au terme du contrat par le crédit-preneur, pour les entreprises relevant de l'IR, la plus-value peut bénéficier du taux réduit d'imposition des plus-values à long terme lorsque la cession est réalisée plus de deux ans après l'exercice de levée de l'option. La plus-value à court terme correspond aux amortissements effectivement déduits à raison des constructions, majorés du montant des amortissements qui auraient pu être déduits par le crédit-preneur s'il avait acquis directement l'immeuble au lieu de le financer en crédit-bail.

Si l'immeuble est cédé par une société relevant de l'IS, la plus-value est soumise en totalité au taux courant de l'IS.

Exemple

Un contrat de crédit-bail immobilier est conclu au profit de l'entreprise LOUBAIL le 01/01/N pour une durée de 15 ans.
Il est relatif à la prise à bail d'un immeuble, dont les constructions sont amorties sur 20 ans chez le crédit-bailleur.
Prix d'acquisition de l'ensemble immobilier par le crédit-bailleur : 500 000 € (dont 50 000 € pour le terrain), soit 450 000 € pour la seule construction.
Prix de levée de l'option au terme du contrat : 50 000 €
À la levée d'option, l'entreprise cédante doit pratiquer les réintégrations suivantes :
Valeur de l'immeuble chez le crédit-bailleur lors de la signature du contrat : 500 000 €
Valeur comptable théorique de l'immeuble, hors terrain : 450 000 / 20 × 15 = 337 500 € (compte tenu du fait que le loyer a été déduit sur 15 ans chez le crédit-preneur alors que l'immeuble aurait dû être amorti sur 20 ans s'il en avait eu la pleine propriété)
La charge déductible sur l'ensemble de la période du contrat est ainsi limitée aux amortissements que l'acquéreur aurait pu déduire en étant propriétaire.
Levée d'option = 50 000 €
Montant de la réintégration totale : 500 000 – 337 500 – 50 000 (différence entre la VNC théorique et le prix de levée d'option) = 112 500
Loyers déjà réintégrés, correspondant au prix d'acquisition du terrain, non déductibles = 50 000
Réintégration complémentaire lors de la levée d'option = 62 500

Éclairage : Le piège de la sous-location d'immeuble pris en crédit-bail par une SCI non assujettie à l'IS dont les associés sont des personnes physiques

Les associés personnes physiques sont imposés selon l'activité de la société, c'est à dire dans la catégorie des bénéfices non commerciaux pour les revenus tirés de la sous-location et les loyers que la société verse au crédit-bailleur sont soumis aux limites de déduction pour les contrats conclus depuis le 1er janvier 1996.

Le transfert de propriété de l'immeuble qui résulte de la levée d'option entraîne le **changement de régime fiscal** du contribuable, du fait de la transformation de l'activité de sous-location en une activité de location relevant des revenus fonciers.

Une plus-value professionnelle imposable doit ainsi être constatée à cette date. Le montant de cette plus-value, intégralement à court terme, correspond à la différence entre la valeur vénale de l'immeuble à la date d'exercice de l'option d'achat et son prix de revient.

Son imposition peut être reportée, sur demande expresse du contribuable figurant dans l'acte constatant le transfert de propriété de l'immeuble, à la date à laquelle interviendra la transmission de l'immeuble ou la transmission ou le rachat de tout ou partie des titres de la société propriétaire, ou sa dissolution.

Les sociétés concernées peuvent néanmoins éviter cette imposition en optant pour l'impôt sur les sociétés avant la date d'échéance du contrat.

7 Les opérations de crédit-bail en TVA

a. Souscription et vie du contrat

Le crédit-bail est analysé comme une location assortie d'une promesse de vente. Il existe une exonération de principe des loyers portant sur des locaux nus.

Une option est toutefois possible pour les locations de locaux à usage autre que l'habitation ou agricole.

En cas d'option, la TVA est due sur le montant des loyers.

La TVA d'amont est alors déductible par le crédit-preneur s'il affecte l'immeuble à la réalisation d'opérations ouvrant droit à déduction.

b. Levée d'option après le délai de cinq ans

Les cessions d'immeubles achevés depuis plus de cinq ans sont exonérés de TVA.

Il peut en ce cas être exigé un reversement éventuel d'une fraction de la TVA antérieurement déduite par le crédit bailleur, et le délai de régularisation est égal à la durée du contrat de crédit-bail (et non plus par vingtième).

Toutefois, le crédit-bailleur a la possibilité d'opter pour l'imposition volontaire de la vente à la TVA.

L'imposition à la TVA se fait sur le prix total si le crédit-bailleur a bénéficié de droits à déduction lors de l'acquisition de l'immeuble : dans le cas contraire, il s'agit d'une imposition sur la marge.

Si la cession est soumise à la TVA, le crédit-bailleur n'a pas à pratiquer de régularisation par vingtième.

L'éventuel transfert de droits à déduction de TVA au profit du crédit-preneur est conditionné par l'immobilisation de l'immeuble et son affectation à des activités taxables ou assimilées.

c. Cession des droits du preneur (en cours de contrat)

L'acquisition d'un contrat de crédit-bail immobilier se décompose en deux opérations :

- L'acquisition d'un **droit de jouissance** en principe imposable à la TVA. Par tolérance administrative, la TVA n'est pas exigible si les droits de mutation sont acquittés au taux proportionnel par l'acquéreur ;
- L'acquisition d'une **promesse unilatérale de vente**, qui est assimilée à l'acquisition de l'immeuble lui-même ; dans ce cas, l'exonération est acquise pour un immeuble achevé depuis

plus de 5 ans, sauf option pour l'imposition volontaire (taxation sur le prix total ou sur la marge) ou imposition sur le prix total pour un immeuble achevé depuis cinq ans ou moins de cinq ans.

8 Les opérations de crédit-bail et l'enregistrement

a. Acquisition du contrat

Les contrats de crédit-bail immobilier dont la durée est supérieure à douze ans font l'objet d'une publication à la conservation des hypothèques moyennant une taxe de publicité foncière de 0,715 %.

Cette taxe est liquidée sur la base du montant cumulé des loyers diminué de la fraction de leur montant correspondant aux frais financiers, qui doit être indiquée distinctement dans le contrat de crédit-bail.

b. Acquisition de l'immeuble par le crédit-preneur

Lors de l'acquisition de l'immeuble par le crédit-preneur, les droits d'enregistrement sont dus au taux de droit commun (généralement 5,81 %) par suite de levée de l'option sauf :

- si l'acquéreur prend l'engagement de revendre, le taux est de 0,715 % (CGI art. 1115) ;
- si l'acquéreur prend l'engagement de construire dans le délai de quatre ans, seul le droit fixe de 125 € est dû (CGI art. 1594 0-G).

L'assiette des droits est calculée sur le prix d'exercice de l'option et non sur la valeur vénale de l'immeuble

c. Acquisition du contrat de crédit-bail

Enfin, l'acquisition d'un contrat de crédit-bail immobilier se décompose en deux opérations :

- L'acquisition d'un droit de jouissance soumis aux droits de mutation (3 % pour la fraction comprise entre 23 000 et 200 000 € et 5 % au-delà), (CGI art. 725) ;
- L'acquisition d'une promesse unilatérale de vente soumise au droit fixe de 125 € sauf si le droit proportionnel est plus élevé.

9 Garanties du crédit

Les établissements de crédit exigent généralement des garanties avant de conclure un contrat de financement. Ces garanties leur sont données par les **sûretés** ; ce sont des techniques juridiques destinées à assurer le règlement des créances pour le cas où le débiteur ne disposerait pas de biens d'une valeur suffisante pour désintéresser l'ensemble de ses créanciers.

A Sûretés personnelles

Les sûretés personnelles utilisent une technique résultant du droit des obligations, consistant à créer une ou plusieurs obligations à côté de l'obligation garantie. Elles ajoutent un ou plusieurs débiteurs au débiteur principal

1 Cautionnement

a. Définition et caractéristiques

> **(C. civ., art. 2288)**
> *Le cautionnement est l'engagement d'une personne physique ou morale, dénommée la caution, d'exécuter une obligation en cas de défaillance du débiteur de cette obligation.*

Le contrat de cautionnement est un contrat :

- ***consensuel*** dont les termes sont définis par une convention ;
- ***unilatéral*** ; il est conclu entre le créancier et la caution ; seule la caution contracte une obligation ; le créancier qui accepte la caution, n'a pas d'obligation envers elle ;
- ***accessoire*** à un contrat principal ce qui suppose :
  - l'existence d'une **obligation principale valable** à garantir (C. civ., art. 2289, al. 1) ;
  - la **limitation de l'engagement** au montant dû par le débiteur (C. civ., art. 2290, al. 1) ;
  - la possibilité, pour la caution, d'opposer au créancier les exceptions **inhérentes à la dette** qui appartiennent au débiteur principal ; en revanche la caution ne peut opposer les exceptions personnelles au débiteur (C. civ., art. 2313, al. 1).

b. Formalisme et preuve du contrat

Le cautionnement ne se présume pas. Il doit être exprès et constaté par un **écrit** portant notamment la signature de la caution et le montant manuscrit en toutes lettres et en chiffres (C. civ., art. 1326 et 2292). Le Code de la consommation (art. L. 341-2) exige, à peine de nullité, de toute personne physique qui s'engage en qualité de caution envers un créancier professionnel, la mention manuscrite « *En me portant caution de X...dans la limite de la somme de...couvrant le paiement du principal, des intérêts et, le cas échéant, des pénalités de retard et pour la durée de..., je m'engage à rembourser au prêteur les sommes dues sur mes revenus et mes biens, si X... n'y satisfait pas lui-même* ».

c. Modalités du cautionnement

Cautionnement civil ou commercial

- Le cautionnement est par nature un acte **civil**.
- Il est régi par le droit **commercial** dans les cas suivants :
  - par nature (*ex. : cautionnement bancaire*) ;
  - par la forme (*ex. : aval sur une lettre de change*) ;
  - par accessoire (*ex. : un commerçant se porte caution dans le cadre de sa profession*) ;
  - par l'intérêt patrimonial personnel de la caution garantissant une dette commerciale (*ex. : cautionnement donné par un dirigeant social pour garantir les dettes de la société*).

Bénéfices de discussion et de division

- Le bénéfice de **discussion** signifie que les biens du débiteur principal doivent être « discutés » (c.-à-d. saisis et vendus) avant que la caution soit obligée de payer (C. civ., art. 2298).
- Le bénéfice de **division** se rencontre dans le cas où il y a plusieurs cautions ; le créancier doit « diviser » son action et la réduire à la part de chacune des cautions (C. civ., art. 2203).

La caution peut renoncer aux bénéfices de discussion et de division. Elle est privée des bénéfices de discussion ou de division s'il y a **solidarité** entre la caution et le débiteur principal ou entre plusieurs cautions. La solidarité peut être stipulée. La solidarité est présumée si le cautionnement est commercial.

d. Effets du cautionnement entre le créancier et la caution

Engagements disproportionnés

Un **créancier professionnel** ne peut se prévaloir d'un contrat de cautionnement conclu par une **personne physique** dont l'engagement était, lors de sa conclusion, manifestement **disproportionné à ses biens et revenus** (C. consom., art. L. 341-4).

Information de la caution

Dans les deux cas définis ci-après :

- **créancier professionnel** à l'égard de la **caution personne physique** (C. consom., art. L. 341-6) ;
- **établissement de crédit** ayant apporté un concours financier à une **entreprise**, (C. mon. et fin., art. L. 313-22) ;

« le créancier est tenu de faire connaître à la caution, avant le 31 mars de chaque année, le montant du principal et des intérêts, commissions, frais et accessoires restant à courir au 31 décembre de l'année, ainsi que le terme de cet engagement. Si l'engagement est à durée indéterminée, il rappelle la faculté de révocation ».

e. Effets du cautionnement entre le débiteur principal et la caution

Recours personnel

La **caution** qui a payé a son **recours contre le débiteur principal** (C. civ., art. 2305, al. 1). Elle peut réclamer le principal, les intérêts, les frais et des dommages et intérêts, s'il y a lieu.

Recours subrogatoire

La caution qui a payé la dette est subrogée à tous les droits qu'avait le créancier contre le débiteur (C. civ., art. 2306). Elle bénéficie donc aussi des sûretés dont disposait le créancier.

f. Effets du cautionnement entre les cofidéjusseurs

S'il y a plusieurs cautions, celles-ci sont appelées « cofidéjusseurs ».

Lorsque des cofidéjusseurs ont cautionné un débiteur pour une même dette, la caution qui a acquitté la dette, a recours contre les autres cautions, chacune pour sa part (C. civ., art. 2310).

Remarque. Ceci suppose, bien entendu, que les cautions n'aient pas demandé le bénéfice de division.

2 Garantie de passif

- Lors d'une cession de titres, le cédant s'engage envers le cessionnaire à payer les dettes existantes dans la société avant la date de cession des titres.

Le cédant est engagé pour les dettes nées lorsqu'il était associé.

Le garant ne peut opposer **aucune exception** tenant à l'obligation garantie (C. civ., art. 2321, al. 3).

3 Lettre d'intention

(C. civ., art. 2322)

La lettre d'intention (ou lettre de confort) est l'engagement de faire ou de ne pas faire ayant pour objet le soutien apporté à un débiteur dans l'exécution de son obligation envers son créancier.

Dans certains cas, le signataire de la lettre d'intention, est tenu d'une obligation de moyen. Dans d'autres cas, il est tenu d'une obligation de résultat voire même d'un véritable cautionnement par lequel il garantit l'exécution des obligations du débiteur si ce dernier est défaillant.

Le signataire de la lettre d'intention peut être par exemple le dirigeant d'une société ou une société mère pour conforter le crédit de sa filiale.

La portée d'une lettre d'intention (obligation de moyen ou de résultat) dépend de l'interprétation des engagements qui y sont mentionnés (voir ci-après deux exemples dont l'interprétation a été différente).

Exemple

Exemple de lettre d'intention interprétée comme créant une obligation de résultat
***Cass . com. 9 juillet 2002**, Arrêt n° 1414FP-P*
Sur le pourvoi formé par la société Lordex, Société de développement régional de Lorraine, dont le siège est 43, cours Léopold, 54000 Nancy, en cassation le 9 juillet 1996 par la cour d'appel de Colmar (1re chambre, section B), au profit de la société La Rhénane, société anonyme, dont le siège est zone industrielle, 68190 Ungersheim, défenderesse à la cassation ;
*[...] Attendu, selon l'arrêt déféré, que par acte notarié du 30 juin 1983, la Société de développement régional de Lorraine (société Lordex) a consenti à la société SMS-Bove (SMS) un prêt remboursable en douze annuités garanti par une hypothèque ; que la SMS a demandé à la société Lordex de consentir à la mainlevée de l'hypothèque en contrepartie de la délivrance, par sa société mère, la société Knauf-La Rhénane (société La Rhénane), d'une lettre de confort ; que le 7 janvier 1987, la société La Rhénane a écrit à la société Lordex la lettre suivante : « **Dans le cadre de la restructuration de notre filiale, la SA SMS-Bove à Saint-Louis ... nous vous confirmons, étant donné les liens qui nous unissent à cette société, que nous veillerons, à compter de ce jour, au bon déroulement de cette opération et que nous ferons, envers vous, le nécessaire pour la mener à bonne fin » ; que la société Lordex a donné mainlevée des hypothèques ; que la SMS a honoré les échéances du prêt jusqu'en février 1993, puis a été mise en redressement judiciaire** le 16 avril 1996 ; que la société Lordex a demandé que la société La Rhénane soit condamnée à lui payer le solde du prêt ainsi que divers accessoires du principal ;*
[...] Vu l'article 1134 du Code civil ;
*Attendu que pour statuer comme il a fait, l'arrêt retient que la promesse faite par la société La Rhénane a été de fournir des **moyens**, en vue d'un **résultat qui n'a pas été explicitement garanti** et qu'il n'est nulle part fait mention de ce que la société La Rhénane s'engage à tout mettre en oeuvre pour éviter le défaillance de sa filiale ou pour que les engagements de cette dernière soient tenus ;*
*Attendu qu'en statuant ainsi, alors que **la société La Rhénane avait pris l'engagement de faire le nécessaire envers Lordex pour mener l'opération à bonne fin, ce dont il résultait qu'elle s'était engagée à un tel RÉSULTAT**, la cour a violé les textes susvisés ;*
PAR CES MOTIFS, [...] : CASSE ET ANNULE, dans toutes ses dispositions, l'arrêt rendu le 9 juillet 1996, entre les parties, par la cour d'appel de Colmar

Exemple

Exemple de lettre d'intention interprétée comme créant une simple obligation de moyen
Com, 18 avril 2000, Bull n° 78, N° 97-19-043
[...] Attendu, selon l'arrêt attaqué (Paris, 3 juin 1997), que la société Crédit d'équipement des petites et moyennes entre-prises et la société Comptoir central de matériel d'entreprise (les banques) ont consenti chacune un prêt à la société Prisme, filiale de la société Compagnie française Chaufour investisse-ment (la société CFCI), que la société Prisme ayant été mise en redressement judiciaire, les établissements prêteurs, se pré-valant d'une lettre d'intention signée par le président du conseil d'administration de la société CFCI, ont assigné cette société en paiement des sommes restant dues au titre des prêts consentis à sa filiale ;
*Attendu que les banques reprochent à l'arrêt d'avoir rejeté leur demande alors, selon le pourvoi, d'une part, que la lettre d'intention contient une **obligation de résultat** dés lors qu'elle est de nature à rendre son auteur responsable de la défaillance du débiteur ; que tel était le cas en l'espèce où la lettre du 29 mai 1990 stipulait non seulement **que la société CFCI ferait tout le nécessaire pour que sa filiale dispose d'une trésorerie suffisante lui permettant de faire face à ses obligations envers les organismes prêteurs résultant des concours octroyés par ceux-ci,** mais encore que ledit engagement étant une condition essentielle à l'octroi des crédits**, il était expressément entendu qu'en cas de remboursement les prêteurs pourraient exercer tous les recours qu'ils jugeraient utiles directement contre elle** [...]*
*Mais attendu, en premier lieu, que recherchant la commune intention des parties, la cour d'appel... a retenu que la société CFCI n'avait pris aucun engagement de se substituer purement et simplement à ceux de sa filiale à l'égard des banques pour le cas où celle-ci serait défaillante, a pu en déduire que la société CFCI était tenue d'une **obligation de moyens** ;*
Attendu, en second lieu, que retenant que la société CFCI justifie... qu'elle a soutenu sa filiale par un ensemble de mesures qu'elle a analysées et qu'elle a estimées suffisantes, jusqu'à l'ouverture de la procédure collective, et qu'il est ainsi établi qu'elle a respecté ses engagements, la cour d'appel .... a légalement justifié sa décision ; [...]
PAR CES MOTIFS REJETTE le pourvoi.

Remarque. Les cautions, avals et garanties donnés par des sociétés (...) font l'objet d'une autorisation du conseil (C. com. art. L. 225-35). Cette disposition s'applique notamment aux garanties personnelles accordées par la société mère à une filiale.

B Sûretés réelles

Les sûretés réelles utilisent une technique issue du droit des biens consistant à accorder à un créancier un droit réel accessoire sur un ou plusieurs biens, immobiliers ou mobiliers, du débiteur ou même d'un tiers.

Selon la nature du bien sur lequel porte la sûreté, on distingue[3] :

- les sûretés sur les immeubles (privilèges immobiliers, antichrèse, hypothèque) ;
- et les sûretés sur les meubles (gage de biens meubles corporels, nantissement de biens meubles incorporels, réserve de propriété).

Les opérations de crédit sont garanties en pratique, par des hypothèques conventionnelles, par le nantissement conventionnel du fonds de commerce ou par le nantissement de l'outillage et du matériel d'équipement.

1 Hypothèque conventionnelle

> **(C. civ., art. 2393 et 2423, al. 2)**
> *L'hypothèque est un droit réel constitué sur un bien immeuble qui est affectée au paiement d'une dette, y compris les intérêts et frais accessoires.*

a. Conditions de fond de l'hypothèque

- Sont seuls susceptibles d'hypothèques les **biens immobiliers** et leur **usufruit** (C. civ., art. 2397). L'hypothèque conventionnelle peut, sous certaines conditions, porter sur des immeubles futurs (C. civ., art. 2420).
- L'hypothèque est généralement constituée par le débiteur mais elle peut être constituée par un tiers qui s'est porté caution. Dans ce cas le cautionnement est dit « réel ». La personne qui constitue l'hypothèque doit avoir la **capacité d'aliéner** l'immeuble sur lequel porte l'hypothèque (C. civ., art. 2413).
- La créance garantie est présente ou future. Si elle est future, elle doit être **déterminable** (C. civ., art. 2421). Une hypothèque peut être affectée ultérieurement à la garantie de créances autres que celles mentionnées dans l'acte constitutif à condition que l'acte le prévoie. Le constituant peut alors offrir l'hypothèque en garantie, par l'intermédiaire d'une **convention de rechargement**, à un nouveau créancier même si le premier créancier n'a pas encore été réglé (C. civ., art. 2422).

b. Condition de forme

L'hypothèque conventionnelle ne peut être consentie que par **acte notarié** (C. civ., art. 2416). L'acte doit mentionner :

- le montant de la créance garantie (C. civ., art. 2423, al. 1) ;
- la désignation individuelle de chacun des immeubles sur lesquels l'hypothèque est consentie (C. civ., art. 2418 et 2426).

La convention de rechargement revêt aussi la forme notariée.

c. Publicité

Les créanciers hypothécaires (en pratique, leur notaire en qualité de mandataire) **inscrivent** leurs hypothèques au **bureau des hypothèques** de la situation des biens). C'est la date de l'inscription

---

3 Voir Introduction au droit, DCG 1, F. ROUAIX *et al.*, Éditions Foucher.

sur le registre des dépôts qui détermine l'opposabilité aux tiers et le **rang** de l'hypothèque (tous les créanciers titulaires d'une hypothèque sur le même immeuble seront payés dans l'ordre des dates d'inscription) (C. civ., art. 2425). La durée de validité de l'inscription est fixée par le créancier sans que cette durée puisse excéder cinquante ans (C. civ., art. 2434, al. 1 et 2).

La **convention de rechargement** est également inscrite à peine d'inopposabilité aux tiers. Son inscription détermine le rang des créanciers inscrits sur l'hypothèque rechargeable.

d. Effets de l'hypothèque entre les parties

Absence de dépossession

L'hypothèque n'entraîne pas la dépossession du propriétaire de l'immeuble hypothéqué. Le propriétaire continue à percevoir les revenus de l'immeuble et il conserve le pouvoir de le donner à bail ou de l'aliéner.

Conséquences du défaut de paiement de la dette garantie

Le créancier impayé a le choix entre :

- **poursuivre la vente** de l'immeuble hypothéqué car l'acte notarié constitutif de l'hypothèque est un titre exécutoire (C. civ., art. 2191, al. 1) ;
- ou demander en justice que l'immeuble lui soit **donné en paiement** (C. civ., art. 2458).

Par ailleurs, il peut être convenu dans la convention d'hypothèque [4] que le créancier deviendra propriétaire de l'immeuble hypothéqué (C. civ., art. 2459).

e. Effets de l'hypothèque à l'égard des tiers

Le créancier hypothécaire dispose :

- d'un **droit de préférence** (C. civ., art. 2323) qui est le droit d'être payé sur le prix d'adjudication de l'immeuble avant les autres créanciers hypothécaires de rang inférieur et les créanciers chirographaires ;
- et d'un **droit de suite** (C. civ., art. 2361) qui est le droit de saisir l'immeuble entre les mains d'un tiers détenteur (par exemple, une personne à qui le constituant de l'hypothèque aurait vendu l'immeuble). Pour éviter la saisie de l'immeuble, le tiers détenteur doit notifier à chaque créancier son intention d'acquitter la dette jusqu'à concurrence de son prix d'achat de l'immeuble. C'est ce qu'on appelle la « purge » de l'hypothèque (C. civ., art. 2475 et s.).

Remarque. Les **créanciers privilégiés** sont payés avant les créanciers hypothécaires (C. civ., art. 2324).

f. Transmission de l'hypothèque

Le créancier transmet l'hypothèque de plein droit à la personne à laquelle il cède la créance garantie. Il peut aussi céder l'hypothèque à un autre créancier (C. civ., art. 2424, al. 1).

g. Extinction de l'hypothèque

L'hypothèque s'éteint, en général (C. civ., art. 2488-1° et 3°) :

- par l'**extinction de la créance** garantie (sauf convention de rechargement) ;
- ou par la **purge** des biens acquis par les tiers détenteurs.

Lorsque le créancier a été payé, il doit demander la radiation de l'inscription par un acte appelé **mainlevée**.

h. Droits d'enregistrement

L'inscription d'une hypothèque est soumise à la taxe de publicité foncière de 0,715 %.

La radiation d'une hypothèque supporte le droit fixe de 125 €.

---

4 Une telle clause est appelée traditionnellement « pacte commissoire ».

2 Nantissement conventionnel du fonds de commerce

a. Définition

(C. com., art. L. 142-1)

Le nantissement est l'affectation, en garantie d'une obligation, d'un bien meuble incorporel ou d'un ensemble de biens meubles incorporels, présents ou futurs (C. civ., art. 2355). Les fonds de commerce peuvent faire l'objet de nantissements.

b. Objet et étendue du nantissement

- Le contrat de nantissement est **accessoire** à un contrat de prêt ou à une convention d'ouverture de crédit.
- Le nantissement **porte nécessairement** sur la clientèle qui est l'élément essentiel du fonds de commerce (*cf.* Chapitre 25 § 1-A-1).
- **Il peut porter sur** l'enseigne et le nom commercial, le droit au bail, l'achalandage, le mobilier commercial, le matériel ou l'outillage servant à l'exploitation du fonds, les brevets d'invention, les licences, les marques, les dessins et modèles industriels, et généralement les droits de propriété intellectuelle qui y sont attachés (C. com. art. L. 142-2, al. 1).
- **À défaut de désignation expresse** dans l'acte qui le constitue, le nantissement ne comprend que l'enseigne et le nom commercial, le droit au bail, la clientèle et l'achalandage (C. com. art. L. 142-2, al. 3).

Remarque. Le créancier d'un commerçant qui justifie de circonstances susceptibles de menacer le recouvrement de sa créance, peut demander au juge une autorisation de prendre une inscription de nantissement sur le fonds de commerce du débiteur (loi n° 91-650 du 9.07.1991, art. 67). Il s'agit alors d'un nantissement judiciaire.

c. Forme et publicité (C. com., art. L. 142-3 à L. 142-5)

Le contrat de nantissement est constaté par un acte **écrit** dûment enregistré (un acte notarié n'est pas exigé). Il doit être **inscrit** sur un registre public tenu au greffe du tribunal de commerce. L'inscription est faite, à peine de nullité, dans la quinzaine de la date de l'acte constitutif. Le rang des créanciers entre eux est déterminé par la date de leurs inscriptions.

Remarque. Si le nantissement s'étend à des droits de propriété industrielle ou commerciale (brevets et marques), une inscription spéciale doit être effectuée auprès de l'Institut national de la propriété industrielle (INPI).

d. Protection du créancier nanti

La garantie dont dispose le créancier nanti, peut être affectée par des modifications du fonds qui altèreraient sa valeur. La loi prévoit des protections contre ce risque.

Déspécialisation du bail

Le bail commercial est « déspécialisé » quand le locataire adjoint à l'activité prévue au bail, des activités connexes ou complémentaires. La demande de déspécialisation est adressée par le locataire au bailleur. Les **créanciers inscrits** sur le fonds de commerce doivent en être informés par acte extrajudiciaire. Ces derniers peuvent demander que le changement d'activité soit subordonné aux conditions de nature à sauvegarder leurs intérêts (C. com., art. L. 145-9, al. 1).

Déplacement du fonds de commerce

Si l'exploitant transfère le fonds dans d'autres locaux, les créances inscrites deviennent **exigibles** (C. com., art. L. 143-1) :

- de plein droit, si le propriétaire du fonds n'a pas fait connaître aux créanciers inscrits, quinze jours au moins d'avance, son intention de déplacer le fonds et le nouveau siège qu'il entend lui donner ;

- ou si le déplacement, sans le consentement des créanciers inscrits, entraîne une dépréciation du fonds.

Résiliation du bail

Le propriétaire qui entend résilier le bail de l'immeuble dans lequel s'exploite un fonds de commerce grevé d'inscriptions, doit notifier sa demande aux créanciers inscrits. La résiliation du bail ne devient définitive qu'un mois après cette notification (C. com., art. L. 143-2).

e. Effets du nantissement entre les parties

Absence de dépossession

Le nantissement du fond de commerce ne donne pas lieu à dépossession du propriétaire du fonds qui peut continuer à l'exploiter. Le propriétaire du fonds est en principe en principe libre de vendre, apporter en société ou nantir à nouveau le fonds mais c'est à la condition que ces actes n'aient pas été conclus dans le but de porter atteinte aux droits du créancier nanti.

Cependant le créancier nanti peut, par la convention instituant le nantissement, soumettre le propriétaire à certaines restrictions (*ex. : clause prévoyant que le créancier pourra surveiller l'exploitation, clause interdisant de céder tel ou tel élément du fonds sans l'accord du créancier*).

Conséquences du défaut de paiement de la dette garantie

Le créancier impayé peut demander au tribunal d'ordonner la vente du fonds, huit jours après sommation infructueuse de payer faite au débiteur (et au tiers détenteur, s'il y a lieu) (C. com., art. L. 143-5). En revanche, contrairement à l'hypothèque, le nantissement d'un fonds de commerce ne donne pas au créancier nanti le droit de se faire attribuer le fonds en paiement (C. com., art. L. 142-1, al. 2).

f. Effet du nantissement à l'égard des tiers

Le créancier nanti dispose du **droit de préférence** et du **droit de suite** dans des conditions analogues à celles de l'hypothèque.

L'acquéreur du fonds peut purger le nantissement en désintéressant les créanciers inscrits.

g. Droits d'enregistrement

L'enregistrement du contrat de nantissement est soumis au droit fixe des actes innomés (125 €).

3 Nantissement de l'outillage et du matériel d'équipement

Le **paiement du prix d'acquisition** de l'outillage et du matériel d'équipement professionnel peut être garanti, soit vis-à-vis du vendeur, soit vis-à-vis du prêteur qui avance les fonds nécessaires au paiement du vendeur, par un **nantissement restreint à l'outillage ou au matériel** ainsi acquis (C. com., art. L. 525-1, al. 1).

Ce nantissement est soumis aux dispositions régissant le nantissement du fonds de commerce sous réserve des dispositions particulières ci-après.

a. Forme du nantissement

Le nantissement est écrit (C. com., art. L. 525-2) :

- dans l'acte de vente quand il est consenti au vendeur ;
- ou dans l'acte de prêt quand il est consenti au prêteur. L'acte de prêt doit mentionner, à peine de nullité, que « *les fonds versés par le prêteur ont pour objet d'assurer le paiement du prix des biens acquis* ».

b. Publicité

Outre la publicité requise pour le nantissement du fonds de commerce (*cf. supra* § 8-B-2-c), le nantissement de l'outillage et du matériel est l'objet d'une **information particulière** :

- il est signifié au **créancier hypothécaire**, au **vendeur du fonds** de commerce et au **créancier nanti** sur l'ensemble du fonds, par acte extrajudiciaire, dans les deux mois de la conclusion du nantissement (C. com., art. L. 525-9-III) ;
- les biens donnés en nantissement sont revêtus d'une **plaque apparente** indiquant le privilège dont ils sont grevés (C. com., art. L. 525-4, al. 1).

L'accomplissement de ces formalités conditionne l'exercice du droit de préférence et du droit de suite.

c. Vente du bien nanti

Le débiteur qui veut vendre tout ou partie des biens grevés de nantissement, doit solliciter le consentement préalable du créancier nanti, et à défaut, l'autorisation du juge (C. com., art. L. 525-7, al. 1).

d. Droit de préférence

Le privilège du créancier nanti s'exerce par préférence au privilège du vendeur du fonds de commerce à l'exploitation duquel est affecté le bien grevé, ainsi qu'au privilège du créancier nanti sur l'ensemble dudit fonds (C. com., art. L. 525-9-II).

De l'entreprise au groupe

4

Partie

Chapitre 18

Les fusions, les scissions, les apports partiels d'actifs

COMPÉTENCES ET SAVOIRS ASSOCIÉS

- **Déterminer sous l'angle juridique, fiscal et social le mode de restructuration approprié.**
- **Savoir optimiser fiscalement l'opération de restructuration et accompagner juridiquement et au plan social l'opération de restructuration.**
- **Pour ce faire, connaître le régime juridique, fiscal et social des opérations de :**
  - **fusions de sociétés**
  - **apports partiels d'actifs**
  - **scissions de sociétés, scissions partielles**
  - **transmission universelle de patrimoine (art. 1844-5 Code civil).**

- Ces opérations sont réglementées par le Code civil, le Code de commerce et ces dispositions fiscales.

PLAN DU CHAPITRE

1 Le Code civil pose le cadre juridique général des fusions et des scissions de sociétés

2 Le Code de commerce précise les règles applicables aux fusions, scissions et apports partiels d'actifs

A Le Code de commerce reprend et complète les dispositions du Code civil

B Caractéristiques des fusions, scissions et apports partiels d'actifs

3 Règles spécifiques

A Règles relatives aux FUSIONS

B Règles spécifiques relatives aux SCISSIONS et aux APPORTS PARTIELS D'ACTIFS

4 Règles relatives à l'information des associés et à l'évaluation des apports en nature dans le cadre des fusions, des scissions et des apports partiels d'actifs

A Statut des commissaires à la fusion (CAF) et des commissaires à la scission (CAS)

B Mission des commissaires à la fusion (CAF) et des commissaires à la scission (CAS)

5 Effets des fusions ou des scissions

A Date d'effet de l'opération de fusion ou de scission

B Préservation des droits des cocontractants

6 Sanctions des irrégularités

A Cas d'irrégularité

B Action en justice

C Effet de la nullité

1 Le Code civil pose le cadre juridique général des fusions et des scissions de sociétés

Le Code civil (article 1844-4) prévoit des règles applicables aux fusions et aux scissions.

Une société, même en liquidation :

- peut être absorbée par une autre société ou participer à la constitution d'une société nouvelle, par voie de **fusion** ;
- peut aussi transmettre son patrimoine par voie de **scission** à des sociétés existantes ou à des sociétés nouvelles.

Ces opérations peuvent intervenir **entre des sociétés de forme différente**.

En ce qui concerne la réalisation de ces opérations :

- elles sont décidées, par chacune des sociétés intéressées, dans les **conditions requises pour la modification de ses statuts** ;
- si l'opération comporte la création de sociétés nouvelles, chacune de celles-ci est constituée selon les règles propres à la forme de société adoptée.

2 Le Code de commerce précise les règles applicables aux fusions, scissions et apports partiels d'actifs

A Le Code de commerce reprend et complète les dispositions du Code civil

Selon l'article L. 236-1

- Une ou plusieurs sociétés peuvent, par voie de **fusion**, **transmettre leur patrimoine** à une société existante ou à une nouvelle société qu'elles constituent.
- Une société peut aussi, par voie de **scission**, **transmettre son patrimoine** à plusieurs sociétés existantes ou à plusieurs sociétés nouvelles.

  → *Ces possibilités sont ouvertes aux sociétés en liquidation à condition que la répartition de leurs actifs entre les associés n'ait pas fait l'objet d'un début d'exécution.*
- Les associés des sociétés qui transmettent leur patrimoine dans le cadre des opérations mentionnées aux trois alinéas précédents reçoivent des **parts** ou des **actions** de la ou des sociétés bénéficiaires et, éventuellement, une **soulte en espèces** dont le montant ne peut dépasser 10 % de la valeur nominale des parts ou des actions attribuées.

Selon l'article L. 236-2

- Les opérations visées à l'article L. 236-1 peuvent être réalisées **entre des sociétés de forme différente**.
- Elles sont décidées, par chacune des sociétés intéressées, dans les **conditions requises pour la modification de ses statuts**.
- Si l'opération comporte la **création de sociétés nouvelles**, chacune de celles-ci est constituée selon les **règles propres à la forme de société adoptée**.
- Lorsque les opérations comportent la participation de sociétés anonymes et de sociétés à responsabilité limitée, des règles spécifiques s'appliquent.

B Caractéristiques des fusions, scissions et apports partiels d'actifs

1 Opérations qui portent sur le patrimoine des sociétés

Fusion	**Deux sociétés se réunissent pour en former une seule. Les patrimoines des sociétés ([biens + dettes] OU [droits + obligations]) sont réunis.** → **Il y a donc absorption ou création d'une société nouvelle.**
Scission	**Une société scinde son patrimoine.** → Ce patrimoine va à une société existante ou à une société nouvelle.
Apport partiel d'actif	**Une société apporte une partie de son actif** (*ex.* : une branche d'activité, une usine) **à une société existante ou en création.**

2 Modalités des fusions et des scissions

Elles sont prévues par l'article L. 236-3.

a. Dissolution sans liquidation et transmission universelle du patrimoine

La fusion et la scission ont deux séries d'effets.

1. La **dissolution sans liquidation des sociétés** qui disparaissent et **la transmission universelle de leur patrimoine (TUP) aux sociétés bénéficiaires**, dans l'état où il se trouve à la date de réalisation définitive de l'opération.

Par conséquent :

- la dissolution sans liquidation de la société absorbée ou scindée a lieu de plein droit (la personne morale disparaît) et la société est radiée du registre du commerce et des sociétés ;
- la **TUP a donc lieu de plein droit** (il n'y a pas de formalités à effectuer en principe). Elle porte sur l'actif et le passif (c'est-à-dire les meubles, immeubles, droits sociaux, fonds de commerce, droits de propriété industrielle [formalité : il faut inscription], cautions, dettes à court terme, contrats [sauf ceux qui sont *intuitus personae* si leur maintien n'a pas été prévu]...).

Les sociétés bénéficiaires de l'opération prennent en charge les **dettes**, doivent recouvrer les **créances** et peuvent **ester en justice** en lieu et place de la société absorbée ou scindée.

2. L'acquisition, par les associés des sociétés qui disparaissent, de la **qualité d'associés** des sociétés bénéficiaires, dans les conditions déterminées par le **contrat de fusion ou de scission**.

Les règles suivantes s'appliquent à l'**échange de droits sociaux** :

- **principe** : remise de droits sociaux aux associés des sociétés absorbées ou scindées. Le cas échéant, une soulte en espèces (qui ne doit pas être supérieure à 10 % de la valeur nominale des parts ou actions attribuées) est versée ;
- **exceptions à l'échange des titres** : il n'est pas procédé à l'échange de parts ou d'actions de la société bénéficiaire contre des parts ou actions des sociétés qui disparaissent lorsque ces parts ou actions sont détenues soit par la société bénéficiaire (il y a une fusion-renonciation) ou par une personne agissant en son propre nom mais pour le compte de cette société, soit par la société qui disparaît ou par une personne agissant en son propre nom mais pour le compte de cette société.

Par ailleurs, il est possible de procéder à une fusion-allotissement si la société absorbante détient une participation dans la société absorbée, les deux parties peuvent convenir de l'attribution en partage à la société absorbante de la fraction du patrimoine de l'absorbée qui correspond aux droits de l'absorbante, le surplus faisant l'objet d'un véritable apport-fusion.

b. Sociétés concernées et limitations juridiques

Toutes les sociétés (y compris les sociétés comportant un associé unique : EURL et SASU) peuvent participer à des fusions et des scissions.

Les opérations de fusion et de scission :

- ne doivent pas avoir pour objet de **frauder les droits des créanciers** (ces derniers peuvent exercer l'action paulienne pour demander que l'opération leur soit inopposable) ;
- doivent respecter les règles relatives au droit de la concurrence, notamment en matière de **concentration des entreprises**.

c. Déroulement des fusions ou des scissions

Étape 1 : préparation	• **Conditions financières** (À noter : l'Autorité des marchés financiers a émis des recommandations à destination des sociétés dont les valeurs sont inscrites à un marché réglementé) : - évaluation des sociétés concernées, **avec plusieurs critères d'évaluation** ; - fixation de la parité d'échange : **le cas échéant avec une prime de fusion**. • Élaboration d'un **rapport sur l'opération de fusion par chaque société**, sauf si les actionnaires de chaque société en décident autrement à l'unanimité.
	▪ L'article L. 236-6 du Code de commerce prévoit l'élaboration **de deux documents** dans des conditions précises : • **le projet de fusion ou scission** : - peut être précédé d'un **protocole** ; - est arrêté par **le conseil d'administration ou le directoire, le ou les gérants** de chaque société participant à l'opération. → Contenu : *notamment* : informations sur la société, évaluation de l'actif et du passif, rapport d'échange et modalités de remise des parts sociales ou actions ; - est déposé au greffe du tribunal de commerce ; un avis au Journal d'annonces légales paraît un mois avant la date de la première assemblée générale extraordinaire (AGE) appelée à statuer sur l'opération ; • **la déclaration de conformité** : toute SA, SCA, SAS, société européenne et toute société participant à une opération de fusion transfrontalière au sein de l'Union européenne doit, à peine de nullité, établir et déposer au greffe du tribunal une déclaration relatant les actes effectués en vue de l'opération.
Étape 2 : réalisation	→ **Contrat de fusion ou contrat de scission après approbation du projet de fusion ou de scission par l'AGE** de chaque société concernée par l'opération.

3 Règles spécifiques

En matière de fusion et de scission, le Code de commerce contient des dispositions particulières aux sociétés anonymes et aux sociétés à responsabilité limitée dans les articles L. 236-8 à L. 236-24.

Les éléments essentiels de ces règles sont présentés dans cette étude.

A Règles relatives aux FUSIONS

1 Deux types de fusions

a. Cas général

Société ABSORBÉE	Société ABSORBANTE
COMMISSAIRE(S) À LA FUSION (CAF)	
Si la société absorbée est une société par actions ou une SARL	Si la société absorbante est une société par actions ou une SARL
→ Désignation d'un ou plusieurs CAF par le président du tribunal de commerce dans chaque société → Élaboration de deux rapports (pour chaque société) : • un sur les **modalités de la fusion (parité d'échange des titres, prime de fusion, fusion-renonciation...)** ; • un sur la **valeur des apports en nature**. Pour la société absorbante : on vérifie que l'actif net apporté par la (les) société(s) absorbée(s) est au moins égal au montant de l'augmentation de capital de la société absorbante.	
ASSEMBLÉE GÉNÉRALE EXTRAORDINAIRE	
→ Dans chaque société concernée : la **décision est prise dans les conditions pour modifier les statuts**. → À noter : si l'opération projetée a pour effet d'**augmenter les engagements d'associés ou d'actionnaires** de l'une ou de plusieurs sociétés en cause, elle ne peut être décidée qu'à l'unanimité desdits associés ou actionnaires (article L. 236-5).	
LE CAS ÉCHÉANT : **CONSULTATION DES CRÉANCIERS OBLIGATAIRES**	

b. Cas particulier : régime simplifié de fusion

Situations	Règles applicables
1. Absorption par une société par actions d'une autre société par actions filiale à 90 %	• Pas d'assemblée générale extraordinaire (AGE) de la société absorbante (sauf à la demande d'actionnaires réunissant 5 % du capital social). • Pas d'intervention de commissaire à la fusion, de commissaire aux apports, pas de rapport des dirigeants présenté aux actionnaires (article L. 236-11-1).
2. Absorption par une société par actions ou une SARL d'une autre société filiale à 100 %	• Règles prévues pour la situation 1. • De plus : pas d'AGE dans la société absorbée.

2 Règles applicables pour la société nouvelle issue de la fusion

a. Constitution de la société nouvelle

Caractéristiques de la société	Règles applicables
La société nouvelle est une **SARL**	• La constitution résulte d'un acte signé par les représentants légaux des sociétés concernées. • Les statuts sont signés par tous les associés.
La société nouvelle et les sociétés fusionnées sont des **sociétés par actions**	• Apports : le cas échéant, sont seulement constitués de ceux des sociétés procédant à la fusion. • Projet de statuts de la société nouvelle : est approuvé par l'AGE des sociétés qui vont disparaître, de chaque société qui va être dissoute. À noter : pas d'assemblée générale réunie dans la société nouvelle pour approuver l'opération.

Caractéristiques de la société	Règles applicables
La société nouvelle est une **société par actions** mais **une au moins des sociétés fusionnées est une société d'une autre forme** (*ex.* : SARL)	→ *Cf.* les règles applicables pour la constitution des différentes sociétés par actions.

b. Publicité de la fusion

Société concernée	Règles applicables
Pour la société **absorbée**	*Cf.* dissolution de la société.
Pour la société **absorbante**	*Cf.* augmentation de capital.
Pour la société **nouvelle**	*Cf.* constitution de la société.

Rappel : le cas échéant, dans certains cas, une déclaration de conformité doit être déposée au greffe du tribunal de commerce dans le ressort duquel est situé le siège social de la société nouvelle, à peine de nullité de l'opération ; elle est signée par le dirigeant de société qui a cette obligation.

B Règles spécifiques relatives aux SCISSIONS et aux APPORTS PARTIELS D'ACTIFS

1 Scissions

Société SCINDÉE	Sociétés BÉNÉFICIAIRES DES APPORTS
• Principe : intervention d'un **commissaire à la scission** (CAS) : il vérifie la pertinence des valeurs attribuée aux actions et établit un rapport sur les modalités de l'opération. • Exception : pas d'intervention d'un CAS si la scission entraîne la création de sociétés nouvelles sans autres apports que ceux de la société scindée et si les titres sont attribués proportionnellement aux droits qui étaient détenus dans la société scindée. ↓ **Assemblée générale extraordinaire** : *cf.* les conditions de modification des **statuts**. À noter : l'unanimité est requise pour augmenter les engagements des associés. De plus : règles applicables aux créanciers obligataires, le cas échéant. ↓ **Publicité** : • *cf.* dissolution de la société scindée ; • déclaration de conformité ; • constitution des sociétés issues de la scission.	• ***Si ce sont des sociétés EXISTANTES*** : il y a augmentation de capital par **apports en nature**. • ***Si ce sont des sociétés NOUVELLES*** : il y a création de **deux structures juridiques nouvelles**. ↓ **Publicité** : • Pour sociétés existantes : *cf.* augmentation de capital. • Pour sociétés nouvelles : - *cf.* constitution de société ; - déclaration de conformité (*cf.* règles identiques à celles des fusions).

2 Apports partiels d'actifs

a. Règles générales

Il s'agit d'un ou plusieurs éléments d'actif isolés ou d'un ensemble de biens.

Un traité d'apport est signé.

b. Choix entre deux régimes juridiques

Option pour le régime des scissions

- La loi (article L. 236-6-1) dispose que la société qui apporte une partie de son actif à une autre société et la société qui bénéficie de cet apport peuvent décider d'un commun accord de soumettre l'opération aux dispositions relatives aux scissions.

  C'est le cas notamment quand il y a transmission d'une branche complète d'activité susceptible de faire l'objet d'une exploitation autonome. Il y a une **transmission universelle de patrimoine** (TUP).
- Cette option est utilisable pour un apport entre sociétés quelle que soit leur forme juridique respective.

Option pour le régime des apports

- Il n'y a pas alors de TUP.
- La société bénéficiaire procède à une augmentation de capital par apport en nature.

4 Règles relatives à l'information des associés et à l'évaluation des apports en nature dans le cadre des fusions, des scissions et des apports partiels d'actifs

A Statut des commissaires à la fusion (CAF) et des commissaires à la scission (CAS)

Les CAF et les CAS sont désignés par **décision de justice** (ordonnance sur requête du président du tribunal de commerce) ; ils sont choisis parmi les commissaires aux comptes (CAC) inscrits ou parmi les experts judiciaires.

Les CAC des sociétés participantes **ne peuvent être désignés**. Les CAF et les CAS sont soumis aux mêmes incompatibilités que les CAC.

B Mission des commissaires à la fusion (CAF) et des commissaires à la scission (CAS)

1 Cadre de la mission

Il s'agit des fusions, scissions et apports partiels d'actif de SA et de SARL.

Un ou plusieurs CAF ou CAS doivent :

- établir sous leur responsabilité un **rapport sur les modalités de l'opération**. Ils doivent *vérifier* notamment que les valeurs relatives attribuées aux actions des sociétés participant à l'opération sont pertinentes et que le rapport d'échange est équitable ;
- établir un rapport appréciant la valeur des apports en nature.

2 Obligations relatives au rapport d'évaluation des apports en nature

Pour réaliser sa mission, le CAF ou le CAS peut obtenir, auprès de chaque société, communication de tous les documents utiles et procéder à toutes vérifications nécessaires.

Le CAF ou le CAS doit s'assurer des **méthodes d'évaluation utilisées et de leur adéquation** et que leur utilisation ne conduit pas à établir un rapport d'échange qui favorise certains actionnaires. Une approche multicritères est en principe retenue pour réaliser ces évaluations.

Le **rapport d'évaluation** des apports en nature :

- doit indiquer, d'une part, la ou les méthodes suivies pour la détermination du rapport d'échange proposé et, d'autre part, si cette ou ces méthodes sont pertinentes et enfin les difficultés particulières d'évaluation rencontrées ;
- est mis à disposition des actionnaires un mois avant les assemblées générales extraordinaires qui approuveront la fusion.

Chapitre 18

5 Effets des fusions ou des scissions

A Date d'effet de l'opération de fusion ou de scission

Selon l'article L. 236-4

- Pour la création d'une ou plusieurs sociétés nouvelles : c'est la date d'immatriculation au RCS de la nouvelle société ou de la dernière d'entre elles.
- Dans les autres cas : c'est date de la dernière assemblée générale extraordinaire ayant approuvé l'opération, sauf si le contrat de fusion ou de scission prévoit une autre date (qui ne doit être ni postérieure à la date de clôture de l'exercice en cours de la ou des sociétés bénéficiaires, ni antérieure à la date de clôture du dernier exercice clos de la ou des sociétés qui transmettent leur patrimoine).

B Préservation des droits des cocontractants

1 Créanciers non obligataires

Cas	Règle applicable
Fusion	La société absorbante ou nouvelle devient **débitrice**.
Scission ou apport partiel d'actif	Les sociétés bénéficiaires deviennent **débitrices solidaires**.

Dans tous les cas : les créanciers non obligataires ont un **droit d'opposition devant le tribunal de commerce**.

2 Créanciers obligataires dans les sociétés absorbées ou scindées

Deux modalités sont possibles :

- soit l'assemblée générale des obligataires est consultée ;
- soit la société offre le **remboursement des titres** (obligations) sur simple demande des obligataires.

3 Droit des salariés

Les comités sociaux et économiques des sociétés concernées doivent être préalablement consultés, à peine de nullité de l'opération.

Les contrats de travail sont transmis à la société absorbante ou nouvelle en application de l'article L. 1224-1 du Code du travail.

4 Bailleur d'immeuble

Pour les baux en cours : la société absorbante ou nouvelle est **substituée** à celle qui bénéficiait du bail.

5 Associés des sociétés concernées par les fusions ou scissions

Les actions d'apport émises sont immédiatement **négociables**.

6 Sanctions des irrégularités

A Cas d'irrégularité

L'opération de fusion ou de scission est nulle :

- en cas de nullité de la délibération de l'une des **assemblées générales extraordinaires** ;
- à défaut de dépôt de la déclaration de conformité.

Dans ces deux cas, c'est le non-respect d'obligations légales qui est sanctionné.

B Action en justice

L'**action en nullité** de l'opération de fusion ou de scission doit être exercée devant le tribunal de commerce dans le délai de **six mois** à compter de la dernière inscription au RCS rendue nécessaire pour l'opération.

C Effet de la nullité

La nullité de l'opération de fusion ou de scission a pour effet que toutes les sociétés participant à l'opération sont **solidairement** responsables de l'exécution des obligations de la société absorbante ou nouvelle.

Chapitre 19

Régime fiscal des fusions, scissions, apports partiels d'actifs et transmissions universelles de patrimoine

COMPÉTENCES ET SAVOIRS ASSOCIÉS

- **Déterminer sous l'angle juridique, fiscal et social le mode de restructuration approprié.**
- **Savoir optimiser fiscalement l'opération de restructuration et accompagner juridiquement et au plan social l'opération de restructuration.**
- **Pour ce faire, connaître le régime juridique, fiscal et social des opérations de :**
  - **fusions de sociétés**
  - **apports partiels d'actifs**
  - **scissions de sociétés, scissions partielles**
  - **transmission universelle de patrimoine (art. 1844-5 Code civil).**

PLAN DU CHAPITRE

1 La fiscalité des fusions

- **A** Le régime de droit commun des fusions
- **B** Le régime de faveur des fusions
- **C** La rétroactivité fiscale des fusions
- **D** Le traitement des déficits antérieurs à la fusion
- **E** Situation fiscale des associés de la société absorbée
- **F** Conséquences de la fusion sur les autres impôts
- **G** Procédure de « rescrit fusion »

2 La fiscalité des apports partiels d'actifs

- **A** Le régime des apports en droit commun
- **B** Le régime de faveur (art. 210-B du CGI)
- **C** L'attribution de titres aux associés de l'apporteuse
- **D** Autres impôts

3 Les scissions

- **A** Application d'un régime de faveur
- **B** Les conditions de délivrance de l'agrément

1 La fiscalité des fusions

La **fusion de sociétés** est une opération par laquelle deux ou plusieurs sociétés vont réunir leur patrimoine pour n'en former qu'une seule.

Que cette réunion soit réalisée par la création d'une **société nouvelle** à laquelle il sera apporté l'ensemble du patrimoine de deux ou plusieurs sociétés, ou bien encore par l'absorption d'une ou plusieurs sociétés par une **société préexistante**, ces mutations portent des **conséquences fiscales majeures** qui peuvent représenter un frein à la faisabilité de l'opération.

Sur un plan juridique, la société apporteuse disparaît puisqu'elle fait apport de l'intégralité de son patrimoine à une société nouvelle ou préexistante.

Sur un plan fiscal, ces opérations sont constitutives d'opérations de **dissolution de société** (société absorbée) et de **constitution ou d'augmentation de capital** (société absorbante).

Il en résulterait l'imposition d'un **boni de liquidation** pour la société absorbée, une imposition des plus-values d'apport, ainsi que des droits d'enregistrement pour la société bénéficiaire des apports.

Or la fiscalité ne peut être un frein économique aux opérations de restructuration.

Ainsi, de manière à ne pas entraver de nécessaires opérations de restructuration entre entreprises, un régime de faveur a été mis en œuvre pour neutraliser la fiscalité applicable à ces opérations.

Le législateur fiscal, à travers les dispositions de l'article 210-0 A du CGI (loi de finances pour 2002, n° 2001-1275, 28 déc. 2001 en son article 85) a introduit une notion fiscale spécifique à ces opérations de restructuration, indépendante de leur qualification juridique (C. civ., art. 1844-4. – C. com., art. L. 236-1).

Pour les scissions et les apports partiels d'actif, le régime fiscal de référence est le régime des fusions.

On insistera par conséquent sur le régime fiscal des fusions, et les seules particularités fiscales des opérations d'apport partiel d'actif (APA) et de scission seront développées ultérieurement.

Nous étudierons dans un premier temps les conséquences fiscales d'une fusion (1) en régime de droit commun, avant de nous intéresser au régime de faveur (2). Nous envisagerons le principe de la rétroactivité fiscale de la fusion (3), la gestion des déficits (4), la fiscalité des associés (5), et le traitement des impôts autres que l'IS (6).

Afin de bien comprendre les enjeux du choix fiscal entre régime de droit commun et régime de faveur, nous partirons d'un exemple dont les données constitueront un « fil rouge » tout au long de ces développements.

Voici en préalable les données de l'exemple.

Exemple

La société ALPHA absorbe la société BETA le 1er juillet N.
Leurs bilans respectifs vous sont communiqués.

Bilan de la société BETA, société absorbée

ACTIF				PASSIF	
Postes	BRUT	Amts et prov.	Net	Postes	Montants
Actif immobilisé				**Capitaux propres**	
Fonds commercial	-			Capital social : **(6 000 actions × 100 €)**	600 000,00
Matériel industriel	600 000,00	190 000,00	410 000,00	Réserves	100 000,00
Titres de participation	150 000,00		150 000,00		
Actif circulant			-		
Stocks de marchandises	280 000,00	40 000,00	240 000,00		
Clients	80 000,00		80 000,00	**Dettes**	300 000,00
Disponibilités	120 000,00		120 000,00		
Total	**1 230 000,00**	**230 000,00**	**1 000 000,00**	**Total**	**1 000 000,00**

Les précisions suivantes vous sont apportées.
Valeur réelle des apports à la date de la fusion, soit au 1er juillet N :
- Fonds de commerce : 40 000 € ;
- Matériel : 450 000 € ;
- Titres : 210 000 € ;
- Stocks : 240 000 € ;
- Créances clients : 80 000 € ;
- Disponibilités : 120 000 €

Les plus-values (PV) latentes s'élèvent à 140 000 €, soit 40 000 € sur le fonds, 40 000 € sur le matériel et 60 000 € sur les titres.

Bilan de la société ALPHA, société absorbante

ACTIF				PASSIF	
Postes	BRUT	Amts et prov.	Net	Postes	Montants
Actif immobilisé				**Capitaux propres**	
Fonds commercial	-			Capital social : **(10 000 actions × 100 €)**	1 000 000,00
Matériel industriel	1 000 000,00	200 000,00	800 000,00	Réserves	840 000,00
Titres de participation BETA	600 000,00		600 000,00		
Actif circulant			-		
Stocks de marchandises	900 000,00		900 000,00		
Clients	160 000,00		160 000,00	**Dettes**	820 000,00
Disponibilités	200 000,00		200 000,00		
Total	**2 860 000,00**	**200 000,00**	**2 660 000,00**	**Total**	**2 660 000,00**

Le matériel est évalué à 1 060 000 €, soit une PV latente de 260 000 €.

>>>

>>> La parité d'échange est la suivante :
Pour la société ALPHA :
Son actif net comptable réévalué s'élève à
1 840 000 € (K propres) + PV latente sur le matériel = 260 000 €, soit 2 100 000 €.
Soit par action, 2 100 000 / 10 000 = 210
Pour la société BETA :
Son actif net réévalué s'élève à 700 000 € (capitaux propres) + PV latente de 140 000 €, soit au total 840 000 €.
Soit par action, 840 000 / 6 000 = 140
La parité d'échange est de 2 actions ALPHA pour 3 actions BETA (140 / 210).
L'augmentation de capital de ALPHA sera de 6 000 × 2/3 = 4 000 × 100 = 400 000

En partant de ces données chiffrées, examinons le traitement fiscal des fusions : régime de droit commun tout d'abord (1), puis régime de faveur (2).

A Le régime de droit commun des fusions

1 Conséquences fiscales pour la société absorbée

Si les sociétés ne se placent pas sous le régime de faveur, la fusion entraîne les conséquences d'une cessation d'entreprise (articles 221-2 et 201-1 et 3 du CGI) suivie d'un apport à une société nouvelle ou préexistante.

Or nous savons qu'en droit fiscal, une cessation peut être le déclencheur d'une multitude d'impositions.

- La société absorbée supportera l'IS sur son résultat fiscal courant entre l'ouverture de l'exercice et le jour de la fusion (sauf clause de rétroactivité, voir *infra*).
- La société absorbée sera fiscalisée sur ses résultats en report ou en sursis, ou ayant fait l'objet d'un étalement (subventions d'équipement, indemnités d'assurances ou d'expropriation, plus-values en report...).
- Les provisions devenant sans objet seront réintégrées au résultat.
- Les plus-values d'apport deviennent imposables, à l'instar d'une cession, bien que l'apport ne dégage aucune liquidité. Il est important de comprendre que les plus-values d'apport sont toujours imposables en régime de droit commun, y compris dans l'hypothèse où l'opération est réalisée en valeurs comptables.

Les plus-values seront imposées au régime fiscal qui leur est propre (*cf. DCG 4, manuel Droit fiscal*, Jean-Luc Mondon et Jean-Yves Jomard, éd. 2020-2021).

Qu'en est-il dans l'hypothèse de la fusion ALPHA-BETA ?

Deux hypothèses sont à envisager :

Hypothèse 1 : la fusion est réalisée aux valeurs comptables.

Aucune plus-value n'est réalisée comptablement, les plus-values sont constatées fiscalement sur le tableau 2058-A de l'absorbée, soit :

Apports consentis par BETA à ALPHA	Valeur au bilan de BETA	Valeur d'apport à ALPHA	Plus-value comptable	Plus-value fiscale
Fonds de commerce	0	0	0	40 000
Matériel	410 000	410 000	0	40 000
Titres de participation	150 000	150 000	0	60 000

Hypothèse 2 : la fusion est réalisée aux valeurs réelles.

Dans cette hypothèse, plus-values comptables et fiscales sont identiques, aucun retraitement n'est à pratiquer par la société absorbée, soit :

Apports consentis par BETA à ALPHA	Valeur au bilan de BETA	Valeur d'apport à ALPHA	Plus-value comptable et fiscale (aucun retraitement)
Fonds de commerce	0	40 000	40 000
Matériel	410 000	450 000	40 000
Titres de participation	150 000	210 000	60 000

La fiscalité sur ces plus-values est la suivante :

Sur le fonds de commerce et le matériel : IS courant, soit
80 000 × 28 % (pas d'IS réduit des PME) = 22 400 € ;

Sur les titres de participation, tout dépend de l'antériorité de détention des titres par l'absorbée :

- si BETA détient les titres depuis moins de deux ans, la plus-value est à court terme et elle supporte l'IS courant (60 000 × 28 %) ;
- si BETA détient les titres depuis au moins deux ans, la plus-value est à long terme et elle relève du taux de 0 %, moyennant réintégration d'une quote-part de frais et charges de 12 % de la plus-value brute, soit 60 000 × 12 % = 7 200 × 28 % = 2 016 €.

Autres conséquences du régime de droit commun

- Si la société absorbée dispose de déficits fiscaux en report, la cessation de son activité en entraîne la perte définitive, mais le transfert de la créance de report en arrière des déficits reste autorisé.
- Si la fusion est réalisée sans effet rétroactif, la société absorbée ne peut pas reporter en arrière ses déficits.
- Si la société absorbée a opté pour le régime mère-fille, son absorption dans les deux ans de l'acquisition des titres de sa filiale entraîne la remise en cause du régime mère-fille (il existe pour la mère une obligation de conservation des titres pendant 2 ans).

Synthèse

La fusion de l'absorbée en régime de droit commun est une opération qui peut être très coûteuse sur le plan fiscal.

2 Pour la société absorbante

a. Une situation fiscale favorable pour l'absorbée

L'absorbée ayant supporté la fiscalité, la société absorbante se retrouve avec des apports libérés d'IS : elle n'a de ce fait pas d'obligations fiscales particulières.

Elle va inscrire à son bilan les actifs de l'absorbée, soit pour leur **valeur comptable**, soit pour leur **valeur réelle**, en fonction de la technique de valorisation des apports retenue par la société absorbée.

Cette inscription va conditionner les amortissements pratiqués par l'absorbante ainsi que les plus ou moins-values de cession.

L'amortissement sera nécessairement le **linéaire** puisque les biens apportés sont considérés comme des biens d'occasion.

Une provision pour dépréciation pourra être pratiquée par l'absorbante si les actifs ont été correctement évalués au moment de la fusion.

Toutefois, il faudra se souvenir que dans l'hypothèse où la société absorbée a été fiscalisée sur ses plus-values de fusion, un retraitement extracomptable devra intervenir chez l'absorbante.

Exemple

Imaginons qu'en N+6, la société ALPHA cède le fonds commercial qui lui a été apporté par BETA en **valeur comptable** en N.
Le fonds est cédé pour 100 000 €.
Or en régime de droit commun, la société BETA a payé l'IS sur une plus-value de 40 000 €.
D'où le retraitement suivant chez l'absorbante :
Plus-value comptable : 100 000 – 0 = 100 000 €
Plus-value fiscale : 100 000 – 40 000 = 60 000 €, soit une déduction extra-comptable de 40 000 € sur le 2058-A de ALPHA, société absorbante.
Cette distorsion (on peut parler de déconnexion) entre comptabilité et fiscalité est source d'erreur et nécessite un suivi exigeant dans le temps.

b. Cas où l'absorbante détient des titres dans l'absorbée

La dissolution de l'absorbée entraîne l'annulation des titres détenus par l'absorbante : cette annulation est assimilée à une cession et la fiscalité qui en découle est celle de la cession de titres.

- **Si l'annulation des titres génère pour l'absorbante une plus-value** : ce **boni de fusion** est, en fonction de la durée de détention des titres, ou de la nature des titres, taxé au taux courant de l'IS ou au taux réduit (0 % moyennant taxation d'une quote-part de frais et charges de 12 % de la PV brute).

Pour mémoire, le **boni de fusion** représente l'écart positif entre l'actif net reçu par la société absorbante à hauteur de sa participation détenue dans la société absorbée et la valeur fiscale de cette participation.

- Si **l'annulation des titres génère une moins-value** : ce **mali de fusion** est déductible du résultat de droit commun si les titres sont détenus depuis moins de deux ans, ou constitutif d'une moins-value à long terme relevant du taux de 0 %.

Pour mémoire, le **mali de fusion** représente l'écart négatif entre l'actif net reçu par la société absorbante à hauteur de sa participation détenue dans la société absorbée et la valeur comptable de cette participation.

B Le régime de faveur des fusions

Le régime de faveur a été initié afin d'**encourager les regroupements d'entreprises**, par un dispositif d'exonération et de sursis d'imposition pour les fusions de sociétés passibles de l'impôt sur les sociétés.

La fusion ne sera plus considérée comme une cession-cessation d'entreprise mais comme une simple opération intercalaire sans incidence fiscale pour la société absorbée.

Remarque. L'Administration admet désormais d'appliquer le régime de faveur aux associations de la loi de 1901 soumises à l'IS. Elle a rapporté sa doctrine antérieure sur ce point, en admettant qu'il existe une contrepartie aux apports, même si ceux-ci ne sont pas rémunérés par l'attribution de droits représentatifs du capital de l'organisme bénéficiaire.

Les principaux aspects du régime spécial (art. 210 A du CGI) sont les suivants.

1 Conditions à remplir

a. Conditions de fond

- Le régime de faveur est réservé aux **personnes morales passibles de l'IS** (article 210 C, al. 1 du CGI).
- Les apports doivent être **rémunérés par des actions ou par des parts sociales** : l'article 210-0 A précise que les dispositions des articles 210 A à 210 C sont applicables aux opérations par

lesquelles « *une ou plusieurs sociétés absorbées transmettent, par suite et au moment de leur dissolution sans liquidation, l'ensemble de leur patrimoine à une autre société préexistante absorbante, moyennant l'attribution à leurs associés de titres de la société absorbante et, éventuellement, d'une soulte ne dépassant pas 10 % de la valeur nominale de ces titres* ». Toutefois, le régime de faveur peut s'appliquer même si l'absorbante n'émet pas de titres (si elle possède 100 % de l'absorbée).

La rémunération d'une fusion est déterminée par la **parité d'échange** calculée sur la base de la **valeur réelle** de la société absorbée et de la société absorbante.

Les **transmissions universelles de patrimoine** (TUP, ou confusions de patrimoine ou dissolutions-confusions) prévues à l'article 1844-5 du Code civil ouvrent droit à l'ensemble des avantages prévus à l'égard des fusions. Néanmoins, les confusions de patrimoine ne sont pas soumises au régime juridique des fusions. Ainsi, l'effet rétroactif éventuellement donné à la confusion du patrimoine a une portée uniquement fiscale.

Le régime de fusion simplifiée entre sociétés sœurs, caractérisé par l'absence d'augmentation de capital et d'échange de titres de l'absorbante contre des titres de l'absorbée est éligible au régime de faveur des fusions (articles 43 et 44 de la loi de finances pour 2020).

Pour le traitement comptable de ces opérations, il a été précisé par le règlement ANC 2019-08 du 8 novembre 2019. Ce dernier prévoit que la filiale absorbante inscrit la contrepartie des apports en report à nouveau et qu'au niveau de la société mère actionnaire, la valeur brute et les éventuelles dépréciations des titres de la filiale absorbée sont ajoutées à la valeur brute et aux éventuelles dépréciations des titres de la filiale absorbante.

Quant aux **applications territoriales du régime de faveur**, ce dernier sera exclu pour les opérations n'entrant pas dans le champ d'application de la **directive 90/454/CEE du 23 juillet 1990**, lorsqu'une société apporteuse a son siège dans un État ou territoire n'ayant pas conclu avec la France une convention fiscale contenant une clause d'assistance administrative en vue de lutter contre la fraude et l'évasion fiscale.

Le régime de faveur est par conséquent applicable aux sociétés ayant leur siège en France, ou au sein de deux ou plusieurs États membres de l'Union européenne, ou au sein d'États ou de territoires ayant conclu avec la France une convention fiscale contenant une clause d'assistance administrative en vue de lutter contre la fraude et l'évasion fiscales.

Remarque. Afin de mettre le régime des fusions en conformité avec le droit communautaire, l'agrément exigé pour les apports faits à des personnes morales étrangères par des personnes morales françaises est supprimé.

b. Conditions de forme

L'exonération d'impôt sur les sociétés des plus-values de fusion et des provisions de la société absorbée n'est applicable que si la société absorbante a pris, dans **l'acte de fusion**, tous les engagements énumérés à l'article 210 A, 3 du CGI.

Ces engagements sont les suivants :

- reprendre à son bilan certaines écritures de la société absorbée (art. 210 A, 3-a et e du CGI) ;
- réintégrer dans ses bénéfices imposables les résultats dont l'imposition avait été différée chez la société absorbée (art. 210 A, 3-b du CGI) ;
- calculer les plus-values ou moins-values résultant de la cession par la société absorbante des éléments non amortissables apportés par rapport à la valeur que ces biens avaient du point de vue fiscal dans les écritures de la société absorbée (art. 210 A, 3-c du CGI) ;
- si des plus-values ont été dégagées sur l'apport des éléments amortissables, réintégrer de manière échelonnée dans ses bénéfices imposables le montant de ces plus-values, étant précisé que la fraction non encore taxée des plus-values relatives aux biens cédés avant l'expiration de la période de réintégration doit être rattachée aux résultats de l'exercice de cession (art. 210 A, 3-d du CGI).

La souscription des engagements énumérés à l'article 210 A, 3 du CGI est enfermée dans un **formalisme rigoureux** : ces engagements doivent en effet **impérativement figurer dans l'acte de fusion**.

Leur seul respect par la société absorbante n'est pas suffisant pour autoriser l'application du régime de faveur à l'opération. Leur souscription dans tout autre document que **l'acte de fusion** serait également sans portée.

2 Conséquences de l'option pour le régime de faveur

a. Conséquences de l'option pour le régime de faveur pour la société absorbée

C'est la société absorbée qui est la principale bénéficiaire de l'option pour le régime de faveur. Voyons-en les principales caractéristiques.

L'imposition du résultat de l'exercice

Ce résultat, qui court du début de l'exercice jusqu'à la date de réalisation de la fusion, demeure imposable chez la société absorbée. Toutefois, si la fusion est réalisée avec **effet rétroactif**, le résultat avant fusion de l'absorbée sera taxé chez l'absorbante.

L'exonération des plus-values de fusion

Deux hypothèses sont à envisager.

- Les apports sont réalisés à la valeur comptable, il n'y a aucune plus-value ou moins-value constatée en comptabilité et il n'est pas tenu compte de ces dernières en fiscalité.
- Les apports sont réalisés à la valeur réelle, et des plus ou moins-values sont constatées comptablement. Le régime de faveur permet de les neutraliser.

Exemple

Hypothèse 1 : apport à la valeur comptable

Apports consentis par BETA à ALPHA	Valeur au bilan de BETA	Valeur d'apport à ALPHA	Plus-value comptable	Plus-value exonérée (déduction fiscale sur le T 2058-A de l'absorbante)
Fonds de commerce	0	0	0	0
Matériel	410 000	410 000	0	0
Titres de participation	150 000	150 000	0	0

Hypothèse 2 : apport à la valeur réelle

Apports consentis par BETA à ALPHA	Valeur au bilan de BETA	Valeur d'apport à ALPHA	Plus-value comptable	Plus-value exonérée (déduction fiscale sur le T 2058-A de l'absorbante)
Fonds de commerce	0	40 000	40 000	40 000
Matériel	410 000	450 000	40 000	40 000
Titres de participation	150 000	210 000	60 000	60 000

Concernant les moins-values

S'il s'agit d'une moins-value sur **élément non amortissable** : elle n'est pas déductible du résultat de l'absorbée.

S'il s'agit d'une moins-value sur **élément amortissable**, elle est déductible du résultat de l'absorbée ou du résultat de l'absorbante si déficit ou rétroactivité.

Concernant l'actif circulant

Les profits sur stocks et sur l'ensemble des éléments d'actif ne relevant pas du régime des plus-values sont neutralisés.

Concernant les provisions

Les provisions qui conservent leur objet ne sont pas imposées. En contrepartie, la société absorbante doit reprendre à son bilan les provisions en question.

Autres conséquences

Le régime mère-fille est maintenu pour les titres détenus par l'absorbée depuis moins de deux ans et les éventuelles subventions d'équipement étalées ne sont pas réintégrées à son résultat.

b. Conséquences de l'option pour le régime de faveur pour la société absorbante

La société absorbante va inscrire à son bilan les immobilisations qu'elle reçoit de l'absorbée, soit pour la valeur comptable, soit pour la valeur réelle. La société absorbante amortira les biens à partir de leur valeur d'origine.

L'absorbante va reprendre à son bilan les provisions transmises par l'absorbée : leur reprise ultérieure par l'absorbante nécessitera de savoir quel traitement fiscal avait été pratiqué par l'absorbée (suivi **historique** des provisions).

L'absorbante reprend à son bilan les éléments de l'actif circulant pour la valeur fiscale qu'ils avaient au bilan de l'absorbée, et les profits et pertes seront comptabilisés au fur et à mesure de leur cession. Dans le cas contraire, les biens sont apportés pour leur valeur réelle et le profit ou la perte est immédiatement pris en compte : l'option est globale pour l'ensemble des éléments apportés.

Concernant les plus-values sur éléments amortissables

Les plus-values ayant été exonérés chez l'absorbée, elles seront prises en compte chez l'absorbante.

La société absorbante va réintégrer les plus-values sur 5 ans pour les biens meubles et sur 15 ans pour les biens immeubles. Mais si la plus-value sur construction excède 90 % de la PV nette sur éléments amortissables, la réintégration est calculée sur une durée moyenne pondérée au regard des amortissements pratiqués sur les immeubles.

La réintégration se fait au titre de chaque exercice par parts égales, avec une possibilité pour l'absorbante d'anticiper les reprises.

Exemple

Biens amortissables apportés par BETA	Prix de revient	Valeur d'apport	Plus-value exonérée chez BETA
Matériel	410 000	450 000	40 000

La société absorbante va réintégrer extra-comptablement 8 000 € sur 5 ans.

△ **Remarque.**

Si le matériel est cédé avant le terme de la période de réintégration (N+5), le solde devra être réintégré au résultat de l'absorbante.

Concernant les plus-values sur éléments non amortissables

La plus-value a été exonérée chez l'absorbée et la moins-value n'a pas été déduite de son résultat.

La société absorbante devra en contrepartie déterminer son résultat par rapport à la valeur fiscale que le bien avait chez la société absorbée.

Exemple

Apports consentis par BETA à ALPHA	Valeur au bilan de BETA	Valeur d'apport à ALPHA	Plus-value comptable	Plus-value exonérée (déduction fiscale sur le T 2058-A de BETA)
Fonds de commerce	0	40 000	40 000	40 000
Titres de participation	150 000	210 000	60 000	60 000

Hypothèse 1 : le fonds est cédé par ALPHA en N+6 pour 100 000 €.
La plus-value comptable s'élève à 100 000 – 40 000 = 60 000
La plus-value fiscale s'élève à 100 000 : la société absorbante va réintégrer extra-comptablement 40 000 sur son tableau 2058-A.
Hypothèse 2 : cession des titres par ALPHA en N+1 pour 240 000 €.
Il est fait application du régime des plus-values. Il s'agit d'une plus-value à long terme puisque la durée de détention est appréciée par rapport à la date d'acquisition des titres chez l'absorbée, soit :
Plus-value comptable : 240 000 – 210 000 = 30 000
Plus-value fiscale : 240 000 – 150 000 = 90 000
S'agissant d'une plus-value à long terme (la durée de détention est appréciée par rapport à la date d'acquisition chez l'absorbée, qui par hypothèse les détient depuis plus de 2 ans), la société absorbante va déduire fiscalement 90 000 et réintégrer une quote-part de frais et charges de 12 %, soit 10 800 € sur son tableau n° 2058-A.

Dans l'hypothèse d'opérations successives et en régime de faveur, il sera retenu la valeur fiscale de la société ayant réalisé la première opération.

c. Les obligations déclaratives de la société absorbante

La société apporteuse et la société bénéficiaire des apports doivent joindre à leur déclaration de résultat de l'exercice de l'opération un **état de suivi des plus-values d'apport**. La société bénéficiaire des apports doit souscrire cet état pour les exercices suivants jusqu'à l'apurement total de l'imposition des plus-values et, tenir, en outre, un registre spécial de suivi des plus-values sur éléments d'actif non amortissables en report d'imposition (art. 54 *septies*, I. et 54 *septies*, II du CGI).

En cas de défaut de souscription de l'état de suivi, ou si les renseignements produits sont erronés, une amende de 5 % des résultats omis est appliquée (article 1763 du CGI).

d. Les droits de la société absorbante en régime de faveur

Sur le boni de fusion

Il est exonéré en régime de faveur (art. 210 A, 1 du CGI).

Sur le mali de fusion

Le traitement fiscal du mali de fusion est conditionné par sa qualification comptable.

Mali technique : l'article 210 A, 1 du CGI interdit toute déduction du mali technique qui doit alors être comptabilisé en tant qu'immobilisation incorporelle à l'actif du bilan de la société absorbante ; cette non déduction correspond au fait que le mali technique trouve son origine dans les plus-values latentes constatées à raison des actifs transférés.

Vrai mali : si la société absorbante constate un **véritable mali de fusion**, cette perte est fiscalement qualifiée de moins-value à court ou à long terme (voir *supra*).

C La rétroactivité fiscale des fusions

Les parties peuvent conférer à la fusion un caractère rétroactif, sur option. La clause de rétroactivité permet de mener à bien les opérations de fusions en travaillant sur une situation patrimoniale arrêtée à la date d'effet rétroactif. Elle permet d'arrêter la parité d'échange sur une base intangible alors qu'à défaut, les valeurs des sociétés fusionnantes pourraient continuer d'évoluer jusqu'à la date des assemblées générales approuvant l'opération.

1 Portée de la rétroactivité fiscale au regard de l'IS

Son principal intérêt est de faire coïncider la date d'effet de la fusion avec la date d'ouverture d'un exercice de la société absorbante.

Pour la détermination de leurs résultats imposables, la société bénéficiaire se substitue à la société apporteuse au titre des activités apportées à compter de la date de l'effet rétroactif. Le résultat de la société absorbée sera « fondu » dans le résultat de la société absorbante, avec comme avantage la possibilité d'imputer le déficit de l'absorbante sur le résultat bénéficiaire de l'absorbée, ou inversement.

La rétroactivité fiscale ne s'applique que pour l'IS et la participation des salariés et ne joue pas pour les autres impôts.

La **rétroactivité comptable** s'applique aux fusions mais pas aux fusions-confusions (TUP) : seule la **rétroactivité fiscale** leur est applicable.

Concernant la date d'effet de la clause de rétroactivité

La date d'effet est déterminée par les sociétés fusionnantes avec certaines contraintes :

- la clause de rétroactivité doit être régulière d'un point de vue juridique et elle doit figurer dans le traité de fusion ou de dissolution-confusion ;
- la clause de rétroactivité s'applique, que l'opération soit placée sous le régime de faveur ou sous le régime de droit commun ;
- les opérations réalisées par la société absorbée pendant la période intercalaire sont directement prises en compte par la société absorbante.

2 Les « butoirs » à la rétroactivité

Il existe certaines limites à la rétroactivité.

Ainsi, la date d'effet de la fusion :

- ne peut être antérieure à la date d'ouverture de la société absorbante (butoir fiscal),
- ne peut avoir pour conséquence de modifier des résultats déjà déclarés,
- ne peut être antérieure à la création de la société absorbée (butoir comptable).

Exemple

ALPHA absorbe BETA dans le cadre d'une fusion (effet juridique au 30/06).

Hypothèse 1 : ALPHA et BETA clôturent au 31/12

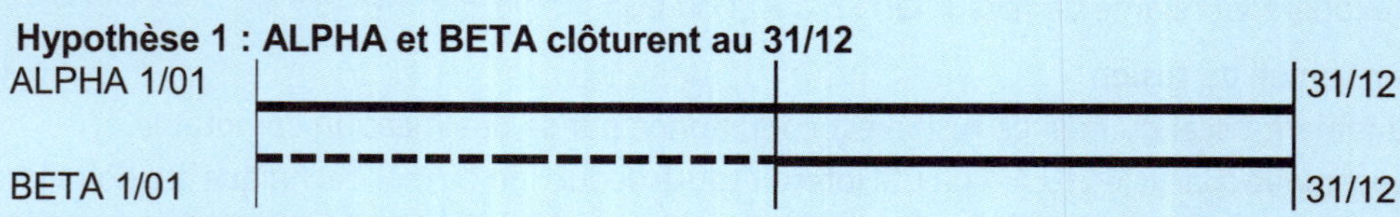

Période de rétroactivité du 1er janvier au 30 juin : BETA clôture son dernier exercice au 31/12/N-1, son résultat comptable et fiscal est pris en compte par l'absorbante entre le 1er janvier et le 30 juin.

>>>

>>> **Hypothèse 2 : ALPHA clôture au 31/03 et BETA au 31/12**

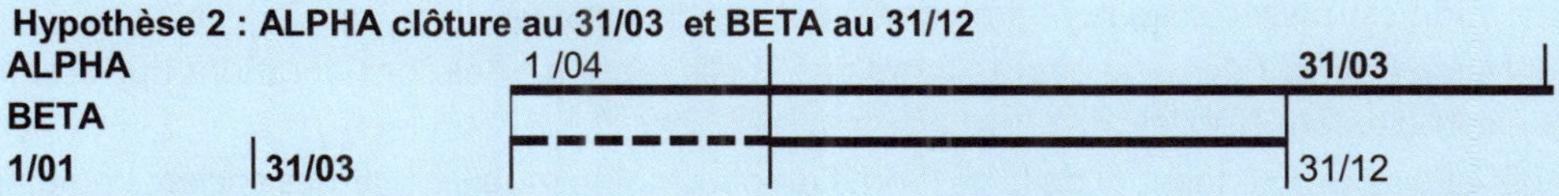

La période de rétroactivité ne peut rétroagir antérieurement à la date d'ouverture de ALPHA : BETA sera imposable sur son propre résultat fiscal réalisé entre le 1er janvier et le 31 mars.

Hypothèse 3 : ALPHA clôture au 31/12 et BETA au 31/03

La rétroactivité ne peut avoir pour conséquence de modifier les résultats de BETA déclarés au 31 mars : la fusion ne pourra rétroagir qu'à compter du 1er avril.

△ **Remarque.**

En cas de fusion-confusion, cette option devra être **expressément** prévue par une clause de la décision de dissolution précisant son point de départ.

3 Conséquences fiscales de la rétroactivité

a. Cession d'actif pendant la période intercalaire

Cette cession est réputée effectuée par la société absorbante, et la plus ou moins-value de cession sera intégrée dans le résultat de cette dernière.

Exemple

BETA cède par hypothèse le 31 janvier N un immeuble pour 500 000 € (VNC = 400 000 €)
PV constatée chez BETA = 100 000 €
ALPHA absorbe BETA le 1er juillet N, avec clause de rétroactivité au 1er janvier N.
La fusion étant par hypothèse réalisée en **valeurs réelles**, l'immeuble est porté dans les comptes de ALPHA pour 500 000 €.
En raison de la clause de rétroactivité, la cession est réputée effectuée par ALPHA, soit une plus-value de 0.
Mais la PV réalisée par BETA lors de l'apport doit être intégrée dans le résultat d'ALPHA.
Si la fusion est réalisée en **valeurs comptables**, l'apport est réalisé pour 400 000 €. La vente de l'immeuble est censé être réalisée par A pour 500 000 – 400 000 = 100 000 €.
Aucune plus-value d'apport n'est imposée chez BETA.

b. Opérations réciproques

Les opérations intervenues entre les sociétés pendant la période intercalaire sont normalement réputées de pas avoir existé. Il s'ensuit que toutes les opérations réciproques sont annulées comptablement.

Ainsi, pour les transactions courantes, on neutralise les produits et les charges ; les abandons de créances entre l'absorbée et l'absorbante sont neutralisés, de même que les distributions et les cessions d'immobilisations.

Remarque. Pour les TUP, à défaut de rétroactivité comptable, la société confondante devra procéder à des retraitements extra-comptables de toutes les opérations réalisées pendant la période intercalaire.

D Le traitement des déficits antérieurs à la fusion

1 Déficits de la société apporteuse

Ils ne sont transférables à l'absorbante que sur agrément administratif (art. 209, II du CGI) et dans le cadre du régime de faveur de l'article 210-A.

L'agrément est de droit (mais il doit quand même être sollicité de l'Administration) lorsque :
- l'opération est placée sous le régime de faveur des fusions ;
- l'opération est justifiée sur le plan économique et elle répond à des considérations qui ne sont pas exclusivement fiscales ;
- les déficits ne proviennent ni de la gestion d'un patrimoine mobilier par des sociétés holding ni de la gestion d'un patrimoine immobilier (activités patrimoniales).

L'activité à l'origine des déficits pour laquelle le transfert est demandé doit être poursuivie par l'absorbante pendant au moins 3 ans.

Pour les exercices clos depuis le 4 juillet 2012, l'activité de doit pas avoir subi, avant le transfert comme après le transfert, de changement significatif (art. 209, II du CGI) : par exemple, une société holding qui absorberait sa filiale opérationnelle et qui viendrait à exercer une activité industrielle devrait être regardée comme ayant changé d'activité réelle.

Enfin, comme nous l'avons vu *supra*, si la fusion est réalisée avec effet rétroactif, les déficits de l'absorbée subis pendant la période intercalaire sont transférés sans agrément à la société absorbante, qui pourra les compenser avec ses propres bénéfices.

L'article 53 de la loi de finances pour 2020 prévoit une **dispense d'agrément préalable** pour les fusions placées sous le régime de faveur, sous réserve de satisfaire trois conditions cumulatives :
- le montant cumulé des déficits antérieurs, des charges financières nettes non déduites et de la capacité de déduction inemployée, transférés est inférieur à 200 000 € ;
- les déficits et intérêts susceptibles d'être transférés ne proviennent ni de la gestion d'un patrimoine mobilier ni de la gestion d'un patrimoine immobilier ;
- durant la période au cours de laquelle ces déficits, ces charges financières et cette capacité de déduction inemployée ont été constatés, la société absorbée n'a pas cédé ou cessé l'exploitation d'un fonds de commerce ou d'un établissement.

La dispense d'agrément n'est pas applicable aux opérations de scission ou d'apport partiel d'actif d'une ou plusieurs branches complètes d'activité. Ces dispositions s'appliquent aux opérations réalisées à compter du 1er janvier 2020.

Remarque. Le déficit en report peut être déduit du bénéfice de l'exercice dans la limite d'un montant de 1 M € majoré de 50 % de la fraction de ce bénéfice excédant 1 M €.

2 Déficits de la société bénéficiaire des apports

Les déficits de la société absorbante restent reportables, de même que ses déficits antérieurs, à la condition que l'ajout d'activités nouvelles n'entraîne pas un changement d'activité réelle de la société.

Le changement d'activité (art. 221,5 du CGI) se caractérise par la disparition des moyens de production, l'adjonction d'activité ou l'abandon d'activité : pour une fusion, il sera surtout fait référence à l'adjonction d'activité.

Remarque. Le changement en cas d'adjonction d'activité intervient si au titre de l'exercice de sa survenance ou de l'exercice suivant, il est constaté, par rapport à l'exercice précédant celui de l'adjonction, une augmentation :
- soit de plus de 50 % du chiffre d'affaires ;
- soit de plus de 50 % de l'effectif moyen du personnel et du montant brut des éléments de l'actif immobilisé.

3 L'optimisation fiscale des déficits avant fusion

Il existe une véritable **gestion fiscale** des déficits avant fusion.

Ainsi, la société déficitaire peut absorber la société bénéficiaire.

Mais l'Administration pourrait y voir un **abus de droit** si l'opération de fusion ou assimilée apparaissait comme motivée exclusivement par la recherche d'une compensation entre les bénéfices et les pertes respectifs des deux entreprises en vue de faire échapper à l'impôt les bénéfices de la société absorbée ou apporteuse (BOI-IS-DEF-10-10 n° 260, 24 novembre 2014).

L'Administration maintient cette position malgré la jurisprudence contraire du Conseil d'État qui pose le principe du libre choix du sens de la fusion.

Enfin, concernant la **fusion rapide** entre une société mère et sa filiale à la suite d'un LBO, permettant le plus souvent d'imputer le bénéfice de la filiale opérationnelle sur le déficit de la société holding, certaines précautions doivent permette d'échapper aux critiques de l'abus de droit ou de l'acte anormal de gestion.

La qualification fiscale de l'opération doit résulter de la prise en considération d'un **faisceau d'indices**, parmi lesquels notamment le délai séparant l'achat de la société cible de la fusion, le niveau de capitalisation de la société holding de reprise, l'importance des dettes d'acquisition subs stant au moment de la fusion par rapport au financement initial, et l'exercice ou non par la société cessionnaire avant la fusion d'une activité autre que la détention des titres de la société acquise.

	Régime de faveur		Régime de droit commun	
	Chez l'absorbée	**Chez l'absorbante**	**Chez l'absorbée**	**Chez l'absorbante**
Déficits	Perdu sauf agrément (CGI, art. 209-II) Agrément de droit si les conditions sont réunies	Conservé sauf changement d'activité (CGI, art. 221-5)	Perdu	Conservé sauf changement d'activité (CGI, art. 221-5)
Créances de report en arrière des déficits	Transmis à la valeur nominale de plein droit à l'absorbante (mention dans l'acte)	Conservé	Transmis à la valeur nominale de plein droit à l'absorbante (mention dans l'acte)	Conservé

Éclairage : **l'article 209, II du CGI permet le transfert des déficits sur agrément fiscal préalable en cas de fusion si les quatre conditions suivantes sont réunies :**
L'opération est justifiée du point de vue économique et obéit à des motivations principales autres que fiscales.
L'activité à l'origine des déficits n'a pas fait l'objet par la société absorbée, pendant la période au titre de laquelle ces déficits ont été constatés, de changement significatif, notamment en terme de clientèle, d'emploi, de moyens d'exploitation, de nature et de volume d'activité.
L'activité à l'origine des déficits est poursuivie par la société absorbante pendant un délai minimal de trois ans, sans faire l'objet, pendant cette période, de changement significatif notamment en terme de clientèle, d'emploi, de moyens d'exploitation, de nature et de volume d'activité.
Les déficits susceptibles d'être transférés ne proviennent pas de la gestion d'un patrimoine mobilier (participations financières) ou immobilier.
Le Conseil d'État a été appelé à se prononcer sur la deuxième condition.
Il considère que les éléments relatifs à une autre activité que celle transférée et à l'origine des déficits ne doivent pas être pris en compte pour évaluer si l'activité transférée a subi un changement significatif avant la fusion (Conseil d'État, 25 octobre 2017, n° 401 403, Serena Caoutchouc).

E Situation fiscale des associés de la société absorbée

Il convient de distinguer la situation où les associés de l'absorbée sont des **personnes physiques** de celles où il s'agit de **personnes morales**.

En application de l'article 115-1 du CGI, l'attribution gratuite des titres représentatifs de l'apport n'est pas analysée comme une distribution de revenus mobiliers. En effet, la disparition de la société absorbée n'est pas traitée comme une dissolution.

1 Les associés de l'absorbée sont des personnes physiques

Les associés de l'absorbée reçoivent en lieu et place de leurs titres ceux de la société absorbante.

Cette opération d'**échange de titres** est porteuse de plus ou moins-values, qui bénéficient d'un sursis d'imposition depuis le 1er janvier 2000 (art. 150-0B du CGI).

Pour les plus-values réalisées avant le 1er janvier 2000, il s'agissait d'un report.

Cette plus-value d'échange est neutralisée et sa prise en compte est différée jusqu'à la **cession à titre onéreux ultérieure** des titres reçus en échange, la plus-value réalisée à cette date étant alors calculée par rapport au prix (ou valeur) d'acquisition des titres remis à l'échange.

S'il s'agit d'une moins-value d'échange, la perte fiscale n'est pas déduite.

Remarque. Cette opération d'échange de titres est une simple opération intercalaire qui ne procure aucune trésorerie au contribuable : il serait donc illogique et injuste de lui demander d'acquitter l'impôt de plus-value.

Exemple

Reprenons notre exemple « fil rouge » et considérons que M. Martin est associé à 50 % de la société BETA, société absorbée, et qu'il a souscrit les titres à la création de la société pour une valeur nominale de 100.
Lors de la fusion, il reçoit en échange de ses titres BETA des titres ALPHA.
Nombre de titres détenus par M. Martin = 3 000
Prix de revient de ces titres : 3 000 × 100 = 300 000
Valeur d'échange : 210 × 2 000 = 420 000
Plus-value d'échange : 120 000
Cette plus-value ne sera ni déclarée, ni imposée. Mais si M. Martin revend ses titres, la plus-value sera déterminée par rapport à leur valeur d'origine, soit 300 000 €.
△ **Remarque.**
Si M. Martin transmet gratuitement ses titres, la plus-value est effacée, ont dit qu'elle est « purgée ».

2 Les associés de l'absorbée sont des personnes morales

a. Le régime de droit commun

En comptabilité, l'associé personne morale va enregistrer les titres reçus en échange et comptabiliser une plus ou moins-value.

Fiscalement, ce résultat peut être une plus ou moins-value à court terme, ou une plus ou moins-value à long terme. Dans ce dernier cas, on appliquera la fiscalité suivante :

- PVLT déduite fiscalement moyennant réintégration d'une QP de frais et charges de 12 % de la PV brute ;
- MVLT réintégrée fiscalement.

b. Le régime optionnel

Une solution alternative existe, proposée à l'article 38-7 *bis* du CGI.

Ce dispositif optionnel permet de taxer la plus-value d'échange lors de la cession ultérieure des titres par l'associé ; il est applicable aussi bien en régime de faveur qu'en régime de droit commun.

L'associé pratiquera une déduction extra-comptable de la plus-value d'échange sur son tableau nº 2058-A, et l'imposition interviendra lors de la **cession ultérieure** des titres, au taux fiscal applicable lors de cette cession.

Pour les associés personnes morales, l'associé personne morale doit joindre à sa déclaration des résultats déposés au titre de l'exercice de l'échange, un **état de suivi** (art. 54 *septies* I du CGI), ainsi qu'un **registre des plus-values en sursis** (art. 54 *septies* II du CGI). En cas d'omission, la société supportera une amende de 5 % de la plus-value ou moins-value en sursis.

Il est désormais prévu d'appliquer le régime de sursis d'imposition de l'article 38,7 du CGI aux plus ou moins-values générées par les regroupements ou divisions d'actions.

Remarque. Pour les états de suivi, l'amende de 5 % ne sera pas appliquée si l'entreprise régularise spontanément et avant toute demande de l'Administration (absence de tout contrôle annoncé ou en cours et de demande d'information), sous réserve que la situation déclarative de la société fasse apparaître une « moralité fiscale irréprochable » (BOI-CF-INF-20-10 nº 170).

F Conséquences de la fusion sur les autres impôts

1 En matière de TVA : neutralité de la fusion

La 6ᵉ directive communautaire permet de ne pas exiger l'imposition à la TVA des cessions de biens lorsqu'elles sont effectuées dans le cadre de la transmission à titre onéreux ou sous forme d'apport à une société d'une universalité totale ou partielle de biens dès lors que le bénéficiaire continue la personne du cédant.

Sa transposition en droit interne figure à l'article 257 *bis* du CGI, qui dispense de TVA les livraisons et les prestations de services lorsqu'elles sont réalisées entre redevables de la taxe à l'occasion de la transmission à titre onéreux ou à titre gratuit ou sous forme d'apport à une société, d'une universalité totale ou partielle de biens.

La société absorbante devra respecter les obligations qui auraient été celles de l'absorbée si celle-ci avait continué son activité.

Un certain formalisme doit être respecté :

- produire une déclaration faisant apparaître le montant de taxe transféré ;
- justifier le montant transféré ;
- mention de l'apport sur les déclarations de TVA « CA3 » sur la ligne « Autres opérations non imposables » ;
- s'engager expressément à opérer les régularisations nécessaires.

2 En droits d'enregistrement

Le projet de fusion supporte le **droit fixe des actes innommés** de 125 €.

Jusqu'au 31 décembre 2018, les opérations de TUP et de fusions étaient soumises à un droit fixe s'élevant à 375 € ou 500 € selon que le capital social était $\leqslant$ à 225 000 € au terme de l'opération. Ce droit d'enregistrement n'est plus applicable depuis le 1er janvier 2019 (Loi de finances pour 2019).

Si des immeubles sont apportés, la société absorbante sera redevable des frais spécifiques : la **contribution de sécurité immobilière** de 0,1 % sur la valeur vénale est due majorée des émoluments du notaire.

Attention Dans le cadre d'une TUP, une taxe de publicité foncière de 0,715 % de la valeur vénale de l'immeuble sera exigée de la société confondante. La TUP est fiscalement désavantageuse sur ce point par rapport à une fusion classique ou simplifiée.

3 En matière de contribution économique territoriale (CET)

La fusion constitue un changement d'exploitant mais la rétroactivité fiscale n'existe pas en matière de CET. Celle-ci est due pour l'année entière par le redevable qui exerce l'activité au 1er janvier de l'année d'imposition.

Distinguons **CFE** et **CVAE**, qui constituent les deux composantes de la CET :

- la CFE est due par l'absorbée pour la totalité de l'année au cours de laquelle a lieu la fusion ;
- la CFE de l'absorbante sera calculée dans la plupart des cas sur une valeur locative inchangée.

Mais pour les fusions d'établissements industriels, il est prévu que la valeur locative plancher des biens acquis dans le cadre d'opérations de restructuration s'appliquera aux terrains et constructions, quelles que soient les modalités de l'opération (80 % de la valeur retenue avant l'opération).

De la même façon, le principe de l'annualité, retenu pour la CFE, s'applique également en matière de CVAE (cotisation sur la valeur ajoutée des entreprises).

Les sociétés préexistantes, parties à l'opération, doivent au titre de l'année de fusion, déterminer chacune leur propre valeur ajoutée. La CVAE de l'absorbée sera calculée en fonction de son chiffre d'affaires proratisé.

G Procédure de « rescrit fusion »

L'administration fiscale ne pourra pas effectuer de rectification lorsqu'elle n'a pas répondu dans le délai de 6 mois à un contribuable de bonne foi qui a demandé préalablement à une opération de fusion, de scission ou d'apport partiel d'actif, à partir d'une présentation écrite, précise et complète de cette opération, la confirmation que la clause générale anti-abus ne lui était pas applicable (CGI art. 210-0 A, III ; LPF art. L. 80 B, 9°).

Selon cette clause, les opérations de fusion, de scission ou d'apport partiel d'actif ayant comme objectif principal ou comme un de leurs objectifs principaux la fraude ou l'évasion fiscales sont exclues d'un certain nombre de dispositions fiscales de faveur.

Pour la mise en œuvre de la clause générale anti-abus, l'opération est présumée comme ayant pour objectif principal ou pour un de ses objectifs principaux la fraude ou l'évasion fiscales lorsqu'elle **n'est pas effectuée pour des motifs économiques valables**, tels que la restructuration ou la rationalisation des activités des sociétés participant à l'opération.

Éclairage : opérations de fusions transfrontalières

Le régime de faveur des fusions n'est applicable « aux opérations de fusion, scission et d'apport partiel d'actif d'une branche complète d'activité réalisées au profit de personnes morales étrangères par des personnes morales françaises que si les éléments apportés sont effectivement rattachés à un établissement stable de la personne morale étrangère situé en France » Art. 210 C, 2 nouveau du CGI. Ainsi :

- La procédure d'agrément préalable est supprimée : il s'agit d'une mise en conformité avec le droit de l'Union Européenne, notamment à la suite de la décision de la CJUE du 8 mars 2017, Aff. C-14/16, Euro Park Service.
- Les personnes morales étrangères bénéficiaires des apports sont tenues d'inscrire au bilan d'un établissement stable en France les éléments d'actif et de passif reçus.
- Pour les opérations placées sous le régime de faveur des fusions (CGI art. 210 A) réalisées au profit d'une personne morale étrangère, la société apporteuse est tenue de souscrire une déclaration spéciale permettant d'apprécier les motivations et conséquences de cette opération (CGI art. 210-0 A, IV).

2 La fiscalité des apports partiels d'actifs

L'apport partiel d'actif est l'opération selon laquelle une société apporte à une autre société (préexistante ou créée *ex-nihilo*) une partie de ses éléments d'actif et de passif formant une **branche complète d'activité**.

L'apport partiel d'actif n'entraîne pas, à la différence de la scission et de la fusion, la dissolution de la société apporteuse.

Les conséquences fiscales d'un apport partiel d'actif sont comparables à celles d'une fusion : l'apporteuse est assimilée à l'absorbée, la bénéficiaire des apports est assimilée à l'absorbante.

A Le régime des apports en droit commun

À l'instar des fusions, le traitement fiscal des apports en droit commun va entraîner les conséquences fiscales d'une cessation d'entreprise pour la branche apportée, soit :

- imposition du résultat courant de la branche, avec rétroactivité fiscale possible ;
- imposition des plus-values d'apport, même si l'apport est réalisé à la valeur nette comptable ;
- soumission aux droits d'enregistrement de certains actifs apportés.

Les conséquences fiscales peuvent être lourdes : la société apporteuse peut opter pour le régime de faveur des fusions.

B Le régime de faveur (art. 210-B du CGI)

Il va permettre d'assurer à l'opération d'apport la même neutralité qu'en matière de fusion et permettre le transfert d'actifs et de passifs en franchise d'impôt.

Deux **conditions de fond** sont nécessaires à sa mise en œuvre :

- l'apport doit porter sur une branche complète d'activité ;

- la société apporteuse a l'obligation de calculer le résultat de cession des titres reçus par référence à la valeur d'origine des biens apportés et non d'après leur valeur d'apport.

Remarque : Depuis le 1/1/2018, l'obligation de conservation de 3 ans des titres par la société apporteuse est supprimée pour les apports d'une branche complète d'activité et les apports assimilés.

Lorsque les conditions du régime de faveur ne sont pas réunies, celui-ci ne s'applique pas de plein droit. Il peut toutefois s'appliquer, sous conditions, sur agrément préalable (art. 210 B, 3 du CGI).
Les conditions de délivrance de l'agrément sont les suivantes :
- L'opération doit être justifiée par un motif économique, par exemple l'exercice par la société bénéficiaire d'une activité autonome, l'amélioration de ses structures ou encore l'association des parties à l'opération avec un souci de conservation des titres reçus lors de l'apport (minimum 3 ans) ;
- Elle ne doit pas avoir pour objectif principal la fraude ou l'évasion fiscale ;
- Si l'agrément n'est pas délivré, les opérations relèvent du régime de droit commun ;
- Les modalités de l'opération doivent permettent d'assurer l'imposition future des plus-values mises en sursis d'imposition.

Condition de forme : l'option pour le régime fiscal de faveur doit être mentionnée dans le traité d'apport.

Remarque. Lorsque les conditions exigées ne sont pas remplies, le régime spécial s'applique sur **agrément administratif** selon les mêmes modalités qu'en matière de scissions (CGI, art. 210 B, 3 du CGI) (voir *infra*).

L'agrément pour lequel un engagement de conservation sera nécessaire, sera désormais de plein droit pour autant que les conditions suivantes soient réunies :
L'apport doit en ce cas être justifié par un motif économique se traduisant notamment par l'exercice par la société bénéficiaire de l'apport d'une activité autonome et par l'amélioration des structures, ainsi que par une association entre les parties formalisée par un engagement de conservation des titres remis en contrepartie de l'apport pendant trois ans, et par l'imposition future des plus-values en sursis.

1 Un apport portant sur une branche complète d'activité

a. Éléments constitutifs d'une branche d'activité

Pour l'Administration (BOI-IS-FUS-20-20, 12 sept. 2012), une branche complète d'activité représente une **exploitation autonome** du point de vue de son organisation.
Elle constitue :
- une **organisation distincte** des autres divisions de la société apporteuse (critère de l'**autonomie interne**) ;
- un ensemble capable de **fonctionner par ses propres moyens** dans des conditions pouvant être qualifiées de normales dans le secteur économique considéré (critère de l'**autonomie externe**).

Selon l'Administration, l'autonomie de l'exploitation apportée s'apprécie au regard de l'organisation de la société apporteuse et non de la société bénéficiaire des apports.
Toutefois, le Conseil d'État estime *« qu'un apport partiel d'actif doit concerner une branche complète d'activité susceptible de faire l'objet d'une exploitation autonome chez la société apporteuse comme chez la société bénéficiaire de l'apport »* (CE, 27 juill. 2005, nº 259052, Sté BL).
L'apport doit comprendre les **éléments d'actif et de passif liés directement ou indirectement à la branche ainsi que le personnel affecté à l'activité apportée**, les éléments communs à différentes branches devant être répartis sur la base de critères adaptés à la nature de chaque élément et représentatifs des différentes branches apportées (chiffre d'affaires HT, masse salariale notamment).

La branche complète d'activité doit être réellement exercée et ne doit pas comprendre les éléments d'actif et de passif relatifs à la **gestion patrimoniale de la société apporteuse** (immeubles et placements financiers sans lien avec l'exploitation).

Attention Ne doivent pas être transmis des éléments d'actif et de passif afférents à des branches autres que celle qui est apportée.

Pour la trésorerie, l'apport doit inclure un niveau de trésorerie suffisant pour rendre la branche autonome. Cet apport sera en principe réalisé via un compte courant afin de financer le besoin en fonds de roulement de la société bénéficiaire.

Pour les immeubles et les marques, les éléments nécessaires à l'activité de la branche d'activité apportée doivent être en principe transférés en **pleine propriété** à la société bénéficiaire des apports. Toutefois, la société apporteuse peut demeurer propriétaire des constructions et ne consentir que l'**usage** de ses biens à la société bénéficiaire des apports.

Elle peut aussi se dispenser du **transfert des droits** (baux commerciaux ou contrats de crédit-bail), qui lui confèrent la disposition des locaux d'exploitation. De même, les **marques** utilisées conjointement par d'autres branches d'activité de la société apporteuse ou par d'autres sociétés peuvent seulement être concédées pour une durée égale à au moins 10 ans.

En ce qui concerne les créances, le Conseil d'État a précisé qu'un apport partiel d'actif excluant des créances ne porte pas sur une branche complète d'activité si ces créances sont indispensables à une exploitation autonome de l'activité (CE, 10 juin 2013, société Fresenius Medical Care Groupe France).

Quant aux services administratifs communs, ils pourront faire l'objet d'une répartition à hauteur de l'importance de la branche transmise ou rester dans la société apporteuse.

Le passif doit être transféré intégralement. Toutefois, les éléments de passif qui ne se rapportent pas directement et exclusivement à la branche apportée peuvent être conservés par la société apporteuse, la valorisation de l'apport devant alors tenir compte de l'absence de transfert de ce passif.

b. Éléments assimilés à une branche d'activité

Les apports de **titres de participation** peuvent être assimilés à une branche d'activité dans la mesure où certaines conditions sont respectées.

- Les **apports majoritaires** portant sur plus de 50 % du capital de la société dont les titres sont apportés sont assimilés à une branche complète d'activité. Les apports doivent représenter plus de 50 % du capital de la société dont les titres sont apportés.
- Les apports de titres portant sur moins de 50 % du capital de la société dont les titres sont apportés ne sont pas considérés comme des éléments assimilés à une branche complète mais peuvent, le cas échéant, bénéficier sur **agrément** du régime spécial des fusions de sociétés et opérations assimilées.

Les apport conférant à la société bénéficiaire une **participation prépondérante** : il s'agit des apports qui confèrent à la société bénéficiaire la détention directe de **plus de 30 % des droits de vote**, si aucun autre associé ne détient une fraction supérieure, et de ceux effectués au profit d'une société détenant déjà 30 % de ces droits de vote, si celle-ci acquiert de ce fait la fraction des droits de vote la plus élevée dans la société (CGI, art. 210 B, 1, b).

2 La mise en œuvre du régime de faveur

a. Situation fiscale de la société apporteuse

La société apporteuse est placée dans la même situation fiscale que la société absorbée :

- seuls les bénéfices réalisés à la date de l'apport font l'objet d'une imposition immédiate (une **clause de rétroactivité** permet à l'opération d'apport de prendre effet au 1er jour de l'exercice) ;

- tous les biens, y compris l'actif circulant, peuvent être apportés à la valeur nette comptable (lorsqu'il s'agit d'une opération de restructuration interne, les apports sont normalement réalisés à la valeur comptable) ;
- les plus-values nettes réalisées lors de l'apport des éléments de l'actif sont exonérées ;
- les provisions qui conservent leur objet n'ont pas à être réintégrées.

Remarque. La soulte éventuellement reçue ne doit pas excéder 10 % du nominal des titres attribués en contrepartie de l'apport.

b. Situation de la société bénéficiaire des apports

La société bénéficiaire de l'APA est placée dans une situation similaire à celle d'une société absorbante :

- elle doit calculer les plus-values sur éléments non amortissables par rapport à la valeur que ces biens avaient chez l'apporteuse ;
- elle doit réintégrer sur 5 ans (ou 15 ans s'il s'agit de constructions) les plus-values sur biens amortissables constatées chez la société absorbée. En contrepartie de cette obligation, l'amortissement pratiqué sera calculé sur la valeur d'apport ;
- si les biens ont été apportés pour la valeur comptable, elle doit inscrire à son bilan les éléments pour la valeur qu'ils avaient chez l'absorbée, et reprendre à l'identique les écritures comptables ;
- elle doit reprendre au passif de son bilan les provisions en sursis d'imposition ;
- elle doit réintégrer dans ses résultats les plus-values dont l'imposition avait été différée chez l'apporteuse.

3 Traitement des déficits antérieurs de l'apporteuse

a. Déficits reportables de l'apporteuse

Les déficits reportables de la société apporteuse restent en report, sauf si cette dernière change d'activité.

Ainsi, une société industrielle qui devient une société holding à la suite de l'apport de sa dernière branche d'activité de production change d'activité à la date d'effet rétroactif de cet apport et ne peut donc imputer ses déficits reportables sur les résultats de l'exercice clos après la réalisation de l'opération.

b. Déficits reportables de la société bénéficiaire des apports

Les déficits de la société bénéficiaire ne sont normalement pas affectés par l'opération d'apport.

C L'attribution de titres aux associés de l'apporteuse

Cette opération nécessite un agrément, prévu à l'article 115-2 du CGI.

Les associés de l'apporteuse vont ainsi pouvoir bénéficier en franchise d'impôt de titres reçus en contrepartie d'un APA.

D Autres impôts

1 TVA

Même conséquences qu'en matière de fusion (voir *supra*).

2 Droits d'enregistrement

- Si les apports sont réalisés à une société nouvellement constituée : exonération.
- Si les apports sont réalisés en cours de société : *idem* fusion, exonération (voir *supra*).

3 Contribution économique territoriale (CET)

La CET est établie pour l'année entière au nom du contribuable qui exerce l'activité au 1er janvier de l'année d'imposition.

3 Les scissions

La société scindée transmet, par suite et au moment de sa dissolution sans liquidation, l'ensemble de son patrimoine à deux ou plusieurs sociétés préexistantes ou nouvelles, moyennant l'attribution aux associés de la société scindée, proportionnellement à leurs droits dans le capital, de titres des sociétés bénéficiaires des apports et, éventuellement, d'une soulte ne dépassant pas 10 % de la valeur nominale de ces titres (art. 210-0 A, I, 2° du CGI).

Entrent également dans la définition des opérations éligibles, celles pour lesquelles il n'est pas procédé à l'échange de titres de la société bénéficiaire de l'apport contre des titres de la société scindée lorsque ces titres sont détenus soit par la société scindée, soit par la société bénéficiaire de l'apport (art. 210-0 A, I, 3° du CGI).

Ainsi, par exemple, est une scission l'opération par laquelle une société apporte une partie de son actif à la société qui la détient à 100 % et le surplus à une société tierce, alors que le premier des deux apports ne peut donner lieu à un échange de titres.

En pratique, une scission est à la fois un **apport partiel d'actif** (l'opération porte sur des branches d'activité), et une **fusion** (l'apporteuse disparaît à l'issue de l'opération).

Remarque. Sur un plan économique, une scission peut permettre d'une part de mieux valoriser des entités opérationnelles, et de gagner en lisibilité en termes de stratégie et d'organisation interne du groupe. La société mère pourra ainsi se recentrer sur ses activités premières, et l'opération bénéficiera en outre d'une fiscalité favorable.

A Application d'un régime de faveur

L'article L. 371 du Code de commerce assimile sur le plan juridique les scissions aux fusions.

En **régime de droit commun**, les scissions relèvent du régime fiscal des dissolutions de société avec les mêmes conséquences que pour les fusions.

La scission relève du régime spécial de plein droit si les conditions suivantes sont réunies (art. 210 B, 1 du CGI) :

- la société scindée comporte **au moins deux branches complètes d'activité** (sur la notion de branche complète d'activité, voir *supra*) ;
- les sociétés bénéficiaires reçoivent chacune une ou plusieurs de ces branches d'activité ;
- les associés les plus importants s'engagent à **conserver pendant au moins 3 ans les titres de chaque société bénéficiaire des apports** résultant de la scission.

L'engagement concerne les seuls associés détenant 5 % au moins des droits de vote de la société scindée à la date d'approbation de l'opération et ceux qui, détenant au moins 0,1 % de ces droits de vote, ont exercé dans la société des fonctions de direction, d'administration ou de surveillance au cours des six mois précédant l'opération. Les droits de vote détenus par ces associés doivent représenter ensemble au moins 20 % du capital de la société scindée.

Si les conditions exposées précédemment ne sont pas réunies, le régime spécial peut s'appliquer sur **agrément administratif** (art. 210 B, 3 du CGI) selon les modalités prévues par l'article 1649 *nonies* du CGI.

B Les conditions de délivrance de l'agrément

L'Administration est tenue de délivrer l'agrément lorsque, compte tenu des éléments faisant l'objet de l'apport :

- l'opération est justifiée par un **motif économique** se traduisant notamment par l'exercice par la société bénéficiaire de l'apport d'une activité autonome ou l'amélioration des structures, ainsi que par une association entre les parties ;
- l'opération n'a pas comme objectif principal ou comme un de ses objectifs principaux la fraude ou l'évasion fiscales ;
- les modalités de l'opération permettent d'assurer l'imposition future des plus-values mises en sursis d'imposition.

Remarque. La loi de simplification du droit des sociétés (loi 2019-744 du 19 juillet 2019, dite « loi Soihili ») entrée en vigueur le 21 juillet 2019, a allégé certaines formalités juridiques en complétant notamment l'article L. 236-3, II du Code de commerce pour prévoir que les **fusions et les scissions** entre sociétés sœurs, c'est-à-dire détenues en totalité par une même société mère, ne donnent pas lieu à échange de titres. Ces opérations ne nécessitent ni approbation par l'assemblée générale extraordinaire, ni intervention du commissaire aux apports, et il n'est pas procédé à l'échange de titres de la société absorbante contre des titres de la société absorbée.

L'article 210-0 A du CGI est modifié afin d'étendre l'application du régime de faveur et de permettre la neutralité fiscale de ces opérations. Il complète la définition des fusions et opérations assimilées en incluant dorénavant les opérations pour lesquelles il n'est pas procédé à un échange de titres lorsqu'ils sont détenus par une même société.

La réalisation de la fusion, entre sociétés sous contrôle commun, implique que les apports soient transcrits aux valeurs comptables dans les comptes de l'absorbante et la contrepartie des apports est comptabilisée au compte de report à nouveau. Ces dispositions s'appliquent rétroactivement à compter du 21 juillet 2019.

Chapitre 20

Prises de participation et groupes

COMPÉTENCES VISÉES

- **Mettre en œuvre et suivre les aspects sociaux liés à l'existence d'un groupe.**
- **Assister le chef d'entreprise dans la gestion juridique des participations détenues dans d'autres sociétés.**

- Les règles relatives aux filiales, aux participations et aux sociétés contrôlées sont inscrites dans le Code de commerce sous les articles L. 233-1 à L. 233-40.

PLAN DU CHAPITRE

1 Notion de groupe de sociétés

2 Constitution des groupes de sociétés

A Diversité des objectifs des personnes qui font partie d'un groupe
B La prise de participation
C La prise de contrôle
D Les liens entre les sociétés d'un même groupe
E Notion de filiale commune

3 Mécanismes et montages juridiques pour l'acquisition des titres des sociétés

A Acquisitions sur le marché financier
B La convention de portage
C La holding de rachat

4 Comment le droit prend-il en compte l'existence des groupes dans l'activité économique ?

A Le droit recherche la transparence des groupes
B La jurisprudence joue un rôle fondamental pour protéger le tissu économique et social

1 Notion de groupe de sociétés

Il n'existe ***pas de définition ni de réglementation juridique globale*** pour les groupes de sociétés.
En pratique, on constate qu'un groupe de sociétés possède les caractéristiques suivantes :

- il est constitué par **plusieurs sociétés indépendantes** (chacune étant immatriculée au registre du commerce et des sociétés [RCS]), et qui ont des liens financiers entre elles ;
- une société (appelée société mère) exerce un **contrôle financier et juridique** sur les autres sociétés, et il en découle une unité de décision dans le groupe.

Le groupe de sociétés n'est pas immatriculé au RCS ; il **n'a pas la personnalité morale**.

2 Constitution des groupes de sociétés

A Diversité des objectifs des personnes qui font partie d'un groupe

Objectifs	Techniques utilisées
Pas de recherche d'influence sur la gestion du groupe, mais recherche de revenu, de plus-value lors de la revente de titres	→ Placement de capitaux
Volonté de créer des liens durables	→ Prise de participation
Intention d'exercer une influence déterminante sur la gestion	→ Prise de contrôle

B La prise de participation

1 Définition

Lorsqu'une société possède dans une autre société une fraction du capital comprise entre 10 et 50 %, la première est considérée comme ayant une participation dans la seconde (article L. 233-2).

2 Modalités

a. Acte de cession des titres

- **Principe** : l'acte de cession des titres est un acte civil. C'est un contrat qui doit remplir les conditions de validité prévues pour tous les contrats (article 1128 du Code civil).
- **Exceptions** : l'acte de cession des titres est un acte de commerce dans deux cas :
  - si l'achat permet d'acquérir le contrôle de la société (c'est-à-dire du capital social) ;
  - si c'est une cession entre deux sociétés commerciales ou s'il s'agit de la cession de parts sociales de société en nom collectif ou d'associés commandités.

b. Garanties dues par le cédant lors de la cession des titres

- Il s'agit des garanties d'éviction, de conformité et des vices cachés ; elles concernent l'existence des titres cédés et la possibilité d'exercer l'activité économique constituant l'objet social.
- En outre, les parties concluent souvent une garantie de passif. Celle-ci a pour effet que le cédant est garant du passif de la société né antérieurement à la cession de ses titres.

c. Cadre de la cession

- La cession des titres peut intervenir par accord entre des associés, par la vente de titres à un tiers ou par la souscription à une augmentation de capital en numéraire.
- La cession des titres peut être précédée d'une promesse d'achat ou de vente des titres si les parties (cédant et cessionnaire) le décident.

3 Juridiction compétente

Le tribunal de commerce est compétent pour statuer sur les litiges relatifs à la cession des titres.

4 Réglementation des participations réciproques

a. Organisation des participations réciproques

Elle est organisée par les articles L. 233-29 et L. 233-30.

Une société par actions ne peut posséder d'actions d'une autre société, si celle-ci détient une fraction de son capital supérieure à 10 %.

À défaut d'accord entre les sociétés intéressées pour régulariser la situation, celle qui détient la fraction la plus faible du capital de l'autre doit aliéner son investissement. Si les investissements réciproques sont de la même importance, chacune des sociétés doit réduire le sien, de telle sorte qu'il n'excède pas 10 % du capital de l'autre.

Lorsqu'une société est tenue d'aliéner les actions d'une autre société, l'aliénation est effectuée dans le délai d'un an et ne peut exercer les droits de vote attachés à ces actions.

Si une société autre qu'une société par actions compte parmi ses associés une société par actions *détenant une fraction de son capital supérieure à 10 %*, elle ne peut détenir d'actions émises par cette dernière.

Si elle vient à en posséder, elle doit les aliéner dans le délai d'un an à compter de l'entrée dans son patrimoine et elle ne peut exercer les droits de vote attachés à ces actions.

Si une société autre qu'une société par actions compte parmi ses associés une société par actions *détenant une fraction de son capital égale ou inférieure à 10 %*, elle ne peut détenir qu'une fraction égale ou inférieure à 10 % des actions émises par cette dernière.

Si elle vient à en posséder une fraction plus importante, elle doit aliéner l'excédent dans le délai d'un an à compter de l'entrée dans son patrimoine et elle ne peut exercer les droits de vote attachés à ces actions.

b. Règles applicables à l'autocontrôle

La loi (article L. 233-31) encadre la situation d'autocontrôle dans laquelle une société peut être placée à la suite de prises de participations réciproques.

Caractéristiques

Il y a autocontrôle lorsque des actions ou des droits de vote d'une société sont possédés par une ou plusieurs sociétés dont elle détient directement ou indirectement le contrôle.

L'autocontrôle pris en compte par la loi concerne les sociétés par actions (SA, SAS, SCA, sociétés européennes), dont les valeurs sont inscrites ou non à un marché réglementé, du secteur public ou du secteur privé.

L'autocontrôle est assuré par l'intermédiaire de toute société (par exemple, les SARL et les sociétés civiles peuvent être intermédiaires dans la chaîne d'autocontrôle).

Effets

Les droits de vote attachés à ces actions ou ces droits de vote ne peuvent être exercés à l'assemblée générale de la société et il n'en est pas tenu compte pour le calcul du quorum.

Ces limitations ont pour but d'empêcher le verrouillage du pouvoir de décision au sein des assemblées générales.

C La prise de contrôle

La loi dispose que lorsqu'une société possède plus de la moitié du capital d'une autre société, la seconde est considérée, comme **filiale** de la première (article L. 233-1).

Les **modalités de la prise de contrôle** sont énoncées par la loi (article L. 233-3).

- Toute personne, physique ou morale, est considérée comme en contrôlant une autre :

  1°) lorsqu'elle détient directement ou indirectement une fraction du capital lui conférant la majorité des droits de vote dans les assemblées générales de cette société => c'est un **contrôle de droit** ;

  2°) lorsqu'elle dispose seule de la majorité des droits de vote dans cette société en vertu d'un accord conclu avec d'autres associés ou actionnaires et qui n'est pas contraire à l'intérêt de la société ⟹ c'est un **contrôle conjoint** (qui peut être exercé par deux sociétés seulement) ;

  3°) lorsqu'elle détermine en fait, par les droits de vote dont elle dispose, les décisions dans les assemblées générales de cette société ⟹ il y a **influence déterminante** de la personne dans la prise des décisions ;

  4°) lorsqu'elle est associée ou actionnaire de cette société et dispose du pouvoir de nommer ou de révoquer la majorité des membres des organes d'administration, de direction ou de surveillance de cette société.
- Toute personne, physique ou morale est **présumée exercer un contrôle** sur une société lorsqu'elle dispose directement ou indirectement d'une fraction des droits de vote supérieure à 40 %, et qu'aucun autre associé ou actionnaire ne détient directement ou indirectement une fraction supérieure à la sienne.
- Deux ou plusieurs personnes **agissant de concert** sont considérées comme en contrôlant conjointement une autre lorsqu'elles déterminent en fait les décisions prises en assemblée générale.

Toute participation au capital même inférieure à 10 % détenue par une société contrôlée est considérée comme détenue indirectement par la société qui contrôle cette société (article L. 233-4).

D Les liens entre les sociétés d'un même groupe

1 Rôle de la société mère

a. Activités

Une société mère détient directement ou indirectement des participations dans les sociétés qui sont ses filiales. Elle joue un rôle financier ; elle dirige et gère le groupe.

Elle peut avoir une activité industrielle ; dans ce cas, elle peut confier la gestion de cette activité à une société qu'elle mandate spécialement.

b. Garanties en faveur des filiales

La société mère peut être sollicitée par des créanciers des filiales pour garantir le paiement des dettes de ces dernières. Elle peut accorder diverses garanties :

- **cautionnement** des dettes des filiales : pour régler les créanciers à la place des filiales défaillantes (en application de l'article 2288 du Code civil) ;
- **garantie autonome** : la société mère s'engage « en considération d'une obligation souscrite par un tiers, à verser une somme soit à première demande, soit suivant des modalités convenues » (article 2321 du Code civil) ;
- **lettre d'intention** : c'est l'engagement que prend la société mère de faire ou de ne pas faire ayant pour objet le soutien apporté à un débiteur (la filiale) dans l'exécution de son obligation (règlement d'une dette...) envers son créancier (article 2322 du Code civil).

2 Liens entre les sociétés du groupe

a. Diversité des liens

Les liens sont **financiers** (exemple : prises de participation).

Ils peuvent être fondés par ailleurs sur des **contrats** liés à l'activité des sociétés du groupe (exemple : contrats de partenariat).

b. Indépendance

Les sociétés du groupe sont indépendantes ; elles ont la personnalité morale et ont des droits et des obligations en lien avec la réalisation de leur objet social.

E Notion de filiale commune

1 Caractéristiques

- C'est une société dont le capital est détenu par plusieurs sociétés indépendantes. Ces sociétés indépendantes peuvent appartenir à des groupes concurrents.
- La filiale commune exerce l'activité que les sociétés mères lui confient (exemple : mise en commun d'investissements, de recherches).

2 Forme juridique

a. Formes autorisées

La filiale commune peut adopter la forme juridique d'une société par actions (exemple : société anonyme [SA], société par actions simplifiée [SAS]), d'une société de personnes (exemple : société en nom collectif [SNC]), d'une société à responsabilité limitée (SARL), d'une société en participation, d'un groupement d'intérêt économique (GIE), d'une société civile ou d'une société européenne (SE).

b. Formes interdites

La filiale commune ne peut pas être constituée dans le cadre d'une entreprise unipersonnelle à responsabilité limitée (EURL), d'une société par actions simplifiée unipersonnelle (SASU), entreprise individuelle, d'une société civile professionnelle (SCP) ou d'une société civile de moyens (SCM).

3 Mécanismes et montages juridiques pour l'acquisition des titres des sociétés

A Acquisitions sur le marché financier

Exemples

1. **Le ramassage en bourse** consiste à acquérir de manière systématique des titres au fur et à mesure de leur mise en vente sur le marché.

   Cette technique peut permettre à un investisseur d'acquérir une participation significative ou le contrôle d'une société sur le marché financier. Par exemple, le but peut être l'acquisition d'un bloc de contrôle afin de détenir une minorité de contrôle lors du vote dans les assemblées générales extraordinaires.
2. **Les offres publiques**, notamment l'**offre publique d'acquisition** (OPA) est réglementée par le Code de commerce (articles L. 233-32 à L. 233-40).

   Celle-ci devient obligatoire quand un actionnaire vient à dépasser un seuil de participation fixé par la loi à 30 % du capital ou des droits de vote déjà détenus.

3. **L'action de concert** est définie par l'article L. 233-10.

   Sont considérées comme agissant de concert les personnes qui ont conclu un **accord en vue d'acquérir, de céder ou d'exercer des droits de vote**, pour mettre en œuvre une **politique commune** vis-à-vis de la société ou pour obtenir le **contrôle** de cette société.

Un tel accord est présumé exister, par exemple entre une société, le président de son conseil d'administration et ses directeurs généraux ou les membres de son directoire ou ses gérants, entre une société et les sociétés qu'elle contrôle, entre des sociétés contrôlées par la même ou les mêmes personnes.

Les personnes agissant de concert sont tenues solidairement aux **obligations** qui leur sont faites par les lois et règlements, à savoir :

- information du public et de l'Autorité des marchés financiers (AMF) concernant le dépassement de certains seuils d'acquisition (cf. 4. du présent chapitre) ;
- respect des règles relatives à l'offre publique d'acquisition obligatoire et à l'offre publique de retrait (*Cf.* articles L. 433-3 et L. 433-4 du Code monétaire et financier).

La loi prévoit le cas de l'**action de concert dans le cadre d'une offre publique d'acquisition** (article L. 233-10-1). Dans ce contexte, sont considérées comme agissant de concert les personnes qui ont conclu un accord avec l'auteur d'une offre publique visant à obtenir le contrôle de la société qui fait l'objet de l'offre ; sont également considérées comme agissant de concert les personnes qui ont conclu un accord avec la société qui fait l'objet de l'offre afin de faire échouer cette offre.

B La convention de portage

Elle n'est **ni définie, ni réglementée par la loi**. C'est un **contrat innomé** qui doit respecter l'ordre public et qui est régi notamment par le principe de la liberté contractuelle.

Dans la pratique, c'est une convention par laquelle un **organisme financier** convient avec une **personne physique ou morale** qu'il souscrira ou achètera des actions pour le compte de celle-ci à charge pour cette dernière de les lui racheter au terme d'une période déterminée et moyennant un prix convenu d'avance.

Cette convention s'analyse en une **promesse unilatérale d'achat et de vente**, c'est-à-dire que le donneur d'ordres fait une promesse unilatérale d'achat et que l'organisme financier fait une promesse unilatérale de vente.

En fonction du contenu négocié par les parties à la convention, le porteur peut exercer le droit de vote attaché au titre et en percevoir les dividendes.

C La holding de rachat

Elle permet en particulier des **prises de participation importantes**.

À titre d'exemple, on peut citer le **rachat d'une entreprise par les salariés** (RES) qui a recours à ce mécanisme juridique et financier. Dans ce cas, la holding est créée spécialement pour cette opération et s'endette pour racheter des actions de la société cible. Les emprunts sont ensuite remboursés par les dividendes qui sont versés à la holding.

4 Comment le droit prend-il en compte l'existence des groupes dans l'activité économique ?

A Le droit recherche la transparence des groupes

1 Hiérarchie et articulation des sources de droit européen et du droit national

a. Directive 2013/34/UE du Parlement Européen et du Conseil du 26 juin 2013 relative aux états financiers annuels, aux états financiers consolidés et aux rapports y afférents de certaines formes d'entreprises, modifiant la directive 2006/43/CE du Parlement européen et du Conseil et abrogeant les directives 78/660/CEE et 83/349/CEE du Conseil

Cette directive coordonne les législations nationales sur les comptes des groupes. Elle concerne notamment l'établissement des comptes consolidés et leur publicité. Elle a pour objectif de permettre une meilleure information des associés et des tiers sur la situation financière des sociétés concernées grâce à la mise à disposition d'informations comparables et équivalentes quels que soient les pays dans lesquels ces sociétés se situent.

b. Code de commerce : les articles L. 233-16 à 233-28 visent les sociétés qui doivent publier des comptes consolidés

« **Sont comprises dans la consolidation les filiales ou participations contrôlées de manière exclusive ou conjointe ou sur lesquelles est exercée une influence notable.**

L'influence notable sur la gestion et la politique financière d'une entreprise est présumée lorsqu'une société dispose, directement ou indirectement, d'une fraction au moins égale au cinquième des droits de vote de cette entreprise » (article L. 233-17-2).

→ À noter, la loi prévoit des **cas d'exemption de l'obligation d'établir et de publier des comptes consolidés et un rapport sur la gestion du groupe** lorsque les entreprises contrôlées de manière exclusive ou conjointe présentent, tant individuellement que collectivement, un intérêt négligeable par rapport à l'objectif d'image fidèle ou qu'elles peuvent être exclues de la consolidation dans les cas prévus par la loi (article L. 233-17-1).

Les comptes consolidés comprennent **le bilan et le compte de résultat consolidés ainsi qu'une annexe** : ils forment un tout indissociable (article L. 233-20).

Les **comptes consolidés doivent être réguliers et sincères et donner une image fidèle** du patrimoine, de la situation financière ainsi que du résultat de l'ensemble constitué par les entreprises comprises dans la consolidation (article L. 233-21).

Le **rapport sur la gestion du groupe** expose la situation de l'ensemble constitué par les entreprises comprises dans la consolidation, son évolution prévisible, les événements importants survenus entre la date de clôture de l'exercice de consolidation et la date à laquelle les comptes consolidés sont établis ainsi que ses activités en matière de recherche et de développement (article L. 233-26).

2 La loi prévoit des obligations spécifiques relatives aux comptes des groupes et à leur contrôle par les commissaires aux comptes (CAC)

Le Code de commerce contient des règles précises sur ces différents points.

- Désignation de **deux commissaires aux comptes** par les personnes et entités astreintes à publier des comptes consolidés (article L. 823-2).
- **Rapport des commissaires aux comptes (CAC) à l'assemblée générale ordinaire annuelle** (article R. 823-7)

Les CAC déclarent :

- soit certifier que les comptes de l'exercice et les comptes consolidés sont réguliers et sincères et qu'ils donnent une image fidèle du résultat des opérations de l'exercice écoulé ainsi que de la situation financière et du patrimoine de la personne ou de l'entité et de l'ensemble des entreprises comprises dans la consolidation à la fin de l'exercice, en formulant, s'il y a lieu, toutes observations utiles ;
- soit assortir la certification de réserves ;
- soit refuser la certification des comptes.

Les CAC précisent les motifs de leurs réserves ou refus ;

- font état de leurs observations sur la sincérité et la concordance avec les comptes annuels des informations données dans le rapport de gestion de l'exercice et dans les documents adressés aux actionnaires sur la situation financière de la société et de l'ensemble des entreprises comprises dans la consolidation ainsi que sur les comptes annuels et les comptes consolidés.

- **Dépôt de documents au greffe du tribunal** (article L. 232-23)

  Toute société par actions doit déposer au greffe, pour être annexés au registre du commerce et des sociétés, dans le mois suivant l'approbation des comptes annuels par l'assemblée générale des actionnaires les comptes consolidés, le rapport sur la gestion du groupe, le rapport des commissaires aux comptes sur les comptes consolidés et le rapport du conseil de surveillance.

3 La loi définit en particulier l'information qui doit être diffusée

a. Information des sociétés concernées par les acquisitions de titres

L'information des sociétés sur le franchissement des seuils significatifs (article L. 233-7)

Lorsque les actions d'une société ayant son siège sur le territoire de la République sont admises aux négociations sur un marché réglementé d'un État partie notamment à l'accord sur l'Espace économique européen, toute personne physique ou morale agissant seule ou de concert qui vient à posséder **directement ou indirectement** un **nombre d'actions représentant plus du vingtième, du dixième, des trois vingtièmes, du cinquième, du quart, des trois dixièmes, du tiers, de la moitié, des deux tiers, des dix-huit vingtièmes ou des dix-neuf vingtièmes du capital ou des droits de vote informe la société** dans un délai fixé par décret en Conseil d'État[1], à compter du franchissement du seuil de participation, du nombre total d'actions ou de droits de vote qu'elle possède.

L'information mentionnée à l'alinéa précédent est également donnée dans les mêmes délais lorsque la participation en capital ou en droits de vote devient inférieure aux seuils mentionnés par cet alinéa.

La personne tenue à l'information prévue au premier alinéa précise notamment dans sa déclaration le nombre de titres qu'elle possède donnant accès à terme aux actions à émettre et les droits de vote qui y seront attachés.

Notification par une société contrôlée (article L. 233-12)

Lorsqu'une société est contrôlée directement ou indirectement par une société par actions, elle notifie à cette dernière et à chacune des sociétés participant à ce contrôle le **montant des participations qu'elle détient directement ou indirectement** dans leur capital respectif ainsi que les variations de ce montant.

Les notifications sont faites dans le délai d'un mois à compter soit du jour où la prise de contrôle a été connue de la société pour les titres qu'elle détenait avant cette date, soit du jour de l'opération pour les acquisitions ou aliénations ultérieures.

1 L'information est adressée à la société au plus tard avant la clôture des négociations du quatrième jour de bourse suivant le jour du franchissement du seuil de participation (article R. 233-1).

b. Information des associés

Les associés sont informés dans le cadre de différents documents légaux.

Dans l'annexe (article L. 233-15)

Le conseil d'administration, le directoire ou le gérant de toute société ayant des filiales ou des participations, inclut dans l'annexe de la société un tableau, en vue de faire apparaître la situation desdites filiales et participations.

Dans le rapport de gestion (article L. 233-6)

- Lorsqu'une société a pris, au cours d'un exercice, une participation dans une société ayant son siège social sur le territoire de la République française représentant **plus du vingtième, du dixième, du cinquième, du tiers ou de la moitié du capital de cette société ou s'est assuré le contrôle d'une telle société**, il en est fait mention dans le rapport présenté aux associés sur les opérations de l'exercice et, le cas échéant, dans le rapport des commissaires aux comptes.
- **Le conseil d'administration, le directoire ou le gérant** d'une société rend compte dans son **rapport** de l'activité et des résultats de l'ensemble de la société, des filiales de la société et des sociétés qu'elle contrôle par branche d'activité. Lorsque cette société établit et publie des comptes consolidés, le rapport ci-dessus mentionné peut être inclus dans le rapport sur la gestion du groupe mentionné à l'article L. 233-26.

Dans le rapport général du CAC

Sont inscrites les informations suivantes :

- prises de participation et prises de contrôles mentionnées dans le rapport de gestion ;
- informations relatives à la répartition du capital social et à l'autocontrôle ;
- aliénations d'actions intervenues au cours de l'exercice.

c. Information des salariés

Le Code du travail prévoit les attributions du comité social et économique, du comité de groupe et du comité d'entreprise européen.

Comité social et économique (CSE)

- **Mise en place**

  Un comité social et économique doit être mis en place dans les entreprises d'au moins onze salariés si l'effectif d'au moins onze salariés est atteint pendant douze mois consécutifs.

  Le CSE est régi par les articles L. 2311-1 à L. 2317-2 du Code du travail.
- **Attributions**

  Elles sont définies en fonction de l'effectif de l'entreprise.

  Ainsi, **dans les entreprises d'au moins cinquante salariés**, le CSE :
  - a pour mission d'assurer une ***expression collective des salariés*** permettant la prise en compte permanente de leurs intérêts dans les décisions relatives à la gestion et à l'évolution économique et financière de l'entreprise, à l'organisation du travail, à la formation professionnelle et aux techniques de production ;
  - ***est informé et consulté sur les questions intéressant l'organisation, la gestion et la marche générale de l'entreprise***, notamment sur les mesures de nature à affecter le volume ou la structure des effectifs et la modification de son organisation économique ou juridique ;
  - est consulté et consulté de manière récurrente sur :
    - ✓ les orientations stratégiques de l'entreprise ;
    - ✓ la situation économique et financière de l'entreprise ;
    - ✓ la politique sociale de l'entreprise, les conditions de travail et l'emploi.

Une base de données économiques et sociales rassemble l'ensemble des informations nécessaires aux consultations et informations récurrentes que l'employeur met à disposition du CSE. Ces informations comportent en particulier des indicateurs relatifs à l'égalité professionnelle entre les femmes et les hommes, notamment sur les écarts de rémunération.

Un accord de groupe peut prévoir que la consultation sur les orientations stratégiques est effectuée au niveau du comité de groupe. Il prévoit les modalités de transmission de l'avis du comité de groupe à chaque CSE du groupe, qui reste consulté sur les conséquences de ces orientations stratégiques et à l'organe chargé de l'administration de l'entreprise dominante de ce groupe.

- est consulté et informé **de manière ponctuelle** dans les cas suivants :
  - ✓ mise en œuvre des moyens de contrôle de l'activité des salariés ;
  - ✓ restructuration et compression des effectifs ;
  - ✓ licenciement collectif pour motif économique ;
  - ✓ opération de concentration ;
  - ✓ offre publique d'acquisition ;
  - ✓ procédures de sauvegarde, de redressement et de liquidation judiciaire.

  Un accord de groupe peut prévoir que les consultations ponctuelles sont effectuées au niveau du comité de groupe.
- dispose d'un **droit d'alerte, notamment dans le domaine économique** :

  Lorsque le CSE a connaissance de **faits de nature à affecter de manière préoccupante la situation économique de l'entreprise**, il peut **demander à l'employeur de lui fournir des explications**.

  Si le comité n'a pu obtenir de réponse suffisante de l'employeur ou si celle-ci confirme le caractère préoccupant de la situation, il établit un **rapport** qui est transmis à l'employeur et au commissaire aux comptes.

  Ce rapport du CSE conclut en émettant un **avis sur l'opportunité de saisir de ses conclusions l'organe chargé de l'administration ou de la surveillance** dans les sociétés ou personnes morales qui en sont dotées, **ou d'en informer les associés dans les autres formes de sociétés ou les membres dans les groupements d'intérêt économique**.

Comité de groupe

- **Mise en place**

Un comité de groupe est constitué au sein du groupe formé par une entreprise appelée entreprise dominante, dont le siège social est situé sur le territoire français, et les entreprises qu'elle contrôle.

Il est régi par les articles L. 2331-1 à L. 2335-1 du Code du travail).

- **Attributions**

Le comité de groupe **reçoit des informations** sur l'activité, la situation financière, l'évolution et les prévisions d'emploi annuelles ou pluriannuelles et les actions éventuelles de prévention envisagées compte tenu de ces prévisions, dans le groupe et dans chacune des entreprises qui le composent. Il reçoit communication, lorsqu'ils existent, des comptes et du bilan consolidés ainsi que du rapport du commissaire aux comptes correspondant.

Il est informé, dans ces domaines, des perspectives économiques du groupe pour l'année à venir.

Comité d'entreprise européen ou procédure d'information et de consultation dans les entreprises de dimension communautaire

- **Champ d'application**
  - ***Entreprise de dimension communautaire*** = l'entreprise ou l'organisme qui emploie au moins mille salariés dans les États membres de la Communauté européenne ou de l'Espace économique européen et qui comporte au moins un établissement employant au moins cent cinquante salariés dans au moins deux de ces États.
  - ***Groupe d'entreprises de dimension communautaire***, le groupe, au sens la définition de l'entreprise de dimension communautaire et comportant au moins une entreprise employant au moins cent cinquante salariés dans au moins deux des États.
- **Mise en place**

  Un **comité d'entreprise européen** OU une **procédure d'information et de consultation** est institué dans les entreprises ou groupes d'entreprises de dimension communautaire afin de garantir le droit des salariés à l'information et à la consultation à l'échelon européen.

  Les articles L. 2341-1 à L. 2346-1 du Code du travail s'appliquent au comité d'entreprise européen et à la procédure d'information et de consultation.

  La compétence du comité d'entreprise européen ou la procédure mentionnée porte sur les questions transnationales. Sont considérées comme telles les questions qui concernent l'ensemble de l'entreprise ou du groupe d'entreprises de dimension communautaire ou au moins deux entreprises ou établissements de l'entreprise ou du groupe situés dans deux États membres.

  Le chef de l'entreprise ou de l'entreprise dominante du groupe d'entreprises de dimension communautaire met en place un **groupe spécial de négociation** composé de représentants de l'ensemble des salariés **en vue de la conclusion d'un accord destiné à mettre en œuvre le droit des salariés à l'information et à la consultation à l'échelon européen** : soit un comité d'entreprise européen, soit la procédure d'information et de consultation.

d. Information du public par les sociétés dont les valeurs sont inscrites à un marché réglementé

Support ou lieu de dépôt de l'information	Nature de l'information	Transparence recherchée
Assemblée générale Public	▪ À l'occasion de la réunion d'une assemblée générale, les sociétés dont les valeurs sont inscrites à un marché réglementé doivent informer le public du nom des actionnaires qui détiennent directement ou indirectement plus de 5 % de leur capital.	• Mise en évidence de la structure de l'actionnariat : noyaux durs, investisseurs institutionnels, intérêts familiaux.
Greffe du tribunal	▪ Dépôt des comptes annuels et de l'inventaire des valeurs mobilières détenues à la clôture de l'exercice par les sociétés dont les valeurs sont inscrites à un marché réglementé.	• Structure de l'actif du bilan : dimension financière de la société (titres de participation…) • Santé financière de la société.

Support ou lieu de dépôt de l'information	Nature de l'information	Transparence recherchée
Bulletin des annonces légales obligatoires (BALO)	▪ Publication des comptes consolidés et du chiffre d'affaires hors taxes consolidé pour certaines sociétés dont les valeurs sont inscrites à un marché réglementé (*ex.* : les sociétés dont les actions sont inscrites en tout ou en partie, au premier marché).	• Information sur le groupe, notamment dans le cadre du gouvernement d'entreprise. • Information à destination d'investisseurs potentiels.
Autorité des marchés financiers (AMF)	▪ Information sur les filiales et participations dans le prospectus que toute société faisant offre au public de ses titres doit, après visa de l'AMF, mettre à la disposition du public en cas d'émission de valeurs mobilières ou d'admission sur un marché réglementé. ▪ Principe : information (délai de 4 jours) par toute personne (physique ou morale), agissant seule ou de concert avec une autre, qui vient à posséder directement ou indirectement plus du 20e, 10e, 3/20e, 5e, quart, 3/10e, tiers, de la moitié, des 2/3, des 18/20e ou des 19/20e du capital ou des droits de vote d'une société inscrite à un marché réglementé *(Cf. art. L. 233-7 du Code de commerce)*. NB : information idem pour les seuils régressifs.	• Contrôle par l'AMF des liens financiers déjà existants. • Information sur les seuils significatifs détenus et sur les franchissements de seuil qui ont un impact sur les droits de vote. • Information des sociétés dans lesquelles les titres sont détenus. Cf. Règlement général de l'AMF.

B La jurisprudence joue un rôle fondamental pour protéger le tissu économique et social

La jurisprudence s'efforce de protéger le groupe, les parties prenantes à la vie du groupe, ainsi que le fonctionnement du marché et l'ordre public économique et social.

La jurisprudence prise en compte dans cette étude est nationale et européenne.

1 Protection du groupe

- Protection du **patrimoine** des sociétés qui composent le groupe, notamment dans le cadre de la mise en œuvre de procédures collectives quand les entreprises sont en difficulté :
  - principe : seules les entreprises en difficulté (en cessation des paiements) sont mises en redressement ou en liquidation judiciaire ;
  - exceptions : dans certaines situations, la procédure collective peut être étendue à tout ou partie des sociétés du groupe pour confusion de patrimoines quand est prouvée « l'existence de relations financières incompatibles avec des obligations contractuelles réciproques normales » (*cf.* arrêt de la Cour de cassation, chambre commerciale, 27 septembre 2016, 14-29278) ou que des flux financiers anormaux (sans contrepartie pour l'une des sociétés) existent entre les sociétés.
- Protection des **intérêts minoritaires** au sein du groupe contre les abus de majorité : les personnes qui représentent la majorité dans un groupe ne peuvent abuser de leur position

pour imposer à des sociétés contrôlées des décisions contraires aux intérêts des minoritaires. Ces abus sont constitutifs de délits sanctionnés pénalement.

- Contrôle des **contrats conclus entre sociétés du groupe** :
  - les **contrats de gestion** conclus entre la société mère et les sociétés filiales du groupe : les redevances demandées par la société mère ne doivent pas être disproportionnées et ne doivent pas constituer un transfert de bénéfices de la société filiale vers la société mère ;
  - les **opérations de trésorerie** telles que la mise à disposition d'excédents, par la société mère, de certaines sociétés du groupe au profit d'autres sociétés du même groupe. Ces opérations ne doivent pas être à l'origine d'un endettement de la société qui reçoit les fonds tel qu'il porte atteinte à la rentabilité de cette dernière.

2 Protection des parties prenantes à la vie du groupe

- Protection des **salariés**, par exemple dans les cas suivants :
  - en cas d'opération de restructuration dans le groupe : **maintien des emplois** avec le nouvel employeur (en application de l'article L. 1224-1 du Code du travail) ;
  - lorsqu'il y a **coemploi de salariés par plusieurs sociétés** : la jurisprudence considère « qu'une société faisant partie d'un groupe ne peut être considérée comme un coemployeur à l'égard du personnel employé par une autre, hors l'existence d'un lien de subordination, que s'il existe entre elles, au-delà de la nécessaire coordination des actions économiques entre les sociétés appartenant à un même groupe et de l'état de domination économique que cette appartenance peut engendrer, une confusion d'intérêts, d'activités et de direction se manifestant par une immixtion dans la gestion économique et sociale de cette dernière » (*cf.* arrêt de la Cour de cassation, chambre sociale, 30 novembre 2016, 15-24195).

  La mise en évidence d'une situation de coemploi permet à des salariés qui ont été licenciés pour motif économique de demander le paiement des sommes qui leur sont dues à leur employeur (qui est le plus souvent placé en liquidation judiciaire), mais aussi à une autre société du groupe (société mère le plus souvent) davantage solvable ; ces deux sociétés sont alors condamnées solidairement envers les salariés.
- Préservation des droits des **créanciers** des sociétés du groupe, par exemple :
  - **en cas de commission d'un délit d'abus des biens ou du crédit**, notamment en application de l'article L. 242-6 du Code de commerce qui punit « le président, les administrateurs ou les directeurs généraux d'une société anonyme de faire, de mauvaise foi, des biens ou du crédit de la société, un usage qu'ils savent contraire à l'intérêt de celle-ci, à des fins personnelles ou pour favoriser une autre société ou entreprise dans laquelle ils sont intéressés directement ou indirectement ». Un délit d'abus des biens peut être commis lors d'une avance de trésorerie consentie par une société à une autre société du même groupe en particulier lorsque ce concours financier est fait sans contrepartie ou excède les possibilités financières de celle qui en supporte la charge ;
  - **par l'application de la théorie de l'apparence**, un créancier peut demander le paiement de sa créance à une autre société du groupe, si l'immixtion de la société mère a été de nature à créer une apparence propre à faire croire au créancier qu'elle se substituait à sa filiale (*cf.* arrêt de la Cour de cassation, chambre commerciale, 3 février 2015, 13-24895) ;
  - par la **compensation** d'obligations (en application de l'article 1347 du Code civil) : le créancier d'une société mère qui est aussi débiteur d'une filiale (ou inversement) peut se prévaloir de la compensation entre sa créance sur la société mère et sa dette envers la filiale ; pour cela, il doit prouver que, sous l'apparence de deux sociétés distinctes, il n'existe en fait qu'une seule personne morale ou que les patrimoines des deux sociétés sont confondus (arrêt de la Cour de cassation, chambre commerciale, 9 mai 1995, 93-11724).

3 Protection du marché et de l'ordre public économique et social

- Préservation du libre jeu de la **concurrence** aux niveaux européen et national, notamment en cas d'abus de position dominante commis par un groupe, par exemple en procédant au dénigrement d'un concurrent (cf. arrêt de la Cour de cassation, chambre commerciale 8 juin 2017, 15-26151).
- Protection de l'**ordre public économique et social**, notamment par la réglementation de l'audit légal effectué par les commissaires aux comptes (CAC) dans des entités telles que les groupes de sociétés et de l'acceptation de son mandat ou de son renouvellement dans une entité.

  Le CAC doit notamment vérifier que les conditions de son indépendance sont préservées (*cf.* notamment article L. 820-3 du Code de commerce) et qu'il ne subit pas une incompatibilité légale (*cf.* notamment article L. 820-6 du Code de commerce).

Le régime fiscal des groupes

Chapitre 21

COMPÉTENCES VISÉES

- **Savoir identifier et maîtriser les différents régimes fiscaux relatifs aux opérations entre sociétés liées.**
- **Connaître les principales règles en matière d'intégration fiscale (détermination du périmètre d'intégration fiscale ; validation des retraitements ; travaux de synthèse liés à la détermination d'un résultat fiscal de groupe).**
- **Savoir appliquer les dispositifs fiscaux relatifs aux abandons de créances et intérêts entre sociétés liées.**

- L'entreprise peut être amenée à se développer par des prises de participations dans d'autres entreprises. Ces liens vont souvent être à l'origine de nouvelles relations commerciales et juridiques.
- Ces sociétés qui ont chacune une existence juridique propre sont ainsi unies par des intérêts communs ou convergents. Avec ces rapports d'influence ou de contrôle, le groupe correspond à une mise en commun de moyens matériels ou financiers, au développement d'une stratégie concertée et au développement de synergies avec une finalité économique commune.
- S'il ne possède pas de personnalité juridique le groupe de sociétés a néanmoins une véritable signification économique.
- D'un point de vue fiscal il n'existe pas de définition de la notion de groupe. Cependant en vue de mieux assurer la neutralité de la fiscalité à l'égard des structures économiques et de renforcer la compétitivité des entreprises, le législateur a mis en place plusieurs dispositifs, destinés à assurer une certaine neutralité des opérations réalisées au sein d'un même groupe. Ces dispositions concernent essentiellement l'impôt sur les sociétés avec le régime mère fille, et le régime d'intégration.
- De plus il existe des règles particulières à certaines opérations entre sociétés liées par des détentions capitalistiques.
- En matière de TVA, le législateur a mis en place un régime de consolidation qui se limite au paiement de la TVA.

PLAN DU CHAPITRE

1 Régime des sociétés mères

Le régime mère-fille est une option fiscale utilisée dans les groupes de sociétés qui permet de faire remonter les produits de participation issus des filiales en limitant les impacts fiscaux.

Il se traduit par une exonération quasi-totale d'impôt sur les sociétés sur les dividendes reçus par ses filiales.

A Conditions générales d'application

À la date de paiement des dividendes par la filiale, les conditions suivantes doivent être satisfaites (CGI, art. 145) :

- toutes les sociétés du groupe (société mère et filiales) doivent être soumises à l'impôt sur les sociétés au taux normal. Les sociétés qui sont soumises au taux réduit de 15 % sur une fraction de leur bénéfice peuvent aussi avoir le statut de société mère ; la société mère doit être française, les filiales peuvent être françaises ou étrangères ;
- la participation détenue en directe doit représenter au moins 5 % du capital de la filiale ou au moins 2,5 % du capital et 5 % des droits de vote de la société émettrice lorsque la société mère est contrôlée par un ou plusieurs organismes à but non lucratif mentionnés à l'article 206, 1 bis du CGI ;
- les titres de participation doivent revêtir la forme nominative, être déposés dans un établissement agréé par l'administration ou, pour les titres dématérialisés, être inscrits dans des comptes tenus en pleine propriété ou en nue-propriété par la personne morale émettrice ou un intermédiaire habilité ; les titres détenus en usufruit sont exclus de ce régime, et ce même si la société a obtenu contractuellement la jouissance des droits de vote qui y sont attachés ;
- les titres de participation doivent avoir été conservés pendant un délai de deux ans lorsque les titres représentent au moins 5 % du capital de la société émettrice ou pendant un délai de cinq ans lorsque les titres représentent 2,5 % du capital et 5 % des droits de vote de la société émettrice.

B Exonération des dividendes perçus

Régime de droit commun

Les dividendes perçus par la société mère, en provenance de ses filiales, ne sont pas des produits imposables (CGI, art. 216).

Cependant, la société mère doit réintégrer une quote-part de frais forfaitairement égale à 5 % des dividendes reçus.

On procède :

- à la déduction du résultat imposable de la totalité des dividendes nets perçus ;
- à la réintégration au résultat imposable de la quote-part de frais et de charges.

Remarques :

1. Les dividendes des filiales proviennent de bénéfices qui ont déjà été imposés à l'IS au nom de la filiale. Si ces dividendes étaient imposés chez la société mère, il y aurait une double imposition.
2. Le montant forfaitaire réintégré est censé représenter les frais de gestion des titres de participation (ces charges administratives ayant été déduites en même temps que toutes les autres charges déductibles).
3. Les dividendes reçus des filiales restent imposables s'ils sont déductibles du résultat imposable de la filiale. Ce peut être notamment le cas de filiales étrangères situées dans des États où les dividendes sont déductibles.
4. L'assiette des 5 % à réintégrer comprend, non seulement le dividende mais l'éventuel crédit d'impôts attaché à ce dividende. Il s'agit, dans ce cas, de dividendes d'origine étrangère qui ont été soumis à une retenue à la source dans leur pays d'origine. Cette retenue est remboursée en France à la société mère par le biais d'un crédit d'impôt s'il existe une convention entre la France et le pays étranger.
5. Ce régime optionnel se traduit sur les mentions portées sur la déclaration fiscale avec la déduction extra-comptable des dividendes reçus et la réintegration extra-comptable de la quote part de frais et charges sur l'imprimé 2058 A de la liasse fiscale.

Régime particulier

L'article 216 du CGI prévoit aussi l'application d'une quote part de 1 % dans certaines situations.

Le taux de 1 % s'applique dans les deux cas suivants :

- distributions intragroupes de dividendes entre sociétés du même groupe d'intégration fiscale ;
- distribution de dividendes à une société membre d'un groupe d'intégration fiscale par une société soumise à un impôt équivalent à l'IS dans un État membre de l'UE ou de l'EEE, qui, si elle était établie en France, remplirait les conditions pour être membre de ce groupe.

Pour les exercices ouverts à compter du 1er janvier 2019, le taux de 1 % s'applique également pour le calcul de la quote-part de frais et charges afférente aux dividendes **perçus par une société non membre d'un groupe**, distribués par une société soumise à un impôt équivalent à l'IS dans un autre État membre de l'UE ou de l'EEE, si :

- les deux sociétés auraient rempli les conditions pour constituer un groupe, si la filiale avait été établie en France ;

L'absence de groupe ne s'explique pas uniquement par l'absence des options et des accords à formuler pour l'application du régime de groupe, ce qui implique qu'au moins l'une des conditions relatives à la constitution d'un groupe ne soit pas remplie. Ainsi, une société française qui aurait pu être membre d'un groupe d'intégration fiscale et a décidé de ne pas opter, devra calculer une quote-part de frais de charges au taux de 5 % sur les dividendes provenant d'une filiale établie dans un autre État membre de l'UE.

Exemple

La société française M1 détient une participation de 15 % dans le capital de la société française F1 et 96% dans le capital de la société F2.

Ces deux trois sociétés sont soumises à l'impôt sur les sociétés au taux de 28 %.

La société M et F2 sont membres du même groupe d'intégration fiscale

En 2020 F1 et F2 ont respectivement a versé à M1 un dividende brut de 50 000 € et 60 000 €

Bénéfice comptable = dividende	110 000
À déduire, dividende reçu d'une « fiiale » (au sens de l'art. 145 du CGI)	- 110 000
À réintégrer la quote-part forfaitaire de frais (5 % × 50 000 + 1 % × 60 000)	+ 3 100
Résultat fiscal	+ 3 100
Incidence sur l'IS au taux de 28 % (28 % × 3 100)	868

La société française M2, soumise à l'impôt sur les sociétés au taux de 28 %, détient une participation de 5 % dans le capital de la société japonaise J.

Ces titres dématérialisés ont été souscrits à l'émission et ils sont déposés dans un banque agréée. La société J a versé à M2 un dividende brut de 10 000 € qui a été soumis, au Japon, à une retenue de 10 %. La société M2 a donc encaissé un dividende net de 9 000 €. Il existe une convention fiscale entre la France et le Japon.

En principe, la société M2 devrait porter sur sa déclaration de bénéfices, un produit financier de 10 000 € et elle imputerait sur l'IS à payer (déduction impôt sur impôt), la retenue japonaise de 1 000 €.

Le résultat fiscal et l'IS afférents à ces opérations, sont calculés comme suit :

Bénéfice comptable = dividende brut = dividende net perçu + crédit d'impôt	10 000
À déduire, dividende brut reçu d'une « filiale » (au sens de l'art. 145 du CGI)	- 10 000
À réintégrer, quote-part forfaitaire de frais (5 % × 10 000)	+ 500
Résultat fiscal	+ 500
Incidence sur l'IS au taux de 28 % (28 % × 500)	+ 140

2 Régime dit de l'intégration fiscale

L'intégration fiscale est un mécanisme de consolidation des résultats fiscaux de l'ensemble des sociétés membres d'un groupe de sociétés ayant opté pour ce régime.

La société mère du groupe est alors la seule redevable de l'impôt sur les sociétés, sur la base d'un résultat calculé au niveau du groupe.

Dans son principe, ce mécanisme permet notamment d'assurer une compensation entre les bénéficies et les déficits fiscaux réalisés par les sociétés membres.

Les modalités pratiques d'application de ce régime se retrouvent aux articles 223 A à 223 U du CGI.

A Conditions d'application

1 Entreprises éligibles

Pour l'ensemble des sociétés

Les sociétés constituant le groupe intégré fiscalement (mère et filiales) doivent être soumises à l'impôt sur les sociétés au taux de droit commun.

Elles doivent être imposées selon le régime du réel normal.

Elles doivent ouvrir et clore leur exercice aux mêmes dates et ce avec une durée obligatoire de 12 mois.

Pour la société mère

La société mère doit détenir 95 % au moins du capital des sociétés du groupe d'intégration fiscale, directement ou indirectement par l'intermédiaire d'une autre société de ce groupe. Cela s'entend de la détention en pleine propriété de 95 % des droits à dividendes et de 95 % des droits de vote. En cas de détention indirecte, le pourcentage est calculé en multipliant entre eux les taux de détention successifs. Toutefois, pour ce calcul, la société qui détient 95 % au moins du capital d'une autre société est considérée comme détenant ce capital en totalité (CGI, Annexe III, art. 46 *quater*-0 ZF).

Règle 1 : le capital de la société mère ne doit pas être détenu, directement ou indirectement, à 95 % ou plus, par une autre personne morale soumise à l'IS.

Règle 2 : par exception à la règle 1, le capital d'une société tête de groupe peut être détenu indirectement à 95 % ou plus par une autre personne morale soumise à l'IS, par l'intermédiaire de personnes morales qui sont soumises à l'IS mais dont le capital n'est pas détenu, directement ou indirectement, par cette autre personne morale à 95 % au moins.

Pour la société fille

La société doit être détenue directement ou indirectement et de manière continue à hauteur d'au moins 95 % par la société mère.

Exemple

La société B ne peut pas appartenir au groupe fiscal de M. En application de la règle 1, la société B ne pourrait pas non plus être la société mère d'un groupe fiscal qu'elle formerait avec C puisque B est détenue à 100 % par M par l'intermédiaire de la société A soumise à l'IS. Cependant, la règle 2 s'applique ici : la société B est détenue à 100 % par M par l'intermédiaire de A qui est détenue par M à moins de 95 %. La société B a donc le droit d'être la mère du groupe fiscal BC.

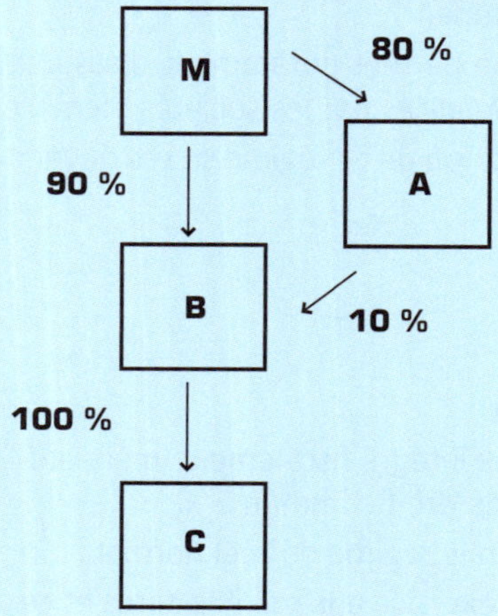

Remarques. Un groupe fiscal peut être constitué par des sociétés sœurs françaises ayant une mère commune établie dans un État membre de l'UE ou dans un autre État de l'EEE ayant conclu avec la France une convention d'assistance administrative. On parle alors d'intégration fiscale horizontale. Le lien entre la mère et ses filiales françaises peut être indirect, par l'intermédiaire d'autres filiales européennes.

Les groupes de sociétés définis par le CGI ne doivent pas être confondus avec les groupes définis par l'IFRS 10 ni avec les ensembles consolidés définis par le code de commerce et le règlement CRC 99-02. Les conditions d'appartenance aux groupes intégrés fiscalement sont beaucoup plus restrictives.

2 Option de la société mère et accord des filiales

- L'intégration fiscale n'est pas un régime obligatoire. La société mère doit opter expressément pour ce régime tous les 5 ans. Lorsqu'elle effectue la demande (au plus tard lors du dépôt des bilans de l'exercice précédent), cette dernière doit être accompagnée de la liste des filiales qu'elle souhaite faire entrer dans le périmètre et de l'accord exprès de chacune de ces filiales.
- La société mère peut librement choisir les filiales qu'elle souhaite ou non faire entrer dans le périmètre de l'intégration.
- Attention : les conditions d'application du régime doivent être respectées tout au long de la période d'intégration sous peine d'entraîner la sortie d'une ou plusieurs sociétés du périmètre d'intégration voire la cessation du régime si la société mère ne remplit plus les conditions.

Exemple

La société M détient des participations directes ou indirectes dans les six sociétés A à F. Ces participations sont schématisées ci-après. Elles sont toutes consolidées par M par intégration globale.

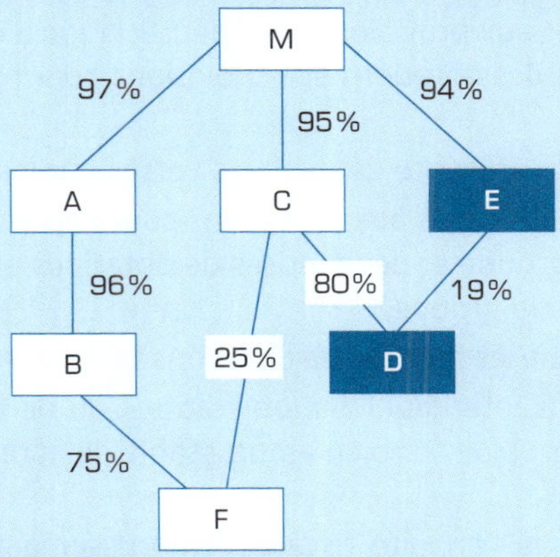

Sociétés membres du groupe d'intégration fiscale
***M** Société mère.*
***A** Détenue directement à 97 %.*
***B** Détenue à 96 % par l'intermédiaire de la société A membre du groupe d'intégration fiscale.*
***C** Détenue directement à 95 %.*
***F** Détenue à 100 % par l'intermédiaire des sociétés B et C, membres du groupe d'intégration fiscale.*
Sociétés non intégrées fiscalement
***E** Détenue à 94 % seulement.*
***D** Détenue à 80 % seulement par l'intermédiaire de la société C membre du groupe d'intégration fiscale. Les 19 % complémentaires ne comptent pas car ils sont détenus par l'intermédiaire de la société E qui n'est pas membre du groupe d'intégration fiscale.*

B Détermination et imposition du résultat d'ensemble

1 Détermination du résultat d'ensemble

Pour déterminer le résultat d'ensemble il convient de procéder en deux étapes :

1. Le calcul du résultat individuel de chacune des sociétés du périmètre d'intégration ;
2. La prise en compte des opérations de retraitement intragroupe.

Le résultat individuel

Chaque société détermine son résultat fiscal selon le régime de droit commun.

Si la société détient un déficit reportable avant son entrée dans le régime d'intégration elle peut l'imputer sur son résultat individuel sous respect des dispositions de l'article 223-I du CGI. En pratique le bénéfice d'imputation doit être rectifié, s'il y a lieu, des remises de dette ou subvention directe ou indirecte obtenue et des profits ou pertes résultant d'une cession d'immobilisations ou de titres avec une autre société du groupe.

Cette imputation est aussi plafonnée en application du régime de droit commun à un million d'euros par an, majoré de 50 % de la fraction du bénéfice supérieure à ce plafond.

Précisions :

Ce résultat sert au calcul de la participation des salariés.

Il permet de calculer l'impôt théorique dû en l'absence d'intégration. Cela peut s'avérer utile pour la société mère pour le calcul de la créance de report en arrière des déficits que la filiale lui a éventuellement cédée et pour le calcul de l'impôt théorique dû par chaque société afin de permettre la comptabilisation de la charge fiscale.

Les opérations de retraitement

Elles ont pour objectif de neutraliser ou d'atténuer certaines opérations intragroupe.

Les retraitements portent sur les points suivants :

- la réintégration des dotations aux provisions pour dépréciation d'éléments de l'actif détenus sur une société du groupe et des dotations aux provisions pour risques liés à l'activité d'une société du groupe ;
- la réintégration des jetons de présence déductibles versés par les filiales du groupe ;
- la déduction des reprises de dotations aux provisions pour dépréciation d'éléments de l'actif détenus sur une société du groupe et des reprises de dotations aux provisions pour risques liés à l'activité d'une société du groupe.

  Attention ne sont déduites que les reprises de dotations faites après l'entrée dans le groupe ;
- la neutralisation des cessions internes d'immobilisations ou de titres ; cette neutralisation s'accompagne en cas de plus value sur bien amortissable de la réintégration du suramortissement.

  Celui est égal à la fraction de l'annuité fiscale d'amortissement pratiquée par la société cessionnaire, qui excède la dotation fiscale calculée dans les même conditions et au même taux que cette annuité, sur la valeur nette que l'immobilisation avait, du point de vue fiscal, dans les écritures de la société du groupe qui a effectué la première cession du bien à une autre société du même groupe ;
- la réintégration de charges financières :

  L'entrée d'une société dans le périmètre d'un groupe nécessite parfois des opérations préparatoires de restructuration du capital. Celles-ci peuvent être réalisées selon des modalités destinées à créer des charges financières au groupe de sociétés.

  Afin d'en neutraliser les conséquences fiscales, l'article 223 B 6-12 du CGI prévoit, dans certaines situations, la réintégration de ces charges au résultat d'ensemble.

  Ainsi, lorsque les titres d'une société du groupe ont été achetés auprès de personnes physiques ou morales qui contrôlent le groupe directement ou indirectement, les charges financières déduites par les sociétés membres de ce groupe sont rapportées au résultat d'ensemble pour une fraction de leur montant.

  Ce dispositif communément appelé « amendement Charasse » entraîne la réintégration de la charge suivante :

$$\text{Charges financières de l'exercice} \times \frac{\text{prix d'acquisition des titres}}{\text{Montant moyen des dettes du groupe}}$$

Les opérations de neutralisation s'appliquent aussi au plus ou moins-values à long terme imposées aux taux de 0 %, 19 % ou 15 % suivant la nature des biens.

Comme pour les déficits, les moins-values nettes à long terme antérieures à l'entrée dans le groupe ne peuvent être imputées que sur les plus-values à long terme réalisées par la société considérée.

Attention Pour les exercices ouverts avant le 1er janvier 2019 , les abandons de créances et subventions intragroupe faisaient l'objet d'une neutralisation. Le changement de législation à partir de 2019 n'a pas remis en cause les neutralisations opérées au titre des exercices antérieurs à 2019.

Précision : Pour les exercices ouverts à compter du 1er janvier 2016, la quote part de frais et charges à réintégrer pour les produits ouvrant droit au régime mère-filiales a été ramenée à 1 % pour les distributions réalisées entre sociétés d'un groupe intégré au lieu de 5 % en l'absence d'intégration.
Ce changement s'est accompagné aussi de la suppression du dispositif de neutralisation de cette quote-part pour la détermination du résultat d'ensemble.

2 Imposition du résultat d'ensemble

Le bénéfice d'ensemble est imposé au taux de droit commun de l'IS (CGI, art. 223 C).

Les plus-values d'ensemble sont imposées au taux réduit selon la nature des biens.

Les règles de report en avant ou en arrière des déficits s'appliquent au déficit d'ensemble (CGI, art. 223 C et 223 G).

Le régime de l'intégration fiscale rend la société mère du groupe seule redevable de l'impôt sur les sociétés dû sur le résultat d'ensemble.

Aucune disposition du Code général des impôts précise les conditions de répartition de la charge de l'impôt entre les sociétés membres du groupe.

Par suite, les sociétés membres d'un groupe intégré organise ce partage dans le cadre d'une convention d'intégration qui fixe les modalités pratiques de répartition entre elles de la charge de l'impôt ou, le cas échéant, de l'économie d'impôt résultant du régime d'intégration.

Exemple

Un groupe d'intégration fiscale est constitué de trois sociétés : la société mère M, la filiale F1 dont M détient 95 % du capital et la filiale F2 dont M détient 100 % du capital.
Ce tableau résume le calcul du résultat fiscal individuel de chacune des sociétés pour l'exercice N.

Société	Résultat individuel avant application du régime mère fille	Précisions
Société M	120 000 €	Ce montant tient compte d'une distribution de dividendes de la part de F1 de 10 000 €
Société F1	60 000 €	La société détient un déficit reportable avant son entrée dans le groupe de 12 000 €.
Société F2	- 80 000 €	

La société M demande à bénéficier du régime mère fille.
Tableau des opérations intervenues au cours de l'exercice N impliquant des sociétés du groupe :

Opération	Sociétés concernées par l'opération	Nature de l'opération
N° 1	F2 et F1	F2 a cédé un terrain à F1 en dégageant une moins-value de 6 000 €.
N° 2	M et F2	La société M a constaté une dépréciation de la créance qu'elle détient auprès de la société F2 compte tenu des difficultés financières de cette dernière pour un montant de 22 000 €.
N° 3	F2 et M	La société F2 a cédé le 01/01/N une immobilisation à la société M. Ce bien totalement amorti a été cédé 3 000 €. La société M a décidé de l'amortir sur 3 ans avec une première dotation de 1 000 € en N.

Détermination du résultat individuel de chacune des sociétés :
Pour M :
Les dividendes sont exonérés à charge pour la société de réintégrer une quote-part de 1 % :
Soit un résultat de : 120 000 – (10 000 – 100) = 110 100 €

>>>

>>> **Pour F1 :**
Les déficits avant intégration appartiennent en propre à la société F1. Ils peuvent être imputés sur le résultat individuels de la société, soit un résultat individuel de 48 000 € (60 000 - 12 000).
Pour F2 :
Le résultat individuel est de - 80 000 €.
Détermination du résultat d'ensemble :

	Société M	Société F1	Société F2
Résultat individuel	110 100	48 000	- 80 000
Opération N° 1 La moins-value générée par F2 doit être neutralisée soit une réintégration de 6 000 €			+ 6 000
Opération N° 2 La dépréciation constatée par M sur la créance F2 doit être neutralisée soit une réintégration de 22 000 €	+ 22 000		
Opération N° 2 La plus-value générée par F2 doit être neutralisée par le biais d'une déduction. S'agissant d'un bien totalement amorti elle est égale au prix de cession soit 3 000 €. La neutralisation des effets de cette cession entraîne la réintégration du sur amortissement qui est égal dans ce cas au montant des amortissements comptabilisés au niveau de M soit 1 000 (3 000 / 3)	+ 1 000		- 3 000
Résultat d'ensemble après opérations de retraitement	133 100	48 000	- 77 000

le résultat d'ensemble du groupe est de 133 000 + 48 000 - 77 000 = 104 100 €
Soit un impôt en appliquant le taux de 28 % de 29 148 €

Remarque. Si les sociétés n'avaient pas mis en place un régime d'intégration l'imposition aurait été calculée de la manière suivante :
Pour M :
Résultat imposable : 120 000 - (10 000 - 5 000) = 110 500 compte tenu de la quote-part de frais et charges de 5 %
Soit un impôt de 30 940 €.
Pour F1 :
Un bénéfice après imputation des déficits reportables de 48 000 €
Soit un impôt de 13 440 €
Pour F2 : aucun impôt compte tenu du déficit réalisé.
Au total une imposition de 30 940 + 13 440 = 44 380 € au lieu de 29 148 €.

C Sortie d'une société du groupe

1 Cas de sortie du groupe

Il y a sortie du groupe lorsqu'une filiale cesse de remplir les conditions prévues pour l'application du régime (CGI, art. 223 S).

Il en est ainsi quand :

- le pourcentage de contrôle détenu par la société mère, devient inférieur à 95 % ;
- la filiale change sa date de clôture d'exercice ou cesse d'être passible de l'IS ;

- la filiale dénonce l'accord d'intégration ;
- la société mère décide la sortie de la filiale ;
- la filiale est dissoute, le cas échéant, par absorption, même par une autre société du groupe.

2 Cessation du groupe

Il y a cessation du groupe lorsque la société mère cesse de remplir les conditions prévues pour l'application du régime. Il en est ainsi quand la société mère :

- ne répond plus aux conditions d'éligibilité (sortie du régime de l'IS, contrôle à 95 % par une autre société) ;
- ne renouvelle pas son option ;
- reste seule membre du groupe ;
- ou est absorbée par une autre société (y compris une société membre du groupe).

3 Conséquences de la sortie ou de la cessation du groupe

Les résultats de la filiale sortante cessent d'être pris en compte dans le résultat d'ensemble au premier jour de l'exercice au cours duquel intervient la sortie.

- En cas de sortie du groupe, la société mère doit réintégrer (ou déduire) dans le résultat d'ensemble ou dans la plus-value à long terme d'ensemble, certains éléments dont ils avaient été diminués (ou majorés) (cf. *supra* §§ III-B-1 et III-C-1) :
  - subventions indirectes neutralisées antérieurement à 2019 résultant des cessions intragroupe d'éléments d'actif pour un prix différent de leur valeur réelle ;
  - abandons de créances et les autres subventions neutralisées antérieurement à 2019 lorsqu'ils ont été déduits du résultat d'ensemble de l'un des cinq exercices précédents ;
  - plus-values afférentes à des cessions intragroupe d'immobilisations et non encore rapportées par le biais des suppléments d'amortissement.
- En cas de cessation du groupe, la société mère peut reporter le déficit d'ensemble ou la moins-value à long terme d'ensemble du groupe, sur ses propres résultats et plus-values ultérieurs.

  Lorsque la cessation du groupe résulte de la prise de contrôle à 95 % ou de l'absorption de la société mère par une autre société soumise à l'IS et que cette dernière crée un nouveau groupe, le déficit d'ensemble peut être reporté, sur agrément, sur les bénéfices d'une filiale de l'ancien groupe qui fait maintenant partie du nouveau groupe.
- Les filiales qui cessent de faire partie du groupe ne peuvent pas :
  - déduire de leurs résultats et moins-values ultérieurs, les déficits et moins-values à long terme subis pendant leur période d'intégration sauf dans la situation où le pourcentage de détention de la filiale devient inférieur à 95 % par suite d'un transfert de titres consécutif à une procédure de sauvegarde, de redressement judiciaire ou de liquidation judiciaire ;
  - reporter en arrière leurs déficits ultérieurs sur les bénéfices qui avaient été pris en compte pour la détermination du résultat d'ensemble (CGI, art. 223 K).

D Paiement de l'impôt

La société mère est seule redevable de l'IS dû sur le résultat d'ensemble (CGI, art. 223 A). Elle est substituée aux sociétés du groupe pour l'imputation des différents crédits d'impôt et réductions d'impôt (crédit d'impôt recherche, crédit d'impôt formation, etc.).

Si le résultat d'ensemble est déficitaire, la société mère peut reporter ce déficit en avant ou opter pour son report en arrière.

Remarques :

1. Dans le cas d'une intégration fiscale horizontale (*cf.* remarque 1, *supra* § 3.A.a), l'une des sociétés sœurs françaises est choisie pour être redevable de l'impôt sur le résultat d'ensemble. Elle tient le rôle de société mère pour les relations avec l'administration fiscale.
2. Chaque société du groupe reste solidairement responsable du paiement de l'impôt et des pénalités. Cette responsabilité est limitée à hauteur de l'impôt et des pénalités qui seraient dus par la société si elle n'était pas membre du groupe.

3 Opérations particulières entre sociétés liées

En dehors du régime mère fille et du régime d'intégration il existe des règles fiscales particulières pour certaines opérations entre sociétés liées.

A Abandons de créances à caractère financier

Définition :

L'abandon de créances peut avoir un caractère financier dans le cas particulier où il est consenti par une société mère à une des sociétés dans laquelle elle détient une participation. Le caractère financier d'un abandon de créances se reconnaît au fait que :

- la société mère aide sa filiale en qualité d'associée,
- et que la nature de la créance (prêt, avance) n'est pas à caractère commercial.

Traitement fiscal pour la mère

Pour autant que l'abandon de créance consenti par une société créancière à une société débitrice dont elle détient une part du capital soit considéré comme un acte de gestion normal, l'abandon de créance ne constitue pas une charge déductible pour la société versante (CGI, art. 39-13). Exception : lorsque l'abandon de créance à caractère financier est consenti à une entreprise soumise à une procédure de sauvegarde, de redressement judiciaire ou de liquidation judiciaire (*cf.* Chapitre 24) ou dans le cadre d'un accord homologué par le président du tribunal de commerce, l'aide apportée est une charge déductible de la société mère à concurrence :

- en tout état de cause, du montant de la « situation nette » négative de la filiale bénéficiaire de l'abandon ;
- et, le cas échéant, de la fraction de la « situation nette » positive après abandon de créance, qui est détenue par les associés ne participant pas à l'abandon de créance.

La « situation nette » est définie comme la somme des capitaux propres avant répartition, diminuée du montant des frais d'établissement.

Traitement fiscal pour la fille

Normalement, un abandon de créances est un produit imposable pour l'entreprise débitrice qui en bénéficie, même s'il n'est pas déductible pour l'entreprise créancière qui consent à abandonner sa créance.

Cependant, l'abandon de créances à caractère financier non déductible chez la société mère, peut être exonéré chez la filiale sous les conditions suivantes (CGI, art. 216 A).

Pour bénéficier de l'exonération, la filiale doit s'engager à procéder à une augmentation de capital par voie d'apport réservée à la société mère, pour un montant au moins égal au montant total de l'abandon de créance. Cette augmentation de capital doit remplir simultanément les conditions suivantes :

- être réalisée avant la clôture du second exercice suivant celui au cours duquel l'exonération est obtenue ;
- être effectué en numéraire ou par conversion de créances (ceci exclut les augmentation de capital par incorporations de réserves).

Exemple

La société M détient une participation de 80 % dans le capital de la société F dont un extrait du bilan figure ci-dessous.
La société M détient cette participation depuis plus de deux ans et les actions ont la forme nominative.

Extrait du bilan de la société F

ACTIF		PASSIF	
Frais d'établissement	25 000	Capital social	200 000
		Report à nouveau	(580 000)
		Résultat de l'exercice	5 000
		Total des capitaux propres	(375 000)

La « situation nette » (négative) s'élève à - 375 000 - 25 000 = - 400 000. La société F est en redressement judiciaire.
La société M avait consenti un prêt de 500 000 € à la société F. Elle abandonne cette créance en raison de la situation financière difficile de sa filiale. L'abandon du prêt a pour effet d'augmenter la situation nette de la société F a due concurrence et donc de transformer une situation négative de 400 000 € en une situation positive de 100 000 €.
Chez M, cet abandon de créance est déductible à concurrence de :

situation nette négative de F	400 000
quote-part des autres associés dans la situation nette positive après abandon du prêt (100 000 × 20 %)	20 000
Total déductible	420 000

La fraction déductible chez M (420 000) est imposable chez F. La partie non déductible de l'abandon de créance (80 000 €) est considérée, du point de vue fiscal, comme un supplément d'apport effectué par la société M à sa filiale F. Il n'est donc pas imposable chez F, à la condition que F souscrive l'engagement de réaliser une augmentation de capital de 500 000 € réservée à la société M.

B Abandon de créances à caractère commercial

Définition

Un abandon de créances est considéré comme étant à caractère commercial lorsqu'il trouve son origine dans des relations commerciales entre deux entreprises et qui est consenti soit pour maintenir des débouchés, soit pour préserver des sources d'approvisionnement.

Dans tous les cas la déduction de ces aides est subordonnée à la condition qu'elles relèvent d'une gestion normale.

La circonstance qu'un avantage soit consenti entre des sociétés appartenant à un même groupe ne modifie pas les conditions d'appréciation de son caractère normal. Ainsi pour les aides entre sociétés sœurs seul l'intérêt propre de la société aidante est pris en considération, l'intérêt général du groupe ne suffisant pas, à lui seul, à justifier le caractère normal d'une aide.

Traitement fiscal pour la mère et la fille

Les abandons de créances et subventions à caractère commercial qui présentent un caractère normal sont une charge déductible pour la société qui les consent et un produit imposable de la société aidée.

Cette opération ne requiert aucun retraitement au plan fiscal pour les deux sociétés concernées.

Lorsque l'aide présente un caractère anormal, elle est réintégrée au résultat fiscal de la société qui l'a consentie.

C Intérêts des prêts entre entreprises liées

1 Règles générales concernant les comptes courants d'associés

La déduction des intérêts est subordonnée au respect des deux conditions suivantes :

- le capital de la société doit être entièrement libéré ;
- le taux ne doit pas dépasser un taux maximal.

Ce taux maximal des intérêts déductibles est égal au taux moyen pratiqué par les banques pour les prêts à taux variable aux entreprises, d'une durée initiale supérieure à deux ans.

Cette moyenne annuelle se détermine à partir de moyennes trimestrielles publiées au Journal officiel.

Pour les sociétés dont l'exercice 2020 coïncide avec l'année civile, le taux maximum d'intérêt déductible s'établit à 1,18 %.

2 Règles générales concernant les intérêts versés pour les prêts accordés par des sociétés liées

La limite applicable pour les comptes courants d'associés est étendue, conformément à l'article 212-II-a du CGI, à toutes les avances faites par des entreprises liées directement ou indirectement.

Cependant en application de ce même article les intérêts afférents aux avances consenties par une entreprise liée sont déductibles dans la limite de ceux calculés d'après le taux que l'entreprise emprunteuse aurait pu obtenir d'établissements ou d'organismes financiers indépendants dans des conditions analogues, s'il est supérieur au taux de référence défini au 3° du 1 de l'article 39 du CGI.

Il existe donc un mécanisme de preuve contraire permettant aux entreprises, lorsque le taux servi est supérieur au taux de référence défini au 3° du 1 de l'article 39 du CGI, de justifier de la normalité du taux appliqué.

3 Limitation de la déductibilité des charges financières nettes

La France a transposé dans sa législation applicable à compter de 2019 l'article 4 de la directive ATAD (directive 2016/1164 du 12 juillet 2016), relatif à la limitation de la déduction des charges financières.

L'ensemble des nouvelles règles s'applique aux exercices ouverts à compter du 1er janvier 2019 et à tous les emprunts existants, sous réserve de certaines dispositions spécifiques relatives aux contrats de financement d'infrastructures publiques à long terme.

Nouveau mécanisme pour une entité non-membre d'un groupe fiscal intégré :

Ce nouveau dispositif conformément à l'article 212 *bis* du CGI autorise la déduction des charges financières nettes du résultat fiscal dans la limite du plus élevé des deux montants suivants : 3 millions d'euros ou 30 % de l'EBITDA fiscal.

La notion de charges financières nettes est assez large. Elle comprend notamment les gains et pertes de change relatifs à des prêts, les intérêts versés au titre de contrats de couverture portant sur les emprunts de l'entreprise, les frais de garantie relatifs à des opérations de financement, les frais de dossiers liés à la dette.

L'EBITDA fiscal, terme anglais signifiant « earnings before interest, taxes, depreciation, and amortization » correspond quant à lui au résultat fiscal soumis au taux normal de l'impôt sur les sociétés, retraité principalement des charges financières nettes, des amortissements et des provisions pour dépréciation. Il inclut également le résultat net des concessions de licence d'exploitation de brevets ou autres actifs de propriété industrielle relevant du taux réduit d'imposition de 10 % en vertu du nouvel art. 238 du CGI.

Exemple : Au titre de l'exercice 2019, une entreprise a dégagé un EBITDA fiscal de 80 M €. Ses charges financières nettes sont de 36 M €. Les charges financières nettes de cette entreprise sont déductibles à hauteur de 30 % × 80 = 24 M €.

Nouveau mécanisme pour une entité membre d'un groupe fiscal intégré :

Dans cette situation l'entité peut bénéficier d'un complément de déduction égal à 75 % du montant des charges financières nettes non admises en déduction au titre du précédent calcul, à condition que le ratio entre ses fonds propres et l'ensemble de ses actifs soit égal ou supérieur à ce même ratio déterminé au niveau du groupe consolidé (un écart de 2 % est admis).

Exemple : Si la société remplit la condition précitée, elle peut bénéficier d'une déduction complémentaire de (30 − 24) × 75 % soit 4,5 M €. Elle aura ainsi déduit au total 28,5 M € sur un total de charges financières nettes de 36 M €.

Prise en compte de la sous-capitalisation

Définition de la sous-capitalisation :

Selon l'article 212-*bis* VII du CGI, une entreprise est sous-capitalisée lorsque le montant moyen de ses dettes vis-à-vis d'entreprises liées au sens de l'article 39, 12 du CGI excède une fois et demie le montant de ses fonds propres, apprécié au choix de l'entreprise, à l'ouverture ou à la clôture de l'exercice.

Conséquence de la sous-capitalisation :

Dans cette situation les charges financières nettes déductibles de l'entité sont réduites par rapport à la règle de droit commun de la manière suivante :

- une première fraction des charges financières nettes, égale à ces dernières multipliées par le ratio correspondant à l'endettement de l'entreprise envers des entreprises non liées, majoré de 1,5 fois ses fonds propres, rapporté à son endettement total, est déductible dans la limite de 30 % de l'EBITDA fiscal (ou 3 millions d'euros) multiplié par ce même ratio ;
- le solde des charges financières nettes est déductible dans la limite de 10 % de l'EBITDA fiscal (ou 1 million d'euros) multiplié par le ratio correspondant à l'endettement de l'entreprise vis-à-vis d'entreprises liées au sens de l'art. 39,12 du CGI, pour la fraction de cet endettement excédant 1,5 fois les fonds propres, rapporté à son endettement total.

De plus la société sous-capitalisée est privée du supplément de déduction de 75 % prévu pour les membres de groupes intégrés.

Les charges financières non déductibles sont reportables au titre des exercices suivants sous certaines conditions. Ce régime de report s'applique aux charges financières non déductibles en 2019 ainsi qu'à la fraction d'intérêts reportables au titre de l'ancien mécanisme de sous-capitalisation.

Les entreprises qui ne sont pas sous-capitalisées et qui disposent au titre d'un exercice d'une capacité de déduction inemployée peuvent la reporter et l'utiliser sur les cinq exercices suivants mais uniquement pour compenser les charges financières afférentes à ces exercices (et non les charges financières en report au titre d'exercices antérieurs).

Exemple

Soit une société sous-capitalisée.
Le ratio correspondant à l'endettement de cette entreprise auprès d'entreprises non liées, majoré de 1,5 fois les capitaux propres, est égal à 75 %. Les charges financières nettes de l'entreprise sont de 36 M €.
Son EBITDA fiscal est de 80 M €.

>>>

>>> Le total des charges financières nettes déductibles se calcule de la manière suivante :
- À hauteur de 75 % de leur montant (soit 36 M € × 75 % = 27 M €), les charges financières nettes sont déductibles dans la limite de 75 % × 30 % × 80 = 18 M €.
- À hauteur de 25 % de leur montant (soit 36 M € × 25 % = 9 M €), les charges financières nettes sont déductibles dans la limite de 25 % × 10 % × 80 = 2 M €.
- Au titre de l'exercice, le montant total des charges financières nettes déductibles est donc de 20 M €.

Les charges financières non déduites au titre de la limite de 75 % de 30 % de l'EBITDA fiscal sont de 27 - 18 = 9 M €. Elles sont reportables pour l'intégralité de leur montant. Les charges financières non déduites au titre de la limite de 25 % de 10 % de l'EBITDA fiscal sont de 9 - 2 = 7 M €. Elles sont reportables à hauteur du tiers de leur montant soit 2,33 M €. Les charges financières reportables sont de 11,33 M € au total.

Les entités membres d'un groupe fiscal intégré sont regardées comme une entité unique pour l'application des nouvelles règles. Les charges financières nettes supportées par le groupe, entendues comme la somme algébrique des charges et produits financiers de l'ensemble des sociétés membres du groupe, sont ainsi déductibles dans la limite de 3 millions d'euros ou 30 % de l'EBITDA fiscal du groupe, calculé à partir du résultat d'ensemble, le montant le plus élevé étant retenu.

4 Paiement consolidé de la TVA

En dehors des règles fiscales particulières qui affectent le résultat et l'imposition des sociétés liées, il existe un dispositif de consolidation du paiement de la TVA.

A Entreprises éligibles

L'option pour le régime de consolidation du paiement de la TVA ne concerne que les groupes dont les membres remplissent les conditions cumulatives suivantes :
- ils doivent être assujettis à la TVA et déposer leurs déclarations selon le régime du réel normal ;
- ils doivent relever, pour leur gestion, de la Direction des Grandes Entreprises (DGE) ;
- les exercices des sociétés membres du groupe doivent être ouverts et clos aux mêmes dates ;
- le redevable du groupe, c'est-à-dire l'entreprise qui exerce l'option pour la consolidation de paiement, doit détenir, directement ou indirectement, plus de la moitié du capital ou des droits de vote des membres du groupe, de manière continue sur la période couverte par l'option ;
- le redevable du groupe doit opter avant la date d'ouverture de l'exercice au titre duquel le régime optionnel s'applique ;
- les membres du groupe doivent donner leur accord pour que le redevable du groupe acquitte la TVA, les taxes et les contributions prévues au 2 de l'article 287 dont ils seraient redevables en l'absence de groupe.

L'option est notifiée sur papier libre selon le modèle établi par l'administration, accompagnée de la liste des membres du groupe ainsi que des attestations par lesquelles les membres font connaître leur accord pour que le redevable du groupe s'acquitte à leur place de la TVA.

B Fonctionnement du régime de consolidation du paiement de la TVA et des taxes assimilées

Chaque membre demeure un assujetti à part entière et n'est déchargé, du fait de l'option pour le régime de groupe de consolidation, que de ses obligations de paiement.

Le redevable du groupe souscrit mensuellement, en plus de la déclaration afférente à ses propres recettes, une déclaration récapitulative sur laquelle il agrège les montants des opérations et des taxes portés sur les déclarations déposées au titre du même mois par chacun des membres du groupe. Cette déclaration est souscrite auprès de la DGE au plus tard le 24 du mois suivant.

Lorsque le solde entre la somme des taxes nettes dues et la somme des crédits de taxe portés sur les déclarations souscrites au titre du même mois par les membres est négatif, c'est-à-dire lorsque le groupe bénéficie en tant que tel d'un crédit de TVA, le redevable du groupe peut soit en obtenir le remboursement auprès de l'administration, soit le reporter sur la déclaration récapitulative déposée au titre du mois suivant.

Lui seul peut solliciter le remboursement des crédits de TVA nés pendant l'application du régime. Les demandes de remboursement sont formulées dans les délais et conditions de droit commun.

Les membres du groupe sont solidairement responsables du paiement de la TVA du groupe mais cette solidarité est plafonnée au montant dont le membre serait redevable en l'absence d'option pour la consolidation.

22
Chapitre

Les autres modes de coopération interentreprises

COMPÉTENCES VISÉES

- **Choisir le mode de coopération le plus approprié sous l'angle juridique et fiscal.**
- **Participer à la constitution et suivre le fonctionnement d'un GIE.**
- **Participer, sous l'angle juridique et fiscal, à la négociation d'un contrat de location gérance.**

- Ces modes de coopération peuvent être des structures juridiques prévues et organisées par des textes ou des contrats dont certains ne sont pas réglementés précisément par la loi.
- Les structures juridiques se composent d'une part du groupement d'intérêt économique et du groupement européen d'intérêt économique et, d'autre part, de la société européenne.

  Les contrats étudiés ici sont les contrats d'intérêt commun, qui incluent les groupements contractuels, les accords de coopération et les accords de sous-traitance, ainsi que le contrat de location-gérance.

PLAN DU CHAPITRE

1 Les modes de coopération organisés dans le cadre de structures juridiques

A Le groupement d'intérêt économique, le groupement européen d'intérêt économique

1 Le groupement d'intérêt économique (GIE)

Il est réglementé par les articles L. 251-1 à L. 251-23 du Code de commerce.

a. Constitution

Deux ou plusieurs personnes physiques ou morales concluent un **contrat constitutif** qui fait l'objet d'un écrit.

Personnalité morale et formalités : le GIE acquiert la personnalité morale à compter de la date d'immatriculation du GIE au registre du commerce et des sociétés. La constitution du GIE fait aussi l'objet d'un avis dans un journal d'annonces légales (JAL) et d'une insertion au BODACC.

Durée du GIE : elle est déterminée.

But du GIE : il est de faciliter ou de développer l'activité économique de ses membres, d'améliorer ou d'accroître les résultats de cette activité. Il n'est pas, pour le GIE, de réaliser des bénéfices pour lui-même.

Activité du GIE : elle doit se rattacher à l'activité économique de ses membres et ne peut avoir qu'un caractère auxiliaire par rapport à celle-ci. Le GIE a un objet civil ou commercial.

Capital et **apports** : le GIE peut être constitué sans capital. Tous types d'apports sont possibles. Les droits de ses membres ne peuvent être représentés par des titres négociables ; toute clause contraire est réputée non écrite.

→ En cas de non-respect des conditions impératives concernant la constitution du GIE, il y a nullité du groupement.

b. Statut des membres

Individuellement, ils encourent une **responsabilité indéfinie et solidaire** quant aux dettes du GIE. Les créanciers du groupement ne peuvent poursuivre le paiement des dettes contre un membre qu'après avoir vainement mis en demeure le groupement par acte extrajudiciaire. En cas de cessation des paiements, tous les membres du GIE peuvent être mis individuellement en redressement judiciaire ; ces procédures s'ajoutent à celle qui est ouverte à l'encontre du groupement.

L'assemblée des membres du groupement peut prendre toute décision (y compris : dissolution anticipée ou prorogation du GIE) dans les conditions déterminées par le contrat constitutif. Ce dernier peut attribuer à chaque membre un nombre de voix différent de celui des autres ; à défaut, chaque membre dispose d'une voix.

L'assemblée doit être réunie à la demande d'un quart au moins des membres.

Entrée et retrait de membres du GIE : l'acceptation de nouveaux membres et le retrait des membres peuvent intervenir dans les conditions fixées par le contrat constitutif.

c. Administration du groupement

Le contrat constitutif ou, à défaut, l'assemblée des membres organise librement l'administration du GIE et nomme un ou plusieurs **administrateurs** (personnes physiques ou morales) dont il détermine les attributions, les pouvoirs et les conditions de révocation.

Pouvoirs : dans les rapports avec les tiers, un administrateur engage le GIE par **tout acte entrant dans l'objet** de celui-ci. Toute limitation de pouvoirs est inopposable aux tiers.

d. Organes de contrôle

Contrôle de la **gestion** : il doit être confié à des personnes physiques. Lorsque le GIE émet des obligations, ces personnes sont nommées par l'assemblée. La durée des fonctions et les pouvoirs des contrôleurs sont prévues par le contrat constitutif.

Contrôle des **comptes** : il est effectué par un commissaire aux comptes si le GIE compte cent salariés ou plus à la clôture d'un exercice ou s'il émet des obligations.

À noter : le GIE peut émettre des obligations si les sociétés qui sont ses membres peuvent elles-mêmes en émettre.

e. Transformation du groupement

Sans donner lieu à dissolution ni à création d'une personne morale nouvelle :

- un GIE peut être transformé en société en nom collectif ;
- toute société ou association dont l'objet correspond à la définition du GIE peut être transformée en un tel groupement.

f. Dissolution du groupement

Le GIE est dissous par l'arrivée du terme, la réalisation ou l'extinction de son objet, la décision de ses membres, une décision judiciaire pour de justes motifs, le décès d'une personne physique ou par la dissolution d'une personne morale, membre du groupement, sauf stipulation contraire du contrat.

La dissolution du GIE entraîne sa **liquidation**.

2 Le groupement européen d'intérêt économique (GEIE)

Il est réglementé par le règlement n° 2137/85 du 25 juillet 1985 et les articles L. 252-1 à L. 252-12 du Code de commerce.

Certaines dispositions relatives au GIE sont aussi applicables au GEIE.

Dans cette étude, sont présentées les principales dispositions spécifiques au GEIE.

a. Constitution

Contrat constitutif : *cf.* les règles applicables au contrat constitutif du GIE ; c'est un acte écrit.

Membres : deux ou plusieurs membres (personnes physiques exerçant une activité économique, sociétés et autres entités juridiques de droit privé ou de droit public) relevant au minimum de deux États membres.

Personnalité morale et formalités : chaque État membre aménage les conditions de la reconnaissance de la personnalité morale. Le GEIE immatriculé en France au **registre du commerce et des sociétés** a la personnalité juridique dès son immatriculation. La constitution du GEIE fait aussi l'objet d'un avis dans un journal d'annonces légales (JAL), d'une insertion au BODACC et d'une publication au Journal Officiel de l'Union Européenne (JOUE).

Durée du GEIE : elle peut être indéterminée.

But du GEIE : il est de favoriser la coopération interentreprises dans le cadre de l'Union européenne.

Activité : *cf.* le GIE.

Capital et apports : *cf.* le GIE. Le GEIE ne peut faire offre au public de ses titres.

→ En cas de non-respect des conditions impératives concernant la constitution du GEIE, il y a nullité du groupement.

b. Statut des membres

Individuellement, ils encourent une **responsabilité indéfinie et solidaire** quant aux dettes du GEIE (*cf.* le GIE).

L'assemblée des membres prend les décisions collégiales du GEIE ; la consultation écrite peut être prévue par le contrat constitutif.

c. Gestion du groupement

Un ou plusieurs **gérants** (personnes physiques ou morales) engagent le GEIE dans les relations avec les tiers par tout acte entrant dans l'objet de celui-ci. En principe, les limitations de leurs pouvoirs sont inopposables aux tiers.

d. Organe de contrôle

Contrôle des **comptes** : il est effectué par un commissaire aux comptes si le GEIE emploie au moins 100 salariés.

e. Transformation

Cf. le GIE.

f. Dissolution, liquidation

Cf. le GIE.

B Les groupements contractuels permanents

Ces groupements peuvent être constitués par des **personnes physiques et/ou des personnes morales** dans le cadre de structures juridiques réglementées par les textes en vigueur. Les personnes qui composent ces groupements conservent leur indépendance juridique.

Les fondateurs de ces groupements peuvent notamment **choisir la structure juridique** d'une société commerciale, d'une société civile, d'un GIE ou d'un GEIE, ou d'une association. Ces groupements ont la **personnalité morale**.

La constitution, l'organisation, le fonctionnement, la transformation et la dissolution de ces structures sont régies notamment par :

- les dispositions du Code civil et du Code de commerce : pour les sociétés et les GIE et GEIE ;
- la loi du 1er juillet 1905 pour les associations (*cf.* Chapitre 29).

2 Les modes de coopération organisés dans le cadre de contrats

Sont considérés comme des **contrats d'intérêt commun** : les groupements contractuels momentanés, les accords de coopération, les accords de sous-traitance et le mandat d'intérêt commun.

Par ailleurs, le **contrat de location-gérance** est réglementé spécifiquement par le droit commercial.

A Les groupements contractuels momentanés

1 Cadre juridique

Liberté contractuelle et respect de l'ordre public économique

« Chacun est libre de contracter ou de ne pas contracter, de choisir son cocontractant et de déterminer le contenu et la forme du contrat dans les limites fixées par la loi.

La liberté contractuelle ne permet pas de déroger aux règles qui intéressent l'ordre public » (article 1102 du Code civil).

Pour constituer des groupements contractuels momentanés, des **contrats innommés** sont conclus dans de nombreux domaines de l'activité économique. Les cocontractants choisissent le contenu du contrat, sa durée et déterminent les droits et obligations de chacun.

2 Organisation et fonctionnement

Ces groupements contractuels momentanés fondés sur un contrat :

- sont conclus entre **deux ou plusieurs entreprises** (entrepreneurs individuels, sociétés, groupements), qui conservent leur **indépendance juridique** ;
- n'ont pas la personnalité morale ;
- peuvent être conjoints ou solidaires.

En ce qui concerne les **marchés** conclus par ces groupements :

- ce sont des marchés de droit public ou de droit privé ;
- dans tous les cas, un mandataire commun représentant unique de tous les entrepreneurs est désigné ;
- les prestations effectuées par les entrepreneurs du groupement sont payées directement à chacun de ces entrepreneurs.

B Les accords de coopération

1 Cadre juridique

Liberté contractuelle et respect de l'ordre public économique : *cf.* 2. A.1.

Les contrats sont **innomés**.

2 Organisation et fonctionnement

- **Objet** : les entreprises mettent en commun des moyens divers de recherche ou étudient des prototypes ou passent des accords de distribution.
- **Direction** : un comité de coordination est désigné pour assurer la direction commune et une coordination des opérations.
- **Différents types de contrats** peuvent être conclus, tels que :
  - les **contrats de partenariat commercial**, par lesquels deux entreprises se mettent d'accord pour établir une collaboration continue dans le but de réaliser des affaires et de développer leur activité commerciale. Par conséquent, les entreprises ont la volonté de construire une relation suivie et elles définissent un projet commun ;
  - les **accords de coopération commerciale** : dans ce type de contrat, un distributeur rend à son fournisseur, moyennant une rémunération, des services spécifiques permettant de mettre en valeur le produit fourni et de le commercialiser dans les meilleures conditions possibles (affiches, promotions, têtes de gondoles…). La rémunération doit correspondre à un service commercial effectivement rendu.
- **Limite : interdiction de pratiques restrictives de concurrence**

  La Direction générale de la concurrence, de la consommation et de la répression des fraudes (DGCCRF) a pour mission d'assurer la **loyauté des relations commerciales** entre les entreprises, en particulier dans le cadre de l'application de l'article L. 442-6 du Code de commerce qui dispose notamment que sont sanctionnées les pratiques qui consistent à :
  - obtenir ou tenter d'obtenir d'un partenaire commercial un avantage quelconque ne correspondant à aucun service commercial effectivement rendu ou manifestement disproportionné au regard de la valeur du service rendu ;
  - soumettre ou tenter de soumettre un partenaire commercial à des obligations créant un déséquilibre significatif dans les droits et obligations des parties ;
  - obtenir ou tenter d'obtenir, sous la menace d'une rupture brutale totale ou partielle des relations commerciales, des conditions manifestement abusives concernant les prix, les délais de paiement, les modalités de vente ou les services ne relevant pas des obligations d'achat et de vente.

C Les accords de sous-traitance

1 Définition et conclusion

L'article 1er alinéa 1 de la loi du 31 décembre 1975 relative à la **sous-traitance** dispose que « la sous-traitance est l'opération par laquelle un **entrepreneur** confie par un sous-traité (le contrat de sous-traitance), et sous sa responsabilité, à une autre personne appelée **sous-traitant** tout ou partie de l'exécution du contrat d'entreprise ou du marché public conclu avec le maître de l'ouvrage. »

Par conséquent, deux contrats sont conclus successivement pour satisfaire la commande du maître de l'ouvrage :

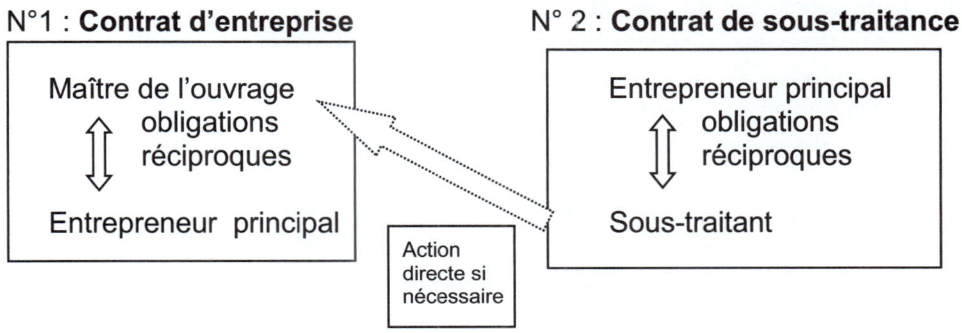

2 Statut du sous-traitant

a. Protection

Motifs : la loi organise la protection du sous-traitant car il n'est pas en relation contractuelle directe avec le maître de l'ouvrage. En effet, le sous-traitant court le risque de ne pas être payé par l'entrepreneur principal si celui-ci a des difficultés financières.

Modalités : la loi indique que si le sous-traitant est agréé par le maître de l'ouvrage et qu'il n'est pas payé par l'entrepreneur principal (conformément au contrat de sous-traitance), il peut alors exercer une **action directe** contre le maître de l'ouvrage pour obtenir le paiement de sa prestation.

b. Responsabilité

Le sous-traitant encourt deux types de responsabilité :

- **contractuelle**, vis-à-vis de l'entrepreneur principal. En pratique, l'entrepreneur principal, poursuivi en justice par le maître de l'ouvrage, fait un **appel en garantie** (article 334 du Code de procédure civile) ; par cet acte, il engage la responsabilité contractuelle du sous-traitant ;
- **extracontractuelle**, vis-à-vis du maître de l'ouvrage, auquel il n'est pas lié par un contrat.

D Le mandat d'intérêt commun

Le Code de commerce encadre l'activité des agents commerciaux en particulier par l'article L. 134-4, par lequel il énonce les règles fondamentales des mandats conclus :

- les contrats intervenus entre les agents commerciaux et leurs mandants sont conclus dans l'**intérêt commun des parties** ;
- les rapports entre l'agent commercial et le mandant sont régis par une **obligation de loyauté** et un **devoir réciproque d'information** ;
- l'agent commercial doit exécuter son mandat en **bon professionnel** ; le mandant doit mettre l'agent commercial en mesure d'exécuter son mandat.

E Le contrat de location-gérance

Il est réglementé par les articles L. 144-1 à 144-13 du Code de commerce.

1 Définition et caractéristiques du contrat

La **location-gérance** (ou gérance libre du fonds de commerce) est un contrat ou une convention par lequel **le propriétaire ou l'exploitant** d'un fonds de commerce ou d'un établissement artisanal en concède totalement ou partiellement la **location à un gérant** qui l'exploite à ses risques et périls.

2 Mise en place de la location-gérance

a. Conditions de conclusion du contrat

- Conditions **relatives aux personnes physiques ou morales qui concèdent la location-gérance** :
  - elles doivent avoir exploité pendant deux années au moins le fonds ou l'établissement artisanal mis en gérance ; à défaut, le contrat est nul ;
  - exceptions, par exemple pour les héritiers ou les légataires d'un commerçant ou artisan décédé.
- Conditions **relatives au locataire-gérant** :
  - c'est une personne physique ou morale ;
  - lorsqu'il s'agit d'un fonds de commerce : le locataire-gérant a la **qualité de commerçant** et est soumis à toutes les obligations qui en découlent. Il devient commerçant s'il ne l'était pas avant ; il doit s'immatriculer au registre du commerce et des sociétés (RCS) ;
  - lorsque le fonds est un établissement artisanal : le locataire-gérant est immatriculé au répertoire des métiers (RM) et est soumis à toutes les obligations qui en découlent.

b. Contenu du contrat, notamment

Loyer :

- montant : il est fixé librement (est fixe ou proportionnel au chiffre d'affaires ou au bénéfice) ; il peut évoluer en application d'une clause d'échelle mobile ;
- régime fiscal : pour le loueur, il fait partie des bénéfices industriels et commerciaux (BIC) ; pour le locataire, il est déductible du bénéfice.

Dépôt de garantie : il est versé lors de la signature du contrat et restitué en fin de contrat.

Contrats de travail attachés au fonds : ils sont transmis avec le fonds en application de l'article L. 1224-1 du Code du travail.

c. Forme et publicité du contrat

Le contrat doit être écrit, publié au greffe et dans un journal d'annonces légales (JAL) dans les 15 jours de sa date, et enregistré auprès de l'administration fiscale.

3 Effets du contrat entre les cocontractants

a. Obligations du loueur

Le loueur :

- doit délivrer le fonds (avec tous ses éléments, notamment le droit au bail) et garantir la jouissance paisible du fonds (il ne doit pas faire de concurrence au locataire-gérant) ;
- reste propriétaire du fonds ;
- est solidairement responsable des dettes contractées par le locataire-gérant à l'occasion de l'exploitation du fonds jusqu'à la publication du contrat de location-gérance.

b. **Obligations du locataire-gérant**

Le locataire-gérant :

- exploite lui-même le fonds (avec bonne foi...) ;
- respecte la destination du fonds ;
- paye le loyer convenu ;
- ne peut céder ni sous-louer son droit d'exploitation du fonds, sauf avec l'autorisation du propriétaire ou si cela est prévu par le contrat.

4 Effets à l'égard des tiers

Les créanciers du loueur sont protégés par la loi (article L. 114-6 du Code de commerce), qui dispose qu'« au moment de la location-gérance, les **dettes du loueur du fonds afférentes à l'exploitation du fonds peuvent être déclarées immédiatement exigibles** par le tribunal de commerce de la situation du fonds, **s'il estime que la location-gérance met en péril leur recouvrement**. »

Les créanciers doivent introduire leur action en justice, à peine de forclusion, dans le délai de trois mois à dater de la publication du contrat de gérance sur un support habilité à recevoir les annonces légales.

5 Cas de la mise en place d'une location-gérance dans une procédure collective

Le tribunal qui décide la cession d'une entreprise peut autoriser la conclusion d'un contrat de location-gérance (article L. 642-15 du Code de commerce) :

- au profit de la personne qui a présenté l'offre d'acquisition qui permet d'assurer le plus durablement l'emploi et le paiement des créanciers ;
- avec une durée de deux ans, au terme desquels le locataire-gérant doit acquérir le fonds.

6 Fin du contrat

a. **Causes**

Il s'agit de :

- la survenance du terme prévu dans le contrat ou de la résiliation par l'une des parties si le contrat est à durée indéterminée ;
- l'inexécution contractuelle par l'un des cocontractants ;
- la disparition du fonds.

b. **Effets**

La fin de la location-gérance rend immédiatement exigibles les **dettes** afférentes à l'exploitation du fonds ou de l'établissement artisanal, contractées par le locataire-gérant pendant la durée de la gérance.

Le fonds doit faire l'objet d'une **restitution** par le locataire.

La fin du contrat fait l'objet du **publicité** : avis au JAL dans les 15 jours et radiation du locataire-gérant au RCS ou au RM.

Le cas échéant, les parties appliquent la **clause de non-concurrence** insérée dans le contrat.

La pérennité de l'entreprise

5

Partie

- Un droit spécifique existe depuis l'intervention du législateur par la **loi n° 85-98 du 25 janvier 1985 relative au redressement et à la liquidation judiciaires des entreprises** modifiée par la **loi n° 94-475 du 10 juin 1994 relative à la prévention et au traitement des difficultés des entreprises**. Ce droit a été modifié par la **loi n° 2005-845 du 26 juillet 2005 de sauvegarde des entreprises** (complétée par des décrets d'application et applicable à compter du 1er janvier 2006). **L'ordonnance n° 2008-1345 du 18 décembre 2008 portant réforme du droit des entreprises** et le son **décret d'application n° 2009-160 du 12 février 2009** ont modifié ponctuellement le droit en vigueur. Plus récemment, différents textes (complétés par des décrets d'application) ont fait évolué le droit de l'entreprise en difficulté : la *loi n° 2011-525 du 17 mai 2011* de simplification et d'amélioration de la qualité du droit, *la loi n° 2012-346 du 12 mars 2012* relative aux mesures conservatoires en matière de procédures de sauvegarde, de redressement judiciaire ou de liquidation judiciaire et aux biens qui en font l'objet, *la loi n° 2012-387 du 22 mars 2012* relative à la simplification du droit et à l'allégement des démarches administratives, la *loi n° 2013-100 du 28 janvier 2013* portant diverses dispositions d'adaptation de la législation au droit de l'Union européenne en matière économique et financière, ainsi que des décisions relatives à des QPC (questions prioritaires de constitutionnalité).
- **L'ordonnance n° 2014-326 du 12 mars 2014** et son **décret d'application n° 2014-736 du 30 juin 2014 ainsi que l'ordonnance n° 2014-1088 du 26 septembre 2014** ont modifié les procédures collectives ouvertes depuis le 1er juillet 2014.

  La **loi n° 2015-990 du 6 août 2015** comporte des modifications relatives à la prévention et au traitement des difficultés des entreprises.

  La **loi n°2016-1547 du 18 novembre 2016** de modernisation de la justice du XXIème siècle modifie ponctuellement le régime des procédures de prévention et de traitement des difficultés des entreprises.

  Le **décret n°2019-1208 du 21 novembre 2019** modifie certaines dispositions relatives à la liquidation judiciaire simplifiée.

  L'ensemble de cette réglementation est contenue dans le **Code de commerce dans le livre VI intitulé : « Des difficultés des entreprises »**.

- La loi prévoit **deux régimes juridiques** pour encadrer les difficultés des entreprises :

Régimes juridiques	***Procédures***
PREVENTION des difficultés	• Détection des difficultés par l'information • Prévention par l'alerte • Mandat ad hoc • Procédure de conciliation
TRAITEMENT des difficultés	⟹ ***Procédures collectives*** : • Sauvegarde de droit commun • Sauvegarde accélérée • Sauvegarde financière accélérée • Redressement judiciaire • Liquidation judiciaire • Rétablissement professionnel

Chapitre 23

La prévention des difficultés des entreprises

COMPÉTENCES VISÉES

- **Repérer les situations exigeant le déclenchement de procédures de prévention ou de traitement des difficultés**
- **Assurer le suivi juridique de la procédure de prévention ou de traitement des difficultés**

La prévention des difficultés est organisée notamment par le Code de commerce et par le Code du travail.

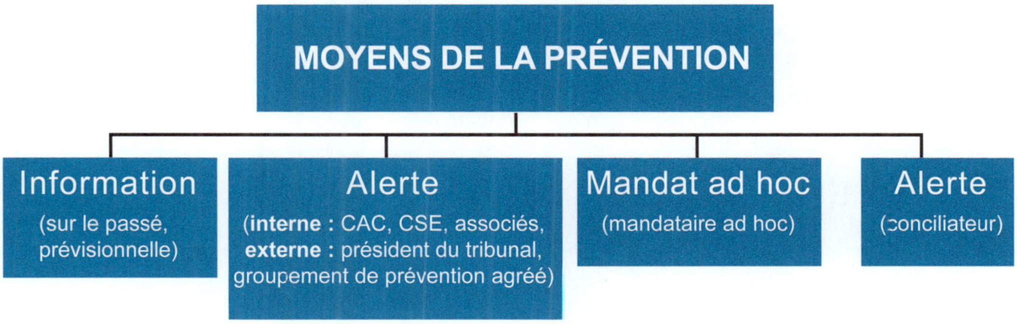

PLAN DU CHAPITRE

1 La prévention par l'information

Les mesures légales présentées ont pour but de favoriser **la détection des difficultés des entreprises.**

A la diffusion d'informations relatives au passé

Le but est de disposer d'une information pertinente sur l'entreprise pour mesurer et analyser les causes des difficultés.

On distingue deux catégories d'informations.

1 Les informations destinées aux tiers

Notamment :

- dépôt au greffe des **comptes annuels** (par les sociétés de capitaux, les sociétés à responsabilité limitée (SARL), les sociétés en nom collectif (dont tous les associés sont des SARL ou des sociétés de capitaux) avec, le cas échéant, le rapport général du commissaire aux comptes et des annexes, *notamment* : **état des cautionnements, avals et garanties donnés par l'entreprise, rapport de gestion** qui « *expose la situation de la société durant l'exercice écoulé, son évolution prévisible, les événements importants survenus entre la date de la clôture de l'exercice et la date à laquelle il est établi, ses activités en matière de recherche et de développement. Il y est fait mention des succursales existantes* » (**Art.L.232-1 C. com.**) ;
- dépôt au greffe des **comptes consolidés** par les sociétés commerciales qui en établissent (**Art. L.233-16 C. com.**) ;
- **inventaire des valeurs mobilières détenues par les sociétés inscrites à la cote officielle**, ainsi qu'un tableau de répartition et d'affectation des sommes distribuables dans ces mêmes sociétés. Ces documents doivent être annexés aux comptes des sociétés.

2 La publicité des créances fiscales, sociales (cf. URSSAF), douanières impayées

Les formalités de publicité sont effectuées au greffe du tribunal de commerce ou du tribunal judiciaire.

Publicité des créances fiscales

La publicité du privilège du Trésor est requise sous certaines conditions, à l'encontre d'une certaine catégorie de débiteurs pour le recouvrement de certains impôts mis à leur charge et de leurs accessoires.

Les sommes garanties par le privilège et susceptibles de donner lieu à publicité sont celles qui se rattachent aux impôts dont la liste est fixée par l'article 1929 quater du CGI : il s'agit des « *sommes restant dues à titre privilégié par des commerçants et personnes morales de droit privé, même non commerçantes, au titre de l'impôt sur le revenu, de l'impôt sur les bénéfices des sociétés et autres personnes morales, de la taxe sur les salaires, de la cotisation foncière des entreprises et des taxes annexes, des taxes sur le chiffre d'affaires et des taxes annexes, et des contributions indirectes.* »

La publicité est faite à la diligence de l'administration chargée du recouvrement.

La publicité est obligatoire lorsque le montant des sommes dues par un redevable à un même poste comptable ou service assimilé et susceptibles d'être publiées dépasse, au terme d'un semestre civil, le seuil de 200 000 € (**Art. 416 bis CGI Ann.3**).

Publicité des créances sociales

Le Code de la sécurité sociale (**Art. L.243-4 et L.243-5**) contient des dispositions relatives au **privilège de l'URSSAF** concernant les créances impayées.

Il dispose que « *le paiement des cotisations et des majorations et pénalités de retard est garanti pendant un an à compter de leur date d'exigibilité, par un privilège sur les biens meubles du débiteur.* »

Aussi, dès lors qu'elle dépasse le seuil de 20 000 €, toute créance privilégiée due par un commerçant, une personne immatriculée au répertoire des métiers, une personne physique exerçant une activité professionnelle indépendante, y compris une profession libérale, ou une personne morale de droit privé, doit être inscrite à un registre public tenu au greffe du tribunal de commerce ou du tribunal judiciaire au terme du semestre civil suivant sa date limite de paiement.

Publicité des créances douanières

Le Code des douanes (**Art. 379 bis**) contient des dispositions relatives au **privilège des douanes** concernant les créances impayées.

Une publicité des sommes restant dues à titre privilégié par des commerçants et personnes morales de droit privé, même non commerçantes doit être effectuée.

La publicité est faite à la diligence de l'administration chargée du recouvrement.

L'inscription ne peut être requise, selon la nature de la créance, qu'à partir de la date à laquelle un titre exécutoire a été émis.

La publicité est obligatoire lorsque le montant des sommes dues par un redevable à un même poste comptable ou service assimilé et susceptibles d'être publiées dépasse, au terme d'un semestre civil, le seuil de 200 000 €.

B Les obligations comptables prévisionnelles

Les groupements (sociétés commerciales, GIE, personnes morales de droit privé non commerçantes ayant une activité économique) qui, à la clôture d'un exercice social, compte 300 salariés ou plus OU dont le chiffre d'affaires HT, à la même époque, est égal ou supérieur à 18 millions euros, ont l'obligation d'établir des **documents prévisionnels** (**Art. R.232-2 C. com.).**

Le conseil d'administration, le directoire ou les gérants des sociétés selon le cas, établissent :

« *1° **Semestriellement**, dans les quatre mois qui suivent la clôture de chacun des semestres de l'exercice, la situation de l'actif réalisable et disponible, valeurs d'exploitation exclues, et du passif exigible ;*

*2° **Annuellement** :*

a) Le tableau de financement en même temps que les comptes annuels dans les quatre mois qui suivent la clôture de l'exercice écoulé ;

b) Le plan de financement prévisionnel ;

c) Le compte de résultat prévisionnel.

Le plan de financement et le compte de résultat prévisionnels sont établis au plus tard à l'expiration du quatrième mois qui suit l'ouverture de l'exercice en cours ; le compte de résultat prévisionnel est, en outre, révisé dans les quatre mois qui suivent l'ouverture du second semestre de l'exercice » (**Art. R.232-3 C.com.).**

2 La prévention par l'alerte

La PROCEDURE D'ALERTE est un outil d'information, qui n'a pas d'effet sur le pouvoir de gestion des dirigeants.

Elle est inscrite dans des **dispositions spécifiques du Code de commerce et du Code du travail**.

A L'alerte d'origine INTERNE

1 Par le commissaire aux comptes (CAC)

L' alerte est OBLIGATOIRE, quand un CAC est nommé dans l'entreprise.

Le CAC doit la déclencher quand il relève, à l'occasion de l'exercice de sa mission, des ***faits de nature à compromettre la continuité d'exploitation*** (ex : déséquilibre financier qui va entraîner à plus ou moins long terme un arrêt d'activité ; perte d'un marché important). Si le CAC ne respecte pas son obligation, sa responsabilité civile peut être mise en cause pour faute professionnelle.

La **procédure à suivre** est définie de manière précise par la loi.

Dans les sociétés anonymes (Art. L.234-1 C. com.) :

Lorsque le CAC « *relève, à l'occasion de l'exercice de sa mission, des* ***faits de nature à compromettre la continuité de l'exploitation****, il* en *informe le président du conseil d'administration ou du directoire* ».

A défaut de réponse sous quinze jours ou si celle-ci ne permet pas d'être assuré de la continuité de l'exploitation, le CAC invite (dans les 8 jours), par un écrit dont copie est transmise au président du tribunal de commerce, le président du conseil d'administration ou le directoire à faire délibérer le **conseil d'administration ou** le **conseil de surveillance** sur les faits relevés. Le CAC est convoqué à cette séance.

La délibération du conseil d'administration ou du conseil de surveillance est communiquée au président du tribunal de commerce et au comité social et économique (CSE). Le CAC peut demander à être entendu par le président du tribunal.

Lorsque le conseil d'administration ou le conseil de surveillance n'a pas été réuni pour délibérer sur les faits relevés ou lorsque le CAC n'a pas été convoqué à cette séance ou si le CAC constate qu'en dépit des décisions prises la continuité de l'exploitation demeure compromise, une **assemblée générale** est convoquée (dans un délai de 15 jours). Le CAC établit un rapport spécial qui est présenté à cette assemblée (qui se réunit au plus tard dans le mois de la notification de la convocation). Ce rapport est communiqué au CSE.

Si, à l'issue de la réunion de l'assemblée générale, le CAC constate que les décisions prises ne permettent pas d'assurer la continuité de l'exploitation, il informe de ses démarches le **président du tribunal de commerce** et lui en communique les résultats. Le CAC peut demander à être entendu par ce dernier.

Dans un délai de six mois à compter du déclenchement de la procédure d'alerte, le CAC peut en reprendre le cours au point où il avait estimé pouvoir y mettre un terme lorsque, en dépit des éléments ayant motivé son appréciation, la continuité de l'exploitation demeure compromise et que l'urgence commande l'adoption de mesures immédiates.

Dans les autres sociétés (Art. L.234-2 C. com.) :

Le CAC demande au dirigeant des explications sur les **faits de nature à compromettre la continuité de l'exploitation.**

Le dirigeant est tenu de lui répondre sous quinze jours. La réponse est communiquée au CSE et, s'il en existe un, au conseil de surveillance.

Dès réception de la réponse ou à défaut de réponse sous quinze jours, le CAC en informe le président du tribunal de commerce. Le CAC peut demander à être entendu par ce dernier.

A défaut de réponse du dirigeant ou s'il constate qu'en dépit des décisions prises la continuité de l'exploitation demeure compromise, le CAC établit un rapport spécial et invite, par un écrit dont la copie est envoyée au président du tribunal de commerce, le dirigeant à faire délibérer sur les faits relevés une assemblée générale.

Si, à l'issue de la réunion de l'assemblée générale, le CAC constate que les décisions prises ne permettent pas d'assurer la continuité de l'exploitation, il informe de ses démarches le président du tribunal de commerce, lui en communique les résultats et peut demander à être entendu par lui.

Dans un délai de six mois à compter du déclenchement de la procédure d'alerte... : cf.1. supra.

2 Par le comité social et économique (CSE)

Le **droit d'alerte économique** du CSE est inscrit dans les **articles L.2312-63 à L.2312-69 du Code du travail**.

L'alerte est FACULTATIVE : lorsque le CSE « a connaissance de ***faits de nature à affecter de manière préoccupante la situation économique de l'entreprise, il peut demander à l'employeur de lui fournir des explications »***.

La *procédure à suivre* est définie de manière précise par la loi : la demande d'explications est inscrite de droit à l'ordre du jour de la prochaine séance du comité. Si le comité n'a pu obtenir de réponse suffisante ou si celle-ci confirme le caractère préoccupant de la situation, il établit un ***rapport***.

Au titre du droit d'alerte économique, ce rapport est transmis à l'employeur et au CAC.

3 Par les associés : dans les SARL et les SA

L'alerte est FACULTATIVE.

Elle peut être déclenchée par les associés non gérants d'une SARL quel que soit le nombre de parts détenues (**Art. L.223-36 C. com.**), et par les actionnaires d'une SA représentant au moins le 1/20ème du capital social (**Art. L.225-232 C. com.**) qui peuvent, deux fois par exercice, poser par écrit des questions aux dirigeants sur ***tout fait de nature à compromettre l'exploitation***. La réponse par écrit des dirigeants doit être donnée dans le délai d'un mois et communiquée au CAC, s'il a été désigné.

B L'alerte d'origine EXTERNE

1 Par le président du tribunal de commerce ou du tribunal judiciaire

L'alerte est FACULTATIVE ; elle peut être déclenchée pour toute société commerciale, tout GIE ou toute entreprise individuelle, commerciale ou artisanale, *toute personne morale de droit privé, toute personne physique exerçant une activité professionnelle agricole ou indépendante (y compris libérale)* qui connaît des ***difficultés de nature à compromettre la continuité d'exploitation***.

C'est ainsi que le président peut convoquer les dirigeants de l'entreprise pour examiner avec eux « les *mesures propres à redresser la situation* » (**Art. L.611-2 C. com.**).

A l'issue de l'entretien : le président peut obtenir communication par les CAC, les membres et représentants du personnel, les administrations publiques, les organismes de sécurité sociale, les services de centralisation des risques bancaires (de la Banque de France), des renseignements de nature à lui donner une exacte information sur la situation économique et financière du débiteur. Le cas échéant, le président peut adresser au dirigeant une injonction de déposer les comptes annuels sous astreinte.

2 Par les groupements de prévention agréés

L'adhésion au groupement est FACULTATIVE, mais l'alerte est OBLIGATOIRE quand le groupement relève des indices de difficultés.

« *Toute personne immatriculée au registre du commerce et des sociétés ou au répertoire des métiers ainsi que tout entrepreneur individuel à responsabilité limitée et toute personne morale de droit privé peut adhérer à un groupement de prévention agréé par arrêté du représentant de l'État dans la région* » (**Art. L.611-1 C.com.**).

Ce groupement a pour mission de fournir à ses adhérents, de façon confidentielle, une *analyse des informations économiques, comptables et financières* que ceux-ci s'engagent à lui transmettre régulièrement.

Lorsque le groupement relève des indices de difficultés il en informe le chef d'entreprise et peut lui proposer l'intervention d'un expert (exemple : expert-comptable).

3 Le mandat ad hoc et la procédure de conciliation

A Les conditions d'application de la désignation du mandataire « ad hoc » ou de la procédure de conciliation

1 Les conditions de fond à remplir par l'entreprise (Art. L.611-4 C. com.) :

- être une entreprise commerciale ou artisanale, une personne morale de droit privé (qu'elle ait ou non une activité économique). La procédure de conciliation s'applique aux personnes physiques ayant une activité professionnelle indépendante (y compris celles qui exercent une profession libérale) ;
- l'entreprise doit éprouver une difficulté juridique, économique ou financière avérée ou prévisible ;
- le cas échéant, l'entreprise ne doit pas être en cessation des paiements depuis plus de 45 jours pour demander à bénéficier de la procédure de conciliation.

2 Les conditions de forme

La demande émane exclusivement du débiteur, c'est-à-dire du représentant de l'entreprise ; c'est une requête écrite adressée au président du tribunal de commerce ou au tribunal judiciaire.

La requête du débiteur expose « *sa situation économique, financière, sociale et patrimoniale, ses besoins de financement ainsi que, le cas échéant, les moyens d'y faire face* » (**Art. L.611-6 C. com.**) ; et des documents y sont joints (plan de financement, compte de résultat prévisionnels...).

Selon le cas, le débiteur peut proposer le nom d'un mandataire ad hoc ou d'un conciliateur au tribunal.

La décision ouvrant la procédure de conciliation est communiquée au ministère public et au commissaire aux comptes.

À noter : quand le débiteur exerce une profession libérale, la décision d'ouverture de la procédure de conciliation est communiquée à l'ordre professionnel ou à l'autorité dont il relève.

3 La mise en place de la prévention

Le président du tribunal, en fonction des informations dont il dispose sur la situation de l'entreprise, nomme un ***mandataire ad hoc*** dont il détermine la mission, ou un ***conciliateur***.

La mission du mandataire ad hoc (exemple : audit de l'entreprise pour établir les causes des difficultés rencontrées) est relatée dans un rapport que celui-ci doit remettre au tribunal à l'issue de sa mission.

La mission du conciliateur est déterminée par le président du tribunal ; l'objet de cette mission est de « ***favoriser la conclusion entre le débiteur et ses principaux créanciers ainsi que, le cas échéant, ses cocontractants habituels, d'un accord amiable destiné à mettre fin aux difficultés de l'entreprise.*** »

Le conciliateur peut aussi présenter toute proposition « *se rapportant à la* ***sauvegarde de l'entreprise****, à la* ***poursuite de l'activité économique*** *et au* ***maintien de l'emploi****. Il peut être chargé, à la demande du débiteur et après avis des créanciers participants, d'une mission ayant pour objet l'organisation d'une* ***cession partielle ou totale de l'entreprise*** *qui pourrait être mise* *en œuvre, le cas échéant, dans le cadre d'une procédure ultérieure de sauvegarde, de redressement judiciaire ou de liquidation judiciaire* » (**Art. L.611-7 C. com.**).

Le conciliateur peut, pour exercer sa mission, obtenir du débiteur *tout renseignement utile.*

Le conciliateur est nommé pour une durée de 4 mois maximum ; le président du tribunal peut proroger sa mission d'un mois à la demande du conciliateur.

Si aucun accord ne peut être conclu, le conciliateur présente un rapport sans délai au président du tribunal qui va mettre fin à sa mission et à la procédure de conciliation.

A noter : le **Code de commerce** (**Art. L.611-13**) a prévu des *incompatibilités* pour l'exercice des missions de mandataire ad hoc ou de conciliateur : *notamment* : pour une personne qui a, au cours des 24 mois précédents, perçu à quelque titre que ce soit, directement ou indirectement, une rémunération ou un paiement de la part du débiteur, mais aussi de tout créancier du débiteur.

Le mandataire ad hoc et le conciliateur ont un devoir de *confidentialité.*

B La portée de l'accord de conciliation

1 La constatation de l'accord de conciliation par le président du tribunal

Le président du tribunal constate l'accord, et lui donne *force exécutoire* (**Art. L.611-8 C. com.**).

L'accord met fin à la cessation des paiements, le cas échéant.

À ce stade l'accord ne fait l'objet d'*aucune publicité.*

2 L'homologation de l'accord de conciliation par le tribunal

Le débiteur peut demander au tribunal que l'accord soit ***homologué*** (**Art. L.611-8 C. com.**). Pour cela, le débiteur ne doit pas être en cessation des paiements et l'accord doit être de nature à assurer la pérennité de l'activité de l'entreprise et ne doit pas porter atteinte aux intérêts des créanciers non signataires.

Dans ce cas, il n'y a plus de confidentialité car le tribunal rend un jugement qui est déposé au greffe.

L'homologation a plusieurs effets (**Art. L.611-10 à L.611-10-2 C. com.**) : *notamment* :

- fin de la procédure de conciliation ;
- pendant toute la durée de l'exécution de l'accord : interruption ou interdiction de toute action en justice, et arrêt ou interdiction de toute poursuite individuelle tant sur les meubles que les immeubles du débiteur dans le but d'obtenir le paiement des créances qui en font l'objet ;
- les garants du débiteur (exemple : cautions) peuvent se prévaloir de l'accord constaté ou homologué.

3 Les conséquences de l'inexécution de l'accord constaté ou homologué

S'il est saisi par l'une des parties à l'accord constaté et s'il constate l'inexécution des engagements résultant de cet accord, le président du tribunal prononce la **résolution de l'accord** ainsi que **la déchéance de tous les délais de paiement accordés** (**Art. L.611-10-3 C. com.**).

Les personnes qui avaient consenti, dans le cadre de l'accord de conciliation, un **nouvel apport en trésorerie** au débiteur en vue d'assurer la poursuite d'activité de l'entreprise et sa pérennité bénéficient du ***privilège de conciliation*** (**Art. L.611-11 C. com.**). Cela implique que ces personnes sont payées, pour le montant de cet apport, par privilège avant toutes les autres créances.

Chapitre 24

Le traitement des difficultés des entreprises

COMPÉTENCES VISÉES

- **Repérer les situations exigeant le déclenchement de procédures de prévention ou de traitement des difficultés**
- **Assurer le suivi juridique de la procédure de prévention ou de traitement des difficultés**

Le traitement des difficultés est organisé par les **articles L.620-1 à L.696-1 du Code de commerce**.

PLAN DU CHAPITRE

1 Les procédures collectives

- **A** Étude point A1. La procédure de SAUVEGARDE de droit commun
- **B** Étude point A2. La procédure de SAUVEGARDE ACCELEREE
- **C** Étude point A 3. La procédure de SAUVEGARDE FINANCIERE ACCELEREE (SFA)
- **D** Étude point B. La procédure de REDRESSEMENT JUDICIAIRE
- **E** Étude point C. La procédure de LIQUIDATION JUDICIAIRE
- **F** Étude point D. Cas des procédures collectives concernant plusieurs sociétés d'un même GROUPE
- **G** Étude point E - La procédure de RETABLISSEMENT PROFESSIONNEL

2 Les responsabilités et les sanctions relatives aux dirigeantsdes entreprises en difficulté

- **A** Responsabilité pour insuffisance d'actif
- **B** Sanctions professionnelles personnelles
- **C** Sanctions pénales : le délit de banqueroute

3 Application du droit communautaire

- **A** Champ d'application des règlements
- **B** Différentes procédures
- **C** Vérification de la compétence du juge
- **D** Loi applicable
- **E** Situation des créanciers
- **F** Publicité
- **G** Coordination des procédures
- **H** Dispositions spécifiques aux groupes de sociétés

1 Les procédures collectives

Introduction : concepts clés

Le « **traitement** » consiste à appliquer à l'entreprise une procédure collective telle que la sauvegarde, le redressement judiciaire (RJ) ou la liquidation judiciaire (LJ).

Lorsque l'on est à la phase de « traitement » des difficultés de l'entreprise, la loi prend en compte, essentiellement, les difficultés d'ordre financier. Ces **difficultés** sont concrétisées ou non par l'état de cessation des paiements de l'entreprise.

Une procédure collective s'applique à *tous les créanciers* de l'entreprise qui est en difficulté.

Différentes procédures collectives sont organisées par le législateur :

- sauvegarde de droit commun
- sauvegarde accélérée
- sauvegarde financière accélérée
- redressement judiciaire
- liquidation judiciaire
- rétablissement professionnel

Plan de l'étude

Étude point A - 1.2.3. - **La procédure de SAUVEGARDE de droit commun, la procédure de SAUVEGARDE ACCELEREE, la procédure de SAUVEGARDE FINANCIERE ACCELEREE,**
Étude point B - **La procédure de REDRESSEMENT JUDICIAIRE (RJ)**
Étude point C - **La procédure de LIQUIDATION JUDICIAIRE (LJ)**
Étude point D - **Cas des procédures collectives concernant plusieurs sociétés d'un même GROUPE**
Étude point E - **La procédure de rétablissement professionnel**
NB : la loi prévoit des règles identiques sur plusieurs points dans les différentes procédures : des renvois aux procédures correspondantes sont donc mentionnés au cours de cette étude.

A Étude point A1. La procédure de SAUVEGARDE de droit commun

Cette procédure a été instituée par la **loi n° 2005-845 du 26 juillet 2005** de sauvegarde des entreprises.

Elle est inscrite dans les **articles L.620-1 à L.627-4 du Code de commerce**.

1 Conditions d'ouverture de la procédure de sauvegarde

Personnes concernées :

- **tout commerçant, artisan, agriculteur**, toute personne physique qui exerce une **activité indépendante**, y compris une **profession libérale** (soumise à un statut législatif ou réglementaire ou dont le titre est protégé) ;
- **toute personne morale de droit privé**, qu'elle ait ou non une activité économique.

Situation économique

Le débiteur justifie de « *difficultés qu'il n'est pas en mesure de surmonter* ». Il **N'EST PAS EN CESSATION DES PAIEMENTS** (Art.L.620-1).

Si le débiteur rencontre des difficultés qu'il peut surmonter, le tribunal doit l'inviter à demander l'ouverture d'une ***conciliation*** *au président du tribunal (***Art. L.621-1***).*

À noter : cas de la responsabilité des fournisseurs de crédit

Lorsqu'une procédure de sauvegarde, de redressement judiciaire ou de liquidation judiciaire est ouverte, ***les créanciers ne peuvent être tenus pour responsables des préjudices subis du fait***

des concours consentis, sauf *les cas de fraude, d'immixtion caractérisée dans la gestion du débiteur ou si les garanties prises en contrepartie de ces concours sont disproportionnées à ceux-ci.*

But de la procédure

Il s'agit de « *faciliter la réorganisation de l'entreprise afin de permettre la poursuite de l'activité économique, le maintien de l'emploi et l'apurement du passif* ».

Dimension de l'entreprise

Quand le débiteur emploie un nombre de salariés inférieur à 20 (lors de la demande d'ouverture de la procédure) et réalise un chiffre d'affaires hors taxes inférieur à 3000 000 € (dernier exercice comptable) : la **désignation d'un administrateur judiciaire est facultative**.

Une **procédure simplifiée** est alors mise en place.

2 Ouverture de la procédure de sauvegarde

Saisine du tribunal

C'est le débiteur qui demande l'ouverture de la procédure (**Art. L.620-1**).

Il peut proposer au tribunal la désignation d'un administrateur judiciaire de son choix.

Tribunal compétent

Le **tribunal de commerce** est compétent si le débiteur exerce une activité commerciale ou artisanale ; dans les autres cas (exemple : profession libérale), c'est le **tribunal judiciaire** (**Art. L.621-2**).

Le tribunal **territorialement** compétent pour les procédures collectives est celui dans le ressort duquel est situé le siège social ou l'adresse de l'entreprise ou de l'activité.

Auditions

Avant de statuer, le tribunal ***doit*** entendre **en chambre du conseil** (**Art. L.621-1**) : le débiteur, les représentants du comité social et économique, l'ordre professionnel concerné, le ministère public (quand le débiteur a bénéficié d'un mandat ad hoc ou d'une procédure de conciliation dans les 18 mois précédents).

Nomination facultative d'un juge enquêteur

Avant de prendre sa décision, le tribunal **peut** nommer ce juge (**Art. L.621-1**) ; il recueillera tous les renseignements utiles sur la situation financière, économique et sociale de l'entreprise (auprès du CAC, des membres et représentants du personnel...).

Contenu du jugement d'ouverture de la procédure collective

Le jugement met en place les **organes** de la procédure (**Art. L.621-4**) : cf. 3. Infra.

3 Effets du jugement d'ouverture de la procédure de sauvegarde : le déroulement de la période d'observation (PO)

Durée de la période d'observation

Elle est d'une durée maximale de six mois, qui peut être renouvelée une fois (à la demande de l'administrateur, du débiteur, du ministère public) pour une durée maximale de six mois.

Elle peut être prolongée exceptionnellement à la demande du ministère public pour une durée de six mois (**Art. L.621-3**).

Capital social de l'entreprise

Dans les sociétés, « *le jugement d'ouverture rend immédiatement exigible le montant non libéré du capital social* » (**Art. L.624-20**).

Missions des organes de la procédure

- Mission : PRISE DE DECISIONS

Le juge-commissaire est « *chargé de veiller au déroulement rapide de la procédure et à la protection des intérêts en présence* » (**Art. L.621-9**) ; il désigne les contrôleurs et, le cas échéant, un technicien.

L'administrateur judiciaire (AJ) a une mission déterminée par le tribunal, qui peut la modifier à tout moment. Il est chargé de *surveiller* le débiteur dans sa gestion ou de l'*assister* pour tous les actes de gestion ou pour certains d'entre eux (**Art. L.622-1**).

Dans sa mission d'assistance, l'AJ est tenu au respect de toutes les obligations légales ou conventionnelles qui incombent au chef d'entreprise.

L'AJ a différentes **obligations** (**Art. L.622-4**) :

- il fait fonctionner sous sa signature les comptes bancaires ou postaux si le débiteur fait l'objet d'une interdiction bancaire ;
- il est tenu, dès son entrée en fonction, de requérir du débiteur ou, selon le cas, de faire lui-même tous actes nécessaires à la conservation des droits de l'entreprise contre les débiteurs de celle-ci et à la préservation des capacités de production ;
- il a qualité pour inscrire au nom de l'entreprise tous hypothèques, nantissements, gages ou privilèges que le débiteur aurait négligé de prendre ou de renouveler.

« ***Le débiteur continue à exercer sur son patrimoine les actes de disposition et d'administration****, ainsi que les droits et actions qui ne sont pas compris dans la mission de l'administrateur* » (**Art. L.622-3**).

Le mandataire judiciaire (**Art. L.621-4 et L.622-20**) « *a seul qualité pour agir au nom et dans l'intérêt collectif des créanciers* ». Il communique au juge-commissaire et au ministère public les observations qui lui sont transmises à tout moment de la procédure par les contrôleurs.

Cas particuliers* : *le tribunal désigne au moins un deuxième administrateur judiciaire et un deuxième mandataire judiciaire dans le jugement d'ouverture de la procédure à l'encontre d'un débiteur lorsque ce dernier :

« *1° Possède un nombre d'établissements secondaires situés dans le ressort d'un tribunal où il n'est pas immatriculé au moins égal à trois ;*

2° Ou détient ou contrôle, au sens des articles **L233-1** *ou* **L233-3***, au moins deux sociétés à l'encontre desquelles est ouverte une procédure de sauvegarde, de redressement ou de liquidation judiciaire ;* » [...] (**Art. L.621-4-1**).

« *L'administrateur et le mandataire judiciaire tiennent informés le juge-commissaire et le ministère public du déroulement de la procédure. Ceux-ci peuvent à toute époque requérir communication de tous actes ou documents relatifs à la procédure* » (**Art. L.621-8**).

- Mission : CONTRÔLE

Les créanciers contrôleurs (une à cinq personnes choisies parmi les créanciers, qui sont désignées à l'initiative du juge-commissaire) qui assistent le mandataire judiciaire et le juge-commissaire dans sa mission de surveillance de l'administration de l'entreprise (**Art. L.621-11**).

Le représentant des salariés est désigné par le comité social et économique (à défaut par les salariés) qui veille à la protection des droits des salariés (**Art. L.621-4**).

Le ministère public, qui est obligatoirement présent quand le tribunal examine l'ouverture d'une procédure de sauvegarde à l'égard d'un débiteur qui a auparavant obtenu la nomination d'un mandataire ad hoc ou fait l'objet d'une procédure de conciliation (**Art. L.621-8**).

De plus, le tribunal désigne : soit un **commissaire-priseur judiciaire**, soit un **huissier**, soit un **notaire**, soit un **courtier en marchandise assermenté** pour réaliser *l'inventaire* et *la prisée* du patrimoine du débiteur (**Art. L.621-4**).

- Mission : INFORMER

Le tribunal peut nommer un ou plusieurs **experts** pour une mission qu'il détermine lui-même (**Art. L.621-4**).

Régime de la procédure simplifiée

(**Art. L.621-4, L.627-2 à L.627-4**)

Le tribunal n'a pas désigné un administrateur judiciaire ; en conséquence, **le débiteur exerce seul la faculté de poursuivre les contrats en cours** ; en cas de désaccord, le juge-commissaire tranche le litige.

Le débiteur établit un projet de plan avec l'assistance éventuelle d'un expert qui peut être nommé par le tribunal.

Ce projet est déposé au greffe du tribunal ; ce dernier prend sa décision au vu d'un **rapport du juge-commissaire**.

Comités de créanciers

Ils sont mis en place quand le débiteur remplit les deux ***conditions*** suivantes : les comptes ont été certifiés par un commissaire aux comptes ou établis par un expert-comptable ET le nombre de salariés est supérieur à 150 ou le chiffre d'affaires est supérieur à 20 millions € (**Art. L.626-29 et R.626-52**).

Même si ces seuils ne sont pas dépassés, le juge-commissaire peut autoriser la création de ces comités.

La loi a prévu deux comités (**Art. L.626-30**) : **l'un est composé des établissements de crédit et** *notamment* **des établissements « assimilés », et l'autre par les principaux fournisseurs de biens et services**. Dans ce 2ème comité, les fournisseurs dont les créances représentent plus de 3 % du total des créances HT des fournisseurs sont membres de droit.

Les ***négociations*** (délais de paiement, remises de dettes, conversions de créances en titres donnant ou pouvant donner accès au capital dans les SA et les SAS) entre ces comités et le débiteur (avec le concours de l'administrateur) se déroulent dans un délai de 6 mois.

À noter : dans le cadre de ces comités : les créances garanties par le privilège de conciliation ne peuvent plus faire l'objet de remises ou de délai sans l'accord du créancier concerné.

Après discussion avec le débiteur et l'administrateur, les comités se prononcent sur le ***projet de plan*** (**Art. L.626-30-2**). La décision est prise par chaque comité à la majorité des deux tiers du montant des créances détenues par les membres ayant exprimé un vote, tel qu'il a été indiqué par le débiteur et certifié par son ou ses commissaires aux comptes ou, lorsqu'il n'en a pas été désigné, établi par son expert-comptable.

Un ***projet de plan alternatif*** à celui du débiteur ou de l'administrateur peut être proposé par un membre des comités de créanciers. Chaque comité votera sur ce plan.

À noter également :

- *le cas échéant, l'**assemblée des obligataires** se prononce aussi sur le projet de plan (**Art. L.626-31**) ;*
- *le **comité social et économique** est consulté en amont sur le plan du débiteur et après adoption du plan proposé par un membre du comité.*

Situation de l'entreprise pendant la période d'observation (PO)

Principe : l'activité de l'entreprise est poursuivie pendant la PO (**Art. L.622-9**).

Le débiteur n'est pas dessaisi de la gestion de son entreprise (**Art. L.622-1**). A tout moment de la PO, il peut demander la conversion de la procédure en RJ si l'adoption d'un plan de sauvegarde est manifestement impossible et si la clôture de la procédure conduirait de manière certaine et à bref délai à la cessation des paiements.

L'administrateur a *notamment* une mission d'**assistance ou de surveillance** pour tout ou partie des actes de gestion du débiteur.

Quand l'administrateur est nommé, c'est lui qui peut seul décider la **poursuite ou non des contrats en cours**.

Les **cautions et coobligés personnes physiques** peuvent se prévaloir de l'arrêt du cours des intérêts.

La **résiliation du bail des immeubles** donnés à bail au débiteur et utilisés pour l'activité de l'entreprise intervient dans les conditions fixées par la loi, par exemple : « lorsque le bailleur demande la résiliation ou fait constater la résiliation du bail pour défaut de paiement des loyers et charges afférents à une occupation postérieure au jugement d'ouverture, le bailleur ne pouvant agir qu'au terme d'un délai de trois mois à compter dudit jugement. Si le paiement des sommes dues intervient avant l'expiration de ce délai, il n'y a pas lieu à résiliation » (**Art. L.622-14**).

Situation des créanciers

- Créanciers antérieurs à l'ouverture de la procédure

Le jugement d'ouverture :

- **interrompt ou interdit toute action en justice** de la part de ces créanciers dont la créance tend à la condamnation du débiteur au paiement d'une somme d'argent et à la résolution d'un contrat pour défaut de paiement d'une somme d'argent ;
- **arrête ou interdit toute procédure d'exécution** de la part de ces créanciers tant sur les meubles que sur les immeubles ainsi que toute procédure de distribution n'ayant pas produit un effet attributif avant le jugement d'ouverture (**Art. L.622-21**).

- Créanciers de la période d'observation

Les créanciers qui financent la période d'observation détiennent des **créances**, postérieures au jugement d'ouverture de la procédure qui sont **payées à l'échéance** (**Art. L.622-17**).

De plus, ces créanciers disposent d'un **privilège** pour le paiement de leurs créances ; toutefois, ce privilège est primé par le super privilège des salariés, le privilège des frais de justice et le privilège des créanciers ayant fourni un nouvel apport en trésorerie dans le cadre d'une conciliation débouchant sur un accord homologué.

Situation des salariés

- Superprivilège et privilège des salariés

Un **relevé des créances résultat d'un contrat de travail impayées avant le jugement d'ouverture de la procédure** est établi dans les 10 jours (pour les créances superprivilégiées) et dans les trois mois (pour les autres créances) du jugement d'ouverture de la procédure par le mandataire judiciaire.

Le relevé de créances est déposé au greffe du tribunal. « *Le salarié dont la créance ne figure pas en tout ou en partie sur un relevé peut saisir à peine de forclusion le conseil de prud'hommes dans un délai de deux mois à compter de l'accomplissement de la mesure de publicité* » (**Art. L.625-1**).

Les créances salariales sont protégées par le ***superprivilège des salariés*** pour les 60 derniers jours de travail (**Art. L.3253-2 C. trav.**) et par le ***privilège des salariés*** pour les rémunérations des six derniers mois de travail des salariés et des apprentis (**Art. 2331 C. civ.**).

- Intervention de l'Assurance pour la Garantie des Salaires (AGS)

Le Code du travail (**Art. L.3253-6**) prévoit que **tout employeur de droit privé assure ses salariés** « ***contre le risque de non-paiement*** *des sommes qui leur sont dues en exécution du contrat de travail, en cas de procédure de sauvegarde, de redressement ou de liquidation judiciaire* ».

Cette assurance couvre notamment :

« 1° Les sommes dues aux salariés à la date du jugement d'ouverture de toute procédure de redressement ou de liquidation judiciaire, ainsi que les contributions dues par l'employeur dans le cadre du contrat de sécurisation professionnelle ;

2° Les créances résultant de la rupture des contrats de travail intervenant :

a) Pendant la période d'observation ;

b) Dans le mois suivant le jugement qui arrête le plan de sauvegarde, de redressement ou de cession ;

c) Dans les quinze jours, ou vingt et un jours lorsqu'un plan de sauvegarde de l'emploi est élaboré, suivant le jugement de liquidation ;

d) Pendant le maintien provisoire de l'activité autorisé par le jugement de liquidation judiciaire et dans les quinze jours, ou vingt et un jours lorsqu'un plan de sauvegarde de l'emploi est élaboré, suivant la fin de ce maintien de l'activité ; [..] » (**Art. L.3253-8**).

L'assurance est mise en œuvre par une association créée par les organisations nationales professionnelles d'employeurs représentatives et agréée par l'autorité administrative. Cette association conclut une *convention de gestion avec l'organisme gestionnaire du régime d'assurance chômage et avec l'Agence centrale des organismes de sécurité sociale* pour le recouvrement des cotisations.

Ces institutions **avancent les sommes comprises dans le relevé établi par le mandataire judiciaire** ; **puis** elles **sont subrogées** dans les droits des salariés pour lesquels elles ont réalisé des avances, notamment :

- 1° Pour l'ensemble des créances, lors d'une procédure de sauvegarde ;
- 2° Pour les créances garanties par le superprivilège lors d'une procédure de redressement ou de liquidation judiciaire (**Art. L.3253-16**).

- Les **créances salariales liées à la poursuite de l'activité** sont payées normalement.
- Les **licenciements pour motif économique** sont décidés par le juge-commissaire ; ils doivent présenter un *caractère urgent, inévitable et indispensable*.

Evaluation de l'actif de l'entreprise

- Paiements interdits

Le jugement d'ouverture de la procédure emporte l'**interdiction de payer toute créance née antérieurement au jugement d'ouverture** (**Art. L.622-7**).

À compter du jugement d'ouverture, il est interdit au débiteur notamment de consentir une hypothèque ou un nantissement, *sauf* sur autorisation du juge-commissaire.

*À noter : seul le débiteur peut être autorisé par le juge-commissaire à passer des **actes de disposition étrangers à la gestion courante**, à **compromettre** ou **transiger*** (**Art. L.622-7**).

- Actes conservatoires

*« Dès son entrée en fonction, l'administrateur est tenu de requérir du débiteur ou, selon le cas, de faire lui-même tous **actes nécessaires à la conservation des droits de l'entreprise** contre les débiteurs de celle-ci et à la **préservation des capacités de production**.*

L'administrateur a qualité pour inscrire au nom de l'entreprise tous hypothèques, nantissements, gages ou privilèges que le débiteur aurait négligé de prendre ou de renouveler » (**Art. L622-4**).

Il est dressé un **inventaire** et une prisée du patrimoine du débiteur et des garanties qui grèvent ce patrimoine (**Art. L.622-6**). En procédure de sauvegarde : l'inventaire peut être réalisé par le débiteur lui-même et certifié par un CAC ou un expert-comptable.

▪ Action en revendication

Les créanciers peuvent, dans certains cas, exercer un **droit de revendication**.

« *La revendication des meubles ne peut être exercée que dans le* ***délai de trois mois*** *suivant la publication du jugement ouvrant la procédure* » (**Art. L.624-9**).

Ainsi, à titre d'exemples (**Art. L.624-12, L. 624-14, 624-16**), **peuvent être revendiqués** :

- « si elles existent en nature, en tout ou partie, les **marchandises** dont la vente a été résolue antérieurement au jugement ouvrant la procédure soit par décision de justice, soit par le jeu d'une condition résolutoire acquise » ; **mais « peuvent être retenues par le vendeur** les marchandises qui ne sont pas délivrées ou expédiées au débiteur ou à un tiers agissant pour son compte » ;
- « s'ils se retrouvent en nature au moment de l'ouverture de la procédure, les biens vendus avec une **clause de réserve de propriété** ».

Reconstitution des capitaux propres

Si, du fait des pertes constatées dans les documents comptables, les capitaux propres sont inférieurs à la moitié du capital social, l'assemblée est d'abord appelée à reconstituer ces capitaux à concurrence du montant proposé par l'administrateur et qui ne peut être inférieur à la moitié du capital social. Elle peut également être appelée à décider la réduction et l'augmentation du capital en faveur d'une ou plusieurs personnes qui s'engagent à exécuter le plan.

Evaluation du passif de l'entreprise

▪ Actions en justice

Le jugement d'ouverture de la procédure ***interrompt ou interdit*** les **actions en justice individuelles** qui visent notamment :

- à la condamnation du débiteur au paiement d'une somme d'argent ;
- à la résolution d'un contrat pour défaut de paiement d'une somme d'argent. (**Art. L.622-21**).

Le **mandataire judiciaire** désigné par le tribunal **a seul qualité pour agir au nom et dans l'intérêt collectif des créanciers**. Toutefois, en cas de carence du mandataire judiciaire, tout créancier nommé contrôleur peut agir dans cet intérêt (**Art. L.622-20**).

▪ Arrêt du cours des intérêts

Le jugement d'ouverture **arrête le cours des intérêts légaux et conventionnels**, ainsi que de tous **intérêts de retard et majorations**, *à moins qu'il ne s'agisse des intérêts résultant de contrats de prêt conclus pour une durée égale ou supérieure à un an ou de contrats assortis d'un paiement différé d'un an ou plus* ; en procédure de sauvegarde, les personnes physiques coobligées ou ayant consenti une sûreté personnelle ou ayant affecté ou cédé un bien en garantie peuvent s'en prévaloir (**Art. L622-28**).

▪ Inscriptions de garanties

Les **hypothèques**, **nantissements** et **privilèges** ne peuvent plus être inscrits postérieurement au jugement d'ouverture, en principe (**Art. L.622-30**). Par dérogation, le vendeur du fonds de commerce peut inscrire son privilège.

▪ Déclaration des créances

Tous les créanciers antérieurs au jugement d'ouverture (à l'exception des salariés) doivent **déclarer leur créance** (montant principal et intérêts échus) auprès du mandataire judiciaire dans le délai de 2 mois à compter de la publication du jugement d'ouverture au BODACC (**Art. R.622-24**). « *La déclaration de créance interrompt la prescription jusqu'à la clôture de la procédure ; elle dispense de toute mise en demeure et vaut acte de poursuites* » (**Art. L.622-25-1**).

En cas de déclaration hors délai, les créanciers sont forclos « *à moins que le juge-commissaire ne les relève de leur **forclusion** s'ils établissent que leur défaillance n'est pas due à leur fait ou qu'elle est due à une omission du débiteur lors de l'établissement de la liste* » (**Art. L.622-26**).

Le **mandataire judiciaire** vérifie les créances (**Art. L.622-27**), en établit la *liste* avec les propositions d'admission, de rejet ou de renvoi devant le tribunal ; le juge-commissaire admet ou rejette ensuite les créances.

Les créanciers peuvent contester dans un délai de 30 jours devant le juge-commissaire (**Art. R.624-1**).

De plus, le mandataire établit les relevés des créances résultant des contrats de travail. Ces relevés sont soumis au représentant des salariés (**Art. L.625-1**) pour vérification. Lorsque les relevés ont été visés par le juge-commissaire, ils sont portés sur l'état des créances déposé au greffe.

- Droits du conjoint du débiteur

Le conjoint établit la ***liste de ses biens personnels***, conformément aux règles des régimes matrimoniaux (**Art. L.624-5**).

Il peut exercer l'action en revendication des meubles dans le délai de trois mois suivant la publication du jugement ouvrant la procédure.

Préparation du plan de sauvegarde dans une procédure non simplifiée : le bilan économique social et environnemental

L'administrateur judiciaire (AJ) est chargé de dresser dans un rapport le **bilan économique social et environnemental** (quand l'entreprise exploite une ou des installations classées dans les catégories dangereuses) de l'entreprise. Il élabore le bilan avec le concours du ***débiteur*** et l'assistance éventuelle d'un ou plusieurs ***experts*** (**Art. L.623-1**). Il consulte toute personne dont l'audition lui paraît utile et il informe les autres acteurs de l'avancement de ses travaux.

Le ***juge-commissaire*** dispose d'un large pouvoir d'investigation pour fournir des informations à l'AJ.

Ce bilan a un caractère global. Il précise ***l'origine, l'importance et la nature des difficultés*** de l'entreprise. Il contient des informations **économiques** (situation comptable et financière), **sociales** (effectifs, climat social...), **juridiques** (contrats en cours...).

Elaboration d'un projet de plan de sauvegarde

« *Au vu du bilan économique, social et, le cas échéant, environnemental, le **débiteur**, avec le concours de l'administrateur, propose un plan* » (**Art. L.626-2**).

Le **contenu du plan** est prévu par la loi (**Art. L.626-2 et L.626-3**) :

- **perspectives de redressement** en fonction des possibilités et des modalités d'activités, de l'état du marché et des moyens de financement disponibles ;
- **modalités de règlement du passif et garanties** éventuelles que le débiteur doit souscrire pour en assurer l'exécution ;
- **niveau et perspectives d'emploi** ainsi que les conditions sociales envisagées pour la poursuite d'activité. Lorsque le projet prévoit des licenciements pour motif économique, il rappelle les mesures déjà intervenues et définit les actions à entreprendre en vue de faciliter le reclassement et l'indemnisation des salariés dont l'emploi est menacé. Le projet tient compte des travaux recensés par le bilan environnemental ;
- **recensement et analyse des offres d'acquisition** portant sur une ou plusieurs activités présentées par des tiers ;
- la ou les **activités dont sont proposés l'arrêt ou l'adjonction** ;
- si une **modification du capital** est prévue : l'assemblée des associés doit être convoquée. Si le **projet de plan** prévoit une augmentation de capital, les associés ou actionnaires peuvent

bénéficier de la compensation à concurrence du montant de leurs créances admises et dans la limite de la réduction dont elles sont l'objet dans le projet. De plus, les **clauses d'agrément** seront opposables aux créanciers et aux tiers qui veulent souscrire à l'augmentation de capital dans le cadre du plan.

L'administrateur judiciaire propose des **délais et remises** aux créanciers ayant déclaré leurs créances. Les administrations financières, les organismes sociaux peuvent accepter de remettre tout ou partie des dettes du débiteur (**Art. L.626-5 et L.625-6**).

Lorsque le plan est élaboré en présence de comités de créanciers, le dirigeant de la société débitrice ou encore un créancier peut proposer des **conversions de créances en titres donnant ou pouvant donner accès au capital** de la société.

4 Dénouement de la procédure de sauvegarde à la fin de la période d'observation

Cas de la cession totale ou partielle de l'entreprise

À tout moment de la période d'observation, le tribunal peut décider la **cessation partielle** de l'activité et, le cas échéant, la **transformation de la procédure** de sauvegarde en procédure de redressement judiciaire ou de liquidation judiciaire (**Art. L.622-10**).

À noter : lors d'une cession, seuls les actifs sont transmis. Le prix obtenu de la cession sert à payer les dettes (selon l'ordre de classement des créanciers prévu par la loi).

Présentation des offres de reprise

Toute offre est **écrite** et son contenu est fixé par la loi (**Art. L.642-2**) : *notamment* :

- désignation des biens, droits et contrats ;
- prévisions d'activité et de financement ;
- prix offert, modalités de paiement ;
- niveau et perspective d'emplois justifiés par l'activité considérée ;
- garanties souscrites pour assurer l'exécution de l'offre ;
- les prévisions de cessions d'actifs au cours des 2 années suivant la cession.

Les offres, qui doivent présenter des **garanties de moralité**, sont déposées au greffe.

Contenu du jugement qui décide le plan de sauvegarde

Lorsqu'il existe une sérieuse possibilité pour l'entreprise d'être sauvegardée, le tribunal arrête un ***plan de sauvegarde*** qui met fin à la période d'observation (**Art. L.626-1**).

Le tribunal statue après avoir recueilli l'avis du ministère public.

Ce plan peut comporter l'arrêt, l'adjonction ou la cession d'une ou plusieurs activités.

Le tribunal prend sa décision (**Art. L.626-9**) après avoir procédé à diverses auditions (débiteur, administrateur judiciaire, mandataire judiciaire, contrôleurs...).

Il nomme, pour la durée du plan, l'administrateur judiciaire ou le mandataire judiciaire en qualité de **commissaire chargé de veiller à l'exécution du plan** (**Art. L.626-25**). Le cas échéant, plusieurs commissaires sont désignés.

Engagements dans le plan de sauvegarde

Le plan désigne les personnes tenues de l'exécuter et mentionne l'ensemble des engagements qui ont été souscrits par elles et qui sont nécessaires à la sauvegarde de l'entreprise.

Les engagements portent sur l'avenir de l'**activité**, les modalités du **maintien de l'entreprise**, les modalités de son **financement,** les modalités du règlement du **passif** né avant le jugement d'ouverture (le tribunal donne acte des délais et remises acceptés par les créanciers), les éventuelles **garanties** fournies pour en assurer l'exécution (**Art. L.626-10**).

Les cautions personnes physiques ou ayant consenti une garantie autonome peuvent se prévaloir du plan de sauvegarde.

De plus, le plan expose et justifie le niveau et les perspectives de l'**emploi** et les **conditions sociales** envisagées pour la poursuite de l'activité, et il mentionne les éventuelles modifications des **statuts** nécessaires à la réorganisation de l'entreprise.

Durée du plan

Elle est fixée par le tribunal et ne peut excéder 10 ans (**Art. L.626-12**).

Effets du plan

Notamment (**Art. L.626-13 et L.626-14, L.626-18 et L.626-19, L.626-20, L.626-22**) :

- **levée de l'interdiction d'émettre des chèques** ;
- **inaliénabilité de certains biens** : le tribunal peut décider que les biens qu'il estime indispensables à la continuation de l'entreprise ne pourront être aliénés, pour une durée qu'il fixe, sans son autorisation. La durée de l'inaliénabilité ne peut excéder celle du plan ;
- **modifications des statuts** (exemple : augmentation du capital) : le tribunal peut alors donner mandat à l'administrateur judiciaire pour convoquer les assemblées compétentes pour statuer sur ces modifications ; le tribunal pourra décider que l'assemblée statuera sur 1ère convocation à la majorité des voix dont disposent les associés ou actionnaires présents ou représentés dès lors que ceux-ci possèdent au moins la moitié des parts ou actions ayant droit de vote ; sur 2ème convocation, les règles de droit commun relatives aux quorum et à la majorité s'appliquent ;
- les **délais de paiement** accordés au débiteur ne peuvent excéder la durée du plan et le 1er paiement ne peut intervenir au-delà du délai d'un an. Au-delà de la 2ème année, le montant de chacune des annuités prévues par le plan ne peut être inférieure à 5 % du passif admis ;
- le tribunal impose des **délais uniformes** de paiement aux créanciers qui n'ont accordé aucun délai ou aucune remise. Certains créanciers peuvent obtenir des **délais plus brefs** s'ils acceptent une réduction proportionnelle du montant de leur créance ;
- **certaines créances** ne font l'objet **ni** de **remise**, **ni** de **délai de paiement** : créances salariales super privilégiées, créances les plus faibles (500 euros par créance, dans la limite de 5 % du passif estimé) ;
- lors de la **vente d'un bien grevé d'un privilège spécial, d'un nantissement ou d'une hypothèque**, la quote-part du prix est versée en compte de dépôt à la Caisse des Dépôts et Consignations ; les créanciers sont payés sur le prix après le paiement des créances salariales super privilégiées.

Résolution du plan

Le tribunal peut la décider si le débiteur **n'exécute pas ses engagements** dans les délais fixés par le plan (**Art. L.626-27**).

Si la cessation des paiements intervient lors de l'exécution du plan de sauvegarde : le tribunal décide, après avis du ministère public, sa résolution ; il peut prononcer le redressement judiciaire ou la liquidation judiciaire.

Le jugement qui prononce la résolution du plan met fin aux opérations et à la procédure lorsque celle-ci est toujours en cours.

B Étude point A2. La procédure de SAUVEGARDE ACCELEREE

Cette procédure a été créée par **l'ordonnance 2014-326 du 12 mars 2014.**

Elle est inscrite dans les **articles L.628-1 à L.628-8 du Code de commerce**.

1 Objectif

Il est d'étendre largement aux entreprises la possibilité d'adopter rapidement **un plan prénégocié au cours d'une conciliation.**

2 Débiteur

Le débiteur qui demande l'ouverte d'une procédure de sauvegarde accélérée doit remplir les conditions suivantes (**Art. L.628-1**) :

- être engagé dans une **procédure de conciliation** ;
- justifier avoir élaboré un **projet de plan** tendant à assurer la pérennité de l'entreprise. Ce projet doit être susceptible de recueillir, de la part des **créanciers** à l'égard de qui l'ouverture de la procédure produira effet, un **soutien** suffisamment large pour rendre vraisemblable son adoption dans un délai de 3 mois à compter du jugement d'ouverture de la procédure ;
- SOIT avoir des **comptes certifiés** par un commissaire aux comptes ou établis par un expert-comptable ET un nombre de salariés supérieur à 20 à la date de la demande OU un chiffre d'affaires hors taxe supérieur à 3 000 000 € OU un total de bilan de plus de 1 500 000 € à la date de la clôture du dernier exercice comptable,

SOIT avoir établi des comptes consolidés ;

- ne **pas être en cessation des paiements** depuis plus de quarante-cinq jours à la date de la demande d'ouverture de la procédure de conciliation.

3 Créanciers concernés

*Ce sont (***Art. L.628-6***) :*

- les créanciers dont la créance est née AVANT l'ouverture de la procédure (à l'exception des salariés) ;
- les cocontractants de l'entreprise si le contrat est en cours à la date d'ouverture de la sauvegarde ;
- les établissements de crédit et assimilés déjà créanciers de l'entreprise et, les échéant, les obligataires.

À noter : Les créanciers qui ont participé à la conciliation ne sont pas tenus de déclarer leurs créances.

4 Comités de créanciers

Leur constitution est **obligatoire** dans toute sauvegarde accélérée. Si les seuils prévus pour la sauvegarde financière accélérée ne sont pas atteints, cette constitution est nécessaire pour l'ouverture de la procédure (**Art. L.628-4**).

5 Plan de sauvegarde

Le **projet de plan** présenté aux comités de créanciers est en principe celui qui a été prénégocié dans le cadre de la conciliation. Cependant, un membre des comités peut **présenter un projet de plan parallèle.**

Le tribunal arrête le plan voté par les comités de créanciers dans un délai de trois mois à compter du jugement d'ouverture. Il ne peut imposer aux créanciers hors comité des délais uniformes de paiement.

À défaut d'arrêté de plan dans ce délai, le tribunal **clôture la procédure** (**Art. L.628-8**).

C Étude point A 3. La procédure de SAUVEGARDE FINANCIERE ACCELEREE (SFA)

Cette procédure a été instituée par **la loi 2010-1249 du 22 octobre 2010** de régulation bancaire et financière.

Elle est visée en particulier par les **articles L.628-9 à L.628-10 du Code de commerce**.

La **procédure de sauvegarde financière accélérée** (SFA) se situe entre la conciliation et la procédure de sauvegarde de droit commun (cf. supra). Elle est applicable aux créanciers financiers.

1 Objectif de la SFA

Il est de favoriser la négociation en amont d'un plan de restructuration des dettes avec les créanciers visés par la loi (cf. la pratique anglo-saxonne du « *prepackaged plan* »).

2 Débiteur

Le **débiteur** doit présenter les mêmes caractéristiques que pour les autres procédures collectives (exercice d'une activité commerciale...). De plus, il doit répondre aux conditions cumulatives suivantes (**Art. L.628-9**) :

- être engagé dans une **procédure de conciliation** en cours ;
- justifier de difficultés qu'il n'est pas en mesure de surmonter sans pour autant être en cessation des paiements ; ses **comptes** doivent avoir été certifiés par un **commissaire aux comptes** ou établis par un **expert-comptable** ; le nombre de ses salariés doit être supérieur à 20 à la date de la demande et son chiffre d'affaires hors taxe supérieur à 3 000 000 euros ou le total de son bilan supérieur à 1 500 000 euros pour le dernier exercice clos ;
- a établi des comptes consolidés ;
- avoir élaboré un **projet de plan de sauvegarde** visant à assurer la pérennité de l'entreprise et susceptible de recueillir un soutien suffisamment large des créanciers financiers.

3 Créanciers concernés

Ce sont **les sociétés de financement, les membres du comité des établissements de crédit et assimilés** ainsi que les **créanciers obligataires**, le cas échéant (**Art. L.628-9 et L.626-30**).

4 Conséquences pour les créanciers financiers qui ont participé à la négociation du plan

Ces créanciers peuvent **déclarer les créances** comme dans la procédure de sauvegarde : ils n'y sont donc pas obligés.

Leurs créances figurent sur une **liste** établie par le débiteur, certifiée par le commissaire aux comptes (ou, à défaut, l'expert-comptable). Cette liste étant ensuite déposée au greffe du tribunal, les créances sont réputées déclarées (**Art. L.628-7**).

5 Sort du projet de plan de sauvegarde proposé par le débiteur

Le **plan de sauvegarde financière accélérée** proposé par le débiteur est soumis à l'approbation du comité des établissements de crédit et, le cas échéant, de l'assemblée des obligataires. Ces comités de créanciers se prononcent à la majorité des deux tiers.

Le **tribunal arrête le plan** (dans un délai d'un mois à compter du jugement d'ouverture ; le tribunal peut le proroger d'un mois) adopté par les créanciers financiers après s'être assuré que les intérêts de tous les créanciers sont suffisamment protégés (**Art. L.628-10**).

Si le plan n'est pas adopté par les créanciers ou arrêté par le tribunal (dans les délais légaux), le tribunal met fin à la procédure. En cas d'échec de la SFA, le débiteur peut, selon sa situation, demander l'ouverture d'une procédure de sauvegarde « classique » ou d'un redressement judiciaire.

D Étude point B. La procédure de REDRESSEMENT JUDICIAIRE

Elle est organisée par les **articles L.631-1 à L.632-4 du Code de commerce**.

1 Conditions d'ouverture de la procédure

Personnes concernées

Tout commerçant, artisan, agriculteur, toute personne physique qui exerce une **activité indépendante**, y compris une **profession libérale** (soumise à un statut législatif ou réglementaire ou dont le titre est protégé).

Toute personne morale de droit privé, qu'elle ait ou non une activité économique (**Art. L.631-2**).

Situation économique

Le débiteur **EST EN CESSATION DES PAIEMENTS**, c'est-à-dire qu'il est « *dans l'impossibilité de faire face au passif exigible avec son actif disponible.*

Le débiteur qui établit que les réserves de crédit ou les moratoires dont il bénéficie de la part de ses créanciers lui permettent de faire face au passif exigible avec son actif disponible n'est pas en cessation des paiements » (**Art. L.631-1**).

Le passif exigible est le **passif échu ; il est composé de dettes liquides** (leur montant est connu, chiffré), **certaines** (leur montant n'est pas contesté) **et exigibles** (l'exécution forcée du paiement est possible).

L'actif disponible est constitué des **liquidités** de l'entreprise, de ses **créances mobilisables** et de ses **réserves de crédit**.

> ***À noter : cas de la responsabilité des fournisseurs de crédit***
> *Lorsqu'une procédure de sauvegarde, de redressement judiciaire ou de liquidation judiciaire est ouverte,* ***les créanciers ne peuvent être tenus pour responsables des préjudices subis du fait des concours consentis, sauf*** *les cas de fraude, d'immixtion caractérisée dans la gestion du débiteur ou si les garanties prises en contrepartie de ces concours sont disproportionnées à ceux-ci.*

But de la procédure

Il est de « ***permettre la poursuite de l'activité de l'entreprise, le maintien de l'emploi et l'apurement du passif*** » (**Art. L.631-1**).

Dimension de l'entreprise

Cf. procédure de sauvegarde.

2 Ouverture de la procédure

Saisine du tribunal

- Par le **débiteur**, qui doit demander l'ouverture au plus tard dans les 45 jours qui suivent la cessation des paiements s'il n'a pas, dans ce délai, demandé l'ouverture d'une procédure de conciliation (**Art. L.631-4**).
- Par le **ministère public**, qui peut saisir le tribunal s'il n'y a pas de procédure de conciliation en cours.
- Par un **créancier**, qui peut assigner le débiteur quelle que soit la nature de sa créance.

A noter : « *lorsque le débiteur a cessé son activité professionnelle, cette assignation doit intervenir dans le délai d'un an à compter de :*

1° La radiation du registre du commerce et des sociétés. S'il s'agit d'une personne morale, le délai court à compter de la radiation consécutive à la publication de la clôture des opérations de liquidation ;

2° La cessation de l'activité, s'il s'agit d'une personne exerçant une activité artisanale, d'un agriculteur ou d'une personne physique exerçant une activité professionnelle indépendante, y compris une profession libérale soumise à un statut législatif ou réglementaire ou dont le titre est protégé ;

3° La publication de l'achèvement de la liquidation, s'il s'agit d'une personne morale non soumise à l'immatriculation » (**Art. L.631-5**).

- Les **membres des institutions représentatives du personnel** peuvent communiquer au président du tribunal ou au ministère public tout fait révélant la cessation des paiements du débiteur (**Art. L.631-6**).

Tribunal compétent

Cf. procédure de sauvegarde.

Auditions

Cf. procédure de sauvegarde.

Nomination facultative d'un juge enquêteur

Cf. procédure de sauvegarde.

Contenu du jugement d'ouverture de la procédure collective

Le tribunal fixe la **date de cessation des paiements,** qui ne peut être antérieure de plus de 18 mois à la date du jugement d'ouverture de la procédure (**Art. L.631-8**). Il met en place des **organes** de la procédure (Cf. 3. Infra).

Prise en compte de la situation du débiteur

Lorsque le débiteur est en état de cessation des paiements et qu'il a demandé l'ouverture d'un redressement judiciaire et que sa situation apparaît manifestement insusceptible de redressement, le tribunal doit l'inviter à présenter ses observations sur l'existence des conditions d'ouverture d'une procédure de liquidation judiciaire (**Art. L.631-7**).

3 Effets du jugement d'ouverture de la procédure : le déroulement de la période d'observation

Durée de la période d'observation

Cf. procédure de sauvegarde.

Capital social de l'entreprise

Cf. procédure de sauvegarde.

Mission des organes de la procédure

Cf. procédure de sauvegarde.

Régime de la procédure simplifiée

Cf. procédure de sauvegarde.

Comités de créanciers

Cf. procédure de sauvegarde.

Situation de l'entreprise pendant la période d'observation

- Dès l'ouverture de la procédure, le dirigeant ne peut céder les droits sociaux qu'il détient directement dans l'entreprise ; ils sont virés sur un compte bloqué.
- Quand l'administrateur est nommé, il peut seul décider la poursuite ou non des contrats en cours.
- Les cautions et coobligés personnes physiques ne peuvent se prévaloir de l'arrêt du cours des intérêts.
- À *tout moment de la période d'observation*, le tribunal peut ordonner la cessation partielle de l'activité ou prononcer la liquidation judiciaire si le redressement est manifestement impossible (**Art. L.631-15**).
- S'il apparaît, au cours de la période d'observation, « que le débiteur dispose des sommes suffisantes pour désintéresser les créanciers et acquitter les frais et les dettes afférents à la procédure, le tribunal peut mettre fin à celle-ci » (**Art. L.631-16**).

Situation des créanciers

Cf. procédure de sauvegarde.

Situation des salariés

Cf. procédure de sauvegarde.

« Lorsque des ***licenciements pour motif économique*** *présentent un caractère urgent, inévitable et indispensable pendant la période d'observation, l'administrateur peut être autorisé par le juge-commissaire à procéder à ces licenciements »* (**Art. L.631-17**).

Evaluation de l'actif de l'entreprise

Cf. procédure de sauvegarde.

À noter : le débiteur ne peut effectuer d'acte de disposition étranger à la gestion courante de l'entreprise.

Reconstitution des capitaux propres

Cf. procédure de sauvegarde.

« Si les capitaux propres n'ont pas été reconstitués*, l'administrateur a qualité pour demander la désignation d'un* ***mandataire en justice*** *chargé de convoquer l'assemblée et de voter sur la reconstitution du capital, à concurrence du montant proposé par l'administrateur, à la place du ou des associés ou actionnaires opposants lorsque le projet de plan prévoit une modification du capital en faveur d'une ou plusieurs personnes qui s'engagent à respecter le plan »* (**Art. L.631-9-1**).

La reconstitution de l'actif par les nullités de la période suspecte

La loi (**Art. L.632-1 et L.632-2**) prévoit que **certains actes** effectués par le débiteur au cours de la **période suspecte** (entre la date de la cessation des paiements et le jugement d'ouverture de la procédure). Elle distingue deux types d'actes :

- actes *nuls de plein droit*, exemples : tous les actes à titre gratuit translatifs de propriété mobilière ou immobilière, tout contrat commutatif dans lequel les obligations du débiteur excèdent notablement celles de l'autre partie, tout paiement, quel qu'en ait été le mode, pour dettes non échues au jour du paiement ; ce sont des cas de **nullité obligatoire** ;
- actes *nuls facultativement*, exemples : les paiements pour dettes échues effectués à compter de la date de cessation des paiements et les actes à titre onéreux accomplis à compter de cette même date peuvent être annulés si ceux qui ont traité avec le débiteur ont eu connaissance de la cessation des paiements ; ce sont des cas de **nullité facultative**.

L'**action en nullité** de ces actes a pour effet de reconstituer le patrimoine du débiteur au profit des créanciers (**Art. L.632-4**). La nullité est rétroactive

Evaluation du passif de l'entreprise

Cf. procédure de sauvegarde.

Préparation du plan de redressement dans une procédure non simplifiée

Cf. procédure de sauvegarde.

Projet de plan de redressement

Contenu : cf. procédure de sauvegarde.

Le projet de plan de redressement judiciaire est établi par *l'administrateur judiciaire.*

Dès l'ouverture de la procédure, les tiers peuvent soumettre à l'administrateur des **offres** tendant au maintien de l'activité de l'entreprise sous la forme de **cession totale ou partielle**, dans les conditions légales relatives à la liquidation judiciaire.

Si le plan prévoit des **licenciements économiques**, il ne peut être arrêté qu'après que l'employeur ou l'administrateur a consulté les **représentants du personnel** sur ce projet, et notamment sur le **PSE** (plan de sauvegarde de l'emploi) ; ces derniers doivent rendre leur **avis** au plus tard le jour ouvré avant l'audience qui statue sur le plan.

4 Dénouement de la procédure à la fin de la période d'observation

Présentation des offres de reprise

Cf. procédure de sauvegarde.

Contenu du jugement

Le tribunal ordonne un **plan de redressement OU la cession totale ou partielle de l'entreprise** si le ou les plans proposés apparaissent manifestement insusceptibles de permettre le redressement de l'entreprise ou en l'absence de tels plans (**Art. L.631-22)**.

*À noter : **lors d'une cession, seuls les actifs sont transmis.** Le prix obtenu de la cession sert à payer les dettes selon l'ordre légal de classement des créanciers.*

La loi (**Art. L.631-19 et L.631-19-1**) prévoit que :

- le plan précise, le cas échéant, les licenciements qui doivent intervenir dans le délai d'un mois après le jugement ;
- le tribunal peut subordonner l'adoption du plan à l'incessibilité ou à la cession forcée des titres détenus par le dirigeant ou au remplacement de celui-ci.

Dans les procédures de redressement judiciaire ouvertes depuis le 8 août 2015, le tribunal ayant ouvert la procédure peut imposer, *sous certaines conditions*, **l'augmentation de capital prévue par le projet de plan :**

- soit en désignant un mandataire chargé de voter au lieu et place des associés opposants ;
- soit en ordonnant la cession des droits sociaux détenus par les associés.

Engagements dans le plan de redressement

Cf. procédure de sauvegarde.

Durée du plan :

Cf. procédure de sauvegarde.

Effets du plan

Cf. procédure de sauvegarde.

Résolution du plan

Le tribunal peut décider la résolution si le débiteur **n'exécute pas ses engagements** dans les délais fixés par le plan.

Si la cessation des paiements est constatée lors de l'exécution du plan de redressement judiciaire, le tribunal décide, après avis du ministère public, la résolution et ouvre une procédure de liquidation judiciaire (**Art. L.631-20-1**).

E Étude point C. La procédure de LIQUIDATION JUDICIAIRE

Elle est organisée par les **articles L.640-1 à L.644-6 du Code de commerce**.

1 Conditions d'ouverture de la procédure

Personnes concernées

Cf. procédure de redressement judiciaire.

Situation économique

Le débiteur **EST EN CESSATION DES PAIEMENTS ET SON REDRESSEMENT EST MANIFESTEMENT IMPOSSIBLE** (**Art. L.640-1**).

> ***À noter : cas de la responsabilité des fournisseurs de crédit***
> *Lorsqu'une procédure de sauvegarde, de redressement judiciaire ou de liquidation judiciaire est ouverte, **les créanciers ne peuvent être tenus pour responsables des préjudices subis du fait des concours consentis, sauf** les cas de fraude, d'immixtion caractérisée dans la gestion du débiteur ou si les garanties prises en contrepartie de ces concours sont disproportionnées à ceux-ci.*

But de la procédure

Il s'agit de mettre fin à l'activité de l'entreprise ou de réaliser le patrimoine du débiteur par une cession globale ou séparée de ses droits et de ses biens.

La réalisation des actifs les actifs de l'entreprise doit permettre l'apurement du passif.

Dimension de l'entreprise

La loi a prévu une **procédure de liquidation judiciaire simplifiée** (**Art. L.644-1 à L.644-6 et D.641-10 C. com.**).

Cette procédure est **OBLIGATOIRE** pour les entreprises qui remplissent les conditions suivantes :

- l'actif ne comprend pas de biens immobiliers ;
- le nombre de salariés au cours des 6 mois précédant l'ouverture de la procédure est inférieur ou égal à 5 au cours des 6 mois qui précédent l'ouverture de la procédure collective et réalise un chiffre d'affaires HT inférieur ou égal 750 000 €.

À tout moment, le tribunal peut décider de revenir à la procédure de liquidation judiciaire de droit commun.

2 Ouverture de la procédure

Débiteur et saisine du tribunal

Cf. procédure de redressement judiciaire.

La procédure de liquidation judiciaire est applicable à **toute personne** exerçant une **activité commerciale**, **artisanale** ou **agricole** et à **toute autre personne physique exerçant une activité professionnelle indépendante** y compris une profession libérale soumise à un statut législatif ou réglementaire ou dont le titre est protégé, ainsi qu'à toute personne morale de droit privé (**Art. L.640-2**).

La procédure de liquidation judiciaire est **également ouverte à ces personnes après la cessation de leur activité professionnelle**, si tout ou partie de leur passif provient de cette dernière.

Lorsque le débiteur a cessé son activité professionnelle, cette assignation doit intervenir dans le délai d'un an à compter de :

« *1° La radiation du registre du commerce et des sociétés. S'il s'agit d'une personne morale, le délai court à compter de la radiation consécutive à la publication de la clôture des opérations de liquidation ;*

2° La cessation de l'activité, s'il s'agit d'une personne exerçant une activité artisanale, d'un agriculteur ou d'une personne physique exerçant une activité professionnelle indépendante, y compris une profession libérale soumise à un statut législatif ou réglementaire ou dont le titre est protégé ;

3° La publication de l'achèvement de la liquidation, s'il s'agit d'une personne morale non soumise à l'immatriculation » (**Art. L.640-5**).

Lorsque le débiteur est décédé en cessation des paiements, le tribunal peut être saisi, dans le délai d'un an à compter de la date du décès, sur l'assignation d'un créancier, quelle que soit la nature de sa créance, ou sur requête du ministère public. Il peut être saisi sans condition de délai par tout héritier du débiteur (**Art. L.640-3**).

*À noter : les **membres des institutions représentatives du personnel** peuvent communiquer au président du tribunal ou au ministère public tout fait révélant la cessation des paiements du débiteur (**Art. L.640-6**).*

Tribunal compétent

Cf. procédure de sauvegarde.

Auditions

Cf. procédure de sauvegarde.

Contenu du jugement d'ouverture de la procédure collective

Cf. procédure de redressement judiciaire.

Le tribunal désigne les organes de la procédure : un ou plusieurs **juge-commissaires**, un mandataire judiciaire en qualité de **liquidateur**, un **huissier de justice** ou un **commissaire-priseur judiciaire** et un ou plusieurs **experts** le cas échéant.

De plus, un **représentant des salariés** et des **contrôleurs** sont désignés.

Prise en compte de la situation du débiteur

Lorsque le débiteur est en état de cessation des paiements et qu'il a demandé l'ouverture liquidation judiciaire alors que son redressement est manifestement possible, le tribunal doit l'inviter à présenter ses observations sur l'existence des conditions d'ouverture d'une procédure de redressement judiciaire (**Art. L.641-1**).

Avant de statuer, le tribunal examine si la situation du débiteur répond aux conditions relatives à l'ouverture d'une procédure de rétablissement professionnel ; le cas échéant, le tribunal ouvre, avec l'accord du débiteur cette procédure.

3 Effets du jugement d'ouverture de la procédure : le déroulement de la période d'observation

Pas de dissolution de la société

Si l'entreprise a la structure juridique d'une société, celle-ci ne sera pas dissoute dès le jugement ouvrant la procédure.

Remarque : la liquidation judiciaire peut avoir lieu pendant la PO.

Capital social de l'entreprise

Cf. procédure de sauvegarde.

Maintien de l'activité de l'entreprise

Il **peut être autorisé** par le tribunal pour une durée de 3 mois maximum, notamment **si** la cession totale ou partielle de l'entreprise est envisageable ou si l'intérêt public l'exige.

Mission des organes de la procédure

Cf. procédure de redressement judiciaire.

- **Le juge-commissaire** est « chargé de veiller au déroulement rapide de la procédure et à la protection des intérêts en présence ».
- **Le mandataire judiciaire** est nommé en qualité de **liquidateur**. Sa mission consiste à :
  - établir dans le mois de sa désignation, un **rapport** sur la situation du débiteur ;
  - demander au débiteur d'effectuer les **actes conservatoires** ;
  - administrer l'entreprise ; il peut notamment exiger la poursuite des **contrats en cours** ;
  - agir au nom et dans l'intérêt collectif des créanciers ;
  - agréer les demandes de **revendication** avec l'accord du débiteur
  - tenir informés, au moins tous les trois mois, le juge-commissaire, le débiteur et le ministère public du déroulement des opérations (**Art. L.641-7**).
- **Les créanciers contrôleurs**, qui assistent le mandataire judiciaire.
- **Le représentant des salariés**, qui veille à la protection des droits des salariés.

- **Le ministère public**, qui veille au respect l'ordre public économique et social.
- Des **experts**, dont la mission (exemple : analyse des comptes) est attribuée par le tribunal.

À noter : le tribunal doit aussi nommer notamment un commissaire-priseur judiciaire, un huissier ou un notaire qui vont dresser un inventaire et une prisée du patrimoine du débiteur et des garanties qui grèvent ce patrimoine.

Régime de la procédure simplifiée

Le tribunal détermine les biens du débiteur qui peuvent faire l'objet d'une **vente de gré à gré** ; le liquidateur procède à leur vente dans les 4 mois de la publication du jugement. Puis, il sera procédé à une **vente aux enchères publiques** des biens qui subsisteraient.

A la fin de la procédure de vérification et d'admission des créances, le liquidateur établit un **projet de répartition** de ces créances.

Au plus tard un an après l'ouverture de la procédure, le tribunal prononce la clôture de la liquidation judiciaire.

Situation de l'entreprise pendant la période d'observation

Le maintien de l'activité de l'entreprise peut être autorisé par le tribunal pour une durée maximale de 3 mois (qui peut être prorogée une fois) ou jusqu'à l'arrêté d'un plan de cession totale de l'entreprise (**Art. L.641-10**).

Le débiteur est dessaisi de plein droit de l'administration de l'entreprise et de la disposition de ses biens, jusqu'à la clôture de la liquidation (**Art. L.641-9**).

Le liquidateur administre l'entreprise.

Quand le débiteur est une personne morale, le *siège social* est fixé au domicile du représentant légal ou du mandataire désigné par le tribunal.

Situation des créanciers

Les créances nées après le jugement de liquidation sont payées **à échéance** ; *à défaut*, elles sont payées par privilège avant toutes les autres créances sauf notamment celles qui sont garanties par le super privilège des salariés, le privilège des frais de justice, et celles qui sont garanties par des sûretés immobilières ou des sûretés mobilières spéciales (**Art. L.641-13**).

Situation des salariés

Cf. procédure de redressement judiciaire.

La loi prévoit :

- les créances salariales **dues avant le jugement** d'ouverture sont super-privilégiées pour les 60 derniers jours de travail ;
- les créances salariales **liées à la poursuite de l'activité** sont payées normalement ;
- les licenciements pour motif économique (**Art. L.641-4**).

Évaluation de l'actif de l'entreprise

Le jugement d'ouverture de la procédure emporte :

- **l'interdiction de payer toute créance née antérieurement au jugement d'ouverture** *(à l'exception du paiement par compensation des créances connexes) ;*
- **l'interdiction de payer toute créance née après le jugement sauf** notamment s'il s'agit de créances liées aux besoins de vie courante du débiteur et les créances alimentaires.

La procédure n'entraîne pas automatiquement la résiliation du **bail d'immeuble**.

Il est dressé un **inventaire** et une **prisée** du patrimoine du débiteur et des garanties qui grèvent ce patrimoine.

Les créanciers peuvent exercer leur **droit de revendication**, notamment quand ils bénéficient d'une clause de réserve de propriété.

La reconstitution de l'actif par les nullités de la période suspecte

Cf. procédure de redressement judiciaire.

Evaluation du passif de l'entreprise

Cf. procédure de sauvegarde.

4 Dénouement de la procédure à la fin de la période d'observation

Cas de la cession totale ou partielle de l'entreprise

« *La cession de l'entreprise a pour but* ***d'assurer le maintien d'activités susceptibles d'exploitation autonome, de tout ou partie des emplois qui y sont attachés et*** *d'****apurer le passif*** » (**Art. L.642-1).**

La cession peut être **totale ou partielle**.

Si elle est partielle, elle porte sur « *un ensemble d'éléments d'exploitation qui forment une ou plusieurs branches d'activité complètes et autonomes* ».

Quand le **plan de cession prévoit des licenciements économiques**, il ne peut être arrêté qu'après que l'employeur ou le liquidateur a consulté les **représentants du personnel** sur ce projet de licenciement et notamment sur le plan de sauvegarde de l'emploi. Ces représentants doivent rendre leur **avis** au plus tard le jour ouvré avant l'audience qui statue sur le plan.

À noter : ***lors d'une cession, seuls les actifs sont transmis. Le prix obtenu de la cession sert à payer les dettes selon l'ordre de classement des créanciers prévu par la loi.***

Présentation des offres de reprise

Cf. procédure de sauvegarde.

« **Lorsque le tribunal estime que la cession totale ou partielle de l'entreprise est envisageable**, il autorise la poursuite de l'activité et **il fixe le délai dans lequel les offres de reprise doivent parvenir au liquidateur et à l'administrateur lorsqu'il en a été désigné** ».

La loi fixe le contenu des offres (**Art. L.642-2**) :

« *II.-Toute offre doit être écrite et comporter l'indication :*

1° De la désignation précise des biens, des droits et des contrats inclus dans l'offre ;

2° Des prévisions d'activité et de financement ;

3° Du prix offert, des modalités de règlement, de la qualité des apporteurs de capitaux et, le cas échéant, de leurs garants. Si l'offre propose un recours à l'emprunt, elle doit en préciser les conditions, en particulier de durée ;

4° De la date de réalisation de la cession ;

5° Du niveau et des perspectives d'emploi justifiés par l'activité considérée ;

6° Des garanties souscrites en vue d'assurer l'exécution de l'offre ;

7° Des prévisions de cession d'actifs au cours des deux années suivant la cession ;

8° De la durée de chacun des engagements pris par l'auteur de l'offre ;

9° Des modalités de financement des garanties financières envisagées lorsqu'elles sont requises au titre des articles L. 516-1 et L. 516-2 du code de l'environnement.

III.-Lorsque le débiteur exerce une profession libérale soumise à un statut législatif ou réglementaire ou dont le titre est protégé, l'offre doit en outre comporter l'indication de la qualification professionnelle du cessionnaire. »

Contenu du jugement qui décide la liquidation judiciaire

En cas de cession totale ou partielle de l'entreprise : *le tribunal :*

- « retient l'offre qui permet dans les meilleures conditions d'assurer le plus durablement l'emploi attaché à l'ensemble cédé, le paiement des créanciers et qui présente les meilleures garanties d'exécution. Il arrête un ou plusieurs plans de cession » (**Art. L.642-5**) ;
- détermine les contrats (de crédit-bail, de location ou de fourniture de biens et services...) cédés (**Art. L.642-7**) ;
- à propos des licenciements pour motif économique qui doivent intervenir dans le mois du jugement qui arrête le plan de cession : consulter le comité social et économique et obtenir la validation de l'autorité administrative.

Lorsque le plan de cession est arrêté par le tribunal, il peut être modifié, sauf sur le prix de cession (**Art. L.642-6**).

Réalisation de l'actif

Le liquidateur procède aux opérations de **liquidation** en même temps qu'il effectue la **vérification des créances** (**Art. L.641-4**).

En dehors de la **cession d'éléments de l'entreprise**, les **actifs** (immeubles...) **du débiteur** pris individuellement vont être cédés (**Art. L.642-18**).

« ***Lorsque la cession porte sur des biens grevés d'un privilège spécial, d'un gage, d'un nantissement ou d'une hypothèque****, le tribunal affecte à chacun de ces biens, pour la répartition du prix et l'exercice du droit de préférence, la quote-part du prix, déterminée au vu de l'inventaire et de la prisée des actifs et correspondant au rapport entre la valeur de ce bien et la valeur totale des actifs cédés* » (**Art. L.642-12**).

Toutes les cessions doivent faire l'objet de **publicité** (**Art. L.642-22**).

La **conclusion d'un contrat de location-gérance** peut être autorisée par le tribunal (par le jugement qui arrête le plan de cession) « *au profit de la personne qui a présenté l'offre d'acquisition permettant dans les meilleures conditions d'assurer le plus durablement l'emploi et le paiement des créanciers* » **Art. L.642-13**). Si le contrat de location-gérance est conclu, l'entreprise doit être effectivement cédée dans les deux ans du jugement qui arrête le plan.

Apurement du passif

En principe, le jugement qui ouvre ou prononce la liquidation judiciaire rend exigibles les créances non échues (**Art. L.643-1**).

Les créanciers sont réglés en fonction des **sûretés** (hypothèques, gages, nantissement) et **privilèges** (spéciaux, généraux), et de la date d'inscription de ceux-ci, dont ils disposent sur les biens du débiteur.

Si les créanciers ne bénéficient pas de garanties de paiement, ils sont **chirographaires** ; ils sont alors réglés proportionnellement au montant que leurs créances respectives représentent dans le passif encore impayé du débiteur.

Clôture des opérations

En cas de liquidation judiciaire (LJ) simplifiée, le tribunal prononce la clôture de la LJ au plus tard dans le délai de six mois à compter de la décision ayant ordonné ou décidé l'application de la procédure simplifiée, le débiteur entendu ou dûment appelé. Ce délai est porté à **un an** lorsque le nombre des salariés est supérieur à un et que son chiffre d'affaires hors taxes est supérieur à 300 000 €.

Le tribunal peut, par un jugement spécialement motivé, proroger la procédure pour une durée qui ne peut excéder trois mois (**Art. D.641-10 C. com.**).

Le tribunal prononce la **clôture de la liquidation** « *lorsqu'il n'existe plus de passif exigible ou que le liquidateur dispose de sommes suffisantes pour désintéresser les créanciers, ou lorsque la poursuite des opérations de liquidation judiciaire est rendue impossible en raison de l'insuffisance de l'actif, ou encore lorsque l'intérêt de cette poursuite est disproportionné par rapport aux difficultés de réalisation des actifs résiduels* » (**Art. L.643-9**).

À noter : ***la société est dissoute après la clôture de la liquidation.***

Le liquidateur **rend les comptes de liquidation** (**Art. L.643-10**).

En principe, le jugement de clôture de liquidation judiciaire pour insuffisance d'actif **ne fait pas recouvrer aux créanciers l'exercice individuel de leurs actions contre le débiteur.**

Exceptions, par exemple : un créancier recouvre son droit de poursuivre le débiteur si ce dernier a été condamné à la faillite personnelle ou a été reconnu coupable de banqueroute (**Art. L.643-11**).

Compléments

1 - Éléments de procédure relatifs à la prévention et au traitement des difficultés des entreprises

Le Code de commerce contient diverses dispositions.

- Les **débats** devant le tribunal de commerce et le tribunal judiciaire ont lieu en chambre du conseil. Néanmoins, la publicité des débats est de droit après l'ouverture de la procédure si le débiteur, le mandataire judiciaire, l'administrateur, le liquidateur, le représentant des salariés ou le ministère public en font la demande (Art. L.662-3).
- Les **recours**

La tierce opposition est possible pour les décisions statuant :

- sur l'ouverture des procédures de sauvegarde ou de redressement judiciaire de la part du débiteur, du créancier poursuivant et du ministère public ;
- sur l'ouverture de la liquidation judiciaire de la part du débiteur, du créancier poursuivant, du comité social et économique et du ministère public ;
- sur l'extension d'une procédure de sauvegarde, de redressement judiciaire ou de liquidation judiciaire ou sur la réunion de patrimoines de la part du débiteur soumis à la procédure, du débiteur visé par l'extension, du mandataire judiciaire ou du liquidateur, de l'administrateur et du ministère public ;
- sur le prononcé de la liquidation judiciaire au cours d'une période d'observation de la part du débiteur, de l'administrateur, du mandataire judiciaire, du comité social et économique et du ministère public » (Art. L.661-2).

Les décisions arrêtant ou modifiant le plan de sauvegarde ou de redressement ou rejetant la résolution de ce plan sont aussi susceptibles de tierce opposition.

Le jugement statuant sur la tierce opposition est susceptible d'appel et de pourvoi en cassation de la part du tiers opposant.

*À noter : pas de tierce opposition contre les décisions rejetant l'arrêté ou la modification du plan de sauvegarde ou de redressement ou prononçant la résolution de ce plan (**Art. L.661-3**).*

L'appel et le pourvoi de cassation sont possibles *notamment* pour les décisions statuant :

- sur l'ouverture des procédures de sauvegarde ou de redressement judiciaire de la part du débiteur, du créancier poursuivant et du ministère public ;
- sur l'ouverture de la liquidation judiciaire de la part du débiteur, du créancier poursuivant, du comité social et économique et du ministère public ;
- sur l'extension d'une procédure de sauvegarde, de redressement judiciaire ou de liquidation judiciaire ou sur la réunion de patrimoines de la part du débiteur soumis à la procédure, du débiteur visé par l'extension, du mandataire judiciaire ou du liquidateur, de l'administrateur et du ministère public ;
- sur la conversion de la procédure de sauvegarde en redressement judiciaire de la part du débiteur, de l'administrateur, du mandataire judiciaire et du ministère public (**Art. L.661-1**).

*À noter : les jugements ou ordonnances relatifs à la nomination ou au remplacement du juge-commissaire ne sont pas susceptibles de recours (**Art. L.661-4**).*

2 - Spécialisation de certains tribunaux de commerce

La loi n° 2015-990 du 6 août 2015 (Art. 231 à 235, 238 et 239) pour **la croissance et l'activité spécialise certains tribunaux de commerce pour les procédures collectives.**
Ces dispositions s'appliquent aux procédures ouvertes depuis le 1er mars 2016 en France métropolitaine.
Les tribunaux de commerce spécialisés sont compétents :

- lorsque le débiteur exerce une activité commerciale ou artisanale, s'il est soumis aux procédures suivantes : sauvegarde, redressement judiciaire et liquidation judiciaire, et s'il est :
  - soit une entreprise dont le nombre de salariés est égal ou supérieur à 250 et dont le montant net du chiffre d'affaires est d'au moins 20 millions d'euros ;
  - soit une entreprise dont le montant net du chiffre d'affaires est d'au moins 40 millions d'euros, quel que soit le nombre des salariés ;
  - soit une société qui détient ou contrôle une autre société, au sens des articles L 233-1 et L 233-3 du Code de commerce, dès lors que le nombre de salariés de l'ensemble des sociétés concernées est égal ou supérieur à 250 et que le montant net du chiffre d'affaires de l'ensemble de ces sociétés est d'au moins 20 millions d'euros ou, lorsque le montant net du chiffre d'affaires de l'ensemble de ces sociétés est d'au moins 40 millions d'euros, quel que soit le nombre des salariés ;
- pour les procédures de conciliation, lorsque le débiteur est une entreprise ou un ensemble de sociétés remplissant les conditions prévues ci-dessus pour les procédures de sauvegarde, de redressement et de liquidation judiciaires.

Cependant, cette compétence devra être demandée, soit par le débiteur sur saisine directe, soit par le procureur de la République, soit par le président du tribunal de commerce ;

- pour l'ouverture des procédures pour lesquelles la compétence internationale du tribunal est déterminée en application des actes pris par l'Union européenne relatifs aux procédures d'insolvabilité.

Le décret n° 2016- 217 du 26 février 2016 fixe la liste et le ressort des tribunaux de commerce spécialisés.
Sont spécialisés les tribunaux de commerce de Bobigny, Bordeaux, Dijon, Evry, Grenoble, Lyon, Marseille, Montpellier, Nanterre, Nantes, Nice, Orléans, Paris, Poitiers, Rennes, Rouen, Toulouse, Tourcoing.

F Étude point D. Cas des procédures collectives concernant plusieurs sociétés d'un même GROUPE

L'ordonnance n° 2014-326 du 12 mars 2014 prévoit que « *Lorsque plusieurs tribunaux sont saisis de procédures concernant des sociétés contrôlées par la même société ou contrôlant les mêmes sociétés au sens de l'article L. 233-3 (cf. ci-dessous),* **un administrateur judiciaire et un mandataire judiciaire communs** à l'ensemble des procédures ***peuvent être désignés***. Il peut leur être confié une **mission de coordination**.

Le décret n° 2014-736 du 30 juin 2014 *précise les conditions d'application de l'ordonnance.*

La loi n° 2015-990 du 6 août 2015 contient des dispositions applicables aux procédures ouvertes depuis le 1er mars 2016 concernant le regroupement des procédures collectives des sociétés d'un même groupe.

La loi instaure un mécanisme prenant en compte les groupes de sociétés dans le cadre des procédures collectives, en permettant un *traitement unifié par le même tribunal*, saisi de l'ouverture de la première procédure, *de l'ensemble des procédures concernant les sociétés d'un même groupe* (Art. L.621-4-1 du Code de commerce).

Le **tribunal de commerce spécialisé compétent** pour traiter de la procédure collective de la société mère le sera également et obligatoirement pour traiter de la procédure ouverte à l'encontre de ses filiales.

3 Compétence du tribunal

Le tribunal sera compétent pour connaître de toute procédure concernant *une société qui détient ou contrôle*, au sens des **articles L.233-1 et L.233-3 du Code de commerce**, une société pour laquelle une procédure est en cours devant lui.

Il sera également compétent pour connaître de toute procédure concernant *une société qui est détenue ou contrôlée* par une société pour laquelle une procédure est en cours devant lui.

Extraits du Code de commerce :

Article L.233-1

Lorsqu'une société possède plus de la moitié du capital d'une autre société, la seconde est considérée, [...] comme filiale de la première.

Article L.233-3

I. - Une société est considérée, pour l'application des sections 2 et 4 du présent chapitre, comme en contrôlant une autre :

- 1° Lorsqu'elle détient directement ou indirectement une fraction du capital lui conférant la majorité des droits de vote dans les assemblées générales de cette société ;
- 2° Lorsqu'elle dispose seule de la majorité des droits de vote dans cette société en vertu d'un accord conclu avec d'autres associés ou actionnaires et qui n'est pas contraire à l'intérêt de la société ;
- 3° Lorsqu'elle détermine en fait, par les droits de vote dont elle dispose, les décisions dans les assemblées générales de cette société ;
- 4° Lorsqu'elle est associée ou actionnaire de cette société et dispose du pouvoir de nommer ou de révoquer la majorité des membres des organes d'administration, de direction ou de surveillance de cette société.

II. - Elle est présumée exercer ce contrôle lorsqu'elle dispose directement ou indirectement, d'une fraction des droits de vote supérieure à 40 % et qu'aucun autre associé ou actionnaire ne détient directement ou indirectement une fraction supérieure à la sienne.

III. - Pour l'application des mêmes sections du présent chapitre, deux ou plusieurs personnes agissant de concert sont considérées comme en contrôlant conjointement une autre lorsqu'elles déterminent en fait les décisions prises en assemblée générale.

4 Désignation des coordinateurs

Elle peut être demandée :

- **soit par l'un des administrateurs désignés ou l'un des mandataires judiciaires désignés** dans l'une de ces procédures, après y avoir été autorisé par le juge-commissaire, auprès du tribunal qui a ouvert la procédure à l'égard de la société dont l'effectif ou, à défaut, le chiffre d'affaires est le plus important ;
- **soit par le président de l'un des tribunaux saisis** auprès du premier président de la cour d'appel ou, si les procédures relèvent de juridictions de plusieurs cours d'appel, du premier président de la Cour de cassation. Les décisions du premier président de la cour d'appel ou de la Cour de cassation ne sont pas susceptibles de recours.

5 Missions des coordinateurs

L'administrateur coordonnateur établit un **rapport** sur la situation des sociétés faisant l'objet des procédures avec l'assistance de chacun des administrateurs. Ce rapport peut comporter des *propositions* dans l'intérêt commun de ces sociétés. Il est *communiqué* à chacune des juridictions et au ministère public. L'administrateur coordonnateur est destinataire des projets de plan soumis aux tribunaux. Ses observations sont transmises aux juridictions concernées.

Le mandataire judiciaire coordonnateur **assiste** chacun des mandataires pour la **vérification des créances** existant entre les sociétés en cause et la **connaissance des relations financières** entre celles-ci. Il est destinataire des projets de plan soumis aux tribunaux. Ses observations sont transmises aux juridictions concernées.

G Étude point E - La procédure de RETABLISSEMENT PROFESSIONNEL

Elle a été créée par l'**ordonnance n° 2014-326 du 12 mars 2014**, et est inscrite dans les **articles L.645-1 à L.645-12 du Code de commerce**.

1 Objectif

Cette procédure vise à **effacer des dettes professionnelles sans liquidation.**

2 Débiteur concerné

Tout débiteur, **personne physique**, exerçant une activité commerciale, artisanale ou professionnelle indépendante (notamment une profession libérale), tout agriculteur qui doit remplir les **conditions** suivantes (**Art. L.645-1 et L.645-2**) :

- être **en cessation des paiements** et le **redressement est manifestement impossible** ;
- ne pas avoir cessé son activité depuis plus d'un an ;
- ne pas faire l'objet d'une **procédure collective** en cours ;
- n'a employé aucun salarié au cours des six derniers mois et ne pas être dans une instance prud'homale ;
- disposer d'un **actif déclaré d'une valeur inférieure à 5 000 €** ;
- ne pas avoir affecté à l'activité professionnelle en difficulté un **patrimoine séparé de son patrimoine personnel ;**
- ne pas avoir fait l'objet, depuis moins de cinq ans, au titre de l'un quelconque de ses patrimoines, d'une procédure de liquidation judiciaire clôturée pour insuffisance d'actif ou d'une décision de clôture d'une procédure de rétablissement professionnel.

3 Déroulement de la procédure

Ouverture de la procédure

Le **débiteur** qui demande l'ouverture d'une procédure de liquidation judiciaire peut, **par le même acte**, solliciter l'ouverture de la procédure de rétablissement professionnel.

Le **tribunal** n'ouvre la procédure de rétablissement professionnel qu'après s'être assuré que les conditions légales (cf. ci-dessus) en sont remplies.

L'avis du **ministère public** est requis **préalablement à l'ouverture de la procédure** (**Art. L.645-3**).

Contenu du jugement d'ouverture de la procédure

Le tribunal qui ouvre une procédure de rétablissement professionnel désigne un **juge** commis chargé de recueillir tous renseignements sur la **situation patrimoniale du débiteur**, notamment le montant de son passif et la valeur de ses actifs.

Il nomme, pour assister le juge commis, un **mandataire judiciaire**.

La procédure est ouverte pour une période de **quatre mois** (**Art. L.645-4**).

Actions contre le débiteur en cours de procédure

Si le débiteur est mis en demeure ou poursuivi par un créancier au cours de la procédure, le juge commis peut, à la demande du débiteur, **reporter le paiement** des sommes dues dans la limite de quatre mois et ordonner, pour cette même durée, la suspension des procédures d'exécution qui auraient été engagées par le créancier (**Art. L.645-6**).

Déclaration des créances

Le **mandataire judiciaire** informe sans délai les créanciers connus de l'ouverture de la procédure et les invite à lui communiquer, dans un **délai de deux mois** à compter de la réception de cet avis, le montant de leur créance avec indication des sommes à échoir et de la date des échéances ainsi que toute information utile relative aux droits patrimoniaux dont ils indiquent être titulaires à l'égard du débiteur (**Art. L.645-8**).

Cas de mise en liquidation judiciaire du débiteur

À tout moment de la procédure de rétablissement professionnel, le tribunal **peut** ouvrir la procédure de liquidation judiciaire demandée simultanément à celle-ci :

- **sur rapport du juge commis**, s'il est établi que le débiteur qui en a sollicité le bénéfice n'est pas de bonne foi ou si l'instruction a fait apparaître l'existence d'éléments susceptibles de donner lieu aux sanctions légales prévues pour les dirigeants ;
- s'il apparaît que les conditions d'ouverture de la procédure de rétablissement professionnel n'étaient pas réunies à la date à laquelle le tribunal a statué sur son ouverture ou ne le sont plus depuis.

Le tribunal peut également être saisi en ouverture de la procédure de liquidation judiciaire notamment sur requête du ministère public ou par assignation d'un créancier (**Art. L.645-9**).

4 Issue de la procédure : la décision du tribunal

Après avoir recueilli l'avis du ministère public et sur le rapport du mandataire judiciaire, le juge commis renvoie l'affaire devant le tribunal en vue :

- soit de la clôture de la procédure de rétablissement professionnel sans liquidation ;
- soit de l'ouverture d'une liquidation judiciaire (**Art. L.645-10**).

La clôture de la procédure de rétablissement entraine l'**effacement des dettes à l'égard des créanciers dont la créance est née AVANT le jugement ouvrant la procédure et a été portée à la connaissance du juge** (**Art. L.645-11**).

Ne seront donc pas effacées : les créances omises par le débiteur et celles des créanciers non avertis par le mandataire judiciaire, les créances alimentaires, les créances résultant d'une condamnation pénale du débiteur ou d'un droit attaché à la personne du créancier, ainsi que les créances des cautions ou coobligés qui auront payé au lieu et place du débiteur.

5 Remise en cause de l'effacement des dettes

Lorsqu'après le prononcé de la clôture de la procédure de rétablissement professionnel, il apparaît que le débiteur a obtenu le bénéfice de cette procédure par une **description incomplète de son actif ou de son passif**, le tribunal, s'il est saisi aux fins d'ouverture d'une procédure de liquidation judiciaire, peut fixer, dans son jugement, la date de **cessation des paiements** à la date d'ouverture de la procédure de rétablissement professionnel sans qu'elle puisse être antérieure de plus de dix-huit mois à la date de ce jugement.

La décision du tribunal fait recouvrer leurs droits aux créanciers dont les créances avaient fait l'objet de l'effacement ; ils sont dispensés de déclarer ces créances à la procédure de liquidation judiciaire (**Art. L.645-12**).

2 Les responsabilités et les sanctions relatives aux dirigeants des entreprises en difficulté

Ces responsabilités et ces sanctions sont prévues par les articles **L.650-1 à L.680-7 du Code de commerce**.

Les **personnes visées par la loi** sont les dirigeants d'une personne morale de droit privé soumise à une procédure collective, personnes physiques représentants permanents de ces dirigeants personnes morales.

Dans les procédures collectives étudiées supra, depuis la **loi n° 2012-346 du 12 mars 2012** relative aux mesures conservatoires en matière de procédures de sauvegarde, de redressement judiciaire ou de liquidation judiciaire et aux biens qui en font l'objet, le président du tribunal saisi d'une procédure collective peut, à la demande de l'administrateur ou du mandataire judiciaire, **ordonner toute mesure conservatoire utile** (hypothèque ou nantissement judiciaire...) à l'égard des biens du dirigeant de droit ou de fait à l'encontre duquel l'administrateur ou le mandataire judiciaire a introduit une action en responsabilité fondée sur une faute ayant contribué à la cessation des paiements du débiteur.

La responsabilité des dirigeants PEUT être engagée dans différents cas.

A Responsabilité pour insuffisance d'actif

- **Personnes visées par la loi** (**Art. L.651-1**) : dirigeants d'une personne morale de droit privé soumise à une procédure collective, personnes physiques représentants permanents de ces dirigeants personnes morales et entrepreneurs individuels à responsabilité limitée.
- **Situation de l'entreprise** (**Art. L.651-2**) : lorsque la **liquidation judiciaire d'une personne morale** fait apparaître une insuffisance d'actif, le tribunal peut, *en cas de faute de gestion ayant contribué à cette insuffisance d'actif*, décider que le montant de cette insuffisance d'actif sera supporté, en tout ou en partie, par tous les *dirigeants de droit ou de fait*, ou par certains d'entre eux, ayant contribué à la faute de gestion.

En cas de pluralité de dirigeants, le tribunal peut, par décision motivée, les déclarer solidairement responsables.

- **L'action en justice** se prescrit par trois ans à compter du jugement qui prononce la liquidation judiciaire.

Les sommes versées par les dirigeants entrent dans le patrimoine du débiteur. Elles sont réparties au marc le franc entre tous les créanciers.

B Sanctions professionnelles personnelles

- *Effets* : ces sanctions concernent l'aptitude à agir notamment de la personne physique exerçant une activité commerciale ou artisanale et du dirigeant de droit ou de fait (**Art. L. 653-1**).

Ces sanctions ne peuvent être supérieures à 15 ans ; elles peuvent être levées si le débiteur a apporté une contribution suffisante au paiement du passif (**Art. L.653-11**).

- *L'action en justice* se prescrit par trois ans à compter du jugement qui prononce l'ouverture de la procédure.
- *Situation* : une procédure de redressement judiciaire ou de liquidation judiciaire est ouverte à l'encontre d'une personne physique ou d'une personne morale.

1 Faillite personnelle

La faillite personnelle emporte interdiction de diriger, gérer, administrer ou contrôler, directement ou indirectement, toute entreprise commerciale ou artisanale, toute exploitation agricole ou toute entreprise ayant toute autre activité indépendante et toute personne morale (Art. L.653-2).

- **Le tribunal PEUT prononcer la faillite personnelle de toute personne** (**Art. L.653-3 et L.653-5**) qui a *notamment* :
  - **poursuivi abusivement une exploitation déficitaire** qui ne pouvait conduire qu'à la cessation des paiements ;
  - a **détourné ou dissimulé** tout ou partie de son actif ou **frauduleusement** augmenté son passif ;
  - dans l'intention d'éviter ou de retarder l'ouverture de la procédure de redressement judiciaire ou de liquidation judiciaire, fait **des achats en vue d'une revente au-dessous du cours ou employé des moyens ruineux pour se procurer des fonds** ;
  - payé ou fait payer, après cessation des paiements et en connaissance de cause de celle-ci, un **créancier au préjudice des autres créanciers ;**
  - en s'abstenant volontairement de coopérer avec les organes de la procédure, **fait obstacle à son bon déroulement ;**

- fait disparaître des documents comptables, n'a pas tenu de **comptabilité** lorsque les textes applicables en font obligation, ou a tenu une comptabilité fictive, **manifestement incomplète ou irrégulière au regard des dispositions applicables.**

- **Le tribunal PEUT prononcer la faillite personnelle de *tout dirigeant, de droit ou de fait, d'une personne morale*** (**Art. L.653-4**), qui a :
  - **disposé des biens de la personne morale** comme des siens propres ;
  - sous le couvert de la personne morale masquant ses agissements, fait des **actes de commerce dans un intérêt personnel** ;
  - **fait des biens ou du crédit de la personne morale un usage contraire à l'intérêt de celle-ci à des fins personnelles** ou pour favoriser une autre personne morale ou entreprise dans laquelle il était intéressé directement ou indirectement ;
  - **poursuivi abusivement, dans un intérêt personnel, une exploitation déficitaire** qui ne pouvait conduire qu'à la cessation des paiements de la personne morale ;
  - **détourné ou dissimulé** tout ou partie de l'actif ou frauduleusement augmenté le passif de la personne morale.
- De plus, le tribunal PEUT prononcer la faillite personnelle du dirigeant de la personne morale qui n'a pas acquitté les dettes de celle-ci mises à sa charge (**Art. L.653-6**).

2 Interdiction de diriger ou contrôler une entreprise commerciale ou une personne morale

Le tribunal peut prononcer, *à la place de la faillite personnelle*, l'interdiction de diriger, gérer, administrer ou contrôler, directement ou indirectement, soit toute entreprise commerciale ou artisanale, toute exploitation agricole et toute personne morale, soit une ou plusieurs de celles-ci.

Cette interdiction peut également être prononcée à l'encontre de la personne qui a ***sciemment*** *omis de demander l'ouverture d'une procédure de redressement ou de liquidation judiciaire dans le délai de quarante-cinq jours à compter de la cessation des paiements*, sans avoir, par ailleurs, demandé l'ouverture d'une procédure de conciliation (**Art. L.653-8**).

3 Effets de la faillite ou de l'interdiction

- Le **droit de vote** des dirigeants est exercé dans les assemblées des personnes morales soumises à une procédure de redressement judiciaire ou de liquidation judiciaire par un mandataire désigné par le tribunal.
- Le tribunal peut enjoindre à tout ou partie des dirigeants de céder leurs **actions ou parts sociales** dans la personne morale ou ordonner leur cession forcée. Le produit de la vente est affecté au paiement de la part des dettes sociales dans le cas où ces dettes ont été mises à la charge des dirigeants (**Art. L.653-9**).

C Sanctions pénales : le délit de banqueroute

- **Situation** : ouverture d'une **procédure de redressement judiciaire ou de liquidation judiciaire.**
- « Sont coupables de banqueroute les personnes contre lesquelles a été relevé l'un des faits ci-après :

1° Avoir, dans l'intention d'éviter ou de retarder l'ouverture de la procédure de redressement judiciaire ou de liquidation judiciaire, soit fait des achats en vue d'une revente au-dessous du cours, soit employé des moyens ruineux pour se procurer des fonds ;

2° Avoir détourné ou dissimulé tout ou partie de l'actif du débiteur ;

3° Avoir frauduleusement augmenté le passif du débiteur ;

4° Avoir tenu une comptabilité fictive ou fait disparaître des documents comptables de l'entreprise ou de la personne morale ou s'être abstenu de tenir toute comptabilité lorsque les textes applicables en font obligation ;

5° Avoir tenu une comptabilité manifestement incomplète ou irrégulière au regard des dispositions légales » (**Art. L.654-2**).

- **Peines applicables** : cinq ans d'emprisonnement et 75 000 € (**Art. L.654-3**).
- **Peines complémentaires encourues**, notamment : exclusion des marchés publics pour une durée de cinq ans au plus, interdiction, pour une durée de cinq ans au plus, d'émettre des chèques autres que ceux qui permettent le retrait de fonds par le tireur auprès du tiré ou ceux qui sont certifiés (**Art. L.654-5**).
- **Sanctions facultatives** : faillite personnelle, interdiction de gérer.

Éléments de procédure

Juridictions compétentes :

- pour 1, 2 : tribunal (de commerce ou judiciaire) qui a été saisi de la procédure collective ;
- pour 3 : tribunal correctionnel.

Saisine de la juridiction :

par le mandataire judiciaire, le liquidateur, le ministère public.

3 Application du droit communautaire

Le droit communautaire organise les **procédures d'insolvabilité**.

Le but est d'**éviter le recours au « *forum shopping* ».** Cette pratique de droit international privé consiste pour les parties à choisir la juridiction qu'elles vont saisir pour régler leur litige.

En l'occurrence, les procédures de traitement des difficultés étant différentes selon les Etats, il s'agit d'éviter que le débiteur et ses créanciers ne soient incités à déplacer leurs avoirs (biens) ou des procédures judiciaires d'un Etat membre à un autre pour bénéficier d'un traitement plus favorable.

Le **règlement n° 1346/2000 du 29 mai 2000** a déterminé les règles des d'insolvabilité ; il a été révisé par le **règlement UE 2015/848 du 20 mai 2015 relatif aux procédures d'insolvabilité**, et applicable aux procédures ouvertes après le 26 juin 2017 dans l'ensemble des Etats de l'Union, à l'exception du Danemark.

En France, l'ordonnance n° 2017-1519 du 2 novembre 2017 apporte des explications sur l'application en droit interne du règlement de 2015 sur les procédures d'insolvabilité ; elle est entrée en vigueur le 4 novembre 2017.

Les procédures d'insolvabilité sont inscrites dans les **articles L.690-1 à L.696-1** du Code de commerce dans le **TITRE IX du Code de commerce** **« Dispositions particulières aux procédures d'insolvabilité relevant du règlement (UE) 2015/848 du 20 mai 2015 relatif aux procédures d'insolvabilité ».**

A Champ d'application des règlements

Les textes s'appliquent aux procédures collectives fondées sur l'**insolvabilité du débiteur** qui entraînent le dessaisissement partiel ou total de ce débiteur ainsi que la désignation d'un **syndic**.

Sont des **procédures collectives**, *les procédures auxquelles participe la totalité ou une partie importante des créanciers d'un débiteur, pour autant que, dans ce dernier cas, les procédures ne portent pas atteinte aux créances des créanciers qui ne sont pas parties à ces procédures.*

Sont concernées les « procédures qui favorisent le redressement d'entreprises économiquement viables mais en difficulté, et qui donnent une seconde chance aux entrepreneurs ».

Pour la France, il s'agit des procédures de sauvegarde, de sauvegarde accélérée, de sauvegarde financière accélérée, de redressement judiciaire et de liquidation judiciaire.

B Différentes procédures

« Le tribunal saisi d'une demande d'ouverture d'une procédure d'insolvabilité à l'égard d'un débiteur peut ouvrir, selon le cas, une procédure d'insolvabilité principale ou une procédure d'insolvabilité territoriale ou secondaire » (**Art. L.690-1**).

A. La procédure d'insolvabilité principale

Les juridictions de l'Etat membre sur le territoire duquel est situé le **centre des intérêts principaux du débiteur** sont compétentes pour ouvrir la procédure d'insolvabilité, qui est alors qualifiée de principale.

Pour les sociétés et les personnes morales, le centre des intérêts principaux est présumé, jusqu'à preuve du contraire, être le lieu du siège statutaire.

Pour les personnes morales : cette présomption ne s'applique que si le siège statutaire n'a pas été transféré dans un autre Etat membre au cours des trois mois précédant la demande d'ouverture d'une procédure d'insolvabilité.

B. La procédure d'insolvabilité secondaire

Lorsqu'une procédure principale a été ouverte dans un Etat membre, le débiteur peut être soumis à une procédure secondaire dans le ou les autres Etats membres où il dispose d'un **établissement**.

Cette procédure secondaire a un **effet territorial**, car ses effets sont limités aux biens du débiteur qui se trouvent sur le territoire de cet ou de ces autres Etats ; elle permet de **préserver les intérêts des créanciers localisés dans l'Etat membre où cette procédure peut être ouverte**.

C Vérification de la compétence du juge

La juridiction saisie d'une demande d'ouverture d'une procédure d'insolvabilité doit :

- examiner d'office si elle est compétente ;
- indiquer dans sa décision d'ouverture les fondements de sa compétence ;
- préciser notamment si sa compétence est fondée sur la localisation du centre des intérêts principaux ou sur celle d'un établissement du débiteur.

D Loi applicable

La loi applicable à la procédure d'insolvabilité et à ses effets est celle de l'Etat membre sur le territoire duquel cette procédure est ouverte.

À noter pour les contrats de travail : les juridictions de l'Etat membre dans lequel une procédure d'insolvabilité secondaire peut être ouverte restent compétentes pour approuver la résiliation ou la modification des contrats.

E Situation des créanciers

Il appartient à la juridiction qui ouvre une procédure d'informer sans délai les créanciers étrangers connus et que tout créancier peut produire ses créances dans le cadre de la procédure d'insolvabilité.

Les éléments d'information destinés aux créanciers sont communiqués au moyen d'un **formulaire uniformisé**, qui est diffusé sur le portail européen e-Justice.

F Publicité

Notamment :

- le syndic peut demander que le **contenu essentiel de la décision** ouvrant la procédure d'insolvabilité soit publié dans tout autre Etat membre ;
- les **décisions ouvrant une procédure principale** sont inscrites au livre foncier, au registre du commerce et à tout autre registre public tenu dans les autres Etats membres ;

- les Etats membres doivent créer et tenir, sur leur territoire un ou plusieurs **registres d'insolvabilité** dans lesquels seront publiées des informations concernant les procédures d'insolvabilité. Ces registres nationaux doivent faire l'objet d'une interconnexion.

G Coordination des procédures

On distingue différents mécanismes de coordination.

- Coopération et communication entre praticiens de l'insolvabilité

Le praticien de l'insolvabilité de la procédure d'insolvabilité principale et le ou les praticiens de l'insolvabilité des procédures secondaires concernant le même débiteur doivent en particulier se communiquer dès que possible toute information qui peut être utile aux autres procédures, coordonner la gestion de la réalisation ou de l'utilisation des actifs et coopérer.

À noter : ***en France, sont des praticiens de l'insolvabilité : mandataire judiciaire, liquidateur, administrateur judiciaire, commissaire à l'exécution du plan.***

- Coopération et communication entre juridictions, coopération et communication entre praticiens et juridictions

Le but est de faciliter la coordination des différentes procédures d'insolvabilité concernant le même débiteur.

H Dispositions spécifiques aux groupes de sociétés

- Définitions

- Un **groupe de sociétés** est constitué d'une entreprise mère et de l'ensemble de ses filiales.
- L'**entreprise mère** est une entreprise qui contrôle, soit directement, soit indirectement, une ou plusieurs filiales, une entreprise qui prépare des états financiers consolidés conformément à la directive 2013/34/UE étant réputée être une entreprise mère.

- Possibilité d'une coopération à plusieurs niveaux, lorsque des procédures d'insolvabilité concernent deux membres ou plus d'un groupe de sociétés

Par exemple :

- coopération entre les praticiens de l'insolvabilité désignés dans les différentes sociétés d'un groupe ;
- coopération entre les juridictions concernées par les différentes procédures.

- Création de la procédure de coordination collective

Le but est de faciliter la gestion des procédures ouvertes à l'encontre des membres du groupe et d'obtenir une incidence globalement positive sur la situation des créanciers.

Complément sur l'ordonnance 2017-1519 du 2 novembre 2017

L'ordonnance vise à faciliter la mise en œuvre des procédures d'insolvabilité.

Par exemple :

- le mandataire de justice désigné dans la procédure d'insolvabilité ouverte sur le territoire français peut *proposer un engagement aux créanciers de l'établissement débiteur situé dans un autre Etat* ; cet engagement permet d'éviter le recours à une procédure d'insolvabilité secondaire tout en garantissant aux créanciers de l'établissement une protection élevée de leurs droits ;
- les règles de procédure françaises sont adaptées aux *obligations de coopération et de communication* entre les acteurs de ces procédures d'insolvabilité ;
- le traitement de l'insolvabilité des *groupes de sociétés* établies dans plusieurs Etats membres de l'Union européenne est facilité par l'instauration d'une *nouvelle procédure de coordination collective*.

Transmission de l'entreprise à titre onéreux

25

Chapitre

COMPÉTENCES VISÉES

- **Déterminer le mode juridique et fiscal le plus approprié pour l'opération de transmission.**
- **Évaluer et optimiser le coût fiscal de la transmission.**
- **Assurer le suivi juridique de la transmission (garanties de passif,...).**
- **Maîtriser les règles juridiques et fiscales de :**
  - **la transmission à titre onéreux de l'entreprise, à travers la cession de l'entreprise individuelle (vente du fonds de commerce) ou la cession des droits sociaux**
  - **la transmission à titre gratuit de l'entreprise, à travers les conséquences du décès de l'associé ou du dirigeant de l'entreprise individuelle et de la donation de l'entreprise ou des droits sociaux.**

- Les règles applicables aux différents modes de transmission sont inscrites essentiellement dans le Code de commerce.

  Cette transmission de l'entreprise est aussi encadrée par des dispositions fiscales.

PLAN DU CHAPITRE

1 Transmission de l'entreprise individuelle

A Il y a cession d'un fonds de commerce

La vente du fonds de commerce est organisée par les **articles L.141-2 à L.141-27** du Code de commerce.

Éléments cédés

Types d'éléments	Éléments cédés	Éléments non inclus dans la cession du fonds
Corporels	• Meubles : matériels, marchandises…	*Immeubles par nature, par destination*
Incorporels	• Clientèle • Achalandage • Droit au bail • Droits de propriété industrielle • Contrats : de travail, de bail, d'assurances	• *Contrats intuitus personae* • *Créances* • *Dettes*

B Contrat de cession du fonds

1 Avant-contrat

Les parties peuvent conclure :

- soit une promesse unilatérale de vente ou d'achat ;
- soit une promesse synallagmatique, qui est un compromis.

2 Contrat de cession (vente) du fonds

À peine de nullité, le contrat écrit doit contenir des mentions prévues par la loi (**article L. 141-4**) :

- le nom du précédent vendeur, la date et la nature de son acte d'acquisition et le prix de cette acquisition pour les éléments incorporels, les marchandises et le matériel ;
- l'état des privilèges et nantissements grevant le fonds ;
- le chiffre d'affaires qu'il a réalisé durant les trois exercices comptables précédant celui de la vente, ce nombre étant réduit à la durée de la possession du fonds si elle a été inférieure à trois ans ;
- les résultats d'exploitation réalisés pendant le même temps ;
- le bail, sa date, sa durée, le nom et l'adresse du bailleur et du cédant, s'il y a lieu.

3 Formalités et publicité

Il s'agit de la publication d'un avis au journal d'annonces légales (JAL), de la radiation du vendeur au registre du commerce et des sociétés (RCS) et de l'inscription de l'acquéreur du fonds sur ce même registre, de l'insertion au Bulletin officiel des annonces civiles et commerciales (BODACC) dans les 15 jours de la vente (**article L.141-12** du Code de commerce).

4 Opposition des créanciers du vendeur au paiement du prix

Les créanciers doivent faire opposition par **acte extrajudiciaire ou par lettre recommandée avec demande d'avis de réception dans le délai de dix jours à compter de la publicité au BODACC**.

Au cas d'opposition au paiement du prix, **le vendeur peut**, en tout état de cause, après l'expiration du délai de dix jours, **se pourvoir en référé** devant le président du tribunal afin d'obtenir l'autorisation de toucher son prix malgré l'opposition, à la condition de verser à la Caisse des dépôts et consignations, ou aux mains d'un tiers commis à cet effet, une somme suffisante, fixée par le juge des référés, pour répondre éventuellement des causes de l'opposition dans le cas où le vendeur se reconnaîtrait ou serait jugé débiteur (**article L. 141-5**).

5 Protection de l'acquéreur et du vendeur

Le Code civil et le Code de commerce (notamment pour le privilège du vendeur de fonds de commerce et le nantissement du fonds) contiennent des dispositions qui visent à protéger les parties au contrat de vente d'un fonds de commerce.

Garanties	Contenu des garanties	Mise en œuvre des garanties	
		Action en justice devant le tribunal de commerce Obligations (auprès du greffe...)	Effets
Protection de l'ACHETEUR			
Contenu du contrat	Exactitude des énonciations obligatoires.	Dans un délai d'un an à compter de la prise de possession du fonds.	Annulation de la vente ou réduction du prix ou dommages intérêts (DI) en cas de vices cachés.
Consentement	Nullité pour dol ou erreur sur les qualités substantielles de la chose (sauf sur la valeur du fonds).	Dans un délai de 5 ans à compter de la découverte du vice.	Nullité relative du contrat.
Garantie des vices cachés	• Ces vices rendent la chose impropre à l'usage prévu. • Les vices doivent être antérieurs à la vente.	Dans un délai de 2 ans à compter de la découverte du vice.	L'acheteur a le choix entre : • rendre le fonds et se faire restituer le prix ; • garder le fonds et se faire rendre une partie du prix, et demander des DI si le vendeur connaissait le vice.
Garantie de possession paisible	Elle concerne les éléments du fonds de commerce qui ont été transmis.	Dans un délai de 5 ans à compter de la découverte du problème.	L'acheteur peut demander des DI.
Garantie d'éviction	Elle porte sur tout ou partie du fonds. Le vendeur : • a une obligation de non rétablissement et ne doit pas détourner la clientèle ; • doit informer l'acheteur des clauses restrictives inscrites dans le contrat de bail.	Dans un délai de 5 ans à compter de la découverte du problème.	L'acheteur évincé peut demander notamment : • restitution du prix ; • restitution des fruits qu'il doit rendre lors de l'éviction ; • des DI.
Le cas échéant : clause de non-concurrence ou de non-rétablissement	• But : renforcer la garantie d'éviction légale. • La clause doit être limitée dans le temps **ou** dans l'espace.	Dans un délai de 5 ans à compter de la découverte du problème.	L'acheteur peut demander des DI.
Purge des inscriptions	C'est la levée des privilèges ou des nantissements inscrits par les créanciers du vendeur du fonds.	L'acheteur offre de payer les créances jusqu'à concurrence du prix de vente du fonds.	Cf. (1).

Garanties	Contenu des garanties	Mise en œuvre des garanties	
		Action en justice devant le tribunal de commerce Obligations (auprès du greffe...)	Effets
Protection du VENDEUR			
Privilège du vendeur de fonds de commerce	• But : garantir le paiement à crédit du prix du fonds. • Porte sur les éléments inscrits dans le privilège : *cf.* (2).	• Le vendeur doit le **faire inscrire sur un registre** public tenu au greffe du tribunal dans les 30 jours de la date de la vente, sous peine de nullité. • Le privilège est conservé pendant dix ans et son inscription peut être renouvelée.	• Garantie d'une durée de 10 ans pour la créance en principal et de 2 ans pour les intérêts. • Droit de préférence et droit de suite.
Nantissement du fonds de commerce	Un bien ou un ensemble de biens meubles ou immeubles corporels ou incorporels sont affectés en garantie de l'exécution d'une obligation.	Il doit être inscrit dans les 30 jours de sa date sur un registre tenu au greffe du tribunal.	Droit de suite.
Action résolutoire	En cas d'inexécution de ses obligations par l'acheteur, car le contrat est synallagmatique, *ex.* : non-paiement du prix.	Action dans un délai de 5 ans. Elle est limitée aux éléments vendus.	Vendeur reprend les éléments du fonds mais restitue le prix des marchandises et des matériels.

(1) L'acheteur doit notifier son offre aux créanciers inscrits ; si un ou plusieurs créanciers refusent l'offre, ils doivent former une surenchère égale au dixième du prix principal (non compris le matériel et les marchandises). Celui qui fait une surenchère ne peut s'en désister qu'avec l'accord de tous les créanciers. À défaut de cet accord et en l'absence de surenchère, ce créancier est déclaré adjudicataire du fonds.

(2) À défaut, le privilège porte sur l'enseigne, le nom commercial, le droit au bail, la clientèle et l'achalandage. Chaque élément a un prix distinct. L'**article L. 141-5** précise les conditions dans lesquels le vendeur bénéficie de ce privilège.

2 Transmission de la société

Cette opération s'opère par la **cession de titres** (parts sociales ou actions).

Certaines règles sont communes à toutes les sociétés, d'autres sont spécifiques aux différentes sociétés.

A Règles COMMUNES à TOUTES LES CESSIONS DE TITRES

1 Cadre juridique

Les opérations de cession sont mises en place en application du principe de la **liberté contractuelle** (article 1102 du Code civil).

Un contrat de cession de titres est conclu entre le **cédant** et le **cessionnaire**.

La **cession est commerciale**. Un cessionnaire acquiert tout ou partie des titres d'une société. Le cas échéant, la cession peut lui permettre d'acquérir le contrôle de la société.

2 Conditions relatives au contrat de cession des titres

Les conditions de validité du contrat fixées par l'**article 1128** du Code civil s'appliquent à la cession de titres.

a. Consentement des parties

Il ne doit pas être vicié par le dol (*exemple* : dissimulation d'une partie du passif de la société dont les titres sont cédés), l'erreur (*exemple* : sur la rentabilité de la société) ou la violence (physique ou verbale à l'encontre de l'un des cocontractants).

b. Capacité

Les cocontractants doivent posséder la capacité **civile** (*exemple* : pour la cession d'actions d'une société anonyme) ou la capacité **commerciale** (*exemple* : pour la cession de parts sociales d'une société en nom collectif) pour conclure valablement le contrat de cession des titres.

c. Contenu du contrat

Il doit être **licite et certain** et les parties doivent être d'accord sur la chose (caractéristiques des titres et quantité) et sur le prix, qui doit être déterminé ou déterminable.

Garanties :

- le cessionnaire bénéficie de la **garantie légale des vices cachés**. Le vice est caché lorsqu'il interdit à la société (dont les titres sont acquis) d'exercer l'activité correspondant à son objet social ;
- des **garanties contractuelles** sont souvent inscrites dans le contrat ; elles portent notamment sur les renseignements fournis par la société (par exemple concernant son patrimoine), l'exactitude du bilan, le passif (une clause de garantie de passif est rédigée, par laquelle le cédant est tenu des dettes sociales antérieures à la cession).

d. Clauses limitant la cession

Elles sont inscrites dans les **statuts** ou dans des **pactes d'actionnaires** (par exemple dans les SA) ou d'associés (par exemple dans les SARL) et sont conclues entre certains actionnaires ou associés.

Exemples de clauses :

- **clause d'agrément** dans les statuts des sociétés par actions et des SARL ; elle prévoit les conditions (organe de décision...) dans lesquelles une cession de titres peut avoir lieu dans la société ;
- **clause de préemption**, qui donne priorité aux associés/actionnaires actuels pour l'acquisition des titres ;
- **clause d'inaliénabilité** des titres, qui peut être inscrite dans les statuts d'une société par actions simplifiée (SAS) ; cette clause a une durée de dix ans maximum et est renouvelable ;
- **clause de sortie conjointe**, par laquelle l'associé majoritaire cède ses titres si son acquéreur achète aussi les titres des associés minoritaires.

B Règles SPÉCIFIQUES aux DIFFÉRENTES SOCIÉTÉS

1 Règles relatives aux SNC

a. Forme, procédure, formalités de publicité de la cession

Le contrat de cession est **écrit** (**article L. 221-14** du Code de commerce).

Opposabilité :

- à la société : notification par l'associé cédant ou par acceptation de la société dans un acte authentique ;
- aux tiers : par publication de la cession au registre du commerce et des sociétés (RCS).

Publicité :

Avis au JAL, insertion modificative au RCS et insertion au BODACC.

b. Agrément de la cession

La cession des titres doit être agréée à l'**unanimité** de l'assemblée des associés de la SNC (article L. 221-13 du Code de commerce).

2 Règles relatives aux SARL

a. Forme, procédure, formalités de publicité de la cession

Le contrat de cession est **écrit**.

Procédure

1) Le **projet de cession** est notifié à la société et à chaque associé.

2) Le gérant doit réunir l'**assemblée des associés** dans les 8 jours de la notification à la société (**article R. 223-12** du Code de commerce) ou procéder à une consultation écrite (si les statuts l'ont prévue).

3) L'**autorisation de cession** est expresse (votée par les associés) ou tacite (s'il n'y a pas de décision de la société dans les trois mois de la dernière notification) ou par déchéance (si les associés ont refusé l'agrément ou n'ont pas racheté les parts dans le délai imparti : l'associé cédant peut réaliser la cession prévue).

4) En cas de **refus d'agrément** : si l'associé cédant détient ses parts depuis deux ans au moins, il peut obliger les autres associés à les acheter ou à les faire acheter par des tiers ou par la société elle-même. Les associés ont trois mois pour effectuer l'opération.

b. Agrément de la cession

Cession entre associés, conjoints, descendant, ascendants

Elle est libre, sauf si les statuts contiennent une clause d'agrément (**article L. 223-13** du Code de commerce).

Cession à des tiers

- elle requiert le vote favorable de la majorité des associés représentant au moins la moitié des parts sociales, sauf si les statuts prévoient une majorité plus forte (article L. 223-14 du Code de commerce) ;
- en cas de refus d'agrément : s'il y a achat des titres par la société, celle-ci procède à une réduction du capital social.

c. Règles relatives aux sociétés de capitaux

Sociétés concernées

Les sociétés anonymes (SA), les sociétés en commandite par actions (SCA), les sociétés par actions simplifiées (SAS).

Titres

- **Actions** : ce sont des titres négociables en principe. Toutefois, des clauses inscrites dans les statuts (*exemples* : clause d'agrément, clause de préemption) et des pactes d'actionnaires peuvent limiter la liberté de cession des actions.

- **Parts sociales des associés commandités** dans les sociétés en commandite par actions : leurs droits ne sont pas librement cessibles (*cf.* la SNC).

Offre au public des titres

Il est possible pour les SA et les SCA (cela concerne les actions) : dans ce cas, les titres sont négociables sur le marché financier. Si ces sociétés ne font pas offre au public de leurs titres, les actions sont nominatives (elles sont inscrites en compte).

C Fiscalité de la cession à titre onéreux du fonds commercial

Les transmissions, générant une plus-value professionnelle sont celles portant sur :

- des parts de sociétés relevant de l'impôt sur le revenu exerçant une activité opérationnelle dans laquelle l'associé exerce une activité professionnelle ;
- des éléments inscrits à l'actif d'une société passible de l'impôt sur les sociétés ;
- les éléments d'actif d'une entreprise individuelle ou d'une société relevant de l'impôt sur le revenu, dès lors qu'ils sont affectés à l'exercice de l'activité professionnelle.

Il s'agit de l'hypothèse où c'est le fonds de commerce qui est cédé, et non les titres sociaux.

1 Les conséquences fiscales de la cession de l'entreprise à l'IR pour le cédant

La vente de l'entreprise individuelle ou de la société imposable à l'impôt sur le revenu emporte cessation d'entreprise et entraîne l'imposition immédiate de l'ensemble des plus-values sur éléments de l'actif immobilisé, réalisées ou constatées à l'occasion de l'opération.

Les plus-values de cession relèvent normalement du régime des **plus-values professionnelles**.

Il existe de nombreuses mesures d'exonération prévues en faveur des PME, dont la plupart sont d'ailleurs destinées à favoriser les transmissions d'entreprises (voir *infra*).

Remarque. Pour les entreprises individuelles, et pour les exercices ouverts à compter du 1er janvier 2012, le régime des plus-values professionnelles exposé ci-après ne s'appliquera qu'à la condition que les biens concernés soient affectés à l'activité professionnelle (théorie du bilan).

a. Le calcul de la plus ou moins-value et sa qualification fiscale

Toute cession ou opérations assimilées, portant sur un élément d'actif (cession à titre onéreux ou à titre gratuit, apport, échange, retrait d'actif, etc.) génère une plus-value professionnelle imposable.

La méthode de qualification des plus et moins-values est la suivante :

	Plus-values		Moins-values	
Nature des biens cédés	Durée de détention			
	Moins de 2 ans	2 ans et plus	Moins de 2 ans	2 ans et plus
Éléments amortissables	CT	CT dans la limite de l'amortissement déduit et LT pour le surplus	CT	CT
Éléments non amortissables	CT	LT	CT	LT

Les PVCT supportent le **barème progressif** de l'impôt sur le revenu et entrent dans l'assiette des cotisations sociales des travailleurs non-salariés (TNS).

Les PVLT sont soumises à l'impôt sur le revenu au **taux proportionnel** de 12,8 % % et aux prélèvements sociaux au taux global de 17,20 %.

b. Le principe de compensation des PV et MV de même nature :

Une compensation est opérée entre les plus et moins-values à court terme et les plus ou moins-values à long terme.

Le schéma de raisonnement est le suivant :

	Court terme		Long terme	
	Moins-value	**Plus-value**	**Moins-value**	**Plus-value**
Comptabilité	Diminue le résultat	Augmente le résultat	Diminue le résultat	Augmente le résultat
Fiscalité	Aucun retraitement	Étalement possible sur 3 ans (CGI art. 39 *quaterdecies*)	Imputation possible sur PVLT des 10 exercices suivants	Déduction fiscale sur 2058-A car imposable au taux de 12,8 % + 17,20 % de prélèvements sociaux ou imputation sur déficit de l'exercice (CGI art. 39 *quindecies*)

c. Les régimes d'exonération

Les plus-values professionnelles réalisées lors de la cession de l'entreprise peuvent être exonérées à plusieurs titres :

- en fonction du montant des recettes de l'entreprise (CGI art. 151 *septies*) : **c1**
- en raison de la valeur du fonds ou de la branche complète d'activité transmis (CGI art. 238 *quindecies*) : **c2**
- dans le cadre d'un départ à la retraite (CGI art. 151 *septies* A) : **c3**
- pour la PVLT de l'immeuble d'exploitation : **c4**

c1. L'exonération des petites entreprises (CGI, art. 151 *septies*)

Conditions	Entreprises ayant une **activité industrielle, commerciale, artisanale, libérale ou agricole** Sociétés de personnes relevant des BIC, BNC, ou BA Exercice de l'activité depuis **au moins 5 ans** (appréciée chez l'associé pour les sociétés) Exercice de l'**activité à titre professionnel**	
Nature de l'opération	**Vente, apport, retrait d'actif, échange, transmission à titre gratuit**	
Biens concernés	Immobilisations Parts sociales pour les associés exerçant une activité professionnelle au sein de la société (associés actifs) Les immeubles même non affectés à l'activité de l'entreprise **à l'exception des terrains à bâtir**	
	Activité de négoce et de fourniture de logement	**Autres activités**

Taux d'exonération	Montant moyen des recettes < à 250 000 € HT **100 %**	Montant moyen des recettes < à 90 000 € HT **100 %**
	250 000 < montant moyen des recettes HT < 350 000 correspondant à la formule : (350 000 - montant moyen des recettes HT)/100 000 €	90 000 < montant moyen des recettes < 126 000 Correspondant à la formule : (126 000 - montant moyen des recettes HT) / 36 000 €
	Montant moyen des recettes > 350 000 € **0 %**	Montant moyen des recettes > 126 000 € **0 %**
Portée de l'exonération	**PVLT** : Concerne l'IR et Prélèvements sociaux **PVCT** : Concerne l'IR et pas d'intégration de la PVCT pour le calcul des charges sociales	

c2. L'exonération en cas de cession du fonds ou d'une branche complète d'activité (CGI, art. 238 *quindecies*)

Opérations visées	- **Vente, apport en société, transmission à titre gratuit** d'une branche complète d'activité ou d'une entreprise industrielle, commerciale, artisanale, libérale ou agricole : La notion de « branche complète d'activité » est définie selon les mêmes règles que celles retenues dans le cadre du régime spécial des « apports partiels d'actifs ». L'exonération est possible pour les entreprises individuelles, en cas de cession des seuls éléments du fonds de commerce à l'exclusion des stocks, créances, liquidités et des dettes ou de la seule clientèle d'une profession libérale. - **Cession à titre onéreux ou à titre gratuit de l'intégralité des parts détenues par un associé** exerçant son activité au sein d'une **société de personnes** relevant des BIC, BNC, ou BA - Vente ou apport d'une branche complète d'activité par une société relevant de l'IS
Conditions	- L'activité doit avoir été exercée pendant **au moins 5 ans** - La **valeur des biens cédés** servant d'assiette aux droits d'enregistrement est **plafonnée** - Le **cédant** (ou les associés qui détiennent directement ou indirectement plus de 50 % des droits de vote de la société cédante ou qui en assure la direction) **ne doit pas avoir le contrôle de l'entreprise cessionnaire** - En cas de transmission de l'intégralité des droits détenus dans une société de personnes, le cédant ne doit détenir directement ou indirectement aucun droit de vote ou de droits dans les bénéfices de la société cessionnaire pendant les trois ans suivant la cession - Enfin, les sociétés soumises à l'IS doivent répondre aux critères de la PME européenne, soit : (chiffre d'affaires < 50 millions d'euros ou total du bilan < 43 millions d'euros, effectif < 250 salariés, capital détenu à moins de 25 % par une ou des entreprises ne répondant pas aux critères précédents).
Conditions supplémentaires Location-gérance	- Le bailleur a exploité le fonds pendant au moins 5 ans avant la mise en location-gérance - la cession du fonds est réalisée au profit du locataire-gérant

Biens concernés	– Actifs mobiliers composant une entreprise individuelle ou une branche complète d'activité (exclusion des stocks et des actifs circulants) – Parts de sociétés de personnes relevant de l'article 151 *nonies* I du CGI – Exclusion des immeubles et des parts de société dont l'actif est principalement constitué d'immeubles	
Taux d'exonération	**Exonération totale** Si la valeur des éléments cédés est < à 300 000 €	**Exonération partielle** Si la valeur des éléments cédés est comprise entre 300 000 € et 500 000 € selon le calcul suivant : 500 000 € – prix de cession/200 000
Portée de l'exonération	PVLT et PVCT : IR Les PVLT ne sont pas soumises aux prélèvements sociaux (17,20 %) Les PVCT ne sont pas prises en compte pour le calcul des charges sociales	

Remarque. La particularité de ce dispositif est qu'il s'applique également aux entreprises à l'IS. Étant commun aux deux types d'entreprises, IR et IS, nous avons choisi de le présenter ici.

c3. L'exonération en cas de départ à la retraite de l'exploitant ou de l'associé d'une société IR (CGI, art. 151 *septies* A)

Conditions	Exercice de l'activité depuis **au moins 5 ans** (condition appréciée chez l'associé pour les sociétés soumises à l'IR) **Dirigeant** ou **associé** qui fait valoir ses droits à la retraite dans les 12 mois qui suivent ou précèdent la cession Employer – de 250 salariés et CAHT ou Total de bilan respectivement inférieur à 50 M € ou 43 M € Si rachat par une société, ne pas détenir plus de 50 % de cette société l'année de la cession et dans les 3 ans qui suivent Le régime est optionnel : le cédant doit exercer l'option	
Nature de l'opération	Vente ou apport en pleine propriété **(exclusion des transmissions à titre gratuit, des retraits d'actifs, des démembrements)**	
Biens concernés	Ensemble des éléments de l'actif immobilisé sauf immeubles et terrains à bâtir Intégralité des parts de la société (relevant des BIC, BNC, BA) détenues par l'associé	
Taux d'exonération	**Cession de l'entreprise**	**Cession de l'intégralité des parts détenues par un associé**
	100 % sur les PVCT et PVLT des éléments corporels ou incorporels inscrits à l'actif immobilisé ou au registre des immobilisations	**100 %**
Portée de l'exonération	**PVLT et PVCT** : IR Les PVLT restent soumises aux prélèvements sociaux (17,20 %) Les PVCT sont à retenir dans l'assiette des charges sociales	

c4. L'exonération concernant les immeubles et droits immobiliers (CGI, art. 151 *septies* B)

Entreprises éligibles	**Entreprises individuelles relevant des BIC, BNC ou BA**, quel que soit le régime d'imposition **Sociétés de personnes** relevant de l'IR Exercice d'une activité industrielle, commerciale, artisanale, libérale ou agricole

Nature de l'opération	Vente, apport, retrait, donation
Biens concernés	Immeubles ou droits assimilés inscrits à l'actif (ou sur le registre des immobilisations pour les BNC) et affectés à l'exploitation (à l'exclusion des terrains à bâtir non soumis aux droits d'enregistrement)
Taux d'exonération	**10 % par an** au-delà de la 5e année de détention **Exonération** au-delà de 15 ans de détention
Portée de l'exonération	**PVLT** : IR et Prélèvements sociaux **PVCT** : non exonérée

Exemple

1. Les données

Monsieur Martin part à la retraite et il vend son entreprise de vente de vêtements pour dames qu'il exploite depuis 20 ans.

Les éléments suivants figurent au bilan de l'entreprise :

- Terrain inscrit depuis 20 ans : plus-value à long terme = 50 000 €
- Construction édifiée sur le terrain depuis 13 ans :
  Plus-value à long terme = 200 000 €
  Plus-value à court terme = 100 000 €
  Il est précisé que le terrain et la construction sont affectés à l'exploitation
- Éléments du fonds de commerce :
  PVLT : 15 000 €
  PVCT : 10 000 €
  MVCT : 5 000 €

La moyenne des recettes des deux exercices de 12 mois qui précèdent la cession est de 300 000 €.
Monsieur Martin vous consulte afin de déterminer les régimes d'exonération pouvant lui être appliqués de la manière la plus favorable qui soit.

2. La solution

Selon l'Administration, il convient de procéder dans l'ordre suivant :

- dans un premier temps, appliquer l'abattement prévu à l'article 151 *septies* B
- puis, mettre en œuvre le dispositif de l'article 151 *septies* A
- enfin, appliquer le dispositif de l'article 151 *septies* sur les plus-values restantes imposables après le jeu des deux régimes précédents.

Dispositif de l'article 151 *septies* B du CGI :

Plus-value à long terme sur terrain 50 000 € : abattement de 100 % (plus de 15 ans de détention).
Plus-value à long terme sur construction 200 000 €, diminuée d'un abattement de 80 % (durée de détention 13 ans révolus), soit une exonération de 160 000 € (reste imposable : 40 000 €).

Dispositif départ à la retraite de l'article 151 *septies* A du CGI

PVLT + PVCT sur éléments du fonds de commerce, soit 25 000 €, exonération totale d'IR
(Pas d'exonération des prélèvements sociaux, mais une quote-part peut être exonérée en application de l'article 151 *septies*).

Dispositif de l'article 151 *septies* du CGI

Taux d'exonération partielle : (350 000 – 300 000 / 100 000) = 50 %
Plus-value à long terme sur constructions partie non exonérée par l'article 151 *septies* B :
Exonération de 40 000 € × 50 % = 20 000 €
Plus-value à court terme nette :
(PVCT sur construction 100 000 € – MVCT sur éléments de fonds de commerce 5 000 €) = 95 000 €
Exonération 95 000 € × 50 % = 47 500 €
Plus-value à long terme et plus-value à court terme sur éléments de fonds de commerce soumises aux prélèvements sociaux :
Exonération 25 000 × 50 % = 12 500 €.

2 La cession de l'entreprise à l'IS

Il s'agit soit de la vente du fonds ou de la vente des titres. Nous nous intéresserons dans un premier temps à la vente du fonds commercial.

Ces cessions vont générer dans la société cédante des plus ou moins-values à court terme ou à long terme.

Les plus-values réalisées par les sociétés soumises à l'impôt sur les sociétés sont taxées en principe au taux de droit commun de l'impôt sur les sociétés sans qu'il y ait lieu de distinguer entre le court et le long terme.

Attention. Les cessions de parts ou actions détenues par une personne physique dans une société passible de l'impôt sur les sociétés relèvent toujours du régime des plus-values privées, quelle que soit l'activité exercée par l'associé dans la société

La cession des actifs sociaux

Dans un premier temps, les plus-values réalisées par la société seront imposées au taux normal de l'IS, soit, depuis le 1er janvier 2020, 28 % du résultat fiscal ou pour les entreprises dont le CAHT ⩾ 250 M€, à 28 % dans la limite de 500 000 € de résultat fiscal ou 31 % au-delà. Pour les exercices ouverts à compter du 1er janvier 2021, 26,5 % du résultat fiscal ou pour les entreprises dont le CAHT ≥ 250 M€, à 27,5 % du résultat fiscal. Pour les PME, il est fait une application éventuelle du taux réduit d'IS de 15 % dans la limite d'un montant de 38 120 €.

Les titres et les brevets peuvent relever sous certaines conditions bénéficier de l'IS réduit à 15 % ou à 10 % à compter du 1/1/2019, sous conditions (voir *supra*) ;

Puis dans un second temps, les bénéfices distribués seront imposés en RCM chez les associés avec depuis le 1er janvier 2018 une imposition globale à 30 % (FLAT TAX) ou une imposition au barème progressif de l'IR avec abattement de 40 %.

Le boni de liquidation est imposé dans les mêmes conditions.

a. Plus et moins-values à court terme (CGI art. 209, I et 219 I-a *quater*)

La plupart des plus et moins-values réalisées par les sociétés passibles de l'IS relève du régime fiscal des plus ou moins-values à court terme.

De plus, les dispositifs d'étalement applicables en BIC ne sont en principe pas applicables, notamment l'étalement sur 3 ans de la PVCT.

Seul le dispositif d'étalement de la plus-value à court terme a été maintenu en ce qui concerne les entreprises ayant subi des sinistres ou des expropriations.

b. Plus ou moins-values à long terme (CGI art. 219, I-a)

Relèvent du régime du long terme dans les sociétés IS :

- Les cessions des titres de participations détenus depuis au moins 2 ans (219 I-a *quinquies*) : les plus-values sur cession de titres de participation détenus dans des sociétés opérationnelles sont imposables au taux de 0 %, avec réintégration d'une quote-part pour frais et charge égale à 12 % du montant brut de la plus-value.
- Le résultat net des concessions de brevet (39 *terdecies* 1 et 1 *ter*) : si le brevet a été acquis à titre onéreux, il faut que l'acquisition remonte à deux ans au moins. En revanche, aucun délai n'est exigé si l'entreprise a découvert ou mis au point elle-même le brevet concédé ou l'a acquis à titre gratuit.
- Les cessions de brevet crées ou bien acquis depuis + de 2 ans (39 *terdecies*, 1 et 219 I-a *quater*).
- La dépréciation des titres de participation, hors sociétés à prépondérances immobilières (SPI).
- La cession de titres de société de capital risque (SCR) de + de 5 ans (219, I-a *ter*).

Attention. Les plus-values sur titres de participation des sociétés à prépondérance immobilière (SPI) non cotées sont exclues du régime du long terme et relèvent donc du taux courant, avec éventuellement l'application de l'IS réduit des PME.

Nota : pour les brevets, le régime fiscal est substantiellement modifié pour les exercices ouverts à compter du 1er janvier 2019 (voir DCG 4 par Jean-Luc Mondon et Jean-Yves Jomard, éditions Sup'Foucher)

c. Modalités d'imposition des PVLT : synthèse

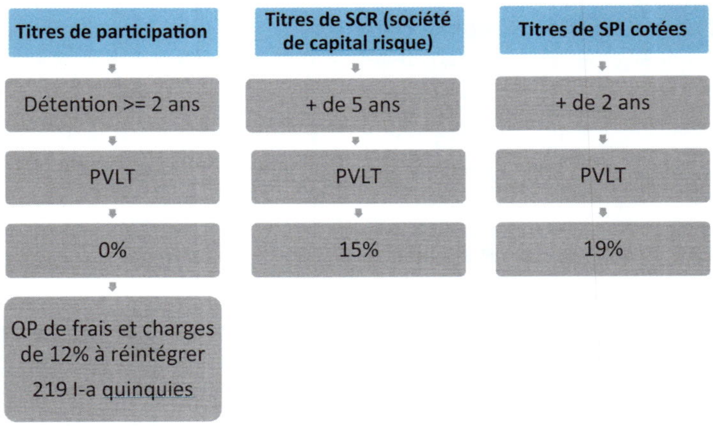

d. L'appréhension de la trésorerie par l'associé

L'appréhension de la trésorerie résultant de la cession des actifs ou de la cession de participations dans une société IS passe par une distribution de dividendes qui dépend directement de la qualité de l'associé.

Une double imposition en résulte : une pour la société et une seconde pour l'associé.

Pour l'associé personne physique, le revenu distribué (dividende) est imposé au prélèvement forfaitaire unique (PFU) ou « FLAT TAX » de 30 % (soit un IR de 12,8 % et des prélèvements sociaux de 17,2 %).

Au PFU, l'abattement de 40 % sur les dividendes n'est pas applicable et la CSG n'est pas fiscalement déductible.

Toutefois, l'associé conserve la possibilité d'**opter** s'il le désire pour le **barème progressif** de l'impôt sur le revenu (IR).

Dans une telle situation, le dividende est soumis au barème progressif de l'IR, après application d'un abattement d'assiette de 40 %.

Les prélèvements sociaux de 17,2 % sont calculés sur le dividende brut.

La CSG est déductible du revenu brut global de l'associé à hauteur de 6,8 % du dividende brut.

Les modalités pratiques d'imposition du revenu distribué sont les suivantes :

Lors du versement des dividendes en N, il est en principe fait application par la société distributrice d'un prélèvement forfaitaire non libératoire (PFNL) de 12,8 % ; Il existe toutefois une dispense de PFNL si le revenu fiscal de référence (RFR) du contribuable pour N–2 n'excède pas 50 000 € (personne seule) ou 75 000 € (personne mariée ou pacsée) ;

Lors de la déclaration des revenus en N+1, il est fait application du PFU de 12,8 % ou de l'option pour le barème progressif de l'IRPP.

Le prélèvement forfaitaire non libératoire de 12,8 % est alors imputable sur l'IR et restitué en cas d'excédent.

Remarques sur l'option pour l'imposition au barème de l'IRPP : L'option est expresse : elle est exercée en N+1 lors de la déclaration des revenus de N ;
L'option est globale : elle vaut pour l'ensemble des revenus entrant dans le champ d'application du PFU ;
L'option est irrévocable : elle vaut pour l'année entière et ne peut être remise en cause.

Pour l'associé personne morale, le revenu distribué est éligible, sous conditions, au régime mère-fille.

3 Les conséquences fiscales de la cession de l'entreprise pour le cessionnaire

Le cessionnaire est redevable de droits d'enregistrement qui diffèrent selon que le redevable achète le fonds ou les titres. Nous verrons dans un premier temps les droits qui s'appliquent lors de l'achat du fonds.

a. Les droits d'enregistrement dus par le repreneur sur l'achat du fonds de commerce

Les cessions de fonds de commerce et de clientèles, les conventions de successeurs, les cessions de droit au bail et les cessions d'offices publics et ministériels sont soumises pour l'acquéreur du fonds à un même droit de 5 % sur la fraction du prix de cession supérieure à 200 000 €, sauf régime spécial.

Pour la fraction du prix de cession comprise entre 23 000 et 200 000 €, le droit d'enregistrement s'élève à 3 %.

Le droit de mutation s'applique aux mutations à titre onéreux ayant pour objet tout ou partie d'un fonds de commerce ou d'une clientèle (CGI art. 719).

a1 : Les éléments imposables aux droits d'enregistrement

L'imposition s'applique aux mutations à titre onéreux ayant pour objet **l'ensemble des éléments constitutifs d'un fonds de commerce**, c'est-à-dire :

- **les éléments incorporels** : clientèle, droit au bail, brevets d'invention, marques de fabrique, marchés en cours, licences et autorisations administratives (mais pas les créances) ;
- **les éléments corporels** : matériel, mobilier, approvisionnements, marchandises neuves.

Le droit est également applicable aux cessions de clientèles commerciales et civiles attachées à des professions exercées au moyen d'un courant d'affaires avec le public (architectes, avocats, experts-comptables...)

Les marchandises supportent la TVA : Toutefois, les transmissions d'universalités, à titre onéreux ou à titre gratuit, réalisées entre redevables, sont dispensées de TVA (CGI art. 257 *bis*, al. 1). Le bénéficiaire de la transmission est réputé continuer la personne du cédant, et assurer les régularisations de la TVA que ce dernier avait déduite (CGI art. 257 *bis* al. 2).

Est exclue la **cession isolée** d'éléments du fonds : la cession isolée d'éléments corporels ou incorporels du fonds est soumise en principe au régime fiscal qui lui est propre (régime des ventes de meubles ordinaires pour le matériel et le mobilier...) dès lors que la séparation de ces éléments est sérieuse et effective. Le point de savoir si une cession d'éléments du fonds de commerce constitue ou non une cession du fonds est une question de fait (cas de cessions à des dates concomitantes ou à des dates rapprochées).

Remarque. Certains contribuables en recherche d'optimisation fiscale pourraient être tentés de céder le fonds de commerce sous le couvert d'une vente successive de ses différents éléments, mais l'administration requalifiera dans ce cas l'opération en cession de fonds de commerce.

Le barème des droits de mutation est le suivant :

Montant de la cession	Droit budgétaire	Taxe départementale	Taxe communale	Total des droits
Inférieur ou égal à 23 000 €	0 %	0 %	0 %	**0 %**
Entre 23 000 et 107 000 €	2 %	0,60 %	0,40 %	**3 %**
Entre 107 000 € et 200 000 €	0,60 %	1,40 %	1 %	**3 %**
Supérieur à 200 000 €	2,60 %	1,40 %	1 %	**5 %**

Exemple

1. Les données

Monsieur Durand vend son entreprise individuelle de fabrication de plats cuisinés à Monsieur Dupond pour 300 000 € avec prise en charge du passif professionnel du vendeur par l'acquéreur, pour les montants suivants :

- Clientèle : 120 000 €
- Matériel : 100 000 €
- Brevet : 20 000 €
- Marchandises : 80 000 €
- Dettes fournisseurs : 100 000 €

Calculez les droits de mutation dus par Monsieur Dupond.

2. La solution

La cession du fonds de commerce est assujettie au barème progressif de l'article 719 du CGI.
La base d'imposition est la suivante :

- Le fonds de commerce a une valeur globale de : 120 000 € + 100 000 € + 20 000 € + 80 000 € = 320 000 €
- Les brevets (10 000 €) sont soumis au droit fixe de 125 € (CGI art. 731), non exigible ici du fait de la perception de droits progressifs supérieurs.
- Les marchandises neuves (80 000 €) supportent la TVA.
  Reste imposable au barème progressif : 320 000 € - 20 000 € (brevet) - 80 000 € (marchandises) = 220 000 €
- Fraction du prix comprise entre 0 et 23 000 € : 0 €
- Fraction du prix comprise entre 23 000 € et 200 000 : 177 000 € × 3 % = 5 310 €
  Fraction du prix supérieure à 200 000 : 20 000 × 5 % = 1 000 €
  Soit un total de 6 310 €

a2 : Autres opérations auxquelles sont applicables ces mêmes droits :

- **Les conventions de successeurs** (CGI art. 720) : Toute convention à titre onéreux ayant pour effet de permettre à une personne d'exercer une profession, une fonction ou un emploi occupé par un précédent titulaire, même si elle ne s'accompagne pas d'une cession de clientèle (peu importe la nature de l'activité). C'est donc une mauvaise idée que de dissimuler la cession d'un fonds de commerce sous le couvert d'une convention de successeur.
- **Les cessions de droit au bail** (CGI art. 725) : Toute cession de droit au bail ou d'une promesse de bail portant sur tout ou partie d'un immeuble à usage industriel ou commercial, quelle que soit sa forme ou sa qualification (cession de pas-de-porte, indemnité de départ, etc.).
- **Les cessions d'offices publics ou ministériels et opérations assimilées** (CGI art. 724, I) : Toute cession à titre onéreux d'offices publics ou ministériels (notaires, huissiers, commissaires-priseurs judiciaires, avocats au Conseil d'État et à la Cour de cassation, greffiers des tribunaux de commerce).

a3 : Les cessions de brevets d'invention et assimilés (CGI art. 731**)**

Les cessions de brevets (exploités ou non) supportent le droit fixe de 125 €. Lorsque le brevet est cédé en même temps que d'autres éléments du fonds de commerce, il est admis que la valeur estimée du brevet soit exclue de l'assiette des droits d'enregistrement.

Les cessions de droit de propriété industrielle (savoir-faire, secret de fabrique, etc...), sont assimilées aux cessions de brevets soumises au droit fixe de 125 €, sauf s'ils sont cédés en même temps que tout ou partie d'un fonds de commerce.

Les cessions de marques supportent le barème des fonds de commerce lorsqu'elles sont exploitées et que la clientèle est cédée en même temps que le fonds de commerce ou qu'elle y est attachée. À défaut, la cession de marque est soumise au droit fixe de 125 €.

a4 : Abattement pour cessions aux salariés ou aux proches (CGI art. 732 *ter*)

Les ventes en pleine propriété de fonds de commerce, de fonds artisanaux, de clientèles d'une entreprise individuelle, de fonds agricoles ou de parts ou actions d'une société (dans ce cas, à concurrence de la fraction de la valeur des titres représentative du fonds), bénéficient d'un abattement de 300 000 € si les conditions suivantes sont remplies :

- L'activité exercée doit être industrielle, commerciale, artisanale, agricole ou libérale ;
- Les acquéreurs doivent être titulaires d'un contrat de travail à durée indéterminée depuis deux ans au moins et être à employés à temps plein (ou être titulaires d'un contrat d'apprentissage), ou bien encore être des proches parents du cédant (conjoint marié, partenaire d'un Pacs, ascendant ou descendant en ligne directe, frères et sœurs).
- Les acquéreurs doivent poursuivre, à titre d'activité professionnelle unique, pendant 5 ans à compter de la cession, l'exploitation du fonds ou l'activité de la société. L'un d'eux doit, pendant la même période, assurer la direction effective de l'entreprise.
- Le cédant doit détenir le fonds, la clientèle ou les droits sociaux, depuis plus de deux ans (dans l'hypothèse seulement ou il les avait acquis à titre onéreux).

Remarque. Cet abattement ne peut s'appliquer qu'une fois entre un même vendeur et un même acquéreur

b. Les droits d'enregistrement dus par le repreneur sur l'achat du local

Le rachat du local est soumis soit à un droit proportionnel d'enregistrement au tarif immobilier, soit à la TVA si c'est un immeuble neuf.

Dans la plupart des cas, c'est un taux global d'imposition de 5,81 % qui s'applique à l'immobilier ancien, c'est-à-dire un immeuble achevé depuis plus de 5 ans (soit 5,80665 % très exactement).

Il existe des régimes dérogatoires favorables. Dans certaines hypothèses, seul s'applique un droit fixe de 0,70 % (pour le département), majoré de droits d'assiette de 2,14 % du montant du droit départemental, soit au total 0,715 % (0,71498 % très exactement). Les hypothèses d'application du taux réduit dépendent largement de l'application de la TVA immobilière.

3 Exemples d'autres modes de transmission de l'entreprise

A L'assurance-vie

Le contrat d'assurance-vie est étudié dans le Chapitre 3 du présent ouvrage.

Il est réglementé par le Code des assurances (*cf.* notamment les **articles L. 112-1 et suivants** et **R. 132-3 et suivants**).

C'est le contrat par lequel l'**assureur** s'engage à l'égard du souscripteur, moyennant le paiement d'une cotisation ou d'une prime, à verser au bénéficiaire qui est désigné dans la police une somme d'argent, sous certaines éventualités qui dépendent de la vie (risque de survie) ou de la mort de l'assuré ou d'un tiers (risque de décès). Les personnes intéressées par le contrat d'assurance vie sont :

- le **souscripteur** du contrat (ou preneur) : il est débiteur de la prime. Dans les assurances de groupes, le contrat est souscrit par le chef d'entreprise et non le salarié qui adhère ensuite à la police collective) ;
- le **bénéficiaire** du contrat d'assurance, qui est la personne à laquelle l'assureur doit payer la somme garantie. Il peut se confondre avec le souscripteur (en cas d'assurance du risque de survie) ;
- l'**assuré**, qui est la personne dont la vie (survie ou décès) constitue le risque garanti par l'assureur. Il peut se confondre avec le souscripteur et le bénéficiaire.

L'assurance-vie peut permettre aux bénéficiaires (*exemples* : conjoint, enfants) de disposer d'une somme d'argent pour régler plus aisément les **droits de succession** sur le patrimoine transmis ou de faciliter le partage entre les héritiers lors du versement d'une **soulte**.

B La constitution d'une société holding

Cette technique permet de répartir les titres d'une société entre les héritiers, par exemple en donnant la majorité à l'un des héritiers qui a des compétences de gestion et qui pourra continuer l'exploitation de l'entreprise. Les autres héritiers associés pourront, à des moments qu'ils choisiront, revendre à l'associé majoritaire tout ou partie des titres qu'ils possèdent dans le capital social.

C La création d'une Société Coopérative et Participative (SCOP)

Caractéristiques de la SCOP

- Elle est souvent issue d'un RES (Rachat de l'Entreprise par les Salariés) ;
- composée (de personnes physiques et morales), majoritairement de travailleurs qui s'associent (ils possèdent au minimum 51 % du capital social) ;
- gérée par des salariés.

Avantages du RES pour la transmission de l'entreprise

- les salariés sont directement intéressés par la pérennité de l'entreprise et de leur emploi ;
- le remboursement des sommes empruntées pour le rachat de l'entreprise s'effectue progressivement en fonction du bénéficie réalisé par l'entreprise ;
- les clients, les fournisseurs, le banquier... poursuivent leurs relations contractuelles avec l'entreprise.

D La mise en location-gérance

Cf. l'étude du contrat de location-gérance dans le Chapitre 22 du présent ouvrage. Ce contrat permet au locataire du fonds de commerce ou artisanal d'apprécier la rentabilité de l'entreprise et son potentiel de développement.

Au terme du contrat ou à un moment convenu avec le propriétaire du fonds, une négociation peut intervenir entre les cocontractants en vue de la **cession du fonds de commerce** (avec paiement du prix au comptant ou à crédit) au profit du locataire.

E La constitution d'une société civile immobilière (SCI)

1 Constitution

Une SCI est constituée dans le cadre de la réglementation applicable aux sociétés civiles, qui est inscrite dans le Code civil (**articles 1845 et suivants**).

La SCI a une **activité de gestion et de location d'immeuble(s)**.

Elle peut être créée dans le cadre d'une famille (les associés sont les membres de la famille) ou entre des entreprises qui veulent acheter des locaux commerciaux.

2 Transmission du patrimoine immobilier

L'un des avantages de la SCI est de **faciliter la transmission** du patrimoine immobilier :

- la transmission de la SCI se fait par la **cession des parts sociales** qui constituent le capital de la société ;
- en cas de décès de l'un des associés personne physique ou de la dissolution de l'un des associés personne morale, la constitution de la SCI permet d'**éviter la situation d'indivision** entre les autres propriétaires du ou des immeubles qui font partie du patrimoine de la société ;

- dans tous les cas, si l'un des associés veut se retirer de la société ou s'il décède (par exemple dans une SCI familiale), les autres peuvent **racheter ses parts**.

F La cession des droits sociaux par les associés

La cession d'une société peut passer non pas par la vente de ses actifs mais par la vente, par l'associé, des actions ou des parts sociales qui composent le capital social de l'entreprise.

Sur le plan juridique, la vente des droits sociaux nécessite de prendre de nombreuses garanties (telles les garanties d'actif ou de passif) ; sur le plan fiscal, il peut être judicieux pour les associés de vendre leurs titres, le coût fiscal pour l'acquéreur pouvant être moindre qu'en cas de cession des actifs.

Cette vente peut se faire soit directement par l'associé personne physique, soit par l'intermédiaire d'une société holding.

Étudions dans un premier temps les conséquences d'une cession de droits sociaux par les associés d'une société à l'IR.

1 L'associé est une personne physique associé d'une société relevant de l'IR

Nous distinguerons les associés exerçant leur activité dans la société (a) de ceux qui n'exercent pas leur activité dans la société (b).

a. Associés exerçant leur activité dans la société

Dans une telle situation, les parts constituent un actif professionnel (art. 151 *nonies* du CGI) et c'est le régime des plus et moins-values professionnelles qui est applicable (art. 39 *duodecies* et suivants du CGI).

Pour le calcul de la plus ou moins-value, le prix d'acquisition des parts de sociétés de personne doit être :

- **Majoré** :
  - Des bénéfices réalisés par la société et qui ont été imposés au nom de l'associé,
  - Des pertes réalisées en France et qui ont été comblées.
- **Minoré** :
  - Des déficits réalisés par la société et qui ont été déduits par l'associé (à l'exception de ceux qui trouvent leur origine dans une disposition par laquelle le législateur a entendu conférer aux contribuables un avantage fiscal définitif),
  - Des bénéfices réalisés en France et ayant donné lieu à répartition.

Il s'agit de l'application de la jurisprudence SA Ets QUEMENER (CE 16 février 2000 n° 133.296) qui a été transposée aux plus-values patrimoniales par l'arrêt BARADE (CE 9 mars 2005, n° 248825, min. c/ Baradé). Selon cette jurisprudence, la plus-value de cession doit être déterminée en ajustant le prix de revient des parts afin d'éviter que la cession ne se traduise par une double imposition ou une double déduction des résultats précédemment pris en compte par le cédant.

Les plus-values professionnelles permettent dans ce cas l'exonération sur le fondement des articles 151 *septies*, 151 *septies* A et 238 *quindecies* du CGI.

Exemple

1. Les données

La SNC Pivoine, relevant de plein droit de l'IR, a réalisé une perte fiscale en 2018 d'un montant de 45 000 € imputée chez l'associé, un bénéfice en 2019 de 30 000 € et elle a distribué un dividende de 9 000 € le 30 juin 2020. Le 23 janvier 2021, Monsieur Martin, associé pour un tiers au capital de la SNC Pivoine, a cédé ses parts pour un prix de 90 000 €. Quel est le traitement fiscal de cette cession pour Monsieur Martin ? Déterminez le résultat de cession imposable, sachant que les parts ont été acquises en 2015 pour 10 000 €.

>>>

>>>

2. La solution
Le prix d'acquisition des parts s'élève à 10 000 €
Le prix de revient ajusté des parts, selon l'arrêt Quemener, s'élève à 2 000 €
En effet, on soustrait au prix de revient 45 000 /3 et 9 000 /3 et on ajoute 30 000 /3
La plus-value s'élève à : 90 000 – [(10 000 + (10 000 – 15 000 – 3 000)] = 88 000 €
Cette plus-value sera fiscalisée à 30 % chez Monsieur Martin.

b. Associés n'exerçant pas leur activité dans la société

Les parts sont traitées comme des éléments du patrimoine privé et il est fait application du régime des plus et moins-values des particuliers (art. 150-OA ou art. 150-UB du CGI), voir *infra*.

Remarque. S'il s'agit d'une cession de titres de sociétés immobilières transparentes ou à prépondérance immobilière translucides, il est fait application du régime des plus-values immobilières.

2 L'associé cédant est une personne physique associé d'une société à l'IS

La plus-value réalisée lors de la vente de droits sociaux et de valeurs mobilières fait en principe l'objet d'impositions de natures différentes.

Le calcul de la plus-value peut être complexe lorsque le titres ont été acquis à des dates et pour des prix différents. Dans ce cas, le prix de revient est obligatoirement égal à la moyenne pondérée du prix d'acquisition des titres (CGI art. 150-0 D, 3).

Calcul de la plus-value nette

La plus-value nette est égale à la plus-value brute diminuée des abattements pour durée de détention.

À compter du 1er janvier 2018, l'ensemble des produits financiers (intérêts, dividendes et plus-values) est soumis à un prélèvement forfaitaire unique (PFU ou FLAT TAX), au taux de 12,8 % (majoré de 17,2 % de prélèvements sociaux, soit 30 %), sauf option globale, annuelle et irrévocable pour le barème progressif de l'IR. De fait, les abattements pour durée de détention sont supprimés, mais une clause de sauvegarde est prévue pour les titres acquis avant 2018 et un régime temporaire est prévu pour les dirigeants partant en retraite.

Ainsi, les titres acquis ou souscrits avant le 1er janvier 2018 peuvent encore bénéficier de l'abattement de droit commun ou de l'abattement renforcé des titres de PME de moins de 10 ans, mais uniquement au cas d'option pour l'IR progressif.

a1 – Dirigeants prenant leur retraite détenant leurs titres depuis au moins un an et qui les cèdent entre le 1er janvier 2018 et le 31 décembre 2022 (article 150-0 D *ter* du CGI) :

Les conditions d'application du dispositif sont les suivantes :

- Le dirigeant doit avoir exercé une fonction de direction continue pendant 5 ans et en recevoir une rémunération normale (50 % des revenus professionnels). Il peut s'agir des fonctions suivantes : gérant d'une SARL ou d'une société en commandite par actions, d'associé en nom d'une société de personnes, de président, directeur général, président du conseil de surveillance ou membre du directoire d'une société par actions ;
- Il doit s'agir de titres de PME au sens communautaire du terme : ces entreprises doivent employer moins de 250 salariés et posséder un chiffre d'affaires annuel n'excédant pas 50 M € ou un total de bilan annuel n'excédant pas 43 M € ;
- Le capital et les droits de vote doivent être détenus à moins de 25 % par des sociétés ne répondant pas aux 2 conditions précédentes ;
- Le cédant doit avoir détenu au moins 25 % des droits de vote ou des droits financiers de la société cédée soit directement, soit par personne interposée, et ce de manière continue pendant les 5 années précédant la cession (avec les membres de son cercle familial) ;

- Le cédant doit liquider ses droits à retraite en amont ou en aval de la cession des titres, dans un délai de + ou – 2 ans ;
- Le cédant ne doit pas détenir de parts ou exercer de pouvoir dans l'entreprise cessionnaire si c'est une société pendant les 3 années qui suivent la cession : une tolérance de 1 % est néanmoins acceptée ;
- Le cédant doit vendre tous ses titres ou au moins 50 % des droits de vote.

Les dirigeants prenant leur retraite et qui détiennent leurs titres depuis au moins un an et qui les cèdent entre le 1er janvier 2018 et le 31 décembre 2022 bénéficient d'un abattement fixe de 500 000 €.

Ce nouvel abattement fixe de 500 000 € n'est plus, depuis le 1er janvier 2018, cumulable avec l'abattement de droit commun ou l'abattement renforcé (ainsi, pour les titres acquis avant le 1er janvier 2018, le dirigeant devra choisir son abattement). En revanche, il s'applique aussi bien avec le PFU que l'IR progressif.

Exemple

1. Les données
Monsieur Durand, qui remplit par ailleurs toutes les conditions, va prendre dans les 24 mois qui viennent sa retraite de la SA DURAND, dont il était le dirigeant depuis sa création en 1978. À ce titre, il a cédé les actions de la SA DURAND et il a réalisé une plus-value de 750 000 €.
Il voudrait connaître les différentes possibilités fiscales qui s'offrent à lui.
Il est précisé que M. Durand relève du taux marginal de 45 %.

2. La solution
2.1 Application du PFU ou FLAT TAX :
IR : (750 000 – 500 000) = 250 000 × 12,8 % = 32 000
PS : 750 000 × 17,20 % = 129 000
CSG déductible = 0
Total = 161 000 €
2.2 Option pour le barème progressif
Taux marginal : 45 %
IR (250 000 × 45 %) = 112 500
PS (750 000 × 17,2 %) = 129 000
CSG déductible (6,8 % × 250 000 / 750 000) : 17 000 €, soit gain d'IR de : 17 000 × 45 % = – 7 650
Total = 233 850 €
Option pour la clause de sauvegarde :
2.3 Avec abattement de droit commun de 65 % :
Taux marginal : 45 %
IR : (750 000 – 65 % = 262 500) × 45 % = 118 125
PS (750 000 × 17,2 %) : 129 000
CSG déductible (750 000 × 6,8 %) : 51 000 €
Soit gain d'IR de 51 000 € × 45 % : – 22 950
Total = 224 175 €
2.4 Barème progressif avec abattement renforcé de 85 % (PME < 10 ans)
Taux marginal : 45 %
IR : (750 000 – 85 %) = 112 500 × 45 % = 50 625
PS (750 000 × 17,2 %) = 129 000
CSG déductible (6,8 % × 112 500/750 000) : 7 650 €, soit un gain d'IR de 7 650 € × 45 % = – 3 443
Total = 176 182 €
Vous recommanderez la solution 1 (PFU) à M. Durand.

a2 – Régime des jeunes entreprises (de moins de 10 ans) :

L'assiette de la plus-value est diminuée d'un abattement croissant selon la durée de détention :
- entre 1 et 4 ans de détention : abattement de 50 %.
- entre 4 et 8 ans de détention : abattement de 65 %.
- plus de 8 ans de détention : abattement de 85 %.

Les conditions d'application du régime sont les suivantes :

- La société doit avoir moins de 10 ans : cette condition s'apprécie à la date de souscription ou d'acquisition des droits cédés ;
- La société ne doit pas être issue d'une concentration, d'une restructuration, d'une extension ou d'une reprise d'activités préexistantes : cette condition s'apprécie à la date de souscription ou d'acquisition des droits cédés ;
- La société doit répondre à la définition de PME communautaire : avoir moins de 250 salariés et un total de bilan inférieur à 43 M € ou un chiffre d'affaires inférieur à 50 M €

  Attention : ces seuils sont appréciés différemment selon que la société est « autonome », « partenaire » ou « liée ») ;
- La société ne doit accorder aucune garantie en capital à ses actionnaires/associés ;
- La société doit être passible de l'impôt sur les bénéfices ou d'un impôt équivalent : les sociétés soumises au régime des sociétés de personnes sont donc éligibles à ce régime ;
- La société doit avoir son siège social dans un État membre de l'Union Européenne (UE) ou dans un autre État partie à l'accord sur l'Espace économique européen (EEE) ayant conclu avec la France une convention d'assistance administrative en vue de lutter contre la fraude et l'évasion fiscale ;
- La société doit exercer une activité commerciale, industrielle, artisanale, libérale ou agricole, à l'exception de la gestion de son propre patrimoine mobilier ou immobilier.

a3 : Régime de droit commun

La plus-value nette annuelle est réduite d'un abattement de 50 % après 2 ans de détention et de 65 % après 8 ans.

SYNTHÈSE

Régime de droit commun		Régime Jeunes PME	
DUREE de DETENTION	**ABATTEMENT**	**DUREE de DETENTION**	**ABATTEMENT**
De 0 à 2 ans	0 %	Moins d'1 an	0 %
De 2 à 8 ans	50 %	De 1 à 4 ans	50 %
		De 4 à 8 ans	65 %
Plus de 8 ans	65 %	Plus de 8 ans	85 %

Abattement spécifique de 500 000 pour 150 O D *ter*

Remarque. Si la compensation entre plus et moins-values de l'année d'imposition génère une moins-value nette, cette dernière est reportable sur les plus-values nettes des 10 années suivantes.

3 L'associé cédant est une société holding à l'IS

a. Le régime de faveur

C'est ici la personne morale associée qui cède les titres de la filiale.

Lorsque les titres sont détenues depuis au moins deux ans, la plus-value est imposée au taux de 0 %, sous réserve de la réintégration dans le résultat imposable au taux de droit commun d'une quote-part pour frais et charges de 12 % de la plus-value brute de cession (donc sans imputation possible de la moins-value de l'exercice).

Les moins-values nettes à long terme sont perdues pour l'entreprise (sauf à les imputer sur les produits de la propriété industrielle).

Par exception, les plus-values à long terme sur cession de titres de participation de sociétés établies dans des États « non-coopératifs » au sens de l'article 238-0 A du CGI ne sont plus exonérées (quant aux moins-values, elles ne peuvent s'imputer que sur les plus-values exclues du régime du long terme).

Toutefois, le contribuable doit pouvoir apporter la preuve de ce que la prise de participation dans une société établie dans un tel État ou territoire correspond à des opérations réelles qui n'ont ni pour objet ni pour effet de permettre, dans un but de fraude fiscale, la localisation de bénéfices dans un tel État ou territoire.

Enfin, les provisions pour dépréciation des titres de participation ne sont pas déductibles du résultat.

b. La technique dite de « l'apport-cession » (art. 150 O B *ter* du CGI)

Cette technique d'optimisation fiscale renvoie à la constitution « par le haut » d'une société holding, c'est-à-dire par apport de titres.

Cette situation correspond à celle d'un actionnaire contrôlant une société qui apporte ses titres à une société holding soumise à l'IS qu'il contrôle également, société qui entreprend immédiatement de les céder.

Cette stratégie d'optimisation, qui permet de « gommer » la plus-value imposable, a été contrariée par les dispositions de l'article 150 O B *ter* CGI, sans cependant être totalement exclue.

Cet article institue un report d'imposition des plus-values sur les titres apportés et la cession des titres apportés, selon sa date, est susceptible de mettre fin au report de taxation chez l'apporteur.

Si la cession des titres apportés intervient moins de trois ans après l'apport, la société holding doit réinvestir 60 % du produit de la cession dans une activité économique.

Si la cession des titres apportés intervient plus de trois ans après l'apport, la société n'est tenue à aucune obligation particulière de réinvestissement.

De plus, la plus-value à long terme sur titres de participation est taxée au taux zéro, sous réserve d'une réintégration de 12 % à titre de quote-part de frais et charges.

Un contribuable est considéré comme contrôlant une société :

- Lorsque la majorité des droits de vote ou des droits dans les bénéfices sociaux est détenue par le contribuable et sa famille,
- Lorsqu'il dispose seul de la majorité des droits de vote ou des droits dans les bénéfices sociaux en vertu d'un accord conclu avec d'autres associés ou actionnaires,
- Lorsqu'il exerce en fait le pouvoir de décision, ce qui est présumé lorsque le contribuable exerce ce contrôle lorsqu'il dispose d'une fraction des droits de vote ou des droits dans les bénéfices sociaux égale ou supérieure à 33,1/3 % et qu'aucun autre associé ou actionnaire ne détient une fraction supérieure à la sienne,
- Le contribuable et une ou plusieurs personnes agissant de concert sont considérés comme contrôlant conjointement une société lorsqu'ils déterminent en fait les décisions prises en assemblée générale.

Le réinvestissement doit être effectué dans le financement d'une activité commerciale, industrielle, artisanale, libérale, agricole ou financière. Le réinvestissement peut consister dans la souscription en numéraire au capital initial ou à l'augmentation de capital d'une ou plusieurs sociétés.

Depuis le 1/1/2019, les souscriptions de parts ou actions de FCPR, FPCI, SLP ou SCR[1] sont éligibles au réinvestissement :

Les actifs du fonds doivent être composés à 75 % au moins de titres de sociétés opérationnelles, (souscription au capital ou acquisition de titres existants conférant le contrôle) et à 50 % au moins de titres des sociétés non cotées ou cotées sur un marché où la majorité des titres sont des titres de PME.

1 FCPR : fonds communs de placement à risques, FCPI : fonds professionnels de capital investissement, SLP : sociétés de libre partenariat, SCR : sociétés de capital-risque.

Ces quotas devront être atteints 5 ans après la date de la souscription des parts ou actions.

Les parts ou actions de fonds doivent être conservés au moins 5 ans (contre 12 mois pour les autres actifs).

Sont en revanche exclus :

- La location immobilière nue ou meublée non professionnelle ;
- L'apport en compte-courant sauf si celui-ci a « *permis l'acquisition d'actifs nécessaires à son activité sans qu'il n'y ait eu de recours à l'emprunt* ».

Enfin, en cas de donation des titres reçus en rémunération de l'apport, le délai minimal de conservation des titres reçus en contrepartie de l'apport par le donataire est désormais en règle générale de 5 ans (10 ans dans certains cas spécifiques). Cette mesure s'applique aux transmissions par voie de donation ou de don manuel réalisées à compter du 1er janvier 2020.

Remarque. Le remploi peut être réalisé en contrôlant plusieurs sociétés.

4 Les droits d'enregistrement applicables à la cession des titres

Hormis les cessions portant sur des titres de société immobilière dotée de la transparence fiscale qui sont soumises aux mêmes droits que les cessions d'immeubles, le régime des droits d'enregistrement pour les cessions de titres est différent selon que l'on cède des parts sociales ou des actions.

a. Les cessions de parts sociales

On leur applique un taux unique de 3 %

L'assiette des droits est le prix exprimé, diminué d'un abattement égal pour chaque part sociale au rapport 23 000 €/nombre total de parts de la société.

Attention ! Cet abattement ne s'applique pas aux titres des sociétés à prépondérance immobilière (SPI). Est à prépondérance immobilière la personne morale non cotée, française ou étrangère, dont l'actif est, ou a été au cours de l'année précédant les cessions en cause, principalement constitué d'immeubles ou de droits immobiliers situés en France ou de participations dans des personnes morales non cotées en Bourse elles-mêmes à prépondérance immobilière (CGI art. 726, I, 2°). Contrairement à ce qui est prévu pour le régime des plus-values, les immeubles affectés par la société à sa propre exploitation sont pris en compte pour l'appréciation de la prépondérance immobilière.

Remarque. Les cessions de droits sociaux soumis à la TVA immobilière supportent un droit fixe de 125 € (CGI art. 730).

Exemple

- **Exemple 1** (non SPI) : une société a un capital divisé en 1 000 parts.
  Un associé en cède 400 parts pour un prix de 100 000 €.
  Montant des droits : 100 000 € – (23 000 € × 400 parts cédées / 1 000 parts dans la société) = 90 800 € × 3 % = 2 724 €.
- **Exemple 2 (SPI)** : une société à prépondérance immobilière a un capital divisé en 1 000 parts.
  Un associé en cède 400 parts pour un prix de 100 000 €.
  Montant des droits : 100 000 € × 5 % = 5 000 €.

b. Les cessions d'actions

Depuis le 1er août 2012, un taux unique fixé à 0,1 % est applicable, le montant obtenu n'étant soumis à aucun plafonnement.

Toutefois, pour les actions de sociétés cotées, le droit n'est exigible que lorsque les cessions sont constatées par un acte.

Exemple

M. Dupont cède le 1er juillet 2021 à M. Durand des actions qu'il détient au capital d'une SA non cotée pour 2 500 000 €.
M. Durand est redevable d'un droit d'enregistrement de :
2 500 000 × 0,10 % = 2 500 €

Remarque. Les cessions de titres de société non cotées à prépondérance immobilière sont soumises dans tous les cas au droit de 5 % sans abattement d'assiette, qu'il s'agisse d'actions ou parts sociales.

c. Cession de parts sociales d'une société non soumise à l'IS représentatives d'un apport en nature réalisé depuis moins de 3 ans.

Il est fait application des droits correspondant à la nature des biens en cause (CGI art. 727).

Exemple

M. Martin apporte le 31 août 2021 à une SNC soumise à l'IR un immeuble commercial d'une valeur de 1 000 000 € et reçoit des parts pour une valeur identique.
Droit d'enregistrement dû sur l'apport = 0 €, puisque l'apporteur est à l'IR et la société bénéficiaire également.
Lors de la cession des parts dans les 3 ans de l'apport, l'acquéreur acquittera un droit d'enregistrement de 50 000 € au lieu de 30 000 €.

d. Cessions aux salariés (ou aux membres de la famille du cédant)

Les cessions aux salariés (ou aux membres de la famille du cédant) de titres représentatifs de fonds de commerce, artisanaux ou agricoles bénéficient, d'un abattement de 300 000 €, sous certaines conditions (CGI art. 732 *ter*). Ces conditions sont les mêmes que celles qui sont requises pour l'application de l'abattement aux cessions de fonds de commerce.

SYNTHÈSE

Régime de cession d'actions

Mutation	Sans acte		Acte passé en France		Acte passé à l'étranger
			Société française	Société étrangère	Société française
Actions de sociétés cotées	Pas de taxation		0,1 %	0,1 % (CGI art. 718)	0,1 % (CGI art. 726, I-1°)
Actions de sociétés non cotées	Société française	Société étrangère	0,1 % sauf exonérations	0,1 % (CGI art. 718)	0,1 % (CGI art. 726, I-1°)
	0,1 % sauf exonérations	Pas de taxation			

Régime de cession de parts sociales

Mutation	Tarif
Cas général	3 % après application, sur la valeur de chaque part sociale, d'un abattement égal au rapport entre la somme de 23 000 € et le nombre total de parts sociales de la société (CGI art. 726, I-1° *bis*)
Sociétés à prépondérance immobilière	5 % (CGI art. 726, I-1°)
Parts sociales représentatives d'un apport en nature de moins de 3 ans	Droit de mutation correspondant à la nature du bien apporté (au lieu du droit de cession de droits sociaux) (CGI art. 727)

Chapitre 26

Transmission de l'entreprise à titre gratuit

COMPÉTENCES VISÉES

- **Déterminer le mode juridique et fiscal le plus approprié pour l'opération de transmission.**
- **Évaluer et optimiser le coût fiscal de la transmission.**
- **Assurer le suivi juridique de la transmission.**

- Les règles applicables aux différents modes de transmission sont inscrites dans le Code civil et dans le Code de commerce.

  Cette transmission de l'entreprise est aussi encadrée par des dispositions fiscales.

PLAN DU CHAPITRE

1 Cadre juridique général

Les dispositions applicables à la transmission à titre gratuit sont inscrites essentiellement dans le Code civil. Le Code de commerce contient certaines règles applicables concernant les structures juridiques des entreprises.

La loi distingue :

Succession ⟹ a des effets lors du décès de la personne	⟹ Soit : il n'y a pas de testament
	⟹ Soit : un testament est rédigé
Donation entre vifs ⟹ produit effet lorsque le donateur est vivant	⟹ Un contrat de donation est rédigé

Le Code civil réglemente :

- les successions, qui s'ouvrent par la mort, au dernier domicile du défunt (article 720) ;
- le testament et la donation, qui sont des libéralités.
- Les droits des personnes qui ont conclu un pacte civil de solidarité.

2 Transmission sans testament (*ab intestat*)

Dans ce cas, il y a **dévolution successorale légale** (article 721 alinéa 1).

La succession est dévolue par la loi aux parents et au conjoint successibles du défunt.

A Droits des parents en l'absence de conjoint successible

À noter : est successible le conjoint survivant. En l'absence de celui-ci, les parents sont appelés à succéder ainsi qu'il suit :

1° les enfants et leurs descendants ;

2° les père et mère ; les frères et sœurs et les descendants de ces derniers ;

3° les ascendants autres que les père et mère ;

4° les collatéraux autres que les frères et sœurs et les descendants de ces derniers.

Chacune de ces quatre catégories constitue un ordre d'héritiers qui exclut les suivants (article 734).

B Droits du conjoint successible

Le conjoint successible est appelé à la succession, **soit seul, soit en concours avec les parents du défunt** (article 756).

Si l'époux prédécédé laisse des enfants ou descendants, le conjoint survivant recueille, à son choix, l'usufruit de la totalité des biens existants ou la propriété du quart des biens lorsque tous les enfants sont issus des deux époux et la propriété du quart en présence d'un ou plusieurs enfants qui ne sont pas issus des deux époux (article 757).

Si, à défaut d'enfants ou de descendants, le défunt laisse ses père et mère, le conjoint survivant recueille la moitié des biens. L'autre moitié est dévolue pour un quart au père et pour un quart à la mère. Quand le père ou la mère est prédécédé, la part qui lui serait revenue échoit au conjoint survivant (article 757-1).

En l'absence d'enfants ou de descendants du défunt et de ses père et mère, le conjoint survivant recueille toute la succession (article 757-2).

C Option de l'héritier

L'héritier peut **accepter la succession purement et simplement ou y renoncer**. Il peut également accepter la succession à concurrence de l'actif net lorsqu'il a une vocation universelle ou à titre universel (article 768).

D Cas de l'administration de la succession par un mandataire

Le Code civil prévoit trois modalités :

- **le mandat à effet posthume** : toute personne peut donner à une ou plusieurs autres personnes, physiques ou morales, mandat d'administrer ou de gérer, sous réserve des pouvoirs confiés à l'exécuteur testamentaire, tout ou partie de sa succession pour le compte et dans l'intérêt d'un ou de plusieurs héritiers identifiés. Le mandataire peut être un héritier (article 812) ;
- **le mandataire désigné par convention** : les héritiers peuvent, d'un commun accord, confier l'administration de la succession à l'un d'eux ou à un tiers (article 813) ;
- **le mandataire successoral désigné en justice** ; le juge peut désigner toute personne qualifiée, physique ou morale, en qualité de mandataire successoral, à l'effet d'administrer provisoirement la succession en raison de l'inertie, de la carence ou de la faute d'un ou de plusieurs héritiers dans cette administration, de leur mésentente, d'une opposition d'intérêts entre eux ou de la complexité de la situation successorale (article 813-1).

E Régime légal de l'indivision

- Situation des héritiers : tant que le partage de la succession n'a pas eu lieu, les héritiers sont en situation d'indivision (ils sont indivisaires).
- Nul ne peut être contraint à demeurer dans l'indivision et le partage peut toujours être provoqué, à moins qu'il n'y ait été sursis par jugement ou convention.
- Pendant l'indivision, notamment :
  - tout indivisaire peut prendre les mesures nécessaires à la conservation des biens indivis même si elles ne présentent pas un caractère d'urgence (article 815-2) ;
  - le président du tribunal judiciaire peut prescrire ou autoriser toutes les mesures urgentes que requiert l'intérêt commun (article 815-6) ;
  - chaque indivisaire peut user et jouir des biens indivis conformément à leur destination, dans la mesure compatible avec le droit des autres indivisaires et avec l'effet des actes régulièrement passés au cours de l'indivision. À défaut d'accord entre les intéressés, l'exercice de ce droit est réglé, à titre provisoire, par le président du tribunal (article 815-9).

F Partage de la succession : règles permettant la préservation de l'entreprise

Le partage de la succession met fin à l'indivision. Toutefois, la loi contient des dispositions en vue d'éviter la disparition des entreprises.

- À la demande d'un indivisaire, **le tribunal peut surseoir au partage** pour deux années au plus si sa réalisation immédiate risque de porter atteinte à la valeur des biens indivis ou si l'un des indivisaires ne peut reprendre **l'entreprise agricole, commerciale, industrielle, artisanale ou libérale** dépendant de la succession qu'à l'expiration de ce délai. Ce sursis peut s'appliquer à l'ensemble des biens indivis ou à certains d'entre eux seulement.

  S'il y a lieu, la demande de sursis au partage peut porter sur des **droits sociaux** (article 820).
- **À défaut d'accord amiable, l'indivision de toute entreprise agricole, commerciale, industrielle, artisanale ou libérale, dont l'exploitation était assurée par le défunt ou par son conjoint, peut être maintenue** dans les conditions fixées par le tribunal.

  S'il y a lieu, la demande de maintien de l'indivision peut porter sur des **droits sociaux**.

Le tribunal statue en fonction des intérêts en présence et des moyens d'existence que la famille peut tirer des biens indivis.

Le maintien de l'indivision demeure possible lors même que l'entreprise comprend des éléments dont l'héritier ou le conjoint était déjà propriétaire ou copropriétaire avant l'ouverture de la succession (article 821).

- **L'indivision peut également être maintenue** dans les conditions fixées par le tribunal en ce qui concerne la propriété du **local** d'habitation ou **à usage professionnel** qui, à l'époque du décès, était effectivement utilisé pour cette habitation ou à cet usage par le défunt ou son conjoint. Il en est de même des **objets mobiliers** garnissant le local d'habitation ou servant à l'exercice de la profession (article 821-1).
- **Attribution préférentielle de tout ou partie d'une entreprise : le conjoint survivant ou tout héritier copropriétaire peut demander :**
  - **l'attribution préférentielle** par voie de partage, à charge de soulte s'il y a lieu, **de toute entreprise, ou partie d'entreprise** agricole, commerciale, industrielle, artisanale ou libérale **ou quote-part indivise d'une telle entreprise**, même formée pour une part de biens dont il était déjà propriétaire ou copropriétaire avant le décès, à l'exploitation de laquelle il participe ou a participé effectivement. Dans le cas de l'héritier, la condition de participation peut être ou avoir été remplie par son conjoint ou ses descendants. S'il y a lieu, la demande d'attribution préférentielle peut porter sur des **droits sociaux**, sans préjudice de l'application des dispositions légales ou des clauses statutaires sur la continuation d'une société avec le conjoint survivant ou un ou plusieurs héritiers (article 831) ;
  - l'attribution préférentielle de la **propriété** ou du **droit au bail du local à usage professionnel** servant effectivement à l'exercice de sa profession et des **objets mobiliers** nécessaires à l'exercice de sa profession (article 831-2).

3 Transmission avec testament et par donation

Le Code civil réglemente la transmission avec testament et par donation.

Dans ces cas de transmission, il y a dévolution successorale par les **libéralités** du défunt, qui doivent être compatibles avec la réserve héréditaire (article 721 alinéa 2).

A Caractéristiques des libéralités

1 Définitions

Selon l'article 893 du Code civil :

- la **libéralité** est l'acte par lequel une personne dispose à titre gratuit de tout ou partie de ses biens ou de ses droits au profit d'une autre personne ;
- il ne peut être fait de libéralité que par **donation entre vifs** ou par **testament**.

La **donation entre vifs** est un acte par lequel le donateur se dépouille actuellement et irrévocablement de la chose donnée en faveur du donataire qui l'accepte (article 894).

Le **testament** est un acte par lequel le testateur dispose, pour le temps où il n'existera plus, de tout ou partie de ses biens ou de ses droits et qu'il peut révoquer (article 895).

Pour la **validité** des libéralités : dans toute disposition entre vifs ou testamentaire, les conditions impossibles, celles qui sont contraires aux lois ou aux mœurs, seront réputées non écrites (article 900).

2 Règles applicables aux libéralités

a. Les libéralités sont encadrées par la loi

Elles doivent tenir compte notamment de :

- la **réserve héréditaire** : c'est la part des biens et droits successoraux dont la loi assure la dévolution libre de charges à certains héritiers dits réservataires, s'ils sont appelés à la succession et s'ils l'acceptent ;
- la **quotité disponible** : c'est la part des biens et droits successoraux qui n'est pas réservée par la loi et dont le défunt a pu disposer librement par des libéralités (article 912).

b. Étendue de la libéralité

À défaut de descendant et de conjoint survivant non divorcé, les libéralités par actes entre vifs ou testamentaires pourront porter sur la totalité des biens (article 916).

c. Prise en compte des libéralités lors du partage

Les libéralités peuvent faire l'objet d'une réduction lors du partage :

- la **donation faite en avancement de part successorale à un héritier réservataire** qui accepte la succession s'impute sur sa part de réserve et, subsidiairement, sur la quotité disponible, s'il n'en a pas été autrement convenu dans l'acte de donation. L'excédent est sujet à réduction (article 919-1) ;
- la **libéralité faite hors part successorale** s'impute sur la quotité disponible. L'excédent est sujet à réduction (article 919-2) ;
- les **libéralités**, directes ou indirectes, **qui portent atteinte à la réserve d'un ou plusieurs héritiers**, sont réductibles à la quotité disponible lors de l'ouverture de la succession (article 920).

B Règles spécifiques aux donations entre vifs

La donation entre vifs n'engagera le donateur, et ne produira aucun effet, que du jour qu'elle aura été **acceptée en termes exprès** (article 932).

La **donation entre vifs ne pourra être révoquée** que pour cause d'inexécution des conditions sous lesquelles elle aura été faite, pour cause d'ingratitude, et pour cause de survenance d'enfants (article 953).

C Règles spécifiques aux testaments

1 Définitions

L'**héritier** est la personne qui succède au défunt par l'effet de la loi.

Le **légataire** est institué par testament.

L'héritier peut également recevoir un ou des legs par testament.

2 Formes

Un **testament peut être olographe ou fait par acte public ou dans la forme mystique** (article 969) :

- le testament olographe n'est pas valable s'il n'est écrit en entier, daté et signé de la main du testateur : il n'est assujetti à aucune autre forme (article 970) ;
- le testament par acte public est reçu par deux notaires ou par un notaire assisté de deux témoins (article 971) ;
- le testament mystique est présenté par le testateur clos, cacheté et scellé au notaire et à deux témoins ; il déclare que le contenu de ce papier est son testament signé de lui (article 976).

3 Contenu

Les dispositions testamentaires sont ou universelles, ou à titre universel, ou à titre particulier (article 1002) :

- le **legs universel** est la disposition testamentaire par laquelle le testateur donne à une ou plusieurs personnes l'universalité des biens qu'il laissera à son décès (article 1003) ;
- le **legs à titre universel** est celui par lequel le testateur lègue une quote-part des biens dont la loi lui permet de disposer, telle qu'une moitié, un tiers, ou tous ses immeubles, ou tout son mobilier, ou une quotité fixe de tous ses immeubles ou de tout son mobilier (article 1010) ;
- le **legs particulier** (ou pur et simple) donnera au légataire, du jour du décès du testateur, un droit à la chose léguée, droit transmissible à ses héritiers ou ayants cause (article 1014).

4 Révocation des testaments et caducité

Les testaments ne pourront être **révoqués**, en tout ou en partie, que par un testament postérieur ou par un acte devant notaires portant déclaration du changement de volonté (article 1035).

Toute disposition testamentaire sera **caduque** si celui en faveur de qui elle est faite n'a pas survécu au testateur (article 1039). Le legs sera caduc si la chose léguée a totalement péri pendant la vie du testateur (article 1042).

D Règles spécifiques à la donation-partage et au testament-partage

1 Définitions

L'article 1075 dispose que toute personne peut faire, entre ses héritiers présomptifs, la **distribution** et le **partage de ses biens et de ses droits**.

Cet acte peut se faire sous forme de **donation-partage** ou de **testament-partage**. Il est soumis aux formalités, conditions et règles prescrites pour les donations entre vifs dans le premier cas et pour les testaments dans le second.

2 Donation-partage relative à une entreprise individuelle ou à une société

Conditions :

- **si les biens comprennent une entreprise individuelle** à caractère industriel, commercial, artisanal, agricole ou libéral **ou des droits sociaux d'une société** exerçant une activité à caractère industriel, commercial, artisanal, agricole ou libéral et dans laquelle il exerce une fonction dirigeante, le disposant peut en faire, sous forme de **donation-partage**, la distribution et le partage **sous réserve des conditions propres à chaque forme de société ou stipulées dans les statuts** ;
- cette libéralité est faite sous réserve que les biens corporels et incorporels affectés à l'exploitation de l'entreprise ou les droits sociaux entrent dans cette distribution et ce partage, et que cette distribution et ce partage aient pour effet de n'attribuer à ces autres personnes que la propriété ou la jouissance de tout ou partie de ces biens ou droits (article 1075-2).

3 Testament-partage

Il produit les **effets d'un partage**. Ses bénéficiaires ne peuvent renoncer à se prévaloir du testament pour réclamer un nouveau partage de la succession (article 1079).

4 Conséquences du décès selon la forme juridique de l'entreprise : synthèse

A Conséquences du décès de l'entrepreneur individuel

Les règles suivantes sont applicables.

1. Principe : il y a **blocage des comptes** bancaires du mandant (entrepreneur) décédé.
2. **Les actes de surveillance ou d'administration** sont effectués, notamment les opérations courantes, pour continuer à court terme l'activité de l'entreprise et le renouvellement du bail commercial.
3. **Gestion de la succession** (*cf.* 2. du présent chapitre).

   Deux types de **mandat** sont possibles :
   - le mandat à effet posthume, dans lequel le mandataire est désigné de son vivant par l'entrepreneur ;
   - le mandat judiciaire, où le mandataire est désigné par le juge.
4. **Inscription modificative au RCS** : elle est demandée dans le mois du décès de l'entrepreneur ; la modification est valable un an, renouvelable une fois (articles R. 123-45 et R. 123-46 du Code de commerce).
5. **Situation d'indivision**

   Principe : les biens laissés par le défunt constituent une masse indivise entre les héritiers. L'indivision dure jusqu'au partage : *cf.* 2. du présent chapitre.

   On distingue :
   - l'indivision **légale** : s'applique de plein droit lors du décès. Elle comprend tous les biens existants au jour du décès ainsi que leurs fruits et revenus, ainsi que les biens donnés antérieurement s'ils sont soumis au rapport ou à réduction ;
   - l'indivision **conventionnelle** : résulte de conventions passées par écrit, et à l'unanimité, entre les indivisaires. La convention concerne l'exercice des droits indivis ; elle peut désigner les biens et la quote-part de chacun et un gérant peut être nommé pour administrer l'indivision. Elle est à durée déterminée (5 ans au maximum, renouvelable) ou à durée indéterminée (**article 1873-3** du Code Civil).

   Le maintien de l'indivision pendant une durée déterminée peut permettre par exemple à un héritier mineur d'atteindre 18 ans.
6. **Partage**

   Cf. 2. F. du présent chapitre.
   - Nul ne peut être contraint à rester dans l'indivision ; le partage peut toujours être provoqué, à moins qu'il n'y ait été sursis par jugement ou convention.
   - Le partage **met fin à l'indivision** et fixe le droit de chaque héritier sur un lot déterminé. Les dettes sont exclues du partage. Afin d'éviter le partage d'unités économiques, le versement de **soultes** peut être prévu.
   - Il est possible de prévoir l'**attribution préférentielle d'une entreprise** : un bien est alors attribué (sous le contrôle du juge) à un indivisaire déterminé. Le bien peut être l'entreprise ou une quote-part d'une entreprise commerciale, industrielle, artisanale, libérale ou agricole (**article 831** du Code civil).

     L'attribution peut être demandée par le conjoint survivant ou tout héritier si certaines conditions sont respectées (*ex.* : le demandeur a participé effectivement à l'exploitation).

B Conséquences du décès d'un associé ou d'un dirigeant de société

SNC	▪ Le décès de l'un des **associés** entraîne la dissolution de la société, sauf clause statutaire contraire (article L. 221-15 du Code de commerce). Les statuts contiennent souvent une **clause de continuation de la société** : • *avec les associés survivants* : l'héritier ne devient donc pas associé et le rachat de ses parts entraîne une réduction du capital de la société ; • *avec les associés survivants et l'héritier* : les statuts peuvent prévoir que ce dernier doit être agréé par les associés ; • *avec tous les héritiers* : ils restent dans l'indivision jusqu'à la désignation d'un mandataire qui exercera les droits attachés aux parts indivises ; • *avec un bénéficiaire déterminé ou à déterminer*, par exemple le conjoint survivant. Les droits sociaux peuvent faire l'objet d'une **attribution préférentielle**. En cas de continuation et **si l'un ou plusieurs des héritiers de l'associé sont mineurs non émancipés**, ceux-ci ne répondent des dettes sociales qu'à concurrence des forces de la succession de leur auteur. En outre, la société doit être transformée, dans le délai d'un an, à compter du décès, en société en commandite dont le mineur devient commanditaire. À défaut, elle est dissoute. ▪ **Formalités de publicité** lors du décès d'un associé : insertion au JAL, inscription modificative au RCS.
SARL	▪ Le décès de l'un des **associés** n'entraîne pas la dissolution de la société, sauf clause statutaire contraire (article L. 223-41 du Code de commerce). ▪ Les parts sont en principe librement transmissibles entre conjoints et entre descendants et ascendants. S'il y a plusieurs héritiers pour l'associé d'une EURL, il faut la transformer en SARL. ▪ En cas de décès du **gérant unique** : l'assemblée des associés est convoquée par le commissaire aux comptes ou tout associé pour le remplacer.
SA	▪ En cas de décès d'un **dirigeant**, la SA n'est pas dissoute. On distingue différents cas : • décès du président du conseil d'administration (PCA) ou du directeur général (DG) : le conseil d'administration se réunit pour désigner un nouveau PCA ou DG ; • décès d'un membre du directoire : le conseil de surveillance (CS) se réunit pour le remplacer ; • décès d'un administrateur ou d'un membre du CS : *cf.* le nombre restant de membres par rapport à la loi et aux statuts : la cooptation est obligatoire ou facultative. ▪ En cas de décès d'un **actionnaire**, la clause d'agrément ne joue pas. S'il y a plusieurs héritiers, ils sont propriétaires indivis jusqu'au partage (ils sont représentés par un mandataire dans les assemblées générales).
SAS	▪ En cas de décès du **président**, il doit être remplacé dans les plus brefs délais. ▪ En cas de décès d'un **actionnaire** : *cf.* les statuts, qui peuvent contenir une clause d'agrément.

5 Fiscalité de la transmission à titre gratuit de l'entreprise

A Les conséquences du décès du chef d'entreprise

Un malheur n'arrivant jamais seul, le décès de l'entrepreneur génère pour les héritiers des droits de mutation à titre gratuit.

Les droits de succession sont calculés sur la valeur des biens transmis (actifs ou titres sociaux), selon un barème progressif et après application d'abattements légaux.

Les abattements dépendent du lien de parenté, et des réductions de droits sont susceptibles de s'appliquer.

1 L'imposition de la succession du chef d'entreprise

a. Les exonérations de droit de succession

Sont exonérées de droit de succession les :

- Successions entre époux et partenaires d'un PACS ;
- Assurance-vie : les primes versées après le 70e anniversaire de l'assuré sont soumises aux droits de mutation pour la partie excédant 30 500 € (CGI art. 757 B).
- Les bois et forêts (à concurrence des 3/4 de leur valeur), les biens ruraux loués par bail à long terme (à concurrence des 3/4 de leur valeur jusqu'à 300 000 € et de la moitié au-delà), les œuvres d'art ou de collection données à l'État, les immeubles classés monuments historiques sous certaines conditions.

b. Le calcul des droits de mutation

Les droits de succession sont calculés sur la part nette de chaque héritier ou légataire (CGI art. 777). Cette part est d'abord diminuée des abattements auxquels les héritiers peuvent prétendre, puis elle sera soumise au barème des droits de mutation qui varie selon les bénéficiaires. Certains héritiers ou légataires bénéficieront sous conditions de réductions de droits.

Les abattements légaux sur les successions (CGI art. 779) :

BÉNÉFICIAIRES	À compter du 17/08/2012
Conjoint survivant	Exonération
Partenaire d'un PACS	Exonération
Chaque Parent et Enfant	100 000 €
Chaque petit-enfant et par grand-parent	1 594 €
Chaque arrière-petit-enfant et par grand parent	1 594 €
Chaque frère et sœur sous certaines conditions (*)	Exonération
Chaque frère et sœur sans condition (vivants ou représentés)	15 932 €
Chaque neveu et nièce et par oncle et tante	7 967 €
Tout héritier ayant une infirmité physique ou mentale (cumulable avec les autres abattements, sauf celui de 1 594 €)	159 325 €
À défaut, dans tous les autres cas	1 594 €

(*) Pour les successions, chaque frère ou sœur sera exonéré de droits de succession (au lieu de l'abattement des 15 932 €) à condition :
- D'être, au décès de son frère ou sa soeur, célibataire, divorcé ou séparé de corps.
- Et, être âgé de plus de 50 ans, ou atteint d'une infirmité, le mettant dans l'impossibilité de subvenir, par son travail, aux nécessités de l'existence.
- Et, avoir eu un domicile constant avec le défunt (son frère ou sa soeur) pendant les 5 années ayant précédé le décès.

c. La notion de rapport fiscal à la succession

Afin de calculer les droits de mutation à payer par l'héritier au moment du décès, on effectue un rapport fiscal des donations reçues de moins de 15 ans, à compter du 17 août 2012, notamment pour l'application de l'abattement des 100 000 €.

Exemple

Fin août 2019, Monsieur Bertrand décède en laissant à son fils un appartement estimé à 130 000 € et quelques liquidités d'un montant de 15 000 €, or il lui avait donné en 2010 un terrain évalué à 85 000 €.
Son fils pourra profiter d'un abattement de 100 000 € – 85 000 € = 15 000 €.

2 La donation de l'entreprise

Lorsque les repreneurs de l'entreprise sont les héritiers, l'exploitant peut opérer la transmission de son entreprise par voie de donation. Cette solution peut être également envisagée au profit des salariés de l'entreprise. Quelles sont les conséquences fiscales d'une telle décision ?

a. Conséquences en matière de fiscalité directe (IR – IS)

Il convient de distinguer la situation où l'exploitant choisit de consentir une donation directe de l'entreprise de celle où il a constitué une société, dont il va faire donation des titres composant le capital social.

La donation en direct de l'entreprise individuelle déclenche en principe les mêmes impositions que la vente de l'entreprise, c'est-à-dire : imposition immédiate des bénéfices et des plus-values, y compris pour l'immeuble professionnel qui sort de l'actif et revient dans le patrimoine privé de l'exploitant.

Toutefois, la donation peut bénéficier de l'exonération des plus-values sous certaines conditions.

Tel est le cas des dispositifs des articles 238 *quindecies* et 151 *septies* du CGI, exposés au Chapitre 25, qui s'applique sous conditions aux transmissions à titre gratuit.

Il peut être également fait application du dispositif de **l'article 41 du CGI**.

Il s'agit d'un mécanisme de **report d'imposition** qui est applicable à toutes les transmissions d'entreprises à l'IR, individuelles (ou de parts de sociétés de personnes par un associé exerçant son activité professionnelle dans la société) par voie de succession ou de donation au profit d'une personne physique qui reprend l'exploitation.

L'imposition des plus-values est reportée jusqu'à la date de la cession ou de la cessation de l'entreprise (y compris la location gérance du fonds de commerce) ou jusqu'à la date de la cession d'un élément d'actif (si elle est antérieure).

Les plus-values en report seront totalement exonérées si l'activité est poursuivie pendant au moins 5 ans par l'un des donataires, qui doit personnellement exercer l'activité professionnelle.

Quant aux gains sur stocks, ils seront taxés au nom du nouvel exploitant s'ils sont repris pour leur valeur comptable.

Éclairage

La donation-cession

Lorsque le chef d'entreprise envisage la cession de sa société pour transmettre une partie de son patrimoine à ses enfants, il peut dans un premier temps prévoir de céder les titres de son entreprise puis de donner ensuite tout ou partie du prix de cession à ses enfants.

L'opération supporte dans ce cas une **double imposition** : la plus-value réalisée lors de la vente est imposée à la FLAT TAX (30 %), et elle supporte éventuellement la contribution exceptionnelle sur les hauts revenus (CEHR), puis la donation de tout ou partie du prix de vente aux enfants déclenchera le paiement de droits de donation.

Pour éviter cette double imposition, il suffit de transmettre d'abord les titres de son entreprise à ses enfants, à charge pour eux de les revendre après la donation. L'intérêt est d'échapper à l'imposition de la plus-value.

Les titres entreront alors dans le patrimoine des enfants pour leur valeur au jour de la donation et, s'ils les vendent au même prix que la valeur déclarée dans l'acte de donation, il n'y aura pas de plus-value imposable. L'opération de transmission avant cession aura permis de « purger » la plus-value à hauteur des titres donnés.

Il peut donc être intéressant de faire précéder la cession par une donation, mais attention à bien respecter la chronologie des opérations pour éviter une requalification par l'administration fiscale.

b. Conséquences en matière de droits de mutation à titre gratuit

La donation d'une entreprise donne lieu dans tous les cas à l'application des droits de mutation à titre gratuit.

Ces droits de donation sont indépendants de la nature des biens transmis : privée ou professionnelle. Le montant des droits de donation est fonction du montant de la donation et du degré de parenté entre le bénéficiaire et le donateur (voir *supra*).

La plupart des biens exonérés de droits de succession le sont également de droits de donation.

En revanche, les exonérations de droits de succession (conjoint, partenaire de Pacs...) ne s'appliquent pas aux donations.

Il existe une exonération spécifique pour les dons familiaux de sommes d'argent : ces dons sont exonérés s'ils n'excèdent pas 31 865 € au profit de descendants (enfants, petits-enfants, arrières petits-enfants) voire au profit de neveux et nièces si le donateur n'a pas de descendance à condition que le donateur ait moins de 80 ans et le donataire soit majeur (CGI art. 790 G). Cette exonération est cumulable avec les autres abattements applicables au don.

Comparaison entre les abattements applicables aux successions et aux donations :

BÉNÉFICIAIRES	SUCCESSION	DONATION
Conjoint	Exonération	80 724 €
Partenaire d'un PACS	Exonération	80 724 €
Chaque Parent et enfant	100 000 €	
Chaque frère et sœur sous certaines conditions	Exonération	15 932 €
Chaque frère et sœur sans conditions (représenté si succession)	15 932 €	
Chaque petit-enfant et par grand-parent	1 594 €	31 865 €
Chaque arrière petit-enfant et par arrière grand-parent	1 594 €	5 310 €
Chaque neveu ou nièce et par oncle et tante	7 967 €	

BÉNÉFICIAIRES	SUCCESSION	DONATION
Tout héritier ayant une infirmité physique ou mentale	159 325 €	
À défaut, dans tous les autres cas	1 594 €	–

Remarque. Autres successions et donations :
Il est prévu deux taux distincts, le premier de 55 % pour les transmissions entre parents jusqu'au 4e degré inclus et le second de 60 % pour les transmissions entre parents au-delà du 4e degré et entre non-parents.

BARÈME DES DROITS DE SUCCESSION ET DE DONATION

SUCCESSION EN LIGNE DIRECTE		
De 0 € à 8 071 €	= 5 %	Formule de calcul des droits (P = part nette taxable)
De 8 072 € à 12 109 €	= 10 %	= (P × 10 %) – 404 €
De 12 110 € à 15 932 €	= 15 %	= (P × 15 %) – 1 009 €
De 15 933 € à 552 324 €	= 20 %	= (P × 20 %) – 1 806 €
De 552 325 € à 902 838 €	= 30 %	= (P × 30 %) – 57 038 €
De 902 839 € à 1 805 677 €	= 40 %	= (P × 40 %) – 147 322 €
Au-delà de 1 805 677 €	= 45 %	= (P × 45 %) – 237 606 €
DONATION AU PROFIT DU CONJOINT OU DU PARTENAIRE PACSÉ		
De 0 € à 8 071 €	= 5 %	Formule de calcul des droits (P = part nette taxable)
De 8 072 € à 15.932 €	= 10 %	= (P × 10 %) – 404 €
De 15 933 € à 31 865 €..........................	= 15 %	= (P × 15 %) – 1 200 €
De 31 866 € à 552 324 €	= 20 %	= (P × 20 %) – 2 793 €
De 552 325 € à 902 838 €	= 30 %	= (P × 30 %) – 58 026 €
De 902 839 € à 1 805 677 €	= 40 %	= (P × 40 %) – 148 310 €
Au-delà de 1 805 677 €	= 45 %	= 45 % – 238 594 €
SUCCESSION ENTRE FRÈRES ET SŒURS SANS CONDITION (ou neveux et nièces par représentation)		
De 0 € à 24 430 €	35 %	
Au-delà de 24 430 €	45 %	= (P × 45 %) – 2 443 €
SUCCESSION ENTRE PARENTS JUSQU'AU 4e DEGRÉ		
Sur la totalité	55 %	
SUCCESSION AU DELÀ DU 4e DEGRÉ		
Sur la totalité	60 %	

Remarque. Le barème n'est plus actualisé au 1er janvier de chaque année, en fonction de l'inflation.

B L'anticipation du coût de la transmission de l'entreprise

Certains dispositifs légaux permettent de limiter le coût fiscal de la transmission de l'entreprise.

1 La transmission en régime DUTREIL

Loi Dutreil du 1er août 2003 (codifiée aux articles 787 B et 787 C du CGI) a conduit à l'adoption d'un dispositif complexe consistant pour l'imposition aux droits de mutation à titre gratuit, à réduire de 75 % la valeur de l'entreprise transmise, à la condition de s'engager à la conserver collectivement et individuellement durant au moins 6 ans, ainsi qu'à la diriger pour assurer la stabilité du capital et favoriser sa pérennité.

Sont concernés par cette mesure, les héritiers et bénéficiaires d'une donation d'entreprise individuelle ou de titres de société.

L'engagement collectif de conservation des titres de sociétés pris par le défunt de son vivant ou par le donateur doit porter sur 10 % des droits financiers et 20 % des droits de vote s'il s'agit de sociétés cotées, et de 17 % des droits financiers et 34 % des droits de vote pour les sociétés non cotées.

Les signataires de cet engagement peuvent effectuer entre eux des cessions ou donations de titres.

L'ingénierie du dispositif est la suivante :

Principe	Applications
Entreprise individuelle (art. 787 C du CGI)	• L'entreprise doit être détenue depuis au moins 2 ans par le défunt ou le donateur (en cas d'acquisition à titre onéreux seulement). • Chacun des héritiers ou donataires doit prendre, dans la déclaration de succession ou dans l'acte de donation, pour lui et pour ses ayants cause à titre gratuit, l'engagement de conserver les biens pendant au moins 4 ans à compter de la date du décès. • L'un quelconque des héritiers ou des donataires de l'entreprise doit poursuivre effectivement l'exploitation pendant au moins 3 ans, et l'administration fiscale exige que le repreneur exerce son activité principale dans l'entreprise. • En cas de non-respect de l'engagement de conservation des biens par un héritier ou un donataire, celui-ci devra acquitter le complément de droits de mutation à titre gratuit majoré de l'intérêt de retard. • En cas de non-respect de la poursuite de l'exploitation pendant trois ans, tous les héritiers ou donataires doivent acquitter le complément de droits et la majoration.
Sociétés (art. 787 C du CGI)	• Société « opérationnelle » ayant une activité industrielle, commerciale, artisanale, agricole ou libérale : les sociétés ayant une activité civile prépondérante sont exclues. • S'il s'agit d'une **holding « passive »** : la société holding doit être signataire de l'engagement collectif de conservation et l'exonération ne s'applique qu'à hauteur d'une certaine fraction de la valeur des titres de la société holding (l'exonération partielle porte sur la valeur des droits sociaux de la société détenue directement par le redevable dans la limite de la fraction de la valeur de l'actif brut de celle-ci représentative de la participation directe ou indirecte ayant fait l'objet de l'engagement collectif) : détention possible via une société holding pure autorisée dans la limite de 2 niveaux d'interposition. • **Si holding animatrice** : la holding animatrice peut bénéficier du régime.

Principe	Applications
L'engagement collectif de conservation (ECC)	• Les titres doivent avoir fait l'objet d'un engagement collectif de conservation (ECC) d'une durée minimale de deux ans, en cours au jour de la transmission, conclu par au moins deux associés (personne physique ou morale). Néanmoins, il peut, depuis le 1/1/2019, être pris par une personne seule. • L'engagement doit porter sur au moins **17 % des droits financiers** et 34 % des droits de vote (pour les sociétés non cotées) 10 et 20 % des mêmes droits pour les sociétés cotées. 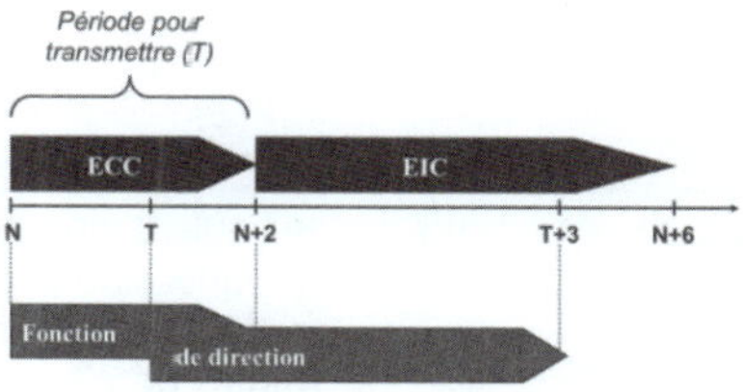
Engagement collectif réputé acquis	• L'engagement collectif de conservation est réputé acquis (la période de l'engagement individuel de conservation d'une durée de 4 ans s'ouvre directement) lorsque le défunt ou le donateur, seul ou avec son conjoint ou partenaire pacsé : • détient depuis 2 ans au moins le quota de titres requis ; • exerce depuis 2 ans au moins son activité principale ou une fonction de direction selon qu'il s'agit d'une société de personnes ou d'une société soumise à l'IS. • Attention : L'engagement réputé acquis est applicable, depuis le 1/1/2019, aux transmissions de titres de sociétés interposées, **dans la limite de deux degrés d'interposition (BOI-ENR-DMTG-10-20-40-10 du 6/04/2021 § 230**. Enfin, seul le donataire peut exercer la fonction de direction après la donation, et non le donateur (RM n° 99759 Moreau, JOAN 7 mars 2017).
Engagement *post-mortem*	• Dans le cadre d'une succession, et à défaut de pacte Dutreil conclu avant le décès, un engagement collectif de conservation peut encore être conclu dans les 6 mois du décès par un ou des héritiers ou légataires, entre eux ou avec d'autres associés (engagement « *post mortem* »).
Membres du pacte	• Le donateur ou le défunt avec d'autres associés, pas nécessairement les donataires ou héritiers.
Un engagement individuel post transmission	• Les donataires ou successibles prennent l'engagement de conserver les titres transmis pendant une durée de 4 ans à compter de l'expiration de l'engagement collectif.
Une fonction de direction	• Par l'un des signataires et/ou l'un des bénéficiaires : • pendant toute la durée de l'engagement collectif et pendant les 3 ans qui suivent la transmission.

Principe	Applications
Exonération partielle de l'assiette des droits de succession ou de donation	• Les transmissions par décès ou les donations de parts ou d'actions de sociétés faisant l'objet d'un engagement collectif de conservation (ou « pacte Dutreil ») sont exonérées de droits de mutation à titre gratuit à concurrence de 75 % de leur valeur (sans limitation de montant). • Exemple : Monsieur et Madame Lebon, chefs d'entreprise, souhaite transmettre leur entreprise en pleine propriété à leur fils unique. L'entreprise est évaluée à 10 millions d'euros. Il est fait abstraction des abattements légaux. • Droits de donation sans Pacte Dutreil : 4 262 K € • Droits de donation avec Pacte Dutreil : 443,5 K € Soit une économie d'impôt de : **3 818,50 K €**
Exonération partielle des droits de mutation	• Seule la donation **en pleine propriété** d'une entreprise répondant aux conditions du « pacte Dutreil » bénéficie d'une **réduction des droits** de donation de 50 % **si le donateur a moins de 70 ans** (CGI art. 790).

Remarque. Distinction entre holding passive et holding animatrice

Selon l'Administration, sont des holdings animatrices les sociétés qui, outre la gestion d'un portefeuille de participations : participent activement à la conduite de la politique du groupe et au contrôle des filiales ;

et rendent, le cas échéant, et à titre purement interne au groupe, des services administratifs, juridiques, comptables, financiers ou immobiliers.

Les sociétés holding passives, en opposition aux sociétés holding animatrices, ne font que gérer un portefeuille mobilier. Les titres de ces sociétés holding sont exclus du dispositif Dutreil « en direct ».

2 Autres dispositifs

a. La transmission démembrée

L'assiette des droits de mutation est évidemment réduite puisque la transmission ne porte que sur une fraction du droit de propriété.

L'évaluation se fait obligatoirement en fonction du barème prévu à l'article 669 du CGI, les pourcentages étant déterminés en fonction de l'âge de l'usufruitier.

Âge de l'usufruitier	Valeur de l'usufruit	Valeur de la nue-propriété
Jusqu'à 20 ans	90 %	10 %
De 21 à 30 ans	80 %	20 %
De 31 à 40 ans	70 %	30 %
De 41 à 50 ans	60 %	40 %
De 51 à 60 ans	50 %	50 %
De 61 à 70 ans	40 %	60 %
De 71 à 80 ans	30 %	70 %
De 81 à 90 ans	20 %	80 %
À partir de 91 ans	10 %	90 %

En cas d'usufruit à durée fixe, celui-ci est évalué à 23 % de la valeur de la pleine propriété par période de dix ans, sans fraction et sans égard à l'âge de l'usufruitier (CGI art. 669, II).

b. Le paiement différé et fractionné des droits

Les transmissions d'entreprises par succession ou par donation peuvent bénéficier d'un remboursement sur 15 ans avec un différé de paiement de cinq ans (CGI Ann. III, art. 397 A s.).

Cette disposition s'applique si tous les actifs professionnels de l'entreprise individuelle sont cédés. Pendant la période de 5 ans seuls sont dus les intérêts, au taux prévu en matière de paiement fractionné ou différé, ensuite le remboursement se fait par semestrialités (soit 20 × 6 mois), si des garanties sont apportées (CGI Ann. III, art. 400).

Les intérêts sont réduits des 2/3 dans certaines conditions (soit un taux de 0,40 % en 2021) : si la valeur de l'entreprise ou la valeur nominale des titres comprise dans la part de chaque bénéficiaire est supérieure à 10 % de la valeur de l'entreprise ou du capital social, ou lorsque, globalement, plus du 1/3 du capital social est transmis (CGI Ann. III, art. 404 GD). Le différé prend fin lorsque plus du 1/3 des biens sont cédés (CGI Ann. III, art. 404 GD).

Exemple

1. Les données

Monsieur et Madame DURANT Christian sont mariés sous le régime de séparation de biens. Madame était fonctionnaire et Monsieur DURANT, âgé de 63 ans projette de transmettre à ses deux fils, Pierre et Paul, l'entreprise familiale dont il est gérant depuis une trentaine d'année, la SARL DURANT, qui a une activité de production de tubes en plastique.

La répartition du capital social de la SARL est la suivante : Monsieur Christian DURANT détient 25 % et son frère, Roger âgé de 55 ans détient les 75 % restant. Cette répartition du capital est issue des suites d'une donation-partage réalisée par leur père en 1985.

C'est Roger qui prendra la gérance de la société lorsque Christian cessera ses activités et jusqu'à ce que Pierre et Paul puissent assurer la direction dans une dizaine d'années.

La valeur des parts de la SARL peut actuellement être estimée à 10 000 000 €.

Un engagement collectif de conservation des parts est conclu entre les deux frères.

Christian procède peu de temps après la conclusion de cet engagement à la donation de toutes les parts qu'il détient dans la SARL à ses deux fils en nue-propriété avec réserve de l'usufruit.

Les statuts sont modifiés afin que l'usufruitier voie ses droits de vote limités à la seule décision d'affectation des résultats.

Chacun des donataires prend l'engagement de conserver les parts recueillies pendant quatre ans.

Travail à faire :

Calculer les droits dus avec engagement de conservation.

Quels auraient été les droits dus si aucun engagement n'avait été souscrit ?

2. La solution

La valeur des parts sociales détenues par Christian est de 2 500 000 € (10 000 000 × 25 %).

Le donateur qui se réserve l'usufruit est âgé de 63 ans, la valeur fiscale de la nue-propriété des parts est donc de 60 % de la pleine propriété soit 1 500 000 € (2 500 000 × 60 %).

2.1 La valeur imposable est donc de 375 000 €, soit 1 500 000 × 25 %.

Chacun des deux fils de Christian est attributaire de la moitié des parts, chacun est donc redevable sur une base de 187 500 €.

À cette somme on applique l'abattement en ligne direct de 100 000 €, la somme de 87 500 € est à prendre en compte pour l'utilisation du tarif en ligne directe.

(87 500 × 0,20) – 1 806 = 15 694 €

Il en résulte une imposition pour chacun des donataires de 15 694 euros soit une imposition globale de 31 388 €.

2.2 Comparaison avec une même donation sans mise en place d'un engagement collectif de conservation

Compte tenu de la géographie du capital, aucun engagement collectif n'aurait pu être réputé acquis pour Christian (moins de 34 % de détention).

Si le dispositif de l'article 787 B n'avait pas été préalablement mis en place au sein de la SARL, alors les droits de donation dans le cadre de la donation-partage auraient été déterminés comme suit :

La valeur de la nue-propriété des parts est de 1 500 000 €.

Chacun des deux donataires recueille 750 000 €.

Application de l'abattement en ligne directe de 100 000 € soit : 650 000 €

Application du tarif en ligne directe :

(650 000 × 30 %) – 57 038 € = 137 962 €

L'imposition globale aurait été de 275 924 €.

Chapitre 27

Cessation d'activité de l'entreprise individuelle

COMPÉTENCES VISÉES

- **Maîtriser les incidences juridiques, fiscales et sociales des opérations de cessation d'activité ou de dissolution et liquidation d'une entreprise.**
- **Connaître le régime juridique et fiscal de la cessation d'activité de l'entreprise individuelle.**
- **Connaître le régime juridique et fiscal de la dissolution de la société.**

- La cessation d'activité d'une entreprise individuelle peut avoir diverses raisons telles que le départ en retraite, la vente de l'entreprise ou le décès de l'exploitant.

  Le Code de commerce prévoit que l'entrepreneur individuel qui cesse son activité doit effectuer des démarches de radiation afin que sa cessation d'activité soit effective.

  Par ailleurs, la cessation d'activité est encadrée par des dispositions fiscales.

PLAN DU CHAPITRE

1 Causes de la cessation d'activité

Décision de l'entrepreneur

Ce dernier peut :

- prendre sa retraite ;
- vendre notamment son fonds de commerce ou son fonds artisanal ;
- apporter son fonds (de commerce ou artisanal) au capital d'une société commerciale en réalisant un apport en nature. Le fonds ne sera plus exploité par l'apporteur, mais par la société qui reçoit l'apport.

Décès de l'entrepreneur

Si les héritiers ne veulent pas continuer l'exploitation, ils sont en indivision (*cf.* Chapitre 26).

Cette situation prend fin :

- soit par la cessation d'activité, qui entraînera le partage de l'actif net du fonds entre les héritiers ;
- soit par la vente du fonds de commerce, qui aboutira au partage du prix de cession entre les héritiers.

2 Obligations juridiques

A Déclaration de la cessation d'activité

Pour toute entreprise individuelle (commerciale, artisanale, libérale ou agricole), la cessation d'activité doit être déclarée **dans les 30 jours** suivant la fin de l'activité (articles R. 123-46, R. 123-51 du Code de commerce) auprès du Centre de Formalités des Entreprises (CFE) dont dépend l'entreprise et auprès duquel le début d'activité avait été déclaré.

Cette déclaration entraîne la **radiation de l'entreprise** :

- des registres légaux tels que le registre du commerce et des sociétés, le répertoire des métiers et de l'artisanat ;
- du répertoire Sirene (Système informatique pour le répertoire des entreprises et des établissements) ;
- des fichiers des affiliés professionnels des organismes sociaux (URSSAF...) ;
- des fichiers des professionnels actifs gérés par l'administration fiscale.

B Gestion du personnel

1. **Obligation de communiquer la DSN (Déclaration Sociale Nominative)**

   Ce document doit être adressé à la Carsat (Caisse d'assurance retraite et de la santé au travail) et à l'Urssaf (Union de recouvrement pour la Sécurité sociale et les allocations familiales) dans un délai de soixante jours à compter du premier jour suivant la de cessation d'activité de l'entreprise (Cf. www.urssaf.fr).

2. **Licenciement pour motif économique des salariés**

   Constitue un licenciement pour motif économique le licenciement effectué par un employeur pour un ou plusieurs motifs non inhérents à la personne du salarié résultant d'une suppression ou transformation d'emploi ou d'une modification, refusée par le salarié, d'un élément essentiel du contrat de travail, consécutives notamment à la cessation d'activité de l'entreprise (article L. 1233-3 du Code du travail).

   La cessation d'activité de l'entreprise est une **cause réelle et sérieuse de licenciement** (art. L. 1233-2 du Code du travail).

Le licenciement des salariés doit intervenir dans le cadre des **procédures de licenciement pour motif économique** prévues par le Code du travail (*cf.* le cours de droit social de DCG).

3 Fiscalité de la cessation d'activité de l'entreprise individuelle

A Les conséquences de la cessation en matière d'impôts directs

La cessation totale d'entreprise s'entend de la liquidation effective et totale de l'entreprise, sanctionnée par sa radiation du registre du commerce.

La cessation d'activité entraîne l'imposition immédiate à l'impôt sur le revenu (IR) des bénéfices et des plus-values non encore taxés (art. 201 du CGI). Le bénéfice d'exploitation immédiatement imposable correspond au résultat fiscal ordinaire réalisé depuis le 1er jour de l'exercice de cessation d'activité.

L'exploitant doit informer l'administration de la cessation de son activité professionnelle dans les 45 jours qui suivent la publication de la vente du fonds de commerce dans un journal d'annonces légales. Il doit également déposer auprès du service des impôts des entreprises (SIE) une déclaration de résultats dans les 60 jours. À défaut, il risque d'être imposé d'office.

Cette déclaration vise à permettre l'imposition immédiate des bénéfices ordinaires ou des plus-values de cession-cessation.

1 L'imposition du résultat courant

Le résultat de cessation comprend l'ensemble des éléments du résultat de l'exercice y compris ceux qui avaient été éventuellement différés par le chef d'entreprise : il s'agit des provisions devenues sans objets à la suite de la cessation d'activité, des subventions d'équipement étalées, des plus-values à court terme qui ont été lissées sur trois ans ou mise en report.

L'IR est payé par l'exploitant : cette imposition présente un caractère provisoire, l'IR payé au cours de l'année de cessation sera déduit de l'IR définitif calculé en fin d'année sur l'ensemble des revenus du foyer fiscal.

2 L'imposition des plus-values

Les plus-values à long terme sont normalement imposées au taux de 12,8 %, et majorées de 17,20 % de prélèvements sociaux, mais il est possible de les compenser avec le déficit de l'exercice ;

Les moins-values à long terme ne sont pas reportables puisque l'entrepreneur cesse son activité, mais elles peuvent être imputées sur le bénéfice ordinaire (l'imputation est dans ce cas limitée au rapport existant entre le taux du long terme et le taux plein de l'IS ; CGI art. 39 *quindecies* 1-2°).

Éventuellement, les régimes d'exonération propres à l'IR (art. 151 *septies* et 151 *septies* A du CGI) sont susceptibles de s'appliquer (voir *supra*).

B Les conséquences de la cessation en matière de TVA

La cessation d'activité met fin au droit à déduction de la TVA et entraîne en principe une régularisation de la TVA déjà déduite.

Le droit à déduction prend fin lors de la dernière cession des stocks.

L'exploitant doit déclarer, dans **un délai de 30 jours**, la cessation de son activité auprès du centre de formalité des entreprises, le CFE. La cessation d'activité est susceptible d'entraîner une régularisation de TVA par reversement d'une fraction de la taxe initialement déduite. En effet, la condition d'affectation aux besoins de l'exploitation posée à l'article 271, II, 1 du CGI n'est plus remplie. Cependant, toutes les cessions d'actifs ne donneront pas lieu à régularisation de TVA.

Pour qu'il y ait régularisation de TVA, il faut que la TVA d'amont ait été déduite et que l'entreprise se trouve dans le délai de régularisation des immobilisations (5 ans pour les meubles et 20 ans pour les immeubles).

Pour les immeubles, le reversement correspond à la taxe initialement déduite × (coefficient de déduction de l'année × coefficient de déduction de référence)/20

Pour les biens meubles, le reversement correspond à la taxe initialement déduite × (coefficient de déduction de l'année × coefficient de déduction de référence)/5

La régularisation doit opérée avant le 25 avril de l'année suivante.

Pour qu'il y ait régularisation de TVA, la cession du bien ne doit pas être soumise à TVA. Or tel est le cas des stocks, des équipements et des immeubles neufs qui sont dispensés de TVA (CGI art. 257 *bis* al. 1). Toutefois, afin que la dispense ne se retourne pas contre la contribuable, l'article 257 *bis* du CGI dispose également que le cessionnaire est réputé continuer la personne du cédant pour ce qui est des régularisations de TVA (al. 2).

Exemple

1. Les données

La société LAREGUL, entièrement redevable de la TVA, a revendu en septembre N un immeuble qu'elle avait acheté neuf en N-8 pour un montant de 500 000 € HT plus 100 000 € de TVA à 20 %.

Calculer le montant de la régularisation à opérer par le vendeur et le montant pouvant être transféré au nouveau détenteur sachant qu'il s'agit d'une entreprise partiellement redevable de la TVA dont le coefficient de déduction est égal à 0,60.

2. La solution

La revente de l'immeuble intervenant plus de 5 ans après son achèvement, elle n'est pas soumise à la TVA à défaut d'option pour son imposition. Il convient donc de procéder à une régularisation globale sous la forme d'un reversement calculé comme suit : il s'est écoulé 9 années ou fractions d'année civile depuis l'acquisition du bien (de N-8 à N) avec une utilisation pour la réalisation d'opérations soumises à la TVA. Il reste 11 années ou fractions d'année civile restant à courir jusqu'à la fin du délai de régularisation de 20 ans.

Le reversement se calcule donc comme suit : 100 000 × 11/20 = 55 000 €

Cette TVA à reverser pourra être transmise comme TVA déductible au nouvel acquéreur dès lors que le bien a vocation à être immobilisé. Comme ce dernier a un coefficient de déduction de 0,60, il pourra déduire en N la somme de 33 000 (55 000 × 0,60).

Ce nouveau détenteur aura aussi à suivre son propre délai qui commencera en N pour s'achever en N+19.

C Les conséquences de la cessation en matière de cotisation foncière des entreprises (CFE)

Pour les deux années qui suivent la cession, le nouvel exploitant est redevable de la cotisation foncière des entreprises (CFE) d'après la valeur locative des immeubles dont il a disposé au 31 décembre de sa première année d'activité (dans ce cas, par exception à la règle du décalage de 2 ans entre l'année d'assiette et l'année d'imposition, la déclaration qui doit être faite avant le 2e jour ouvré suivant le 1er mai vaudra pour l'année en cours et l'année d'après, CGI art. 1478, IV).

Chapitre 28

Dissolution des sociétés

COMPÉTENCE VISÉE

- **Maîtriser les incidences juridiques, fiscales et sociales des opérations de dissolution et liquidation d'une entreprise.**

- La dissolution est le terme de l'existence sociale. Le patrimoine social n'a plus de titulaire, il faut le liquider : payer les créanciers et partager le solde entre associés.

  Après avoir abordé les causes de dissolution des sociétés, il conviendra d'étudier ses effets juridiques et fiscaux.

PLAN DU CHAPITRE

1 Les causes de dissolution de sociétés

A Les causes de dissolution communes à toutes les sociétés
B Les règles de dissolution spécifiques à chaque forme de société

2 Effets juridiques de la dissolution

A Formalités de publicité
B La liquidation

3 La fiscalité de la dissolution de la société

A Conséquences fiscales pour la société dissoute
B Conséquences fiscales pour les associés de la société dissoute
C Conséquences fiscales en droits d'enregistrement
D TVA

1 Les causes de dissolution de sociétés

Les causes de dissolution communes à toutes les sociétés sont énumérées à l'article 1844-7 du Code civil. Cependant il existe également des causes de dissolution propres à telle ou telle forme de société.

A Les causes de dissolution communes à toutes les sociétés

1 L'arrivée du terme

À l'arrivée du terme, la société est dissoute (C. civ., art. 1844-7-1°), sauf prorogation effective conformément à l'article 1844-6 du Code civil.

Si les associés ne prorogent pas et continuent l'exploitation (au lieu de procéder à la liquidation), une société de fait apparaît entre eux pour les activités exercées postérieurement à l'arrivée du terme.

En effet, la société ne peut plus jouir de la personnalité morale puisque celle-ci ne survit, après la dissolution, que pour les besoins de la liquidation.

Remarque. La loi impose qu'un an au moins avant la date d'expiration de la société, les associés soient consultés à l'effet de décider si la société doit être prorogée. À défaut, tout associé peut demander au président du tribunal de commerce, statuant sur requête, la désignation d'un mandataire de justice chargé de provoquer cette consultation (C. civ., art. 1844-6).

2 La réalisation ou l'extinction de l'objet

La société prend fin en cas de réalisation ou d'extinction de son objet (C. civ., art. 1844-7-2°).

La réalisation de l'objet suppose que l'opération pour laquelle la société a été constituée est définitivement achevée et ceci, même si le terme fixé pour la durée de la société n'est pas encore atteint.

Il y a extinction de l'objet lorsque l'activité pour laquelle la société a été constituée est impossible.

La dissolution n'est acquise que si l'objet a disparu dans sa totalité. Si l'extinction n'est que partielle (possibilité d'exercer des activités autres que celle ayant disparu), la société subsiste.

La simple cessation d'activité n'est pas, en principe, une cause de dissolution.

Remarque. Les associés peuvent décider la mise en sommeil de leur société. Cela correspond à la cessation volontaire pendant deux ans au maximum de l'exploitation de l'entreprise. Il n'en résulte pas une dissolution de la société.

3 Les autres causes de dissolution

- L'annulation du contrat de société ;
- Une disposition statutaire : en ce sens l'article 1844-7-8° du Code civil dispose que la société peut prendre fin « *pour toute autre cause prévue par les statuts* » ;
- La liquidation judiciaire ;
- La réunion de toutes les parts ou actions en une seule main : cependant la société n'est plus dissoute de plein droit, un délai d'un an est accordé afin de permettre une régularisation ;
- La dissolution conventionnelle : selon l'article 1844-7-4° du Code civil, les associés peuvent à tout moment décider la dissolution anticipée de la société ;
- La dissolution judiciaire anticipée : le tribunal peut, à la demande d'un associé pour justes motifs, prononcer la dissolution anticipée de la société (C. civ., art. 1844-7-5°) ;
- La mésentente entre associés.

Remarque. L'obligation de régulariser la situation de la société en cas de réunion de toutes les parts dans une même main n'est pas applicable aux SARL et aux SAS. Dans ce cas, l'associé unique est immédiatement soumis au régime des EURL ou des SASU.

B Les règles de dissolution spécifiques à chaque forme de société

1 La dissolution de la societe en nom collectif (SNC)

Indépendamment des causes de dissolution communes à toutes les sociétés, la SNC est dissoute de plein droit :

- en cas de **décès de l'un des associés**, sauf si les statuts en ont disposé autrement, et si, en cas de continuation de la société après le décès, l'associé défunt laissant des héritiers mineurs non émancipés, la SNC n'est pas transformée en société en commandite ;
- en cas de **révocation de l'un des gérants**, lorsque tous les associés sont gérants ou lorsqu'un ou plusieurs associés ont été désignés comme gérants dans les statuts, sauf disposition contraire des statuts ou décision unanime des autres associés ;
- si un **jugement de liquidation judiciaire** ou arrêtant un plan de cession totale de l'entreprise, une mesure d'interdiction d'exercer une profession commerciale ou une mesure d'incapacité est prononcé à l'égard d'un associé. Mais les statuts ou une décision unanime des autres associés peuvent écarter la dissolution, l'associé qui se trouve dans l'un des cas cités étant exclu de la société et indemnisé de la valeur de ses droits sociaux (C. com., art. L. 221-16).

2 La dissolution de la société en commandite simple (SCS)

Les causes de dissolution communes s'appliquent à la SCS, mais il existe également des causes spéciales de dissolution :

- par le **décès d'un commandité**, à moins que les statuts en aient disposé autrement (C. com., art. L. 222-10, al. 2) ;
- par le **défaut de transformation de la société** ou l'absence d'un nouvel associé commandité dans le délai d'un an à compter du décès de l'unique associé commandité lorsque ce dernier ne laisse pour héritiers que des mineurs ;
- par le redressement ou la liquidation judiciaires, l'interdiction d'exercer une profession commerciale ou l'incapacité **frappant l'un des associés commandités**, à moins que, s'il existe un ou plusieurs autres commandités, la continuation de la société soit prévue par les statuts ou que les associés la décident à l'unanimité (C. com., art. L. 222-11).

3 La dissolution de la société à responsabilité limitée pluripersonnelle et unipersonnelle (SARL et EURL)

a. SARL

Les causes de dissolution communes à toutes les sociétés s'appliquent également à la SARL. La SARL peut être dissoute :

- lorsque, la société comprenant **plus de 100 membres**, sa transformation en société d'une autre forme n'a pu être décidée par les associés (**article L 223-3** du Code de commerce) ;
- lorsque les associés n'ont pu délibérer valablement sur la décision à prendre à la suite de la **perte de la moitié du capital** ou n'ont pu régulariser la situation de la société dans le délai de deux ans (**article L 223-42**560 du Code de commerce).

En revanche, la SARL n'est pas dissoute par la liquidation judiciaire, la faillite personnelle, l'interdiction de gérer ou une mesure d'incapacité frappant l'un des associés. Elle n'est pas non plus dissoute par le décès d'un associé, sauf stipulation contraire des statuts.

b. EURL

Les causes de dissolution communes à toutes les sociétés sont applicables aux EURL à l'exception de celles qui supposent une pluralité d'associés. Elle peut aussi être dissoute sur décision de l'associé unique ou sur décision de justice.

Lorsque l'associé unique est une personne physique, il doit procéder à la liquidation de sa société.

Lorsque l'associé unique est une personne morale, la dissolution de l'EURL n'est pas suivie de liquidation. Elle entraîne appropriation par la personne morale, associé unique, de l'ensemble du patrimoine de la société dissoute sauf la possibilité pour les créanciers sociaux de faire opposition à la dissolution dans les trente jours de la publication de celle-ci.

4 La dissolution des sociétés anonymes (SA)

Les causes de dissolution communes à toutes les sociétés sont applicables aux SA.

De plus, l'AGE peut, en toute hypothèse, décider la dissolution anticipée de la société (C. com., art. L. 225-246).

La société anonyme peut aussi être dissoute :

- lors de la réduction du **capital à un montant inférieur au minimum légal** de 37 000 € sauf si la réduction est décidée sous la condition suspensive d'une augmentation destinée à relever le capital à ce minimum ou que la société se transforme en société d'une autre forme (C. com., art. L. 224-2, al. 2).

  En cas d'inobservation de ces dispositions, tout intéressé peut demander au tribunal de commerce de prononcer la dissolution de la société ; cette dissolution doit être écartée si la situation de la société a été régularisée au jour où le tribunal statue sur le fond ;
- si le montant des **capitaux propres devient inférieur à la moitié du capital social**, le conseil d'administration ou le directoire est tenu, dans les quatre mois qui suivent l'approbation des comptes ayant fait apparaître cette perte, de convoquer l'AGE les actionnaires à l'effet de décider s'il y a lieu à dissolution anticipée de la société (C. com., art. L. 225-248, al. 1).

  Si la dissolution est écartée, la société doit, au plus tard à la clôture du deuxième exercice suivant celui au cours duquel la constatation des pertes est intervenue, reconstituer ses capitaux propres à concurrence d'une valeur au moins égale à la moitié du capital ou, à défaut, réduire son capital d'un montant au moins égal à celui des pertes qui n'ont pu être imputées sur les réserves (C. com., art. L. 225-248, al. 2).

5 La dissolution de la société en commandite par actions (SCA)

Les causes de dissolution de la SCA sont les mêmes que pour les SA.

Cas particulier :

Il a été jugé que s'il existe des divergences entre le commandité et les commanditaires et qu'aucune solution ne peut être envisagée pour y mettre fin du fait de l'opposition des deux catégories d'associés, le blocage auquel aboutit une telle situation et la paralysie du fonctionnement de la société qui en résulte justifient la dissolution judiciaire de la société pour ***mésentente entre les associés*** *(CA Paris 8-7-1994, RJDA 11/94, n° 1156).*

Ce n'est que si le nombre d'actionnaires est inférieur à trois que la dissolution est décidée par le tribunal de commerce.

En raison du caractère mixte de la société, les causes de dissolution propres à la SCS s'appliquent également lorsqu'elles surviennent en la personne d'un associé commandité.

6 La dissolution de la société par actions simplifiée (SAS)

a. Dispositions applicables à toutes les SAS

Les causes de dissolution communes à toutes les sociétés s'appliquent.

b. **Cas particulier : la dissolution de la SAS unipersonnelle (SASU)**

Si l'associé unique est une **personne physique**, la SASU dissoute doit être mise en liquidation dans les conditions de droit commun.

En revanche, si l'associé unique est une **personne morale**, la dissolution de la SAS unipersonnelle n'est pas suivie de liquidation. Elle entraîne appropriation par la personne morale, associé unique, de l'ensemble du patrimoine de la société dissoute, sauf la possibilité pour les créanciers sociaux de faire opposition à la dissolution dans les trente jours de la publication de celle-ci.

2 Effets juridiques de la dissolution

A Formalités de publicité

La dissolution doit faire l'objet des mesures de publicité suivantes :

- une insertion dans un **journal d'annonces légales** du siège social, avec mention de la nomination des liquidateurs ;
- une mention au registre du commerce et des sociétés.

B La liquidation

> La liquidation est l'ensemble des opérations qui, après dissolution d'une société, ont pour objet la réalisation des éléments d'actif et le paiement des créanciers sociaux, en vue de procéder au partage entre les associés de l'actif net subsistant.

Dès sa dissolution, la société est en liquidation (C. com., art. L. 237-2, al. 1).

Les dispositions applicables en matière de liquidation sont de deux sortes :

- les unes impératives : art. L. 237-2 à L. 237-13 et R. 237-1 à R. 237-9 du Code de commerce ;
- les autres ne sont applicables que sur décision de justice ou « *à défaut de clauses statutaires ou de convention expresse entre les parties* » : ce sont les articles L. 237-14 à L. 237-31 et R. 237-10 à R. 237-18 du Code de commerce.

1 Le maintien de la personnalité morale

Quelle que soit la cause de dissolution, **la personnalité morale de la société dissoute subsiste** pour les besoins de la liquidation, jusqu'à la clôture de celle-ci (C. com., art. L. 237-2, al. 2).

Dès lors, la société conserve son siège social, ainsi que sa dénomination sociale suivie de la mention « société en liquidation ». Cette mention ainsi que le nom du ou des liquidateurs doivent figurer sur tous les actes et documents émanant de la société et destinés aux tiers, notamment sur toutes lettres, factures, annonces et publications diverses.

La société continue d'avoir un patrimoine social qui demeure le gage de ses seuls créanciers à l'exclusion des créanciers personnels des associés.

2 Rôle du liquidateur

Dès la nomination du liquidateur (**article L 237-18** du Code de commerce), les organes sociaux perdent leurs pouvoirs de gestion et de représentation. Le liquidateur devient le seul représentant de la société. Il doit :

- dresser un inventaire de l'actif et du passif ;
- recouvrer les créances sociales ;
- réaliser l'actif ;
- payer les créanciers de la société (**article L 237-24** du Code de commerce).

La loi oblige le liquidateur à convoquer régulièrement les associés afin des les informer de l'état d'avancement des opérations de liquidation.

3 La disparition de la personnalité morale

En fin de liquidation, tous les associés doivent être convoqués pour statuer sur le compte définitif, sur le quitus de la gestion du liquidateur et la décharge de son mandat.

La personnalité morale disparaît à la clôture de la liquidation (C. com., art. L. 237-2, al. 2).

Cette clôture est fixée au jour où la liquidation est constatée, soit par l'assemblée des associés, soit par décision de justice.

La clôture de la liquidation doit intervenir dans un délai de trois ans à compter de la dissolution. A défaut, le ministère public ou tout intéressé peut saisir le tribunal de commerce pour que celui-ci fasse procéder à la liquidation ou à son achèvement (C. civ., art. 1844-8, al. 4).

La **clôture de la liquidation** ne peut être prononcée que si les comptes ont été apurés et les dettes intégralement payées.

Elle entraîne la **disparition de la personnalité morale** de la société.

Elle n'est opposable aux tiers qu'après accomplissement des formalités de publicité et radiation de la société au registre du commerce et des sociétés.

Le partage entre les associés va porter sur l'actif restant après extinction du passif ou sur le passif restant après réalisation de l'actif.

La clôture des opérations de liquidation met fin au mandat du liquidateur qui n'a plus qualité pour représenter la société dissoute

3 La fiscalité de la dissolution de la société

A Conséquences fiscales pour la société dissoute

Très généralement, la cessation d'activité d'une société s'accompagne de sa dissolution.

Dans cette situation, en application des dispositions des articles 201 du CGI et 221, 2 du CGI, la société doit être imposée :

- sur ses résultats courants ;
- sur ses profits encore en sursis d'imposition ;
- sur ses plus-values latentes.

En réalité, la personnalité morale de la société subsiste jusqu'à la clôture des opérations de liquidation. C'est à cette date que la cessation interviendra.

À compter de l'assemblée d'approbation des comptes définitifs de liquidation, la société aura 60 jours pour produire sa déclaration de résultat.

Cependant, dans la mesure où les opérations de liquidation peuvent s'étaler sur plusieurs exercices, il appartiendra au liquidateur de télédéclarer à la clôture de chaque exercice des liasses fiscales et d'acquitter les impôts éventuellement dus à cette occasion.

Lors de la liquidation définitive de la société, il sera alors télédéclaré une liasse fiscale de clôture et il sera alors possible d'imputer, sur l'impôt afférent à cette liasse définitive, les impôts provisoires acquittés durant la période transitoire.

Concernant les modalités d'imposition des bénéfices de la société dissoute, le lecteur pourra se reporter aux développements concernant les conséquences fiscales de la cessation de l'entreprise individuelle.

B Conséquences fiscales pour les associés de la société dissoute

Concernant les associés de la société liquidée, on distinguera selon que la société relève ou non de l'impôt sur le revenu (IR).

1 La société relève de l'IR

Si la société relève de l'IR, le résultat de liquidation n'est pas imposable chez la société mais chez ses associés, compte tenu du fait que la société est translucide.

L'associé personne physique déclarera alors, dans la catégorie de revenu correspondant à l'activité exercée par la société, sa quote-part du résultat de liquidation et la soumettra au barème progressif de l'impôt sur le revenu.

L'associé personne morale soumis à l'impôt sur les sociétés ajoutera à son résultat imposable sa quote-part du résultat de liquidation et l'imposera à l'impôt sur les sociétés.

Les réserves qui ont déjà été imposées entre les mains des associés en raison du caractère « translucide » de la société mais qui ne leur ont pas été distribuées seront attribuées aux associés en franchise d'impôt (l'IR a été payé par « anticipation » par les associés au moment de la réalisation des résultats par la société).

2 La société relève de l'IS

Si la société relève de l'IS, les associés sont imposables sur le **boni de liquidation**.

Le *boni* de liquidation qui est imposable se détermine par différence entre :

- le montant de l'actif net ;
- et le montant des apports réels ou assimilés effectués par l'associé.

Pour chaque associé, il conviendra de calculer la quote-part du montant de l'actif net qu'il peut reprendre en franchise d'impôt :

- soit il a souscrit lui-même les droits sociaux au moyen d'apports : il pourra reprendre son apport en franchise d'impôt ;
- soit il a acquis les droits sociaux en cours de société : le montant repris en franchise d'impôt est fonction du prix d'acquisition des titres.

Ne seront par conséquent pas repris en franchise d'impôt :

- L'attribution des réserves de toute nature ;
- Les bénéfices ou réserves incorporés au capital,

Qui demeurent imposables dans la catégorie des revenus de capitaux mobiliers.

C Conséquences fiscales en droits d'enregistrement

1 Dissolution sans transmission des biens aux associés

Lorsqu'elles ne portent aucune transmission de biens meubles ou immeubles entre les associés ou autres personnes, les dissolutions de sociétés sont enregistrées gratuitement.

2 Dissolution avec partage de biens entre les associés

a. Partage de sociétés à l'IS

Nature de l'opération	Droits d'enregistrement applicables	Explication
En cas de partage pur et simple :		
Lorsque les biens ont bénéficié lors de leur apport d'une exonération, du droit fixe ou du taux réduit à 1 % (CGI. art. 809 I 3°, 810, III et 810 bis)		
Attribution à l'apporteur du bien	Exonération	Lorsqu'il s'agit d'un **immeuble**, paiement d'un droit de 0,715 % (TPF 0,70 % et prélèvement pour frais d'assiette 2,14 %) lors de la publication de l'acte à la conservation des hypothèques (CGI. art. 678).
Attribution à un associé autre que l'apporteur du bien (CGI. art. 810, III)	Droit de mutation à titre onéreux (DMTO)	Application de la théorie de la mutation conditionnelle des apports (CGI. art. 810, III), qui emporte la taxation aux droits de mutation à titre onéreux.
Dans les autres cas (CGI. art. 746)	Droit de partage 2,50 %	
En cas de partage avec soulte :	Droit de mutation à titre onéreux (DMTO) sur la soulte, et selon la nature des biens, et droit de partage 2,50 % (sur l'actif net partagé déduction faite de la soulte)	

b. Partages de sociétés à l'IR

Nature de l'opération	Droits d'enregistrement applicables	Précision
En cas de partage des acquêts sociaux (*) :		
Partage pur et simple	Droit de partage 2,50 %	
Partage avec soulte	DMTO sur la soulte et droit de partage 2,50 % (sur l'actif net partagé déduction faite de la soulte)	
En cas de partage de corps certain (**) ayant fait l'objet d'un apport pur et simple à la société :		
Attribution à l'apporteur du bien	Exonération	Lorsqu'il s'agit d'un **immeuble**, paiement d'un droit de 0,715 % (TPF 0,70 % et prélèvement pour frais d'assiette 2,14 %) lors de la publication de l'acte à la conservation des hypothèques (CGI. art. 678).
Attribution à un associé autre que l'apporteur du bien (CGI. art. 810, III)	Droit de mutation à titre onéreux (DMTO) selon la nature des biens	

(*) Les acquêts sociaux sont les biens acquis ou créés par la société, mais encore les choses fongibles ou le numéraire apportés à la société, ainsi que les biens de toute nature ayant fait l'objet d'un apport à titre onéreux.

(**) Les corps certains sont les biens susceptibles d'être identifiés (immeuble, fonds de commerce, matériel, droit au bail d'immeuble,...).

Exemple

La SARL SAFLANCHE, soumise à l'impôt sur les sociétés, est dissoute en septembre 2021.
Elle est détenue par deux associés, Paul et Jean, qui possèdent chacun la moitié du capital.
Le bilan de liquidation se présente comme suit :
Bilan de la SARL SAFLANCHE au 1er septembre 2021 :

Matériel	40 000	Capital social	200 000
Fonds de commerce	440 000	Réserves	520 000
Numéraire	240 000		
ACTIF	720 000	PASSIF	720 000

La part revenant théoriquement à chacun est de :
720 000 / 2 = 360 000
Les associés choisissent de partager la société sur la base de la répartition suivante :
Le matériel et le fonds de commerce sont attribués à M. Paul :
40 000 + 440 000 = 480 000 €

- M. Paul doit verser à M. Jean une soulte pour équilibrer le partage :
  480 000 – 360 000 = 120 000 €
  Pour M. Paul, c'est un partage avec soulte et les droits de mutation sont exigibles sur le montant de celle-ci et le droit de partage (2,50 %) est liquidé sur le montant brut de la valeur indivise diminué de la soulte.
  Pour M. Jean, le droit de partage est liquidé sur le montant net partagé avant perception de la soulte.
  Monsieur PAUL :
  Droit de partage : 480 000 – 120 000 = 360 000
  360 000 × 2,50 / 102,50* = 8 780 €
  Biens assimilés à un fonds de commerce : 120 000 – 23 000 (franchise) = 97 000 × 3 % = 2 910 €
  Total M. Paul = 11 690 €
  Monsieur Jean :
  240 000 × 2,50/102,50 = 5 854 €
  Total M. Jean = 5 854 €
  * Il est admis que le droit de partage se calcule sur la masse à partager diminuée de ce droit. D'où si le montant du droit de partage au taux de 1 % et la masse à partager avant déduction de ce droit, on a *x = (m – x)2/100 : Le droit de partage s'élève donc à 1/101e des sommes à répartir.*

D TVA

Il faut distinguer le cas des immeubles (1) et celui des biens mobiliers (2).

1 Immeubles

Une régularisation de la taxe **initialement déduite** est opérée lorsque l'immeuble cesse d'être utilisé à des opérations imposables (CGI, annexe 2, art. 207-II-3). La régularisation « globale » conduit l'assujetti à procéder, en une seule fois, à toutes les régularisations annuelles auxquelles il serait tenu jusqu'au terme de la période de régularisation de **vingt ans**.

Exemple

Un exploitant individuel avait acquis un immeuble professionnel neuf en N+1. La TVA déduite lors de cette acquisition s'était élevée à 200 000 €. Cet exploitant cesse son activité en N+7. Il reste 20 – 7 = 13 ans à courir jusqu'au terme de la période de 20 ans.
L'exploitant doit reverser les 13/20 de la TVA initialement déduite, soit 200 000 × 13/20 = 130 000 €.

2 Biens mobiliers

Sont assimilées à des **livraisons de biens à soi-même**, la détention de biens (autres que des immeubles) par un assujetti en cas de cessation de son activité économique taxable, lorsque ces biens ont ouvert droit à déduction complète ou partielle lors de leur acquisition. Cette règle s'applique aux **biens mobiliers d'investissement** et aux **stocks**.

Exemple

Un exploitant individuel avait acquis en N-1 pour les besoins de son entreprise :
- un ordinateur pour 1 200 € TTC (dont TVA déductible 200 €), amorti de 400 € au 31.12.N ;
- et une voiture particulière pour 12 000 €.

Cet exploitant cesse son activité le 31.12.N et garde l'ordinateur et la voiture pour son usage privé. La livraison à soi-même de l'ordinateur est soumise à la TVA pour la valeur nette de 600 €. À ce titre, l'exploitant verse 600 € × 20 % = 120 € de TVA.
En revanche, la livraison à soi-même de la voiture n'est pas taxée car aucune TVA n'avait été déduite lors de son acquisition.

Les associations et autres organismes à but non lucratif

Partie 6

Les associations et autres organismes sans but lucratif

Chapitre 29

COMPÉTENCE VISÉE

- **Accompagner au plan juridique la création d'associations (statuts, assemblées...).**

- Deux textes fondamentaux réglementent les associations : la loi du 1er juillet 1901 relative au contrat d'association et le décret du 16 août 1901 pris pour l'exécution de la loi du 1er juillet 1901 relative au contrat d'association.
- Au cours de ce chapitre, le premier texte sera dénommé « la loi ».

Parmi les autres organismes sans but lucratif, on peut citer les fondations et les fonds dont la création découle de lois spécifiques.

Le Code civil s'applique notamment pour la rédaction des statuts de ces organisations.

PLAN DU CHAPITRE

1 Les associations

A Définition et caractéristiques

1 Définition

L'association est « **convention par laquelle deux ou plusieurs personnes mettent en commun d'une façon permanente leurs connaissances ou leur activité dans un but autre que de partager des bénéfices. Elle est régie, quant à sa validité, par les principes généraux du droit applicables aux contrats et obligations** » (article 1er de la loi du 1er juillet 1901).

2 Caractéristiques

La loi a différentes implications :

- il n'y a pas de répartition du bénéfice entre les membres ;
- les éléments mis en commun peuvent être des connaissances, une activité, une entraide, des biens (meubles, immeubles) ;
- l'organisation est permanente et l'*affectio societatis* y joue un rôle important ;
- il y a égalité entre les membres.

Le principe de la liberté d'association est fondamental car tout individu est libre d'adhérer, de ne pas adhérer à une association ou de s'en retirer (article 5 de la loi).

B Différents types d'associations

Types d'associations	Effets juridiques
Associations NON DECLARÉES	→ Absence de personnalité juridique.
Associations DECLARÉES	→ Procédure pour acquérir la personnalité juridique : cf. (1).
Associations D'UTILITÉ PUBLIQUE (article 10 de la loi)	→ L'association doit servir l'intérêt public. La reconnaissance d'utilité publique permet à l'association déclarée de posséder des immeubles et de recevoir toute sorte de dons et legs ; elle s'opère par décret du Conseil d'État (après contrôle du ministre de l'Intérieur) : *cf.* (2).

(1) Une déclaration préalable doit être effectuée à la préfecture ou à la sous-préfecture de l'arrondissement du siège de l'association ; le récépissé de cette déclaration doit être donné dans les 5 jours. Les fondateurs de l'association doivent effectuer une déclaration au greffe des associations qui donne lieu à une publication au Journal officiel des associations et fondations des entreprises (JOAFE). Lors de sa déclaration en préfecture, l'association reçoit automatiquement un numéro d'inscription au répertoire national des associations (RNA). Elle doit en outre demander son immatriculation au répertoire Sirene lorsqu'elle souhaite demander des subventions auprès de l'État ou des collectivités territoriales, lorsqu'elle emploie des salariés ou lorsqu'elle exerce des activités qui conduisent au paiement de la TVA ou de l'impôt sur les sociétés.

(2) La reconnaissance d'utilité publique peut être retirée dans ces conditions précises ; exemple : retrait-sanction.

2 Règles communes à toutes les associations

A Existence d'un contrat d'association

1 Le contrat d'association doit respecter les dispositions du Code civil relatives aux contrats

a. **Les conditions générales de validité de tout contrat** inscrites dans l'article 1128 du Code civil :

- consentement non vicié des parties ;
- capacité de contracter ;
- contenu licite et certain.

b. **Le principe de la liberté contractuelle**, dans le respect de l'ordre public (article 1102 du Code civil).

2 Caractéristiques du contrat d'association

a. Forme

Le **contrat d'association** (ou **statuts**) est un acte écrit.

b. Contenu

- Les fondateurs choisissent l'activité de l'association.
- Les membres (ou sociétaires) sont au minimum deux, et peuvent être des personnes physiques, des personnes morales.

c. Les statuts peuvent être complétés par un ou plusieurs règlements intérieurs qui permettent de préciser les conditions de fonctionnement interne de l'association, par exemple :

- les règles de fonctionnement des assemblées générales (délai et modalité de convocation et de vote...) ;
- les conditions d'exercice de l'activité (assurance des membres...).

B L'association a la personnalité morale si elle est déclarée à la préfecture (articles 2 et 5 de la loi)

1 Attributs de la personne morale (article 6 de la loi)

- Le **nom**, qui est protégé.
- Le **patrimoine**, qui est composé de l'actif – (local, immeubles, meubles corporels et incorporels (notamment : bail d'habitation, cotisations des membres, dons manuels... subventions, le cas échéant) – et du passif (dettes).
- Le **droit d'ester en justice** : pour la défense des intérêts personnels de l'association (intérêts d'ordre patrimonial ou extrapatrimonial), des intérêts de ses membres, d'un intérêt collectif distinct de celui de ses membres.

2 Responsabilité encourue par l'association

Elle peut être :

- **civile contractuelle** (dans le cadre de ses obligations contractuelles), **civile délictuelle** (en cas de dommage causé par négligence ou imprudence à un tiers) ;
- **pénale** : en cas d'infraction commise par ses organes ou ses représentants et dont l'association tire profit (cf. la responsabilité pénale des personnes morales).

C Fonctionnement de l'association

1. **Les statuts prévoient le statut des administrateurs, du président et de l'assemblée générale**
   - La **répartition des pouvoirs** est prévue dans les statuts ; elle ne doit pas remettre en cause les pouvoirs de l'assemblée générale des membres.
   - Les **dirigeants** sont des personnes physiques ou morales ; si un président n'a pas été désigné, le conseil d'administrateurs gère l'association.
   - L'**assemblée générale** est composée des membres à jour de leur cotisation. Elle est convoquée par le président ou le conseil d'administration. Chaque membre a une voix ; le vote par procuration est admis par la loi. La loi n'exige pas de quorum ; le vote a lieu à la majorité simple sauf clause statutaire contraire.
2. **Particularités relatives aux membres**
   - Ils ont l'obligation de régler une **cotisation** qui est annuelle le plus souvent.
   - Ils **ne sont pas responsables** des dettes de l'association.

3. **Financement de l'association**

   En fonction de son statut juridique (notamment si elle est ou non déclarée d'utilité publique), l'association peut percevoir (en plus des cotisations de ses membres des subventions) des dons, des legs.

4. **L'association peut avoir des collaborateurs** non bénévoles (salariés, indépendants) ou bénévoles.

5. **Désignation d'un commissaire aux comptes (CAC)**

   Sont notamment tenues de nommer au moins un commissaire aux comptes :

   - les associations qui ont une activité économique et qui dépassent, à la date de clôture d'un exercice, deux des trois critères suivants :
     - 50 salariés ;
     - 4 millions d'euros de bilan ;
     - et 8 millions d'euros de chiffre d'affaires ;
   - les associations qui reçoivent plus de 153 000 euros de dons ou de subventions.

D Transformation de l'association (article 9 *bis* de la loi)

1. **Modalités**

   L'association peut se transformer :

   - par **fusion** : soit fusion-absorption (une association en absorbe une autre), soit fusion-création (pour créer une nouvelle association) ;
   - par **scission** : en deux associations distinctes existantes ou créées pour la circonstance ;
   - en **GIE** dans la mesure où l'objet associatif est compatible avec la définition du GIE et de son objet légal.

     → À noter : une association ne peut se transformer en une société commerciale sans dissolution et création d'une personne morale nouvelle.

2. **Effets de la fusion ou de la scission**

   Il y a dissolution sans liquidation des associations qui disparaissent et transmission universelle de leur patrimoine aux associations bénéficiaires.

E Dissolution de l'association (articles 7 et 9 de la loi)

1 Cas de dissolution

La dissolution peut être :

- **volontaire**, par décision de l'assemblée générale des membres ;
- **statutaire**, en application d'un motif prévu par les statuts ;
- **judiciaire**, à la suite d'un jugement rendu par le tribunal judiciaire (pour objet illicite…) ;
- **administrative**, dans les cas prévus par la loi (exemple : trouble à l'ordre public causé par les activités de l'association).

2 Effets

Les **biens** de l'association :

- sont dévolus conformément aux statuts ou, à défaut, selon les règles déterminées en assemblée générale. Très souvent, les biens sont dévolus à une association ayant un objet similaire ;
- ne sont pas dévolus aux membres.

3 Cas de l'association ayant une activité économique

A Notion d'activité économique

Elle n'est pas définie par la loi ; en pratique, elle dépasse l'activité commerciale. Toutefois, l'association ne peut pas être commerçante.

B L'association peut réaliser des bénéfices dans la mesure où elle ne les distribue pas à ses membres

► Elle peut vendre habituellement des produits ou fournir des services dans la mesure où cette activité marchande est prévue dans les statuts.

C Obligation spécifique

Si l'association a une activité économique, elle est assujettie à la TVA.

4 Autres organismes sans but lucratif

A Fondations

Exemples

1 Fondation reconnue d'utilité publique

(Loi sur le développement du mécénat n° 87-571 du 23 juillet 1987 créant les fondations reconnue d'utilité publique)

a. Objet

Une personne morale **gère un patrimoine important** afin de réaliser une **mission d'intérêt général**, le plus souvent sur le long terme.

b. Constitution

Elle nécessite la constitution d'un dossier de **demande de reconnaissance d'utilité publique** au Bureau des associations et fondations du ministère de l'intérieur.

c. Ressources

Une **dotation initiale en capital** est obligatoire lors de la constitution. Les ressources et les biens sont affectés de manière irrévocable à la fondation.

Autres ressources possibles :

- des subventions publiques ;
- de nouveaux dons, donations ou legs ;
- des revenus provenant de ses prestations de service ou de ses placements financiers.

d. Contrôle de l'activité

Notamment : chaque année, la fondation doit adresser un **rapport d'activité et de gestion** :

- à la préfecture de son siège social ;
- au ministère de l'intérieur ;
- et aux ministres en charge de son domaine d'action.

2 Fondation d'entreprise

(Loi n° 87-571 du 23 juillet 1987 sur le développement du mécénat et décret n° 91-1005 du 30 septembre 1991 relatif aux fondations d'entreprise.)

a. Objet

C'est une personne morale à but non lucratif créée en vue de la réalisation d'une **œuvre d'intérêt général** par :

- des sociétés civiles ou commerciales ;
- des établissements publics à caractère industriel et commercial (Epic) ;
- des coopératives ;
- des institutions de prévoyance ou des mutuelles.

Exemple : Exemple d'œuvre d'**intérêt général** : toute œuvre utile à la collectivité à une période donnée, notamment : œuvre à caractère philanthropique, éducatif, scientifique, social, humanitaire, sportif, familial ou culturel.

b. Programme et ressources

Les statuts de la fondation comprennent un **programme d'action pluriannuel** dont le montant ne peut pas être inférieur à 150 000 €.

Ressources :

- versements des fondateurs ;
- subventions de l'État, des collectivités territoriales et de leurs établissements publics ;
- produit des rétributions pour services rendus ;
- revenus de placement de ces ressources ;
- éventuellement des emprunts.

3 Autres exemples de fondations

Fondation de France	Créée par le décret du 9 janvier 1969 Objet : encourager et gérer toutes les « initiatives de générosité » du public.
WWF France	Créée le 17 octobre 1973 Objet : protéger l'environnement dans le monde.

B Fonds de dotation

(Loi de modernisation de l'économie n° 2008-776 du 4 août 2008 créant les fonds de dotation)

Objet et ressources

Un fonds de dotation est une **personne morale de droit privé à but non lucratif** qui :

- reçoit et gère, en les capitalisant, des **biens et droits de toute nature** qui lui sont apportés à titre gratuit et irrévocable ;
- utilise les revenus de la capitalisation en vue de la **réalisation d'une œuvre ou d'une mission d'intérêt général** ou aide financièrement un autre organisme à but non lucratif dans l'accomplissement de ses œuvres ou de ses missions d'intérêt général.

Fiscalité des associations et organismes sans but lucratif

Chapitre 30

COMPÉTENCES VISÉES

- **Déterminer le régime fiscal : exonération, identification de secteurs lucratifs.**
- **Connaître les aspects juridiques, fiscaux et sociaux des associations et autres organismes à but non lucratif.**

- Les organismes sans but lucratif échappent en principe aux impôts commerciaux que sont la TVA, l'impôt sur les sociétés (IS) et la contribution économique territoriale (CET) qui frappent toute activité à caractère économique.

  Toutefois, c'est la nature de l'activité et les conditions dans lesquelles elle est exercée qui déterminent l'appartenance au secteur non lucratif.
- Les organismes sans but lucratif renvoient aux associations de la loi 1901, ainsi qu'aux congrégations religieuses, associations régies par la loi locale maintenue en vigueur dans les départements de la Moselle, du Bas-Rhin et du Haut-Rhin, ainsi qu'aux fondations d'utilité publique et aux fondations d'entreprise.

  Seul l'exercice d'une activité lucrative par ces organismes peut remettre en question le bénéfice de ces exonérations.

PLAN DU CHAPITRE

1 L'exonération des activités non lucratives

Pour apprécier la non-lucrativité d'une association, l'administration a défini une analyse spécifique qui a été validée par le Conseil d'État, dans une importante décision de section « Association Jeune France » du 1er octobre 1999, nº 170289.

Cette analyse s'articule en **trois étapes**, qu'il convient d'aborder dans un ordre prédéfini.

1re étape : Examen du caractère intéressé ou non de la gestion de l'association

Si la gestion est intéressée : l'association est soumise aux impôts commerciaux, il est inutile d'aller plus loin dans l'analyse.

Si la gestion n'est pas désintéressée : **passer à l'étape 2**.

2e étape : Examen de la situation de l'association au regard de la concurrence

Si l'activité de l'association ne concurrence pas celles des entreprises : l'association est non lucrative et elle n'est pas soumise aux impôts commerciaux.

Si l'association entre en concurrence avec une entreprise (du secteur lucratif) : **passer à l'étape 3**.

3e étape : Examen des conditions d'exercice de l'activité

Méthode dite « des 4 P » : « Produit » proposé par l'organisme, « Public » visé par l'organisme, « Prix » pratiqué et « Publicité » (opérations de communication réalisées)

Si les conditions d'exercice des activités de l'association sont similaires à celles des entreprises du secteur lucratif : l'association est assujettie aux impôts commerciaux.

A Les critères de non-lucrativité

1 Une gestion désintéressée

Une gestion ne peut être regardée comme étant désintéressée que si l'association est gérée et administrée par des **bénévoles**, qui ne possèdent pas d'intérêts directs ou indirects dans les résultats de l'association ;

- L'association ne doit pas distribuer, directement ou indirectement, ses bénéfices et ce sous quelque forme que ce soit, ce qui n'exclue pas qu'elle soit en excédent, mais ces excédents doivent alors être **réinvestis** dans l'association ;
- L'association ne doit pas déclarer ses membres ou leurs ayants droits attributaires de tout ou partie de l'actif social. En revanche, lorsque le patrimoine d'un organisme est dévolu à un autre organisme ayant un but non lucratif, le caractère désintéressé de sa gestion n'est pas remis en cause ;

  Un organisme, qui procède à des distributions de ses ressources, directes ou indirectes, revêt un caractère lucratif. Ce principe concerne les rémunérations, les distributions directes des résultats et tous les avantages injustifiés, quelle que soit leur nature (prise en charge de dépenses personnelles, rémunérations exagérées ou injustifiées, rémunérations de comptes courants, prélèvements en nature, prêts consenties à des taux préférentiels, etc.) et ce quel que soit le bénéficiaire (fondateurs, membres de l'association, salariés, fournisseurs...).

Cette gestion désintéressée n'exclut pas que les dirigeants soient rémunérés : mais dans ce cas, leur rémunération ne doit pas excéder les 3/4 du SMIC, soit environ 1 166 € par mois (pour 2021). Les associations les plus importantes, dont les recettes dépassent, hors subventions publiques, une moyenne de 200 000 € sur trois exercices, peuvent verser des rémunérations à leurs dirigeants sans que soit remis en cause le caractère désintéressé de leur gestion.

Montant des ressources de l'organisme, majorées des ressources des organismes affiliés et hors ressources issues de versements publics	Nombre de dirigeants pouvant être rémunérés
Jusqu'à 200 000 €	Aucun
Supérieur à 200 000 € jusqu'à 500 000 €	1
Supérieur à 500 000 € jusqu'à 1 000 000 €	2
Au-delà de 1 000 000 €	3

Ces organismes peuvent, sous certaines conditions, rémunérer de un à trois dirigeants de droit, chacun à hauteur de trois fois le plafond de la sécurité sociale, soit 10 284 € bruts par mois en 2021.

Ainsi, le fait qu'une association verse une rémunération substantielle à son président confère à son activité le caractère d'une exploitation lucrative, alors même que la somme allouée serait la contrepartie normale de services rendus par le bénéficiaire indépendamment de l'exercice de ses fonctions de président (Conseil d'État, arrêt du 28 avril 1986, req. nº 41125).

Enfin, la gestion d'un organisme n'est pas désintéressée si celui-ci a :

- pour but exclusif ou principal de fournir des débouchés à une entreprise ;
- pour but d'exercer une activité complémentaire de celle d'un organisme du secteur lucratif dans laquelle un dirigeant de l'organisme aurait, directement ou indirectement, des intérêts.

Ainsi le juge fiscal a t-il considéré qu'une association qui mettait en contact ses adhérents avec une agence matrimoniale exploitée par la dirigeante de l'association, dont le siège, la direction de fait et certaines données comptables étaient communs, ne pouvait être considérée comme ayant une activité non lucrative, l'activité de l'association étant le prolongement de celle de l'agence (Conseil d'État, arrêt du 20 juillet 1988, nº 54160).

2 L'activité ne concurrence pas le secteur commercial

Une association va concurrencer le secteur commercial si elle exerce la même activité dans une zone géographique identique, en s'adressant aux mêmes personnes.

L'association peut échapper à l'imposition aux impôts commerciaux si elle démontre que tout en exerçant une activité qui entre en concurrence avec le secteur marchand, elle le fait dans des conditions différentes (tarifs moins élevés, par exemple), et pour répondre à un besoin qui n'est pas suffisamment couvert par le secteur concurrentiel.

Pour apprécier ces conditions, l'administration fait usage de la règle dite des « 4 P » : le produit, le public, les prix et la publicité, doivent se distinguer de ceux pratiqués dans le secteur marchand, et ce par **ordre décroissant**.

- **Le produit** : l'activité doit avoir un caractère d'**utilité sociale**. Est d'utilité sociale l'activité qui tend à satisfaire un besoin qui n'est pas pris en compte par le marché ou qui l'est de façon peu satisfaisante.
- **Le public** : les avantages sont consentis au profit de personnes qui en justifient l'octroi au regard de leur situation économique et sociale. Ainsi, sont susceptibles d'être d'utilité sociale les actes payants réalisés principalement au profit de personnes justifiant l'octroi d'avantages particuliers au vu de leur situation économique et sociale (chômeurs, personnes handicapées notamment, ...).
- **Le prix** : il doit être nettement inférieur à celui du marché pour des services similaires ou l'association pratique des tarifs différenciés (notamment grâce aux subventions perçues). Cette condition peut éventuellement être remplie lorsque l'organisme pratique des tarifs modulés en fonction de la situation des usagers.

- **La publicité** : en principe, le recours à des pratiques commerciales est un indice de lucrativité. Seules sont autorisées les actions de communication pour faire appel à la générosité publique et informer le public, sur des catalogues gratuits ou sur internet, de l'existence de l'association et de la nature de ses prestations.

Remarque. Pour un exemple d'appréciation de la concurrence en fonction de la zone géographique d'attraction et des services proposés (CAA Nancy, 14 juin 2007, Association Club du Soleil).

« L'association Club du Soleil, dont il n'est pas contesté que la gestion est désintéressée, est affiliée à la Fédération française de naturisme. Elle gère, en vue de permettre à ses adhérents de pratiquer le naturisme conformément à la législation en vigueur, un centre naturiste, en exploitant, sur le terrain dont elle dispose, un camping avec piscine dont l'accès est réservé, outre aux membres de l'association, aux personnes affiliées à la Fédération française de naturisme ou à la Fédération naturiste internationale.

Du fait de leur spécificité, les services qu'elle rend n'entrent pas en concurrence dans la même zone géographique d'attraction avec les activités de camping proposées à tout public par des entreprises commerciales ; le seul camping ayant une vocation analogue, dont il n'est d'ailleurs pas établi qu'il soit géré par une société commerciale, est situé à plus de 10 kilomètres. »

SYNTHÈSE

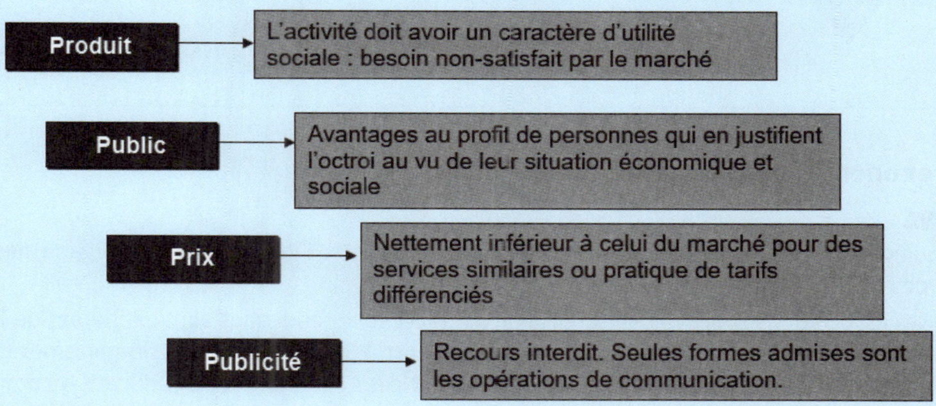

3 Les excédents financiers

Un organisme non lucratif peut réaliser, dans le cadre de son activité, des excédents, qui reflètent une gestion habile et prudente.

Cependant, l'organisme ne doit pas les accumuler dans le seul but de les placer.

Les excédents réalisés, voire temporairement accumulés, doivent être destinés à faire face à des besoins ultérieurs ou à des projets entrant dans le champ de son objet non lucratif.

SYNTHÈSE

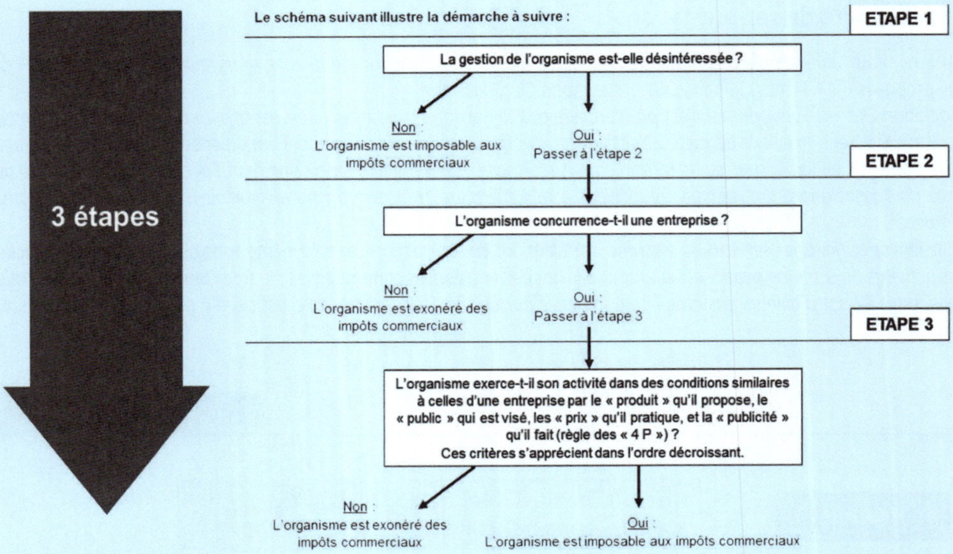

B Les exonérations propres à chaque impôt

1 En TVA

Le Code général des impôts (CGI) prévoit des exonérations de TVA pour certains organismes et pour des évènements déterminés.

Ainsi, les associations sportives, culturelles ou à finalité socio-éducative sont exonérées de TVA sur les opérations faites au profit des membres (CGI art. 261, 7-1°-a). Pour ces organismes (dits « fermés »), l'exonération porte d'une part, sur les services à caractère social, éducatif (y compris la formation professionnelle), culturel ou sportif, rendus à leurs membres et d'autre part, dans la limite de 10 % de leurs recettes totales, sur les ventes d'objets divers consenties à leurs membres.

Remarque. Une association est dite « fermée » lorsqu'elle a pour objet de satisfaire les seuls besoins de ses adhérents qui lui fournissent la plus grande partie, voire la totalité de ses ressources sous la forme de cotisations ou de recettes directement liées à la fourniture de services payants.

Il existe également une exonération de TVA pour les recettes des six manifestations de soutien ou de bienfaisance (écoles, kermesses, comités des fêtes), qui s'applique aux droits d'entrée et aux recettes annexes (CGI art. 261, 7-1°-c).

Les associations à vocation philosophique, politique, civique, patriotique, syndicales ou religieuse font l'objet de la même exonération si elles sont gérées de façon désintéressée et si elles ne présentent pas de caractère lucratif (CGI art. 261, 4-9°).

2 En IS

L'article 207-1-5° *bis* du Code général des impôts dispose que les opérations exonérées de taxe sur la valeur ajoutée aux termes de l'article 261-7-1° du même Code sont également exonérées d'impôt sur les sociétés.

Sont exonérées d'IS :
- les associations sans but lucratif, pour leurs opérations déjà exonérées de TVA pour leurs six manifestations de bienfaisance ou de soutien ;
- les syndicats professionnels lorsqu'ils se consacrent aux intérêts matériels ou moraux de leurs membres ;
- les organismes sans but lucratif qui organisent des manifestations publiques présentant un intérêt pour une commune ou une région ;
- les associations de services aux personnes ;
- les organismes de jardins familiaux.

3 Pour la contribution économique territoriale (CET)

On retrouve en matière de contribution économique territoriale (CET) les organismes concernés par l'exonération d'IS. S'y ajoutent de plus les exonérations spécifiques prévues au regard de la CET.

C Les exonérations transversales

Les associations ne sont pas imposées aux impôts commerciaux (TVA, IS et CET) lorsque leurs **activités lucratives accessoires** ne dépassent pas 72 432 € HT pour 2021 (CGI art. 206, 1 *bis*, 261, 7-1°-b et 1447, II). Ce seuil est revalorisé chaque année en fonction de la prévision de l'indice des prix à la consommation, hors tabac.

Mais ce dispositif de franchise suppose que toutes les autres conditions de l'exonération soient par ailleurs remplies, c'est-à-dire une gestion désintéressée et des activités non lucratives prépondérantes.

L'application et le maintien de la franchise des impôts commerciaux sont conditionnés à trois conditions cumulatives :
- la gestion de l'organisme doit demeurer désintéressée ;
- les activités non lucratives de l'organisme doivent rester significativement prépondérantes ;
- le montant des recettes d'exploitation encaissées au cours de l'année civile au titre des activités lucratives ne doit pas excéder 72 432 € pour 2021.

Pour apprécier le plafond de 72 432 €, les recettes suivantes ne sont pas retenues :
- recettes des activités non lucratives : cotisations, libéralités, aides de l'État et des collectivités locales pour la création d'emploi, etc. ;
- recettes des six manifestations annuelles exonérées d'IS et de TVA ;
- recettes provenant de la gestion du patrimoine de l'organisme ;
- résultats des activités financières lucratives et des participations financières taxables au taux de droit commun ;
- recettes exceptionnelles ;

  Et enfin les recettes provenant d'opérations immobilières assujetties à la TVA.

SYNTHÈSE

	Activités lucratives prépondérantes	Activités non lucratives prépondérantes	
		Recettes lucratives annuelles ⩽ 72 432 €	**Recettes lucratives annuelles > 72 432 €**
IS	Imposition de toutes les activités	**Hors champ** de l'IS au taux de droit commun. **Dans le champ** de l'impôt sur les sociétés à taux réduit pour les revenus patrimoniaux.	Taxation au choix de l'organisme de toutes les activités ou, si sectorisation, des seules activités lucratives (et des revenus patrimoniaux).
CET	Imposition des seules activités lucratives		
TVA	Imposition de toutes les activités, sauf application d'une autre mesure d'exonération.	Exonération Exonération	Imposition des seules activités lucratives Taxation des activités lucratives et ouverture des droits à déduction en fonction des règles applicables aux redevables partiels.

2 L'imposition des activités lucratives

Si les activités lucratives de l'association deviennent plus importantes que les activités non lucratives, l'association deviendra passible des impôts commerciaux.

Cet assujettissement comportera plusieurs conséquences, à la fois en terme d'impact financier (La TVA sera collectée sur les recettes et la TVA d'amont sera en ce cas en principe déductible) mais également en terme d'image, auprès des membres, des donateurs, des bénévoles, des financeurs, etc...

Enfin, l'association ne pourra plus émettre et remettre des reçus fiscaux aux donateurs puisque l'émission de ces reçus est conditionnée par le caractère d'intérêt général de l'association. Or l'intérêt général nécessite que l'organisme satisfasse aux critères de non lucrativité et qu'il ne fonctionne pas au profit d'un cercle restreint de personnes.

Lorsque coexistent opérations imposables et opérations non imposables, les associations ont le choix entre deux options :

- La sectorisation.
- La filialisation.

A La sectorisation des activités lucratives

1 Les préalables à la sectorisation

Les moyens matériels d'exploitation spécifiques doivent être affectés à chaque secteur, et les moyens communs aux deux secteurs répartis au prorata de leur temps d'utilisation.

Un bilan fiscal de départ doit être établi et transmis à l'administration fiscale : il arrête les éléments d'actifs et de passif affectés aux opérations lucratives.

Une comptabilité analytique suffisamment précise et fiable doit être établie, puisque des clés de répartition précises et justifiées doivent être instaurées.

2 La sectorisation en TVA

Les activités doivent pouvoir être facilement dissociées (manifestation sportive et exploitation d'une buvette, par ex.). Mais encore faut-il que l'activité non lucrative reste l'activité principale de l'association : à défaut, l'ensemble de l'activité serait passible de la TVA.

- La TVA s'appliquera en fonction de la nature des recettes dans les conditions de droit commun.
- Les droits à déduction seront ouverts en fonction du coefficient d'admission et de déduction.
- La taxe sur les salaires ne sera pas due sur les rémunérations des salariés rattachés au secteur lucratif.

3 La sectorisation en IS

En IS, l'association sera fiscalisée sur le résultat du secteur lucratif, soit au taux réduit des PME (15 %) si les conditions sont requises, soit au taux normal de l'IS (28 %).

Les revenus du patrimoine sont présumés ne pas appartenir au secteur lucratif et restent taxables selon les dispositions étudiées *infra*.

Le déficit fiscal issu du secteur lucratif est reportable sur le résultat du secteur lucratif des exercices suivants.

4 La sectorisation en CET

La sectorisation des activités lucratives n'a pas d'incidence en matière de CET puisque les activités non lucratives sont toujours exonérées.

- Les associations peuvent décider d'appliquer à la CET la sectorisation retenue pour l'impôt sur les sociétés ;
- La CFE et la CVAE sont déterminées dans les conditions de droit commun uniquement sur l'activité lucrative.

B La filialisation des activités lucratives

1 La technique de la filialisation

L'organisme qui ne peut ou ne veut pas avoir recours à la sectorisation peut filialiser tout ou partie seulement de ses activités lucratives en les filialisant au sein d'une structure spécifique : Tel peut être le cas lorsque la sectorisation est impossible du fait même que l'activité lucrative est prépondérante.

La filialisation s'effectue alors par apport partiel d'actif à une société existante ou créée pour la circonstance : l'apport peut sous condition bénéficier du régime de faveur des fusions :

- La filiale ainsi créée par apport de l'activité lucrative relève des impôts commerciaux.
- La société mère, qui a procédé à l'apport, reste non fiscalisée si elle agit comme un actionnaire passif.
- À défaut, si elle s'immisce dans la gestion de sa filiale, elle devient elle-même soumise aux impôts commerciaux.

Trois cas de figure peuvent être envisagés :

- Une gestion patrimoniale de la filiale qui ne remet pas en cause le caractère non lucratif général de l'organisme,
- Une gestion active de la filiale qui permet la création d'un secteur imposable sans remise en cause de la non lucrativité de tout l'organisme,
- Des relations privilégiées avec la filiale qui entraînent la lucrativité de l'ensemble de l'organisme.

2 Les conséquences de la filialisation

Les dividendes perçus sont taxables au taux de droit commun sauf option par la société mère du régime des sociétés mère et filiale, sous les conditions suivantes :

- Détention d'au moins 5 % du capital (société soumise à l'IS),
- Durée minimale de conservation des titres de 2 ans,
- L'option doit être exercée pour tous les produits attachés aux titres d'une même filiale.

3 Les risques attachés à la filialisation

Il réside essentiellement dans l'entretien de relations privilégiées avec la filiale.

Ces relations, qui présentent une complémentarité économique (pratiques commerciales, clientèle commune, échanges de services, ...), vont démontrer une communauté d'intérêts.

Cela aura pour conséquence une extension de la notion de lucrativité à la totalité de l'activité de l'association.

3 L'imposition des revenus du patrimoine

A Les principes

Les organismes sans but lucratif sont en principe redevables de l'impôt sur les sociétés sur les revenus de leur patrimoine mobilier, immobilier qui ne se rattachent pas à leurs activités lucratives, au taux réduit de 24 %, 15 % ou 10 % selon la nature des revenus en cause (étant précisé que l'IS est dû même si l'organisme ne se livre à aucune activité lucrative). Ils ne supportent pas en revanche la contribution sociale de 3,3 %.

Toutefois, les fondations reconnues d'utilité publique sont exonérées de l'imposition de leurs revenus patrimoniaux, de même que les fonds de dotation dont les statuts ne prévoient pas la possibilité de consommer leur dotation en capital.

B Les modalités d'imposition

La base imposable est constituée de la somme algébrique des revenus du patrimoine. Les organismes sans but lucratif souscrivent chaque année une déclaration n° 2070, et ils s'acquittent spontanément de leur impôt à 24 %, 15 %, 10 % à la Recette des impôts lors du dépôt de leur déclaration.

Le revenu imposable est un revenu net, égal à la différence entre les recettes et le montant réel des charges, amortissements compris, exposées au cours de la période d'imposition.

- Revenus fonciers dont les organismes sont propriétaires : IS au taux de 24 %.
- Bénéfices agricoles ou forestiers : IS au taux de 24 %.

- Revenus mobiliers :

Nature des revenus	Taux d'imposition des revenus patrimoniaux	Nature des produits
Revenus patrimoniaux des associations (revenus mobiliers)	**24 %**	- Produits de créances non négociables - Produits des bons ou contrats de capitalisation - Revenus reçus en qualité d'associé d'une société de capitaux - Revenus de valeurs mobilières étrangères autres que les dividendes, encaissés en France ou à l'étranger, sous réserve de l'application des conventions internationales
	15 %	- Dividendes de sociétés françaises ou étrangères
	10 %	- Revenus d'obligations et titres assimilés émis depuis le 1/01/1987 - Certains produits financiers spécifiques (produits des titres de créances négociables sur un marché réglementé, primes de remboursement attachées à certains titres ou contrats, produits des parts de fonds communs de créances ou de titrisation)
	0 %	- Revenus d'obligations et titres assimilés émis avant le 1/01/1987 - Intérêts des livrets A - Produits de bons de caisse soumis à une retenue à la source - Intérêts des livrets « bleus » du Crédit mutuel ouverts avant le 1er janvier 2009 - Intérêts des fonds déposés à la Caisse des dépôts et consignations par les sociétés mutualistes

Index

R

S

T

V

Table des matières

PARTIE 2 : LE DÉVELOPPEMENT DE L'ENTREPRISE

PARTIE 3 : LE FINANCEMENT

PARTIE 5 : LA PÉRENNITÉ DE L'ENTREPRISE

Conception graphique : Sylvie Vaillant
Composition Maury

01-MV-CK/EG

PAPIER À BASE DE FIBRES CERTIFIÉES

FOUCHER s'engage pour l'environnement en réduisant l'empreinte carbone de ses livres. Celle de cet exemplaire est de : 2.5 kg éq. CO_2
Rendez-vous sur www.editions-foucher-durable.fr

Achevé d'imprimer en Espagne par Grafo à Basauri - Dépôt légal: 16143-0/01 - Juin 2021